AIKIDO
– die liebevolle Kampfkunst –
üben und lehren

VIOLA DIOSZEGHY-KRAUSS

AIKIDO
– DIE LIEBEVOLLE KAMPFKUNST –
ÜBEN UND LEHREN

———————

HINTERGRÜNDE – ERFAHRUNGEN – WIRKUNGEN

VERLAG WERNER KRISTKEITZ

Umschlaggestaltung unter Verwendung einer Kalligrafie (Reproduktion) von O-Sensei Morihei Ueshiba, Privatbesitz.

www.kristkeitz.de

ISBN 978-3-932337-59-8

Inhaltsverzeichnis

Danksagungen

Mein Dank gilt zuvorderst Meister Katsuaki Asai – für alles.

Dann meinem Ehemann, Bernd Krauß, für seine (fast) unerschöpfliche Geduld sowie seine Begeisterung für die Kampf- und Kochkünste.

Uschi Timm-Winkmann für unverbrüchliche Freundschaft, all den Spaß, den wir schon zusammen hatten, und dafür, dass sie mir den Weg zum Buch-Schreiben geebnet hat.

Meinen Lektorinnen Andrea Lionne Hinz (Dissertation) und Barbara-Marie Mundt (Buch) für hohe Fachkomptetenz, Esprit und Engagement über alle Erwartungen hinaus.

Last not least all jenen, deren Teilnahme meine Studie erst mit Leben erfüllt hat: jenen, die so zahlreich bei den Fragebogenaktionen mitgemacht haben, ebenso wie jenen, die sich für ein Interview zur Verfügung gestellt haben. Sie alle seien versichert, dass jeder einzelne Beitrag geschätzt und sorgsam behandelt wurde.

Vorwort

Aikido zu üben ist körperliches Tun. Gerade zu Beginn eines Buches muss betont werden: Bücherwissen kann das Üben niemals ersetzen. Auch dieses Buch ist etwas Zusätzliches, etwas für nach dem Training oder auch mal vor dem Training. Nie für anstatt.

Aikido zu üben bedeutet vor allem, sich dauerhaft und aufmerksam zu bewegen. Es ist dafür nicht nötig, sich – über technische Details und die immer wieder so erfüllende Bewegungserfahrung hinaus – Gedanken zu machen. Doch wenn man es möchte, bietet dieses Buch Antworten auf Fragen, die man vielleicht schon einmal hatte. Es gibt den Erfahrungen, die man mit sich selbst und anderen gemacht hat, einen Rahmen.

Aikido zu unterrichten bedeutet vor allem, selbst weiter fortgesetzt Aikido zu üben. Das Vorgehen der Lehrenden erfuhr und erfährt man dabei am eigenen Leibe. Absichtlich, aber auch unbewusst, übernimmt man vieles von der Unterrichtstechnik des eigenen Lehrers sowie auch etwas von dessen Wesen. Doch während Aikido immer Aikido ist, sind er oder sie und ich zwei verschiedene Menschen: Wir haben unterschiedliche körperliche Möglichkeiten (und, zumindest in meinem Fall, auch Grenzen), unterschiedliche lebensgeschichtliche und berufliche Hintergründe, unterschiedliche geistig-seelische Schwerpunkte. Jede oder jeder Aikidoka, der oder die lehren möchte, anleiten, führen und fördern, muss einen besonderen Weg finden.

Begonnen hat dieser Weg – wie vielleicht der Weg zum Aikido überhaupt – oft zufällig. Man hat den Lehrer mal vertreten oder die Gruppe war neu an diesem Ort und so klein, dass der Verein von Anfängern in Selbsthilfe aufgebaut werden musste. Irgendwann merkt man, es macht einem Freude und man baut es aus, bietet regelmäßige Termine an … sucht vielleicht einen neuen, eigenen Raum für ein Dojo …

Dieses Buch möchte ein Wegbegleiter sein, einige Landmarken aufzeigen, auf besonders schöne Ausblicke, aber auch auf Gefahrenpunkte aufmerksam machen und Leserin oder Leser Material an die Hand geben, um das eigene Tun zu reflektieren: Was vertrete ich, was vermittle ich und warum … wie mache ich mich damit verständlich?

Soweit sich aus den Inhalten Vorschläge ableiten, sind sie als Anregungen gedacht. Ein Muss, ein Soll, ein starres Regelwerk würde der Lebendigkeit der Menschen und der Fülle des Aikido niemals gerecht.

Bezogen auf das Insgesamt dessen, was das Aikidoüben ihr bedeutet, überlegte eine meiner Gesprächspartnerinnen, ob die Lehrenden «das alles wissen, ja, das frage ich mich, ob die das wissen wollen überhaupt».

Nun – für die, die neugierig sind, wurde dieses Buch geschrieben.

Wie das Buch geschrieben ist

Wer Quellenangaben zu Textstellen sucht, findet sie in Endnoten, die zum Literaturverzeichnis führen. Ist innerhalb eines Zitates ein Part *kursiv* gesetzt, weist dort die Angabe «i. Orig.» auf Hervorhebung durch den ursprünglichen Autor hin. In Zitaten werden Auslassungen gekennzeichnet; nicht gekennzeichnet werden jedoch minimale, nie sinnverändernde Umstellungen des Satzbaus, die es erleichtern, das Zitat in den Lesefluss einzufügen. Der Wortlaut wurde dabei niemals verändert. Wird auf einen Anhang verwiesen, ist er nicht wesentlich zum Verständnis des zu entwickelnden Gedankenganges, sondern lediglich assoziativ einem Interesse an Vertiefung zur Verfügung gestellt.

Aikido wird von einigen Autoren als Sportart, von anderen als Bewegungsform angesprochen[1]; beide Auffassungen werden hier Raum erhalten.

Meist habe ich keine sprachlichen Doppelungen der Geschlechtsausprägung vorgenommen. Solange es nicht aus einem Kontext heraus eindeutig hervorgeht, bedeutet Anfänger auch Anfängerin; der Aikidoschüler auch die Aikidoschülerin, der Übende oder Praktizierende auch die Übende oder Praktizierende. Ein Meister kann auch eine Frau sein. Das Japanische, dem Bezeichnungen wie Aikidoka für die Praktizierenden oder Dan für Schwarzgurt entstammen, kennt keine geschlechtsspezifische Form. Es sei mir zugestanden, dass ich die Frauenfrage nicht für gering erachte; ein eigenes Kapitel trägt hierfür bedeutsamen Momenten Rechnung.

Textstücke aus dem Englischen oder Französischen wurden von mir wortgetreu ins Deutsche übertragen und wie wörtliche Zitate in Anführungszeichen gesetzt. Englische Worte, die in der deutschen Psychologie bekannt sind, werden großgeschrieben (Flow, Skills) und, keine Sorge, auch erklärt. Ebenso wird bei japanischen Worten alles, was unserem Sprachempfinden nach ein Hauptwort ist, großgeschrieben.

Nage bezeichnet den Ausführenden einer Technik, den Verteidiger (den «Abwehrende[n], Werfende[n], Angegriffene[n]»[2]) und Uke den «Angreifer» (den «Geworfene[n]», den, der «eine Technik ‹erhält› oder ‹empfängt›»[3]). Alternativ wird immer wieder auch «Verteidiger» und «Angreifer» verwendet. Englischsprachige Publikationen wählen zuweilen Tori für «Verteidiger» («Werfender ... Bewegungsausführender, ... nehmen, derjenige, der eine Bewegung oder Technik (auf-)nimmt»[4]). Deutsche Autoren schreiben für den Älteren, Erfahrenen, meist ‹Sempai›, englische eher ‹senpai›. Ein Wörterbuch mit japanischen Begriffen und Tonbeispielen für die Aussprache findet sich beispielsweise auf der Webseite (www.aikido-ufafabrik.de) des «Aikido Dojo in der ufaFabrik Berlin».

Japanische Worte und Begriffe werden mit unseren Buchstaben geschrieben gemäß der Hepburn-(Romaji-)Umschrift[5] oder «Japanese Romanization»[6]. Die Romaji-Umschrift ist neuerdings besser an die japanische Phonetik angepasst worden. Für hier hat dies nur die eine Konsequenz, dass, besonders in zusammengesetzten Worten, Tori jetzt als -Dori erscheint; so die Angriffsform zur Hand des Verteidigers als Katate-Dori. Hierin können sich ältere und jüngere Texte unterscheiden. Der Name des Begründers des Aikido und seiner Familie, Ueshiba, wird in dieser modernen Umschrift gegeben. Lediglich innerhalb von Zitaten aus älteren Texten kann Uyeshiba stehen.

Das Japanische kennt keinen Plural; manche Autoren fügen gegebenenfalls ein -s an, auch an das Suffix -ka, welches den Praktizierenden der jeweiligen Richtung bezeichnet. Verschiedene Autoren handhaben dies unterschiedlich, variieren sogar innerhalb eines einzelnen Zitates.

Jetzt kann es losgehen. Onegai shimasu – darf ich bitten!

Pfinztal, im April 2014
Viola Dioszeghy-Krauß

I – Vom Dort und Damals ins Hier und Heute

Dieser einführende Teil stellt Aikido und meine Studie vor. Fangen wir beim Anfang an – den Anfängen des Aikido.

1 – Die Sonne ging im Osten auf: Aikido als asiatische Bewegungsform

Aikido ist eine vergleichsweise junge Kampfkunst, die jedoch in alten, teilweise sogar vor- und frühgeschichtlichen Kampf- und Kriegstechniken wurzelt, entstanden im klein- und fernasiatischen Raum[1]. Es steht neben anderen japanischen Kriegstechniken und -künsten wie Bogenschießen (Kyudo), Fechten (Kenjutsu), Kampf zu Pferde (Jobajutsu), Lanzengebrauch (Yarijutsu), Schwimmen mit voller Bewaffnung (Tachi Oyogi), Stockkampf (Jo- oder Bojutsu), Messer- (Tantojutsu) sowie einer Reihe anderer unbewaffneter Techniken[2].

1.1 Kurze Geschichte des waffenlosen Kämpfens

Mit der bloßen Hand zu kämpfen ist nicht lediglich eine Variante der übrigen Kriegskünste. Solche Methoden haben vielmehr ihre ganz eigenständige Entwicklung genommen.

Vom Ritus zur Kriegstechnik

Als vermutlich älteste japanische Nahkampfmethode gilt «Sumo (Sumafu), was mit ‹sich wehren› übersetzt werden kann»[3]. Bereits seit dem 7. Jh. v. u. Z. waren im Norden der heutigen VR China Ringer Techniken bekannt, die Chiao-Ti (Ch'ih-Yu-Hsi). Sie hatten sich herausgebildet aus dem älteren und heute noch praktizierten mongolischen Ringen Cilnen (Silnem), das auch Einfluss auf das koreanische Gürtel-Ringen Sirum (Cireum) sowie auf ähnliche Ringermethoden wie die türkischen Kampfsportarten Güresch (Yagli Güres) und Kirpinar oder die sowjetischen Systeme Hapsagaj, Cidaoba und Gjules nahm.

Zwei japanische Chroniken, erstellt zu Beginn des 8. Jh. u. Z. – Anhang 1 listet die Epochen der japanischen Geschichte auf – berichten von einem ersten Sumo-Wettkampf bereits im Jahr 23. v. u. Z. sowie von Sumo im 3. und 4. Jahrhundert. Einst war dies Teil religiöser Rituale: Der jeweilige Ausgang der Kämpfe galt als Prophezeiung für die Ernte. Während der Heian-Periode (794–1185 u. Z.) wandelte sich diese zeremonielle Form zu einer Kriegstechnik, was auch in einer neuen Namensgebung zum Ausdruck kam. Seit dem 10. Jahrhundert hießen die waffenlosen Kämpfe Chikara-Kurabe oder Sumo-Sumau, also Kriegssumo.

Aus Sumo-Sumau wurde in der Kamakura-Epoche (1185–1333) das Kumi-Uchi (oder Samurai-Sumo) für ein Kämpfen mit Rüstungen entwickelt. Es war noch wenig systematisiert, bestand hauptsächlich aus Festhaltegriffen, um entwaffnete Gegner gefangen nehmen zu können, erforderte viel Kraft. Kumi-Uchi wurde unter dem Einfluss der chinesischen Kultur während der Yüan-(Mongolen-)Dynastie (1278–1368) um Tritt-, Schlag- und Wurfelemente ergänzt.

Ordnen der Techniken und Schulengründung

Während der in China zeitlich folgenden Ming-Dynastie (1368–1644) entstanden in Japan «verschiedene Systeme und Schulen (Ryu), die ein weniger kraftbetontes Kumi-Uchi lehrten». Von da an wurde es als Jiu-Jitsu (chinesisch: Chi-Chi-Shu), etwa «weiche Technik», vermutlich zuerst in den Schulen Take-No-Uchi-Ryu (1532) von Misakatsu Takeuchi und Yagyu-Shinkage-Ryu (auch: Araki-Schule) von Mataemon Araki (um 1550) unterrichtet. Gegen Ende der Tokugawa-(Edo-)Epoche (1616–1868) gab es über 170 verschiedene Schulen, die hauptsächlich im waffenlosen Kampf unterwiesen, als zusätzliche Kampfform für die adligen Schwertkämpfer (Bushi). Dieses Jiu-Jitsu (bis zum 18. Jh. auch als Yawara oder mit dem Eigennamen der jeweiligen Schule bezeichnet) enthielt nun zahlreiche Tritt-, Schlag- und Transporttechniken, Würfe, Hebel und Würgegriffe. Es wurde ergänzt um Methoden des Fesselns, um medizinische und anatomische Kenntnisse aus dem Bereich der Atemi-Waza*, sowie um die esoterische Form des Tötens mittels eines Kampfschreis (Kiai-Jitsu oder auch Taote-No-Jitsu). Beeinflusst von dem chinesischen Box-Experten Chun Yüan-Yün (Shingenbin), der ab 1659 in Japan drei bedeutende Samurai unterrichtete, verbanden diese daraufhin ihre Yawara-Techniken mit Box-Elementen. Einer dieser Samurai – Miura Yojiemon (Yoshimitsu) – gründete später in Edo, dem heutigen Tokyo, die legendäre Shinto-Yoshin-Ryu (Weidenherz-Schule). Bedeutsam war weiterhin die Samurai-Familie Mitoshi (Mitose), die nach einem Studium der Box-Techniken in China ca. 1700 die Koshu-Ryu gründete.

1.2 Herausbildung des späteren Aikido

Eingebettet in diese unterschiedlichen Strömungen entstanden allmählich auch die Vorläufer jener Bewegungen, die für das Aikido kennzeichnend sind.

Aiki-Jitsu als technische Vorstufe des Aikido

Der Überlieferung nach entwickelte Prinz Teijin bereits im 9. Jh. u. Z. eine Form des Nahkampfs. Hieraus schuf der japanische General Shinra Saburo Yoshimitsu um 1200 unter Einfluss der chinesischen Box-Methode Tai-Chi Chu'an und unter Verwendung der Kumi-Uchi-Techniken ein spezielles System: das Daito-Ryu Aiki-Jitsu mit schwungvollen Hebel- und Wurftechniken sowie der «Betonung der richtigen Distanz zum Gegner (Ma-Ai)». Wieder entwickelte sich unter ständigen Veränderungen und Erneuerungen eine eigene Schule, gefördert von der Samurai-Familie Takeda, die diese Tradition (Aizu-Tadome) bis heute überliefert.

---

* «Gruppe sämtlicher Schläge, Stöße und Tritte, die starke Schmerzen, Lähmungen, Bewußtlosigkeit oder Tod bewirken können» (Gruhlke, 1992, dort Endnote S. 55).

Vom Aiki-Jitsu zum Aikido: Zwischenschritte

Morihei (Moritaka) Ueshiba (1883–1969), den wir O-Sensei* nennen, studierte bei einem Mitglied der Takeda-Familie die beschriebenen Aiki-Jitsu-Techniken der Daito-Ryu (Daito-kan). 1925 eröffnete «Uyeshiba seine erste Schule, das Kobukan-Dojo in Tokyo». Zunächst unterwies er hier hohe Militärs, doch er soll bereits während des zweiten Weltkriegs zu der Erkenntnis gelangt sein, dass sich die kriegerischen Kampfkünste (*bu* – Japans militärische Dimension) überlebt hatten[4]. Anscheinend wurden sie auch durch die Alliierten vorübergehend verboten[5], über diese Zeit gibt es allerdings widersprüchliche Aussagen.

Ueshibas frühe Form des Aiki-Jiu-Jitsu hatte die praktische Selbstverteidigung betont. Im Lauf der Jahre veränderte er diese Form und entwickelte neue Techniken und Kombinationen. Der Weg zum eigentlichen Aikido erstreckte sich über zwei Jahrzehnte; die reine Technik (Jutsu) wandelte sich zu einem Übungsweg (Do). Die verschiedenen Namen des Stiles spiegeln dies wider: «*Daito-ryu Aiki-Ju-Jutsu***, Tenshin-Ryu Aiki-Ju-Jutsu, Uyeshiba Ryu, Takemuso Aiki-Budo, Aiki-Budo*»[6].

Das eigentliche Aikido, die Kampfkunst

Für Ueshiba bedeuteten die Kampfsysteme zunehmend mehr «als nur ein Mittel zur Überwindung des Feindes», weshalb Daito-Ryu nicht länger seiner Philosophie entsprach. Da die religiöse bzw. ethische Einstellung des Begründers die Methode noch heute beeinflusst, bietet Anhang 2 eine quasi-tabellarische Übersicht zu relevanten geistigen Konzepten. Die shintoistisch-daoistische Glaubenslehre der Omote-Sekte hatte Ueshiba zu der Anschauung geführt, dass «die Kampfkünste nicht nur mit körperlicher Kraft zu tun haben, sondern einen Weg (Do) zur Vereinigung von Körper und Geist (Ki) darstellen». Ueshiba entwickelte daher ein neues System, welches «seine Vorstellung von spiritueller und körperlicher Harmonie (Ai) erfüllte». «*Aikido*, der Weg der Harmonie» war geboren[7].

Im Gegensatz zu früheren Schulen unterrichtete Ueshiba auch nicht mehr nur einige ausgewählte Schüler, vielmehr «war die nächste große Veränderung Ueshibas Entscheidung, seine Kunst ‹öffentlich› zugänglich zu machen»[8]. Gemäß seiner Philosophie konnten und sollten seine Techniken von allen, Frauen und Männern, Jungen und Alten gelernt und praktiziert werden. Dementsprechend nahm er Tritte und besonders gefährliche Techniken aus seinem Aikido völlig heraus und modifizierte andere, sodass sie sicherer wurden. Defensives Vorgehen ersetzte das aggressive Wesen des Aiki-Ju-Jutsu. Letztendlich wollte Ueshiba mit seinem Aikido kein Kompendium von Kampftechniken entwickeln, sondern einen Weg zur Arbeit an sich selbst und zur Verbesserung der Welt. Ueshibas Grundsatz lautet: «Aikido is not to defeat the enemy, but to make no enemy***»[9].

---

* Wörtl. «Großer Lehrer». Die Aussprache von «Sensei» ist ‹sen-seh›.
** Der Umschrift des Japanischen in westliche Buchstaben (Romaji) entspricht die Schreibweise ‹jutsu›, daher ‹ju jutsu›; das Englische (hier: Nelson, 1986) folgt dem. Im Deutschen wird häufig ‹Jiu Jitsu› geschrieben (oben: Gruhlke, 1992), obwohl sich andererseits ‹Judo› eingebürgert hat. Das «j» klingt wie im engl. «Jack».
*** Etwa: Der Sinn des Aikido ist nicht, einen Feind zu besiegen, sondern den anderen gar nicht erst zum Feind werden zu lassen, ihn nicht als Feind anzusehen.

2 – AIKIDO IM WESTEN

Erst in der allerjüngsten Geschichte – ab Mitte des letzten Jahrhunderts – wurde Aikido bei uns bekannt.

2.1 Die Expansion ins Ausland

Dank seiner Philosophie der Harmonie konnte Ueshiba die Alliierten bald von der Friedlichkeit seiner Kunst überzeugen, weshalb Aikido früher als andere Kampfkünste wieder erlaubt wurde. Entsprechend seiner Überzeugung, dass Aikido die Möglichkeit bietet, die Menschen untereinander zu versöhnen, wollte Ueshiba seine Technik nicht mehr nur in Japan, sondern weltweit verbreiten. So reiste er zu diesem Zweck beispielsweise in die USA. Auch seine Schüler motivierte er, «Aikido ins Ausland zu tragen»[10].

Inzwischen zählt Aikido unter die «nicht-olympischen Kampfsportarten von weltweiter Bedeutung»[11]. Als «führende Experten» in Ueshibas Methode gelten «die Meister Michiko Hikitsu, Tadashi Abe, Nobuyoshi Tamura, Uyeshibas Sohn Kisshomaru und der in der Bundesrepublik Deutschland lehrende Katsuaki Asai»[12]. Damit sind wir im deutschen Sprachraum angekommen.

2.2 Die Aufnahme im Gastland

In Japan ist es konservative Tradition, sich in Kampfkünsten der Samurai zu üben. Doch was kann es hier bedeuten? Was kann es für uns bedeuten?

Etwas Traditionelles aus einer Kultur in eine andere zu verpflanzen oder sich selbst auf etwas Kulturfremdes einzulassen, beides kann schwerlich ohne Brüche verlaufen.

Gefahren für das Kulturgut

Zuweilen wird eine Beschädigung der ursprünglichen Kampfkunst befürchtet, etwa, dass «diese Praktiken ihres ‹Do› beraubt ... degenerierten zu instrumentell einsetzbaren Techniken»[13]. Schlimmstenfalls wird dergleichen lediglich passiv konsumiert, und man bewundert die «unschlagbaren Superhelden», die rasch bereit sind, ihre «Fähigkeiten unter Beweis zu stellen». Weil Zuschauer selten wissen, dass ein wirklicher Meister sich so nicht verhält, «werden diejenigen zu Meistern gemacht, die nicht den Kampf vermeiden, sondern siegreich aus ihm hervorgehen».

Auch bei aktiver Ausübung geht eine solche Brutalisierung oft Hand in Hand mit dem Verzicht auf geistige Hintergründe; zudem ist es für westliche Schüler schwer, die Qualifikation eines asiatischen Trainers zu beurteilen[14].

Ferner könnten die Kampfkünste in der westlichen Welt zu Ventilen verkommen; soziale und politische Kämpfe würden dann in Form von Stressabbau auf die Matte verschoben; falsche, symbolische Gegner würden bekämpft, während die eigentlichen Feinde eher Lärm und existenzielle Unsicherheit sind[15].

Gefahren für die Praktizierenden

Zum anderen wird die Sorge geäußert, einzelne Ausübende einer fremden Bewegungsart würden «ihre kulturelle Identität ... verdrängen, indem sie krampfhaft in einen anderen Kulturkreis zu flüchten versuchen»[16]. Man mahnt: «Phänomene» wie etwa «die Geburt des Bewußtseins ... der Tod eines Menschen» bleiben «über alle Kulturen hinweg ein Geheimnis»; wir «suchen in fremden Kulturen vergeblich eine Entschleierung von Geheimnissen dieser Art»[17]. Folglich werde jeder «enttäuscht, der der Illusion unterliegt, allein durch den Vollzug nicht-europäischer Bewegungsformen persönliche Wandlungen, Bewußtseinserweiterung oder gesundheitliche Wirkung zu erreichen». Schließlich bedeute «die hinter der Bewegungsweise stehende Lebenshaltung – bezogen auf ostasiatische Traditionen beispielsweise die Prinzipien Ganzheitlichkeit und Prozeßhaftigkeit –» einen Widerspruch «zu der in unserer Kultur dominanten Zielorientierung und Differenziertheit»[18].

Eben dieser Einwand beschreibt wohl eher das, was uns beeinträchtigt, was uns etwas vermissen, etwas suchen lässt und etwas finden lässt: «Kampfsport kann ein hervorragendes Gegengewicht zu einer kopflastigen Zivilisation darstellen bzw. helfen, diese wieder ins Gleichgewicht zu bringen»[19]. Aikidomeister Kitaura* befindet: «Der orientalische Zugang ist heute interessant; nicht als Flucht, sondern als Alternative», denn «die Spaltungen des cartesianischen Denkens – Kopf und Körper, ich und die anderen – bestehen hier nicht»[20]. Auch im Westen sieht man hierin inzwischen «Descartes' Irrtum»[21]. «Der asiatische Sinnspruch ‹Begreife mit dem Körper›» wird oft «fälschlicherweise als ein ‹sacrificium intellectus› interpretiert». Dem steht entgegen, dass «der Versuch, über den Körper zu einer personalen Ganzheit zu kommen ... im Westen lange Zeit vernachlässigt worden ist»[22].

Einer meiner Interviewpartner erklärte genau diese entsprechende Absicht: «Darum ist es mir auch gegangen, um einen Ausgleich gegen dieses sehr europäische oder abendländische Bewusstsein, gegen dieses Übersteigerte, gegen diese Kopflastigkeit da zu erreichen und eher so eine Bauch- ..., dieses ganz Normale oder Natürliche, was uns ja wohl abhanden gekommen ist, leider, da etwas dagegen zu setzen. Auch so eine Verwurzelung über die Füße, überhaupt mal so was zu denken, so was zuzulassen.»

Lösungen

Im Idealfall ist es nicht nur machbar, «das Wesentliche der fremdkulturellen Bewegungspraktiken zu erkennen und am eigenen Leibe nachzuvollziehen und zu entdecken» ohne dass «hierbei die eigene Kultur, Lebensgeschichte und Persönlichkeit» verleugnet wird, sondern ein breitgefächerter Gewinn kann sich einstellen: «Westliches und fernöstliches Denken beispielsweise gehen eine Verbindung auf höherem Niveau ein, das sowohl spirituelle als auch gesellschaftliche Bezüge zuläßt und fördert»[23].

---

* gesprochen: Kita-ura.

Und wenn sich einerseits heftig gegen «mystifizierte ... Schwärmerei» verwahrt wird, dagegen, dass «Angehörige einer bestimmten Kultur alles zu einer fremden Kultur Gehörige ... mit einer besonderen Aura ausstatten, wobei der Grad der Attraktivität mit der Größe der Unkenntnis zu steigen vermag»[24] – nun, dann sind am Ende dieses Buches vielleicht manche Leser mit mir der Meinung, dass andererseits, wie sonst im Leben auch oft, aus dem vertieften Kennenlernen erst recht Achtung und Liebe erwachsen können ...

Während Kritiker uns vorwerfen, in kulturfremde Sportarten würden «unerfüllte Bedürfnisse hineinprojiziert»[25], wird dies andernorts verständnisvoll akzeptiert: «Körperästhetik, Fitness und nicht zuletzt die Möglichkeit, sich in einer gefährlichen Situation verteidigen zu können sind häufig genannte Motive für eine Beschäftigung mit dem Kampfsport – dahinter verbirgt sich jedoch eine Vielzahl unterschiedlicher Erwartungen und Sehnsüchte»[26].

Um welche Sehnsüchte und Bedürfnisse es sich nun handelt, aus welchen Gründen sie in unserer Kultur unerfüllt bleiben, wie berechtigt die Erwartungen sind, sowie schlussendlich, ob und auf welchen Wegen im Aikido deren Erfüllung oder aber deren Modifikationen, Umwandlungen zustande kommen – um all dies soll es in diesem Buch gehen.

3 – Aikido und westliche Wissenschaft

> Es gibt eine zarte Empirie,
> die sich mit dem Gegenstand innigst identisch macht
> und dadurch zur eigentlichen Theorie wird.
> *Goethe*[27]

Dieses Buch fußt auf theoretischen Überlegungen und Annahmen zu Aikido sowie den Ergebnissen einer empirischen Studie. Wer mit solchem Herangehen kein Problem hat, kann dieses Kapitel getrost überblättern. Wem es allerdings fragwürdig erscheint, der ist eingeladen, hier meinen Standpunkt – ich möchte zwischen Ost und West vermitteln – kennenzulernen.

3.1 Westliche Vorbehalte

Die westlichen Wissenschaften, genauer gesagt jene, die sich als exakt, als naturwissenschaftlich, als in ihren Aussagen durch Erprobungen gesichert verstehen, blicken auf das als esoterisch angesehene östliche Wissen herab.

3.2 Östliche Vorbehalte

Doch auch im Osten schaut man mit Skepsis auf das Vorgehen des westlichen Wissenschaftlers; er könne nichts verstehen, was er nicht zuvor seziert, also zerstört habe[28]. Und wirklich ist nicht zu leugnen, dass Experimente zwar einerseits so genial und bezaubernd erdacht sein können wie jene der modernen Säuglingsforscher (ich werde sie später heranziehen), aber andererseits auch, wie allzu oft in der Geschichte – im Westen wie im Osten – lebensverachtend. Erfreulicherweise wird zu sanfteren Methoden gefunden wie etwa den bildgebenden Verfahren in der Hirnforschung.

3.3 Die Einheit von allem

Wenn man jedoch vieles sichtet und vergleicht, gibt es vermutlich mehr Berührungspunkte, als beide Seiten sich träumen lassen würden. Nehmen wir ein Beispiel: «Seit Urzeiten richten sich die Lebewesen nach der Rhythmik der Erdrotation, stimmen Aktivität und Passivität recht genau auf Tag und Nacht ab.» Erst kürzlich hat man herausgefunden, wie das zustande kommt; und zwar werden alle Lebensfunktionen beeinflusst von einem sogenannten «suprachiasmatischen Nucleus. Er oszilliert von selbst im Rhythmus von etwa 24 Stunden, er reagiert aber auch intensiv auf Licht und Dunkelheit, die beiden Haupt-Taktgeber unseres Lebens.» Diese «‹Master-Clock› unseres Körpers, die all das zeitlich steuert, sitzt im Gehirn, und zwar genau über der Kreuzung der beiden Sehnerven»[29].

Tja. Vielleicht nicht zufällig wird in der indischen Kultur «ein heiliges Zeichen (das Tilak) angebracht an einer Stelle namens Ajna Chakra über der Nasenwurzel zwischen den Augenbrauen. Das ist der Ort des dritten, spirituellen Auges (‹Nasenwurzel-Chakra›). Einem Energieverlust an dieser Stelle soll durch das Tilak(a) vorgebeugt werden. Das Tilak soll diese empfindliche Stelle nach ayurvedischer Zuordnung kühlen und die Nerven stärken. Diese Stelle ist auch der Sitz der Seele»[30]. Ein zeitgenössischer japanischer Wissenschaftler erklärt den Begriff «Kokoro» als ebenso «Verstand» wie «Gefühl» bedeutend; man möchte «nicht zerteilen, sondern die unterschiedlichen Facetten zu einem Bild zusammenfügen». Der Forscher sieht beispielsweise den Menschen nicht als den Tieren überlegen an, vielmehr seien beide Teil der Natur, alles sei belebt, beseelt, erfüllt von «Ki»[31].

3.4 Wissenschaftlichkeit, Fachleute und Laien

Wissenschaftliche Ergebnisse soll man nicht glauben müssen; vielmehr muss offengelegt werden, auf welche Weise sie zustande kamen. Insbesondere naturwissenschaftliche Befunde müssen durch Wiederholungen des Experiments überprüfbar sein. Schon im Labor ist das nicht immer einfach; weitaus schwieriger ist eine Untersuchung draußen im Leben, die Forscher nennen das Feldstudie. Jemand könnte die Idee haben, zu erkunden, wie beispielsweise Aikido zu üben sich auf den Blutdruck auswirkt. Er vergleicht dafür über 50-jährige Männer, die seit mindestens 20 Jahren trainieren, mit andern 50-Jährigen. Vielleicht erhält er für die Aikidoka tatsächlich sehr günstige Werte. Das sieht für einen Laien nach einem eindrucksvollen – wissenschaftlichen – Ergebnis aus. Betrachtet man es allerdings kritisch, so kann man annehmen, dass der Effekt vielleicht gar nicht allein auf das Aikido zurückgeht, sondern auf andere mögliche Einflüsse. Unter den Aikidoka gab es vielleicht weniger Raucher, mehr Vegetarier, manche meditieren zusätzlich, insgesamt haben sie eine geregeltere Lebensführung ... oder aber eine andere Bewegungsform hätte sogar noch mehr Effekt gehabt. Sie sehen, es wird sehr schnell sehr kompliziert.

Um solchen Problemen zu entgehen, lässt sich unser Beispielsforscher vielleicht eine kontrollierte Studie einfallen. Er teilt etwa gleich fitte Patienten einer Klinik für Rehabilitation in drei Gruppen ein; eine soll joggen, die zweite Aikido üben und die dritte, die sogenannte Kontrollgruppe, macht nichts Besonderes. Diesmal erhält er gute Ergebnisse für die Jogger, aber keinerlei Effekt in der Aikido-Gruppe. Dem Wissenschaftler genügt das vielleicht. Hier aber ist er der Laie und Sie als Aikidoka sind der Fachmann! Sie wissen, dass niemand in wenigen Stunden Aikido so auszuüben lernen kann, dass man schon eine Auswirkung auf seine Physiologie erwarten könnte.

Meine eigene Studie fällt in das Gebiet der sogenannten sozialwissenschaftlichen Forschung. Es geht nicht um harte Fakten wie Zentimeter, Gramm oder Sekunden, sondern um Meinungen, Ansichten und Aussagen zum eigenen Erleben. Entsprechend anders ist dann der Umgang mit den erhobenen Daten[32].

3.5 Zu dieser Studie

Ein empirisches Vorgehen bietet die Möglichkeit zu einer teilnehmenden und teilnahmsvollen Beobachtung. Lassen Sie mich meine Arbeit kurz skizzieren.

Mein Weg, mein Ansatz

Nach meinem Diplom in Psychologie hatte ich Klientenzentrierte Gesprächspsychotherapie, Kommunikationsorientierte Familientherapie, Psychodrama und Integrative Körperpsychotherapie erlernt und in eigener Praxis angewandt. Ich habe diese Methoden auch selbst unterrichtet, war Lehrtherapeutin und Supervisorin, hatte Lehraufträge für Medizinische Psychologie inne und habe zum Aufbau einer Psychosozialen Beratungsstelle beigetragen.

Allmählich wollte ich nicht mehr nur mit den Körpern anderer arbeiten, sondern selbst Spaß am eigenen Körper haben; wollte fit sein, meinen Patienten ein Modell für Gesundheitsverhalten, den Handelnden im Psychodrama ein auch körperlich kompetenter Gegenspieler und fähig, in Situationen, in welchen Aggression körperlich destruktiv agiert würde, einzuschreiten. Die eigene Psychohygiene war ein weiterer Gesichtspunkt dabei, etwas zu suchen.

Über Freunde und Kollegen kam ich 1981 zum Aikido. Aikido wurde damals seit knapp zwanzig Jahren in Deutschland angeboten. Die Bewegungsabläufe regten meine Fantasie an, das Fehlen von Wettkämpfen gefiel mir. Nach einigen Jahren stellte ich fest, dass ich – unmerklich, einschleichend – körperlichen Einsatz erbracht hatte in einem Ausmaß, das mich selbst überraschte.

Meine Neugier war geweckt und ich begann eine wissenschaftliche Untersuchung: Was motiviert Aikido-Anfänger zum Einstieg? Beziehungsweise, aus der Sicht der Lehrenden: Warum kommen die Schüler eigentlich? Und wie wird ihre Bereitschaft, sich anzustrengen, aufrechterhalten? Gemeint sind Anstrengungen, wie sie in der Schule oder beim Militärdienst auf Widerwillen und Verweigerung stoßen würden. Anstrengungen, wie sie beim Spitzensport mit Medaillen oder Geldpreisen belohnt werden. Viel wird in Kauf genommen, beispielsweise ein für den Freizeitsport eher unübliches Schmerzgeschehen. Schnelle Erfolge, baldige Anwendung, rasche Selbstdarstellung bietet Aikido seinen Ausübenden nicht – die Quellen der Motivation* müssen woanders zu suchen sein.

In meinem Beruf hatte ich mit Menschen zu tun; damit, was sie bedrückt, was sie sich erhoffen, was sie befürchten. Wie sie sich helfen. Was ihnen nützt. Da musste es doch eine Verbindung geben?!

Angeregt durch meine eigenen Erfahrungen hatte ich folgende Annahmen entwickelt: Zum einen, dass Aikido (als alternative Bewegungsform in die deutsche Sportlandschaft importiert) aufgrund seiner Eigenart, seiner spezifischen Körpermikropraktiken förderlich, vielleicht korrigierend oder sogar regelrecht heilend wirkt auf psychomotorische Defizite in der westlichen Welt. Deren Entstehung und Verbreitung werde ich noch belegen. Zum zweiten, dass aufgrund der besonderen Bedingungen (der Wettkampffreiheit, vor allem aber ebenfalls noch auszuführender grundsätzlicher Haltungen der Lehrenden) sich im Aikido eine aus Japan importierte Beziehungsstruktur in Reinform verwirklichen lässt, die tiefer geht als das, was allgemein über die Beziehung von Meister zu Schülern im Budo bekannt ist: die Ai-zu-Amae**-Konstellation.

Mein Vorgehen

Um das Besondere an Aikido herauszuarbeiten, wollte ich Aikidoka mit den Ausübenden anderer Bewegungsformen vergleichen. Diese Stile sollten zum einen genügend Gemeinsamkeiten mit Aikido aufweisen, die einen Vergleich erlauben und damit Unterschiede interpretierbar machen, aber auch genügend Unterschiedlichkeit, um aussagefähige Ergebnisse erwarten zu lassen.

Es wurden mehrere Kategorien herangezogen. Die kulturelle Herkunft der Bewegungsform: Ist sie westlichen Ursprungs oder etwas Fernöstliches, dann – dies gilt für die fernöstlichen Formen – wird hier vom Selbstverständnis her eine Sportart betrieben oder wird ein Weg im philosophischen Sinn begangen; wird an Wettkämpfen teilgenommen; gibt es Partnerübungen, falls ja, welchen Anteil hat die Übung im Paar an einer Trainingseinheit und ist dabei ein Wechsel der Partner vorgegeben; wird auch oder vielleicht sogar aus-

---

* In der Sportwissenschaft übliche Theorien zur Motivation sind in meiner Dissertation angeführt. Hier konzentriere ich mich auf den von mir entwickelten Ansatz. Überhaupt hat nur ein Bruchteil dessen, was hier vorgelegt wird, Eingang finden können in die letztendlich abgegebene und auf dem Universitäts-Server zugängliche Dissertation.

** Amae: gesprochen ‹ama-e›.

schließlich mit Waffen geübt, und gibt es explizite Schmerzübungen. Anhand dieser Kriterien wurde entschieden, neben deutschen Aikidoka französische Aikidoka, deutsche Iaidoka, Karateka und Tanzsportler (Standard) zu untersuchen.

Iaido, die Kunst, das japanische Schwert (Iaito) zu führen, wird ebenfalls als Do geübt, allerdings mit zeremoniellen Kata (die Gegner stellt man sich nur vor). Viele Aikidobewegungen gehen auf Schwertbewegungen zurück. Zum Zeitpunkt der Befragung trug man in Japan Vergleichswettkämpfe zwischen Iaidoka aus, in Europa noch nicht. Zwischen den beiden Aikidogruppen könnten sich Schulen-Unterschiede abbilden; beispielsweise ist Aikido in Frankreich als Breitensport anzusehen. Karate ist ein ebenfalls dynamischer fernöstlicher Stil sowohl mit Partnerübungen als auch mit Kata; es werden Vergleichs- und Überbietungswettkämpfe ausgetragen. Standard-Tanz wurde als westlicher Stil gewählt. Auch hier wird paarweise und meist im Rahmen einer Gruppe geübt; hinzu kommt die Anmutung eleganter, schwungvoller Bewegung: «Aus der Sicht des Zuschauers ... erscheinen beide eng verwandt. Wie der Tanz bringt auch das Aikido eine plastische Erscheinung hervor»[33]. Iaido und Aikido haben ihre Wurzeln in der Daseinsform der schwerttragenden Kriegerkaste des feudalen Japan; Standard-Tanz knüpft an ritterliche Bewegungs-, Umgangs- und Bekleidungsformen der feudalen Adelshöfe Europas an[34]. Es finden Vergleichswettkämpfe zwischen Paaren statt.

Zur Methode

Ich habe eine mehrstufige Studie durchgeführt. Die erste Stufe war eine sogenannte quantitative Forschung. Vertreter der fünf Stile wurden gebeten, sich freiwillig zu melden. Sie bekamen mehrere Fragebögen vorgelegt. Dann wurde ausgezählt, wie viele Personen aus welcher Gruppe wie geantwortet haben (stimmt, trifft zu oder stimmt nicht, trifft nicht zu).

Nun greifen statistische Rechenmanöver. Es wird einbezogen, wie gleichsinnig oder aber wie weit verstreut die Antworten jeweils liegen und daraus abgeleitet, mit welcher Sicherheit (genauer: Wahrscheinlichkeit) man sagen kann: Da unterscheiden sich zwei Gruppen wirklich (Aikidoka und Tänzer, oder innerhalb der Aikidoka ältere und jüngere), oder ob man annehmen muss, dass die Unterschiede eher zufällig zustande kamen.

Echte Unterschiede erhalten eine Art mathematisches Gütesiegel, die sogenannte Irrtumswahrscheinlichkeit, je kleiner, desto besser, in drei Stufen: signifikant, sehr signifikant und hochsignifikant. All jenen, die es (wie ich – wenn schon, denn schon) mit der westlichen Wissenschaft genau nehmen, sei versichert: Nur solche Ergebnisse werden hier überhaupt genannt. Unterschiede (seien sie mit Worten umschrieben oder indem eindrucksvolle Prozentzahlen oder Bruchteile – ein Drittel, die Hälfte – aufgeführt werden) sind also stets mathematisch sauber abgesichert.

Wenn ich nicht ausdrücklich von beiden Aikido-Gruppen spreche, ist immer von den deutschen Aikidoka die Rede. Das gilt besonders für Unterschiede innerhalb der Gruppe der Aikidoka.

Die zweite war die sogenannte qualitative Stufe. Auf der rechnerischen Auswertung aufbauend waren wieder beide Geschlechter und alle erwachsenen Altersstufen eingeladen,
auch wurde darauf geachtet, verschieden Graduierte und unterschiedlich lang oder intensiv Trainierende zu erfassen gemäß der Muster, die sich gezeigt hatten. Mit ausschließlich
deutschen Aikidoka aller Schülergrade wurden Gespräche geführt, die den Charakter halb-
standardisierter Interviews hatten. Bestimmte Fragen stellte ich jedem; danach war offen,
was und wie viel jemand erzählen und vertiefen mochte. Auch die Auswertung einer solchen sogenannten qualitativen Beforschung folgt bestimmten Regeln[35].

Persönliche Aussagen, die in Anführungszeichen gesetzt sind, ohne dass eine Ziffer
auf eine Quellenangabe in den Endnoten verweist, sind stets Originalzitate aus diesen Interviews. Es sind wortgenau verschriftete Tonbandaufzeichnungen, keine etwa erst im Nachhinein angefertigten Protokolle.

Aus den Gesprächen ergab sich viel, was den Schülern wesentlich war. Abschließend
befragte ich Dan-Graduierte mit einem Vorgehen namens Papiercomputer* zum Zusam-
menwirken all dieser Faktoren.

Zu den Ergebnissen selbst muss korrekterweise betont werden, dass sie nicht absolut sind,
sondern für die damals befragten Menschen gelten. Allerdings unterliegen beispielsweise
soziale Faktoren einem rascheren Wandel, während die hier interessierenden emotionalen
und psychomotorischen Bedingtheiten in der Menschheitsgeschichte weitaus mehr Beharrungsvermögen besitzen.

Was für eine wissenschaftliche Arbeit nach westlichem Standard getrennt aufgeführt
gehört – erst die vorbereitende Literaturübersicht (inzwischen ergänzt und aktualisiert),
dann die daraus abgeleiteten Annahmen, am Ende die Ergebnisse – wird für dieses Buch
integriert; meine eigenen Erkenntnisse sowie daraus abgeleitete Empfehlungen sind deshalb gekennzeichnet.

---

* Nach einem Forschungsbericht zur Mehrphasentherapie (unveröffentlicht), Forschungsstelle für Psychotherapie, Stuttgart. www.klinikum.uni-heidelberg.de/index.php?id=7336

II – Die Beweg-Gründe

Dieser zweite Teil wirft die für meine Studie zentrale Frage auf: Was motiviert – bewegt – Menschen dazu, Aikido zu beginnen und dann oft jahre- und jahrzehntelang auszuüben? Meine Überlegungen werden vorgestellt.

4 – WAS SUCHEN MENSCHEN IM AIKIDO?

Philosophen, Psychologen und Neurologen konnten bislang nicht klären, in welchem Verhältnis zueinander einerseits der freie Wille, die bewusste Entscheidung und andererseits ein Festgelegtsein durch äußere Umstände sowie durch die eigene, persönliche Lerngeschichte stehen[1]. Es ist wohl sinnvoll, von Mischformen und Wechselwirkungen auszugehen, wenn man erkunden möchte, welche Absichten jemanden zum Aikido führten, welche Ursprünge oder Quellen diese Absichten haben könnten und wie sie sich durch die leibhaftigen Erfahrungen vielleicht verändern.

4.1 Wie kommen Menschen zum Aikido?

ERKENNTNISSE: Diese Frage war schnell beantwortet: Zu einem großen Teil über Bekannte, Freunde, Lebenspartner. Andere haben sich vorab umgetan, manches verglichen oder aktiv etwas Bestimmtes gesucht. Einige meiner Gesprächspartner hatten eine Neigung zu asiatischen Bewegungsformen, hatten schon zuvor Karate, Judo, Kung Fu, Taekwondo, Ju Jutsu, Kendo, Tai Chi oder Yoga betrieben oder zumindest als Alternative erwogen. Daneben spielten Zufälle eine Rolle, etwa, dass Aikido an einer Volkshochschule oder als Workshop im Rahmen einer Tagung angeboten worden war.

4.2 Gibt es überhaupt eine Bedrohung?

Landläufig wird Aikido gerne als Methode zur Selbstverteidigung vorgestellt. Doch ist es für die Menschen heute wirklich ein wichtiges Motiv – ein Beweggrund –, körperliche Techniken zu erlernen, mit denen körperliche Angriffe abgewehrt werden können?

ERKENNTNISSE: Einzelne Sätze, die mögliche Meinungen oder Einstellungen ausdrücken, wie sie in einem Fragebogen zur Zustimmung oder Ablehnung vorgelegt werden, werden Statements oder Items genannt. Hier war die Aussage «Aikido ist für mich Selbstverteidigung» angeboten worden. Im Gegensatz zu Studienteilnehmern aus Frankreich stimmten deutsche Aikidoka diesem Satz mit nicht einmal 5 % von allen kaum zu. Innerhalb der Gruppe deutscher Aikidoka stimmten auffallender Weise diejenigen, die nur einmal pro Woche trainierten, hier häufiger zu – während gar keine Zustimmung von denjenigen kam, die dreimal oder öfter pro Woche übten. Das ist doppelt spannend, denn meist waren die Meinungen der Aikidoka zu den angebotenen Feststellungen recht einhellig; Unterschiede zwischen den Geschlechtern, Altersgruppen, Familienständen, Graden, Trainingsdauer und -häufigkeit waren eher die Ausnahme. Unterschiede fanden sich vor allem zwischen den Sparten. Wer intensiv Aikido betreibt, sucht und findet darin also offensichtlich etwas anderes.

Auch für meine Interviewpartner hatte der Aspekt der Selbstverteidigung nur einen geringen Stellenwert; ein Mann nahm das «mehr so spielerisch». Einzig eine zierliche Frau erhoffte sich «Kraftzuwachs» und ein anderer Mann «Sicherheit auf der Straße». Er selbst ergänzte dies allerdings gleich im Anschluss mit «oder so in normalen Situationen, also einfach Selbstsicherheit».

Damit gibt er uns einen Hinweis, in welche Richtung wir weiterdenken dürfen. Zwar erwarteten – und erhielten – meine Gesprächspartner vom Aikido viel von dem, was andere Bewegungsformen und Sportarten auch zu bieten haben: Beweglich bleiben, Leute kennen lernen, Spaß, einen Ausgleich zu beruflichen und sonstigen Anforderungen. Recht bald kommen aber weniger allgemeine Anliegen hinzu.

Noch ein paar Statements

Fast alle Teilnehmer meiner Studie, über alle Sportgruppen hinweg, stimmten dem Satz zu: «Jeder Mensch sollte im Leben etwas haben, dem sich hinzugeben sich lohnt». Zwei weitere Sätze des Fragebogens – «Ich betreibe (Aikido, Karate, Tanz), ‹um meine Persönlichkeit zu entwickeln› und ‹um meinen Geist zu schulen›» – ließen sich rechnerisch zu einer Skala zusammenfassen. Aufgrund der jeweiligen Zustimmungen lagen dort die Mittelwerte der Aikidoka höher als die der Karateka und noch einmal deutlich höher als die der Tänzer. Aikidoka legten auch weit eher als Tänzer in ihr Üben das Ziel «Selbstvervollkommnung».

Ein Großteil der befragten Budoka erstreben also etwas Besonderes, während auch durchaus ernsthaften Betreibern einer westlichen Sportart solche Erweiterungen und Ergänzungen ihres Tuns fremd sind.

Ein paar Stimmen

Für einige meiner Gesprächspartner fügte sich Aikido in ein bereits bestehendes Muster aus Reisen in fernöstliche Länder, Interesse an der «japanischen Kultur», an «Buddhismus» oder genauer «Zen-Buddhismus». Sie hegten den Wunsch nach einer «Kampfsportart, wo ein großes philosophisches Gebäude auch dahinter ist». Es sollte kein «Pang! Pang!» sein, sagte der eine, kein «Hai! Hai!», die andere, und diese Frau stellte auch zufrieden fest: «Meister Asai hat ja gestern noch mal betont, es geht nicht um Kampfsport. Find ich gut. Es geht um Kampfkunst. Das war mir auch wichtig.»

Ein junger Mann, der im Aikido mit wenigen Monaten Praxis noch absolut am Anfang steht, hofft: «Ich glaube – dass es einem ja auch – vielleicht so die Möglichkeit gibt, sich zu einem viel reiferen oder viel weiseren Menschen so zu entwickeln.» Ein Zweiter blickt nach zehn Jahren des Übens zufällig genau auf das derzeitige Lebensalter des Ersten zurück: «Also mit zweiundzwanzig wollt' ich noch richtig weise werden und perfekt ...» Eine Frau beobachtete: «Viele spricht das Psychische an. Ruhe. Zentrum. Kraft. Das, was in den Büchern über Aikido steht.»

Lassen Sie uns einen Moment innehalten, zwischen den Zeilen lesen, auf das lauschen, was nicht gesagt wurde. Was ist es denn, was der Person fehlt ... wie fühlt man sich, solange man nicht weise ist ... unruhig ist ... sich schwach fühlt ... von welchen inneren Zuständen möchte sich jemand wegentwickeln ... aus welchen Nöten soll ein gedankliches Gebäude ... Buddhismus ... Zen ... jemanden herausführen?

Ein paar Zeilen

Die Vermutungen verdichten sich zu einem Thema, das mehr oder weniger verhüllt immer wieder mit Aikido oder mit Budo allgemein in Verbindung gebracht wird: Angst. Blättern wir uns doch einmal durch einige Veröffentlichungen – vieles davon ist in populären, breit zugänglichen Medien erschienen, anderes ist etwas spezieller. Was wird denn da angesprochen in einem Leser, in einem Menschen, der vielleicht noch nie von Aikido gehört hat, in uns? Was hat ein Mensch aufgenommen und es hat ihn vielleicht in seine erste Aikidostunde geführt?

Aikido gilt als «Weg, die Angst zu besiegen»[2]. Nun wird Aikido freiwillig betrieben; es geht also wohl kaum nur darum, sich lediglich den sporttypischen Ängsten zu stellen, den Ängsten vor Misserfolg, vor Schmerz, vor Verletzungen, vor Unbekanntem, «vor Blamage und ... vor sozialem Versagen»[3]. Andere Ängste sind angesprochen. Wirklich nur solche vor einem tätlichen Angriff?

Selbstverteidigung wird natürlich häufig angeführt: «Wer lernt, im richtigen Moment auszuweichen, läßt den anderen in ein Loch fallen. Wir müssen ein neues Gespür für die Umgebung und für drohende Gefahr entwickeln»[4]. Aikido wird gern als «die sanfteste der uns bekannten asiatischen Kampfsportarten» bezeichnet, basierend auf einem «einfachen, aber wirkungsvollen Prinzip: die Kraft des Angreifers gegen ihn zu verwenden. In meist schwindelerregend runden Bewegungen wird der Attackierende zu seiner eigenen Überraschung auf die Matte geschickt. Ein effektiver Dreh am Handgelenk und Griffe zum Festhalten des Gegners am Boden vervollständigen die Abwehr»[5]. Staunenswertes wird versprochen; schließlich «geht Aikido von der Stärke des Verteidigers» aus, der «jedem noch so brutal auftretenden Angreifer überlegen ist»[6]. Vielleicht haben unsere möglichen Interessenten schon Feuer gefangen ...

Für das Aikido wird, so können sie lesen, wie «für alle Budokünste» das Ziel formuliert, «innerlich und äußerlich unerschütterlich und unangreifbar werden»[7], womit deutlich wird, dass Aikido etwas ist «für Menschen, die mehr suchen als das Erlernen einer gewaltlosen und eleganten Form der Selbstverteidigung»[8]. Gehen wir mit unseren Interessenten zusammen diesem «Mehr» nach. Schon «das tiefe und lange Ausatmen aus dem Bauch stärkt die Konzentration auf die eigene Mitte – eine Haltung, die sich auch seelisch auswirkt»[9]. «So wird durch Aikido langsam eine andere Haltung eingeübt, erst körperlich und dadurch auch geistig ... weil es dabei nicht um Selbstverteidigung geht – das ist nur die unterste Stufe – sondern um Selbstvertrauen»[10]. Nach Meinung einer Psychologin «lernen Menschen durch die Beschäftigung mit einer Kampfkunst, sich mit ihrer Umgebung auseinanderzusetzen, also Standfestigkeit zu entwickeln»[11].

Während dies noch recht pragmatisch klingt, wird bald ein großer Schritt vollzogen: «Aikido ... ist eine Kampfkunst – und zwar im besten Sinne des Wortes: dynamisch, effektiv, bewegungsintensiv und mit einem anspruchsvollen geistigen Hintergrund»[12]. «Aikido versteht sich nicht als reine Selbstverteidigung. Wer sich primär für Selbstverteidigung interessiert, kann diese aus den Aikido-Techniken entwickeln. Das Aikido ist jedoch in erster Linie eine Budo-Art, ein Weg geistiger und körperlicher Schulung»[13]. Zuweilen wird Meister Tohei zitiert: «Aikido basiert auf der Annahme, daß der Geist den Körper kontrolliert ... und es ist von großer Wichtigkeit, zu verstehen, daß erst dann die vollen Lebenskräfte des Menschen zur Entfaltung kommen, wenn Geist und Körper in völliger Einheit handeln»[14]. Zu wahrer Meisterschaft gelangt man «nicht allein durch perfekte Beherrschung der Methode, sondern durch eine umfassende Schulung der ganzen Person, also auch der Psyche, des Geistes»[15]. Unser Interessent erfährt weiter: «Aus den psychischen Anforderungen, die das Aikido an den Praktizierenden stellt, wird deutlich, daß zu den herausragenden Elementen des Aikido die ständig während Schulung des Geistes gehört»[16].

Doch was ist mit Geist gemeint? Für die weitere Suche machen wir eine Anleihe beim Iaido, der Kunst, ein japanisches Schwert, Iaito oder Katana, zu führen. Iaido hat einige Ähnlichkeiten mit dem Aikido, dessen Bewegungen sich aus Schwertbewegung ableiten und in dem auch mit einem (Holz-)Schwert geübt wird.

Iaido ist ein Do, ein Weg. Wie unten erläutert werden wird, ist dabei das äußerliche Tun lediglich ein Vehikel. Zwar geht es stets um den «vorgeschriebenen Gebrauch des traditionellen japanischen Schwertes (*Katana*)»[17]; doch sieht der «Vertreter des *Iaido*» «sein Schwert nicht als lediglich physische Verlängerung ‹extension› seiner Hand». Vielmehr geht es um Vergeistigung: Im Sinne des Budo ist «der Gebrauch des Schwertes ein Ausdruck (‹extension›) des Geistes des Ausübenden»[18]. Damit ist Iaido «eine nicht-kämpferische körperliche und geistige Disziplin höchsten Grades»[19]. Das Schwert, genauer, die Art des Umgangs mit ihm, gilt als Abbild des, meist unvollkommenen, momentanen Zustandes: «Früher hieß es, das Schwert sei die Seele des Samurai, und in gewissem Maße trifft dies auch heute noch zu. Jede Gemütsregung, Ungeduld, Ärger, Unaufmerksamkeit, Langeweile etc. spiegeln sich in der Art und Weise, wie man die Klingen führt»[20].

Iaidoka üben die meiste Zeit ohne ein leibhaftiges Gegenüber; doch vieles, was sie vertreten, gilt für die nicht-wettkämpfenden Aikidoka ganz ähnlich, obwohl mit einem Partner trainiert wird. Hier wie dort «gewinnt man nur gegen/für sich selbst, sowie man nur gegen/für sich verlieren kann»[21]. Auch einer meiner Aikido-Gesprächspartner erlebte «dieses Üben oder gegen sich selbst kämpfen» als «eine einsame Sache».

Das Paradox, dass «klassisches Budo die Existenz von Kampf bejaht und zugleich verneint», wird damit erklärt, dass «es keinen äußeren Feind gibt. Nur den inneren Feind, das Ego-Selbst gibt es; es muß ‹bekämpft›, ‹niedergeschlagen› und ‹getötet› werden». Dies ist ein «Kampf ... der gründlich und tief mit dem eigenen inneren Selbst ausgetragen wird». «Durch den Prozeß harten Übens (*Shugyo*)» mittels «*Seishin Tanren*, dem Prozeß spiritueller Arbeit», hat man den «inneren Geist gemeistert».

Diesen strengen Sätzen werden wahre Verheißungen gegenübergestellt. Die Rede ist von «wohltuenden Wirkungen», von «Lohn», der «immerwährend sein» wird. Zum Beispiel bringt Iaido Geist und Körper «in harmonische Einheit» und so «erreicht man einen friedvollen Zustand des Geistes, aus dem innere Gelassenheit erwächst». Denn «wenn Körper und Geist … harmonisch vereint sind, ereignet sich zugleich eine Entfaltung persönlicher Schönheit, die sich, sei es in Ruhe oder Aktion, in Mut, Geduld und Würde offenbart»[22].

Zuweilen wird dem Aikido eine ähnliche mystische Würde zugeschrieben: «Eine Kreisbewegung, ansetzend am Handgelenk, unwiderstehlich übergreifend auf Ellenbogen und Schulter; schon kommen die Beine des Übungspartners in der Zentrifuge nicht mehr nach. Im Absprung versucht er, dem Schwung seines Körpers zu folgen». Der Betrachter gerät ins Schwärmen: «Im Auge des Sturms der Meister. Mit marmorner Gelassenheit vollendet er den uralten Bewegungsablauf. Noch ein Richtungswechsel, noch eine sparsame Verlagerung des Schwerpunktes, dann bohrt sich der Sog in den Boden. Der Griff löst sich, und der rotierende Körper wirbelt zur Matte. Eine halbseitliche Rolle dämpft den Anprall. Meister und Schüler verbeugen sich.»[23]

Gelassenheit – die hätte unser modellhafter Interessent schon gerne zu eigen. Doch wie kommt man dahin? Es ist offensichtlich ein Kreisprozess: Die körperliche Übung entwickelt den Geist (den wir immer noch nicht genau fassen können); andererseits setzt das körperliche Können den geschulten Geist voraus: «Die Wachheit und Bewußtheit des Geistes, die schon etwas Außerkörperliches hat, wenn sie bis zur Meisterschaft ausgebildet ist, ist im Zusammenhang mit dem hochempfindlichen und reaktionsbereiten Körper zu ungeahnten, nicht planbaren, hocheffektiven Bewegungsabläufen in der Lage, bei denen zwischen Wahrnehmung und Ausführung nicht eine Haaresbreite Verzögerung auftaucht»[24].

Solche Fähigkeiten erlangt man «nur über den östlichen Weg der Leere. Dieser Weg kommt aus der Tradition des Zen und lehrt – nichts. Die Schüler sitzen vor den Übungen beziehungsweise vor dem Kampf im Meditationssitz … und lassen die Leere in sich hineinströmen … Aus dieser Ruhe und Leere erwächst die uneingeschränkte Präsenz, die alles sieht, ohne direkt hinschauen zu müssen … Geist und Körper sind weder von Furcht noch von Erwartungen, weder von Strategieüberlegungen noch von technischen Plänen getrübt, sondern leer, rein und klar. Der Körper ist biegsam wie ein junger Baum. Und der leiseste Windhauch – aus welcher Richtung er auch immer kommen mag – wird wahrgenommen und umgelenkt»[25].

Da! Haben Sie es bemerkt? Da war es – der Kern – das Eigentliche – das ganz große Versprechen: Geist und Körper sind nicht von Furcht getrübt, sondern klar. Ganz ähnlich stellt man dem Ausübenden des Iaido einen «psychischen Zustand» «der Ruhe», der «inneren Gelassenheit» in Aussicht, in welchem «der Geist eine Zuflucht vor verwirrenden Gedanken, Ereignissen und schwächenden Gefühlen findet», einen «entschlossenen Willen …, der frei ist von Angst und von der Erwartung des Versagens, und der in der unerschütterlichen Gewißheit handelt, daß sein Tun richtig ist»[26]. Der Übersetzer des ursprünglichen Textes hatte ergänzt: «Mag man reden oder schweigen, sich bewegen oder ruhen, der Körper bleibt stets in Frieden. Selbst angesichts des blanken Schwertes bleibt der Geist ruhig»[27].

Ebenso «synchronisiert der Aikidoka ... den Angriff mit der Verteidigung so perfekt, daß der Gegensatz zwischen den Kämpfern aufgehoben wird und die Angriffe des Gegners ins Nichts führen». Dafür ist es nötig, «jede Furcht und alle instinktiven Selbstschutzreflexe zu überwinden und stattdessen genügend Kaltblütigkeit auszubilden, aus der heraus man den winzigen Augenblick während des Angriffs abwarten kann, aus dem der Angreifer keinesfalls mehr zurück kann». Dies wird möglich durch Lenkung des Atems «ins Hara, die körperliche Mitte jedes Menschen, die auch gleichzeitig die geistige Mitte ist. Sie soll erfüllt sein von der Lebensenergie ‹Ki› und gleichzeitig gesammelt und ruhig werden. Denn wie der Weise sagt: ‹Nur weil die Mitte unbewegt bleibt, kann das Rad sich drehen›»[28].

Ein paar Gedanken

Die möglichen Interessenten werden nun zurückgelassen und ich möchte zum Ausgangspunkt meiner Betrachtungen zurückgehen. Einerseits gibt es unleugbar überwältigende Bedrohungen, gegen die kein noch so gut trainierter Körper, kein noch so gefestigter Geist etwas ausrichten kann (ich schrieb diesen Teil des Buches in der Woche drei nach Fukushima, 2011). Auf der anderen Seite ist das Leben in der Bundesrepublik Deutschland um die Jahrtausendwende doch eher geregelt, Angriffe – mit oder ohne blankem Schwert – sind für die meisten Menschen zum Glück nicht der Alltag. Drittens aber liegen all diese eben notierten Aussagen vor, die eine endgültige Befreiung von Furcht und Angst versprechen.

Offenbar haben sie ihre ganz eigene Berechtigung; nämlich dann, wenn die Furcht nicht im Außen entsteht als Furcht vor einem äußeren Feind. Wenn die Angst eine innewohnende ist, vielleicht bis zu diesem Zeitpunkt fast selbstverborgen, durch solche Schriften erstmals berührt, ausgesprochen, benannt. Eine, der gegenüber sich der oder die Betreffende bislang hilflos gefühlt hat ... die sie oder ihn ein Leben lang begleitet hat. Die von Beginn des Lebens an da war. Die aus einer Zeit stammt, ehe es Worte und bewusstes Denken überhaupt gab: aus der ganz frühen Kindheit.

Diese Zeit im Leben eines jeden Menschen wird Gegenstand der nächsten Kapitel sein. Moment mal – warum sollte sich ein Aikidoka oder ein Aikidolehrer, der – vielleicht sogar ausschließlich – mit Erwachsenen zu tun hat, für die frühkindliche Entwicklung interessieren? Ist denn das nicht eine rechte Zumutung?

Lassen Sie mich darlegen, wie ich das sehe. Es gibt da ein paar interessante Dinge zu wissen über die Grundausstattung an Fähigkeiten, mit denen jedes Kind geboren wird, und über die Grundbedingungen, die es braucht, um seine körperlichen und seelischen Möglichkeiten zu entfalten. Was in dieser frühen Zeit geschieht, wirkt sich auf das ganze weitere Leben aus. Hiervon etwas zu erfahren, kann meiner Meinung nach allen Beteiligten nützen, ihnen Stress ersparen und helfen, Missverständnisse zu verhindern.

Aikidoka stellen sich vielen Herausforderungen. Eine davon ist, gemeinsam zu trainieren statt in Gruppen, die vorab sorgfältig passend gemacht wurden, sortiert nach Geschlecht, Alter, Gewicht oder Einstufung. Damit ist uns von vornherein vertraut, dass die Menschen unterschiedlich sind. Weniger bekannt ist dabei, wie tief diese Unterschiede gehen können und wie tief sie eingreifen können auch bereits in die Befähigung dazu, eine gezeigte Bewegung mit dem Körper zu verstehen und nachzuvollziehen. Meist geht ja alles gut, und kontinuierliche Fortschritte sind sichtbar. Doch kennt auch jeder Aikidoka einen Trainingspartner oder einen Schüler, dem er ein und dasselbe Detail vielleicht schon seit Jahren immer wieder sagt: «Richte dich auf» oder «streck den Arm mehr» oder «bring deine Mitte tiefer» oder ... Der oder die Betreffende sagt dann ja und bedankt sich und beteuert vielleicht noch, es jetzt begriffen zu haben – ohne dass sich etwas ändert.

Da kann es dann schon geschehen, dass man insgeheim denkt, dieser Mensch ist vergesslich oder trotzig oder er gibt sich halt keine Mühe. Es besteht die Gefahr, dass man ihn aufgibt, sich zurückzieht. Schade! Gerade solche Schüler brauchen uns besonders. Denn eben deshalb kommen sie, eben schon seit Jahren, ins Aikido.

Eine Klarstellung

Etwas muss betont werden: Nicht nur Aikidoka oder Budoka sind auf der eingangs geschilderten, vagen Suche; ganz im Gegenteil wird, wie ich zeigen werde, etwas sehr Allgemeines, für viele Menschen Gültiges herausgearbeitet werden. Dann aber ist es ist so, das hat meine Studie erwiesen, dass es im Aikido besonders viel zu finden gibt.

Ob man diesen Ansatz nun für interessant, für weit hergeholt oder sogar für insgeheim etwas bedrohlich hält: Die frühen Erfahrungen sind prägend für das spätere Leben. Sie formen nicht nur die Gefühlswelt, sondern zugleich die Motorik des Menschen. Sie bestimmen damit sowohl die Vorlieben für eine Sportart oder Bewegungsweise als auch die Befähigung dazu.

Wenn wir hier ansetzen, können wir den oben erwähnten unklaren Ängste auf die Spur kommen. Vielleicht entspringt der Bedarf an Selbstverteidigung sogar unserem innersten Selbst ...

4.3 Ein paar Fachbegriffe: Objekt, Ich und Selbst

Der Wortgebrauch, der Psychologen und Psychotherapeuten selbstverständlich ist, kann einer kurzen Erklärung bedürfen, weil das eine oder andere in den folgenden Kapiteln, vor allem in Zitaten, auftauchen wird.

Objekt

Insbesondere in psychoanalytischen Texten bezeichnet der Ausdruck «Objekt» Menschen, was auf Freud und die Zeit der «physiologischen Richtung» der Psychoanalyse zurückgeht: Die «verschiedenen Triebe standen damals im Brennpunkt des Interesses, man stellte sich das Objekt als ein Attribut des Triebs vor, z. B. seinen Anreger oder sein Ziel».

Dies hat sich geändert; nun «stehen Objekt und Objektbeziehungen im Vordergrund der Aufmerksamkeit» und dementsprechend bedeutet «Objektbeziehung» eine «Beziehung zu Menschen»[29].

Der Begriff Objekte schließt dennoch Dinge und Konzepte mit ein. «Konsistenz und Homogenität – und damit Stabilität – unseres Selbstbildes» hängen in hohem Maß von «den persönlichen und unpersönlichen, konkreten und abstrakten Objekten unseres vergangenen und gegenwärtigen Lebens» ab[30]. «Der Ausdruck *Objekte* wird ... verwendet, wenn nicht nur Menschen, sondern auch andere *foci* menschlichen Interesses bezeichnet werden sollen, die außerhalb des Individuums liegen». Damit kann sich «*Objekte* ... auf Tiere, Hobbys und Interessengebiete wie Kunst, Musik oder ähnliches beziehen». Es ist ein Maß für «seelische Gesundheit», ob sich Menschen «frei und intensiv ihrem Interesse an mannigfaltigen Objekten hingeben können»[31].

Ich und Selbst

Freuds Begriff des Ich, lateinisch und englisch: Ego, hatte mit der Zeit einen unguten Beiklang erhalten. Eine neue Richtung schrieb dem Selbst einen Großteil dessen zu, was man einst im Ich angesiedelt gesehen hatte[32]. Das Objekt ist nach neuer Sicht keineswegs mehr nur ein passives Ziel, sondern leistet als Selbstobjekt sogar den wesentlichsten Beitrag zu einer gesunden Entwicklung des Selbst. Die Aufgabe eines solchen Selbstobjektes ist, die Bedürfnisse, die Entwicklungsnotwendigkeiten anzuerkennen und es (zunächst dem Kind, doch später gilt dies für Erwachsene ebenso) zu ermöglichen, sie im Kontakt zu realisieren. Zu Beginn des Lebens sind dies ausschließlich körperlich-interaktionelle Vorgänge, was in den folgenden Kapiteln anschaulich gemacht werden wird. Auch mit dem Älterwerden bleiben personale Selbstobjekte, also einfach andere Menschen, weiterhin bedeutsam. Doch durch eine sich vertiefende Beschäftigung mit nicht-personalen, also dinglichen, sachlichen, Selbstobjekten wird der Mensch von anderen Menschen teilweise unabhängig und gewinnt so an zusätzlicher Stabilität[33].

ERKENNTNISSE: Während Freunde, Lebenspartner, aber auch Übungsleiter und Mittrainierende personale Selbstobjekte darstellen, kann man das Insgesamt des Aikido als ein nicht-personales, abstraktes Selbstobjekt ansehen. Im Leben eines meiner männlichen Gesprächspartner bedeutet Letzteres in etwa: «Du musst halt sehen, Frauen kommen und gehen, das Aikido bleibt dir!»

Körperselbst

Der Beginn von Ich-Entwicklung oder von Entwicklung des Selbst liegt in den körperlichen Gegebenheiten: «*Berührungsimpressionen* und die Wahrnehmung innerer Vorgänge ... bilden die Grundlagen der seelischen Repräsentanzen des Körpers als *Körperschema*. All das konstituiert den Kern der Idee des *Ichs*, des Zentrums, um das sich Erinnerungsspuren, Gefühle und Vorstellungen vom Selbst kristallisieren, strukturieren und organisieren. Diese werden allmählich von den intrapsychischen Repräsentanzen der Objektwelt unterschieden (Jacobson, 1954)»[34].

Folgen Sie mir auf eine Entdeckungsreise in die frühe Kindheit. Die theoretische Ausrüstung haben Sie jetzt.

5 – Die gesunde psychomotorische Entwicklung des Menschen

Der Leib ist das Vehikel des Zur-Welt-Seins[35]
Ohne den Leib gäbe es weder ein *Ich* noch eine *Welt*[36]

Kleine Kinder können nicht sprechen, sie können sich nicht erklären. Woher haben wir dann unser Wissen?

Die Erforschung der frühkindlichen Entwicklung hat ihre eigene Geschichte (vgl. Anhang 3). Das Folgende stützt sich zum großen Teil auf die sogenannte Bindungsforschung und die sogenannte Säuglingsforschung (Baby-Watching). Diese Forschungszweige arbeiten mit Video-Aufzeichnungen und deren Analyse, besonders dann der Mikroanalyse in der Zeitlupe, von Gesichtsausdruck und körperlichem Tun kleiner Kinder, ob alleine oder in Interaktion mit ihrer Umwelt. Die Vorgehensweise dieser Forscher war an sich schon «eines der intellektuellen Abenteuer»[37] des letzten Jahrhunderts; die berührenden Ergebnisse machen alltagsnah die Wechselwirkungen sichtbar zwischen Beziehungen und Gefühlen einerseits und körperlichem Handeln und Verhalten andererseits.

Über lange Zeit dachte man von der kindlichen Entwicklung (sofern man überhaupt über sie nachdachte), dass dabei so etwas wie ein festgelegtes Programm von alleine abläuft: Die Bewegung des Kindes entwickelt sich. Seine frühen Reflexe verlieren sich, an ihre Stelle tritt die sich entwickelnde Koordination und Kontrolle über den Bewegungsapparat. Aus der Orientierungsreaktion entwickelt sich das gezielte Folgen mit den Augen, aus dem Greifen ohne das Greifen mit Oppositionsstellung des Daumens; auf Heben des Kopfes folgen das Sichhochstemmen, das Sichdrehen, das Sitzen, das Krabbeln, das Sichhochziehen, die ersten Schritte … [38] In Wirklichkeit verlaufen jedoch die psychische und die motorische Entwicklung des Kindes sowohl miteinander als auch mit interaktionellen Gegebenheiten intensiv vernetzt. Das wird im Folgenden erklärt werden.

5.1 Am Anfang ist alles Körper oder die angeborenen Kompetenzen

Auf der Seite des Kindes ist von Geburt an die Muskulatur der Augen beteiligt. Es sucht den Blickkontakt, hält ihn, wendet den Blick ab. Dazu kommt die Muskulatur, die es ihm ermöglicht, den Kopf zu bewegen. Zahlreiche einzelne Muskeln der Mimik erlauben es dem Baby, die Stirn zu runzeln, ängstlich oder schmerzverzerrt zu blicken, bald auch zu lächeln und damit seiner Mutter – sie ist meist die wichtigste Bezugsperson, steht hier und im Weiteren aber auch für Vater, Oma, Geschwister – etwas über seine Befindlichkeit mitzuteilen. Diese Muskeln benutzt es interessanterweise auch bereits dafür, die mütterliche

Mimik nachzuahmen und dadurch seinerseits etwas über deren Gemütszustand zu erfahren. So keimt die Fähigkeit zur Einfühlung und das soziale Lernen beginnt.

Auch um Geräusche hervorzubringen, setzt das kleine Kind motorische Vorgänge ein, also zum Plappern, Weinen und Schreien. Hinzu kommen Bewegungen von Armen, Beinen und Rumpf, mit denen das Kind in Kontakt zur Welt treten, Wollen ausdrücken, Missfallen kundtun kann. Gerade die ganz frühen Bewegungen sind damit zu einem Großteil interaktiv, also auf ein Gegenüber bezogen und mit diesem verbunden – nicht etwa nur zufällig oder selbstbezogen.

Körper des Kindes und Körper der Mutter

Beim Ansehen, Anfassen, Halten, Wiegen, Füttern, Pflegen und Spielen setzt auch die Mutter ihren Körper ein: «Übertriebene Haltungsänderungen und Gesten, die selbst ein wenig ‹babyhaft› wirken, spiegeln die Bewegungen des Kleinkindes wider und nehmen sie vorweg»[39]. Wörtlich bewegt die Mutter ihr Kind, sie trägt es herum, macht mit seinem Händchen Winke-Winke. Im übertragenen Sinn bewegt das Kind seine Mutter: Es bringt sie – durch seine Laute, sein Lachen, sein Strampeln – immer wieder dazu, genau all dies mit ihm zu tun. Das Medium der Verständigung zwischen beiden ist die Bewegung; die ganze Beziehung beider ist Bewegung.

Intuitiv geht die Mutter mit Tonhöhe und Stimmklang, Rhythmus und Tempo der Stimme oder ihrer Bewegungen auf die Angebote des Kindes ein, macht dann ihrerseits Angebote – eine Art gemeinsamer Tanz entsteht, ein Bewegungsduett.

Wir können nun den Säuglingsforschern einmal über die Schulter schauen, beobachten, wie sie das anfangen und was genau sie zu sehen bekommen. Für das wissenschaftliche Baby-Watching wird die sogenannte Split-Screen-Technik eingesetzt: Mutter und Kind werden mit je einer gesonderten Videokamera gefilmt. Die Bilder beider Apparate werden zeitgleich aufgezeichnet und später gleichzeitig auf je eine Hälfte eines in der Mitte geteilten Bildschirmes übertragen. In der Zeitlupe, also Bild für Bild wird nun analysiert, wie der gemeinsame Tanz von Mama und Baby abläuft. Es wird betrachtet, wer einen Abschnitt der Begegnung beginnt und wie und wer ihn dann, und wie, beendet. Es interessiert also, wer wann und wie führt, wer wem folgt. Mal schaut man auf die Körper im Ganzen, mal auf Muskelgruppen oder sogar auf einzelne, ganz kleine Muskeln im Gesicht; deren Anspannung oder aber Entspannung verändert den Gesichtsausdruck. Kasten 1 beschreibt, wie es aussieht, wenn alles gut läuft. Der Filmausschnitt dauert knapp zweieinhalb Minuten. Die Zeitspanne ist also sehr, sehr klein und auch unauffällig angesichts eines ganzen Tages, einer Woche, eines Monats, des ersten Lebensjahres. Doch das Beziehungsgeschehen ist reich.

Kasten 1: Der Beziehungs-Tanz. Entnommen: Dornes (1994), S. 62-64.

Der Säugling schaut zur Seite, von der die Mutter hereinkommen wird. Er liegt völlig ruhig in seiner Kinderwippe, mit ernstem Gesicht, herunterhängenden Backen, halb geöffnetem Mund, nach unten gezogenen Mundwinkeln, aber in seinen Augen liegt ein erwartungsvoller Blick. Sein Gesicht und seine Hände weisen in dieselbe Richtung. Als seine Mutter hereinkommt, mit hoher, sanfter Stimme «Hallo» sagt und sich ihm dabei nähert, folgt er ihr mit Kopf und Augen. Er wirkt jetzt gespannt, und Gesicht und Augen öffnen sich zu einer richtigen Begrüßung, die in ein Lächeln einmündet. Sein Mund wird breit und sein ganzer Körper orientiert sich in ihre Richtung. Er entspannt sich, bewegt zweimal die Zunge zwischen den Lippen, sein Lächeln erlischt, und er schaut kurz nach unten, während sie mit zunehmend auffordernder Stimme spricht. Währenddessen bleibt sein Gesicht und seine Stimme still, aber sein ganzer Körper ist ihr zugewandt. Er schaut nach unten und sie beginnt, seine Hüften und Beine zart und fürsorglich zu bewegen. Er schaut mit einem breiten Lächeln wieder hoch, die Augen werden schmal, eine Hand führt er grunzend und vokalisierend* zum Mund und dann fängt er an, mit Armen und Beinen in ihre Richtung zu fuchteln.

Während seine Aktivität zunimmt, wird ihr Lächeln breiter, sie fängt an, lauter und mit einer höheren Stimme zu sprechen; dabei akzentuiert** sie seine Vokalisierungen mit ihren eigenen und seine Aktivität damit, dass sie seine Beine bewegt. Sein Lächeln, seine Vokalisierungen und seine fuchtelnden Arm- und Beinbewegungen kommen und gehen in einem Zwei-Sekunden-Rhythmus. So entstehen kleine Aufmerksamkeits- und Bewegungszyklen, die auf sie gerichtet sind. Sie hält seine Hüften mit ihren Händen, als wolle sie seine Erregung vor dem Überschäumen bewahren. Mit Stimme, Gesicht und Händen moduliert*** und akzentuiert sie sein Verhalten. Er schaut wieder nach unten, mit ernüchtertem Blick, und zieht eine Schnute (nach 40 Sekunden). Sie schaut auf seine Füße, dann in sein Gesicht, und auch er schaut sie wieder an. Sie läßt seine Beine los, und er zieht sie wieder an seinen Körper.

Er bricht dreimal in breites Lächeln und staccato-ähnliche Vokalisierungen aus. Jedesmal «öffnet» sich sein Gesicht ganz weit, und seine Beine und Arme strecken sich zu ihr. Sie scheint von seinen Ausbrüchen gefesselt, ihr Lächeln wird breiter und ihre Stimme heller. Nach jedem Ausbruch wird sein Gesicht ernst, seine Glieder ruhig, und sie beruhigt sich ebenso wie er. Nach 70 Sekunden wird er ganz ruhig und schaut mit dunklem, ernstem Gesicht auf seine Füße. Sie wird sehr still, ihr Gesicht ernst, ihre Stimme langsamer und tiefer. Ihr Mund ist nach unten gezogen und spiegelt seinen ernsthaften Gesichtsausdruck wider. Nach 3 Sekunden hellt sich sein Gesicht wieder auf, er lächelt breit und macht Zungenbewegungen.

Dieses Mal ist er etwas zurückgezogener, die Bewegung seiner Extremitäten und seine Aufregung ist gedämpfter. Sie reagiert sofort, schüttelt auffordernd den Kopf, lächelt sanft, und ihre Stimme wird kräftiger. Er produziert zwei weitere Staccato-Vokalisierungen mit Lächeln und ruckartigen, fuchtelnden Beinbewegungen in ihre Richtung. Sie umfaßt seine Hüften, aber diesmal folgt ihre stimmliche Erregung nicht seiner körperlichen. 6 Sekunden später schaut sie nach unten und hält seine Arme in ihren Händen, als wolle sie seine Aufregung unter Kontrolle halten. 10 Sekunden später folgt er ihrem Blick, seine Bewegungen beruhigen sich, und sein Gesicht wird ernsthaft. Jetzt, nach 90 Sekunden, ist sie ebenfalls ganz ernsthaft. Er niest, sie ant-

* vokalisieren: alle (kindlichen) Laute, die nicht Schreien sind.
** akzentuiert: betont.
*** moduliert: formt.

wortet mit einem «Gesundheit» und nickt ihm mit aufgehelltem Gesicht zu. Sie fängt an, auf ihn einzureden, während er ernsthaft ihr Gesicht studiert. Schließlich lächelt er, sie wirft den Kopf nach hinten und lächelt breit und aufgeregt. Danach beruhigen sich beide. Er schaut sie jetzt ernsthaft und ruhig an. Sie spricht ernst mit ihm und hält seine Pobacken und seine Beine zwischen ihren Händen. Nach längeren Intervallen lächelt er sie ziemlich kurz und tastend, aber durchaus aufmunternd an. Nach jedem Lächeln wird sein Gesicht wieder ernsthaft und sein Körper völlig bewegungslos. Sie reagiert lächelnd auf sein Lächeln, verändert aber ihren Tonfall nicht und spricht weiter ruhig. Nach 135 Sekunden schaut er auf seine Füße, lächelt länger, und seine Zunge wird zwischen den Lippen sichtbar.

Auch seine Beine rudern auf sie zu. Sie schaut mit ihm zusammen nach unten und fängt an, seine Beine (mit ihren Händen) mitzubewegen. Während er sie anlächelt, schaut sie hoch, ihr Gesicht hellt sich auf, sie bewegt seine Beine schneller, und ihre Stimme wird lauter. 5 Sekunden später läßt sein Lächeln nach, und er schaut wieder weg. Danach beginnt eine weitere Runde mit beidseitigen ernsten Blicken, die mit kurzen Lächelepisoden abwechseln. Sie folgt jetzt seinen Hinweisen, «pumpt» mit seinen Beinen, lächelt und vokalisiert mehr und steuert auf einen endgültigen Höhepunkt zu. Beide lächeln breit, ihre Stimme wird höher, ihre Hände an seinen Beinen aktiver. Er beruhigt sich als erster und schaut ernst nach unten. Ihr breites Lächeln verschwindet, sie läßt seine Beine los und macht Anstalten wegzugehen. In diesem Augenblick schaut er sie flehentlich an, seine Mundwinkel sinken nach unten, die Augenbrauen ziehen sich zu einem Bogen, Arme und Beine beruhigen sich, und er folgt ihr mit Kopf und Augen, während sie sich entfernt.

Während Kasten 1 mit Worten ein rundum befriedigendes Miteinander nachgezeichnet hat, enthält die Bildfolge a bis f (Abb. 1) einen Verlauf von Vergnügen über eine Störung und deren Reparatur zu erneutem Vergnügen – also ebenfalls eine gelingende Interaktion. Es kann nämlich kein dauerhaft störungsfreies Miteinander geben; deshalb wird über konstruktiv oder ungünstig danach entschieden, welche Kompetenz beide Beteiligten darin haben, die Beziehungsbrücke nach einem Schaden wieder zu reparieren[40] (mehr dazu später).

Die Bildqualität ist schwach, weil es sich um echtes, nur selten zugängliches Forschungsmaterial handelt (abfotografiert von einem angehaltenen Videofilm auf einem Fernseh-Bildschirm). Der Autor[41] gibt eine doppelte Erklärung; er beschreibt einmal den beobachtbaren Ablauf und einmal erläutert er die begleitenden Emotionen; ich habe beides wortgetreu in eins gefasst.

S. 39, Abb. 1 (a-f): Mutter-Säuglings-Interaktion, aufgezeichnet mit dem sogenannten split-screen-Verfahren. Entnommen: Tronick, Edward (2007), S. 485-487.

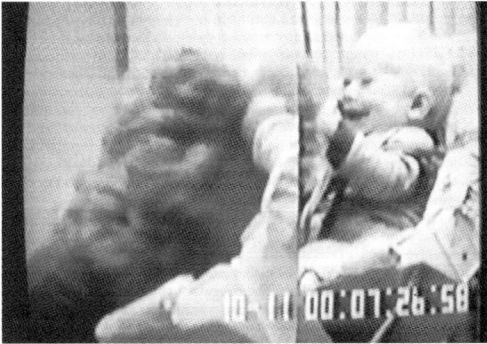

Bild a: Ein sechs Monate altes Baby und seine Mutter spielen. Sie beugt sich vor und reibt ihre Nase an seinem Bauch. Das Baby fasst in ihre Haare. Sein Affekt ist «das ist das Tollste, was ich je gemacht habe», seine körperliche Handlung ist kraftvoll.

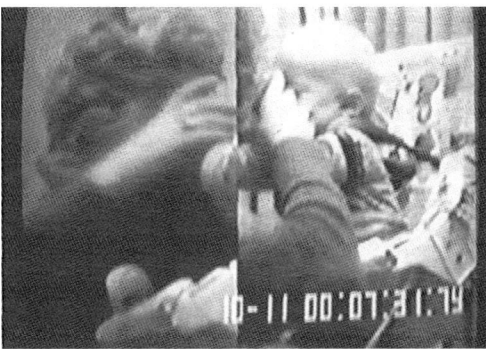

Bild b: Die Mutter lehnt sich zurück, der Bub hält ihre Haare fest, sie versucht, seine Händchen aus ihnen zu lösen.

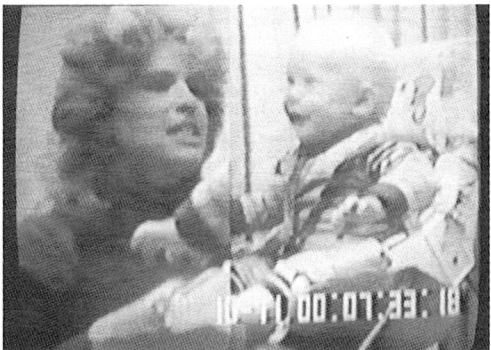

Bild c: Es tut ihr weh. Sie macht ein Ärger-Gesicht (mit sichtbaren Zähnen) und ein ungehaltenes Geräusch (Autsch! Autsch!).

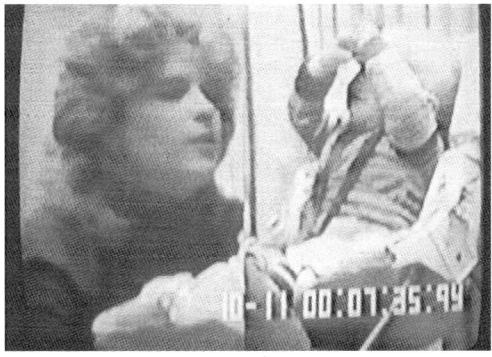

Bild d: Das Baby wird sofort ernst. Es hebt seine Arme und Hände, guckt aber darunter durch zu ihr hin. Sein Affekt ist «dies ist bedrohlich», die motorische Handlung ist ein Sichschützen.

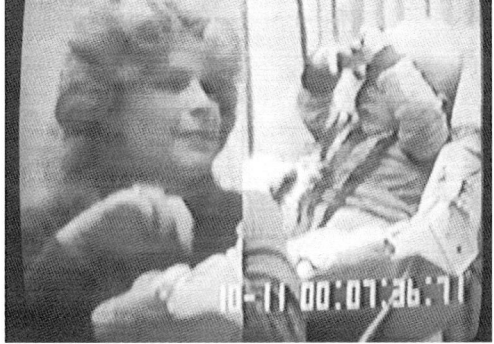

Bild e: Das Kind guckt ängstlich. Bei der Mutter setzt offenbar ein selbstreflexiver Prozess ein («jetzt habe ich ihn erschreckt – das wollte ich nicht!») und sie macht einen einlenkenden, Verzeihung heischenden Kontakt, indem sie zart seinen Fuß antippt. In der Folge hat das Baby seine Arme sinken lassen und durch schüchterne Bewegungen gezeigt, das auch es wieder etwas mit ihr machen möchte.

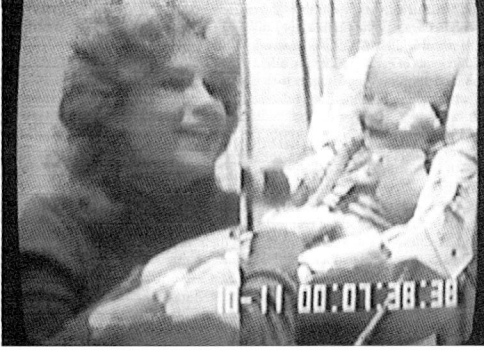

Bild f: Es ist wieder gut zwischen den beiden, sie haben wieder zusammen Spaß. Das alles ist in Sekundenbruchteilen abgelaufen! Sogar Hundertstel Sekunden werden erfasst und ausgewertet.

«Optimalerweise» bewegen sich die «Interaktionspartner ... flexibel zwischen überein-
stimmenden ... und nichtübereinstimmenden ... Affektzuständen hin und her» und finden
nach einer Störung «innerhalb von zwei Sekunden» wieder zueinander[42]. Es sind solche,
nur eine winzige Zeitspanne während zwischenmenschliche Vorgänge, die, wie wir sehen
werden, die psychomotorische Entwicklung und das gesamte Lebensgefühl begründen.

Welt und Beziehungen werden körperlich erlebt

Überhaupt erfolgt die Wahrnehmung der gesamten Welt ausschließlich über die Körperlichkeit des Kindes, ist reich an Sinneseindrücken und zugleich an emotionalen Bedeutungen. Es gibt «Wärmeempfindung, rhythmische Geräusche und Bewegungen, unterdrück-
tes, unbestimmtes Summen, die unwiderstehlichen und überwältigenden Wirkungen von
Geschmack und Gerüchen, von enger körperlicher Berührung, von Tast- und Muskelempfindungen vor allem der Hände und die unbestreitbare Tatsache, daß durch all dies Ängste
und Argwohn, selige Zufriedenheit und grausame, verzweifelte Einsamkeit hervorgerufen
und zum Verschwinden gebracht werden können»[43].

Die Mutter ist mit ihrem ganzen Körper im Einsatz. Auch was sie für das Kind empfindet, wird ihm ausschließlich körperlich vermittelt. Jeder Kontakt besteht aus einem Vorgang (Wickeln, Füttern, Spielen) und hat einen affektiven Gehalt (ärgerlich, begeistert, sach-
lich-neutral, ungeduldig, ängstlich und so fort). Das Baby kann diese Qualitäten bemerken
und unterscheiden.

Weil nun für ein Kind am Anfang des Lebens die Mutter die Welt repräsentiert, werden die jeweiligen Erfahrungen aus dem Zusammensein mit ihr in das sich allmählich aus-
formende, grundsätzliche Lebensgefühl eingebaut. So, wie es ist, mit ihr zusammen zu sein,
so ist es, in der Welt zu sein. Später einmal kommen gefühlsbezogene Worte hinzu wie Bedrohtheit, Missverstanden-, Ausgeliefertsein, Angst, Verzweiflung, Depression oder Geborgenheit, Schutz, Freude und Trost. Doch zunächst werden all diese Erfahrungen vom Kind
ausschließlich körperlich erlebt – und erinnert.

Die überdauernde Körpererinnerung: das prozedurale Gedächtnis

Immer wenn ein Säugling nicht schläft und nicht für sich ist, ist er also mit seinem ganzen
Körper in Beziehung zu bedeutsamen anderen. Das Kind macht über Stunden, Tage, Wochen und Monate in unzähligen Körper-zu-Körper-Vorgängen psychomotorische und psychosoziale Erfahrungen. Der jeweilige gefühlsmäßige Gehalt dieser verschiedenen Beziehungen wird ausschließlich durch das körperliche Tun der einzelnen Personen transportiert und die Qualitäten dieser Handlungen, ob nun sanft, harmonisch, ruppig, grob, werden vom Säugling differenziert wahrgenommen. Alles, was sich wiederholt, wird bald im
Gedächtnis für Abläufe gespeichert, dem sogenannten prozeduralen Gedächtnis. Auch
das ist ein körperlicher Vorgang, und zwar im Gehirn des Kindes[44] (Genaueres in Anhang
4). Wiederholungen verankern Ereignisse und eigene Handlungen im prozeduralen Gedächtnis, genauso wie alle später erlernten «Bewegungsabläufe oder Handlungsstrategien
wie beim Autofahren, Skilaufen»[45].

Das fängt im Kleinen an – viele kennen das aus der eigenen Familie: Ein Baby von wenigen Monaten sitzt in seinem Kinderstühlchen. Die Mutter tritt mit Breiteller und Löffel aus der Küche. Das Baby streckt beide Ärmchen gerade nach vorne aus, denn sein Körper weiß bereits, dass ihm erst noch ein Lätzchen mit Ärmeln angezogen wird, bevor die guten Sachen kommen.

Gefühlszustände bedingen Bewegungsmuster

Nun – welche Bedeutung Wiederholen beim Bewegungslernen hat, braucht man einem Aikidoka ja eigentlich nicht zu erzählen. Doch es geht hier um mehr. Das Kind merkt sich nämlich dreierlei: zunächst das motorische und emotionale Beziehungsangebot, das ihm entgegengebracht wird; dann seine eigene gefühlsmäßige Reaktion hierauf und schließlich, damit verquickt, die motorische Antwort, die es im Laufe der Zeit selbst ausbildet.

Schon nach wenigen Wochen, in den allerersten Monaten, weisen Kinder ganz unterschiedliche Bewegungsmuster auf, je nachdem, wer in ihr Blickfeld gerät. Beispiele wären die zappelnde Freude, wenn Vati kommt, der einen hochwirft und gut fängt oder ein ängstliches Sichzusammenziehen und Stillwerden angesichts eines unmutigen älteren Geschwisters. Einen Abglanz hiervon erkennt man später bei den verschiedenen Aikidoanfängern: Manche stürzen sich begeistert in die ungewohnten Bewegungen, man muss sie schier gar vor sich selbst beschützen, andere schrecken vor dem Angreifen zurück und müssen erst einmal aus sich herausgelockt werden ...

Diese gleichzeitig bewegungs- und empfindungsbezogenen Muster werden «affektmotorische Schemata»[46] genannt. Sie aktivieren «verschiedene Körperteile in zahlreichen Kombinationen»[47].

Im Licht dieser Forschung erweist sich der körperliche Kontakt zwischen Mutter und Baby als ein «Gebiet, das Lernen und Kompetenz erfordert». Gelernt wird ganz allgemein «das Aushandeln von Körperkontakt» mit vielen speziellen Momenten, wie etwa, dass «das Kind lernt, sich beim Füttern körperlich ebenso hinzugeben wie bei einem wachen, aktiven Berührungsaustausch, beim Ausruhen, wenn es beruhigt wird und wenn es schläft». Zugleich mit diesen «natürlichen» Abläufen geschieht eine «enorm tiefgreifende erste Einweisung in Wirkungsvermögen, Autonomie und in die Fähigkeit, von Beziehungen zu anderen zu profitieren».

Als Konsequenz aus frühen, guten oder schlechten Erfahrungen formen sich die entsprechenden «tief unbewußten Erwartungen in Bezug auf unsere Fähigkeit oder unser Recht, zu berühren und berührt zu werden», sie «färben» «das motorische zwischenmenschliche Feld nachhaltig»[48].

Allmählich wird deutlich, wie wesentlich diese frühe, bislang wenig beachtete Zeit ist. Es gibt so viele wichtige und damit zugleich kritische Punkte. Nicht alles kann glücken. Lücken können bleiben. Lücken, die erfreulicherweise mithilfe des Aikido geschlossen werden können.

Das motorische zwischenmenschliche Feld

Die frühesten, unscheinbarsten Verhaltensweisen des Säuglings können das Thema Verbindung zum seelischen Inhalt haben (ein gurgelndes Geräusch, ein ausgestrecktes Händchen) oder das Thema Distanz (Abwenden des Blicks, Wegdrehen des Kopfes). Aus ihnen erwachsen die Lebensaufgaben Bindungsfähigkeit und Selbstständigkeit.

Beispielsweise entsteht ein affektmotorisches Schema mit dem psychischen Inhalt Selbstständigkeit (Autonomie) und dem motorischen Thema abgrenzender, distanzierender Bewegung, wenn eine Mutter ihr Kind häufig etwas zu eng an sich drückt und das Kind sich mit Armen und Beinen gegen sie stemmt, um den Abstand zwischen ihnen beiden ein wenig zu vergrößern, beispielsweise, um sich besser umschauen zu können. Die Interaktion ist damit übrigens noch nicht beendet, sondern geht mit wiederum ihrer Antwort weiter: Lässt sie es zu oder nicht? Bestraft sie es gar, indem sie das Kind (unbewusst gekränkt oder aber erleichtert) ganz wegsetzt?

Ein affektmotorisches Schema der Verbindung wäre etwa Arme ausstrecken, um hochgenommen und gehalten zu werden und sich dabei dann wohlfühlen.

Abstand und Verbindung sind Themen, die für Menschen ein Leben lang wichtig sein können. Nicht zufällig bemühen wir Aikidoka uns jahre- und jahrzehntelang um einerseits Eintreten, Verschmelzen, Verbinden, Vereinigen und andererseits um Ma-ai, den harmonischen Abstand.

Das zähe Beharrungsvermögen der affektmotorischen Schemata

Alle Erfahrungen hinterlassen also Spuren. Die zugleich körper- und gefühlsbezogenen Muster sind außerordentlich langlebig. Die vorsprachlich vermerkten affektmotorischen Schemata sind «für das im Körper empfundene Wirkungsvermögen von dauerhafter Bedeutung»[49]. Sie werden im späteren Leben als «motorische Überzeugung»[50] wirksam. Auf solche motorischen Überzeugungen und darauf, wie sie uns im Aikidoalltag begegnen, kommen wir noch zurück.

Gehen wir den Anfängen noch eine Weile nach, um letztendlich auch den Beitrag des Aikido besser würdigen zu können.

5.2 Vom Getragenwerden auf Mutters Arm zum Großen Fallen

Lange hatte man geglaubt, die Mutter sei für das Kind von besonderer Bedeutung, weil sie seine Nahrungsquelle ist. Jene Angst, die ein Kind zeigt, wenn die Mutter sich entfernt, wurde daraus erklärt. Doch die Nahrung sichert lediglich das Überleben, wie man heute weiß; vielmehr noch: Nur Ernährung und Grundversorgung genügen nicht zum Überleben. Für die körperliche und die seelische Entwicklung ist der Körperkontakt zur Mutter die ausschlaggebende Bedingung. Aufgrund unserer Entwicklungsgeschichte, die etwa fünfzig Millionen Jahre zurückreicht, ist für ein «Primatenkind – und damit ist auch das Menschenkind gemeint»[51] «die Mutter selbst das Nest»[52]. Ein Affenkind kann sich an das Fell des Muttertieres klammern. «Sein primäres Bedürfnis besteht im Körperkontakt und das hauptsächliche Angsterleben bezieht sich auf den Verlust des Körperkontaktes ... Dieser Angstmechanismus ist für alle Traglinge lebensnotwendig»[53].

Das Menschenkind hat das gleiche Bedürfnis nach Kontakt und Sicherheit[54]. Es kann sich anfangs nicht selbst festhalten, versucht aber, sich an den großen Körper anzuschmiegen[55], sich einzukuscheln. Die Säuglingsforscher sehen das inzwischen als so bedeutsam an, dass sie diesem aktiven, ganzkörperlich-motorischen Tun des Babys ein eigenes Wort gegeben haben, nämlich «molding»[56]: Das bedeutet in etwa, mit seinem eigenen Körper die Körperkonturen der Mutter nachzuformen. Abb. 2 lässt dies gut erkennen.

Für das Aikidoüben hat das alles eine ganz praktische Bedeutung. Denn um als Uke (Angreifer) beim Geworfenwerden und Fallen in der Irimi-Nage genannten Technik (Abb. 3) angst- und verletzungsfrei mitgehen zu können, ist ein ebensolches Sichanschmiegen unbedingt nötig, zunächst mit dem Kopf an die Schulter von Nage (dem Verteidiger), im Verlauf dann mit Brust und Bauch an dessen Rücken.

Abb. 2: Eingeborenenfrau mit Säugling. Entnommen: Liedloff (2006, rückwärtiger Einband – Ausschnitt).

Für Irimi-Nage wird der Angriff beispielsweise durch ein Eintreten vorwärts (vgl. Kapitel 16, dort: Eintreten – in Abb. 3 unten tritt der Verteidiger mit dem linken Fuß hinter den Angreifer) und eine anschließende Kreisbewegung nach rückwärts aufgenommen. Der Kopf des Angreifers wird gefasst und der Angreifer wird Richtung Boden geführt. Weil der Angreifer sich wieder aufrichten möchte, kann der Verteidiger seinen Arm unter das Kinn des Angreifers bringen. Weil inzwischen dessen Kopf an der Schulter des Verteidigers fixiert ist, muss der Angreifer mit seinem ganzen Körper der nun einsetzenden Vorwärtsbewegung von des Verteidigers Arm (und Hüfte!) folgen. Anfänger rollen im Anschluss rückwärts ab. Fortgeschrittene werden mithilfe ihrer Bauchmuskulatur ihre Beine an des Verteidigers Rücken und Schulter vorbei hochschwingen und vor die Füße des Verteidigers fallen. Sie müssen sich dafür an ihn schmiegen wie das Baby an die Mama ...

Abb. 3: Irimi-Nage als Verteidigung gegen die Angriffsform Ai-hanmi Katate-dori, wie das auch Aikidoanfänger üben. Entnommen: Westbrook & Ratti (2010), S. 198 und 202 (Ausschnitte).

Affektmotorische Schemata sind Bausteine der Bindungsmuster

Das kleine Äffchen kann sich anklammern, ein menschlicher Säugling nicht sofort. Das Menschenkind verfügt andererseits bald über ein umfangreiches Repertoire an körperlichem (motorischem und lautierendem) sogenanntem Bindungsverhalten; es besteht in «Schreien» und «Lächeln»[57] sowie «Suchen, Rufen, Anblicken, Weinen, Anklammern, Nachfolgen, im Protest bei Trennung». All dies hat «als Funktion die Herstellung der Nähe zur schützenden Person»[58].

Wieder ist entscheidend, wie solche Signale verstanden und beantwortet werden. Es ist noch gar nicht so lange her – durchaus noch in der Kindheit manch eines unserer Schüler –, dass man glaubte, Schreien würde die Lungen kräftigen, oder dass ein Baby dazu neige, seine Mutter zu tyrannisieren, und dass man deshalb ein schreiendes Kind nicht hochnehmen solle … Das Signalsystem ist angeboren. Die Erfahrung, die Lerngeschichte, ist jeweils eine individuelle, eigene. Im günstigen Fall entsteht «Bindung als die verinnerlichte Erwartung von Schutz, Trost und Nähe, die als Folge der Beantwortung der kindlichen Signale … auf das fürsorgende Individuum» gerichtet wird[59].

Körperlicher Halt vermittelt seelische Geborgenheit
und wird so zum Fundament der Selbstständigkeit

Bindung ist kein Selbstzweck. Einerseits wird bei «Ängstlichkeit, Unsicherheit, Mißtrauen, Müdigkeit, Krankheit, bei Hunger, bei Schmerzen, bei Einsamkeit, bei Verlassensein und in einer fremden Umgebung» «das Bindungssystem aktiviert»[60] und das Kind verhält sich wie oben beschrieben. Denn schließlich ist das «Behütetwerden, Gehaltenwerden, Gestreicheltwerden … die alles entscheidende und unersetzliche Dimension, in der Krisen beruhigt und … überwunden werden»[61].

Ist andererseits alles (wieder) gut, kann das Kind seinen eigentlichen Entwicklungsaufgaben nachgehen: «Sobald sich Wohlbefinden, Gefühle der Sicherheit einstellen, neigt sich die Waage zugunsten des Explorationssystems mit Unternehmungslust, Exploration, sozialer Neugier, Spielfreude, Manipulierfreudigkeit, Funktionslust usw., und die Bindungsverhaltensweisen treten in den Hintergrund»[62]. In diesem Paket sind die Voraussetzungen für freiwilliges, selbstbestimmtes Bewegungslernen enthalten.

Getragenwerden und Sichanklammern sind also nicht lediglich technische Erfordernisse, bis das Kind laufen kann, sondern seelische Notwendigkeiten. Mangelt es hieran, hat das erhebliche Folgen, zu denen wir im nächsten Kapitel kommen werden.

Zuvor schauen wir zusammen mit den Forschern ein wenig durchs Schlüsselloch und beobachten Kinder, die alleine sind. Sie vertiefen die Beziehungen zur äußeren Welt und zu ihrem inneren Selbst, und zwar auch jetzt stets über körperliches Tun.

5.3 Das Kind für sich allein oder der Erwerb weiterer Kompetenzen

Nachdem die Bezugsperson und ihr Tun von solch überragender Bedeutung für die kindliche Entwicklung ist, muss notwendigerweise auch eine, zunächst natürlich sehr begrenzte,

Ablösung vom anderen, die Entwicklung von Autonomie, in Gang kommen. Sie beginnt schon früh und damit zwangsläufig ebenfalls körperlich.

Alle körperlichen Fertigkeiten wie Krabbeln, Laufen, später Rennen, Balancieren, Klettern müssen sowieso geübt werden. All dies tut ein Kind aus eigenem Antrieb; Psychologen nennen dies intrinsische, innere Motivation.

Urheberschaft oder Selbstwirksamkeit werden ausgehend von körperlichen Erfahrungen entwickelt

Eine psychische Instanz, das Selbst*, ist von Anfang an in Experimenten nachweisbar, gebunden an körperliche und bewegungsbezogene Elemente. Schon früh kann ein Baby seinen Daumen in den Mund stecken oder versuchen, nach Gegenständen zu greifen. Dies wird unermüdlich bis zum Erfolg wiederholt. Bei Misserfolg, oder wenn man ihn daran hindert, wird der Säugling offensichtlich ärgerlich. Er hat also bereits ein Selbst- oder Willensgefühl[63].

Bereits ein sehr kleines Kind bemerkt Unterschiede, die anzeigen, ob jemand anders etwas tut oder es selbst. Wenn die Mutter dem Säugling den Schnuller in den Mund steckt, entsteht dort eine Wahrnehmung. Diese hat er auch, wenn er es selbst tut; aber im letzteren Fall hat er zusätzlich «Tastempfindungen in der Hand und Muskelempfindungen im Arm»[64]. Genauso wird es jedes Mal kühler, ob nun die Mutter die Decke wegnimmt oder ob das Kind sich freistrampelt; doch nur im zweiten Fall spürt er die besonderen Empfindungen in seiner Beinmuskulatur[65]. Ebenso bringt die «Bewegung der eigenen Hände zu beobachten ... ein Feedback, das unter direkter eigener Kontrolle steht»[66].

Wieder gehen zahllose Erfahrungen von Erfolg oder aber Misserfolg, Selbstbehauptung oder Gehindertwerden, Eigenmacht oder Ohnmacht ins prozedurale Gedächtnis ein und verfestigen sich als motorische Überzeugung.

Je mehr man sich in das Universum der psychomotorischen Entwicklung vertieft, desto klarer erkennt man, wie wenig selbstverständlich ist, oder umgekehrt, wie viel auf gute Bedingungen angewiesen und damit störanfällig ist.

Auch die Entwicklung der (Fähigkeit zur) Selbstregulation verläuft über das Motorische zum Emotionalen

Noch so ein Brocken Fachwissen! Selbstregulation. Was ist denn das nun schon wieder? Auf der körperlichen Ebene ist es das, was unser Körper automatisch tut: Wenn mir heiß wird beginne ich zu schwitzen – das kühlt ab. Doch vieles klappt nicht so automatisch. Man muss es erst lernen. Von den Eltern und im Kontakt mit ihnen am Anfang. Später dann, indem man es selbst ausbaut.

---

* s. o. Während man früher vom Ich gesprochen hat, trägt der Begriff Selbst dem besser Rechnung, dass eine Form von Bewusstsein lange vor der Sprache oder gar dem abstrakten Denken entsteht.

Genau genommen sind die Anfänge der Regulation immer interaktiv, so schon die Temperatur-Regelung: Man nimmt das Kind an die eigene Brust, gibt eigene Körperwärme ab, gleicht seinen Körperwärme-Verlust aus[67]. Oder das Kind will nach etwas greifen, es geht nicht; die erwachsene Person unterstützt den Körper des Babys etwas anders und dann klappt es[68]. Umgekehrt behindern frühe Beziehungsstörungen auch unmittelbar die Entwicklung der Fähigkeiten zur Selbstregulation.

Geborgenheit und Beruhigung wie oben beschrieben helfen dem Kind dabei, psychische Selbstregulation zu entwickeln. Wenn es älter wird, muss es allmählich unabhängiger von «selbstregulierenden Anderen»[69] werden. Von der ebenfalls erforderlichen körperlichen Autonomie-Entwicklung lässt sich die innere oder emotionale Selbstständigkeit abgrenzen[70]. Sie bedeutet, sich selbst beruhigen, aber auch, sich selbst anregen zu können.

Selbstberuhigung: Bezüglich der Selbstberuhigung lassen sich mehrere Stufen unterscheiden: körperliche Aktivität, basale Integration und komplexeres Spiel. Von Beginn des Lebens an dienen einfache körperliche Manöver der Selbstberuhigung. Bereits Neugeborenen tut es gut, an Fingern oder Schnuller zu saugen als «nahrungsunabhängiges Saugverhalten ... Der Säugling ... ist in seinem Wohlbefinden nicht ausschließlich auf die Umgebung angewiesen»[71]. Mit zunehmendem Alter hat das Kind mehr Möglichkeiten, «sich selber zu beruhigen und sich selber ein Gefühl von Sicherheit zu geben»[72]. Um selbstständig einschlafen zu können, nutzt es motorische Aktivitäten wie mit den Haaren spielen, schaukeln oder vor sich hin plaudern[73], sich räkeln[74].

Bald eröffnet sich dem Kind die Möglichkeit zur Selbstberuhigung durch «basale Integration». Jedes erste Kennenlernen eines Gegenstandes und seiner Funktion oder jede neue Situation verlangt eine grundlegende Auseinandersetzung mit einem «fremden, bzw. diskrepanten Ereignis», eine «primäre ... Erkundung, ... Lernen, ... Ausbilden von ersten einfachen Konzepten und Erwartungen, ... Erkennen von Regeln, ... Einüben von Grundfertigkeiten»[75]. Neugier und Erkundungsdrang werden zusätzlich belohnt dadurch, dass sich die von der Begegnung mit Unbekanntem, Fremdem ausgelöste Angst oder Unsicherheit mindern oder überwinden lässt[76].

Sensorische Selbststimulation, Exploration und ein sehr viel komplexeres Manöver, das Spiel, bauen aufeinander auf. Auch sie können der Selbstregulation auf verschiedenen Ebenen dienen. Das Kind wird nun ebenfalls unabhängiger, was sein Bedürfnis nach Anregung angeht, es kann sich immer länger «selbst beschäftigen»[77]. «Emotionale Selbstständigkeit beginnt damit, daß ein Kind während einer begrenzten Zeit für sich allein spielen kann und dabei zufrieden ist»[78]. Ein Zuwachs an emotionaler Selbstständigkeit trägt seinerseits wiederum zur Angstreduktion bei, etwa beim Aufwachen in der Nacht.

Selbstanregung durch höhere Integration: Nun kann ein Kind auf der basalen Ebene verharren, indem es nach immer neuen, weil mit «kurzlebiger Aktivierung» verbundenen, Ereignissen strebt (erwachsene Äquivalente wären etwa das Kaufen immer neuer Gegenstände oder das zwanghafte Wechseln von Partnern). Das Kind kann sich andererseits in das bereits Bekannte vertiefen und damit zur anregenden höheren Ebene der Integration fortschreiten, was «die innere Bereitschaft und die Fähigkeit einschließt, nicht bei den einmal erworbenen, oft noch oberflächlichen und einseitigen Konzepten und Fertigkeiten stehen zu bleiben, sondern sie erneut zu öffnen und zu hinterfragen, ihre Gültigkeit zu überprüfen, sie durch Erkundung neuer Aspekte zu bereichern»[79].

Basale Integration beruhigt. Die höhere Ebene der Integration, wenn sie denn erreicht wird, wirkt sich belebend aus. Sie schützt «den Organismus vor Langeweile, Unruhe, Unzufriedenheit und Stagnation»[80], welche entstehen können, wenn die gesamte Umwelt «bekannt und vorhersagbar ist». Die Neugier erwacht erneut, ein größerer Erfahrungsbereich entsteht, «ein weites Feld von Kreativität, neuen Entwicklungen, Problemlösungen, … Überraschungen und fortschreitenden Erkenntnissen, ein schöpferisches Feld»[81].

Entsprechungen im Aikido sind, einerseits eine Grundtechnik so lange zu üben, bis sie sitzt, also keinen Stress mehr auslöst, und andererseits immer neue Variationen (Henka Waza) auszuprobieren.

Beide Kompetenzen – die Fähigkeit, sich selbst anzuregen, ebenso wie die Fähigkeit, sich selbst zu beruhigen – können durch Aikido entdeckt oder erweitert werden. Die vielfältigen Erkenntnisse hierzu werden in Kapitel 25 dargestellt werden. Doch auch schon in Kapitel 10, Do, lassen sich weitere Bezüge zu diesen Entwicklungsnotwendigkeiten finden.

Freiwilliges Üben und Freude an Meisterschaft (mastery motivation) haben ihren Ursprung im Körperlichen

Zu jedem Do gehört ganz eng die Übung. Mit dem Üben wird etwas wieder aufgegriffen, was ebenfalls bereits in der frühen Kindheit bestimmend ist: ein tief innewohnender Wunsch, etwas zu meistern. Das Beispiel mit dem Daumen-zum-Mund-Führen zeigt übrigens sowohl, dass das kleine Kind zum einen von Anfang an motiviert ist, etwas zu üben, als auch, dass es zum anderen, je nach Misserfolg oder Erfolg, ärgerliche oder freudige Gefühlsäußerungen an den Tag legt.

Bei dem Streben danach, eine Fertigkeit zu meistern, geht es nicht um Leistung im Sinn eines von außen anerkannten Erfolges, sondern um das Können an sich. Das Laufenlernen ist ein gutes Beispiel, denn dabei werden nicht nur die neu erschlossenen Räume, sondern auch die Fertigkeit selbst, das Können an sich, genossen. Man spricht von «Funktionslust»[82], weil bei den Kindern im Zusammenhang mit dem Meistern des Laufens ein «Aufwallen allgemeinen körperlichen Hochgefühls»[83] zu sehen ist. Ähnliches gilt für Erwachsene: «Es haben zwar manche Aktivitäten … einen offensichtlichen Überlebenswert, doch betreibt man sie häufig einfach deshalb, weil sie ‹Spaß machen›, und ein Teil des Spaßes besteht in dem Gefühl der ‹Tüchtigkeit› oder der ‹Meisterschaft›»[84], also dem Erleben von Urheberschaft und Selbstwirksamkeit.

Ganz ähnlich geht es uns im Aikido nicht um so etwas wie eine Bundesliga … vielmehr ist hier die innere Motivation erforderlich, wenn es darum geht, eine besonders komplexe Bewegung zu lernen[85].

5.4 Kurzer Überblick zu dem, was das alles soll und wohin es uns führt

Wir haben nun manches zu den Grundbedingungen der menschlichen Entwicklung erfahren. Diese muss keineswegs ideal verlaufen, aber eben genügend gut. Dann steht dem Erwachsenen später wie einer gut austarierten Waage ein lebendiges Gleichgewicht zur Verfügung: Er kann im Körperlichen, im Seelischen und im Sozialen fließend wechseln zwischen Nähe, Verbundenheit und Für-sich-Sein.

Unter Einfluss von Störungen, wir kommen gleich zu ihnen, neigt sich diese Waage, vielleicht nur leicht, vielleicht im größeren Ausmaß, zu der einen Seite oder zur anderen. Nähe wird dann vielleicht zu Festhalten, Anklammern, auch wenn es ungut wird, auch wenn der Person körperlich oder menschlich wehgetan wird. Vielleicht führt der Weg aber auch über Abstand und Zurückschrecken vor Kontakten zur Sehnsucht nach freiem Fliegen oder gar danach, sich aufzulösen. Im Aikido sehen wir Anteile von beiden Seiten verkörpert in den Festlegegriffen und dem freien Fallen. Ist in der Folge massiver Einflüsse die Waage ganz arretiert, die Waagschale auf der einen oder anderen Seite dauerhaft niedergedrückt, können die Bedürfnisse nur noch verzerrt gelebt werden. Die Extreme begegnen sich im Schmerz.

Aikido zu üben kann das Gleichgewicht erhalten, entwickeln oder wieder herstellen durch sein einzigartiges Bewegungsangebot auf dem Hintergrund eines ganz besonderen Beziehungsangebotes.

6 – Die ganz «normalen» Störungen der psychomotorischen Entwicklung des Menschen

Diesem Kapitel muss eine Erklärung vorausgeschickt werden: Keine Sorge, es wird nicht um schlimme, schreckliche Dinge gehen, um Ereignisse, wie sie manchmal in der Zeitung stehen. Es geht vielmehr um Subtiles, fast Unmerkliches – genau genommen um Vorgänge, die von den Erwachsenen gar nicht bemerkt, von den Babys aber sehr wohl vermerkt werden.

Die primäre Liebe, das Bedürfnis, bedingungslos geliebt zu werden, ganz praktisch und ebenso im übertragenen Sinn sicher gehalten zu werden, ist keine Laune des Kindes, Verwöhntheit, wie das im Westen vertreten wurde und oft noch wird. In unserer Kultur galt dennoch ein System von Annahmen über Säuglinge und Empfehlungen zum Umgang mit ihnen, das erst in jüngster Zeit und nur zögerlich korrigiert wurde. Zuvor waren Störungen regelrecht erzeugt worden und sie werden häufig immer noch nicht vermieden.

6.1 Die Störungen des Haltens oder Tragens in unserer Kultur und das überstarke Anklammern als Reaktion

Ein Kleinkind kann Liebe nicht als abstraktes Konzept erfassen. Es macht ausschließlich körperlich-sinnliche Erfahrungen. Geborgenheit bedeutet körperliche Nähe (auch in der Nacht) und Getragenwerden (auch immer wieder tagsüber). Ein auf Befunde der Säuglingsforschung gegründeter Elternratgeber erklärt: «Über Jahrhunderttausende lebte der Säugling in der Nähe der Mutter, die meiste Zeit sogar in engem Körperkontakt mit Mutter und Vater. Mit Beginn des Industriezeitalters setzte eine tiefgreifende Veränderung im Lebensrhythmus und Arbeitsstil der Menschen ein, eine neue Wohnkultur entstand. Die Eltern begannen, den Säugling während des Tages über Stunden abzulegen und nachts in einem separaten Zimmer schlafen zu lassen. Diese Sitte ist etwa 150 Jahre alt, eine minimale Zeitspanne gemessen an der Länge der Menschheitsgeschichte»[86].

Die Folgen sind offenbar nicht nur emotionale Störungen wie Verlassenheitsgefühle, sondern körperliche Mangel- und Missempfindungen: «Möglicherweise wird der Säugling durch das stundenlange Liegenlassen ... in einen unphysiologischen Zustand versetzt, der sich unter anderem in unspezifischem Schreien äußert.» Offenbar benötigt ein Kind «Körperkontakt und häufige Stimulierung des Gleichgewichts- und Bewegungsorganes» wegen der «rhythmisierenden Wirkung auf seine Körperfunktionen» [87].

Vergleichsweise entwickeln sich in Uganda die motorischen Fähigkeiten von Kindern rascher als in Europa[88], und ich könnte mir vorstellen, dass das Getragenwerden hierzu beiträgt.

Offenbar brauchen auch Erwachsene körperliche Stimulation. Es wären das dann dieselben Wirkfaktoren, aufgrund derer mir meine Gesprächspartner von einem so vielfältigen Ausgleich durch das Aikidoüben berichteten, vom Ausgleich der Kreislauffunktion bis zum Ausgleich der Stimmung.

Die Aikidobewegungen entstammen einem Kulturkreis des Tragens. Die japanische Mutter trägt ihr Kind «auf ihrem Rücken (oder inzwischen auch an der Brust) ... während sie ihren alltäglichen Aufgaben nachgeht»[89]. Überhaupt ist «der physische Kontakt zwischen Kindern und Erwachsenen ... sehr wichtig»[90]. Traditionell wurden Kinder in Japan lange getragen, und nicht nur von der Mutter. Eine Frau erinnert sich an ihren neun Jahre älteren «Kinderbetreuer»[91]: «Bis ich zehn Jahre alt war, waren wir fast unzertrennlich. Er nahm mich auf seinen Rücken, und wir gingen los»[92]. Verständlich, dass die Bindung an einen solchen «Komori» lebenslang bestehen blieb[93].

In unserer Kultur dagegen sind mangelhaftes Halten und Tragen regelhaft zu erwarten und betreffen damit viele Menschen. Normalerweise, also schlicht häufig, entstehen Probleme, wenn dem Kind das Anklammern verwehrt, verboten, wenn sich ihm entzogen wird. Neben dem schon erwähnten sozialen Wandel ist ein weiterer Grund, dass auf ein Kind das nächste zu früh folgt – wobei zu früh vor etwa dem dritten Geburtstag des

Vorangegangenen ist[94]. Ein Kleines soll dann auf Arm und Schoß verzichten, soll groß und vernünftig sein, ehe es dazu überhaupt reif ist. «Außerdem wollen Eltern ihre Kinder, die an Gewicht zunehmen und laufen können, nicht mehr so oft tragen. Das ruft Anklammerungstendenzen beim Kind hervor»[95]. Zurückweisung verstärkt das Anklammern[96]. Die entstehenden «reaktiven Anklammerungs- und Kontrollimpulse»[97] können dauerhaft bestehen bleiben und sich schlimmstenfalls krankhaft verstärken. Weil Tragen notwendig ist und Anklammern auch, sind in unserer Kultur Störungen angelegt.

Am Ende haben wir ein Gemenge aus seelischen und körperlichen Symptomen: «Verlassenheit ... bedeutet ... Ich-Schwäche und ein Erleben am ‹Rande unvorstellbarer Angst›. Der Mangel an haltenden Gesten bedeutet für das Kind: Zusammenbrechen – Unaufhörliches Fallen – Keine Beziehung zum Körper haben – Keine Orientierung haben. Die mißglückte Mutter-Kind-Beziehung ist ... Wegbereiterin von Ich-Verbiegungen und schweren seelischen Erkrankungen»[98]. Unter Ich-Verbiegungen ist zu verstehen, dass das Kind durch ein Übermaß an Anpassung versucht, den Kontakt zu halten. Das Kind ist «gezwungen, in zunehmendem Maße sich selber zu verlassen und auf seine spontanen Gesten, seine Motilität, Aggression und den wahren Ausdruck seiner selbst zu verzichten. Verlassenheit ... ist also auch Selbstentfremdung»[99]. Emotional wie körperlich bleibt das Kind un-selbst-ständig und greift stets nach dem anderen. Die psychische Halt-Losigkeit kann sich als Fallangst auswirken: «Wo eine grundlegende Unsicherheit in der unteren Hälfte des Körpers besteht, kompensiert der Betreffende, indem er sich mit den Armen und mit den Augen an der objektiven Realität festhält»[100].

Sich anklammern wollen, Angst vor dem Fallen und gerne frei fallen haben natürlich für das Aikido immense Bedeutung. Aikido zu üben kann hier viel ins Lot bringen; schließlich wird, auch schon von den eigentlichen Fallübungen ganz abgesehen, kontinuierlich am sicheren, tiefen Stand gearbeitet.

Gestörte psychomotorische Muster sind schon nach wenigen Lebenswochen fest etabliert, bleiben dauerhaft bestehen und haben weitreichende Folgen für die gesamte Persönlichkeit. Im letzten Kapitel war von affektmotorischen Schemata und von Bindung die Rede gewesen. In diesen zugleich körper- und gefühlsbezogenen Mustern haben sich die frühen Beziehungserfahrungen niedergeschlagen; die Qualität dieser Erfahrungen lässt sich hier ablesen ebenso wie die Qualität der entstandenen Bindung. An den so besonders wichtigen Schemata von Distanz und Verbindung kann man genau nachvollziehen, was auf einer grundlegenden körperlichen Ebene geschieht, wenn alles nicht so gut läuft.

6.2 Bindungsqualität, motorische Überzeugungen, erlernte Hilflosigkeit

Wer andere Menschen zu Bewegungshandlungen einlädt oder anleitet, kennt die Wucht und Wirkung von motorischen Überzeugungen, insbesondere, wenn sie negative Färbung haben als Vorstellungen wie zu klein / schwer / ungeschickt / empfindlich zu sein, gewiss auszurutschen / zu stürzen / einen Vorsprung nie aufholen, eine Anstrengung nicht durchhalten zu können. Meister Asai beispielsweise ermutigt Anfänger: «Wenn Sie denken, ich kann meine Hand nicht heben, schaffen Sie das nie. Sie müssen es probieren!»[101]. Auf die eigene Motorik bezogene Meinungen können sich hartnäckig halten, selbst wenn zwischenzeitliche Erfolge sie eigentlich widerlegt haben müssten, weil sie der nachträgliche Versuch sind, etwas in Worte zu fassen, was das Individuum auf einer unbewussten, vorsprachlich-körperlichen Ebene als frühes Lebensgefühl gelernt hat.

Die schon länger bekannte «erlernte Hilflosigkeit»[102] entsteht, wie man heute weiß, als ein Bündel affektmotorischer Schemata des Inhalts, dass das Kind sich als unfähig erlebt, bei anderen etwas zu bewirken. Es kann etwa darum gehen, nach einer Unterbrechung des Kontaktes auf motorischem Weg wieder die Verbundenheit miteinander herzustellen. Das hängt so zusammen:

Die frühe Erfahrung war, dass das Kind regelmäßig seine Bezugsperson zu wenig hatte erreichen, sie eben nicht genug zu angemessenen Aktionen und Reaktionen hatte bewegen können.

Die langfristige Folge ist bei älteren Kindern und Erwachsenen eine auf spezielle Situationen, Leistungen, Handlungen bezogene oder eben auch verallgemeinerte Überzeugung, zu scheitern, zu versagen, etwas nicht zu können, selbst wenn diese Überzeugung im Heute keine reale Grundlage hat – vieles wird deshalb gar nicht erst versucht.

Oder sehr spät. Dann wagt sich jemand erst auf die Matte, nachdem er oder sie sich auf einem ganz anderen Gebiet bewiesen hat, doch etwas zu können, so wie eine meiner Gesprächspartnerinnen, die sich «immer für unsportlich gehalten» und «Judo erst nach der Promotion begonnen» hatte.

Zurück zu den Säuglingen. Bereits bei ihnen können unterschiedliche Überzeugungen nachgewiesen werden. Um zu erklären, wie das geht, muss man ein Experiment beschreiben, das sogenannte Still-Face[103]. Es bestand darin, dass Mütter mit ihren drei Monate alten Kindern wie gewohnt umgingen, in etwa so, wie Kasten 1 und Abb. 1 des vorigen Kapitels es schildern. Auf ein Zeichen hin mussten die Mütter jedoch ihren Körper einschließlich der Mimik für eine Minute einfrieren. Was geschah? Die Babys waren zunächst offensichtlich verblüfft und beunruhigt, sie protestierten, drehten sich dann aber meist weg oder schauten nach unten. Schon dies zeigt, dass «Säuglinge bei ihren Interaktionen mit Betreuungspersonen von früh an den deutlichen Wunsch nach bestimmten ... ‹Regeln›» erkennen lassen. Diese Regeln oder Gewohnheiten, die in jeder Mama-Baby-Paarung ein bisschen andere sind, «betreffen die Rhythmen, das Ausmaß an Stimulierung und die Wechselseitigkeit des Austausches. Sie steuern den Austausch von gegenseitigem Blickkontakt, von Berührungen und Körperbewegungen, stimmlichen Äußerungen»[104].

Nun wurden zusätzlich zunächst die vor Durchführung der eigentlichen Still-Face-Phase auf Video aufgezeichneten normalen Interaktionen zwischen Müttern und Säuglingen analysiert. Auf dieser Grundlage unterteilte man die Mutter-Säugling-Paare in zwei Gruppen. In der ersten Gruppe hatte das alltägliche Miteinander «ganz eindeutig positive Qualitäten; die Mütter reagierten sehr sensibel auf die Rhythmen ihres Kindes, dessen optimale Stimulationszone»[105], und überhaupt bestand eine «gewisse beidseitige Kompetenz». In der anderen Gruppe wurde entweder eine übermäßige Steuerung vonseiten der Mutter, ein «Überrennen» der Signale des Kindes, beobachtet oder aber das Gegenteil, die Signale des Kindes wurden kaum aufgenommen – in dieser Gruppe war die «typische Form der Interaktion (meßbar, quantifizierbar) sehr viel weniger wechselseitig»[106].

Das ist an sich schon spannend. Es bedeutet, dass nicht etwa einfach, wie man vielleicht meint, viel Berührung gut ist und wenig Berührung schlecht. Es zeigte sich vielmehr, dass «die Quantität der Berührungen, die das Kind empfing, nicht sehr wichtig war ... Entscheidend war die Qualität der Berührung. Die zeitliche Abstimmung, die Fähigkeit, auf das Kind einzugehen und die generelle Kompetenz im körperlichen Austausch erwiesen sich als die zentralen Faktoren. Hierzu gehört auch – und das kann nicht stark genug betont werden – *der Raum oder mangelnde Raum dafür, daß das Kind selbst die Initiative für Berührungen ergreifen kann*»[107].

Die Videofilme wurden anschließend ein weiteres Mal ausgewertet. Man fand nun Folgendes heraus: Bei allen Kindern hatte das Still-Face-Experiment zunächst dieselben, bereits beschriebenen Folgen: Irritiert wandten sie sich ab. Doch nach wenigen Sekunden blickten die Kinder der ersten Gruppe die Mutter wieder direkt an und bemühten sich, indem sie sich bewegten, lächelten, vokalisierten, «die Mutter wieder zu einer Beteiligung zu bringen ... Erst nach wiederholten Versuchen» gaben sie auf. Die Kinder der zweiten Gruppe hingegen unternahmen nach dem ersten Wegdrehen kaum noch «Versuche, der Mutter eine andere Reaktion zu entlocken. Sie ließen einfach zu, daß ihre Verbindung unterbrochen blieb»[108]. Von der Bindungsforschung werden die Kinder der ersten Gruppe als sicher gebunden eingestuft, die der zweiten als unsicher gebunden (hier gibt es noch Untergruppen; um die geht es jetzt jedoch nicht). Abb. 4 zeigt jeweils eine Mutter und ihr Kind, einmal aus der einen (Bild 1), einmal aus der anderen Gruppe (Bild 2).

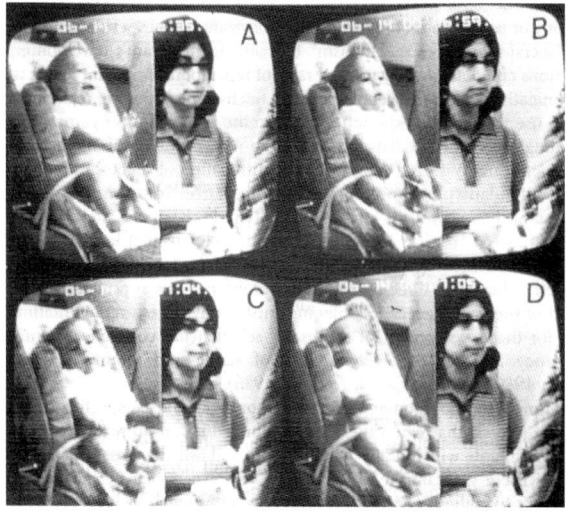

Abb. 4: Zwei Bildfolgen mit Aufnahmen von Mutter-Säuglings-Paaren während der sogenannten Still-Face-Aufgabe. Entnommen: Tronick, Edward (2007), S. 284.

Bild 1 (A bis D): Hier sieht man ein sicher gebundenes Baby und seine Mutter.
Bild A: Das Kind macht einen Versuch, die Mutter zu erreichen.
B: Es ist irritiert («was ist denn mit ihr?»).
C: Es macht einen erneuten Versuch (wie man an den Mundwinkeln der Mutter erkennen kann, wäre es normalerweise auch erfolgreich).
D: Es wendet sich dann halt eben mal ab.

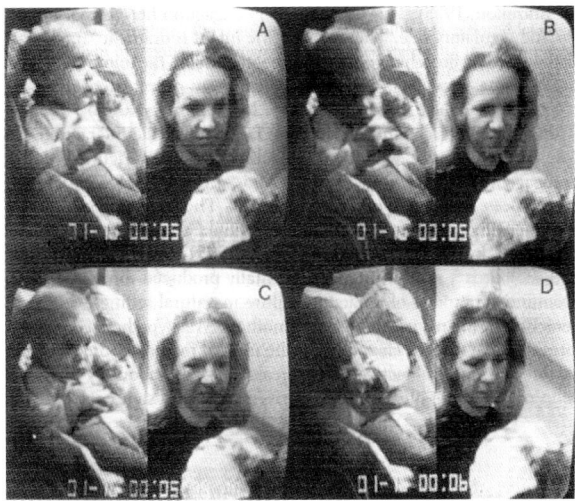

Bild 2 (A bis D): Dies ist ein unsicher gebundenes Baby und seine (vermutlich depressive) Mutter.
A: Das Kind zeigt sofort Anzeichen von Resignation («das kenne ich schon ...»).
B: Abwendung, weil es kaum erträglich ist.
C: Ein schräger Blick zu ihr ohne viel Hoffnung.
D: Endgültige Abwendung. Dabei verliert das Kind die Kontrolle über die eigene Körperhaltung.

Die Bildfolge b zeigt anschaulich, wie früh und wie miteinander verschränkt sich die seelische Verstörtheit und der Verlust des körperlichen Gleichgewichts zu verfestigen beginnen.

Es wird also eine jeweils individuelle, persönliche «bestimmte motorische Weise, in der Welt zu sein, entwickelt». Ein Kind der ersten Gruppe hat wiederholt «die Erfahrung gemacht, daß die Aktionen seines Körpers auf andere eine Wirkung haben. Außerdem besitzt es ein verfügbares Repertoire an motorischen Schemata, die sein zwischenmenschliches Feld entsprechend strukturieren»[109]. Im Psychischen entspricht dem ein inneres Bild, das «den anderen als erreichbar, als zugänglich zeigt, als jemanden, ‹zu dem eine Brücke führt› sowie ein Bild von sich als Person ..., die imstande ist, diese Brücke zu bauen»[110].

Depressive (oder aus anderen Gründen emotional nicht verfügbare) Mütter reagieren zeitlich verlangsamt und nicht mit dem passenden Affektausdruck[111]. Bei den Kindern der zweiten Gruppe ist daher das «Gespür für die Verfügbarkeit der nonverbalen Brücke ... schwächer. Die motorische Verbundenheit zum anderen ist sehr viel weniger entwickelt». Solche Kinder haben früh «Hilflosigkeit» erlernt. Sie haben kein «Gefühl von körperlichem Wirkungsvermögen ... Unterstrichen werden muß, wie stark sowohl diese ‹Wirksamkeit› als auch diese ‹Hilflosigkeit› körperlich begründet sind. Wir sprechen hier über den Körper als Ganzes»[112].

Bei all dem ist bedeutsam, dass ein überhaupt nicht beabsichtigter und oft mit bloßem Auge auch nicht wahrnehmbarer, nur in der Mikroanalyse aufschlüsselbarer unangemessener Umgang mit dem Kind die Entwicklung der Selbstwirksamkeit oder «Urheberschaft» beeinträchtigt. Das kann «Lähmung hervorrufen, das Gefühl, nicht Herr des eigenen Tuns zu sein und die Kontrolle an äußere Handlungsinstanzen zu verlieren»[113]. Solche und ähnliche Gefühle sind, da körperlich entstanden, körperlich verankert, steuern aber nicht nur körperliches Tun, sondern nachweislich auch das Denken über die eigene Körperlichkeit und die eigenen Fähigkeiten noch im Erwachsenenalter[114]. Letztendlich sind dann die vom

Erwachsenen ausgesprochenen Inhalte der eigentlich motorischen Überzeugungen, je nach den gemachten Erfahrungen, Zuversicht oder Wehrlosigkeit, Freude am Ausprobieren oder die Annahme, nichts bewerkstelligen, nichts bewirken zu können.

6.3 Bindungsstörungen führen zu motorischen Defiziten – und die haben Langzeitwirkung

Es gibt einen Zusammenhang von früher Bindungsqualität und späteren Bewegungsauffälligkeiten. Heute weiß man, dass «ständige Störungen des rhythmischen Austauschs zwischen Kind und Mutter in den ersten Monaten einen Mangel an Bindungssicherheit im Alter von einem Jahr oder sogar noch später nach sich ziehen»[115]. Die wie beschrieben aufgezeichneten und analysierten motorischen Muster drei Monate alter Kinder erlauben zunächst Aussagen über die Qualität ihrer Bindung zur Mutter. Auf dieser Grundlage können dann wiederum gut überprüfbare Vorhersagen gemacht werden betreffs der weiteren – psychischen wie motorischen – Entwicklung der Kinder. Die «Nuancen des nonverbalen Austauschs haben eindeutige Auswirkungen. Es findet ein ‹Aushandeln› zwischen dem winzigen Körper und dem riesigen Körper statt. Fortgesetzte Dysfunktionalität in diesem Austausch»[116], ein ständiger Mangel an Bindungssicherheit, bewirkt ein dauerhaft erhöhtes Niveau von Stresshormonen im Körper des Kindes. Dies schwächt das Immunsystem und führt zu einem erhöhten Krankheitsrisiko, stört aber auch das Funktionieren der neuronalen Aktivitäten und erzeugt motorische Mängel[117]. Bei von Bindungsforschern als unsicher gebunden eingestuften Kindern wurden «Bewegungsstereotypien»[118] «oder plötzliches Hinfallen»[119] vermerkt. «Sie machen bizarre Bewegungen, laufen gegen Türpfosten»[120].

Es wiegt schwer, dass die «Bindungsqualität» ihren «Einfluß oft bis ins Erwachsenenalter behält»[121], womit eben auch die Psychomotorik des Erwachsenen betroffen ist. Glücklicherweise – sonst müsste all das hier nicht zu lesen sein – können sich auch spätere Erfahrungen noch günstig auswirken[122].

6.4 Der winzige Körper und der riesige Körper

Bleiben wir noch einen Moment bei dem Aushandeln zwischen dem winzigen und dem riesigen Körper, bleiben wir noch kurz bei der gelernten Hilflosigkeit. Sie hat beim Erwachsenen später viele Gesichter.

Das ist folgendermaßen zu verstehen: Eine motorische Überzeugung kann beispielsweise darin bestehen, sich bedrängt zu fühlen, jedoch nichts dagegen tun zu können, sich also ohne Wirkungsvermögen zu erleben. Sie entstand in der Zeit, in der der Körper eines Erwachsenen fünf bis sechs Mal (!) so groß war wie der des Säuglings und schon allein deshalb übermächtig. Um nachzuvollziehen, was das bedeutet, muss man lediglich in Gedanken die eigene Körpergröße mal sechs nehmen ... was dabei herauskommt, ist etwa so groß wie ein Haus. Es könnte mit uns machen, was es wollte! Wir wären völlig davon abhängig, dass es verstünde, was wir möchten, was uns guttut, was wir fürchten. Nur solange unsere

Mitteilungen verstanden würden – und beim Baby bestehen sie ja ausschließlich in Gesichtsausdruck, Geräuschen und Bewegungen –, könnten wir etwas bewirken.

Die einstige Erfahrung kann also, je nachdem, wie sie war, eben auch dazu geführt haben, dass der Betreffende sich als Kind hatte ohnmächtig, ohne Wirkung erleben müssen. Und, dies ist das Vertrackte, er erlebt sich heute noch so. Obwohl er inzwischen 1,90 m groß ist und 100 kg wiegt. Vielleicht zeigt dieser Mensch dann entweder kaum Körperspannung (es nützt ja doch nichts) oder er langt grob und verbissen hin (weil er sich doch endlich mal durchsetzen möchte).

ERKENNTNISSE: Eine Gesprächspartnerin, selbst eine wenig schmerzempfindliche Powerfrau, beschreibt so jemanden: «Also bei einem ist es so, der ist sehr hart und zieht seine Techniken also immer so bis zum Letzten durch. Und so, dass also jeder hinter ihm jammert, dass er sämtliche Gelenke verdreht hat. Auch wenn es ihm immer wieder gesagt wird, also irgendwie checkt er es nicht. Der merkt sich's eine Stunde und die nächste Stunde weiß er es schon wieder nicht mehr. Das find ich schade.»

In diesem Beitrag wird ein doppeltes Problem deutlich. Soweit die Erinnerung an die sehr frühe Kindheit ausschließlich im prozeduralen Gedächtnis bewahrt wird, ist sie zum einen sehr stabil – etwa wie Radfahren, das man nicht mehr verlernt, wenn man es einmal gekonnt hat. Zum anderen ist vorsprachlich Gespeichertes aber eben nicht bewusst. Man kann nicht einfach darüber nachdenken, es nicht leicht überprüfen, sich nicht eben mal vornehmen, anders zu fühlen und zu handeln. Man kann sich nicht einfach mal anders bewegen, genauer: Man kann zwar eine neue Bewegung lernen (diesmal mit *tenkan*-Eingang statt wie bisher mit *irimi*-Eingang) und man kann mit dem Verstand vielleicht auch ein Problem erkennen. Doch die Qualität der Bewegung selbst, sei sie nun ruppig oder lasch, kann man nicht sofort willkürlich ändern.

EMPFEHLUNGEN: Dies macht Trainingspartner wie die eben zitierte Frau hilflos, und sie wünschen sich regulierende, beelternde Fürsorge: «Ich denk', das wär' auch mal Aufgabe der Lehrer, den mal gescheit zurechtzuweisen oder immer wieder zurechtzuweisen.»

Wer hier fördern möchte, benötigt selbst eine hohe prozedurale Kompetenz[123] – und viel Geduld. Denn ein Muster aus Gefühl und Handeln, das sich in der vorsprachlichen Zeit durch unzählige Wiederholungen verfestigt hat, kann auch nur durch wiederholte – ebenfalls nicht-sprachliche, sondern körperliche – Erfahrungen aufgelöst werden[124]; Kapitel 27 wird genauer hierauf eingehen. Was erfreulicherweise auch bedeutet, dass durch das Üben des Aikido mit der Zeit prozedurale Kompetenz erworben werden kann.

Aikido ermöglicht es Erwachsenen, das zu entfalten, was vielleicht in ihrer frühen Entwicklung nicht hatte ausreifen dürfen. Es verlangt dafür von den Fortgeschrittenen und Lehrenden, unermüdlich zu korrigieren, zu formen, Alternativen vorzuleben, ohne den anderen für sein So-Sein, das schließlich ein So-geworden-Sein ist, zu kritisieren oder gar zu verachten.

Wir müssen uns vielmehr darüber im Klaren sein, dass wir mit allem körperlichen Tun, weit wirksamer als mit allem, was wir vielleicht sagen, unmittelbar auch zum inneren Kind unseres Übungspartners sprechen.

7 – Was die frühen Beziehungserfahrungen mit den späteren Bewegungsvorlieben zu tun haben (oder: Wie das Baby in den Hakama* kommt)

Nach dem wir zuerst einiges darüber erfahren haben, was jedes Kind für eine gesunde Entwicklung benötigt, haben wir eben gesehen, wie leicht etwas schiefgehen kann. Was auch immer früher einmal war und egal, ob sie sich an etwas erinnern oder nicht – erwachsene Menschen müssen später damit umgehen. Sie müssen mit sich selbst und ihrem Leben klarkommen. Gerade weil bei ihren Bestrebungen und Bemühungen auch weiterhin viele körperliche und bewegungsbezogene Momente wichtig sind und bleiben, kann Aikido hierbei eine unterstützende Rolle spielen.

7.1 Einseitige Bewegungsvorlieben als Folge von Störungen der kindlichen Entwicklung

Es hat uns zwar erst die Säuglingsforschung genaue Einblicke in die Einzelheiten sowohl des gesunden Heranwachsens als auch der beginnenden Störung bei kleinen Kindern gewährt. Doch die jeweiligen Folgen wurden schon früher an Erwachsenen beobachtet und beschrieben, eben auch als Einflüsse auf körperliches Tun, sowohl in den Dimensionen Ängstlichkeit und Abneigung als auch Vorliebe und Genuss.

Das frühe Paradies – Primäre Liebe – Harmonie

Harmonie ist für das Aikido ein besonders bedeutsamer Begriff, ist nicht zufällig schon ein bestimmender Teil des Namens selbst. Zugleich hat Harmonie eine immense Bedeutung für die menschliche Entwicklung, auch dazu kommen wir noch. Über die Sehnsucht nach Harmonie lässt sich eine Verbindung entdecken zwischen frühkindlichen Erfahrungen und späteren Bewegungsvorlieben.

Solange keine nennenswerte Störung auftritt, lebt ein Baby in einer Welt der «*primären Liebe*, in der ein gesundes Kind und eine gesunde Mutter einander so angeglichen sind, daß dieselbe Handlung unvermeidlich beiden Befriedigung bringt»[125], beispielsweise «Saugen, Nähren, Liebkosen, Liebkostwerden». Damit besteht zwischen dem Kind «und seiner Welt Harmonie»; einen «Interessenwiderstreit zwischen beiden» kann und darf es nicht geben[126]. Ein gutes Beispiel für primäre Liebe ist unsere «Beziehung» zur Luft: Sie umgibt uns, wird für unsere Bedürfnisse benutzt, erhält jedoch keinerlei Aufmerksamkeit; sie wird nicht gefragt, sondern muss selbstverständlich da sein, weil man ohne sie nicht leben kann. Die Luft ist kein Objekt, sondern eine Substanz: Es besteht «keine Notwendigkeit ..., genaue Grenzen festzustellen, an denen die äußere Luft aufhört und wir selbst beginnen»[127].

---

* vgl. Anhang 3.

Für den Säugling ist auch die Mutter zunächst eher eine Substanz als ein Objekt[128]. Sie muss wie die Luft selbstverständlich da sein. Primäre Liebe bedeutet, dass einzig das Kind «Forderungen und Ansprüche stellen kann; der oder die andern, nämlich die gesamte Welt, dürfen keine eigenen ... Wünsche oder Ansprüche geltend machen». Es besteht «vollständige Harmonie», denn «Wunsch und Befriedigung»[129] sind eins. Egal, was die Mutter selbst noch ist oder tut, Kinder beanspruchen «sie eher wie ein ständig zur Verfügung stehendes Naturelement»[130]. Ihre Grenzen sind undeutlich und sie steht «scheinbar wie Sauerstoff zur Verfügung»[131]. «Befriedigende mütterliche Fürsorge wird nicht bemerkt»[132].

Die (Grund-)Störung und das Gefühl eines Anspruches auf Harmonie

Auch abgesehen von milderen oder ernsteren Störungen wie oben geschildert ist das urtümliche Paradies begrenzt. Das Kind muss sein Von-der-Mutter-Getrenntsein akzeptieren und «von nun an muß zusätzlich zu den Substanzen auch noch die Existenz von Objekten mit ihren Widerstand leistenden ... Zügen angenommen werden»[133]. «Die Phantasievorstellung einer urtümlichen Harmonie ... auf die wir eigentlich einen Anspruch hätten» bleibt als Spur der frühen Welt primärer Liebe zurück[134]. Strategien, dieser milden Enttäuschung oder, in schweren Fällen, diesem Trauma zu begegnen, haben in der Folge das Ziel, die Harmonie wiederherzustellen.

Bleibt man bei der Unterscheidung zwischen Substanz und Objekt, dann bestimmen deren unterschiedliche Qualitäten den Umgang mit ihnen, sowohl den körperlich-motorischen wie auch den psychisch-emotionalen: Mit Substanzen ohne klare Grenzen ist Vermischung, Verschmelzen möglich; Objekte hingegen haben Grenzen. Beides kann vom Erwachsenen so oder so erlebt werden. Die Konturlosigkeit der Substanzen kann von der einen Person als «freundliche Weiten»[135] genossen werden, eine andere aber beunruhigen; der eine Mensch wird die widerständigen Objekte als störend empfinden, der andere als Halt, als Sicherheit gewährend. Diese gefühlsmäßigen Unterschiede gelten für das Seelenleben, führen aber auch zu grundsätzlichen Vorlieben oder Abneigungen bezogen auf eine Bewegungsform.

Oben hatte sich gezeigt, dass zwar ab und an konkrete Befürchtungen bezüglich körperlicher Gefahren als Anlass genannt werden, ein Kampfsporttraining zu beginnen, dass aber auch auffallend oft unspezifischen, weitgefassten, existenziellen Ängsten durch Budo begegnet werden soll. Wir kommen jetzt an die Nahtstelle, an der mit körperlich-seelischen Strategien auf körperlich-seelische Nöte eingewirkt wird.

Unten in Kapitel 13 wird das gemeinsam mit dem Bewegungsangebot (Aikido) importierte Beziehungsangebot (Ai zu Amae) erörtert werden, welches in der japanischen Kultur verankert ist. Während dort Getrenntheit kollektiv verleugnet wird, wird in unserer Kultur umgekehrt das Bedürfnis nach gegenseitiger Bezogenheit verleugnet, sodass diese Strategien als individuelle Manöver erscheinen. Einen kulturellen Raum haben sie, anders als in Japan, hier nicht.

7.2 Zwei Wege – ein Ziel

Keine Kindheit gleicht ganz der anderen, auch bringt jedes Baby sein Temperament schon mit … so verschieden wie die Menschen überhaupt sind, so verschieden sind dann auch ihre Lösungswege. Dennoch kann man trotz Mischformen und Übergängen zwei voneinander abgrenzbare Bündel aus Erlebens- und Verhaltensweisen beobachten. Die Erfahrung, das Paradies verloren zu haben, die Erfahrung des Getrenntseins kann mit zwei gegensätzlichen psychomotorischen Strategien beantwortet werden: entweder, indem die eben beschriebenen Bindungsverhaltensweisen, vor allem das frühe Anklammern, beibehalten oder gar ausgebaut werden, oder im Gegenteil, indem sich vom Objekt abgewendet, sich abgestoßen wird (vgl. Anhang 3).

Fallangst und Sichanklammern: die Festhalte-Menschen

Einmal begegnen uns Personen, die einen drohenden «Verlust des Gleichgewichts, der Standfestigkeit, des zuverlässigen Kontaktes mit der sicheren Erde» mit dem Bedürfnis beantworten, «sich an etwas Festes zu klammern, … sich mit dem ganzen Leib an einen festen, sicheren Gegenstand zu drücken»[136], irgendwie das fehlende Getragenwerden zu ersetzen. Sie fürchten die als erschreckend leer, entgrenzt und unstrukturiert erlebten Räume zwischen den Halt gebenden Objekten.

Solche Menschen schaffen sich eine Welt, die «auf der Phantasievorstellung beruht, daß Objekte verläßlich und wohlwollend sind, daß sie stets da sein werden, wenn man sie braucht, und daß sie nie etwas dagegen haben … werden, wenn man sie als Stütze verwenden will»[137]. Halt suchendes Anklammern wäre damit die eine psychomotorische Bewältigungsstrategie bei Angst vor Verlassenheit mit dem «Ziel» einer «Wiederherstellung der ursprünglichen Subjekt-Objekt-Einheit durch Nähe und Berührung»[138] (ein direkter Bezug zum Sport wäre etwa, dass z. B. die «Hilfestellung» beim Bockspringen oder Barren ängstlichen Kindern eine mindestens ebenso große psychische wie körperliche Unterstützung bietet).

Während es so gearteten Menschen, überspitzt gesagt, genügen würde, ein Leben lang lediglich jemandes Hand zu halten, kann man sich Vertreter der anderen Art sofort in einer Risikosportart oder einem Kampftraining vorstellen.

Die Freie-Geschickte-Bewegungsmenschen

Im Gegensatz zu einem (vielleicht über)starken Sicherheits- oder Kontaktbedürfnis weisen etliche Personen geradezu eine Vorliebe für Bewegungen auf, bei denen man sich auf die eine oder andere Art von der Erde löst, etwa für geschwungen werdende oder frei schwingende Bewegungsformen. Etwas Angst dabei kann «sogar als angenehm empfunden werden von Turnerinnen»[139], «beim Bungee-Jumping oder Fallschirmspringen»[140], wird zur «Angstlust»[141]. Damit ist ein solcher Mensch jemand, der «Wagnisse (*thrills*)» genießt[142].

Anders als beim angeborenen Anklammern werden hier neue Fertigkeiten nötig, die man erst noch aktiv erwerben muss. Freie, leere Räume zwischen den Objekten sind für solche Menschen anziehend. Objekte dagegen stören «die Harmonie der grenzenlosen, konturlosen Weiten», sie sind bestenfalls «Ausrüstungsgegenstände, die man nach Belieben aufnehmen, fallenlassen oder in einem Winkel stehenlassen kann», schlimmstenfalls «gefährliche und unvorhersehbare Zwischenfälle»[143].

Der Fantasie-Teil besteht hier im Vertrauen darauf, dass «die Welt» sich «einklinken»[144], schon irgendwie mitmachen wird. Ein «Optimismus ... aus der früheren Welt der primären Liebe» lässt den Betreffenden allerdings glauben, «er könne dank seinen Fertigkeiten und seiner Ausrüstung mit den Elementen, den Substanzen gut fertig werden, solange er eben gefährliche Objekte meiden kann»[145]. Objekte können genauso gut andere Menschen sein wie auch die Erde selbst, und wirklich stellen Start und Landung einen Piloten vor weit größere Herausforderungen als das eigentliche Fliegen. Meister Noro erklärt das Rollen und erst recht das Fallen ausdrücklich zum Umgang mit der anziehend-gefährlichen Erde und lässt daher in seinem Kinomichi beides erst später üben, wenn die Schüler schon körpersicherer geworden sind[146].

Oben war das Meistern des Laufenlernens erwähnt worden. «Vielleicht ist das erste Körperkönnen dieser Art und ... Vorbild für alle späteren ähnlichen Leistungen der aufrechte Gang». Er birgt alle «Elemente der späteren Wagnisreize ...: Fahrenlassen des Objekts, Eindringen in die leeren Räume zwischen den Objekten, Sich-Weg-heben [sic] sowohl von der Mutter als auch von der sicheren Erde, Beschränkung auf einen nur sehr schmalen Erdkontakt mit den Sohlen, und ... Entwicklung eines feinen Koordinationsspieles zur Erhaltung des Gleichgewichts». Das Sich-Anklammern-Wollen muss überwunden werden: «Man kann leicht beobachten, daß die Kinder sich in diesen ersten Stadien der Gehversuche von Objekt zu Objekt werfen und sich in den unsicheren Zwischenräumen so kurz wie möglich aufhalten»[147].

7.3 Mehr zu den Fertigkeiten (Skills)

Die Fertigkeiten sind in sich vielschichtig. Verfügung über sie führt zum einen zur Anpassung an die Wirklichkeit, zum anderen dazu, die Gegebenheiten beeinflussen zu können, und drittens zum Genuss der sich daraus ergebenden Möglichkeiten. Ziel des Übens ist eine tiefe Erfahrung von Harmonie[148]. Die Fertigkeiten beruhigen somit die frühen Verlassenheitsängste, und sie scheinen das Trauma des Getrenntseins letztendlich sogar ungeschehen machen zu können.

Die Fertigkeiten zu erlangen, erfordert Mühe und ermöglicht genussvolles Erleben der eroberten freien Räume

Im Kapitel zu Do wird es natürlich auch um das jedes Budo prägende Verständnis des Übens gehen. Die Bewegungsmenschen üben gerne; ihnen ist daran gelegen, «persönliche Geschicklichkeit zu erwerben»[149]. Üben trägt Belohnung in sich: «Erst wenn Kinder einiges Können erworben haben, können sie die freundlichen Weiten mit Lust genießen»[150].

Sportbeispiele wie Abfahrtslauf oder Schwimmen machen unmittelbar einsichtig, dass erst nach Erwerb zumindest grundlegender Fertigkeiten der Spaß beginnt.

Anerkennung der Realität, Anpassung an die Realität

Zugleich muss ein Schwimmer Boote beachten oder eine Skifahrerin Bäume. Wer die freie Bewegung schätzt, «hat die Wirklichkeit, d. h. die getrennte Existenz von Objekten, angenommen». Er sieht die Dinge « ‹in der richtigen Perspektive›, ‹in den richtigen Maßen› », und er kann «Objekte ‹berücksichtigen› ..., die von ihm entfernt sind, ... oder ist fähig, sie zu vermeiden, wenn er sie als Gefahr ‹betrachtet› »[151].

Beispielsweise bemühen sich Aikidoka auf der technischen Ebene um Ma-ai, den richtigen Abstand. Dem Budoka wird jedoch auch als geistige Einstellung empfohlen, sich um eine unverzerrte Wahrnehmung der Wirklichkeit zu bemühen. Das wird noch ausgeführt werden.

Umwandlung einer neutralen oder sogar lebensfeindlichen Umwelt
in eine freundliche

Weil auch viele nette und bequeme Sachen Spaß bringen können, kann man annehmen, dass es noch mehr gute Gründe für all die Anstrengung gibt. Beispielsweise bietet der Erwerb von Skills eine weitere Möglichkeit, die «Befriedigung des ursprünglichen Bedürfnisses» nach Harmonie oder Übereinstimmung zu erzielen, nämlich «aktive Liebe oder Objekteroberung», also «Verwandlung eines gleichgültigen uninteressierten Objekts in einen mitfühlenden Partner»[152], was so weit gehen kann, dass man «sogar die ganze Welt in die Rolle eines mitfühlenden Partners zwingt»[153]. Im Sportbeispiel hieße das, eine Tanzpartnerin führen zu lernen, aber auch, dass man Schwimmen erlernen muss, damit einen später das Wasser – scheinbar wohlwollend – trägt. Und wir Aikidoka wollen schließlich feindselige Angreifer in zumindest neutrale, wenn nicht gar friedliche Menschen umwandeln ...

7.4 Geschicklichkeit statt Angst

Neben dem Genuss des eigenen Körpers, an Geschwindigkeiten, an Naturerlebnissen und vielem mehr hat gerade eine Bewegungsform, für die man besondere Fähigkeiten erwerben muss, auch eine tiefgreifende Wirkung auf jene existenziellen Ängste, die uns eingangs beschäftigt haben. Mühsamer, als eine Hand zu halten, doch ebenfalls wirksam.

Beschwichtigung von Ängsten

Die Fertigkeiten beruhigen fast unmittelbar Hilflosigkeit und Ängste aus der Zeit von einerseits der Entdeckung des Getrenntseins, von andererseits aber selbst (noch) nicht Fähig- und damit Ausgeliefert-, schlimmstenfalls sogar Verlassensein. «Es ist ein ‹Vergnügen, die eigenen Fähigkeiten zu genießen›, man genießt es, dass keine Spannung mehr besteht, weil man ‹noch nicht fähig ist›, man genießt, dass die mit der unvollständigen Beherrschung der Motorik verbundene Angst nachlässt»[154].

Abwehr von Ängsten

Man muss unterscheiden zwischen der oben erwähnten Funktionslust mit dem zugehörigen Motiv, etwas meistern zu wollen – eine Fertigkeit einmal zu erwerben, um über sie verfügen zu können –, und der Bereitschaft, etwas unermüdlich immer wieder aufs Neue zu üben und zu erproben. Offenbar ist ein Weg, sich mit einem Trennungstrauma «auseinanderzusetzen ... es aktiv und absichtlich hervorzurufen». Eine wesentliche Voraussetzung dafür ist die Schaffung von Umständen, «in denen die ... erworbenen Fähigkeiten mit Sicherheit genügen», sodass das ursprüngliche Trauma nicht wiederholt, sondern die (Thrills beinhaltende) Situation dank der Fertigkeiten (Skills) bewältigt wird[155].

Eines von vielen möglichen Beispielen: Die Angst zu fallen – ursprünglich die Angst, fallengelassen zu werden – wird im Aikido umgewandelt, indem man zu rollen und zu fallen lernt, was dank der Vorübungen, der rücksichtsvollen Partner und der Matten auch gelingt, bis man schließlich das Geworfenwerden genießen kann. «Diese neuen Fähigkeiten geben uns – ebenso wie der Betrag des Traumas, der abreagiert wird – das Gefühl, den Dingen gewachsen zu sein»[156].

Ein anderes Beispiel: Für alle Kampfstile ist es kennzeichnend, dass ein detaillierter Katalog möglicher Angriffe erstellt wird und ein weiterer entsprechend mit möglichen Formen der Verteidigung. Verbunden damit wird «Emotionskontrolle»[157] geübt, ein «Funktionieren trotz Angst»[158]. Schreck- und Panikreaktionen müssen beherrscht werden, an ihre Stelle soll angemessene Ausführung der Technik treten. Gewiss bereiten sich Kletterer auf die Gefahren der Steilwand vor und manche Kämpfer auf die des Großstadtdschungels. Daneben darf jedoch angedacht werden, ob nicht manche unter uns und unseren Schülern für einen Ernstfall üben, der nicht in der Zukunft liegt, sondern der in unserer persönlichen Vergangenheit längst eingetreten war. Man fürchtet, was man kennt.

Auflösen der Ängste, letztendliche Verleugnung des Getrenntseins durch verschmelzendes Erleben

Noch aus einem dritten Grund sind Freie-Geschickte-Bewegungsmenschen bereit, sich mehr zu bemühen, mehr als nötig, mehr als üblich und auch mehr, als augenfällig lohnend, bezogen auf materiellen Gewinn oder Ruhm. Dies führt zu den eigentlichen Zielen, zur Tiefenmotivation. So jemand will mehr, als etwas zu lernen, um es zu können. Vermutlich ist das letzte Ziel, die «Aufgabe so vollkommen und elegant zu meistern, daß das Können keinerlei Anstrengung mehr verlangt ... eine anscheinend mühelose ... Vollendung»[159]. «Das Ziel solcher vollendeten Kunst ist, in der Wirklichkeit etwas von jener Harmonie wieder zu erschaffen, die vor der Entdeckung getrennt existierender Objekte bestand, jener Harmonie der freundlichen Weiten, die einen sicher hält und umschließt»[160]. Das Angst erzeugende Verlassenheitstrauma soll also durch übende und ausübende Aktivitäten nicht lediglich überwunden werden, sondern eigentlich gänzlich ungeschehen gemacht durch die – erlebte oder fantasierte – Rückkehr zur einstigen Harmonie[161].

Es findet sich damit als erste Komponente eine technische Seite, nämlich der Erwerb und das Einsetzen von Skills, um die widerspenstige Welt in «freundliche Weiten» umzuwandeln, dann die zweite, die sich dieser Fertigkeiten immer wieder aufs Neue vergewissern will, und schließlich eine dritte, zuweilen ebenfalls technisch verstandene, doch öfter emotional genommene Komponente: das Verschmelzen, das Einswerden mit dem strukturlosen Meer, den grenzenlosen Weiten, die Vermischung mit den Substanzen. Kapitel 14 geht näher hierauf ein.

7.5 Der Hakama kommt später (ERKENNTNISSE)

Was sind das nun für Menschen, die das Aikido lockt? Suchen sie eher Kontakt und festen, sicheren Halt oder eher Thrill, fasziniert sie der Erwerb von Geschicklichkeiten?

Stimmig zu der Annahme, dass der Erwerb von Skills Gefühlen von Ohnmacht entgegenwirkt, kam eine unterschiedslos hohe Zustimmung von Ausübenden aller befragten Kontakt-Kampfsportformen zu dem Satz «Einen Hebel (eine Technik) sicher zu beherrschen kann mir schon mal ein Gefühl der Macht geben». Man darf wirklich annehmen, dass es dabei auch um etwas Existenzielles gehen kann und nicht um den konkreten Übungspartner, denn einer weiteren Aussage, nämlich: «Es macht mir Spaß, schmerzende Griffe gut aushalten zu können und mich so ein bisschen überlegen zu fühlen», stimmten zwar Karateka zu einem hohen Prozentsatz zu, nicht aber Teilnehmer aus beiden Aikidogruppen.

Meine Interviewpartner und Interviewpartnerinnen schilderten, wie sie sich um den Erwerb von Skills bemühen; ich werde im Kapitel zu Do ausführlich davon berichten.

Immerhin etwa 10 % der befragten Aikidoka, unabhängig von ihrer Trainingserfahrung in Jahren, bestätigten den im Fragebogen angebotenen Satz «Gerade dass man beim Geworfenwerden ein bisschen Angst hat, macht den Spaß daran aus».

Auch stimmten dem Satz «Wenn's ans Rollen oder Fallen (für Standard-Tänzerinnen: Figuren mit Heben und Schleudern) geht, möchte ich mich am liebsten nur festklammern» bald die Hälfte der Tänzerinnen zu, dagegen die männlichen Aikidoka aus Deutschland und Frankreich kaum (2,5 %), weibliche französische Aikidoka nur wenig (8 %) und deutsche Aikidofrauen überhaupt nicht – sie alle haben eine Bewegungsform entsprechend ihrer Vorlieben gewählt.

Andererseits sagten 34 % der Karateka und sogar 44 % der Iaidoka «stimmt» zu dem Satz: «Die Übungen mit etwas mehr Abstand sind mir lieber als allzu viel angefasst oder gar massiert zu werden» – doch weder Aikidoka noch Tänzer (gerade mal 2 bis 4 %). Diese fühlen sich mit Berührung also wohl. Karateka, die ausschließlich üben, sich vom Partner abzustoßen[162], konnten auch nur zu 16 % dem Satz zustimmen: «Mich jemand anderem so anzuvertrauen wie beim (Aikido / Karate / Tanzen) – das kenne ich aus keiner anderen Sportart», im Gegensatz zu jeweils 65 % der Aikidoka und Tänzer.

Aikido deckt die ganze Spannbreite ab zwischen sensiblem Kontakt und festem Halt auf der einen Seite sowie freiem Fallen oder Fliegen auf der anderen. Menschen, die das eine, aber auch solche, die das andere vorziehen, können sich angezogen fühlen – die Erfüllung ihrer jeweiligen Wünsche wird ihnen in Aussicht gestellt und im Training auch gewährt.

Die Vielfalt des Aikido konfrontiert jedoch zugleich die auf ihre unterschiedlichen Vorlieben zunächst festgelegten Menschen mit der jeweils anderen Seite. Sie müssen sich mit dem bislang Abgelehnten oder gar Gefürchteten auseinandersetzen und es allmählich integrieren – es kommt zur Harmonisierung der Persönlichkeit. Teil VI wird anschaulich machen, wie das geschieht.

III – Die asiatischen Konzepte und ihre Bedeutungen für westliche Schüler

In Teil II war der Frage nachgegangen worden, was die einzelnen Menschen vielleicht im Aikido suchen könnten. Nun wird sich weisen, was alles es dort zu finden gibt ... es sind die Welten in Ki und Do und Ai ... und weitere, bislang kaum bekannte ...

8 – Vom Fühlen und vom Denken, von der Mit-Teilung und von der Niederschrift in Form von Zeichen

Ob etwas gehandelt wird wie Tee oder ob etwas erlernt wird wie Aikido – niemals erbringt die Übernahme der «Kulturgüter aus Asien ... ein reines, wertneutrales» Ding, sondern es werden ebenso auch «Ideen, Wertvorstellungen und Legenden transportiert»[1].

Gewiss sind Aikido-Anfänger bereits bis an ihre Grenzen gefordert damit, sich die Grundlagen dieser ungewohnten Bewegungsart anzueignen. Auch wenn sie schon längst Prüfungen absolvieren wollen, ist es nicht einmal nötig, technische Begriffe künstlich einzudeutschen, etwa Kote Gaeshi mit «Handgelenkaußendrehwurf»[2]; es genügt, sich die unvertrauten Vokabeln mechanisch einzuprägen, um die zugehörigen Bewegungen abzurufen.

Doch im Lauf der Zeit werden für einzelne Schüler und auf jeden Fall für Lehrende auch die dahinter stehenden Konzepte interessant, das, was man dort und damals unter einem Begriff verstand und welche Wandlung der Begriff vielleicht erfahren hat bis hin zu seiner Bedeutung hier und heute. Darüber hinaus ist es spannend, dem nachzugehen, was stillschweigend, wenig oder nicht reflektiert an Zusätzlichem übernommen wurde. Die fremde Sprache eröffnet einen Zugang zu fremden, bereichernden Erlebensweisen und Denkmodellen.

8.1 Fühlen, Denken, Sprechen

Das sprachliche Medium, also Wort und Schrift, soll mehrere zum Großteil nicht-sprachliche Zusammenhänge erreichen: Bewegung, Körper, Gefühle und Beweggründe. Vieles davon ist für alle Menschen auf der Erde gleich, doch wird auch vieles in verschiedenen Kulturen unterschiedlich gehandhabt, was weitaus tiefer geht als etwa andere Gebräuche zu pflegen. Gefühle und Erlebtes formen die Sprache; umgekehrt gibt das Vokabular einer Sprache Auskunft über die Lebensumstände des Sprechers[3].

Schon länger war vermutet worden, dass «der Gebrauch unterschiedlicher Sprachen zu jeweils eigenen Wahrnehmungen, Erinnerungen und Überlegungen führt ... Forschungen haben inzwischen gezeigt, dass die Sprache sogar die grundlegenden Dimensionen menschlicher Erfahrung prägt: Raum, Zeit, Kausalität und die Beziehung zu anderen». Wo Schrift existiert, hat auch die Schreibrichtung, das Beginnen von links oder von rechts oder von oben, schwerwiegenden Einfluss[4]; denn das Denken und die Körperbewegung sind eng verbunden. Ein Psychoanalytiker, gebürtiger Ungar, des Deutschen mächtig und in England praktizierend, geht davon aus, dass «Sprachen wie Tiefseesonden funktionieren, die aus den Abgründen des Unbewußten einzelne Erlebnisse, Gefühle, Affekte heraufholen, sie benennen und dadurch die Menschen, die sich der betreffenden Sprache bedienen, befähigen, über diese Erlebnisse bewußt zu fühlen, zu denken und zu reden»[5].

Eben deshalb sind bestimmte Worte des einen Kulturkreises kaum in die Sprache eines anderen übersetzbar, so Amae, ein für das vorliegende Buch zentraler Begriff, dem Kapitel 13 gewidmet ist. Um uns diese spezifisch «japanische Emotion»[6] begreifbar zu machen, begründet ein japanischer Psychoanalytiker sein Vorgehen folgendermaßen: «Die spezifische Psychologie einer Nation kann man nur erkennen, wenn man mit der Sprache dieser Nation vertraut ist. In der Sprache ist alles das aufgehoben, was das Ureigentliche einer nationalen Seele ausmacht.» Die «Sprache ist daher der denkbar beste» Schlüssel «zum Verstehen einer Nation»[7] und, in unserem Fall, zum Verständnis dessen, was wir von ihr bekommen können.

8.2 Kommunizieren: sich mitteilen, etwas miteinander teilen

Nicht allein jedes einzelne Wort, sondern auch die Form des Diskurses selbst kann ungewohnt sein. Japaner bemerken das westliche Ideal, geradlinig zu denken – roter Faden! – und sich dann so auszudrücken, dass andere dem eigenen Gedankengang gut folgen können, also möglichst schnell auf den Punkt zu kommen[8]. Dies entspricht der Strategie des Schachspiels mit seiner von vornherein vorgegebenen Richtung. Solch lineares Vorgehen irritiert Japaner. Sie sehen als eine gereifte Ausdrucksweise an, «scharfe Kanten zu glätten und abzurunden ... immer wieder auf alles zurückzukommen, solange, bis alle Gesichtspunkte vorgebracht sind»; ein Bild hierfür ist das Go-Spiel mit seinem einkreisenden Raumgewinn[9].

Diese Form der Darbietung entspricht den Inhalten dieses Buches und wird daher von mir bevorzugt.

Neben der zirkulären Form des Diskurses ist ein weiteres Moment seine Vielschichtigkeit. «In Japan können Dinge immer wieder mehr bedeuten, als sie zu bedeuten scheinen.» Serviert man eine bestimmte Fischsorte zusammen mit einer bestimmten Algenart und spricht beider Namen laut aus, ergibt dies einen Glückwunsch[10]. Ein von einem japanischen Autor erstellter englischsprachiger Reiseführer räumt ein: «Recht viele japanische Worte und feststehende Redewendungen trotzen dem Versuch, sie zu übersetzen. Im Japanischen bedeuten Worte oft mehr, als was sie zunächst aussagen; sie stehen dann für Konzepte, die in Japan wichtig sind»[11].

Asiatisches Gedankengut besteht also aus in sich facettenreichen, zudem miteinander in Wechselwirkung stehenden sowie sich gegenseitig durchdringenden Konzepten. Beispielsweise spiegelt die Form der Aikidobewegung ethische Konzepte wider und die Didaktik des Aikido ist in ganz allgemeine japanische Beziehungsstrukturen eingebettet.

Japan ist im doppelten Sinn ein «Reich der Zeichen»[12].

8.3 Gemalte Konzepte

Der Begriff Aikido konstituiert sich aus drei Schriftzeichen, sogenannten Kanji. Kanji sind aus urtümlichen Pictogrammen[13] entstanden. In unserer modernen Welt werden ebenfalls Bilderzeichen verwendet, etwa um verschiedene Sportarten zu kennzeichnen oder um das Angebot an einer Autobahn-Raststätte überschaubar aufzuzählen, auf einen Blick erfassbar und auch für Fremdsprachler verständlich: Messer und Gabel stehen für Restaurant, Bett für Übernachtungsmöglichkeit.

In China und Japan wurden die frühen, noch sehr gegenständlichen Bilder immer mehr der Funktionsweise des Schreibpinsels angepasst, wenn möglich vereinfacht und vor allem vereinheitlicht. Ein Beispiel ist das Kanji für Kind (oder Sohn – Abb. 1). «Das Schriftzeichen stellt einen Menschen mit sehr großem Kopf, mit Armen und Beinen dar. Er wird später im Profil gesehen, wobei nur noch ein Bein erscheint, so, als sei der Körper eingewickelt»[14].

Abb. 1: Wandlung eines Kanji vom gemalten Bild zur stilisierten Form. Entnommen: Fazzioli (1988), S. 27.

8.4 Ai – Ki – Do

Anders als Buchstaben oder auch Silben in unserer Sprache trägt jedes Kanji einen eigenen Bedeutungsgehalt bei. Ein Begriff wie Aikido (Abb. 2) umfasst damit noch weit mehr als ein zusammengesetztes Wort bei uns. Ein idealtypisches Training greift jede dieser Bedeutungen auf. Die drei Bedeutungen, oder eigentlich wiederum Bedeutungskonglomerate, werden nun betrachtet.

Das mittlere Zeichen wird im Japanischen Ki, im Chinesischen Chi gelesen. Es zielt auf die im fernöstlichen Raum allgemein akzeptierte Vorstellung von einer universellen Lebensenergie (vgl. Anhang 2). Do, sinojapanische Lesart des im Japanischen Michi ausgesprochenen unteren Zeichens, ist das (in Anhang 2 erwähnte) Dao, in alter Schreibweise Tao. Das für das Aikido wirksame Verständnis eines Do als Kunst der Lebensführung gelangte in der japanischen Kultur zur Hochblüte. Ai – mit seinen vielfältigen Übersetzungen als Harmonie, Frieden, Liebe – ist einerseits ein im Japanischen verbreitetes Wort; zugleich markiert es die Besonderheit dieser Bewegungsform und steht deshalb obenan.

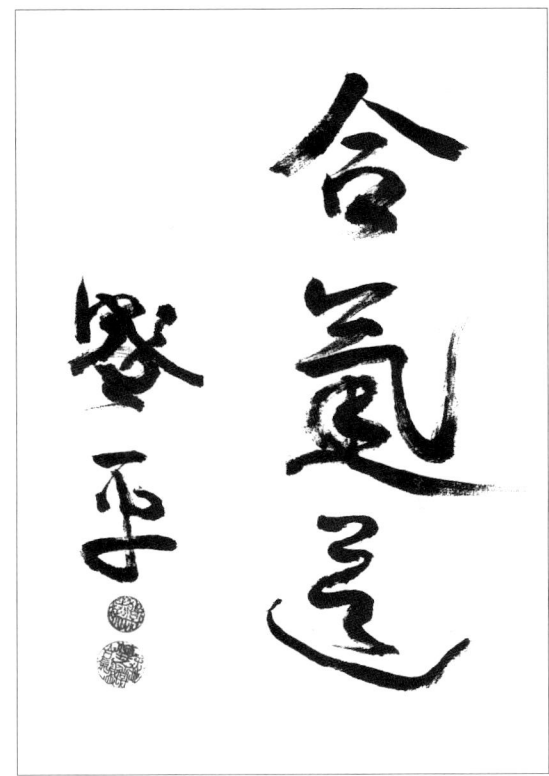

Abb. 2: Die Kanji *Ai, Ki* und *Do* (rechts v. oben n. unten gelesen). Kalligrafie [Reproduktion] von «O-Sensei» Ueshiba Morihei. Quelle: privat.

Im ersten Kapitel lag das Augenmerk auf der Herausbildung und der gegenseitigen Beeinflussung vor allem des technischen Inventars. In jede der drei Komponenten Ai, Ki und Do fließen jedoch auch geschichtlich ältere geistige Vorstellungen ein. Die jeweilige Sicht der Welt und die anderen Aspekte einer Kultur durchdringen sich gegenseitig. Die Gestaltung der materiellen Dinge wird ebenso beeinflusst wie das Verhalten gesteuert, oder zumindest wird das wünschenswerte Verhalten bestimmt, wie die Ausführungen oben unter 8.2 zeigen.

Verschiedene geistige Strömungen des asiatischen Raumes – insbesondere Shintoismus, Buddhismus, Konfuzianismus und der lebensphilosophische sowie der religions-philosophische Daoismus – formten die japanische Kultur und damit auch das Kultursegment, aus dem sich die Kampfkunst Aikido entwickelt hat. Sie konstituieren Lehrmeinungen, sie wirken auf die Trainingspraxis ein und sie gewinnen letztendlich in ganz unterschiedlichem Ausmaß Bedeutung für westliche Schüler (Anhang 2). Die einzelnen Autoren der Kampfkunst-Literatur wählen hieraus unterschiedliche Bezugspunkte.

In den nächsten Kapiteln wird einiges zusammengetragen, was ein interessierter Anfänger vorfindet, der zu vertiefender Lektüre greift. Westliche Näherungen und eigene Überlegungen sind dem zur Seite gestellt; Erkenntnisse aus der Studie werden eingereiht.

9 – Ki: die innere Kraft oder:
Vom Staunen und Glauben oder Zweifeln
zum Erfahren und Fühlen

> Ich habe mich ständig mit der Vernunft zu befassen und mit der Materie abzufinden,
> aber ich bin weder Rationalist oder Materialist.
> Ich war und bin immer noch ein Vitalist, dem die Lebenskraft,
> die nackteste aller nackten Tatsachen, ein vollkommenes Rätsel ist.
> G. B. Shaw[15]

Das Zeichen, das chinesisch Chi oder japanisch Ki gesprochen wird, der mittlere der drei Bestandteile des Wortkomplexes Aikido, ist facettenreich. Westliche, etwa US-amerikanische, Aikidoka haben ein weniger differenziertes Verständnis davon als japanische Praktizierende, stellt eine Studie fest – verständlich, weil Ki ja bereits «in Worten und Begriffen der japanischen Alltagssprache zu finden ist»[16], etwa als Bestandteil des Wortes für Wetter.

9.1 Das universelle, a priori vorhandene Ki, die Lebensenergie

Einem modernen westlichen Menschen ist es geläufig, zwischen belebter und unbelebter Natur zu unterscheiden. In der Schule lernt man entweder etwas über das Lebendige (Biologie) oder etwas über die unbelebte Materie (anorganische Chemie). Je mehr man sich in das Thema vertieft, desto fließender werden allerdings die Grenzen; so enthalten lebendige Körper Substanzen, die eben noch der anderen Seite zugeordnet waren, wie Kalk. Viren sind insofern keine richtigen Lebewesen, als sie nicht über einen eigenen Stoffwechsel verfügen, tragen jedoch genügend Erbinformationen in sich, um sich vermehren zu können.

Immer wieder neu geführte religiöse, medizinische oder juristische Debatten darüber, ab wann ein Mensch lebt oder beseelt ist oder wann er (wirklich) nicht mehr lebt, zeigen unser Dilemma. Letztendlich fassen wir im Westen heute den Begriff vom Belebten eher eng im Vergleich zu den viel breiteren fernöstlichen Vorstellungen.

Dennoch stehen diese nicht allein. Zu anderen Zeiten, an anderen Orten lagen solche Anschauungen auch uns anderen Völkern nahe.

Vergleichbare Begriffe in anderen Kulturen

Eine Übersicht über Körpertherapiemethoden nennt zur Annäherung an den Ki-Begriff die indische Yoga-Tradition, die der universellen Lebensenergie den Namen «*Prana*» gab[17]. Mit der gleichen Absicht wird «*dharma*» erwähnt und das Vermögen der Yogis, ihr Herz anzuhalten[18]. Im antiken Griechenland hieß ein ähnliches Konzept Speira[19]; weitere zugehörige antike Begriffe sind: «Psyche ... anima ... pneuma»[20], ein moderner «*Elan vital*»[21]. Sisu, eine finnische Arbeitsethik, postuliert als Ergebnis harter Arbeit eine Transzendierung früherer Begrenzungen[22].

Vergleichbare Vorstellungen in anderen Kontexten

Mehrere religiöse Systeme haben eine Vorstellung von inneren Kräften entwickelt. Kenosis ist ein christlicher Begriff vom Entleeren des Selbst zur Annahme von Gottes Willen; es gibt die jüdische Yom-Kippur-Erfahrung, Zen, Transzendentale und andere Meditation. Der Übergang ist fließend zwischen religiösen und anderen Formen der Grenzerfahrung wie der Euphorie von Läufern und Gewichthebern, Erfahrungen vom Verlassen des eigenen Körpers, Schlangenbeschwörung, Feuerlauf sowie «Erleuchtung» und «psychisch aufgerüstet werden»[23] (Kapitel 14 kommt hierauf zurück).

Der Psychotherapeut Jung kannte Ki als archetypisches Bild chinesischer Alchemie: Die ätherische Essenz fließt wie Quecksilber. Ein anderer sieht Ki in der Nähe von Psychokinese[24]. Eine körperpsychotherapeutische Schulrichtung geht davon aus, dass «es nur eine Energie gibt, die in allem Lebendigen, in jeder Pflanze, in jedem Tier vorhanden ist. Reich nannte sie ‹Orgon›»[25]; eine andere sieht statt des Fließens von Energie im Körper die Verkörperung der biografisch erworbenen psychischen Struktur als bedeutsam an[26]. Auch die technisch-verhaltenstherapeutische Methode «Biofeedback» wird in den Ki-Zusammenhang gestellt[27].

Kerngedanke: Einheit von Körper und Geist

Der westlichen Logik folgend wird zuweilen die Frage aufgeworfen, ob Ki zuerst im Geistigen erfahren wird oder im körperlichen Bereich, ob das Geistige das Körperliche beherrscht oder ob beides zu einer Einheit verschmilzt. Für den Krieger Musashi beginnt es mit dem «Trainieren des Körpers, das zur Kontrolle über sich selbst führt, zur Kontrolle über andere und mit der Zeit zur Kontrolle über die geistige oder Ki-Kraft»[28].

Das «Konzept der Lebensenergie überbrückt die Kluft von Körper und Psyche»[29]. Hierin besteht der größte Unterschied gegenüber westlichem Denken. Großmeister der Kampfkünste und deren Weiterentwicklungen sprechen dies an: «Die seit Descartes in unserer Weltsicht vorherrschende Dualität von dem Menschen als erkennendem Subjekt auf der einen Seite und auf der anderen die von ihm unabhängige unbelebte Materie hat uns jene atmosphärischen, unsichtbaren Aspekte, die intuitiven Wahrnehmungen vergessen lassen, die im Begriff Ki liegen»[30].

Beispiele für den Gebrauch des Wortes Ki oder Chi

«Im weitesten Sinne bedeutet Chi Energie»[31]. Für Chinesen ist Chi «das grundlegende Element des Universums», aber auch der «Menschenwesen»[32]. Nebel, Wind, Luft und Atem sind Chi. Der zeitgenössische japanische Meister Noro erläutert: «Das Ki ist die Kraft der Natur. Alles was sich zeigt, ... der Grashalm, der im Frühjahr aus der Erde auftaucht, alles ist Ki»[33].

Tissier, als erster Europäer ein vom Honbu Dojo (Tokyo) anerkannter Shihan, Aikidolehrer, fügt hinzu, dass «das Ki allgegenwärtig um uns ist, es ist unsere Luft, unser Leben, ... unsere Empfindungen, unsere Stimmungen. ... Ki ... ist Spüren ... ist Fühlen ... ist Kraft»[34]. Ki ist «die Manifestation des Lebens, die Essenz von allem. Ki hat weder Anfang noch Ende. Seine absolute Menge kann weder zunehmen noch abnehmen». Folglich fließt das Ki, das ein Mensch bei seiner Geburt erhält, bei seinem Sterben «zum universellen Ki zurück». Zu Lebzeiten bedeutet ein konstanter «Austausch in beide Richtungen, zwischen universellem Ki und unserem Ki» Gesundheit. Krankheit entsteht daher aus schlechtem Fließen, aus einem «energetischen Ungleichgewicht»[35]. Dieses Verständnis bereichert das Üben und Unterrichten: Wenn wir atmen, sollen wir zu einer Art Kanal werden, «der das unendlich Kleine mit dem unendlich Großen verbindet. Anders ausgedrückt fließen die Kräfte des Himmels durch unseren Körper zur Erde und die Kräfte der Erde anschließend in Richtung Himmel. Nichts anderes ist Einatmung und Ausatmung. ... Wir nennen diese absteigende Energie ‹Kraft des Wassers›. Die Energie der Erde hingegen, die zum Himmel aufsteigt, nennen wir ‹Kraft des Feuers›. ... Das japanische Wort für Gott ist ‹Kami›. Ka bedeutet ‹Feuer›, Mi heißt ‹Wasser›»[36].

Die Vereinigung dieser «beiden grundlegenden Gegensätze ist das Ur-Ki»[37]. Unsere Suche nach dem Leben ist also eine «Suche nach dem Gleichgewicht dieses ... *Ka-Mi*»; weder das eine noch das andere soll vorherrschen, das andere erdrücken[38]. Nicht zufällig ist also Aikido der Weg zur Harmonie des Ki ...

Ki oder Chi ist zugleich eine Substanz, deren Vorhandensein Belebtheit überhaupt definiert, wie auch «die Kraft, die uns am Leben erhält» wobei «die Chinesen glauben, daß das Chi in ähnlicher Weise wie das Blut, jedoch unabhängig davon, durch den Körper pulsiert». Das Chi fließt längs bestimmter Pfade oder Kanäle, sogenannter Meridiane, im Körper und kann somit an gewissen Stellen des Körpers (nicht nur den Meridianen, sondern auch an mit diesen verbundenen Punkten) beeinflusst werden. Akupunktur ist das bekannteste medizinische Verfahren, das mit Beeinflussung des Chi arbeitet, dessen Gleichgewicht im Körper wiederherstellen will[39].

Zwar ziehen bestimmte Kampfkünste aus der Kenntnis der Chi-Ströme das Wissen um lebenswichtige und dementsprechend verwundbare Punkte. Aber «vor allem dient die Ausübung des *Hsing-I, Pa-Kua* oder *T'ai-Chi* dazu, den Strom des *Chi* durch alle Teile des Körpers anzuregen»[40]. So gesehen ist das «Ziel» von Aikido «die Vitalisierung der Meridiane und damit eine Harmonisierung der Lebensenergie im Körper»[41]. Dieses schon für den Einzelnen wünschenswerte Gleichgewicht ermöglicht allerdings letztendlich das Wieder-Herstellen eines übergeordneten Gleichgewichts als der eigentlichen Aufgabe des Aikidoka; im übernächsten Kapitel wird dies ausgeführt werden.

Die ganz grundsätzliche Auffassung von Ki als Lebensenergie an sich ist im Westen bekannt geworden. Für Japaner hat Ki jedoch weitere Bedeutungen, die es ihnen erlauben, seelische Vorgänge in feinen Abstufungen zu kennzeichnen. Blättert man im Wörterbuch, so findet man zu Ki: «Seele, Geist, Absicht, Wunsch, Gefühle, Temperament, Charakter, Laune, Stimmung, Neigung, Aufmerksamkeit, Unruhe, äußere Erscheinung, Physiognomie, Ansicht, Zustand, Verfassung, Luft, Atmosphäre, Dampf, Dunst, Äther, Gas, gasförmiger Körper, Duft, Aroma, Atmung, vitales Fluidum». Wir begreifen: Das Wort Ki «bedeutet keinesfalls etwas Materielles»[42]. Kasten 1 gibt weitere Beispiele.

Kasten 1: Wortverbindungen mit *Ki*.

Kimochi ... bedeutet, je nachdem, Gefühl, Laune, geistige Verfassung, Eindruck ...
Mochi ... bedeutet halten oder auch besitzen. Ein Eindruck ... ist also das *Ki* eines Gegenstandes, das man erfasst hat.
Wenn man sich (in einem Haus) wohlfühlt, sagt man: «Aa kimochi no ii uchi» – In diesem Haus herrscht ein gutes *Ki*, die Atmosphäre ist angenehm. Meist nimmt *Kimochi* ... Bezug auf ein Gefühl. Wenn einem jemand Vertrauen einflößt, oder, wie im Fall des Aikido, wenn das Training mit einer Person angenehm ist, wird dies eine Person sein, die ein gutes *Kimochi* hat; im Gegensatz dazu wird etwas Abstoßendes einen sagen lassen: «Aa kimochi warui» – Das Ki ist schlecht.
Der *Kiai*, «der Schrei, der töten kann», wie manche Bücher oder fantasievollen Journale behaupten, wird gebildet aus *Ki* und *Ai* (das gleiche Zeichen wie das *Ai* in Aikido), welches vereinen, harmonisieren, begegnen, bedeutet. *Kiai* bedeutet also Einheit des *Ki* und seine exakte Übersetzung wäre Schrei, Atem, Stimmung, Laune.
Kiai make (siehe oben, plus) *make*: verlieren ... «der die Einheit des Ki verloren hat» lässt sich als Minderwertigkeitskomplex (im Falle eines Kampfes) übersetzen.
Kibayai aus *Ki* und *hayai* (schnell) heißt ungestüm, lebhaft. Jemand ... hat ein schnelles *Ki* ...
Kidate aus *Ki* und *date* (aufrecht stehend) bedeutet Temperament oder Charakter. Jemand der ein aufrechtes *Ki* hat, hat Charakter ...
Ki ga nukeru ... das *Ki* hat sich abgelöst ... wird gesagt, wenn man entmutigt ist, wenn man keine Lust mehr hat etwas fortzusetzen, was man begonnen hatte.
Ki ga muku (*muku*: zugehen auf), das *Ki* geht darauf zu, Lust auf etwas haben, von etwas angezogen sein ...
Ki ni suru: wörtlich, *Ki* davon machen, also sich beunruhigen ...
Die Vorstellung eines *Ki* ist auch in der Kunst, vor allem in der japanischen und chinesischen Malerei, präsent ... Das Prinzip *Ki in seido* bedeutet, dass ein Bild nur künstlerischen Wert hat, wenn man in ihm das Ki spürt[43].

Ein japanischer Psychoanalytiker hat beobachtet, dass «Idiome, in denen *ki* das Schlüsselwort bildet», ausdrücken, was in anderen Sprachen wie dem Deutschen durch einzelne eigenständige Adjektive gesagt wird. Er gibt Beispiele wie «schuldig, kapriziös, verquer, verrückt, nervös, engstirnig, reizbar, deprimiert, empfindsam, widerwillig, genial, ungeduldig, vernünftig, großzügig, frei heraus». «Während Kopf, Herz und Bauch alle die Lokalitäten, in denen die seelischen Vorgänge stattfinden, und die Dinge, die im Hintergrund dieser Phänomene stehen, anzeigen, bedeutet *ki* das Wirken des Phänomens als solches.» Man kann somit «*ki* vielleicht ... als die Bewegung des Gemüts in der Zeit» ansehen.

Die Vielzahl weiterer Idiome zu «*ki*-Aktivitäten» erlaubt zum einen den Schluss, dass «*ki* ständig auf der Suche nach Lustgewinn ist», was mehr oder weniger Freuds «Lustprinzip» entspricht. Jedenfalls sind die Ki-Tätigkeiten «normalerweise von einem subjektiven Freiheitsgefühl begleitet» (die für ein Training in Gruppen bedeutsame japanische Auffassung von Freiheit wird in Kapitel 18 genauer betrachtet). Zum zweiten scheint Ki auch «in Beziehung zu Tätigkeiten des Urteilens, des Bewußtseins oder des Willens zu stehen»[44]. Das heißt, dass «für die Japaner *ki* ein Medium darstellt, durch das sie ihre eigenen Seelentätigkeiten objektivierend betrachten und das zur Sicherung der eigenen Geistesfreiheit und -integrität dient»[45].

9.2 Das individuelle, persönliche Ki, um das man sich bemühen muss

Bisher stellte Ki oder Chi sich als, auch in seinen Schwankungen, naturgegeben, allgegenwärtig dar. Doch Ki ist auch zu verstehen als etwas, was durch besondere, gezielte Anstrengung erworben werden kann und muss. Wieder unterscheiden sich westliche und asiatische Auffassung. Nach westlichem Verständnis übt man, wenn man Energie übrig hat, nach asiatischem Verständnis übt man gerade auch als Ersatz für Schlaf, Wärme, Nahrung, also um Energie, Ki, zu erzeugen. Im Japan des zweiten Weltkrieges wurde die von der Fabrikarbeit erschöpfte und die Nächte in Bombenkellern überdauernde Zivilbevölkerung öffentlich aufgerufen, eben deshalb Körperübungen zu machen: «Je müder wir sind, desto hervorragender wird das Training»[46].

Die Schülerseite: Ki-Übungen

Aikidoschüler lernen Wege kennen, mit denen sie ihr Ki entwickeln können; diese stammen entweder aus dem Erfahrungsschatz der Lehrenden oder aus der Literatur[47], wie etwa der «unbeugsame Arm» (Abb. 3). Ein nicht ganz durchgestreckter, nach vorne ausgerichteter Arm kann von einem Partner nicht umgebogen werden, so lange man sich entspannt[48]. Dies zu erleben ist für Anfänger ermutigend.

Abb. 3: Der «unbeugsame Arm»*. Entnommen: Westbrook & Ratti (2010), S. 91.

Vom Mut ist es allerdings manchmal nur ein Schritt zum Übermut. Gerade Anfänger müssen auch realistisch bleiben ... obwohl augenzwinkernd, kann die Skizze von einem zierlichen Aikidoka und einem scheinbar übermächtigen, aber dennoch erfolglosen Armbieger

---

* Üblicherweise kennzeichnen in Erläuterungen zu Aikido weiße Jacke und dunkler Hosenrock (Hakama) den Fortgeschrittenen/Meister (und damit zugleich den Verteidiger, den Anwender einer Technik), der komplett weiße Anzug den Anfänger/Schüler (und damit zugleich den Angreifer).

Hoffnungen schüren, durch Aikido unbesiegbar zu werden (Abb. 4). Ein entsprechender Text wäre vielleicht: «Wir stellten uns vor, unsere Arme seien mit Energie- oder Bewußtseinsstrahlen verbunden, die bis ans Ende des Universums reichten und die Arme geschmeidig und zugleich stark, buchstäblich unbiegsam, machten»[49]. Allzu leicht «wird der Eindruck von einer Geheimwissenschaft genährt, oder, wie ein Schüler es nannte, von der «‹spür' die Kraft, Luke›-Erfahrung»[50].

Abb. 4: Der «unbeugsame Arm».
Entnommen: Tohei (2009), S. 72.

Die Meister-Seite oder: Verheißungen

Manche Artikel, insbesondere in einem US-amerikanischen Budo-Magazin, wollen wohl auch bewusst ein Faszinosum präsentieren. Psychophysische Höchstleistungen des Aikidobegründers Ueshiba und Ausübender anderer Stile gelten stets als Manifestation von Ki. Ein Schüler erinnert sich an O-Sensei Ueshiba: «Kein Schwert konnte ihn berühren, kein Stock konnte ihm nahekommen ... Er stand mitten auf der Matte und drei oder vier seiner stärksten Ausbilder griffen ihn mit dem Stock an. Sie konnten ihn gar nicht finden! Wenn man noch so genau hinschaute, konnte man nicht sehen, was er tat, um ihnen auszuweichen. Er war nicht zu berühren; man kann etwas, was nicht da ist, nicht verwunden»[51].

Der Hinweis, dass derartige Exzellenz ihren Preis hat, verstärkt das Geheimnisvolle: So wird berichtet, dass seine Schüler Ueshiba einmal fragten, «ob es die Leistungen, die den *Ninja* nachgesagt werden – zum Beispiel, sich unsichtbar machen oder auf dem Wasser gehen – tatsächlich gäbe. ‹Ihr habt zuviele Filme gesehen› sagte Morihei ... ‹Ich gebe Euch eine echte Vorstellung von *Ninjutsu*!› Etwa zehn Schüler mußten Morihei in der Mitte des *Dojo* umringen; als sie angriffen, spürten sie einen Luftzug und Morihei war verschwunden. ‹Hier bin ich, hier drüben› ... Er war gut sechs Meter entfernt und schon halbwegs die Treppe zum zweiten Stock hinauf. Morihei wurde allerdings recht böse, als sie ihn später um weitere *Ninja* ‹Tricks› baten. ‹Wollt ihr mich umbringen, nur um euch zu unterhalten? Jede Anwendung einer solchen Technik kostet fünf bis zehn Lebensjahre!›»[52].

Der «Angreifer» einer Prüfungskandidatin erzählt, etwas gespürt zu haben von der «Qualität des Aikido, ... die so oft ‹magisch› oder ‹okkult› genannt wird: *ich kam einfach nicht in ihre Nähe*. Es schien, als sei sie von einem besonderen Kraftfeld eingehüllt»[53]. In einem Interview mit Ueshibas «engstem Vertrauten» ist «die Essenz ... der ‹geheimen Lehre› seiner Form» zu erfahren. Eine Bildunterschrift zeigt den Meister dabei, «seine magische Kampfkunst vorzuführen»[54].

Biografien des Begründers und anderer Aikidogrößen enthalten oft den Hinweis, dass jene als Kind klein waren oder kränklich, dank Entwicklung des Ki später aber erstarkten[55].

Veröffentlichungen über Aikido betonen letztendlich das Geistig-Spirituelle, vielleicht mit einem ehrfürchtigen Staunen. Andere Disziplinen stellen jedoch – und dies wird gerne mit Fotos belegt – Materiell-Körperliches in den Vordergrund. Meist versprechen sie auch Erreichbarkeit dieser Höchstleistung, gar die Möglichkeit, sich zu einem Übermenschen auszubilden. Beispielsweise wird eine Schwertspitze gegen die Kehle des Meisters gedrückt und das Schwert dann durchgebogen[56]. Unter dem Titel «Die Kraft des Ki! – Sie ist real und du kannst sie entwickeln!» hält sich der Meister selbst die Schneide eines Beils gegen das Brustbein, während ein Holzstück so heftig auf den Beilrücken geschlagen wird, dass es zerbricht. Auf dem Kopf des Meisters werden Betonplatten mit einem Vorschlaghammer zertrümmert, während dieser auf einem Nagelbett sitzt[57]. Oder es wird gezeigt, wie Nägel durch Arme gebohrt und Wassereimer daran aufgehängt werden, wobei dies übertitelt ist mit «Das Ki nutzbar machen / Die äußerste mögliche Kraft / Techniken zur Entwicklung der Inneren Stärke»[58].

Hm. Vielleicht deshalb unterschied O-Sensei Ueshiba ein «gewöhnliches Ki», das «grob und schwer» ist, von einem «wahren Ki», «leicht und wendig»; er empfahl, sich «von dem gewöhnlichen Ki zu befreien» und sich «von dem wahren Ki durchdringen» zu lassen[59].

Berichte zu Ki gehen zuweilen in Legenden über. Deshimaru hat von einem Meister gehört, «der eine Maus oder eine Ratte töten konnte, indem er nur seinen Blick auf sie richtete ... Er hatte wohl wirklich ein starkes Ki!»[60]. Auch andere erzählen aus zweiter Hand: «Die Ki-Energie ist unerschöpflich und unabhängig von der körperlichen Verfassung. Zum Beispiel bestand Sokaku gegen Ende seines Lebens darauf, weiterhin das Training zu leiten, obgleich er durch einen Schlaganfall ... gelähmt war ... Er habe noch auf dem Totenbett einen Judoka mit dem sechsten Dan zu Boden geworfen»[61]. Der Eindruck von Zuschauern bei einer Aikidoprüfung wird weitergegeben: Der Raum sei plötzlich «bedeutend heller» geworden, eine Aura um den Prüfling sei zu sehen gewesen, «golden», «hell und plastisch», «die ganze Halle erstrahlte wie in einem köstlichen, frohen, fast greifbaren Glanz»[62].

Warnungen vor Illusionen und Ermahnungen zu Fleiß

Es finden sich jedoch auch mäßigende Stimmen. Ein Karateka stellt fest, dass der Begriff Ki im US-amerikanischen Shotokan selten gebraucht würde; zumindest sei alles Ki der Welt zu nichts nütze ohne solide Technik[63]. Für Kenpo wird die Meinung vertreten, dass «Kraft der vollendeten Form innewohnt»; das legendäre Ki hingegen sei eine wohl eher nicht erwiesene Größe[64]. «Einen zuverlässigen Zugang zum Ki zu bekommen, sodass es willentlich zugeschaltet werden kann, grenzt an ein Wunder»[65]. In einem Portrait des durch Filme bekannt gewordenen Aikidoka Seagal wird herausgestellt, dass letztendlich nur Anstrengung und Einsatz zur Spitze führen[66].

Bezüglich einer Besonderheit des Aikido gibt es häufig ein Missverständnis, nämlich wenn eine Technik abgebildet und Kokyu Nage genannt wird. Denn als Kokyu Nage, also Atemkraftwurf, können Hunderte von Techniken bezeichnet werden[67]. Ein Autor erklärt «das Wesen des *aiki nage* (Werfen durch Umlenken des *Ki*). Bei dieser Art Wurf, auch *kokyu nage* genannt, greift alles so reibungslos ineinander, dass der Angreifer durch ein nur wie beiläufiges Berühren oder Ziehen von *tori*s Seite geworfen wird». Kokyu Nage ist damit eben keine bestimmte Technik, sondern eher «eine Art und Weise, auf die eine Technik manchmal geschieht». Kokyu Nage lässt sich anfangs nicht willentlich herbeiführen. Man kann im Gegenteil eine Technik hundert Mal üben und dabei vielleicht einmal Kokyu Nage erreichen: «Unser Vorsatz sollte nicht sein, jedes Mal *Kokyu Nage* zu erzielen. Unser Vorsatz ist, ernsthaft zu üben und uns zu entwickeln. Darum geht es bei Budo»[68].

Es ist notwendig, psychisch und körperlich entspannt zu sein, vielleicht sogar in einen anderen Zustand des Bewusstseins zu kommen (Kapitel 14 ist mit außergewöhnlichen Bewusstseinszuständen befasst). Ein Aikidoschüler erlebte einen Moment, in dem er, tagträumend, nicht mit einem Angriff gerechnet hatte – und es kam Kokyu Nage zustande: «Als Uke angriff, habe ich einfach reagiert, ohne nachzudenken. Was ich gemacht habe, war wenig flüssig oder elegant, aber es war stärker als alles bisher.» Er erkannte: «Ich habe wohl kaum die Disziplin, so etwas dauerhaft zu erreichen, aber es ist ein Privileg, zu wissen, dass etwas Derartiges existiert. Mir wurde ein kleiner Einblick gewährt in das, was zu erreichen mir möglich wäre.»[69]

Dann wieder erklärt ein anderer Autor, die Kniegangstechniken (Suwari Waza) seien aus verschiedenen Gründen sehr schwierig, deshalb könne man sie überhaupt nur mit Ki ausführen[70]. Alles in allem fühlen sich Anfänger oft entmutigt in ihrem Bemühen, «das Eintreten, Vereinigen und die Führung über den Partner zu übernehmen, absichtslos, harmonisch, nur mit Ki» gelingen zu lassen[71].

Die Kiwirksamkeit steht also in dem Spannungsfeld, notwendig zu sein, sich nicht erzwingen zu lassen, aber Disziplin zu verlangen.

9.3 Das Ki fühlen

Und was heißt das nun für mich als Aikidoanfänger? Woher weiß ich denn, ob nun Ki fließt oder ob nicht? Nur selten zumindest konnten meine Interviewpartner etwas Derartiges berichten wie dieser Mann, der schon viele Jahre übte: «Es kribbelt tatsächlich bei meinem Aikidolehrer. Er macht sehr energetische Übungen, und eben dieses Energie-Schicken und auf Energie reagieren, auf Orte und Menschen, also differenziert zu reagieren, das kann man bei ihm sehr schön lernen. Das kribbelt dann schon.»

Den meisten Anfängern geht es wohl eher wie jenem Schüler, der, obwohl er «dank eines Seminars über japanische Kultur bereits ein gewisses Verständnis von Ki als Konzept besaß, doch Mühe hatte, nicht intellektuell mit der Idee umzugehen, sondern einfach etwas zu fühlen»[72]. Dabei wird genau dies wird erforderlich: «Wir verstehen das Konzept des Ki nun besser, doch es bleibt ein Konzept. Es ist die Aufgabe von uns Aikidoka, vom Konzept zur Erfahrung fortzuschreiten»[73].

Körperort der Ki-Erfahrung: der Unterbauch

Meister Noro befindet: «Ki ist nicht messbar. Es handelt sich nicht um ein wissenschaftliches Konzept; aber jeder kann es in den Tiefen seines Körpers selbst ausloten»[74]. Man soll das Ki also spüren können – aber wo und wie? Ein Körperpsychotherapeut gibt einen Hinweis: Der «Fluß der Lebensenergie» drückt sich «in Reaktionen des Körpers» aus, er wird «im Körper ... als Gefühl erfahren»[75]. Ein Aikidolehrer erklärt: Durch Übungen «entsteht ein Leuchten, ein Strahlen, es entwickeln sich Wärme, Kraft und Energie (Ki). Dieses ‹Leuchten› im Unterbauch verteilt sich ... über den ganzen Körper und strahlt dann auf seine Umgebung ab»[76].

Die Lehrenden bemühen sich, die Schüler zu dieser Erfahrung zu führen. Atemübungen gehören selbstverständlich zu jeder Aikido-Unterrichtseinheit. Sie lenken Aufmerksamkeit in den Beckenraum, also in den Unterbauch, japanisch Hara[77]. Im «*tanden* (Zentrum)»[78] soll der Eine Punkt gehalten werden.

Ist dieses Hinspüren entwickelter, kommt es vermutlich zu halbbewussten organismischen Wertungen. So könnte die anschließend vom Übungsleiter als richtig rückgemeldete Bewegung subjektiv bereits während der Ausführung eine angenehme Empfindung im Beckenraum ausgelöst haben – ein deutlich anderes Gefühl als die fraktionierteren Versuche zuvor: «Ich kann zwar nicht erklären, was *Ki* ist, aber ich kann es gewiss wahrnehmen, wenn es durch mich fließt»[79].

Qualität der Empfindung: lustvoll

Im Kontext des Aikido wird eine derartige Wahrnehmung selten direkt als Lustgefühl bezeichnet; meist wird zurückhaltender formuliert: «Für den Anfänger ist es zunächst eine mehr als vage Vorstellung, wenn er den Anweisungen folgt wie ‹konzentriere deine Energie in der Nabelgegend› oder ‹laß deine Energie nach unten sinken›. Aber ... das zunächst nur gedachte ‹Ki› wird sehr schnell ein ‹gespürtes Ki›. Das Fließen, die Konzentration der Energie an bestimmten Stellen, die Aufladung mit ihr wird ein so deutliches körperliches Gefühl, daß der Schüler bald nicht mehr den geringsten Zweifel an ihrer Realität hat»[80].

Hier befinden wir uns in einem lange Zeit soziokulturell tabuisierten Bereich. Aikidoka Tissier hat beobachtet, dass, «beeinflusst durch unsere jüdisch-christliche Kultur, alles tabu ist, was sich auf das Körper-Zentrum bezieht. Der Bauch, der Unterbauch, galt als Sitz der niedrigen Instinkte, und die Personhaftigkeit des Menschen begann erst oberhalb des Zwerchfells»[81]. Interessanterweise bemerkt auch Meister Noro zu Ki: «Man spricht nicht darüber, aber man kann es fühlen»[82]. Körperpsychotherapeuten bedauern die Konditionierung darauf, «uns das Erleben unserer ‹Bauchgefühle› nicht zu gestatten». Empfiehlt man jemandem, leicht in den Bauch hinein zu atmen, macht ihm das «zunächst oft Angst oder versetzt ihn in Panik – er hält den Atem an». Sie kennen ebenfalls die beschriebene Wirkung: «Wenn man ihn aber ermutigt, weiterzuatmen und sich dem weiter hinzugeben, was er da erlebt, tritt mit der Zeit an die Stelle von Angst und Panik ein ekstatisches Gefühl von Wärme und Ganzheit.»[83]

Ein emotionales Prinzip im Umfeld von Lust und Laune bekommt seine Entsprechung als Lustgefühl auf körperlicher Ebene.

Ki und Sexualität

Ein «Arbeitsbuch der Energielenkung», welches auch die sexuelle Erlebnisfähigkeit verbessern möchte, empfiehlt gezielt Aikidoübungen[84]. Eigentlich kehrt dies jene urtümliche asiatische Vorstellung um, durch die Ausübung «sexueller Praktiken» sei Ki, also Lebensenergie, zu erzeugen und sogar «Unsterblichkeit» zu erlangen[85]. Dem entsprachen altindische, besonders tantrische, Körperübungen zur Kontrolle sexueller wie auch spiritueller Energie[86]. «Chakras (wörtlich Rad, Kreis) sind Zentren ... des feinstofflichen Leibes». «Das erste, an der Basis des Rückgrats, ist das ... Wurzelzentrum»; es gilt als Zentrum der Sexualität[87]. «Im Rückenmark steigt der dreifache Strom, eine Wahrnehmungskraft, das Kundalinifeuer, durch die Zentren hinauf»[88]. Die sinnliche Erfahrung des menschlichen Körpers und der sexuelle Höhepunkt galten als das Rohmaterial zur spirituellen Transformation[89].

ERKENNTNISSE: Ich habe es gewagt, im Klartext zu fragen. Dem Satz «Beim Training habe ich manchmal schon gespürt, was mit ‹Ki› gemeint sein könnte, als ein lustvolles Gefühl im Bauch» stimmten deutsche Aikidoka – bei diesem und dem nächsten Satz hatten französische Aikidoka wegen Übersetzungsfehlern nicht gewertet werden können –, Iaidoka und Karateka im Verhältnis von 57 : 47 : 44 % zu, also rund die Hälfte aller Teilnehmer aus dem Budo.

Die zweite Frage war offener gehalten und damit auch für die Tänzer einsetzbar: «Bei manchen Bewegungen habe ich schon mal sowas wie ein richtiges Hochgefühl empfunden». Diesem Satz stimmten Aikidoka, Karateka, Tänzer und Iaidoka zu 95, 87, 78 sowie 75 % zu. Dabei ist sowohl der Unterschied zwischen deutschen Aikidoka und Iaidoka statistisch bedeutsam als auch der zwischen Aikidoka und Tänzern. Daraus lässt sich ablesen, dass erst das Zusammenspiel von fernöstlichem Bewegungsverständnis einerseits und einer dynamischen Qualität der Bewegung andererseits etwas wie Ki zuverlässig erfahrbar macht.

Meine Interviewpartner benutzten eher selten direkt das japanische Wort, sprachen dann von «Ki schicken». «Elan» kam einmal vor; meistens verwandten sie den Begriff «Energie fließen lassen». Eine Frau spürt, wenn sie nicht Aikido trainieren kann: «— Energie — da fehlt dann was, als wäre die Batterie nicht aufgeladen —». Eine Teilnehmerin berichtet: «Ich komm' dann immer ganz energiegeladen zurück und dann muss mein Freund schauen ...» Eine andere stellt die Wirkung für ihren Beruf in den Vordergrund: «Da gibt mir das Aikido Energie, eine positive, dieses Element, zu kämpfen.» «Am besten gefällt mir eigentlich das Kämpfen. Sachen mit Werfen und Geworfenwerden. Sowas gefällt mir am allerbesten, ein bissel mit Schmackes», sagt eine weitere Frau begeistert, ähnlich ein junger Mann: «Was ich auch noch ganz gerne mag, ist dieses Powern.» Das Wort «Spaß» wird häufiger erwähnt oder «dass es unheimlich schön ist, Aikido zu machen».

9.4 Ki und westliche Wissenschaft

Wer das Empfinden hat, dass westliches Herangehen ein Phänomen wie Ki nur entzaubert, kann dieses Kapitel ruhig überschlagen. Ich selbst bin aber von der Einheit aller Dinge überzeugt und biete daher auch interdisziplinäre Überlegungen an. Damit bin ich übrigens nicht ganz allein.

Biomechanik, mechanische Physik, sportwissenschaftliche Parameter
Auch manche Kampfsportler bemühen sich selbst um ein technisches Verständnis. Einer von ihnen definiert das Ki des Gegners als «seine innere Kraft oder momentum», also als Impuls, Triebkraft, Wucht[90]. Ein japanischer Aikidoka legt dar, wie allein aufgrund von Gesetzen der Mechanik beispielsweise beim oben geschilderten unbeugsamen Arm der Kraftfluss des Angreifers so umgeleitet wird, dass der Verteidiger wie unbewegbar erscheint[91].

Die Aktion fortgeschrittener Aikidoka soll kraftvoll und explosiv sein, also voller Ki, und zugleich ausdauernd und entspannt. Dem entsprechen vermutlich sportwissenschaftliche Bezugsgrößen wie Explosivkraft, Schnellkraft, Reaktionsfähigkeit und Ausdauer.

Psychophysiologische und biochemische Gesichtspunkte zu Ki
Subjektiv als seelisch wahrgenommene Vorgänge und körperliche Vorgänge insbesondere im Gehirn stehen in engster Wechselwirkung.

Belebung: Nicht nur das Gehirn kleiner Kinder, sondern auch das Erwachsener benötigt ständig Anregung. Vielleicht ist «der steinzeitliche Jagdtrieb» eine Quelle der Reizsuche; angesichts von oft langweiligen und monotonen Tätigkeiten werden, auch mit Sport, «in der Freizeit spannendere Pseudo-Jagden betrieben»[92]. Dazu kommt der Wunsch, anders als früher Anregung direkt zu erleben. Zuvor «war es jahrhundertelang üblich, daß Artisten Kunststücke vollführten, die beim Zuschauer Spannung und Nervenkitzel ... erzeugten. Langsam bahnte sich ein Wandel an, der immer mehr Zuschauer zu aktiven Mitspielern werden ließ»[93].

Ein Alpinist vergleicht «extremes Bergsteigen» sogar mit «Krieg». Beide sind gekennzeichnet «durch radikale körperliche und emotionale Beanspruchung sowie durch das klare Gewahrsein der Todesnähe», sind «brutal»[94]. Der Gewinn besteht jedes Mal in «gespürter Lebendigkeit»[95].

Es ist ebenfalls «aufregend, Kampfsport zu betreiben»[96]. Kampfsport und damit die Kampfkunst Aikido simuliert kriegerisches Tun. Es soll konzentriert geübt werden; Lehrer weisen hin auf Nachlässigkeiten, gefährliche Fehler, die im Ernstfall den Tod bringen würden. Mit Stoß, Schlag, Waffe angegriffen zu werden, stimuliert die Physiologie. Inzwischen verstehen wir genauer, was da vor sich geht.

«Notfall-Reaktion»: Möglicherweise könnte die Entfaltung von Ki bedeuten, willentlichen Zugang zu dem zu bekommen, was Physiologen «autonom geschützte Reserve»[97] nennen oder «‹ergotrope› ... optimale Reaktion in ... ‹Notfall-Situationen›»[98]. Kampfsportler wollen gezielt das aktivieren, was sonst in Stressreaktionen automatisch abläuft und Menschen zu andernfalls nicht möglichen Höchstleistungen befähigt. Ein Karateka erklärt, dass Menschen in Angstsituationen einen Erregungszustand erleben, zurückzuführen auf den Sympathikusnerv, «der auch als Leistungsnerv betitelt wird» und «alle zur Leistungssteuerung notwendigen Organismusumstellungen steuert. Dies bewirkt gewissermaßen ein körpereigenes ‹Doping›, welches den Menschen in die Lage versetzt, über das normale Maß hinaus Leistungen zu bewirken»[99]. Genauso weist Meister Asai darauf hin, dass Menschen enorme Kräfte haben, welche unter akuter Lebensgefahr mobilisiert werden. «Diese Kraft ständig und abrufbar zur Verfügung zu haben, ist Ziel unseres Trainings»[100].

Vermutlich gelingt dies nur selten. Doch bereits im normalen Training werden Endorphine – auch sie ein körpereigenes Doping – ausgeschüttet, was angenehme Gefühle auslöst und damit all jenen Ki-Definitionen nahekommt, die Energie, positive Stimmung und Ähnliches als Übersetzung anbieten.

«Runner's High» oder warum Laufen süchtig machen kann: Schon lange war vermutet worden, Bewegung ermögliche eine verbesserte Versorgung des Gehirns mit Endorphinen, jenen «niedermolekul. Neurohormonen mit verhaltensregelnder und schmerzstillender Wirkung»[101]. Offenbar bewirkt Ausdauersport «Stressabbau, Angstlösung, Stimmungsaufhellung und verminderte Schmerzwahrnehmung», das sogenannte «Runner's High». Doch ein experimenteller Nachweis für die «Endorphin-Hypothese» fehlte bisher[102].

Mit dem Ziel der Schmerzbekämpfung haben nun Forscher der Nuklearmedizin, Neurologie und Anästhesie geprüft, ob durch andauernde aerobe Bewegung vermehrt körpereigene Opioide im Gehirn ausgeschüttet werden. Dazu nutzten sie das bildgebende Verfahren der Positronen-Emissions-Tomografie (PET); die «radioaktive Substanz [18F] Diprenorphine ([18F]FDPN)» wurde verwendet. Sie bindet im Gehirn an Opiat-Rezeptoren, tritt also in Konkurrenz zu Endorphinen. Das heißt, freiwilligen Versuchspersonen wurde ein Stoff mit folgenden zwei Eigenschaften verabreicht: Weil er radioaktiv ist, ist er im CT (der «Röhre») sichtbar; und er wird von denselben nervlichen Strukturen angenommen, die auch die Endorphine, also die natürlichen Opiate, aufnehmen würden, falls sie im Körper gebildet würden. Die PET-Bilder von zehn Athleten jeweils vor und nach einem zweistündigen Langstreckenlauf wurden verglichen. Sie zeigten «eine signifikant verminderte Bindung von [18F]FDPN. Das spricht im Umkehrschluss für eine vermehrte Ausschüttung körpereigener Opioide beim Ausdauerlauf». In einer Abbildung (Anhang

7) sind die Orte gekennzeichnet, an welchen die Austauschsubstanz also keine Chance mehr hatte, anzudocken, weil sie eben schon von den köpereigenen Stoffen besetzt waren.

Der von den Sportlern berichtete Anstieg subjektiven Hoch- und Glücksgefühls nach dem Ausdauerlauf war an sich schon statistisch bedeutsam und entsprach außerdem der Menge der ausgeschütteten Endorphine. Er war auch stimmig zum Ort der Endorphinfreisetzung. Diese fand nämlich vorwiegend statt «in Bereichen des Frontallappens der Großhirnrinde und des so genannten limbischen Systems, beides Gehirnregionen, die eine Schlüsselrolle in der emotionalen Verarbeitung innehaben»[103].

Dazu kommt, dass Sport, Bewegung, körperliche Anstrengung, auch «schon einfache Aktivitäten wie Aerobicübungen, die Neubildung von Neuronen»[104] anregen können, denn «unter körperlicher Anstrengung nimmt die Menge an einem … Nervenwachstumsfaktor – VGF –» zu, auch gerade «in jenem Bereich des Gehirns, dem Hippocampus, der für die Stimmungslagen zuständig ist»[105].

Damit haben wir einen auch für westliche denkende Menschen akzeptablen wissenschaftlichen Zugang zu dem asiatischen Postulat, dass mittels körperlicher Aktivität eine Art positiver Energie erzeugt werden kann. Die körperliche Erfahrung wird gewiss von Schülern als Evidenz gewertet und macht die Unterweisung glaubwürdig.

Empirie zu Ki

Japanische Forscher wollten gezielt Ki erkunden. Sie verglichen Anfänger und Meister der Kampfkunst, verlangten entweder Bauchatmung oder Nasenatmung und einen Wechsel zwischen Entspannung mit geschlossenen Augen und einer sogenannten Ki-Atmung[106]. Der «unbeugsame Arm» wurde untersucht mit den Vorgaben, den Arm unbeugsam zu machen mit «Körperkraft», «ohne Kraft und ohne Dagegenhalten» und durch eine «Ki-Ausdehnung»[107].

Gemessen wurden EEG, EKG, Blutdruck, Sauerstoffgehalt des Blutes, Blutfluss, Hautwiderstand, Gase im Blut und die Erwärmung des Gesichtes (Thermografie). Zwischen den einzelnen Personen wurden deutliche Unterschiede erhoben.

9.5 Psychologische Aspekte zu Ki

Ob man von hirnorganischen oder psychischen Vorgängen spricht, hat letztendlich weniger mit der Sache zu tun und mehr mit Interessen- und Forschungsschwerpunkten.

Konzentration

Die Aufmerksamkeit bündeln und richten zu können, ist vermutlich eine Facette eines gut entwickelten Ki, denken wir nur an das Gegenteil, vielen Eltern als Aufmerksamkeits-Defizit-Störung bekannt. Ein Übungsprogramm zur Fokussierung der Aufmerksamkeit basiert auf dem Ki-Konzept des asiatischen Kampfsports[108].

Wirksamkeit

Wirkung erzielen zu können ist dann auch ein Ergebnis guter Konzentrationsfähigkeit. Die japanische Wortverbindung Kihaku bedeutet «Entschlossenheit ... *eine* Sache *in einem bestimmten Moment* mit *ganzem Einsatz* zu tun»[109]. Möglicherweise wird durch Kampfsporttraining eine Entwicklung wieder angeregt, die zeitweilig unterbrochen gewesen war: die Erfahrung von Urheberschaft, Selbstwirksamkeit, deren Bedeutung, Entstehung, aber auch Störbarkeit die Säuglingsforschung belegt hat (s. o. Kapitel 5 und 6). Wir greifen deshalb noch einmal ein zum Komplex Ki gut passendes Gebiet der Säuglingsforschung heraus.

9.6 Vitalitätsaffekte

Zahlreiche Wortverbindungen mit Ki beschreiben fein abgestuft Eigenschaften und Stimmungen von Personen. Ein weiterer Forschungs- und Ergebnisbereich der oben vorgestellten Säuglingsforschung, die sogenannten «Vitalitätsaffekte», scheint dem zu entsprechen: Während Affekte üblicherweise nur in große Kategorien gefasst werden wie Furcht, Angst, Scham, Schuld, Freude, Wut, sind Vitalitätsaffekte «Erlebniseigenschaften, die all diesen Affekten zukommen können, aber auch anderen Lebensäußerungen, sowohl der eigenen Person wie der des anderen». Man beschreibt diese Qualitäten «mit Begriffen wie ‹schneidend›, ‹verblassend›, ‹brausend›, ‹flüchtig›, ‹explosiv›, ‹an- und abschwellend›. Freude, wie sie sich im Lächeln ausdrückt, kann ‹flüchtig› sein oder ‹explosiv›. Das Lächeln wiederum kann explosiv sein, ein Ausbruch, oder anschwellend. Es kann auch eine Art Lachanfall sein, d. h. eine Weile auf einem hohen Niveau konstant bleiben. In all diesen Fällen ist die Freude und das Lächeln stark, aber in jedem Fall gibt es eine besondere Tönung, die dem Lachen und dem Gefühl der Freude seine besondere Prägung gibt, und zwar über die üblichen Dimensionen ... stark/schwach hinaus».

Daneben haben nicht nur Affekte «eine vitale Tönung, sondern auch Handlungen. Jemand kann abrupt und plötzlich aus seinem Stuhl aufstehen oder eine abrupte Armbewegung machen .... All diese Ereignisse, die ganz unterschiedlichen objektiven Kategorien angehören, haben gemeinsame vitale Qualitäten». Diese «Intensitätskonturen» werden schon von kleinsten Kindern an anderen «wahrgenommen und als Vitalitätsaffekte im Selbst empfunden»[110]. Statt von «Vitalitätsaffekten» sprechen Forscher auch von «Vitalitätskonturen»[111] oder einfach von dynamischen Formen der Vitalität[112].

Reorganisation dieses affektiven Ausdruckes mithilfe des Aikido

Aikido bietet ein ungewöhnlich breites Spektrum von langsamen zu dynamischen Bewegungen, von zarter zu nachdrücklicher Berührung, von Stille bis Kampfschrei ... In der kindlichen Entwicklung unterdrückte Aspekte der Vitalität können hier nachträglich ausdifferenziert werden; einseitige Entwicklungen werden ausgeglichen. Aber wie geschieht das denn nun genau? Um dies zu erklären, gehen wir noch einmal zur Säuglingsforschung zurück.

Affektive Inhalte des psychomotorischen zwischenmenschlichen Feldes
Aikido wird durch den Begriff Harmonie bestimmt; auf ihn wird in Kapitel 11 ausführlich eingegangen werden. Für die seelische Entwicklung ist Harmonie ein regelrechter Motor. Allerdings ist dabei Folgendes wichtig: Harmonie oder Zusammenpassen oder Stimmigkeit stellt im Psychischen eine übergeordnete Kategorie dar und darf nicht naiv mit friedlich verwechselt werden. Abstimmungsleistungen wie sie Mutter und Kind – oder Trainingspartner, dazu später mehr – ständig erbringen müssen, werden zum einen in der gleichen Dimension erbracht, etwa dem Tempo beider; zum anderen erfolgen sie auch über sogenannte kreuzmodale Verschränkungen. Denn es «haben die verschiedenen Ereignisse im Leben des Kindes die Eigenart, daß ihre vitalen Dimensionen zueinander passen. Sie werden nicht willkürlich miteinander verknüpft, sondern ihre intrinsische Gemeinsamkeit wird perzipiert und empfunden». Wenn also eine Mutter mit freundlicher Stimme spricht, «so paßt der Tonfall ihrer Stimme, der weich und rund ist, zu den sanften und ruhigen Bewegungen, mit denen sie das Kind aus dem Bettchen nimmt; und er paßt zu den ruhigen motorischen und sensorischen Empfindungen, die das Kind hat, wenn es allmählich hochgenommen wird».

So entsteht Stimmigkeit: «Sanfte Töne sind so verknüpft mit sanften Bewegungen der Mutter und mit sanften Körper- und sensorischen Empfindungen des Kindes.» Es muss betont werden, dass auch anderenfalls Stimmigkeit gegeben ist, denn der «ärgerliche und heftige Tonfall der Mutter paßt zu ihren ruckartigen Bewegungen, mit denen sie das Kind hochreißt; und er paßt zu der sensorischen Empfindung, die beim Kind dadurch verursacht wird»[113]. So oder so – Stimmigkeit wird vom Kind bevorzugt.*

Erfahrungen von Intersubjektivität durch das Motorische begleitenden
emotional gefärbten (para)verbalen Ausdruck (ein Beispiel für Transmodalität)
Nun wird Stimmigkeit nicht einfach bevorzugt, weil dann nichts irritiert. Wichtiger ist, dass Intersubjektivität, das heißt wirkliches gegenseitiges Verstehen, erst dann zustande kommt, wenn der Austausch nicht nur in einem einzigen Modus geschieht (Stimme-Stimme, Blick-Blick, oder Bewegung-Bewegung). Dies könnte auch bloße Imitation sein. Erst Transmodalität vermittelt eindeutig Verstehen und Verstandenwerden. Gemeint ist die eben beschriebene kreuzmodale Verschränkung; dann begleitet die Stimme die Bewegung, die Bewegung passt zum Gesichtsausdruck[114]. Diese unbewusste Leistung stellt eine gesunde Mutter ihrem Kind intuitiv zur Verfügung. Die Forscher nennen dieses Element «‹affect attunement› (Affektabstimmung)». Sehen wir uns dazu einmal die Beschreibung der Video-Ausschnitte an:

---

* Ein elterlicher Wutanfall inklusive lauter Stimme und sogar einem Schlag richtet letztendlich weniger Schaden an, als wenn das Elternteil den Vertrag der Stimmigkeit bricht, wenn etwa eine Mutter ihr Mädchen mit freundlicher Stimme lockt: «Komm her, mein Schatz!» – um es dann, sobald in Reichweite, zu verprügeln (Schilderung aus meiner eigenen Patientenpraxis).

«Ein neun Monate altes Kind schlägt mit der Hand auf ein Spielzeug, zunächst ein bißchen ärgerlich, dann mit wachsendem Vergnügen und in einem bestimmten Rhythmus. Die Mutter kommentiert das mit freudigem Gesicht und mit einem ‹KAA BAM›, wobei das langgezogene KAA zum Heben des Arms, das BAM zum Fallen paßt.

Ein 8 ½ Monate alter Junge sitzt in seinem Stuhl und greift nach einem Spielzeug. Er erreicht es nicht ganz und streckt Körper und Arm aufs äußerste. Die Mutter kommentiert das mit einem langgezogenen ‹UUUH›, das vokal und prosodisch die Körperdehnung des Kindes wiedergibt»[115].

Ganz Ähnliches geschieht auch im Aikido. Ein Lehrer geht ja während des Trainings immer wieder durch die Gruppe der Übenden und beobachtet, korrigiert. Gerade aber bei einer gelingenden Bewegung wird er kaum viele Worte machen, wird sie eher lediglich mit Prosoden wie «sssT!», «donnng!» oder «Jooah!» begleiten. Dies wird von dem Schüler ohne Umweg über intellektuelle Analyse transmodal als Bestätigung seiner Aktion verstanden. Der Schüler wird bekräftigt und unterstützt, und zwar nicht allein auf der technischen Ebene, sondern gerade auch in Dimensionen, die seine Vitalität, sein Ki betreffen und die bislang vielleicht wenig entwickelt gewesen waren.

Denn es kann sein, dass Eltern sich einst eben nicht eingeschwungen haben auf Vitalitätsaffekte, die ihr Kind an den Tag legte; beispielsweise wird eine Frau, die als Kind unter einem unkontrolliert herumschreienden Vater gelitten hat, sich bemühen, durch die Qualität ihrer Zuwendung einen braven Buben zu formen statt eines lauten Rabauken. Ihr Tun und ihr Motiv bleiben unbewusst[116]. Unbewusst ist einem modernen Verständnis nach ein das Handeln steuerndes implizites Wissen[117]. Überhaupt wird das, was wir ganz allgemein als «mütterliche Intuition» sehen, gespeist von den Gedächtnisspuren aus der eigenen Säuglingszeit der Mutter[118]. Eltern wie die angedachte Frau werden eher dämpfend, lähmend, verflachend wirksam[119]. Dann spiegelt etwa eine Mutter, die dies insgeheim missbilligt, ein freudig erregtes kämpferisches Gebrüll ihres Söhnchens nicht im gleichen Umfang mit «Aa ...aaaa!!!», sondern bloß mit «mm ... hmm»[120].

Der gemeinsame Affektausdruck und Rhythmus: Vitalisierung

Aikido kann noch mehr für diese Vitalitätsaffekte tun. Ein bestimmter Aspekt der Atemübungen ist hier hilfreich, und zwar das betonte Ausatmen, möglicherweise ein lautes Mitzählen, seltener ein Kiai während der *irimi*-(vorwärts-)Bewegung der Vorübung Ikkyo Undo. Oder es begleitet ein gemeinsam laut geschriees «Je-hoo!» bzw. «Je-saa!» die Vorübung Tori-Fune, eine kraftvolle Ruderbewegung. Diese Elemente des Aikidotrainings erlauben denjenigen ein Nachholen, die einst in ihren Vitalitätsaffekten keine Bestätigung erfahren hatten oder sogar gebremst worden waren. Im Schutz der Gruppe kann laut werden oft erstmals im Leben gewagt werden. Übende bekamen «Zutrauen» zu ihrer «Stimme, deren Stärke erkannt und zugelassen wurde»[121].

Geführtes, angeleitetes Atmen in der Gruppe – auch in dem ruhigen Modus – ist sowieso Bestandteil jedes Aikidotrainings. Gemeinsam zu atmen normalisiert Atemmuster und hat eine starke psychophysisch reorganisierende Auswirkung; anscheinend besteht sogar eine Wechselwirkung zwischen Atmung, psychophysischer Entwicklung und der Entwicklung der Ichfunktionen[122].

Auch die Erlaubnis und, wo nötig, Hinführung zu einer kraftvollen Aktion ist zu nennen: «Die erfolgreiche Ausführung einer Technik lebt von der Energie des Angreifers, deshalb dürfen die Übenden nicht schüchtern vorgehen»[123]. «Nicht zu schlagen bedeutet, Partner ihrer Übungsmöglichkeit zu berauben. Und nur wenn ich als Angreifer eine klare Absicht habe, kann ich selbst eine gute Verteidigung lernen. Man muss mit Überzeugung angreifen, mit Ki wie mit einer blanken Klinge»[124].

ERKENNTNISSE: Die Schüler sind wirklich manchmal schüchtern: Fast 20 % der deutschen Aikidoka ohne alle Unterschiede stimmten dem Satz zu: «Oft habe ich den Impuls, mich zu entschuldigen, nachdem ich jemanden geworfen habe».

Ferner haben die Säuglingsforscher betont rhythmische Bewegungen als für kleine Kinder wichtig erkannt: Schaukeln, wiegen, hochwerfen, hüpfen lassen auf den Knien wird ihnen meist instinktiv angeboten. Das Aikidotraining ist extrem rhythmisch, zum einen in den Bewegungen selbst, zum anderen im Aufbau jeder Trainingseinheit mit dem Wechsel von langsamen, anmutigen und schnellen, kraftvollen Bewegungen.

Die fließende, kraftvolle, temporeiche dynamische Qualität des entwickelten Aikido entspricht darüber hinaus dem, was Sportpsychologen kathartisch[125] nennen. «Funktionslust»[126] spielt wohl eine wichtige Rolle. Andernorts interviewte Aikidoka berichten von «richtiger Freude am Bewegen, ‹Fliegen, Schwitzen und Rumtoben›»[127], Aufkommen von «guten Gefühlen», schätzen «Rhythmus», «Dynamik» und «Lebendigkeit»[128].

ERKENNTNISSE: «Wichtig war die Möglichkeit, körperlich da zu sein, sich auszutoben», erinnert sich eine Frau, und auch für eine zweite gilt: «Auf jeden Fall, Schwitzen ist gut. Wenn mir am ganzen Körper heiß wird, das mag ich.» Meine Gesprächspartner beschrieben die energetisierende, vitalisierende Wirkung des Aikido: «So ein Wiederauffrischen» nennt es die eine Frau, und eine andere meint: «Du bist völlig kaputt, bist mies drauf, gehst auf die Matte, gehst nach ’ner Stunde wieder runter; es geht dir gut.» Ein Mann schwärmt davon, «dass es mir äußerst gut geht und ich ein so tolles Gefühl danach habe – es ist einfach phantastisch, es ist ein wunderschönes Körpergefühl, mit dem ich hier dann ’raus gehe, das ist was Tolles».

10 – DO, DER WEG

Eine meiner Gesprächspartnerinnen erinnert sich: «Ich wollte keine Hau-drauf-drüber-drunter-Akrobatik, ne, das wäre mir, also eher daneben. Von daher finde ich Aikido ganzer.» Was aber macht Aikido «ganzer»? Einen Interviewteilnehmer hatten Waffen «schon immer interessiert und die japanische Kultur und das»; eine Interviewte erzählt: «Ich interessiere mich schon für asiatische ... ich bin zweimal nach Nepal gereist, einmal Thailand und was noch, in Indien kurz, Bali», und sie erklärt: «Also ich interessiere mich für den Buddhismus.» Ein älterer Anfänger erläutert: «Ich beschäftige mich schon seit so 20, 25 Jahren mit dem Zen-Buddhismus und da mir natürlich dieses -do hinten schon verraten, dass es in dieser Richtung was ist.» Hübsch gesagt ... versuchen wir, uns all dem anzunähern, was einen Do ausmacht.

10.1 Die ritterliche Disziplin, der Weg durch das Leben, die Kunst der Lebensführung

Do, das dritte Kanji, steht für ein weitreichendes Konzept: «Do (japanisch), Weg, Grundsatz, Lehre, Philosophie, Richtung, Prinzip»[129]. Es kann vielen Tätigkeiten beigefügt werden, darunter auch dem Betreiben von Bewegungsstilen. «Das chinesische Zeichen für ‹Weg› oder ‹Straße› oder ‹Pfad› besteht aus zwei Teilen. Der rechte Teil ist das chinesische Zeichen für Hals oder Kopf; der linke Teil bedeutet ‹laufen›. Die eigentliche Bedeutung des Zeichens ... ist, ‹den Kopf in die Hände nehmen und irgendwohin laufen›»[130]. Erst weitere Zeichen, meist darüber geschrieben, bestimmen den jeweiligen Weg genauer. Wer sich um den Begriff Ki bemüht, erfährt auch: «*Kuki* aus *Ku* (leer) und *Ki*, also das *Ki* der Leere, bezeichnet die Luft, die wir einatmen» und damit sind «*Kido* aus *Ki* und *Do* (Weg) die Wege des Ki – eben die Atemwege» im medizinischen Sinn[131]. Werden über das Zeichen für Weg zwei weitere gesetzt, Bu shi mit der Bedeutung Krieger, erhält man Bushi-do. In diesem Wort ist «eine Bedeutungsnuance eingeschlossen, nach der es sich um einen Weg handelt, der eine gewisse Verantwortung erfordert; mit anderen Worten, es handelt sich um einen Weg, bei dem man ‹seinen Hals riskiert›»[132].

Die Ableitung zum abstrakten Gebrauch von Do oder Dao als «Weg durch das Leben»[133] findet sich in Anhang 2. Alle Do, seien es eher stille, seien es eher bewegte, haben trotz teilweise deutlicher Unterschiede wesentliche Gemeinsamkeiten. So, wie sich das gemalte Stück Weg im Kanji schlängelt, wird sich auch dieses Kapitel schlängeln. Es wird durch ganz unterschiedliche Landschaften führen, gemütlich, ohne Eile.

Die über die jeweilige Tätigkeit hinausweisende Bedeutung

In Japan ist man der Ansicht, dass «jede Tätigkeit, in der rechten Gesinnung ausgeübt, eine über die spezielle Tätigkeit hinausgehende, fördernde Wirkung hat». Eine «erzieherisch oder philosophisch ausgewertete oder auswertbare» Tätigkeit kann mit dem Nachwort Do versehen werden, zum Beispiel «auf künstlerisch-ästhetischem Gebiet: *Cha Do* (Teezeremonie), *Kwa Do* (Blumen arrangieren), *Ga Do* (Malen), *Ka Do* (Dichten); auf sportlich-martialischem Gebiet all das, was auch als *Bushi Do* (Ritter-Kunst) zusammengefasst wird: Mit Waffe: *Kyu Do* (Bogenschießen), *Ken Do* (Schwertkampf); ohne Waffe: *Aiki Do* (Höhere Selbstverteidigung), *Ju Do* (Sanfte Lehre), *Karate Te (-Do)* (Schlagtechnik)»[134].

Diese Tätigkeiten gehören in Japan zur Allgemeinbildung. Sie werden von hochgeachteten Meistern gelehrt. Ein Do kann nicht ausschließlich allein, aus sich selbst heraus, betrieben werden, anders als etwa Laufen oder Schwimmen. Vielmehr erhält man dauerhaft Unterweisung, technische, im Fall des Aikido körperliche, ebenso wie transzendente. Die

Beziehung zu einem Lehrer oder Meister ist unverzichtbar, egal wie viel an – zusätzlichem – privatem Üben man praktiziert. «Ein Meister im japanischen Sinne ist ein Begleiter auf dem Weg.» Dabei ist der Meister «auf dem gleichen Weg wie sein Schüler (*deshi*), aber schon weiter. Er (oder sie) kennt die Hindernisse auf diesem Weg». Wenn jemand nur Technik unterrichtet, ist der europäische Begriff «Trainer» eher angemessen[135]. Diese ungewöhnliche und bedeutsame Beziehung zwischen Lehrer (Meister) und Schüler wird in den Kapiteln 12 und 13 auf dem Hintergrund des japanischen Verständnisses von Beziehungen überhaupt sehr genau betrachtet und ihre Bedeutung für westliche Schüler wird erwogen werden. Während des Unterrichtens zieht ein Meister Parallelen «zwischen den Erfahrungen und Erkenntnissen beim Üben, dem praktischen Leben und dem zeitlosen Sein». So werden «das eigentliche Tätigkeitsgebiet übersteigende Erkenntnisse und Fähigkeiten» gewonnen[136].

Auch westliche Aikidoka schätzen einen solchen Blick darüber hinaus. Ganz allgemein nach ihrem Lehrer befragt erzählte mir eine Frau: «Da wird viel berücksichtigt, viel mit angesprochen», und eine zweite betonte: «Mir ist wichtig, dass er viel hinterfragt, es wird reflektiert, es werden andere Lebensbereiche miteinbezogen. Ist für mich auch Selbsterfahrung.» Kapitel 22 führt konkrete Beispiele solcher für meine Gesprächspartner bedeutsamer Weiterungen an.

Die eigentliche Tätigkeit wird ritualisiert

Der allen Do gemeinsame Zen-Einfluss gebietet, Aufgaben nicht einfach zu erledigen, sondern sie formalisiert zu vollziehen. Dem Zubehör und jeder scheinbar noch so geringen Verrichtung wird konzentrierte Aufmerksamkeit entgegengebracht. Zeremoniell legt, faltet und ergreift die Meisterin des Teeweges jene rote Serviette, mit der sie den Rand der natürlich vollkommen sauberen Schale abwischen wird. Zum Ritual am Ende der Übungseinheit wechselt der Iaidoka bedächtig das in der Scheide geborgene Schwert von der linken Hand (Angriffsbereitschaft) zur rechten Hand (Friedfertigkeit); hebt es an ... stützt es auf ... streicht mit der linken einmal von Tsuba (Stichblatt) zur Spitze der Saya (Scheide), was daran erinnert, dass hier einst, bevor die Krieger beritten waren, also vor langer Zeit, zur Befestigung am Gürtel Bänder waren, die glattgestrichen werden mussten. Erst danach legt er es, Griff nach links, Scheide in korrektem Winkel geneigt, vor sich hin und verbeugt sich. Meister und Schüler des Blumensteckens betrachten Blüten und Zweige, bedenken die Jahreszeit, den Anlass, und überlegen, welche Pflanze am besten welchen der vorgeschriebenen Orte im Gesteck ausfüllen könnte, die ihrerseits Erde, Mensch und Himmel symbolisieren. Nichts geschieht hastig, nichts wird lediglich abgehakt ...

Aus kriegerischen Techniken (Jutsu) bildeten sich die – ritterlichen, ähnlich den zivilen – Kunstformen (Do) heraus. In der langen, weitgehend friedlichen Edo-Periode (vgl. Anhang 1) waren aus den militärischen Staatsdienern Beamte geworden, die jedoch noch Waffen trugen. Zunächst übten sie weiter, um ihre Fertigkeiten zu erhalten. Religiöse und weltanschauliche Strömungen, insbesondere das Zusammenfließen der kosmologischen mit der sinnstiftenden Auffassung des Daoismus sowie der Zen-Buddhismus (vgl. Anhang

2) bewirkten die allmähliche Umwandlung der Kriegstechniken in Kampfkünste. «Mit dem Jahr 1660 wird ... zum ersten Mal ein Meister benannt, der den Begriff ‹DO› für eine Kampfkunst gebraucht».[137]

10.2 Elemente der Philosophie jedes Do: Anerkennen der Naturgesetze, Tun, Üben und – vielleicht – Erleuchtung

Ein Do als Weg genommen ist «natürlich etwas, was begangen wird, bezeichnet mithin eine Aktivität. Gleichzeitig aber weist es auf ein Absolutes, auf einen Weg, der *der* Weg schlechthin» ist und «somit eine Art zu leben, eine Kunst des Lebens, die sich im Einklang befindet mit dem Wirken von Himmel und Erde». Es sind diese «zwei unpersönlichen Größen», welche mit «ihrer Gesetzmäßigkeit unser Dasein nicht nur bestimmen, sondern ihm in dem Maße unserer Erkenntnis dieser Tatsache und der daraus resultierenden Anpassung und Harmonie mit dem *So-Daseienden* eine Bedeutung verleihen»[138], meint ein Iaidoka. Auch für das Aikido ist die Vorstellung von einem Sicheinfügen in eine kosmische Harmonie zentral; wir kommen im nächsten Kapitel dazu.

Bewegung betrifft den eigenen Körper. Sport hat darüber hinaus mit Techniken, Regeln, und oft mit den Körpern anderer zu tun. Ein – körperlicher – Do beinhaltet all das, oder Teile davon, wird zugleich aber durch die kunstvollen, künstlichen Überhöhungen banaler Vorgänge zu einem «Mittel der Selbsterziehung» und führt «zur Selbstverwirklichung», «welche ihrerseits die Schwelle zu Satori, zur spirituellen Vollendung ist»[139].

Das Tun hat Vorrang und ist ansonsten zweckfrei

Andererseits ist das Streben nach «Erleuchtung, *Satori*» aber gerade «nicht ... relevant, sondern die Praxis des Zen, die vielleicht zu diesem Erlebnis führt. ‹Dein gewöhnliches Ich – das ist der Weg!›, und in Zazen zu verharren ist bereits Erleuchtung». Zen muss gelebt werden, jenseits des Tuns gibt es keine Wahrheit. Auch der Nutzen des Iaido «liegt darin, daß man es tut, daß man sich einer nutzlosen Angelegenheit verschreibt, deren ursprüngliches Lernziel mit der Zeit aus dem Blick gerät und Platz macht für ein Lernen, das sich selbst Mittel und Zweck zugleich ist»[140].

Es geht nur um das Wie der Ausführung

Die Bewegung soll flüssig, bruchlos, sogar Ich-los gelingen, darf aber, scheinbar paradoxerweise, nicht automatisiert, gedankenlos vollzogen werden. Gerade weil kein Mengen- oder Zeitziel gilt, kann man sich ausschließlich auf das «Wie der Ausführung» konzentrieren und dabei neue Erfahrungen machen, erklärt ein Judoka: «Der Übende spürt mit einem Male, schmeckt, lauscht und schaut, was in ihm und aus ihm wird, und entdeckt eine ganz neue innere Bewegungsform und Wahrnehmungskraft in seinem kleinen ... Tun»[141]. Mit Achtsamkeit kann «jede, auch die alltäglichste Handlung zur Übung werden», auch das Geschirr-Abwaschen[142].

So aufgefasst ist Aikido wie Iaido «eine Widerspiegelung der persönlichen Beschaffenheit des Übenden. Es enthüllt alle Häßlichkeit und Schönheit in ihm. Iaido ist ein psychologisch unerbittlicher Indikator des wahren Selbst»[143]. Dies ist schwer zu ertragen: «Anhand der zu beherrschenden Technik wird man ständig auf sich selbst zurückgeworfen und zwar nicht wie in der stillen Betrachtung sondern in einem auf den Punkt gebrachten Tun, was die eigenen Mängel und, mit dieser Erkenntnis, die daraus resultierende Unzufriedenheit nur umso stärker ans Tageslicht treten läßt»[144]. Diese Unzufriedenheit wird nicht als bloß störend abgetan; ihr wird vielmehr eine eigene Bedeutung gegeben.

Die Ausführung wird prinzipiell unvollkommen bleiben

Das Erlernen des Aikido dauert lange. Drei Tage geben «einen kleinen Einblick». Die folgenden Monate sind schwierig: «Einmal hat man das Gefühl etwas begriffen zu haben, und dann glaubt man wieder, überhaupt noch nichts zu können.» Nachdem «sich ein Begriff von den ersten Bewegungsabläufen herausgebildet hat, fängt es an, Spaß zu machen». Etwa nach drei Jahren, erst mit dem Beherrschen der Grundtechniken, steht man am «Eingang des Weges». Nach zehn Jahren wird erfassbar, dass «Aikido nicht nur eine Selbstverteidigungskunst, sondern ein Weg von Ai, also Liebe, Frieden und Ki ist. Aus dem bisher erworbenen Können und den Erfahrungen hat man nun die Fähigkeit, Aikido zu unterrichten. Das Training nach Erlangen dieser Stufe dient der Vervollkommnung der Technik und dem tieferen Ki-Verständnis». Weil es «ein Weg ohne Ende ist und das Ziel im ‹Gehen des Weges› liegt»[145], ist es nicht möglich zu sagen, man habe Aikido gänzlich verstanden.

Ein Iaidoka bekennt: «Bis heute bin ich nicht in der Lage, die scheinbar einfachen Hiebe, Paraden und Schrittfolgen korrekt auszuführen, aber ich habe eine – sagen wir – Ahnung, wie sie sein *könnten*»[146]. Er erwägt: «In diesem von der Schlacke des Zweckdenkens befreiten Tun erscheint der Mensch als das, was er ist – als unvollkommen, doch der Mangel ist die Triebfeder»[147].

Die Teilnehmer an meiner Studie waren sich all dessen sehr bewusst. «Mich als das Zentrum einer Bewegung zu fühlen, erscheint mir als ein nur schwer zu erreichender Idealzustand» – diesem Satz stimmte die Hälfte aller deutschen und sogar 70 % der französischen Aikidoka zu, dort besonders die älteren. (Befragte bis 35 Jahre waren mit denen von 36 Jahren und mehr statistisch verglichen worden – mit den aus klassisch-sportlicher Sicht «älteren» eben. Dazu unten mehr.) Einen weiteren Satz, nämlich «Jede Bewegung kontrollieren zu können / jeden Angriff sicher parieren zu können – da bin ich noch weit davon entfernt», bejahten Karateka zu 90 und die Teilnehmer aus beiden Aikidogruppen sogar zu 95 %. Man hätte Unterschiede erwarten können zwischen verschieden lang oder verschieden häufig trainierenden oder verschieden hoch graduierten Personen. Es traten jedoch keine auf. Der zugrunde liegenden Philosophie wird damit mehr Gewicht gegeben als dem jeweiligen Entwicklungsstand.

Die vollkommene Ausführung ist dabei paradoxerweise dennoch Ziel

Zugleich aber ist technische Perfektion «Voraussetzung, um das Handeln intuitiv, absichtslos, spontan und in Einklang mit der Situation, ohne daß ein Hauch von Denken zwischen Erkennen und Handeln sei, geschehen» lassen zu können. «Das Ziel ist, pointiert gesagt, daß ein Mensch, ein unvollkommenes Wesen, eine vollkommene Handlung begeht»[148]. Um eine solche Spannung zu versinnbildlichen, gilt in Japan beispielsweise als Leitlinie von Gartengestaltung und Blumenstecken «eine asymetrische, doch ausgewogene, durchdachte Unvollkommenheit»[149]. Vollkommenheit erfordert «drei Werte: *Disziplin,* die nötig ist, um das Trainingsniveau und die Regelmäßigkeit der zu leistenden Stunden konstant zu halten». Unter «*Moral*» wird ausschließlich verstanden «die Ernsthaftigkeit, das Gefestigtsein eines Menschen ..., der sich entschlossen hat, diesen Weg einzuschlagen, und der ohne Bedauern zurücksieht und ohne Furcht in die Zukunft blickt» (zum klassischen Ehrenkodex der einstigen Samurai vgl. Anhang 8). Schlussendlich rundet «*Ästhetik* das ‹bloße Tun› einer Sache» ab: Der Ausführende setzt Akzente, «die ihn zu einem Schaffenden in dieser Kunst machen»[150]. Diese hohe Stufe ist wiederum nicht ohne Disziplin zu erreichen und folglich ist «ausgedehnt», also langjährig, «fortgesetzt», also kontinuierlich, und «nachdrücklich», also konzentriert zu üben, «um einen Zustand persönlicher Vollendung zu erreichen, ... das primäre und einzig wahre Ziel alles klassischen Budo»[151].

Das eigentliche Ziel ist damit die Vervollkommnung der eigenen Persönlichkeit Das Bemühen um eine vollkommene Technik ist damit Vehikel zur Vervollkommnung der Person. Dies ist so im Westen meist nicht mit Bewegungslernen verbunden. Bei uns soll die Technik einer Sportart erlernt werden; vielleicht noch mit einem Mannschaftssport eine Qualität wie Teamgeist. Ein weitergehender pädagogischer Anspruch – außer vielleicht auf etwas wie Fairness – besteht normalerweise nicht mehr jenseits des Schulsportes. Im Kontext eines Do hingegen wird betont: «Alle Übungen der Zen-Künste sind also nicht Resultat-orientiert. Technische Vervollkommnung sowie moralische Tadellosigkeit sind sozusagen ‹erste Gewinne›»[152]. Entsprechend wurden die körperlichen Do ursprünglich «nicht als Leistungssport im olympischen Sinne», gerichtet auf «Verbesserung der Kampfkraft», betrieben, sondern als Weg zur Selbstverwirklichung, zur «Entwicklung der Persönlichkeit»[153].

Für Aikido gilt das noch heute: «Aikido ist eine Form der Reinigung. Übung ist dann ein Mittel, seinen Körper und Geist zu reinigen und ein Zünder für persönliche Erneuerung und Wachstum»[154].

ERKENNTNISSE: Einer meiner Interviewpartner, der für westliche Verhältnisse bereits lange Zeit, nämlich zehn Jahre, übte, erinnert sich: «Das Körperliche hab' ich zum Teil mitgebracht, 'ne hohe Gelenkigkeit und Körperbeherrschung. Das, was ich durch Aikido gelernt habe, ist eigentlich auf geistiger Ebene gewesen.» Er hatte von vornherein eine entsprechende Absicht: «Das Aikido fällt eigentlich in 'ne Entwicklung, dass ich mich überhaupt mit esoterischen Sachen auseinandergesetzt hab', das war ein ganz konkreter Zeitpunkt, so mit einundzwanzig, zweiundzwanzig, meine innere Entwicklung, bewusste innere Entwicklung hängt eben mit dem Aikido zusammen, glaube ich, ist damit auch verwoben.»

Weil das Tun stets unvollkommen bleibt, bleibt es zugleich stets Üben. Das Konzept des lebenslangen Übens nimmt im Aikido großen Raum ein. Es gibt kein Genug; vielmehr muss man «eine Technik immer wieder – zehntausendmal, heißt es in Japan – ausführen»[155].

Noch ein Paradox: Ich-los zu werden als Ziel des bewussten Übens

Üben ist die einzige Möglichkeit, den Do zu erfahren. Indem man übt, beschreitet man den Weg. Graf Dürckheim hat sich der Vermittlung dieser speziellen Auffassung des Übens angenommen: Im Westen liegt der Sinn allen Übens vorwiegend in der «Leistung», dem «Werk», für Japaner dagegen beim «Weg» und der dabei zu erlangenden «Reife».

Oben sahen wir, dass Skills zu erwerben die Erfahrung von Harmonie ermöglicht. Einzig Üben macht dies erreichbar. Unser Leben ist durchzogen «von Tätigkeiten, die auf der Grundlage von mehr oder weniger Übung automatisiert sind und erst so die vollkommene Leistung verbürgen». «Sitzen, Stehen und Gehen ... Sprechen, Lesen und Schreiben ... Sport ... Handwerk oder Kunst, und auch jeder Beruf setzt die Übung zum vollendeten Vollzug ... voraus». Daher zeigt sich in «allem ungeübten Handeln ... eine den harmonischen Vollzug störende Spannung zwischen einem wollenden, aber auch noch unvermögenden Ich und einem sich sperrenden Gegenstand».

Nur die vollkommene Technik kann diese Spannung lösen: «Solange das Ich noch ‹wollen› muß, der Mensch also noch als das vom Gegenstand getrennte und auf ihn hingespannte Ich-Subjekt handelt, ist der vollkommene Einklang nicht möglich». «Erst wo kein Ich sich mehr müht und der Gegenstand der Leistung nicht mehr als Gegenstand empfunden wird, kommt es im gelingenden Vollzug zum herrlichen Erlebnis» des «tief beglückenden» Einklanges von «Subjekt und Objekt», dem «Schwinden der Ich-Gegenstand-Spannung». Erst durch «ichlosen Vollzug» des «Handelns» erfährt man «jene allem Leben eigentümliche Tiefe, in der jeder besondere Lebensvorgang zugleich Anteil hat an der Großen Einheit des Lebens. Der Mensch, der sich erst als Ich mühte, wächst, wo er wieder ichlos wird, über die Grenzen seines Ich-Selbstseins hinaus und kann in den Genuß eines kosmischen Einklangs gelangen»[156]. Vermutlich besteht in Ost und West, wenn auch, wie wir feststellen werden, aus teilweise unterschiedlichen Gründen, eine tiefe Sehnsucht nach einem solchen einheitlichen, oft als verschmelzend bezeichneten, Erleben. Kapitel 14 macht sich dies zum Thema.

Darüber hinaus ist es auch deshalb notwendig, «Ich-los» zu werden, weil «ein sich selbst auf die Wirklichkeit projizierendes Ich die Wirklichkeit immer falsch einschätzt, den Gegner über- oder unterschätzt, die Situation voreingenommen beurteilt, den abzubildenden Gegenstand nicht in seinem wahren Gehalt erfaßt». Im Kampfkunsttraining wird dieses Konzept gerne anhand des Lehrstückes von der Schwertprobe vermittelt (es findet sich unten, in Kapitel 11). «So kreist alle Übung um den Wendepunkt, um Satori», darum, «die Welt so zu sehen, wie sie ist»[157].

Zen-Meditation im Rahmen des Aikidoübens soll «die absolute Leere im Geiste des Schülers» bewirken und damit «die allumfassende Präsenz seiner Wahrnehmung, die es ihm gestattet, eine ... Angriffsbewegung bereits im Entstehen mit einer eigenen Bewegung zu beantworten»[158].

Der Weg ist lang ...

Allerdings – niemand soll sagen, sie oder er sei nicht gewarnt worden: «Die Entwicklung dieser Erfahrung von ihrem ersten Aufsteigen bei Gelegenheit des erstmaligen Gelingens bis zur Festigung ihrer leibseelischen Voraussetzungen in einer geistigen *Haltung* – ist ein langer Weg. Es ist dies der Weg aller japanischen Übungen»[159] – auf dem sich dann, wie oben erwähnt, bei hundertmaligem Üben einer Technik vielleicht einmal Kokyu Nage ereignet.

Immer wieder wird betont, dass Aikido viel verlangt: «Unter rein sportlichem Gesichtspunkt sind die Kampfkünste Asiens ... zu den ‹schwereren› Sportarten zu rechnen»[160]; Aikido ist «anspruchsvoll»[161]. Erwähnt werden «kraftvolle Schwünge und Würfe, zu deren Erlernen es allerdings langjährigen Übens bedarf»[162]. In Anbetracht der mechanischen Physik «ist Aikido die Zweikampftechnik, die am schwersten zu erlernen ist, weil sie Geschicklichkeit, Körperbeherrschung und Zeitgefühl in einem Maß erfordert, wie sonst nur das klassische Ballett»[163].

Ein Vergleich von Sportarten ordnet in der Skala «wie gut zu erlernen» mit den Möglichkeiten «1 gleich sehr einfach» bis «6 gleich höchst kompliziert» dem Aikido eine «5» zu und befindet: «Aikido erfordert eine so geduldige Hingabe, daß es schon fast zur Lebensphilosophie wird»[164]. Immer wieder wird gemahnt: «Wer den Weg (‹Do›) des Aiki einschlägt, sollte wissen, daß man dabei sehr viel über sich lernen muß, sich extremen Situationen ebenso aussetzt wie hart an sich selbst arbeiten muß. Aikido sollte man nur *ganz* machen – oder gar nicht»[165].

Erst wenn man die «grundlegenden Bewegungsabläufe» bewältigt hat, «so versichern Erfahrene, beginnt die eigentlich interessante Arbeit ... die Ausbildung der inneren Fähigkeit, die Körperbeherrschung wird mehr und mehr zu einem Mittel der Arbeit an der eigenen Person. Die Befriedigung kommt nun aus der Übung selbst und nicht aus dem Erreichen eines bestimmten Zieles. Wie alle Zen-Künste ist Aikido eine Disziplin für die Geduldigen. Der Anfang verlangt sehr viel Durchhaltevermögen und Nachsicht mit sich selbst»[166].

ERKENNTNISSE: Mit einer ebensolchen Einstellung hatten meine Gesprächspartner es tatsächlich leichter. «Was ich anfangs fand, was ich immer noch so meine ist, dass man eine gewisse Demut mitbringen muss», hielt einer für gegeben. «Aber irgendwann ...», lässt ein anderer es offen. «Ich denke, das geht sehr langsam, das ist nicht eine Sache von einem halben Jahr oder noch kürzer. Und irgendwann im Laufe von wahrscheinlich sehr vielen Jahren klappt es», beruhigt sich ein älterer Anfänger und auch ein recht junger sagt sich: «Du meine Güte, also wenn es in zehn Wochen noch nicht klappt, dann klappt es in zehn Jahren, irgendwie ist es halt drin. Fühle mich eher angespornt so.»

10.3 Raum und Rituale

Den geistigen Prinzipien eines Do wird mit, wenn möglich, einem besonderen Raum und auf jeden Fall mit einem besonderen Umgang ein Rahmen gegeben.

Dojo – der Raum

Im Westen würde niemand sich verneigen beim Betreten einer Turnhalle, eines Spielfeldes oder eines Konzertsaales. Beim Betreten jedes einem Do vorbehaltenen Raumes hingegen wird, auch von westlichen Schülern, eine Verbeugung erwartet. So verneigt man sich beispielsweise beim Betreten des Teeraumes, in welchem Cha-do oder Cha-no-yu, die Teezeremonie, stattfindet, und auch beim Betreten eines Dojo.

Die Halle, in der Zazen (Zen-Meditation) ausgeübt wird, heißt Dojo[167], wie schon diejenige, in der buddhistische Mönche sich in Meditation, Konzentration und Atmung schulten und schulen. Dieser Name kam infolge der Einführung des Zen-Buddhismus von Indien über China nach Japan (vgl. Anhang 2). Das Sanskritwort zur Beschreibung von Buddhas erleuchtetem Zustand war «‹bodhi›, was ‹Erwachen› bedeutet» oder auch: «‹Buddha erreicht das Dao›, ... den Weg, die letzte Wahrheit». Der Ort, an dem sich Buddha in jenem Moment befand, wurde «bodhi mandala» genannt, also «Kreis des Erwachens», chinesisch «dao-qang», was danach allgemein gebräuchlich für die Tempel in China wurde; «die entsprechenden Zeichen werden japanisch ‹do-jo› gelesen»[168]. Für die Übungsräume der Budo-Disziplinen wurde Dojo übernommen. «Die Übungshalle» ist somit ein «Ort der Erleuchtung»[169], also teils Tempel, teils profaner Raum.

Die Seite des Raumes, in der ein Lehrender zu Beginn und Ende der Stunde Platz nimmt, wird mit einem Bild von Meister Ueshiba und oft auch einem Blumenarrangement oder einer Kalligrafie geschmückt. Die Schüler sitzen gegenüber.

Die Etikette im Aikido-Dojo

Der tiefe «Respekt vor dem *dojo*, den darin übenden Personen» und dem Zweck der Übungshalle[170] wird bezeugt durch Befolgen von Benimmregeln, die aus der höfisch-ritterlichen Kultur der Samurai stammen.

Sauberkeit als Grundstufe der Höflichkeit: Schmuck und metallene Gegenstände sollten in eigenem und fremdem Interesse abgelegt werden[171]. Angesichts des oft engen Körperkontaktes ist Hygiene selbstverständlich. Mit Schuhen die Matte zu betreten, verbietet sich schon deshalb, weil man sie als Uke beim Rollen und während der Haltegriffe häufig mit Gesicht und Haaren berührt. Die Füße müssen aus demselben Grund vor Beginn gewaschen werden und auch, weil man sie im Verlauf des Aufwärmens massiert und anschließend andere mit der Hand anfasst. Körperpflege reduziert zudem die Verletzungsgefahr: Lange Finger- und Fußnägel könnten einreißen oder den Partner kratzen, mit Entzündungen als Folge. Ungebändigte Haare könnten ausgerissen werden, so jemand auf sie tritt, während man selbst rollt.

Darüber hinaus ist die Tradition der Samurai in diese Vorschriften eingegangen. Ein Samurai pflegte jeden Tag seinen Körper, auch Finger- und Fußnägel. Denn den Shinto-Gottheiten ist Unsauberkeit zuwider. Genau genommen sind es die tugendhaften Kami (vgl. Anhang 2), welche das Reine bevorzugen, die Kami der Berge, der Flüsse, des Meeres, der Erde, der Küche, erklärte mir meine Freundin aus Osaka; diese bringen Glück und Erfolg. Jene dagegen, die Unglück, Krankheit, Unfälle, Armut, Sorgen, Misserfolg (und eben auch den Tod des Samurai) bewirken könnten, freuen sich über Unrat. Schon deshalb werden Theater oder Dojo gewissenhaft gereinigt, möglichst bevor die Vorstellung oder das Training beginnt oder wenigstens bzw. ein zweites Mal sofort danach. «Gemäß der *Shinto*-Tradition können ... übelwollende Geister dort nicht eindringen, wo Reinheit herrscht»[172]. Folglich sind auch Besen heilig[173] ... Es kann nicht schaden, den Mitgliedern der Trainingsgemeinschaft diesen spirituellen Aspekt des Umganges gewiss auch mit dem Staubsauger nahezubringen ...

Verneigungen und Zeremoniell: Jeder Do hat seine Etikette (was etwas mehr ist als grundsätzliches gutes Benehmen. Eigentlich sollte man es gar nicht erwähnen müssen, wenn es nicht doch ab und zu vorkäme: Man gähnt einem Meister nicht ins Gesicht, man streckt ihm keine Fußsohlen entgegen). Bereits das Grüßen erfährt Beachtung. Die Teezeremonie zum Beispiel hat minimale, zeremonielle Bewegung zum Vehikel, ist keine Übung in körperlicher Ertüchtigung, doch gleichwohl von der höfisch-ritterlichen Kultur der Kriegerkaste geprägt: «Aus wünschenswerten Haltungen» zunächst im äußerlichen Sinn von Körperhaltung soll «erwünschtes Verhalten» im zwischenmenschlichen und gesellschaftlichen Sinn entspringen[174].

Auch für das Aikido sind komplexe Abläufe des stehenden (Ritsurei) und sitzenden (Zarei) Grüßens, sowie der Positionswechsel dazwischen festgelegt[175]. Es gibt für zahlreiche weitere Momente, von banal bis feierlich, feste Vorschriften: Vor Trainingsbeginn für das Anlegen der Trainingsjacke, und zwar mit der linken Seite vorne über der rechten (Hidari mae); die rechte Seite außen zu tragen würde nämlich Unglück bringen; nur Verstorbene werden so bekleidet[176]. Weitere Festlegungen gibt es für das Binden des weißen Gürtels (Obi) der Schüler oder der Gurtbänder des Hosenrocks (Hakama) der Schwarzgurte und für das Falten des abgelegten Hakama nach dem Training; für die Gruß- und Dankformen zu Beginn, im Verlauf und am Ende des Trainings; für Zuspätkommen (am Mattenrand auf ein Zeichen des Lehrers warten, es mit Ritsurei beantworten, die Matte betreten, Zarei, dann erst Teilnahme am Unterricht) oder für die Entgegennahme einer Urkunde (ein Ritual mit diversen Kniegangs- und Grußbewegungen).

Die innere Wirkung der Äußerlichkeiten (ERKENNTNISSE)

In meiner Studie gaben nur wenige Aikidoka, aber mehr als die Hälfte der Karateka (insbesondere der Männer unter ihnen) an, dass es sie «eigentlich stört», sich «dauernd verneigen zu sollen». Einem anderen Satz, «Die Rituale (Verneigungen, das Bild des Meisters, die besondere Kleidung) helfen mir, vom Alltag abzuschalten und etwas Besonderes zu erleben», stimmten deutsche und französische Aikidoka sowie Iaidoka um etwa 70 bis 75 % zu, jedoch nur ein Drittel der Karateka. Die selbstregulierende Wirkung eines Do wird ersichtlich. Karate wird häufig nicht als ein Do betrieben und angesehen, weil es «unter diesem Namen nicht zu den Kampfkünsten der Samurai zählte und seine moderne Geschichte noch nicht sehr weit zurückreicht»[177], auch wenn andere Autoren ein «Karate-Do»[178] kennen.

Letztendlich findet wohl immer eine Begegnung statt zwischen dem, was ein Lehrender für wertvoll erachtet und anbietet, sowie dem, was ein Schüler wünscht und sucht. Eine Gesprächspartnerin führte aus, was ihr an der Dojo-Atmosphäre guttut: «Nicht nur die rein körperliche Geschichte, mir hat das auch so seelisch auch viel gebracht, nicht nur rein von der Bewegung her, sondern auch das ganze Drumherum. Ich bin ja aus der Kirche ausgetreten und bin auch nicht religiös in dem Sinne, aber ich habe doch so Sachen, wo ich denke, dass dieses eine oder andere, das fehlt einem, oder mir fehlt das, oder der Gesellschaft fehlt das. Das hat mir auch in Asien so gut gefallen, in Nepal habe ich das erlebt, die gehen dann – morgens um vier Uhr stehen die auf und machen die Räucherkerzen und machen so kleine Reishäufchen, und Blumen legen sie dahin und danken den Göttern eben. Und das weiß ich von Bali auch, dass das dort so ist. Ich finde, das ist uns so abhanden gekommen, gut, Erntedank gibt es ja. Das ist dann einmal im Jahr.»

Ein anderer Interviewpartner hat das Ritual des Sichverneigens in seinen Alltag übernommen: «Mittlerweile fällt es mir einfacher, mich vor Orten, vor Menschen zu verbeugen. Ich mach' das mittlerweile auch in bestimmten Privatsituationen, wenn ich selber Trost oder Schutz brauche, oder wenn ich mich bedanken möchte und es ist keiner da, wo ich das machen könnte.» Bedürfnisse nach Schutz und Trost sowie die Empfindung von Dankbarkeit sind tiefgreifende Gefühle. Rituale vermitteln Geborgenheit, Eingebunden-Sein.

10.4 Leistungsfetischismus, Leistungsverweigerung und der dritte Weg

Vollkommenheit, Vollendung ist also erklärtes, wenn auch kaum erreichbares Ziel eines Do. Nicht in jeder Bewegungskunst hat dies etwas mit schnellem Tempo und Schwitzen zu tun, denken wir nur an Iaido oder Kyudo – bei den dynamisch fließenden Formen des Aikido dagegen wohl. Dennoch haben auch beim Aikido Startschüsse, Stoppuhren und Siegertreppchen keinen Platz.

Wenn im Folgenden das breite Spektrum möglicher Auffassungen von Leistung entfaltet wird, kann man beim Lesen zugleich versuchen, die eigenen Schüler in ihren verschiedenen Motivationen zu verstehen und auch, wenn man mag, sich selbst ein bisschen einordnen.

Wie andere gesellschaftliche Dimensionen spiegelt auch Sport die Werte der Sozietät wider[179]. Bezüglich der Leistung zeigen sich gegenläufige Strömungen. Die eine ist bejahend.

Leistungsbereitschaft

> Die alten deutschen Tugenden, der Drill, die Pünktlichkeit,
> der Fleiß, die Unterordnung und der vertraute Kasernenhofton
> sind aus Werkstatt und Büro verschwunden.
> Sie sind umgezogen in die Turnhallen und Dojos[180]

Im Sportleben des Westens regiert das Ziel Spitze, also der Leistungsgedanke. Er durchdringt, mehr oder weniger ausgeprägt, fast jede sportliche Betätigung. Schon deshalb scheint Sport immer wieder «schmerzhafte Opfer» sowie «Härte zu sich selbst» zu verlangen[181]. Hierzu wird oft Webers Schrift zur «Protestantischen Ethik» genannt. In der protestantischen Kultur galt weltlicher Erfolg als sichtbares Zeichen dafür, dass ein Mensch von Gott erwählt war. «Etwas zu leisten wurde zu einem grundsätzlichen Wert im Protestantismus und dies wurde als Bedürfnis in die Persönlichkeit eingebaut. Vereint mit dem zweiten Wert Askese führte dies zur Ansammlung von Besitz und zum Kapitalismus westlicher Ausprägung». Askese und Leistung gelten im westlichen Sport als Werte. Daneben gibt es jedoch andere Kulturen, die sich ebenfalls erfolgreich sportlich betätigen: «Russen ... Sikhs ... Watusi ... Japaner ... Mandan ... und auch im japanischen Zen-Buddhismus gibt es Parallelen»[182].

Bei uns hat sich allerdings die gedankliche Verknüpfung von «Ethos der Arbeit und heroïscher Mühe» gelöst[183]. Einzelne empfinden dieses Mühelose wohl als schal; beispielsweise begrüßen männliche Sportstudenten die «asketische Erfahrung»[184]. Extrembergsteiger wollen «Macht besitzen ... über die Regungen der Bequemlichkeit und der Lust. ... Der Leib wird als widerspenstiges, niedriges Objekt angesehen, dem der stählerne Wille als das ‹edle› Prinzip gegenübergestellt wird ... wobei viel von ‹Unterwerfen›, ‹Überwinden›, ‹Besiegen› die Rede ist»[185].

Auch im Aikido muss man sich durchaus selbst etwas abverlangen: «Ich habe sehr lange gebraucht, bis ich mich überhaupt getraut habe, vorwärts zu rollen, das war alles eine totale Überwindung: einfach ‹kopfüber, wumm, rein!› Da habe ich also Monate daran üben müssen auch und habe auch heute noch manchmal Schiss»[186].

Eine gegenläufige Strömung hatte schon lange den Leistungsgedanken, das Wettbewerbsprinzip im Sport kritisiert.

Schaden nehmen an Leib und Seele

Weil es «im Wettkampf darum geht, ‹besser als› zu sein» verschiebt sich die Perspektive; das eigentliche Tun tritt in den Hintergrund[187]. «Da Sport mit Wettstreit praktisch gleichgesetzt wird, werden Rücksichtnahme auf andere und das Spielerische verdrängt»[188]. Und wirklich sind schon viele Kinderspiele so aufgebaut: Wer nicht gut ist, ist bald draußen.

Tatsächlich empfanden auch manche der heutigen Aikidoka die Bundesjugendspiele als «Zwangsveranstaltung» mit «gemessen werden»[189]. Da «die Bewegung eine ureigene und schwer verstellbare persönliche Ausdrucksform darstellt»[190], liegt nahe, dass «Vergleich» «frustrierend» wirken kann und «verletzt»[191].

Ein Schulsport wird verurteilt, «der Menschenkörper ähnlich wie ein Rennwagen behandelt ... unter Ausklammerung aller Empfindungen, Trägheiten, Phantasien, Sinnbedürfnisse, wobei alle anderen im Körper entstehenden und empfundenen Resonanzen, Selbstregungen ... zum Schweigen zu bringen sind»[192].

Daraus erwächst Entfremdung bei Erwachsenen: «‹Stereotype Extrembelastung› nennen Sportwissenschaftler jene Trainingstortur, bei der die Sportler jeden einzelnen Muskel und jede Sehne erforschen lernen, ein ganzheitliches Körperbewußtsein aber außer Kraft setzen»[193]. In der Folge werden Gefahren «für Kinder an der Vereinsbasis und Untrainierte mit Risikofaktoren» beklagt und damit «Verletzungen, Verschleißschäden, Todesfälle»[194]. «Je nach Sportart gibt es immer spezifischere Verletzungsmuster»[195].

Doping wird zur logischen Folge der Entfremdung: «Leistungssportler erfahren ihren Körper als Fremdkörper, in den man alles injizieren»[196] kann; «verletzte ... Hochleistungssportler werden gesund gespritzt»[197]. Manche der Dopingideen können als körperliche Misshandlung der Sportler angesehen werden[198]. Nicht zufällig fungiert Sport als Werbeträger für eine Vielzahl medizinischer Produkte[199].

Der Sportpsychologe wird ähnlich instrumentalisiert wie der Sportarzt: Er kann «die konkreten Bedingungen nicht ändern» und soll meist «nicht Verhalten verändern oder Leistung stabilisieren, sondern Erfolg garantieren»[200].

Viele dieser Zitate sind schon älter; es ist seither wohl eher schlimmer geworden. Angesichts von Depression und Selbsttötung bei Spitzensportlern «forderte der DFB-Chef ein Umdenken: ‹Der Druck im Leistungssport ist ungeheuer hoch – und wir schaffen es einfach nicht, das in die richtige Balance zu bringen›»[201].

Im Freizeitsport geht es oft nicht grundsätzlich anders zu als im Spitzensport. Zwar «entstand das Konzept des Freizeitsports als Gegenbegriff zu strenger Konkurrenzorientierung und damit verbundener Leistungsmessung im Sport», jedoch ist «der Terminus des Freizeitsports ... problematisch. Er suggeriert ... einen dem Einzelnen frei zur Verfügung stehenden Lebensraum. Doch auch der Freizeitbereich ist von vielfältigen Zwängen überlagert»[202]. Ein wenig scheiden sich hier wohl die Geister. Einerseits bemerkt ein Kampfsportler streng: «Großangelegte statistische Untersuchungen haben ergeben, daß es sich bei Freizeitsport vorwiegend um Schwimmen (Baden), Wandern und Spazierengehen handelt, Tätigkeiten also, die wenig Intensität und Geschicklichkeit erfordern. Die Zahl derer, die sich vereinsmäßig auch anstrengenderen oder komplizierteren Sportarten widmen, ist wesentlich kleiner»[203]. Aus anderer Sicht bildet «der moderne Breiten- und Leistungssport ... die Merkmale heraus, die ansonsten ebenfalls gesellschaftlich dominieren. ... Es handelt sich beim Breitensport um keine sportliche Gegenwelt, sondern um die mehr oder minder laienhafte Ausübung spitzensportlicher Verhaltensmuster»[204]: «Selbst derjenige, der nicht unter dem direkten sozialen Druck seiner Mitspieler steht, der Freizeit-Jogger oder Besucher eines Fitneß-Studios, läuft Gefahr, dem leistungssportlichen Paradigma aufzusitzen. Der Wunsch, fit und schick zu sein, wird hier zur Demonstration der individuellen Leistungsfähigkeit in der Konkurrenz zu den anderen und vollzieht sich aus einer sich veräußernden Lebenshaltung heraus ... wird ... zur leibfeindlichen Besessenheit ... Der

Sportler beginnt, sich gegen seinen Körper zu trimmen und zu stylen und setzt das in seiner ‹Freizeit› fort, was ihm auch während seiner Arbeitszeit abverlangt wird: die Mißachtung seiner lebendigen Bezüge und die Unterdrückung eines befreiten Bewegungserlebens»[205].

Spezifische gesellschaftliche Strömungen wie die Studenten- und die Friedensbewegung führten zu einer Gegenkultur, die den Wettbewerb als Ausgeburt der protestantischen Ethik ablehnte; Leistungsverweigerung diente ihr zum Ausdruck[206]. Damals «wurde kritisiert, Sport mache unfrei in jeder Hinsicht. Sport sei ein Unterdrückungsinstrument zur Sicherung gesellschaftlicher Herrschaftsverhältnisse, Sport sei Ausdruck der Naturbeherrschung am Menschen»[207]. Adorno sah im reglementierten Sportgeschehen «einen Bereich der Unfreiheit»[208].

10.5 Aikido als Alternative

Mittlerweile wurde in Theorie und Praxis nach neuen Wegen, nach Alternativen gesucht. Der Anspruch, alternativ zu sein im Sinn von anders als üblich kann sich auf mindestens drei Aspekte des Sportgeschehens beziehen: auf Einstellung und Auffassung, auf das eigentliche Bewegungsangebot und auf den organisatorischen Rahmen.

Körperliches Tun kann in den verschiedensten Dimensionen anspruchsvoll sein, etwa was die Komplexität der Bewegungen betrifft oder die konditionellen Anforderungen. Die Herausforderung muss nicht zwangsläufig im Wettstreit liegen – und siehe da: Sporttheorie und Budo kommen zu ähnlichen Schlüssen!

Der Beitrag der Sportwissenschaft zu einer anderen Auffassung
Manche Sportpsychologen unterscheiden den prozesshaften Begriff des Leistens von dem ergebnisorientierten Begriff der Leistung[209]. Die Leistung eines anderen wird unwichtig; die eigene Veränderung, der intraindividuelle Vergleich rückt in den Vordergrund. «Können und Wollen» erhält Vorzug vor Sollen und Müssen[210]. Die neue Vorstellung von Fortschritt betont eher die Stetigkeit der Anstrengung, wie sie zentral ist für Aikido, als eine Zielvorgabe. Sie nähert sich dem Budo: «Jedes vorsätzliche Üben» thematisiert zwar Leistung, weil es «etwas zu lernen, zu verbessern, zu beherrschen» gilt. Auch ohne Konkurrenz oder Wettkampf findet ein «Leisten» statt, sobald es «Gütemaßstäbe gibt, anhand derer die Übenden ihre Handlungen als gelingend oder mißlingend einstufen können». Schließlich findet sich etwas dem Do Vergleichbares: «Für die individuelle Förderung» wird «der Weg, das ‹wie›»bedeutsam[211].

Weil in unserer Gesellschaft Individualität geschätzt wird, nahm man bislang eher Genialität als Bedingung für Höchstleistung an und hat die Bedeutung steter Übung wenig beachtet; doch «Profifußballer verdanken ihre Karriere mehr ihrer besonders starken Motivation als einer natürlichen Begabung»[212]; «angestrengtes Üben ist der Schlüssel zum Er folg ... Nach neuen Forschungsergebnissen spielt Motivation eine wichtigere Rolle als angeborene Fähigkeiten»[213].

Der Beitrag des Budo allgemein und insbesondere des Aikido zu einer anderen Auffassung

Im Aikido werden, außer von randständigen Gruppen wie Tomiki-Aikido, keine Wettkämpfe ausgerichtet. Im Gegensatz dazu haben sich andere Budo-Sparten in das Wettbewerbsgeschehen eingeklinkt: Es gibt Kreis-, Landes- und Weltmeisterschaften des Karate, Judo ist olympische Disziplin. Auch Iaido trägt Vergleichs-Wettkämpfe aus, Tai Kai genannt.

Seriöse Kampfsportler versuchen allerdings zu differenzieren: «Obwohl Kampfsport Willen, Mut und Durchsetzungsvermögen verlangt, kennt er nicht die Diskriminierung der Schwäche». Nach «fernöstlichem Verständnis» wird ein Verlierer «nicht zum Versager abgestempelt». «Das Streben nach Leistungsvergleich» scheint «eine allgemein menschliche Eigenschaft zu sein»; «dieses natürliche Konkurrenzstreben zu humanisieren sind die Kampfkünste Asiens, bedingt durch ihr gesamtes kulturelles Umfeld, besser geeignet ... als andere Sportarten»[214]. Anfänger sollten ihre Ziele nicht zu hoch stecken. Es bedarf «einer inneren Motivation, die zum Beispiel darin bestehen könnte, eine besonders komplexe Aikido-Bewegung zu erlernen.» Eine solche intrinsische Motivation ist letztendlich «wertvoller» als das Trainieren auf einen Pokal, da sie «meist länger anhält und dem menschlichen Bedürfnis nach Selbstbestimmung entspricht»[215].

Aikido als Beispiel alternativer Bewegungskultur

Ein wesentliches Moment ist die Wettkampfabstinenz, und überhaupt rät Aikidomeister Asai dazu, die «Welt der Vergleiche» hinter sich zu lassen – «Er hat zu schnell angegriffen ... du bist zu langsam ... er ist stärker ... ich bin schwächer ... so, wie du die Technik machst, ist sie nicht effektiv» –, und er betont: «Die Techniken sind nur Instrumente, um unser Aikido zu entwickeln. Auf dem Niveau von O Sensei gibt es diese Vergleiche nicht mehr. Das ist unser Ziel»[216]. «Jeder Wettkampfcharakter geht dem Aikido damit ab. Es wird weder ein Sieger ermittelt noch ein Verlierer bloßgestellt, vielmehr gehen beide Übungspartner gemeinsam den harmonischen Weg ... ‹sich in Techniken messen, gewinnen und verlieren, ist nicht das wahre Budo› (Uyeshiba, M., nach Uyeshiba, K.)»[217].

Erkenntnisse: «Dass es im Aikido keine Wettkämpfe gibt, finde ich schade», meinten nicht einmal 2,5 % der von mir befragten Aikidoka. Hier trat einer der seltenen Unterschiede auf zwischen den nach der bisherigen Dauer ihrer Trainingsteilnahme eingeteilten Gruppen: Ausschließlich von den Personen, die erst etwa ein Jahr Aikido betrieben, hatten knapp 12 % zugestimmt, aber niemand, der oder die schon länger dabei war. Das bedeutet entweder, dass Menschen, die den Wettkampf bevorzugen, zu einer entsprechenden Disziplin wechseln – oder dass man mit der Zeit die Vorzüge eines Do kennen und schätzen lernt. (Genauer ist das nicht zu sagen. In großangelegten Längsschnitt-Untersuchungen werden dieselben Personen in Abständen immer wieder einmal befragt, wodurch auch erfasst wird, wer nicht mehr dabei ist. Hier habe ich Menschen verschiedenen Alters, verschiedener Trainingsdauer, Graduierung usw. zur selben Zeit befragt; man kann dieses Vorgehen vorsichtig als «simulierten Längsschnitt» bezeichnen.) Einer meiner Interviewpartner fasst diese so zusammen: «Weil Aikido nicht sich zum Beispiel an olympischen Spielen beteiligt, also nicht eingepresst ist in diesen Leistungszwang und in dieses Leistungsdenken – von daher hat jeder eigentlich Zeit, sich zu entwickeln, und aus sich heraus diese Übungen zu machen.»

Alternative Bewegungsformen

Aikido ist zugleich auch eine andere Art der Bewegung. Die Kritik am Sport hatte sich auf das Leistungsprinzip und auf den entfremdenden Umgang mit dem individuellen Leib bezogen: «Der Sportlerkörper betreibt eine Mimesis an die reine, perfekte Form ... Der ästhetisierte Körper hat den wettkämpfenden Körper ersetzt»[218]. Dagegen setzt Aikido-Meister Kitaura: «Das Üben ist Wiederholung der Aktion. Aber auch Versuch, zu verstehen – entfernte Dimensionen – Erleuchtung, reife Kultur – werden durch Natur, durch den Körper, Kontakt, Übungen auf triviale Weise angestrebt. Ein perfekter Körper ist nicht das Ziel»[219].

Kampfkünste wie Aikido konnten hierzulande Fuß fassen, weil die Unzufriedenheit mit dem üblichen Sportbetrieb Sehnsucht nach anderen, andersartigen Bewegungsformen erzeugt hatte. Aus einem «neu erwachten Bedürfnis nach Körperlichkeit und Selbsterfahrung» entwickelte sich bei «gesellschaftskritisch orientierte Personen» in unserem Land ähnlich dem «Human-Growth-Movement» der USA eine «subkulturelle Bewegungsszene»[220]. Es entstand «ein grundlegend anderes Verhältnis zur Körperlichkeit», «ein anderes Verständnis der menschlichen Bewegung». «Eine alternative Bewegungskultur» sollte «Bewegung und Wohlbefinden in einen ganzheitlich erkannten Bezug stellen»[221].

Aikido wurde in den Hochschulsport aufgenommen als einer der Wege zu alternativer «Körpererfahrung und Bewegungskultur»[222] (Abb. 5, nächste Seite); es fügt sich ein in diese neue Orientierung auf «eine meditative Richtung und somit auch auf eine andere Dimension inneren Geschehens und geistigen Reifens. Entspannung, gedankliche Beruhigung, Harmonie zwischen Geist und Körper lassen die sportliche Handlung beinahe absichtslos geschehen. Der Pfeil löst sich von der Sehne, wie sich ein Tropfen von einem Zweig löst. Der Tennisschläger bewegt sich im Rhythmus des Atems. Das Laufen wird zum meditativen Tanz. Innere Erfahrung im Sport bedeutet, sein Ego loszulassen und sich den Erfahrungsqualitäten zu öffnen, die den gesamten Kosmos bewegen. Bewegungskultur wird somit zum meditativen Exerzitium und überwindet die sportbezogene Kultivierung eines engen und gehaltenen menschlichen Selbst»[223].

ERKENNTNISSE: Mit meinem Fragebogen wollte ich unter anderem auch erfahren, ob es vielen heutigen Aikidoka einst ähnlich ergangen war wie mir selbst: «Schulsport und Bewegungsspiele mit anderen Kindern waren damals eine einzige Katastrophe für mich.» Ein knappes Drittel stimmte dem Satz tatsächlich zu. Andererseits bedeutet das auch, dass

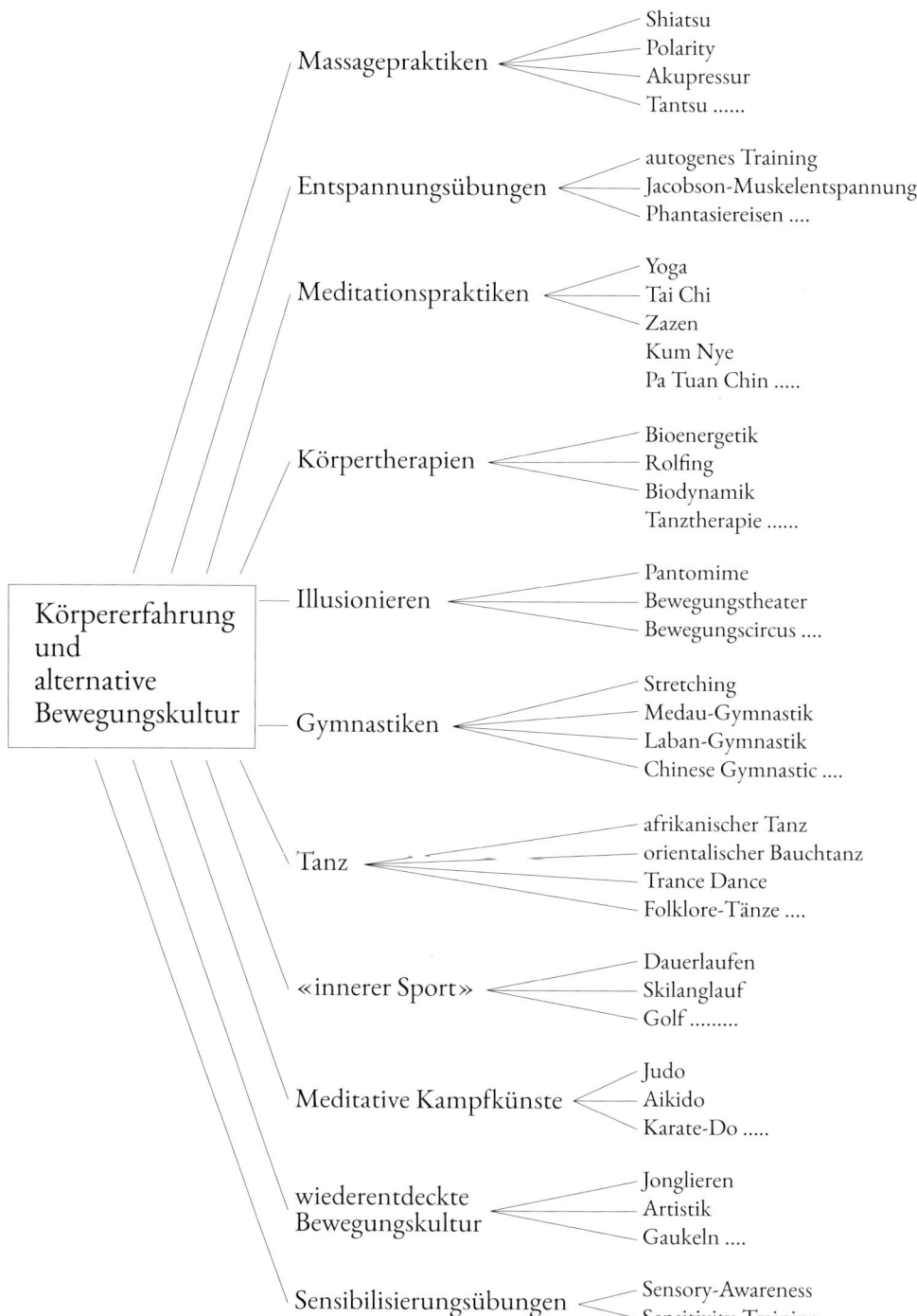

Abb. 5: «Das Spektrum neuer Inhalte im LSBH –
Bildungswerk und Hochschulsport». Abschrift aus: Moegling (1988), S. 56.

zwei Drittel keine vorgeschädigten Bewegungsmuffel gewesen waren. Spannend war dann aber, dass sich auch hier einer der seltenen Unterschiede zwischen den nach ihrer Trainingsfrequenz eingeteilten Gruppen zeigte: Von denen, die nur einmal pro Woche übten, hatten keine 10 % zugestimmt, von denen, die zwei- bis dreimal zum Trainieren gingen, fast 20 % und von jenen, die dreimal und öfter auf die Matte kamen, fast die Hälfte! Aikido hatte ihnen offensichtlich eine Alternative eröffnet.

Leider steht auch Aikido nicht außerhalb gesellschaftlicher Widersprüche. Körperbeherrschung und Wohlbefinden scheinen verstärkt miteinander assoziiert zu werden: Man fürchtet «die Gefühle von Scham und Peinlichkeit, die sich primär auf den unbeherrschten Körper richten»[224]. «Physische Tugenden, überhaupt die Fähigkeiten zur geschmeidigen Körperrepräsentation werden für die individuelle Selbstdarstellung nahezu unabdingbar», und damit nicht genug: «die Fähigkeit, Befriedigung zu finden und mit sich selbst im Einklang zu bleiben, erscheint als Leistung»[225]. «Dies vermittelt körperbetonten sozialen Systemen, in denen ... Natürlichkeit ... gleichsam ... erarbeitet werden kann, einen hohen Stellenwert»[226]. Bleibt zu hoffen, dass Aikido zu komplex ist, um derart nur benutzbar zu sein – und so reizvoll, dass man schon bald mehr daran entdecken kann ...

Alternative Organisation

Alternative Bewegungsformen sind also nicht dagegen gefeit, institutionalisiert und kommerzialisiert zu werden. Deshalb sollte eine wirklich «alternative Bewegungskultur»[227] «nicht nur ... neue Bewegungsformen, neue Beziehungsmöglichkeiten, sondern veränderte Organisations- und Institutionalisierungsprozesse» bedeuten: «Entinstitutionalisierung und spontane Selbstorganisation sind bester Ausdruck alternativer Beziehungsprinzipien. Damit einher gehen Prozesse der Entprofessionalisierung und autonomen, selbstgesteuerten, Qualifizierung»[228]. Nach dieser Meinung kann es sich «nur ein Bewegungslehrer, der sich vor Kursteilnehmern kaum retten kann (und dies ist selten der Fall), oder ein Bewegungslehrer, der neben seiner Lehrtätigkeit noch weitere Arbeiten verrichtet, ... erlauben, die Beziehung zu den Kursteilnehmern so schnell, wie es verantwortbar ist, zu lösen, zu deprofessionalisieren und zum selbstorganisierten Lernen anzuregen»[229].

So betrachtet liegt Aikido in einer Grauzone zwischen alternativer und traditioneller Bewegungsausübung: Zum einen ist es von der inneren Logik her nicht autonom, lehrerfrei, sondern im Gegenteil auf die Anleitung durch den Lehrer oder Meister angewiesen. In vielen Vereinen gibt es andererseits auch Raum für freies Training ohne Leiter. Ein Großmeister oder Shihan ist zwar zumindest aus westlicher Sicht ein Vollzeit-Professioneller, doch von diesem abgesehen gibt es kaum eine Handvoll sich selbst tragender Aikidoschulen. Die meisten Übungsleiter in den zahlreichen regionalen Trainingsgemeinschaften und Vereinen sind deshalb keine «von einer professionellen Finanzierung total abhängigen Bewegungsexperten» und «aus existentiellen Erwägungen heraus bemüht, ihre zahlenden Klienten und Kursteilnehmer so lange wie möglich bei der Stange zu halten». Vielmehr kommen sie meistens neben ihrer eigentlichen Berufstätigkeit auf die Matte, um Aikido zu unterrichten. Sie sind keine «spezialisierten Bewegungsprofis, denen eine ganzheitliche Lebenspraxis abgeht»[230].

Noch ein paar Studienergebnisse (ERKENNTNISSE)

Auch wie das sich denn nun verhält mit der Leistungsbereitschaft im klassisch-sportlichen Sinn, wollte ich herausbekommen. Die jeweilige Betätigung «ist für mich eigentlich Leistungssport» – so sahen das (in %) mit fast 80 weitaus mehr französische Aikidoka als deutsche (9), Iaidoka (0), Karateka im Hochschulsport (20) und Tänzer (immerhin über 50). Die Zahlenwerte der Tänzer liegen damit ebenfalls über denen der deutschen Aikidoka, der Iaidoka und der Karateka und deren Werte wiederum immer noch über denen der deutschen Aikidoka und der Iaidoka.

Dass die befragten Franzosen so anders als die Deutschen an das Aikido herangehen, ist wohl kein Zufall. Aikido in Frankreich und Aikido in Deutschland hat natürlich dieselben japanischen Wurzeln. Im Vergleich zum hiesigen Aikido sind allerdings die Bewegungen französischer Aikidoka oft kämpferischer, kürzer, weniger ausladend, strenger, technischer. Möglicherweise – diese Überlegung stammt von meinem Ehemann, Bernd Krauß – haben französische wie auch englische oder amerikanische Budoka weniger Berührungsängste mit den martialischen Aspekten der Kampfkunst, weil sie Nationen entstammen, die sich nicht durch das Entfachen zweier Weltkriege ins Unrecht gesetzt haben.

Neben Schul-Unterschieden könnte es auch an den Rahmenbedingungen liegen. Der Aikikai Deutschland, dem das Gros meiner Studienteilnehmer entstammte, hatte lange Zeit einen Sonderstatus außerhalb der Sportverbände inne. Bundesverband und Trainingsgemeinschaften mussten sich selbst tragen durch Vereinsstrukturen mit Mitgliedsbeiträgen oder in seltenen Fällen als Schule mit Unterrichtsgebühr. Kleine Gruppen mussten Unbequemlichkeiten der Trainingsstätte oder höhere Kosten für Lehrgänge in Kauf nehmen. Langfristig Aikido zu üben erforderte schon von daher eine besondere Motivation. In Frankreich hingegen ist Aikido seit Jahrzehnten Mitglied in den sportlichen Gesamtverbänden[231]. Gut ausgestattete Trainingsräume stehen auch in kleinen Gemeinden zur Verfügung. Damit wurde Frankreich «die ‹Hochburg des Aikido› in Europa»[232] und Aikido dort ein Breitensport. Vergleichbar weist ein im Nordosten Englands liegendes Dojo die Aussage zurück, Aikido sei der Kampfsport der Bourgeoisie: Die Mehrheit der dort langjährig Praktizierenden entstamme der Arbeiterklasse[233].

ERKENNTNISSE: Passenderweise wurde der Satz «Meine Eltern haben sportliche Vereinsmeierei eher abgelehnt» nur von den französischen Aikidoka kaum bestätigt. Deutsche Aikidoka aus meiner Studie, die nur ein Mal pro Woche trainierten, stimmten diesem Satz häufiger zu als solche, die mehrmals kamen.

«Weil ich mir etwas abverlangen möchte» – diesen Grund für ihre Betätigung gaben mit etwa 12 % so wenige Iaidoka an, dass die Werte aller anderen Gruppen darüber lagen. Karateka stimmten mit über 80 % zu und ihre Werte lagen damit über denen beider Aikidogruppen, obwohl auch in diesen jeweils die Hälfte der Mitglieder zu besonderen Anstrengungen bereit war.

Karateka waren auch weitaus häufiger als Iaidoka und Aikidoka der Meinung «Wenn der Lehrer nicht streng genug ist, werde ich übermütig und lerne nichts».

Dem Satz «Ein bisschen quälen muss man sich schon, wenn man weiterkommen will ...» stimmten zwar 60 % der deutschen Aikidoka und hier auch der Iaidoka zu, doch sie wurden von den französischen Aikidoka, den Karateka und den Tänzern (alle 95 bis 100 %) noch in den Schatten gestellt. Die französischen Aikidoka verhielten sich wieder wie wettkämpfende Sparten.

Ähnlich konnten sich mit 15 bis 20 % Karateka und französische Aikidoka «irgendwie betrogen» fühlen, wenn ihnen «in einer Trainingseinheit alles leicht gefallen» war, aber kaum deutsche.

Hier deutet sich die alternative Ausrichtung schon an: Die Aikidoka beider Nationalitäten pflichteten mit über einem Drittel bis fast zur Hälfte dem Satz bei: «Alles, wozu man sich zwingen muss, kann langfristig nicht gut für einen sein» – weitaus mehr als Karateka oder Iaidoka (15 und 6 %). Während sich sonst die beiden Geschlechter in ein und derselben Sportgruppe meist einig waren, stimmten bei den Tänzern die Frauen fünfmal häufiger zu als die Männer.

«Die Art und Weise, wie sie Techniken ausführen und mit der anderen Person umgehen empfinden Befragte öfter als Spiegel ihrer momentanen Befindlichkeit»[234], stellte eine andere Interviewerin fest. Eine meiner Gesprächspartnerinnen erklärte: «Und es hat für mich dann so ein, ich glaub' das ist auch das, was mich durchhalten lässt, es ist ein emotionaler Gradmesser. So, wenn ich merke, ich bin nicht gut drauf und ich merke an den ersten Bewegungen, das funktioniert nicht, dann weiß ich, ich kann das Training vergessen, so ist das bei mir. Es dauert dann etwas, bis es wieder funktioniert. Und es kann trotzdem sein, dass ich die einfachsten Sachen dann nicht hinkrieg'.» Der Meinung «Aikido ist für mich vor allem Körperselbsterfahrung» waren schon fast 60 % der von mir untersuchten deutschen Aikidoka unter 36 Jahren und von den älteren mit über 80 % noch einmal deutlich mehr.

EMPFEHLUNGEN: Aikidolehrer sind gefordert, sowohl zum einen Personen mit derartig vielfältigen Bedürfnissen und Absichten in jeder Trainingseinheit von Neuem zu integrieren, als auch bei ihnen die Auseinandersetzung mit der jeweils anderen Seite immer wieder anzuregen. Schülern lässt sich dies anhand des alten und weisen Yin-und-Yang-Symbols verdeutlichen. Dessen weiße und schwarze Fläche zusammen können für viele Gegensatz-Paare stehen: Hell, männlich, kraftvoll, positiv im Sinn von direkt (*irimi*) einerseits und andererseits dunkel, weiblich, zart, negativ im Sinn von ausweichend (*tenkan*). Das Aikido-Training besteht aus Übungen, sozusagen aus Rollenspielen – man bewegt sich, als ob man angegriffen würde, als ob man sich verteidigen müsste. Wir sind dabei Partner, keine Feinde. Insofern ist es kein Ernstfall. Dennoch ist es wichtig – und das wäre der weiße Punkt im schwarzen Feld – jederzeit möglichst konzentriert zu üben, so, als sei es nicht Spiel, sondern Ernst; die Übung wird sonst läppisch und wertlos. Wer andererseits in jedem Augenblick alles hundertprozentig richtig und genau machen möchte, verkrampft und verspannt sich innerlich. Man braucht auch einen Schuss spielerischen Geistes – einen schwarzen Punkt im weißen Feld – sonst wird die Bewegung nie flüssig und spontan werden, weil sie nie die ganz eigene sein wird.

So verschieden die Auffassung der Einzelnen vom Sinn des Trainings ist, so unterschiedlich ist auch ihr Herangehen an Prüfungen.

10.6 Prüfungen als Wegmarken

Üben ist im Aikido die einzige Aufgabe. Zwischen zwei Partnern kommt es natürlich schon mal zu einem inoffiziellen Kräftemessen, doch dies wird niemals objektiviert werden. Wer Rückmeldung sucht muss andere Kriterien heranziehen.

Statt sich über die Liga oder den Pokal zu definieren, können sich Aikidoka fragen: Wie wohl fühle ich mich im Training, wie ist meine Kondition, wie geläufig sind mir die Techniken und ihre Variationen, wie sicher und zugleich flexibel bin ich als Verteidiger, wie leicht gelingt es mir zu rollen, zu fallen und wieder aufzustehen oder wie viel Schmerz empfinde ich als Angreifer während der Festhaltegriffe? Funktioniert ein Wurf oder Hebel wirklich, oder bin ich noch auf freiwilliges Mitgehen des Partners angewiesen? Ferner sollten Aikidoka sensibel werden für das, was sie beim Partner bewirken, etwa Vergnügen oder Angst; ob man jemanden außer Atem bringen kann, ob man selbst als Übungspartner gesucht oder gemieden wird. Die Mittrainierenden erklären oder zeigen die richtige oder blockieren auch mal die falsche Bewegung. All das ist gemeint, wenn es heißt: «Der eine Aikidoka ist zugleich ‹Spiegel› und ‹Schleifstein› des anderen»[235].

Daneben gibt es die, wohl temperamentsabhängig häufigen oder spärlichen, Rückmeldungen des oder der Lehrenden. Wie diese dann allerdings erlebt und verstanden werden, ist auch dem sonstigen Beziehungsgeschehen wie etwa Übertragungsprozessen unterworfen (etwas, dessen sich Kapitel 17 unten annimmt).

Statt Messinstrument und Schiedsrichter: Prüfung durch Meister
Aikido bedeutet Übung – Bemühen – Erprobung und dann: Bewährung, nicht: Messung und Skalierung. Eine Bewährung in einem Ernstfall auf der Straße sollte man sich nicht wünschen. Die im Budo allgemein üblichen Prüfungen zur Erlangung eines Kyu-, also Schüler-, oder Dan-, also Meistergrades liefern eine mögliche Aussage zum aktuellen Stand. Die Zuweisung eines definierten Platzes in der Gemeinschaft entspricht darüber hinaus dem japanischen Denken in Hierarchien, wobei einen bestimmten Rang innezuhaben dort allerdings anders aufgefasst wird als bei uns; dies wird unten (in Kapitel 12) erörtert.

In der Prüfung hat man die Gelegenheit, sein Können vorzuführen, und zwar unter der stressinduzierenden Bedingung des Beobachtet- und Bewertetwerdens[236]. In einer Aikidoprüfung begegnen sich das Do-Prinzip und der Leistungsgedanke. Einerseits wird beurteilt, andererseits wird anders beurteilt. Dies ist eine verantwortungsvolle Aufgabe, denn «infolge eines ‹fehlerhaften Bewegungssehens› (Ballreich, 1981, 522) ist auch ein erfahrener, geschulter Trainer kaum in der Lage, quantitative und qualitative Bewegungsmerkmale (z. B. Bewegungsfluss, -rhythmus und -dynamik) durch bloßes Beobachten richtig einzuschätzen»[237].

Ein Meister, ein Lehrer, der in seiner Schule prüft, oder das Dan-Kollegium eines Verbandes muss sich daher Standards geben für die Vergleichbarkeit einerseits und für Abwägungen im Einzelfall andererseits. Das Vorgehen ist aufwändig. Es entspricht jedoch der Philosophie des Do, eben nicht lediglich wenige Hundertstel Sekunden zwischen noch bestanden und bereits durchgefallen entscheiden zu lassen. Die einzelnen Verbände haben teilweise unterschiedliche Prüfungsordnungen und Vorgehensweisen. Eine Konkurrenz zu einem anderen, den es zu überbieten gilt, wird im Aikido jedoch nicht aufgebaut.

Erkenntnisse: Über alle Gespräche hinweg ließ sich eine Gemeinsamkeit erkennen: Der Umgang mit dem Thema Prüfung sollte selbstbestimmt sein.

Eine eigene Entscheidung

Manche Teilnehmer meiner Studie hatten von sich aus Prüfungen ablegen wollen, sei es, weil sie es als reizvoll empfanden: «Da hat sich eine Gruppe gebildet, von denen, die etwas länger dabei sind, die es schon besser können und auch ihren Kyu haben, wo die Leute sagen ‹die haben was, Mensch, das will ich auch haben!›», wie ein Mann beschreibt und ein zweiter: «Vom fünften bis zum ersten Kyu und dann Dan, einerseits motiviert das auch, ich will zum Beispiel bald die fünfte-Kyu-Prüfung machen und da muss ich halt ein bisschen mehr trainieren», sei es pragmatisch gesehen wie von dieser Frau: «Die Prüfung will ich ablegen, mir eine Basis schaffen, auf die ich aufbauen kann.»

Andere wollten so etwas nicht oder momentan (zum Zeitpunkt der Interviews) nicht, etwa eine Frau, die trotz bis dahin vierjähriger Trainingsteilnahme noch keinen Grad erworben hatte: «Ich fühle mich da nicht unter Leistungsdruck.» Eine andere stand zwischen drittem und zweitem Kyu und wollte noch warten: «Für mich habe ich da ’ne Entscheidung getroffen. Das ist Urlaub hier – ich mache Aikido – ohne Prüfungsstress. Es sollte eine freie Entscheidung, privat sein, ich will aber auch sagen, ich trau’ mir das nicht zu. Ich glaube, es muss stimmen, es muss auch vom Gefühl her stimmen, und das tut’s noch nicht, hier werd’ ich sie auf keinen Fall machen. Wenn ich sie mache, dann zum Ende des Jahres. Das haben viele bei uns aus dem Dojo gesagt. Sie wollen hier ihren Lehrgang machen und Prüfung woanders.»

Auch jene, die durchaus bereit sind, eine Prüfung zu machen, hinterfragen deren Bedeutung: «Dann wieder denke ich mir, ob das wirklich unbedingt notwendig ist. Mhm. Ich find’s auch ein bisschen schade. Ich weiß nicht, ob es dem Sinn der Sache entspricht, wo ist dann der Unterschied zwischen Prüfungen und Wettkämpfen?! Und ich merke, dass ich selbst auch ein bisschen da ’reinrutsche in dieses Denken, also fünfter Kyu, und wann machste den vierten dann? Das fürchte ich ein bisschen, das empfinde ich selber so.» Selbstkritisch fährt er angesichts seines eigenen Eifers fort: «Und mhm – ich kann es nicht beurteilen aber ich finde, man könnte Gefahr laufen, es zu überschätzen. Dass es nicht das Wesentliche ist im Aikido, jetzt möglichst schnell den fünften den vierten, den dritten und irgendwann – den Dan zu machen, dann ist man weiter als alle anderen, dass das eben nicht, tja, der ‹springende Punkt› ist.» Ein anderer Gesprächspartner war da sehr konsequent gewesen: «Ich hab' lange Zeit keine Prüfung gemacht, die ersten Jahre, und wollte auch nicht, das waren nicht meine inneren Ziele, so 'ne Karriere zu machen.»

Auf welche Weise und in welchem Ausmaß ein Lehrender hier Einfluss nimmt, ist wohl wieder von dessen Temperament abhängig, sollte aber auch auf den jeweiligen Schüler individuell abgestimmt werden. Nicht zu drängen entspricht grundsätzlich der Abgrenzung des Do gegenüber leistungssportlichen Einstellungen: «Der Lehrer sagt da wenig, dann musst du ihn schon fragen, dann sagt er, ‹mhm, warte doch mal ab› oder ‹guck' mal›, so war's beim dritten Kyu.» Andere wollen ihren Schülern einen Entwicklungsanreiz anbieten: «Mein Lehrer hat mir dann gesagt, das wäre nicht verkehrt, die Prüfung zu machen, weil sie 'nen gewissen Stress bedeutet, weil sie die Auseinandersetzung fördert.»

Eine persönliche Bewertung

Weil im Sport Selbstwert häufig an Leistung, Erfolg, Gewinnen, Überbieten geknüpft ist, können oft nur Leistungsträger und Sieger regulatorischen Gewinn aus dem Tun ziehen und dies nicht einmal stabil angesichts der Flüchtigkeit von Siegen und Titeln. Dagegen erlaubt die Philosophie des Do dem Einzelnen in Prüfungen wie im alltäglichen Aikido-Training eine selbstbestimmte Bewertung. Der philosophische Hintergrund schützt vor Kränkungen.

Natürlich ist es zunächst einmal selbstwertdienlich, Erfolg zu haben. Manche mussten bei den ersten Prüfungen eher soziale Ängste überwinden, wie eine Frau, die bereits ein Studium abgeschlossen und berufliche Examina absolviert hatte: «Ich find' die Aikidoprüfung ziemlich aufregend», sagte sie und betonte: «Ich fand ja selbst früher irgendwelche Prüfungen nicht so aufregend wie die vom Aikido.» Oder man muss einen hohen technischen Schwierigkeitsgrad bewältigen, wie dieser Mann: «Es ist spannender für mich geworden, jetzt sind es schon richtige Prüfungen.»

Im Aikido können ein sehr hoher sportlicher Status – ohne die üblichen Verstärker wie Pokale oder Preisgelder – und ein sehr hohes Ausmaß an Freiwilligkeit zusammentreffen. Eine Frau, die sowohl Fußball spielt als auch Aikido betreibt, stellt den Vergleich her: «Im Fußball ist es ein Wettkampf, man muss voll da sein, voll fit sein, jeden Moment auf den Punkt genau. Hier sind es eher die Gürtelprüfungen. Jetzt im Moment genau.»

«Die Kyu- und Dangrade im Aikido kriegt man nicht geschenkt; das macht sie so wertvoll»: Diesem Satz (bzw. seinen Anpassungen) hatten mehr französische Aikidoka (fast 90 %) zugestimmt als deutsche (bald 60), Tänzer (knapp die Hälfte) und Karateka (mehr als ein Drittel); mit fast 70 % lagen die Iaidoka ebenfalls hoch, doch über das Verhältnis ist keine statistisch gesicherte Aussage möglich.

Knapp die Hälfte der deutschen Aikidoka hatte folgenden Satz bejaht: «Die Kyu- und Dangrade sind Formalitäten, die man hinter sich bringen muss; danach fängt das eigentliche Bemühen um das Aikido erst an». Hier zeigten sich einige der selten vorkommenden Unterschiede zwischen verschieden lang trainierenden Personen: Von denen, die erst ein Jahr dabei waren, stimmten nur – oder immerhin – 19 % zu; für sie ist diese Perspektive wohl eine noch sehr entfernte, und Mühe geben sie sich ja sowieso auch jetzt schon ... Diejenigen, die seit drei bis fünf Jahre übten, stimmten zu genau einem Viertel zu; verständlich, viele von diesen konzentrierten sich wohl gerade darauf, einen der höheren Schülergrade bzw. den ersten Dan zu erwerben – das soll dann doch, bitte schön, auch etwas wert sein! Von jenen, die bereits sechs Jahre und länger üben, haben viele diese Schritte vermutlich schon hinter sich – und gerade hier stimmten über zwei Drittel zu, also deutlich mehr als in den beiden anderen Gruppierungen. Sie wissen nun bereits: Die Mühen hören nicht auf.

Das Konzept Do eröffnet also weniger einen Raum der Nicht-Leistung als vielmehr einen Raum, in dem die Leistungsthematik entschleunigt ist.

Prüfungen sind «als Anregung und Ansporn gedacht, den Aikidoweg zu beschreiten und auf ihm weiterzugehen»[238]. Anders als errungene Wettkampftitel behält man den jeweils bislang höchsten erhaltenen Grad im Budo auf Lebenszeit. Er soll nicht überbewertet werden: «Der Erfolg, der durch technische Perfektion entsteht verdient keine weitere Beachtung», denn er ist lediglich ein «Nebenprodukt»[239]. Man darf sich also nicht «an den erworbenen Grad ‹klammern› und darüber den ‹Weg› vergessen»[240].

10.7 Lebensweg, Lebenskunst, Lebensführung oder die Fähigkeit zur Selbstregulation

Die etwas poetischen Übersetzungen für den Begriff Do lassen erkennen, dass dieser ein jahrhundertealtes Wissen enthält um Zusammenhänge, die von der modernen Wissenschaft als grundlegend notwendig erkannt worden sind. Jeder Mensch muss die Fähigkeit zur Selbstregulation entwickeln und einsetzen. Wie oben dargelegt liegen die Anfänge des Erwerbs der erforderlichen Kompetenzen in der Säuglings- und Kleinkindzeit; sie haben aber lebenslang Bedeutung.

Selbstregulation betrifft alle Ebenen, die physiologische (es wird kühler – Jacke anziehen), die motorische (nach soundso vielen Stunden am Bildschirm Gymnastik machen), die emotionale (Angst vor dem Zahnarzt haben, aber trotzdem hingehen und sich vielleicht mit einem Kinobesuch für die Tapferkeit belohnen) und die soziale (sich nach einem Streit überwinden und eine Aussprache oder Versöhnung anbahnen).

Es ist überaus wichtig, hier nicht moralisch zu werten, etwa: Man sollte sich doch nicht für einen Zahnarztbesuch belohnen müssen! Mag sein. Doch erst gar nicht hinzugehen wäre nicht gesund. Man muss abwägen: Wenn jemand einen Schock erlebt hat, etwa plötzlich gekündigt wurde, ist es weitaus weniger schädlich, wenn sie oder er sich hinsetzt und eine Zigarette raucht, als sofort in heller Aufregung Auto zu fahren und gar einen Unfall zu verursachen.

Aikido hat viele Elemente, die für die Selbstregulation eines Menschen wertvoll sind. Es wirkt ein auf Physiologie und Motorik; es fördert Emotionales und Soziales. Zugleich regt Aikido die Entwicklung der selbstregulativen Fähigkeiten an. Dieses Insgesamt war die zentrale Erkenntnis meiner Studie. *Die Verschränkung von Aspekten des Aikido mit den Notwendigkeiten der Selbstregulation ist daher in meinem Buch immer wieder Thema.*

Anders als etwa ein Mannschaftssport oder ein Aerobic-Kurs erlaubt Aikido, die Trainingsfrequenz und die Intensität während jeder Einheit individuell zu dosieren. Gemessen am japanischen Ideal der gleichmäßigen, stetigen Trainingsteilnahme auf hohem Niveau (was in dieser absoluten Strenge wohl erst für Dan-Graduierte gelten kann – Kapitel 12 wird On, die Verpflichtung, erläutern), erscheint dies nur willkürlich. Es dient jedoch grundsätzlich der Selbstregulation und ist zugleich ausgeübte regulatorische Kompetenz. Hierzu stelle ich einige Erkenntnisse vor.

Üben nach Bedarf

Die meisten erwachsenen Aikidoka üben freiwillig. Das ist vorteilhaft, verpflichtend und eben deshalb wieder förderlich. Zunächst einmal genießt es einer meiner Gesprächspartner, Aikido zu betreiben als etwas, «wo mich keiner zu anhält, das ist aus eigenen freien Stücken, wo einen keiner zu nötigt».

So, dass es stimmt

Es kann phasenweise hilfreich sein, die Trainingsintensität dosieren zu können, mal sich zu verausgaben: «Powern» nennen das mehrere Interviewte, und eine meiner Gesprächspartnerinnen sieht beide Möglichkeiten: «Entweder Ki schicken oder gehst mal raus, setzt dich mal auf die Bank. Lieber Pause und danach geht es weiter», also auch, sich mal zurückzunehmen. Einer zweiten ist zudem wichtig, deswegen nicht beschämt zu werden: «Wenn man einfach völlig erschöpft da ist, dann kann man das auch sagen. Sagen, ich bin leider super unkonzentriert heute, bitte etwas ruhiger, etwas langsamer, das ist schon o. k.»

Dann, wenn es geht

Eine perfekte Balance zwischen allen Lebensbereichen zu halten ist schwer. Auch zwischen Aikido und den sonstigen Belangen einer Person wird sich die Waage vermutlich mal in die eine, mal in die andere Richtung neigen. Die Trainingsfrequenz kann recht hoch sein, wenn die Rahmenbedingungen in großen Vereinen es erlauben, dass «man drei-, vier-, fünfmal die Woche zum Training geht. Ich habe anfangs nur zweimal die Woche trainiert, Anfängertraining, dienstags und donnerstags, und ich hab' dann halt gemerkt, dass von Donnerstag bis Dienstag diese Zeitspanne so lange war und bin dann öfter gegangen, dann kriegt das auch eine Eigendynamik. Auf dem Lehrgang zum Beispiel habe ich das Gefühl, dass es unheimlich schön ist, so viel Aikido zu machen, dass ich mir eigentlich prinzipiell auch vorstellen könnte, alltäglich so morgens ein bisschen Aikido, und abends so. Einerseits ist es gut, viel zu trainieren, so wenn ich mir andere Leute angucke, ich bin weiter», erzählt ein junger Anfänger. «Jetzt steigend», beschreibt eine Gesprächspartnerin ihr Engagement und ähnlich, nur genauer, eine andere: «Es hat sich eher immer gesteigert. Erst der Volkshochschul-Kurs, dann gleich weiter der normale Kurs, einmal die Woche, wegen der Prüfung jetzt dann zweimal die Woche. Dann mach' ich einmal zwei Stunden und einmal drei, mit dem vhs-Kurs.» «Ich hab' am Anfang sehr viel trainiert, sechs Mal pro Woche, bin dann auch sehr schnell vorwärts gekommen», erinnert sich eine Fortgeschrittene und ein anderer begründet: «Jetzt im Moment, vor der Prüfung zum schwarzen Gürtel, werde ich konkreter. Ich investiere eigentlich sehr viel Zeit.»

Angesichts eines solchen Einsatzes für Aikido kann «zusammenschrumpfen» und «zu Ende gehen», was den Betreffenden früher begeistert hat; auch lässt man die damit verbundenen Menschen zurück. Lehrgänge kommen dazu, das hat auch materiell seinen Preis: «Ich verzichte dafür auf anderes.»

Die Frequenz der Trainingsteilnahme kann schwanken; einer Aikidoka war es aus beruflichen Gründen wichtig, «vor allem auch eine Sportart zu finden, wo du aufbauen kannst, wo du mal mehr machen kannst, mal weniger machen kannst, die flexibel ist». Eine andere sieht es strenger: «Allerdings fluktuiert es ziemlich, sind nicht alle so diszipliniert.»

Dann, wenn man möchte

Dass die Trainingsfrequenz momentan reduziert wird kann auch freiwillig sein, etwa, weil erstmalig eigene Bedürfnisse wahrgenommen werden: «Nach eineinhalb Jahren etwas weniger. Jetzt noch ein bisschen weniger. Brauche Zeit für Ruhe, für mich – zum Nachdenken – nur so dasitzen. Konzert gehen. Habe einen guten Grundstock, der bleibt mir auch. Ich möchte schon weitermachen, nur nicht so heftig», hatte eine Gesprächspartnerin vor einiger Zeit beschlossen.

EMPFEHLUNG: Während ein Aikidolehrer angesichts von unregelmäßiger Teilnahme oder auch zeitweiligem Fortbleiben von Schülern durchaus über seinen Unterricht nachdenken darf, sollte er andererseits nichts vorschnell persönlich nehmen …

Diszipliniert üben

Um langjährig, kontinuierlich und konzentriert Aikido zu üben, ist gerade angesichts der Freiwilligkeit selbstregulatorische Kompetenz nötig, und sie wird zugleich entwickelt. Die Schüler müssen immer wieder einmal Gefühle von Unlust im Vorfeld oder im Verlauf des Trainings überwinden. Sie müssen Selbstmotivierung und Selbstdisziplinierung einsetzen.

Meine Interviewpartner teilten freimütig mit mir, wie es ihnen ergehen kann, etwa einem Anfänger, der fast übereifrig trainiert: «Was ich gut kenne, ist natürlich, dass ich manchmal keine Lust habe zum Training, und dann denke: ‹heute, näh!›»; einem älteren Trainingsteilnehmer: «Fast jedes Jahr, immer nach dem Urlaub. Es fällt mir äußerst schwer, dann wieder anzufangen»; oder einem Schwarzgurt-Anwärter: «So im Halbjahresrhythmus, dass ich dann auch mal wieder gern was anderes machen würde, was ausprobieren, mich auch freier fühlen würde.» Auch währenddessen kann es einem manchmal zu viel werden: «Und noch 'ne Knietechnik – ich hab' keine Lust mehr.»

Erfreulich vielfältig und kreativ waren dann aber auch ihre Strategien, um sich selbst dabei zu halten. Schon vor Trainingsbeginn; so geht der Anfänger trotzdem los, «weil ich denke, das wäre mangelnde Selbstdisziplin, nicht dabei zu bleiben, gleich beim ersten Widerstand wegzubleiben», während der Ältere den Klassiker heranzieht: «Dieser Schweinehund will wahrscheinlich überwunden sein.» Ein weiterer Mann erklärt: «Ich muss mich nach meiner Arbeit, die sehr anstrengend ist, auch sehr oft zwingen, mit Disziplin arbeiten.» Manchmal hilft es, sich Verlust und Gewinn vor Augen zu führen: «Es war ja ein vhs-Kurs. Ich hab mir gesagt: ‹Ich hab ja bezahlt, jetzt will ich auch was davon haben!› Dann hab ich gemerkt: ‹Au ja, das ist was, das kannst du für dich verwenden!›» Leichter wird es, wenn zum Training zu gehen zur Selbstverständlichkeit wird, ohne dass eine innere Diskussion stattfindet: «Das ist jedenfalls etwas – also ich muss mich montags und donnerstags dazu bewegen, dorthin zu gehen. Das ist in meinem Leben also jetzt schon eingespielt, ist irgendwann zu einer Routine geworden, die ich richtig so habe.» Hilfreich ist es, im eigenen Körper zu spüren: «jetzt wird es aber Zeit – dass ich die Übungen auch brauche.»

Damit, sich hinzubegeben, ist es natürlich nicht getan. Ein älterer Mann erläutert, wie er es schaffte, den für ihn sehr schmerzhaften Fersensitz (Seiza*) zu üben: «Man muss dran bleiben, man muss auch jedes Mal gucken, dass es nicht frustrierend wird, man muss immer einen kleinen positiven Effekt noch zum Schluss verspüren.» Ein junger Mann redet sich selbst gut zu: «Und: ‹Soundso viele Tage, die stehst du durch!› Manchmal habe ich auch zu intensiv bewegt*, einmal ein Neun-Tage-Marathon mitgemacht. Hab's überstanden. Nach vier Tagen war ich so kaputt – aber hab's durchgehalten», sagt er stolz. Eine Frau macht sich klar: «Vor dem Fallen habe ich Angst, weil ich mir da auch mal was getan habe so, aber das ansonsten, denke ich, das muss ich einfach lernen.» «Wollte es auch können, wollte einen schnellen Erfolg», erinnert sich eine weitere Frau an ihre Anfänge im Rollen und eine andere an ihren Beginn ganz allgemein: «Durchhalten, ich bin dann eh' so ein Kämpfertyp, ich wollt' es einfach lernen. Das muss doch möglich sein. Das haben so viele vor mir geschafft, wieso ich nicht auch.»

Sobald die einzelnen Elemente geläufiger werden, geht es mehr und mehr um die Qualität des Trainings, darum, die Skills zu erwerben: «Ist nicht wurscht, wie man ‹rumhampelt›», stellt eine ältere weibliche Anfängerin erfreut fest, und sie betont gleich noch einmal: «Nicht schludern.» Für eine zierliche Frau ist es technische Notwendigkeit: «Ich kann nicht schwindeln. Ich muss ernsthaft mit Mitte und Atem arbeiten, sonst geht es nicht», und auch eine weitere Gesprächspartnerin schätzt Genauigkeit: «Dass man da auch mal schaut, wo sind die Grenzen, wo sind die Lücken, wo hab ich Technikenhaken.» Ein Dan-Anwärter sagt schlicht: «Für mich ist es schon 'ne Arbeit geworden.»

---

* Gesprochen: ßeesa. Das s in der Umschrift des Japanischen ist stets ein stimmloses, das z ein stimmhaftes s.

** Siehe Kapitel 17, Übertragung. Dies ist ein Beispiel für die dort erwähnte Imitation. Fast der ganze Aikikai Deutschland benutzt wie Bundestrainer Asai «bewegen» als starkes Verb: bewegen mit jemandem, alleine bewegen, mit vollem Tempo bewegen usw.

Für jene, denen durchhalten, dabeibleiben und ernsthaft üben einen Willensakt bedeutet, kann eine andere Auffassung schon mal eine Anfechtung darstellen. Ein Mann räumt ein: «Bin manchmal auch ganz intolerant, wenn die eine andere Einstellung haben, weil sie vielleicht aus anderen Gründen trainieren, nicht so diszipliniert sind.» Konflikte in der Gruppe können entstehen.

Neben der regelmäßigen Trainingsteilnahme ohne willkürliches sporadisches Schwänzen geht es dann tatsächlich auch um die langfristige Lebensperspektive: «Ich glaub', man muss es also sehr lange trainieren, über viele, viele Jahre hinweg durchhalten können, damit es auch wirkt», hat ein älterer Studienteilnehmer bereits festgestellt; ähnlich ein junger Anfänger: Einerseits «braucht Aikido ganz viel Engagement»; andererseits tut es auch ihm selbst nicht gut, sich zu verzetteln: «Ich hatte irgendwann das Gefühl, dass – dass ich irgendetwas richtig machen muss.» Ganz ähnlich hatte ein anderer Gesprächspartner zehn Jahre zuvor gedacht: «Überhaupt bei Aikido zu bleiben, war der Wunsch, etwas weiterzuführen, also länger zu machen. Ich hab' sehr viele Sportarten angefangen, für ein halbes Jahr, ein Jahr. Aikido wollte ich dann länger machen. Ich hab' mir das ein bisschen verordnet, dieses Dabeibleiben.» Auch ein dritter sah es so: «Irgendwie muss man eine Entscheidung treffen im Leben und dann dabei bleiben. Es ist eine Lebensaufgabe, Körper und Geist zu schulen.»

10.8 Wiederholung und Variation

Ein Weg, der allzu beschwerlich wäre, würde nur erschöpfen. Ein allzu einförmiger Weg würde schlicht langweilig. Zum Glück müssen die Schüler die Kraft zum Dabeibleiben nicht allein aufbringen; das Wesen des Aikidoübens, das stetige Hin- und Her-Fluten der Elemente Wiederholung und Variation unterstützt ihre Bemühungen.

Wiederholungen haben strukturgebende und beruhigende Wirkung

Die oben in Teil II vorgestellte wissenschaftliche Kleinkindforschung hat belegt, dass «Denken, Handeln, Fühlen und Wahrnehmungen am Anfang des Lebens nicht als ... unterscheidbare ... Aktivitäten existieren», sondern «als zeitliche Strukturen, Intensitäten, Gestalten, Rhythmen und als dynamische und kinetische Muster empfunden werden»[241]. Wenn alltägliche Abläufe regelmäßig wiederkehren, wirken diese Ordnung und diese Vorhersagbarkeit stabilisierend, weil «Säuglinge aufgrund bestimmter Strukturen im Wahrnehmungs- und Affektbereich in sich und in der Welt Zusammenhänge, Regelmäßigkeiten und invariante Konstellationen entdecken und dadurch ein Gefühl von auftauchender Ordnung entsteht. Diese Regelmäßigkeiten sind die Grundbausteine des auftauchenden Selbst- und Objektempfindens»[242].

Hatten einst störende Einflüsse chaotisierend gewirkt, kann später eine strukturierende Erfahrung nachgeholt werden. Die Übungen des Aikido an sich lassen bestimmte Bewegungsabläufe, Kontaktformen und Körpergefühle ständig wiederkehren; der äußere Rahmen ist stabil mit dem regelmäßigen Trainingstermin, der Zuverlässigkeit des Meisters oder Lehrers, den Ritualen. «Das stark reglementierte Üben hat ... Auswirkungen auf anderen Gebieten gehabt, etwa, Abmachungen einzuhalten. Das Training ist ... ‹eine Lebensführung im Kleinen›»[243].

Die Übung in Konzentration setzt der Fragmentiertheit moderner Menschen (zum Diktat von Leistungsvorgaben und Uhrzeit kommt auch Reizüberflutung) etwas entgegen. Aikido zu üben kann eine Fehlentwicklung ausgleichen, die sich in westliche Gesellschaften eingeschlichen hat und sich beispielsweise darin zeigt, dass es «keine amerikanische Tradition langfristiger, anstrengender Übung gibt, die weder etwas abwirft noch Erfolg verspricht ... alles soll schmerzlos, schnell und leicht gehen»[244]. Kein Unterricht kommt aus ohne Belohnungen und ohne den Versuch, «eine unterhaltsame Zerstreuung» zu sein. Langeweile wird nicht ertragen: Dass «die Aufmerksamkeitsspanne ein Leben dauern kann, ist uns fremd»[245].

ERKENNTNISSE: Gefragt, welche Veränderungen an sich er den zehn Jahren des Aikidoübens zuschreiben würde, erwähnte ein Gesprächspartner «'ne gewisse Stabilität, vor allen Dingen Disziplin. Sachen, die ich lernen will, dann auch anzugehen, mich darum zu kümmern.»

Variationen haben eine anregende Wirkung

Mit dem Erlernen und Einüben der Grundschule kommt der Aikidoanfänger zu einer «basalen Integration»[246] des Materials, was Sicherheit gibt. Wie oben ebenfalls dargestellt, muss jedoch die Stufe höherer Erfahrungsintegration erreicht werden, um bleibendes Interesse und schöpferische Entfaltung zu ermöglichen. Für Aikido gilt wie für Bewegungsspiele: «Die Wiederholungen sind dabei durchaus keine monotonen mechanischen Abläufe, sondern durch zunehmende Übung leicht variiert, quantitativ durch größere Schnelligkeit und Flüssigkeit, qualitativ durch kreative Einsprengsel»[247].

So wird die Bewegung des Aikidoka zunehmend frei, nicht im Sinn von Ausdruckstanz, sondern frei im Sinn der Auswahl und Ausführung der Aikidotechniken, im Fluss mit Tempo und Rhythmus, angemessen zu Kraft, Größe, Gewicht, Geschwindigkeit des Angreifers, den sich zufällig ergebenden Abständen. Die spontane, flexible, autonome Reaktion ist das Ziel. Dafür entwickelt jeder Aikidoka sein Aikido in einem jahrzehntelangen Prozess: seine eigene Balance, seine Reichweite, seine Reaktionsfähigkeit und sein Tempo, seine Ökonomie der Atmung und der Kraft. Fortgeschrittenes Aikido enthält «intuitive, harmonische Variationen»[248].

ERKENNTNISSE: Eine meiner Gesprächspartnerinnen übertrug auf ihren Berufsalltag, was sie im Aikido lernte: «Nicht so nervös werden wegen irgendwelchen Sachen, sondern eher so nach und nach an Sachen 'rangehen und kommen lassen und damit arbeiten, vielleicht auch mit Sachen spielen.»

Man könnte sagen, vieles von dem, was einst dem kleinen Kind ins Leben hineingeholfen hat, hilft auch dem erwachsenen Menschen durch das Leben.

10.9 *Abzweigungen vom Weg und Umwege*

ERKENNTNISSE: Leider verlaufen Lebenswege und Aikidowege nicht so geradlinig, wie Schüler und Lehrende sich das wünschen mögen.

Aikido muss hinter beruflichen Zwängen zurückstehen

«Wenn ich wieder arbeite, dann würd' ich das wieder so einpacken, ich weiß dann auch, wo ich Prioritäten setzen muss, wenn ich Überstunden machen muss, dann muss ich die machen», stellt eine Gesprächspartnerin fest, und eine andere räumt ein: «Ich bin wenig auf Lehrgängen. Wenn schon mal einer in der Nähe ist, dann ja, aber ich kann nicht so weit fahren, weil ich durch die Arbeit unheimlich oft weg bin. Gerade fürs Examen, du brauchst einfach sieben bis acht Jahre, ne, und für die Lehrbefugnis brauchst du noch mal sieben. Ich lehre auch, da sind ganz viele Wochenenden schon weg, das sind schon zehn im Jahr, die weg sind, es ist fast wie 'ne Zweiteilung, da mach' ich so viel und da mach' ich viel, irgendwo reicht mir das.» Ein Mann hat erlebt: «Dadurch, dass ich die Berufsausbildung vor Jahren gemacht hab', also erst letztes Jahr fertiggestellt hab', hab' ich nicht sehr viel Aikido üben können so konkret», und eine Frau bedauert, dass sie «nie in eine ausgesprochene Stockstunde» gehen kann, weil es mit den Dienststunden nicht passt.

Außerdem möchten aktive Aikidoka Zeit mit ihren Partnern oder Partnerinnen verbringen oder sie müssen Zeit investieren, um Konflikte zu vermeiden. Sie können dadurch erheblich unter Druck geraten: «Wenn ich nicht hinkomme, fehlt mir was, aber ich hab' auch noch Privatleben, mein Freund sagt so manchmal: ‹Du bist ja überhaupt nicht mehr da›, das ist eine Zeitfrage.»

Darüber hinaus gibt es Momente und Situationen, die die Betreffenden selbst gar nicht mehr in der Hand haben, Lebenskrisen, die sich nur beiläufig auch auf ihr Engagement im Aikido auswirken.

Lebenskrise und Nicht-Ereignis

Krisen können Anstöße zur Weiterentwicklung liefern[249]. Wer noch auf Erfolg hofft, kann etwa seine Anstrengungen vermehren. Misserfolge und Enttäuschung können jedoch auch innere Anpassungen, also Modifikationen der Ziele, der Haltung, der Werte, notwendig machen. Kritische Momente im Aikido wären: sich zu einer Prüfung anmelden und durchfallen, sich auf die Prüfung zum ... Dan vorbereiten und nicht aufgerufen werden; wegen einer Krankheit oder Verletzung nicht wie gewohnt trainieren können. Die dabei erworbenen Erfahrungen und entwickelten Strategien können zum Vorbild für den Umgang mit Lebensenttäuschungen werden. «Nicht ein aktuelles Ereignis, sondern ein langwieriger Verarbeitungsprozess führt zu der Erkenntnis, dass angestrebte Lebensziele unerreichbar bleiben. Die Enttäuschung besteht in emotional belastenden Nicht-Ereignissen, nicht erfüllten Erwartungen und Lebensträumen». Nicht-Ereignisse «sind nicht datier- und lokalisierbar; Beginn und Ende sind nicht eindeutig festlegbar». Anders als Alltagskonflikte haben sie «existenzielle Bedeutung für die Betroffenen. Von kumulierten Konflikten, Misserfolgen und anderen Frustrationen unterscheiden sie sich dadurch, dass das Problem kognitiv explizit als Nicht-Ereignis (bzw. zunächst als Noch-Nicht-Ereignis) repräsentiert ist»[250]. Nirgendwo eingestellt oder nicht mehr befördert werden, keinen Heiratsantrag bekommen oder nicht schwanger werden fiele in diese Kategorie, während gekündigt oder verlassen zu werden eher eine Krise darstellt. Für beides gab es Beispiele im Leben meiner Interviewpartner: «Eine Beziehung ist mir damals vor zwei Jahren in die Brüche gegangen. Ich hatte die FHS-Reife, hab' acht Semester studiert. Dann kam der Einbruch mit der Freundin, dann war es auch ein finanzieller Einbruch, ein richtiges Tief. Auch eine Aikidopause», erinnerte sich ein Mann und ganz ähnlich auch eine Frau: «Also er hat sich von mir getrennt, wir waren fünf Jahre zusammen, ich habe mich ein halbes Jahr verkrochen, ich bin nicht mehr weggegangen eigentlich», und auch beruflich ist sie «im Moment raus».

All dies liegt nicht im Einflussbereich des oder der Lehrenden.

Selbstregulation in Krisen

Vielmehr sind es die Schüler selbst, die gefordert sind, sich selbst zu regulieren, wie etwa der auch eben zitierte männliche Interviewpartner: «Dann kam ein neuer Kurs, ein neuer Einstieg in das Aikido. Ab da hab' ich mir dann eine Zielsetzung aufgebaut. Mir gesagt: ‹Das Studium ist nicht so wichtig – und du kannst was in deinem Job – du hast einen Job – andere haben gar keinen› – trotzdem waren die Erfahrungen aus dem Studium auch für den Beruf nützlich. Ich mache jetzt gerade eine Aufbauausbildung. Vom Studium habe ich ziemlich viel anerkannt bekommen. Im März ist die Abschlussprüfung, ein kleines Ziel, aber doch etwas. Ich setze mir auch Ziele im Aikido, jeden Sommer hier, dann …, die näheren Lehrgänge halt, später dann auch mal andere, weiter weg.»

Halt in Krisen

Gruppenmitglieder reichen eine helfende Hand: «Zum Beispiel nach einer Scheidung, da kommen schon Zeiten, wo man mies drauf ist. So jemanden erst mitnehmen zum Trainieren, dann einen trinken gehen, ihn aufbauen, ‹komm, lass uns zusammen hingehen.›»

Gelingt diese Rückkehr, kann einer der regulierenden Effekte des Aikido – in diesem Fall, dass es in Krisensituationen Halt bietet – erfahren und genutzt werden: «Danach bin ich aber wieder gegangen, und das habe ich immer gemerkt, dass es mir dann jedes Mal wieder besser ging. Vor allem seit ich wieder viel zum Aikido gehe, merke ich, dass ich, wieder so zu mir selber finde, das hat mir auf jeden Fall geholfen.» Die kritische Phase ist noch nicht ausgestanden: Es «hilft mir auch immer noch, also über jedes dunkle Loch hinweg. Das ist schon so. Das ist wichtig» und die Gesprächspartnerin betont: «Es ist grade echt sehr wichtig für mich, dass ich da drei- bis viermal die Woche hingehen kann»; sie war es auch, die sich, wie eingangs erwähnt, fragte, ob die Lehrenden überhaupt wissen und wissen wollen, wie viel das Aikido ihr bedeutet. Auch eine andere Frau hat festgestellt: «Der intensive Sport hat mich durch diese Spannungen und Krisen der letzten Zeit durchgetragen. Es war auch privat viel Druck durch die berufliche Unsicherheit.»

Die Halt gebende Funktion von in erster Linie den Budo-Sparten und in zweiter Linie von Kampfsport zeigte sich daran, dass der Satz «Ich gehe eher seltener zum Training, wenn ich privat gerade nicht so glücklich bin» von Karateka, deutschen sowie französischen Aikidoka und den Iaidoka fast einhellig zurückgewiesen wurde: Also ganz im Gegenteil! Tänzer und Tänzerinnen stimmten dagegen zu einem Drittel zu. Sie sind zur Ausübung oft auf die eigene Partnerin, den eigenen Partner angewiesen; schließlich übten von den Befragten nur bei etwa 15 bis 25 % der Budoka beide Partner denselben Sport aus – aber bei den Tänzern 65 %. So fehlt ihnen die Möglichkeit, privaten Kummer mit etwas anderem, Wohltuendem auszugleichen.

Ich-Ideal und Realität

Ein langwieriger Verarbeitungsprozess findet vielleicht sogar in mehreren Dimensionen statt. Aikido zu üben erlaubt es zunächst einmal, sich selbst mit idealen Vorstellungen in Beziehung zu bringen, wie Weisheit oder Harmonie. Das tut schon einmal gut; man muss mit sich nicht unzufrieden sein, man ist ja auf dem richtigen Weg. Ein Gesprächspartner erinnert sich, dass er mit zweiundzwanzig perfekt werden wollte: «... und auch meinen Körper genau ausbalancieren».

Der seelischen Gesundheit kann es nun ebenfalls förderlich sein, überzogene Idealvorstellungen nach unten zu korrigieren. Dies geschieht zwangsläufig durch die konkrete körperliche Erfahrung mit den verschiedenen, mal spiegelnden, sich anpassenden, mal widerständigen, konfrontierenden Mittrainierenden; die ständig erfolgenden Abstimmungsleistungen im konkret-motorischen intersubjektiven Feld werden in späteren Kapiteln analysiert werden. Mein eben zitierter Gesprächspartner kam im Verlauf eines Jahrzehnts von seinen hochgesteckten Zielen zur Wahrnehmung der Wirklichkeit: «Aber ich merke einfach, dass ich noch schief bin, körperlich, vielleicht auch innerlich.» Er schildert sein Bemühen – «dass ich zwar daran arbeiten kann» – ebenso wie die allmähliche Einsicht in die Begrenztheit: «Aber so dies absolute Ziel, das gibt es nicht – mehr, oder daran glaube ich nicht mehr.» Letztendlich gewinnt er eine dauerhafte Zufriedenheit, nicht in ferner Zukunft, sondern im Hier und Jetzt: «Ich glaub' an die kleinen Schritte, und ich erkenn' die auch an mir.»

Abgesehen vom körperlichen Tun und menschlichen Begegnungen gibt der philosophische Hintergrund Orientierung und bei Bedarf Lebenssinn; ein Sinologe übersetzt sogar «Tao, bzw. Do, mit Sinn»[251]. Sinnfindung wird «als zentrale Komponente seelischer Gesundheit»[252] angesehen.

10.10 Abbrecher: ERKENNTNISSE

In meiner Studie hatten keine Drop-outs (so nennt man Abbrecher auf wissenschaftlich) befragt werden können, sondern nur zu diesem Zeitpunkt Aktive; doch auch deren Beobachtungen, Selbstreflexionen und Mutmaßungen über andere geben ein recht gutes Bild.

Teils mit Bedauern, teils auch ein wenig mit Stolz gefärbt stellen sie fest: «Was mich stutzig macht in der ganzen Zeit, wo ich das gemacht habe: Leute, die voll begeistert waren, vom ersten Tag an, dass die dann wiederum nach dem ersten oder zweiten Kurs abgesprungen sind. Das ist was Trauriges, was ich in den Jahren, die ich das jetzt gemacht hab, mitgekriegt hab'. Von jenen ersten Kursen ist kein Einziger mehr dabei, ich bin der Einzige, der von ‹Stock› übrig geblieben ist, pro Lehrgang, also pro Semester, ist höchstens einer mal hängen geblieben bis zum nächsten Semester», sagt ein Mann, und ein zweiter zählt ab: «Es sind sehr viele in der Zwischenzeit ausgestiegen, auch aus dieser ursprünglichen Gruppe: Da bin ich eigentlich der Einzige von denen Zwölfen, der übrig geblieben ist.» Eine Frau meint: «Was ich auch nicht so schön finde, ist, dass ich mit vielen Leuten angefangen habe und da ist kaum noch einer da. Viele, also als ich angefangen hab, also davon gibt's keine mehr. Da bin ich die Einzige, die das so weiterführt. Die Absprungquote ist ziemlich hoch, das finde ich schade. Bleiben nicht dabei. Dann kommen wieder jüngere, die haben dann jetzt auch den vierten Kyu, irgendwann den dritten, irgendwann machen sie dann den zweiten oder, ja, vielleicht geht man gemeinsam oder auch nicht, find ich schade.» Dann wird es auch schwer, Freundschaft zu schließen: «So der alte Club, die kennen das mit der Absprungquote, also die lassen sich kaum mehr ein» – oder selbst anzubieten: «Ich komm' das vierte Jahr hierher. Und es sind immer wieder viele alte und vertraute Gesichter, aber dann auch wieder ganz neue, die vor zwei Jahren nicht da waren, wo ich wette, die sind in zwei Jahren auch nicht mehr da.»

Es gibt unterschiedliche Gründe, das Handtuch zu werfen, je nachdem, wie lange bereits trainiert wurde.

Während des Reinschnupperns

Gleich zu Beginn kann Aikido natürlich auf grundsätzliche Abneigung stoßen: «Eine Freundin von mir, die kann es nicht verstehen: ‹Dann muss ich noch rollen, und mich fallen lassen›. Da tun sich viele schwer mit am Anfang.» Sogar auch Aikido kann als «abrupt» und «brutal» erlebt werden. Schmerzen und Missempfindungen, Kapitel 15 unten wird ausführlich auf sie eingehen, schrecken ab. Die hierarchische Struktur kann als «undemokratisch» abgelehnt, ein japanischer Meister als «autoritär» empfunden werden. Eine Entscheidung wird bald gefällt: «Wenn es mir unsympathisch wäre, hätte ich es gelassen.» An all dem kann der oder die Lehrende kaum etwas ändern. Schließlich macht man selbst ja Aikido, weil man es mag – und nicht etwas anderes.

Anfängerzeit

Die nächste große Hürde bildet die Komplexität der Bewegungen, was leicht überfordert und unmutig macht: «Am Anfang hat es mir nicht so gefallen, weil es doch ziemlich komplizierte Bewegungen waren. Bei uns war es am Anfang wirklich auch eine Quälerei, weil keiner eigentlich viel 'ne Ahnung hatte», erinnert sich ein Mann, und auch eine Frau weiß es noch: «Anfänger das ist ja ein einziges Gestolpere und Gestockele.» Eine zweite blickt zurück, «Aikido fand ich am Anfang sehr schwer. Die Bewegungskoordination ist völlig anders als beim Handball, es ist alles genau entgegengesetzt.» Sie hat auch Erfahrung damit, andere mit Aikido bekannt machen zu wollen und zu hören, woran es scheitert: «Oder sie probieren es mal aus. Aber dann: ‹Also, nee, ist mir zu schwer›. Eine Freundin von mir, die kann es nicht verstehen, die hat auch früher Handball gespielt, die kommt hier nicht mit klar. ‹Ist ja alles verkehrt 'rum!›»

Die körperlichen Schwierigkeiten können als Defizit und damit als narzisstische Kränkung erlebt werden. Kapitel 19 widmet sich den besonderen Schwierigkeiten erwachsener Anfänger und Kapitel 20 wird Überlegungen zu einem förderlichen Umgang mit ihnen anbieten.

Wenn es schon läuft

Der Einfluss der Peer-Beziehung wiegt schwer. Das englische Wort bezeichnet ebenbürtige, gleichrangige Personen, zwischen denen eben kein hierarchisches Gefälle besteht.

Oft haben Freunde, Bekannte oder Paare gemeinsam mit Aikido begonnen. «Ich sagte zu meiner Frau: ‹Wäre das was? – da geh'n wir hin!›», erinnert sich ein Mann; eine Frau hat beobachtet: «Also die kommen meistens zu zweit.» Oft kann man das Training mit einer bestimmten Person genießen, entweder vertraut und regelmäßig oder spontan entdeckt mit einem Fremden. «Dann gibt es auch Leute, mit denen ich übe, mit denen ich eine Beziehung aufgebaut habe. Wenn man sich gewöhnt hat an die, die kommen, und die einschätzen kann, dann hat man einen Rückhalt beim Trainieren», beschreibt ein Mann und eine Frau bestätigt: «Mir sind schon, also ein paar Leute, wo ich kenn', mit denen kann man gut machen, sind mir schon wichtig, wenn die da sind, und es ist dann schade, wenn von denen gar niemand im Training da ist.»

Den Satz «Ob eine bestimmte Person anwesend ist oder nicht, kann meine Freude an einer Trainingseinheit stark beeinflussen» bestätigten kaum Karateka; hingegen stimmten ein Drittel der Tänzer zu und sogar die Hälfte der Aikidoka.

Aus Vergnügen entsteht Fortschritt: «Dann sind da welche da, die sich aktiv verstärken und es motorisch auch gut drauf haben», beobachtet ein Mann; ebenso ein zweiter: «Bei uns gibt es viele, die auch ganz extrem viel trainieren. Von daher ist vielleicht auch so eine Gruppendynamik da, dass man so, dass die sich gegenseitig aufbauen.»

Als Kehrseite dieser Medaille fehlt dann allerdings auch solch ein bedeutsamer anderer, falls er aufhört: «Und irgendwann ist dann da immer einer dabei, der die Lust verliert ‹ah, das haut bei mir nicht so hin› und so, und der zieht dann den, der's wirklich gut kann, zieht den 'raus. Der hat dann auch kein Interesse mehr und springt dann auch ab.»

Auch diesem Phänomen gegenüber sind Unterrichtende machtlos.

Fortgeschrittenen-Phase

Trotz oder vielleicht gerade wegen eines anfänglich hohen Einsatzes kann es in einer Art Mittelphase zum Aus kommen: «Auch Leute, die jünger sind, zwanzig, fünfundzwanzig, die haben durchgezogen fünfter, vierter, dritter Kyu und jetzt ist Ende, dann sind sie weg. Weiß nicht, ob das stimmt, aber so nach dem dritten Kyu – als ob's da irgendwie abbricht.» Aufgrund ihrer eigenen Erfahrung («ich hab's ja bei mir so ganz ähnlich erlebt») nimmt diese Frau, die selbst zwischen dem dritten und dem zweiten Kyu steht (Schülergrade werden ja absteigend gezählt, erst Meistergrade dann aufsteigend), von anderen an: «Am Anfang vielleicht – wenn du nicht hingehst, da verpasst du viel. Dass deshalb die Leute das durchziehen. Du musst dran bleiben. Das haut anfangs rein. Und dann kommt so 'n Bruch, so nach dem dritten Kyu – als ob's da irgendwie abbricht.»

Fortgeschrittene Aikidoka – im Zusammenhang der Interviews bezeichnet das mittlere bis höhere Schülergrade – haben eigene Sorgen. Zuweilen kann sich ein Gefühl einstellen wie in einer Familie: Weil wieder ein ganz Kleines da ist, soll ein zwei- oder dreijähriges Kind schon groß sein und zurückstehen können. Frische Anfänger kommen und man soll sich ja immer wieder um sie kümmern, helfen, zeigen, erklären. Die eigene Bewegung müssen Fortgeschrittene dabei meist bremsen, sie müssen Rücksicht nehmen. Sie können sich dabei, wie hier zwei Frauen, ihrer Verpflichtung deutlich bewusst sein: «Klar, bei Anfängern, da muss man vorsichtig sein.» Dennoch können sie insgeheim Unmut verspüren: «Wenn ich dann in das Dojo komme und denke, oh so viel Neue, nee, hab' ich keine Lust. Und dann muss man vorsichtig sein.» Besonders bedauert wird das Fehlen qualifizierter Partner, wenn «so Sachen mit Werfen und Geworfenwerden kommen. Jemand, mit dem man das auch machen kann»; «oder mal wirklich, ja hart werfen. Wenn eben eine gemischte Gruppe ist, ist es so selten, dass man dann jemanden trifft, wenn das grad drankäme, mit dem man das auch machen kann, da würde ich mir eine extra Stunde wünschen, auch ein bissel mit mehr Power».

Vor allem der Langmut der Fortgeschrittenen wird hier auf die Probe gestellt. Doch können sie auch empfinden, doppelt zu kurz kommen, weil die Unterrichtsinhalte, also Angriffsformen und Abwehrtechniken, manchmal sehr lange auf die Anfänger zugeschnitten bleiben: «Dann komm ich nicht weiter mit meinem Training. Vierte und fünfte Form* wird zu wenig geübt, nur erste und zweite», moniert eine Aikidoka und eine weitere ist in einer ähnlichen Lage: «Was mir manchmal ein bissel abgeht, ist, dass auch mal fortgeschrittene Techniken kommen. Da würde ich mir eine Stunde wünschen, wo man solche Sachen auch bewusst trainieren kann.»

So wird verständlich, dass, wenn überhaupt, dann am ehesten Schüler um den dritten, zweiten oder ersten Kyu auch im Fragebogen-Teil «keine Lust» hatten, «während des Trainings zu jedem freundlich zu sein». Die meisten Dan-Graduierten aus der Studie waren da viel entspannter.

Auch die Beziehung zum Lehrerenden ist offenbar komplizierter geworden: «Wenn ich mich von meinem Lehrer nicht anerkannt fühle, verdirbt mir das den Spaß, und ich würde mir am liebsten einen anderen suchen» – dem stimmen mehr als die Hälfte derer zu, die drei bis fünf Jahre trainieren, anders als die, die kürzer üben, anders als die, die länger dabei sind. Sie sind besonders kränkbar.

---

* Zur besseren Vergleichbarkeit sind im Aikikai Deutschland die Angriffsformen für die jeweilige Prüfung festgelegt und ebenso die Techniken, mit denen sie beantwortet werden müssen. An anderer Stelle des Interviews wird deutlich, dass diese Interviewpartnerin die Prüfung zum 2. Kyu erwägt, deren Programm auf der 4. und 5. Angriffsform aufbaut, auf Mune-Dori und Shomen Uchi.

Schließlich verlangen sie auch besonders viel von sich: «Nur jemand, zu dem ich vollstes Vertrauen habe, darf mich an meine Schmerzgrenze bringen» – dies nahmen sowohl Anfänger von höchstens einem Jahr Trainingsdauer als auch Teilnehmer, die schon sechs Jahre und mehr übten, für sich in Anspruch, die Gruppen um zwei und vor allem die mit drei bis fünf Jahren Trainingsdauer dagegen kaum.

EMPFEHLUNGEN: Hier kommt viel zusammen: Einsteiger heißen wir willkommen, jeder kümmert sich um sie, es wird viel gelobt; wer sechs Jahre oder länger übt, hat bereits einen Dangrad erworben oder ist diesem Ziel nahe und erhält eben deshalb wiederum viel Aufmerksamkeit und Unterstützung. Zwischen drei bis fünf Jahren liegt dagegen eine mühevolle Zeit: Man hat eine Ahnung davon bekommen, was möglich wäre, man spürt, woran überall es fehlt. Als lehrende Person muss man folglich für die ganze Gruppe die Waage halten – die Kleinen nicht überfordern und zugleich den Großen in ihren Bedürfnissen gerecht werden. Ein Fehler ist es, die in der mittleren Phase befindlichen Schüler für Selbstläufer zu halten und zu vernachlässigen. Die technische Lösung kann in einer reinen Fortgeschrittenenstunde bestehen oder in regelmäßig, verlässlich eingeschobenen Sequenzen, in welchen Anfänger und Fortgeschrittene eine Zeitlang getrennt werden; von der Haltung her besteht die Lösung in einer gleichmäßig verteilten Aufmerksamkeit.

10.11 Der unendliche und der endliche Weg: Aikido und das Alter

Aikido ist reich und vielfältig; noch nach Jahrzehnten gibt es Neues zu entdecken, ganz abgesehen von immer neuen Momenten eigener Unvollkommenheit. Insofern ist der Weg unendlich. Endlich ist dagegen die Lebenszeit. Kann man nun Aikido als Lebensweg bis ins hohe Alter, bis zum Ende gehen?

«Das Alter» ist keine feste Größe

In prämodernen europäischen Gesellschaften konnte etwa für die Befugnis zu Rechtsgeschäften der Status innerhalb der Familie ein weit bedeutsamer Faktor sein als das chronologische Alter der Person, sodass beispielsweise ein Mann nicht heiraten durfte, solange sein Vater noch lebte[253]. Inzwischen wurden Reife, autonomes Handeln und soziale Macht an festgelegte Stufen gebunden: Kindheit, Erwachsensein und Alter; die mittlere Phase wurde klar abgegrenzt gegen die Jugend und gegen das Verfallen im Alter[254].

Im Auftreten und Erleben, Verhalten, Sprache und Gestik, Kleidung oder Hobbys werden nun in der Postmoderne diese scheinbar eindeutigen Stufen verwischt. In den westlichen Gesellschaften hat sich ein Lebensstil entwickelt, welcher suggeriert, dass jeder Mensch Vitalität, Energie, Optimismus, kurz alles Gute zu einer schier endlosen Jugend verlängern kann. Das Zauberwort heißt «Selbst-Erneuerung». Dem Alterungsprozess durch Fitness-Training, Diät und Körperpflege entgegenzuwirken, ständig Körper, Geschlechtsleben und Beziehungen zu revitalisieren, wird in den Medien zugleich als Mittel zum Zweck wie auch als an sich wertvolle und erfreuliche Aktivität präsentiert[255].

Das späte Alter, mit dem Negatives verbunden wird, gilt folglich als «Defizit, das möglichst lange aufgehalten werden soll»[256]. Sterben und Tod werden verdrängt, körperlicher und psychischer Abbau nicht thematisiert. Alter wird eher als eine Krankheit angesehen, die heilbar ist. «Die Fähigkeit des Menschen, die Endlichkeit seiner Existenz zu sehen und im Einklang mit dieser schmerzlichen Erkenntnis zu handeln, ist vielleicht seine größte psychische Errungenschaft». Doch oft geht «die scheinbare Hinnahme der Vergänglichkeit mit deren heimlicher Verleugnung Hand in Hand»[257].

Letztendlich muss man sich zwar «von der Vorstellung des Alters als einer klar definierten Lebensphase trennen», aber doch «über den Alterungsprozess im Allgemeinen sprechen und, spezifischer, über jene Zeit, in der die Kräfte nach einer Phase größter Vitalität allmählich nachzulassen beginnen»[258]. Alter ist nicht als Zustand, sondern als ein Veränderungen und Neuorientierungen beinhaltender Prozess zu sehen. Kompetent zu altern, ist dann durch eine «sinnvolle und individuell angemessene Bewältigung des Lebensalltags»[259] gekennzeichnet.

Alter, Sport und Bewegung

Im Leistungssport gelten Menschen hinwiederum besonders früh als alt. Ein Sportkommentator erwähnt «eine Athletin im fortgeschrittenen Alter von siebenundzwanzig Jahren»[260]. Ein Rundfunkbericht betrachtete 2004 die enttäuschenden Ergebnisse der deutschen Olympiamannschaft und führte als mögliche Ursache an, die leistungsstarken Sportler aus der ehemaligen DDR wären inzwischen Mitte dreißig und erreichten damit «die Altersgrenze – und die ist gnadenlos»[261]. Ein Mann, der «auch mit achtunddreißig Jahren ein wichtiger Spieler» ist, wird gar als «lebende Legende»[262] gehandelt. Wer sich hält, schreibt letztendlich Sportgeschichte wie der Fußballspieler «Meredith», der «noch mit 52 Jahren aufgestellt» wurde; «Borotra war mit 56 Jahren Tennisweltmeister»[263].

Tatsächlich können alte und sogar sehr alte Menschen noch erstaunliche körperliche Leistungen vollbringen, so ein 76-jähriger Turniertänzer, ein 77-jähriger Prellballspieler, der mit seinem Team an Turnieren teilnimmt, eine 79-Jährige, die wöchentlich im Vierer rudert, wenn sie nicht im Winter skiwandert, Abfahrt läuft oder im Sommer mit ihrem Ehemann durch Lappland wandert, eine 81-jährige Geräteturnerin, die 2006 «das siebte Mal in Folge Deutsche Seniorenmeisterin wurde – obwohl sie selbst in der obersten Altersklasse ab 75 Jahren ... zu den Betagteren gehört» oder ein 98-jähriger Artist, der «mit einer rasanten Seil- und Comedynummer verblüfft»[264].

Der zeitgenössische japanische Aikidomeister Tada gibt noch mit 80 Jahren höchst dynamische große Lehrgänge. Dabei demonstriert er im Rahmen der Aufwärmgymnastik auch, wie korrekt aus dem Stand hochzuspringen ist: Fersen ans Gesäß.

Während viele Menschen im Alter Probleme mit einfachsten Verrichtungen bekommen, erbringen andere also körperliche Höchstleistungen. Dies wirft Fragen auf wie die nach den Grenzen der Leistungsfähigkeit im Alter, nach Ausmaß und Ursachen eines Leistungsabfalls im Alter und nach dem Nutzen von Sport und Bewegung.

Auch von solchen besonderen Menschen abgesehen liegt bei Personen, die regelmäßig eine Sportart ausüben, «der minimale Leistungsabfall unabhängig von der Sportart bei prinzipiell gleichbleibenden optimalen Trainingsbedingungen etwa bei 0,5 % pro Jahr». Demnach kann tatsächlich «der Sportler 20 Jahre 40 bleiben»[265]. Der oft zitierte Altersabbau ist hingegen zum Großteil die Folge von Inaktivität und falschen Ernährungsgewohnheiten. Jedenfalls mindert angemessene körperliche Aktivität die Risikofaktoren für Herz-Kreislauferkrankungen wie Herzinsuffizienz, hohen Blutdruck, Herzinfarkt, Schlaganfall usw. sowie Bewegungsmangel assoziierte Erkrankungen wie Adipositas, Diabetes mellitus im Alter, Osteoporose, Arthrose oder rheumatische Erkrankungen und fördert die Vitalkapazität allgemein[266].

Für Ältere geeignete Sportarten bzw. Bewegungsformen

Verschiedene Sportwissenschaftler kommen zu ähnlichen Schlüssen darüber, was für ältere Menschen notwendig und förderlich ist. Praktisch alles außer Spielen und Musik trifft auf Aikido zu: Regelmäßige Ausübung; Vielfältigkeit innerhalb eines Bewegungsangebotes; Erhalt von Muskelmasse; Kondition; Beweglichkeit; Reaktionsfähigkeit; Geschicklichkeit; Auge-Hand-Koordination; Gesamtkörperkoordination.

Ebenso wichtig ist die mentale Beanspruchung; das Lernen von Schrittfolgen, das Abstimmen auf einen Partner – beides ist Gehirntraining. Körpererfahrung und Entspannung fördern die «Sensibilität gegenüber den psycho-physischen Abläufen im eigenen Körper» sowie ein Sicheinlassen auf das Innere und die Signale des Körpers[267]. Überforderung ist zu vermeiden; es geht vielmehr darum, «sich an seiner persönlichen Leistung erfreuen und sich leistungsfähig fühlen»[268].

Aikido und Alter

Die Vielfältigkeit des Aikido stellt älteren Menschen vieles von dem eben genannten zur Verfügung sowie ganz Eigenes.

Körperliche Dimension: Aikido bietet ein Bewegungsangebot mit abstufbarer Schwierigkeit. Unkonventionelle Bewegungsreize, also Haltungen und Abläufe, die im Alltag sonst nicht so vorkommen, wirken günstig auf Reorganisationsprozesse im Gehirn und somit auch auf Gedächtnisleistungen, denn alles Neue, Andere, verlangt Lernprozesse und führt zu zusätzlichen neuronalen Vernetzungen. Dadurch können auch Ausfälle kompensiert werden; vermutlich wird sogar der Beginn einer Demenz durch Bewegung verlangsamt[269]. Einer Verarmung der moto-neuronalen Muster wird entgegengesteuert, denn an der Verringerung der Reaktionszeit, an erhöhter Aufmerksamkeit und Konzentration sowohl auf den eigenen Körper als auch auf die Umgebung sowie an motorischen und koordinativen Aufgaben wird im Aikido regelmäßig gearbeitet. Die im Aikido geübten Kombinationen aus Angriff, Abwehr-, möglicherweise sogar Gegentechnik sind einerseits in sich sinnvoll, was die Motivation dauerhaft stützt, und andererseits sind sie fast endlos variabel, was eine ständige mentale Herausforderung bedeutet. Eine Überforderung ist natürlich wie in allen Sportarten möglich, aber Aikidoübende können, wenn sie auf ihren Körper hören, ohne Leistungsdruck das Ausmaß einer Dehnung, das Tempo einer Bewegung immer wieder individuell dosieren.

Zwischenmenschliche Dimension: Anders als in vielen Sportarten trainieren Aikidoka nicht getrennt nach Altersklassen; damit bedeutet die Einbindung in eine mehrere Generationen umfassende Gruppe an sich bereits einen psychosozialen Gewinn, wirkt einer möglichen Isolation Älterer entgegen[270]. Im Aikido werden zwar keine Gruppenspiele angeboten, auch nicht zum Aufwärmen; Randori, auch Tanin-Waza genannt (ein Übender wird von mehreren Partnern im fließenden Wechsel angegriffen) macht nur einen kleinen Teil des Trainings aus. Das Training im Rahmen der Gruppe ist dennoch bedeutsam; Kapitel 18 unten wird darauf eingehen. Das Partnertraining mit teilweise engem Kontakt und stetem Wechsel erfordert körperliche und soziale Abstimmung; es entwickelt Flexibilität und Empathie.

Innerseelische Dimension: Auch im Älterwerden besteht «das elementare Bedürfnis, das Selbst zu behaupten, aufrechtzuerhalten und ihm Ausdruck zu verleihen»[271]. Immer wieder sind hierzu andere nötig: «Das Selbst bedarf der Objekte* bei seiner Konstituierung und zur Befriedigung seiner Bedürfnisse»[272], wobei es möglich und gesund ist, «konkrete Selbstobjekte, also Personen, zunehmend durch abstrakte und symbolische Selbstobjekte» zu ergänzen; dies erlaubt «verlässlichere und weniger enttäuschungsanfällige idealisierende Selbstobjekt-Erfahrungen»[273]. In diesem Verständnis sind andere Menschen, Familienangehörige, Partner, aber auch Lehrer und Gruppenmitglieder konkrete Selbstobjekte; das Aikido ist ein abstraktes. Das Insgesamt des Aikido stellt beide Optionen zur Verfügung.

Die kulturelle Alternative: eine aussöhnende Sicht des Alterns. In der westlichen Welt werden, anders als im asiatischen Kulturraum, die im Alter zu erwartenden körperlichen Einschränkungen nicht aufgewogen durch eine Erhöhung des sozialen Wertes. Entsprechend der westlichen Ratio wird man ja erst nach dem Durchlaufen von Entwicklungsstufen, nach Erwerb von Körperbeherrschung und sozialen Ausdrucksmöglichkeiten als vollgültiges Mitglied der Gesellschaft angesehen. Verliert man nun geistige und sonstige Fähigkeiten, droht die Gefahr, abgelehnt, beispielsweise nicht mehr angestellt zu werden, nicht mehr als vollwertiger Mensch zu gelten. Verliert man gar seine Kontrolle über körperliche Funktionen, folgen Stigmatisierung und letztendlich der Ausschluss aus der Gesellschaft[274].

Eine auf Amae, einem grundlegenden Konzept, dem sich Kapitel 13 widmen wird, fußende Gesellschaft muss hingegen die im fortgeschrittenen Lebensalter wahrscheinlichen Verluste an Körperbeherrschung oder intellektuellen Fähigkeiten nicht verleugnen, denn sie begegnet, wie wir dort sehen werden, bereits Kindern mit Respekt. Der sechzigste Geburtstag gilt in Japan als ein besonderer, weil dann die betreffende Person zwölf (die Anzahl der Tierkreiszeichen) mal fünf (die Anzahl der Elemente: Feuer, Wasser, Erde, Metall und Holz[275], bzw. im Buddhismus Feuer, Wasser, Erde, Wind und Himmel[276]) Jahre

---

* Diese Begriffe wurden am Ende von Kapitel 4 erklärt.

gelebt, also einen vollendeten Lebenszyklus durchlaufen hat. Sie beginnt wieder von vorne, ist quasi ein Neugeborenes. Die strengen Benimm-Maßstäbe, die für Erwachsene gelten, werden gelockert ... man kann sich freier bewegen, auch mal Unsinn reden ... Symbolisch wird zur Feier «*Honke-gaeri*, also Vollendung des sechzigjährigen Zyklus, Fest der zweiten Kindheit»[277], der oder die Betreffende in rote Babykleidung gehüllt. Solche Gewänder werden dort in Kaufhäusern angeboten wie andere Festgewänder auch, etwa wie bei uns Hochzeits- oder Kommunions-Bekleidung. Im japanischen Fernsehen sah ich 2008, dass Hundertjährige dann in den entsprechenden Mützchen und Jäckchen in Goldfarbe gefeiert werden. In dieser Tradition kann es übrigens vorkommen, dass ein japanischer Meister einem Schüler, der dem nächsthöheren Grad schon nahe ist, ihm diesen zum 60. Geburtstag, ein wenig vorgezogen, schenkt.

Das für Aikido bedeutsame Amae-Konzept und die darin fußenden Vorstellungen über Gruppen (Kapitel 18) führen dazu, dass auch im Rahmen der kraftvollen, temporeichen, dynamischen Bewegungsform Aikido, falls nötig, Nachsicht geübt wird: «Da war ein Kurs mit drei Teilnehmern über siebzig! Die haben den Kurs auch durchgehalten! Wir haben natürlich etwas ruhiger gemacht.»

Philosophisch-spirituelle Dimension: Um erfolgreich zu altern, bedarf eine Person der Kompensation von normalerweise eintretenden Verlusten[278]. Vielen Aikidobewegungen und -situationen kann nun sowohl eine praktische, technische als auch eine metaphorische Bedeutung, ein übertragener Sinn zugeschrieben werden; die Trauer über das Schwinden körperlicher Fähigkeiten kann ausbalanciert werden.

Gerade angesichts dessen, dass die Tabuisierung des Alters und des Alterns im Westen zwei Komponenten hat, zum einen die Beschämung bei Verfall, zum anderen die Angst vor dem Tod selbst, können in die Budophilosophie eingeflossene Elemente des Buddhismus im Rahmen der körperlichen Betätigung das Geistige stützen. Ein über 50-jähriger Interviewpartner, in seiner Jugend recht fit («Sportabitur mit eins, später Judo»), hatte im Aikido bislang keinen Schülergrad erworben, obwohl er seit dreieinhalb Jahren trainierte. Er kann sich nun hierauf berufen: «Außerdem sind es ja alles nur Übungen, eigentlich ist es ja kein Sport, sondern mehr eine Philosophie für den Leib.»

Mit dem Erlernen des Aikido kann noch spät begonnen werden

Studien belegen, dass auch mit zunehmendem Alter Trainingseffekte und ein Zuwachs an Leistung in verschiedenen körperlichen Bereichen möglich sind, auch wenn diese nicht immer mit dem jüngerer Personen gleichgesetzt werden können. Es ist sogar «bei Einhaltung einiger Grundregeln und angemessener Belastungsdosierung ohne weiteres auch noch jenseits des 60. Lebensjahres» möglich, «ein sportliches Training unter fachlicher Anleitung mit Erfolg» aufzunehmen[279]. Auch das Erlernen des Aikido ist mit über vierzig, über fünfzig Jahren noch möglich; Graduierungen können durchaus angestrebt werden[280].

Nicht ohne Stolz erwähnt ein Teilnehmer meiner Studie die Voraussetzungen: «Wenn man es mit 45, 47 noch anfangen kann, muss man doch schon recht gut drauf sein.» Was ihn dennoch beschäftigte, war das Befremden seines sozialen Umfelds: «Die fragen sich halt auch, wie man ab 50 noch so was machen kann.» Er beschloss: «Ich hab's nicht so groß rumerzählt, weil ich nicht wusste, ob ich das überhaupt weitermache, mir schien da so ein gewisses Schweigegebot zunächst mal sinnvoll zu sein, um zunächst mal zu sehen, wie sich das bei mir auswirkt.»

Solche Bedenken können sich lange halten; ein Dan-Anwärter berichtet: «Ich ... stellte mir das Schauspiel vor, das ein Mensch meines Alters ... bieten mußte, der sich bis an seine Grenzen mit Männern und Frauen maß, von denen die meisten seine Kinder sein konnten ... verrückt ... Ein Initiationsritus, und das im Alter von 52 Jahren!»[281]

Eine von mir Interviewte sagte bestimmt: «Aikido kannst du auch mit 50 anfangen. Wird zwar schwerer, gut.» Eine Anfängerin von Mitte 40 wirft allerdings die Frage nach dem Entwicklungspotenzial, der motorischen Lernfähigkeit auf: «Ich merke halt schon die altersabhängigen Schwierigkeiten, sehen, beobachten ist eins – umsetzen was ganz anderes. Da gibt es merkwürdige Schwellen und Hemmungen. Manches geht sofort rein. Manches nach einigen Malen, ist dann aber später wieder weg, und Bestimmtes überhaupt nicht. Kann man vielleicht mal untersuchen, woran das liegt – dass man dies nicht übernehmen kann.» Eine andere Frau, damals Ende dreißig, stellt in mutlosen Momenten fest: «Macht keinen Spaß mehr und es ändert sich sowieso nichts, ich komm' nicht mehr weiter, ich bin zu alt; wenn ich es eher kennengelernt hätte, oder ich hätte eher diesen Schritt, dann hätte ich es auch früher begonnen, dann hätte ich schon früher das Handball sausen lassen. Ich fühle mich schon etwas älter. Wenn ich so gucke, wie schnell andere vorankommen, die zwanzig sind, Richtung Prüfung, Richtung Bewegung, ich muss mir das mühsam anlernen, das ist ein Unterschied, ob du mit 25 oder mit 20 anfängst, ob du mit 32 anfängst.»

Alter im Körper, Alter im Kopf und Aikido (weitere ERKENNTNISSE)

So etwas wie Scheu thematisierten zwei Personen. Die eine dachte an ihren Freund: «Ich weiß, dass es ihn reizt, aber ich glaube, er traut sich nicht. Er ist 42, denkt, es lohnt sich nicht mehr, anzufangen»; die andere berichtet über sich selbst: «Anfangs dachte ich, bin 43 – viel zu steif.» Dieser Frau genügte es zum Einstieg, freundliche Unterstützung zu bekommen: «Aber es hieß: ‹guck doch mal!›» Zweifel können immer wieder kommen, allgemeine: «Und dann frag' ich mich auch, warum ich mir das Anfang fünfzig überhaupt noch zumute» oder bezogen auf den nächsten Schritt: «Ich bin 37. Das ist so halt, ich weiß nicht, ich hab da zwei Jahre den dritten Kyu – irgendwann mal die nächste Prüfung. Ich trau' mir das nicht zu, ich denk' ich hab' keine Kondition, ich denk' – ich schaff' das nicht.»

Wie wir oben gesehen haben, ist jedoch eine objektivierbare Leistung für einen Do sowieso nicht ausschlaggebend, was eine andere, ältere Interviewpartnerin erleichtert vermerkt: «Es ist mir nach meiner ersten Prüfung gesagt worden, dass ich noch unsicher in der Bewegung bin, dass es aber auch sowas wie einen ‹Altersbonus› gibt. Das hat mir gut getan, mitzukriegen, dass da genau geguckt wird. Gerecht, Vertrauen in das System, Auftrieb-Motivation.»

EMPFEHLUNGEN: Freundliche Unterstützung durch andere, auch durch Übungslei-ter, ist schon deshalb immer wieder hilfreich, weil bestimmte Hemmnisse eher auf einer psychischen Selbstbeschränkung basieren als auf einer körperlichen Einschränkung: Auf-seiten des Übungsleiters bedarf es allerdings immer wieder besonderer Achtsamkeit. Allzu eifrige ältere Anfänger müssen zuweilen vor sich selbst beschützt werden, müssen etwa die Fallschule langsam angehen oder auch sich Pausen zugestehen. Andere dagegen brauchen besondere Ermutigung, in, wenn auch noch so kleinen, Schritten doch immer wieder ihre Grenzen zu erweitern. Die oft jahrzehntealten, im wahrsten Sinn des Wortes eingefleisch-ten und verknöcherten Fehlhaltungen müssen, im Körperlichen behutsam und im Psy-chischen ohne zu kränken, geduldig korrigiert werden. Achtsamkeit und Respekt sind von-nöten. Das bedeutet schon für Fortgeschrittene, die etwa auf einem Lehrgang auf einen ih-nen unbekannten Anfänger mit grauem Haar und weißem Gürtel treffen, dass sie ihn bes-ser fragen sollten, ob er schon fallen könne, statt ihn einfach zu werfen ... Eine 50-jährige Anfängerin erzählte mir, sie habe sich vor dem Vorwärtsrollen gefürchtet und ihr wurde bloß gesagt: «Dann geh halt nach Hause, stricken!» Sowas tut mir weh ...

Aikido kann sehr lange ausgeübt werden

Auch im Vergleich mit anderen Budostilen gilt das Aikido als für ältere Menschen geeig-net[282]. Aikido kann in einer Zeit der Bewegungsmangelkrankheiten als Lifetime Sportart genutzt werden[283]. Das bedeutet, dass jemand, der Aikido einmal erlernt hat, es auch bis in sein hohes Alter praktizieren kann – womit ein Lebensalter von 70, 80 Jahren und mehr gemeint ist.

Dies war durchaus auch schon für jüngere Teilnehmer meiner Studie ein Kriterium dabei, sich für Aikido zu entscheiden. Weil im Aikido nicht nach Altersklassen getrennt ge-übt wird, werden entsprechende Hoffnungen bestärkt durch die konkrete Erfahrung im gemeinsamen Training mit deutlich älteren Personen: «Und vor allem auch eine Sportart zu finden, die du auch noch machen kannst, wenn du 60 bist. Das finde ich auch wichtig. Mit dem Aikido, das sehe ich ja auch, das geht auf jeden Fall», sagte mir eine Interviewpart-nerin, und eine andere stellte erfreut fest: «Gerade hier habe ich gesehen, es gibt noch mehr ältere Leute. Hoffentlich kann ich noch länger dabeibleiben.»

Zudem nützen jedem älteren Sportler die Gewohnheit der Regelmäßigkeit, der Disziplin und die mentalen Kompetenzen[284]. Beispielsweise können reifere Menschen sich selbst aus einem Leistungs- bzw. Stimmungstief herausholen, sich etwa selbst motivieren durch ei-nen Rückgriff auf bisherige Erfahrungen, sogar durch Re-Intensivierung des Trainings: «Deswegen habe ich gedacht, ich fahr' mal zu einem mehrtägigen Lehrgang, das gibt auch Auftrieb, und so ist's auch.» Es bedeutet auch, sich selbst zu akzeptieren und sich im Be-darfsfall selbst zu trösten: «Schließlich kann jeder ja eh' nur bis zu dem Grad, wie er kann, und wie die Tagesform ist.»

Dazu kommt die Eigentümlichkeit des Aikido. Schüler werden im Training stets angehal-ten, die Techniken weniger und weniger mit bloßer Körperkraft auszuüben und stattdessen mehr und mehr ihre Atemkraft, Kokyu, zu entwickeln. «Wird eine Aikido-Technik mit Kokyu durchgeführt, bleibt der Kraftaufwand auf ein Minimum beschränkt ... Durch Kokyu ist es möglich, Aikido bis ins hohe Alter zu üben»[285]. Unterstützt wird dies natürlich durch die ausgereifte Technik des erfahrenen Aikidoka. «Ich arbeite nicht mit Kraft. Ich bin entspannt. Aber ich stehe eben (und damit meint er, nach der Eingangsbewegung, nach dem Eintreten, s. u., Kapitel 16) dort, wo der Partner fallen muss. Deshalb kann ich lange, also bis ins hohe Alter, Aikido machen»[286]. Ein ehemaliger Schüler berichtet, dass Ueshiba, damals ein Mittachtziger, «ein starker kraftvoller Mann, vital und witzig» gewesen war und täglich lehrte[287]. Schließlich «übte sich Meister Morihei Ueshiba bis kurz vor seinem Tod – er starb im Alter von 85 Jahren – täglich in seiner Kunst»[288] und letztendlich gilt: «Aikido wächst –, auch wenn wir körperlich schon abfallen»[289].

Abb. 6: Gerhard Keller demonstriert eine Vor-übung für das freie Fallen. Entnommen: *Aikido* (Fachorgan des Aikikai Deutschland) 2/1999, S. 21.

Abb. 7: Gerhard Keller wirft einen Schüler. Entnommen: *Aikido* (Fachorgan des Aikikai Deutschland) 2/1999 (Titelseite). G. Keller unterrichtete noch mit über achtzig Jahren und bereits erblindet.

Mehr zu jüngeren und älteren, aber nicht unbedingt alten, Teilnehmern an der Studie (weitere ERKENNTNISSE)

Die Fragebogenaktion hatte einige Unterschiede zwischen Personen verschiedenen Alters erbracht. Dies bedarf jedoch einer Erklärung vorab. Eine Arbeit mit Interviews, aus denen hier die wörtlichen Zitate stammen, bezeichnet man als qualitative Forschung; dabei geht es um Einzelfälle. Eine statistische Untersuchung benötigt dagegen immer eine Quantität, Menge, Anzahl – in unserem Fall von Personen, die Aikido betreiben – um rechnerisch sauber zu sein; solche Forschung heißt deshalb «quantitativ». Auch wenn es uns noch so sehr interessieren würde, wie sich etwa über 60-Jährige von unter 20-Jährigen bezüglich einer Einstellungsfrage unterscheiden – solange auf jede dieser beiden Altersgruppen vielleicht nicht mal 5 % der Teilnehmer kamen, und so war es hier, geht es eben nicht.

Notgedrungen musste ich eine Einteilung wählen, in der jede Gruppe genügend groß war und entschied mich für lediglich zwei Gruppen: Bis 35 Jahre sowie 36 Jahre und älter. Von den Teilnehmern meiner Studie fanden sich die meisten Jüngeren in der (Hochschulsport-)Gruppe Karate, die meisten Älteren bei den Standardtänzern. Bei den drei übrigen gab es etwa 70 bis 80 % hier sogenannte Jüngere und entsprechend 30 bis 20 % hier sogenannte Ältere. Es gibt durchaus öfter nur zwei Gruppen: Männer und Frauen, Ledige und Verheiratete; die Rechenvorgänge sind etwas andere, wenn es nur zwei Gruppen zu vergleichen gilt, aber das ist für hier nicht wichtig. Die Trainingsdauer in Jahren, die Graduierungsstufen und die Trainingsfrequenz ließen sich genauer aufschlüsseln.

Bis 35-Jährige und über 36-Jährige miteinander zu vergleichen, ist sowieso sinnvoll unter der Perspektive, dass, wie dargestellt, insbesondere im Leistungssport Menschen ab Mitte dreißig als älter, sogar alt angesehen werden. Das macht neugierig darauf, wie es diesen im Aikido geht. Festzuhalten ist: Die älteren Aikidoka wollen es im Training nicht schleifen lassen; mit bald 40 % wünschen sie sich dreimal so oft wie die jüngeren, dass der Lehrer «streng genug» ist, weil sie «sonst übermütig werden und nichts lernen».

Ältere stimmten (mit 72 zu 39 %) häufiger als Jüngere dem Satz zu: «Wenn mir ein Haltegriff (wie Nikyo oder Yonkyo) weh tut, hilft mir das, noch gelassener zu werden.» Das heißt, sie sind bereit und fähig, auftretenden Schmerzen ein kognitives Reframing zu geben, einen günstigen gedanklichen Rahmen.

Dass Ältere noch einmal wesentlich häufiger als Jüngere Aikido auch zur «Körperselbsterfahrung» betreiben, wurde schon erwähnt. Das verweist weiter als nur auf ein Sich-Wohlfühlen-Wollen, sondern auf die wachsende Kompetenz darin, Körpersignale nicht zu übergehen, sondern auch in dieser Dimension wahrzunehmen, was wirklich ist. Im Aikido können Leistungsbereitschaft und Körperwahrnehmung parallel entwickelt werden.

II – Ai: der zentrale, bestimmende, dem Aikido namensgebende Begriff: Harmonie, Frieden, Liebe

– Bedeutungen im japanischen Verständnis – Bedeutungen für die Trainingspartner –
Ai als Haltung der Lehrenden –

Ai ist ein wirklich großes Wort. Das folgende Kapitel wird etwas von all dem zeigen, was in Ai enthalten ist, wie man dies vermitteln kann und wie die Übenden etwas davon erfahren.

II.1 Die ganze Welt der guten Absichten

Das Schriftzeichen (*kanji*) «Ai 合» in «Aikido» erlaubt verschiedene Auslegungen, zumal verschiedene Kanji so ausgesprochen werden. Lehrende können deshalb auswählen, was sie im Augenblick gerade betonen möchten. Meistens wird Harmonie (*ai* 合) genannt, zuweilen Frieden und immer wieder auch Liebe (*ai* 愛).

Bereits der harmonische Eindruck, den die Aikidobewegung macht, ist augenfällig. Dann kann es ganz allgemein um das Bemühen gehen, mit dem Partner zu einem gemeinsamen Tun zu finden, oder aber speziell um den technischen Aspekt der Harmonisierung der eigenen Energie mit der des Gegners, Übungspartners (Ai Ki, Ki Musubi). Ferner kann der Anspruch des Aikido, Konflikte harmonisch, friedlich auflösen zu können, im Vordergrund stehen.

O-Sensei Ueshiba selbst hat während seiner Unterweisung von Liebe gesprochen. Liebe macht die besondere Qualität der Kampfkunst Aikido aus. Angesichts der Würfe und Hebel kann das verblüffen, und im Freundeskreis wird auch schon mal geschmunzelt. «O-Sensei hat gesagt: ‹Aikido ist Liebe›», erinnert sich Meister Asai, und er bestätigt, wie «schwer das zu erklären ist angesichts der Schmerzen. Es geht darum, sich miteinander harmonisch zu bewegen.»[290] Auch Meister Noro entsinnt sich: «Aiki» sei im Wesentlichen «Liebe», habe der Begründer stets betont; für ihn selbst sei «Liebe» letztendlich identisch mit jeder «Manifestation der Lebensenergie»[291].

Die japanische Auffassung des Wortes Ai als Liebe geht ein in das Beziehungsangebot, das ein japanischer Meister uns macht – mehr dazu im nächsten Kapitel – und das wir wiederum den Schülern machen, wenn wir ihnen etwas von dem weitergeben, was wir bekommen haben.

ERKENNTNISSE: Die Schüler können spüren, wenn dies gelingt: «Dass O-Sensei Ueshiba bei seinem Aikidounterricht von Liebe gesprochen haben soll, merkt man irgendwie heute noch» – diesem Satz stimmten 80 % der deutschen Aikidoka zu, Ledige wie Verheiratete gleichermaßen. Dies bekräftigt, dass hier etwas von den meisten geschätzt wird, nicht etwa vielleicht nur von Personen, die ein emotionales Vakuum in ihrem Leben haben, eine Lücke, eine romantische Sehnsucht, und die deshalb schwärmerische Gefühle an ein Hobby heften. Ebenso wenig unterschieden sich Männer und Frauen, ältere und jüngere Teilnehmer, solche, die erst kurz und solche, die schon lange Aikido üben. Dieses Atmosphärische ist unmittelbar verbunden mit der Motivation, Aikido zu üben: Diejenigen Aikidoka, die drei Mal und öfter pro Woche trainierten, stimmten dieser Feststellung noch häufiger zu als diejenigen, die einmal oder die zwei- bis höchstens dreimal pro Woche kommen; dies ist dann wieder einer der seltenen, daher besonders bedeutsamen Unterschiede.

O-Sensei Ueshiba hat also etwas in die Welt gebracht, was die Herzen der Menschen erreicht. Es ist nun an uns Aikidoka, dies immer wieder von Neuem weiterzugeben. Nur zu einem kleinen Teil, indem wir darüber sprechen (oder schreiben ...), sondern indem wir mit eben dieser Qualität unterrichten, vorführen und immer wieder mit jedem Einzelnen so üben.

Der Begriff Ai steht im Zentrum eines weiten Gewebes von Bedeutungen:

DAS BEDEUTUNGSGEWEBE UM AI

Die gegenseitige Durchdringung der philosophischen, ethischen, gesellschaftlichen, körperlichen und seelischen Aspekte

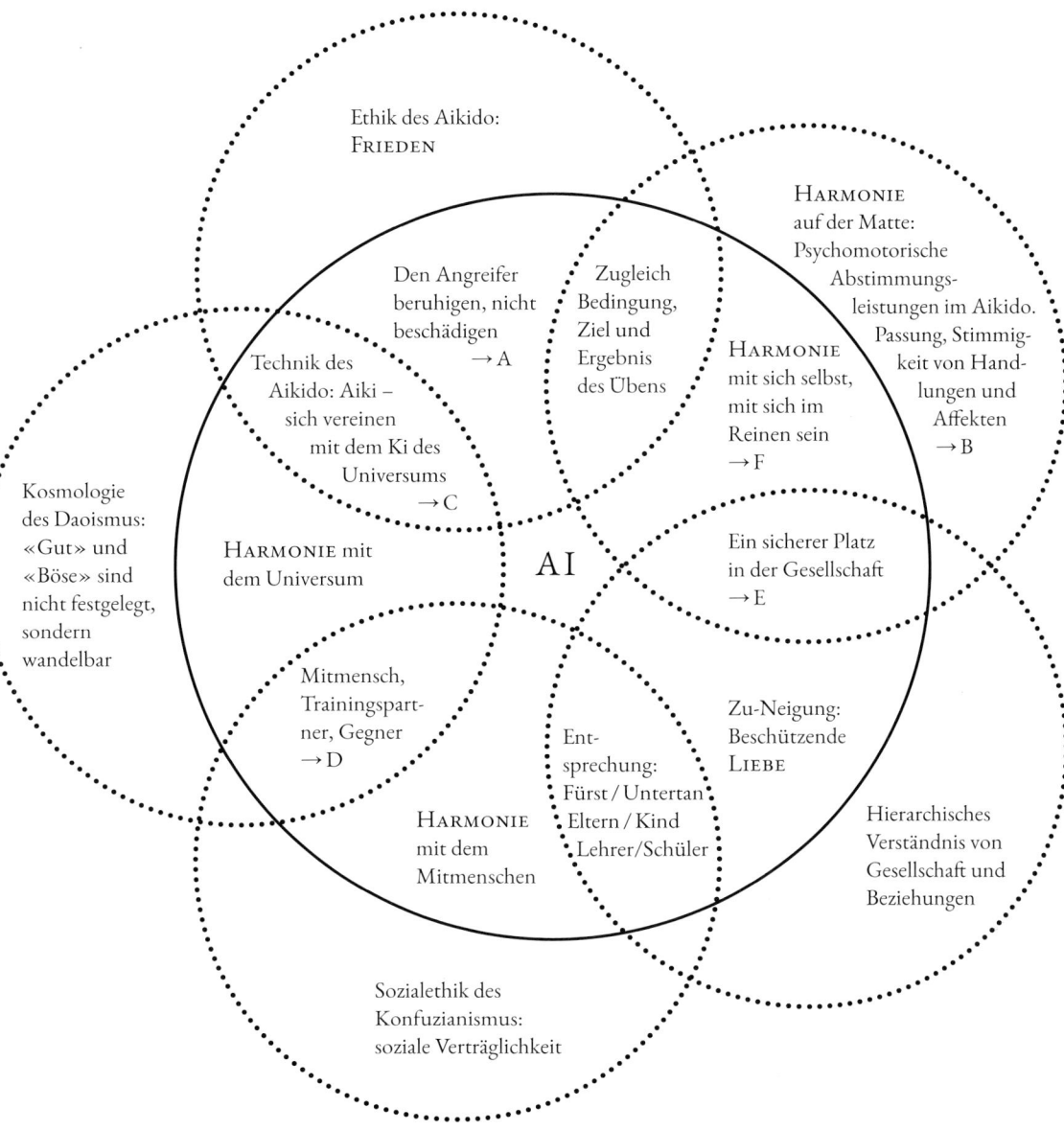

A) Die Ordnung, das Gleichgewicht wiederherstellen.

B) Auf der Ebene der Körpermikropraktiken den anderen als Mitmenschen anerkennen.

C) Ki musubi: Vereinigung mit dem Ki des anderen.

D) Alle repräsentieren das Universum. Ziel ist nicht beherrschen, sondern Verbundenheit.

E) Feste Rollen im selben Kontext, Rollenwechsel nur bei Kontextwechsel.

F) Agieren ohne Angst, Wut, Wahrnehmungsverzerrungen.

Soziale Harmonie

Mit der in der japanischen Kultur verwurzelten Bewegung des Aikido verquickt erreichen uns – zumindest als ein Angebot – weitere Elemente der japanischen Kultur. Diese können vom westlichen Land in einem geringen oder einem breiten Ausmaß aufgenommen werden. Vergleichsweise stärker als US-amerikanische betonen japanische Aikidolehrer die Bedeutung sozialer Harmonie, was sich ganz praktisch zeigt in der Beteiligung aller am gemeinsamen Säubern des Dojo nach dem Training[292]. Doch auch die technische Auffassung der Aikidobewegung lässt sich direkt aus solchen sozio-kulturell verwurzelten Einstellungen ableiten.

Biegsamkeit, Nachgiebigkeit als Haltung wird prinzipiell bevorzugt

Der zugrunde liegende Wert wird vermittelt, indem japanische Aikidolehrer den Einzelnen oder die Einzelne dazu anhalten, sich der gegebenen Situation anzupassen – mit den in den Umständen wirksamen Kräften zu verschmelzen – statt zu versuchen, die Situation den eigenen Wünschen anzupassen[293]. Der für das Aikido zentrale Begriff Verschmelzen wird in einem der nächsten Kapitel in seinen gefühlsmäßigen Qualitäten und später technikbezogen betrachtet werden.

Die Bambusweisheit ist das Sinnbild

Eine die gesamte japanische Gesellschaft durchdringende Haltung, die «Bambusweisheit», wurde von den «während vieler Generationen gemachten Erfahrungen mit … Taifunen … Vulkanausbrüchen … Erdbeben- und Seebebenwellen»[294] geformt. Diesen zu widerstehen ist unmöglich; aber vielleicht sind sie durch Zähigkeit zu besiegen. Der dem Gras verwandte Bambus übersteht, anders als starre Bäume, unversehrt den stärksten Taifun. Japaner bemühen sich, «biegsam und zäh zu sein … wie Bambus im Sturm», was eben bedeutet, «sich unter dem Ansturm einer Gefahr zu neigen»[295]. «Die Bambusweisheit ist ein tragendes Element im japanischen Leben. Sie prägt den Umgang der Menschen miteinander. Überall, wo Menschen aufeinandertreffen – sei es nur für einen kurzen Augenblick im Leben oder für viele Jahre –, ergeben sich naturgemäß Spannungen». Diese sind allein durch «das Prinzip: Sanftheit ist Stärke» zu mildern[296].

Die Eigenschaften des Bambus können gut herangezogen werden, um den idealen Aikidoka zu beschreiben: Auf einen stabilen, wie im Boden verwurzelten Unterkörper soll sich ein lockerer Oberkörper aufbauen, der biegsam und geschmeidig eine anstürmende Kraft aufnehmen kann, ohne sich zu verlieren, aber auch, ohne beschädigt zu werden. Solche Metaphern haben ihren Platz im Aikidounterricht; mehr dazu in Kapitel 22.

Die Gesellschaftsethik des Konfuzius als geistige Grundlage

Das Gesagte kann als Selbstschutz des momentan Unterlegenen angesehen werden. Zugleich ist es ein Beitrag zum sozialen Frieden. Die naturwüchsige Bambusweisheit verband sich mit dem Konfuzianismus (siehe Anhang 2) und seinem Verständnis von Aggression und Konflikt, demgemäß jeder zu gleichen Teilen «Verantwortung für ein friktionsarmes Miteinander trägt. Bei Unstimmigkeiten geht es darum, die Situation zu bereinigen, und nicht darum, einen Schuldigen zu finden. Es ist nicht wichtig zu erklären, dass man ... die Situation nicht willentlich herbeigeführt hat, vielmehr werden durch das Eingeständnis der eigenen Schuld andere möglicherweise Involvierte exkulpiert und der Weg für eine Bereinigung frei gemacht»[297]. Wer die Schuld auf sich nimmt, sich entschuldigt – sich verneigt – entschärft den Zorn des anderen. Weshalb Entschuldigungen in Japan eine fast magische Wirkung haben wird unten noch genauer erklärt.

Uns Europäern fällt dies schwer. Vielleicht, weil in unserer westlichen, vom Christentum geformten Kultur das Thema Schuld brisant ist – auf sie folgt ewige Verdammnis. Der Sich-Ent-Schuldigende will daher eigentlich ursächliche Schuld an einem Konflikt vollständig zurückweisen, was wiederum die andere Seite nicht dulden will. Redewendungen und Haltungen in verschiedenen europäischen Sprachen spiegeln dies wider, etwa: «Qui s'excuse s'accuse» oder das trotzige «never explain, never excuse». Während in Japan die Starken, Mächtigen «durch eine Demutsgebärde zu besänftigen» sind, hat sich gezeigt, dass hier im «Gegenteil, wer sich sanft gibt, ... meist ... umso konsequenter vernichtet» wird[298]. Vielleicht spielt dabei sogar eine genetische Disposition eine Rolle (vgl. Anhang 9).

Der Aikidounterricht kann als gesellschaftliches Modell genommen werden

Von den Bewegungsprinzipien her gesehen könnten Aikidotechniken als ein hervorragendes System zur Selbstverteidigung genügen. Dennoch kann man ihre wahre Bedeutung darin sehen, jenseits von so etwas wie Leib-Seele-Einheit oder den physikalischen Prinzipien das Wesen von Konfliktlösung und von Harmonie mit der Natur verstehen zu lernen, was einen Beitrag zur Lebensführung darstellt[299].

Im Aikido werden – wenn der oder die Lehrende hierauf Wert legt – nicht nur zufällig andere Bewegungen geübt als sonst im Sport, sondern Lehrende können ausdrücklich auch andere sozio- und psychoedukative Momente anbieten. Aikido zu unterrichten heißt soziale Verträglichkeit lehren.

Beispielsweise gehört zum Standard-Tanzen während der Wettkämpfe offenbar ein Gegeneinander-Tanzen der angetretenen Paare mit absichtlichen Störmanövern[300]. So etwas kennen Aikidoka nicht. Gebremst wird das freie Sich-miteinander-Bewegen der Paare höchstens durch selbstauferlegte Umsicht, die trotz höheren Tempos eigene wie fremde Partner schützt. Durch die Luft wirbelnde, oft lange Gliedmaßen bedrohen jeden; wer gerade rollt oder auf dem Boden immobilisiert wird, ist besonders gefährdet. Der sich kontrollierter als sein Partner bewegende Verteidiger trägt besondere Verantwortung. Konzentrierte Aufmerksamkeit ist notwendig. Zusätzlich, so Meister Asai, ist eine Einstellung wünschenswert, die Rechthaberei und Revierverhalten durch Bescheidenheit und Zurückhaltung ersetzt. Kommt es im Training zu von Schreck oder Schmerz begleiteten Zwischenfällen, sollte statt gegenseitigen Anraunzens sich die eine Partei entschuldigen und die andere dies in guter Haltung annehmen. Solches Verhalten ist «wie ein Öl, welches den Motor ‹Gemeinschaft› leichter laufen» lässt[301].

Aikido zu betreiben kann zugleich Metapher für eine soziale und die universelle Harmonie sein und deren praktische Umsetzung.

Eine grundlegende Annahme:
Täter oder Gegner sind wandelbar und damit beeinflussbar

Die immer wieder zu beobachtende westliche Unversöhnlichkeit fußt in der christlichen Theologie, der zufolge alle Menschen grundsätzlich sündig sind. Pessimistische Vorstellungen wie die Kants, jeder sei von Geburt an egoistisch und unmoralisch, haben die Sicht moderner Sozialwissenschaftler und deren Forschungstraditionen geprägt: Freud hat einen Trieb zu Hass und Destruktion angenommen; nach Tinbergen sind Menschen als einzige Art zum Massenmord fähig. Dem steht die Sicht derjenigen gegenüber, die Aggression für notwendig zur Aufrechterhaltung eines natürlichen Gleichgewichts halten, wie Lorenz, oder zur Formung einer Gesellschaft, wie Simmel. Eine dritte, weise Perspektive nehmen westliche Denker oder Forscher ein, die wie Hobbes, Meade und Fromm auf die Beherrschbarkeit von Konflikten hinweisen und kulturelle Unterschiede aufzeigen.

In Asien gelten Aggressivität, Triebhaftigkeit, Strukturlosigkeit als Zeichen von Unreife. «Reife Menschlichkeit weist einen Körper auf, der innerlich geeint ist und geeint mit dem Geist, ein Wesen, das in innerer Harmonie lebt und wenig Neigung verspürt, andere anzugreifen»[302].

Damit wird allerdings immer noch eine Entwicklungslinie nach westlichem Empfinden gezeichnet. Wirklich grundsätzlich anders am asiatischen Denken ist jedoch die Annahme der möglichen Wandlungen von Gegensätzlichkeiten wie den beiden Prinzipien Yin und Yang. Beispiele geben die Wandlungen der Elemente: «Die Schöpfung: Holz erschafft Feuer; Feuer in Form von Asche erschafft Erde. ... Wasser erschafft Bäume, also Holz. Die Zerstörung: ... Wasser zerstört Feuer; Feuer zerstört Metall. Aber Metall in Gestalt eines Werkzeugs zerstört Holz. Das sind die Entsprechungen – Fortgehen und im Fortgehen zurückkehren. Innerhalb dieses Kreislaufs von Erschaffung und Zerstörung muß der Mensch harmonisch leben ... im Einklang mit allem Seienden»[303] (vgl. Anhang 2). Deshalb «hält man eine krasse Trennung von ‹gut› und ‹böse› für verfehlt und lehnt eine Vorstellung ab, der zu Folge es gute Menschen und unverbesserlich böse Menschen gibt». Weil diesem Prinzip gemäß jeder Mensch sowohl gut als auch böse ist, muss das Ziel einer Kampfkunst sein, «die negativen Energien eines Gegners zu neutralisieren und schließlich in positive Energien zu verwandeln». Dies ist keine Wertung; vielmehr «wird unter negativ verstanden, daß ein Mensch sich im Gegensatz zu seiner natürlichen Bestimmung verhält, d. h. daß er sich gegen die Kräfte der Natur stellt, während der Einklang mit der Natur, d. h. ein Zustand der Harmonie mit den Kräften des Kosmos als positiv empfunden wird». Daher muss man die Absicht aufgeben, den Gegner besiegen zu wollen: «Genausowenig, wie man die Natur ‹beherrschen› will, darf man versuchen, seinen Gegner zu beherrschen»[304]. Zutunlicher ist es, sich selbst in Einklang mit den Kräften der Natur zu bringen, sich dem Universum anzuvertrauen.

Harmonie mit dem Universum als Unterstützung

Meister Ueshiba sah das Geheimnis des Aikido darin, zu einer Harmonie zu finden mit der Bewegung des Universums «und uns in Einklang zu bringen mit dem Universum selbst»[305]. Es ist der «Weg der göttlichen Harmonie»[306]. Drei Schritte führen in Richtung dieses Zieles: Erstens soll man «sich dem Rhythmus des Universums anpassen», zweitens sich in diesem Rhythmus «mit dem Universum zusammen bewegen». Auf der dritten Stufe hat man den Rhythmus soweit integriert, dass man sich automatisch in ihm bewegt. Unter anderem durch bestimmte Körperhaltungen und durch Atemübungen sollen die Schüler diese Schritte bewältigen[307].

Das ist ein weiterer Aspekt der bereits oben erwähnten Atemübungen. Wieder zeigt sich die Vielschichtigkeit asiatischen Denkens und Tuns: Die meisten Handlungen haben mehrere Seiten, etwa technische Funktion und transzendente Bedeutung; wieder einmal ist es Sache des oder der Unterrichtenden, welcher Schwerpunkt gewählt wird in Abhängigkeit vom Entwicklungsstand der Schüler und von momentanen Notwendigkeiten.

Ein Sichauflösen im Universum ist nicht das Ziel, sondern die Absicht ist, das Ki des Universums in sich hineinzunehmen. Es soll sich letztendlich im Unterbauch (Hara, Seika Tanden) konzentrieren. Meister Asai erinnert sich, wie unverständlich ihm als Anfänger diese Vorstellung war, das ganze Universum in einen kleinen Bauch hineinzutun. Er bietet seinen Schülern folgende Erklärung an: Sobald man die Augen schließt, wird ein Großteil der Umweltreize ausgeschlossen. Gestützt durch die Atemübung spürt man hauptsächlich sich selbst. Man wird zum Zentrum des eigenen Mikrokosmos und kann letztendlich den Schritt vollziehen, sich als Zentrum des Makrokosmos zu fühlen oder eben diesen ganz in sich hineinzunehmen[308].

Harmonie mit Partner oder Gegner als Haltung

Strebt man für sich selbst die Harmonie mit dem Universum an, so wird es unmöglich, sich gegen den Mitmenschen zu stellen, da dieser ja ebenfalls Teil des Universums ist. Beim Aikido ist «das Universum gleichzusetzen mit dem Trainingspartner»[309].

Harmonie auf der Matte verlangt allerdings eigentlich schon im Normalfall viel

Der Anspruch, zu einer gemeinsamen harmonischen Bewegung zu finden, stellt eine erhebliche psychomotorische Herausforderung dar. Auf der Ebene der Gefühle zeigt sich hier die Schnittstelle zwischen geistigen Überlegungen und Forderungen auf der einen Seite und der sinnlich erfahrbaren Wirklichkeit auf der anderen: Dem Übenden begegnet wirklich ein ganzes Universum in der Gestalt seines Trainingspartners. Mit ihm erlebt er Kontakt und Trennung, Unterlegen-Sein und Überlegenheit, Verstehen, Missverständnis, Kränkung, Freundlichkeit, Sympathie oder Abneigung.

Hierin liegt auch der Keim zu neuen, korrigierenden Erfahrungen. Diese sind bedeutsam, wenn die Person einst kein gutes Miteinander erlebt hat in der Zeit, als das ganze Universum, die ganze Welt, aus einigen wenigen Menschen bestanden hatte, wie oben in Kapitel 6 geschildert.

Zusätzlich ergibt sich die Möglichkeit zur Veränderung all dieser Qualitäten auch bei dem anderen. Denn wenn man jene «dritte Stufe» erlangt hat, «bewegt sich der Partner automatisch nach den eigenen Vorstellungen und Gedanken (Schwingungen), da man die gesamte Stärke des Universums hinter bzw. in sich hat»[310]. Man ist dann fähig, die

Schwingungen des Partners zu modulieren, zu harmonisieren. Das bedeutet nicht allein, dass ein Aikidoanfänger sich weniger harmonisch bewegt als ein Fortgeschrittener und deshalb entsprechender Unterstützung bedarf. Vielmehr bezieht sich die erstrebenswerte Haltung auch auf einen Gegner, einen echten Angreifer, und auf den wünschenswerten Umgang mit jenem.

Die Grundidee in einem Konfliktfall: Nicht das Besiegen des Gegners, sondern
dessen Befriedung und damit die Wiederherstellung der universellen Harmonie

Zwar gibt es bezüglich der universalen Harmonie nichts, was «mehr Unordnung» bedeutet, als der «Kampf zwischen Menschen»[311]. Da jedoch keine absolute Schlechtigkeit, sondern nur eine augenblickliche «moralische Instabilität», «Verwirrung» eines anderen Menschen den Fluss der Ordnung unterbrochen, dieses empfindliche lebendige Gleichgewicht bedroht hat, muss diesem angemessen begegnet werden.

Die Ethik des Aikido verlangt sowieso, sich stets gut zu verhalten und Übertreibungen zu vermeiden, die die Balance von Geist und Körper, von Selbst und anderen stören könnten. Falls nun die Harmonie des Seins gebrochen wird, sollen Aikidoka danach streben, diese wieder herzustellen, sie sogar kreativ und positiv zu verbessern. Besonders gilt es, die eigene Balance zu bewahren im Kampf mit einem Mitmenschen.

Das heißt, auch wenn Selbstverteidigung nötig ist, wird der Aikidoka bei der Wiederherstellung der Balance behutsam vorgehen; sonst entsteht lediglich «eine neue Unordnung … indem wir ein anderes Element», ein anderes Subjekt der selben vitalen Ordnung, «zerstören oder verletzten»[312]. So aber wird eine Versöhnung möglich, was Meister Ueshiba stets gewünscht hat.

Die Essenz der Harmonie mit dem Angreifer: Ai ist Liebe

Soll ein außer sich geratener Angreifer wieder zu sich gebracht werden, ohne dass dabei er selbst oder der Verteidiger zu Schaden kommt, müssen Letzterem hoch entwickelte Fähigkeiten zur Verfügung stehen. Für die oben genannte dritte Stufe ist «es notwendig, sich ‹mit göttlicher Liebe zu bewegen› (Ueshiba)», sich «von Haß und Neid» gereinigt zu haben[313]. Die Liebe des Verteidigers umfängt dann den Hass des Angreifers. Es gibt Entsprechungen zu dem buddhistischen Erbarmen oder Mitgefühl oder auch zu unserem Begriff der Gnade, dem christlichen Bild des neutestamentarischen Gottes, welcher auch den Sünder liebt, so wie Eltern ihr Kind, selbst wenn es trotzig, unverständig, unvernünftige Wege geht.

Die Entwicklungslinie vom Schüler zum Meister führt in der Dimension Ai des Aikido durch folgende Stufen: Lernziel auf Anfängerniveau ist «Instrumentell / Bewegungsharmonie: psychomotorische Einfühlung»; später können «(Inter-)Personal / Begegnungsharmonie: Empathie und rechte Gesinnung» erwartet werden. Den Meister kennzeichnet die Ebene «Spirituell / Universale Harmonie: Mitgefühl, Liebe»[314].

Der Aikidoschüler ist kein feindlicher Angreifer seines Lehrers. Er steht zu ihm vielmehr ebenfalls in der Position des Kindes zum Vater. Im Schwertunterricht bezeichnen manche japanischen Lehrer den Lernenden / Angreifer / Verlierer als «Sohn» und den

Lehrenden / Verteidiger / Überwinder als «Vater» (vgl. Anhang 10). Das Kind wie der Schüler erfahren Langmut, «Nachsicht»[315]. Der bei uns fühlbare etwas herablassende Beiklang fehlt im Japanischen. Dort ist es einfach Ai, die Liebe, eine wohlmeinende, schützende und gewährende Liebe, die der weiter Entwickelte dem weniger weit Entwickelten entgegenbringt. Es ist die gefühlsmäßige Einstellung der Älteren gegenüber den Jüngeren. Zur Verwirklichung dieser Haltung im Umgang mit Schülern kommen wir später.

Die komplementäre Emotion, der mögliche Gefühlszustand der Angreifer ... der Schüler ... der Kinder ist *Amae, die freie Entfaltung Dank der Geborgenheit in dieser Liebe*; Kapitel 13 wird dieses grundlegende Thema ausführen. Beide Geisteshaltungen können zusammen mit dem Aikido aufgenommen werden.

Nicht nur Disharmonien zwischen Menschen plagen uns, sondern auch oft genug die eigene Unausgeglichenheit. Oben wurde erklärt, wieso bestimmte naturgegebene psychomotorische Bedürfnisse in westlichen Kulturen eher unerfüllt bleiben als in Fernost, wodurch hier also ein Bedarf entsteht, dem das Aikidoüben entgegenkommt.

Harmonie als Einklang mit sich selbst, als Nicht- oder Nicht-mehr-gestört-Sein
Momentanes Außer-sich-geraten-Sein führt zu Aggression. Zur Beruhigung, Befriedung des Aggressors muss der Verteidiger – besonders oder zumindest relativ mehr – mit sich im Reinen sein. Es ist Bedingung, dass der Aikidoka «nicht mehr den Wunsch nach aggressiver Bestrafung in sich spürt, sondern Frieden und Verständigung sucht»[316]. Für das Erlangen der dritten Stufe ist es notwendig, die eigene «Lebenseinstellung zu ändern und Dank und Liebe für alles Leben» zu empfinden. Auch das Leben ist schließlich «im Aikido repräsentiert durch den Übungspartner»[317]. Es liegt nahe, dass nicht jedem eine solche Gelassenheit zur Verfügung steht. Die Sehnsucht danach, eine solche Ausgeglichenheit zu erwerben, könnte Anfänger auf die Aikidomatte bringen und erste regulierende Effekte unterstützen sie darin, dabei zu bleiben.

Das war nun denn doch viel Kopfarbeit. Wird Zeit, etwas Hand-greiflicher zu werden.

11.2 Die ganze Welt des guten körperlichen Miteinander

– Die guten Absichten werden in der Aikidobewegung verkörpert –

Die bislang geschilderte Einstellung galt nicht zu allen Zeiten und für alle asiatischen Kampfsysteme. Die Fragen der körperlichen Friedfertigkeit oder aber Gewalt und letztendlich der Umsetzung des Konzeptes Ai auf der körperlichen Ebene verdienen genauere Betrachtung.

Als Aikidoka behaupten wir, dass aus dem Erlernen tödlicher Techniken das Einüben von einem friedlichem und für den anderen förderlichen Kontakt entwickelt wurde. Populäre Medien bemühen sich oft, dieses Widersprüchliche in eins zu fassen, wenn sie Aikido kennzeichnen möchten: «Kein schnelles Einmaleins der Selbstverteidigung»[318]; «Einen Sieger gibt es nicht»[319]; «Aikido – Kampf ohne Sieger»[320]; «Aikido – Siegen ohne zu kämpfen»[321]; «Gegner ins Leere laufen lassen: Aikido – ein japanischer Kampfsport mit friedlichen Absichten»[322]; «Gewalt in homöopathischen Dosen / Aikido: Einheit von Körper und Geist / Ein Kampfsport, dessen Ziel es ist, nicht zu kämpfen»[323]; «Kämpfen, ohne zu schaden: Schon eher Kunst als Sport»[324]; «Kampfkunst total»[325]. So lauten Überschriften oder es wird ausgeführt: «Kämpfen auf dem Aiki-Do (dem Weg des Aiki) bedeutet weder Entsagung noch Unterwerfung unter widrige Kräfte, sondern einfach das Fehlen des Wunsches ... zu ... siegen»[326].

Die geschichtlich ältere Zeit: mutwilliges Töten

Blickt man allerdings zurück auf «die Geschichte der Kampfkünste, dann stand am Anfang ... die Sicherheit beim Töten eines Gegners im Vordergrund»[327] und, schlimmer noch, sogar die Tötung eines vielleicht nicht einmal gefährlichen Gegners, präventiv oder auch nur aus Geringschätzung des Lebens schlechthin, auch mit der gezielten Provokation und anschließenden Vernichtung desjenigen, der auf sie eingegangen war[328].

Eine Erinnerung hieran besteht fort in den Eingangsbewegungen zu Kumi-Tachi («gebundene Schwerter», also Techniken, in denen beide Partner ein Schwert führen) oder Kumi-Jo (beide führen einen Stock), sowie der Mischform Stock gegen Schwert, wie wir sie heute üben: Ein Angriff erfolgt erst, nachdem der Verteidiger dazu eingeladen hat, also seine Waffe aus der optimal ausgerichteten Position genommen, wodurch er scheinbare Unaufmerksamkeit andeutet, eine scheinbare Lücke in seiner Verteidigung, Deckung würde man im westlichen Sport sagen.

Auch die waffenlosen Techniken waren ursprünglich effiziente Selbstverteidigungsmethoden mit möglicher Todesfolge für den Angreifer. Erst mit dem Aikido wurde eine waffenlose Methode entwickelt, einen Angriff wirksam außer Kraft zu setzen, ohne den Angreifer zu zerstören.

Sport heute: mutwillige Beschädigung oder einvernehmliches kämpferisches Tun

Die Absicht, einen anderen Menschen persönlich zu beschädigen, gilt im Sport als Kennzeichen einer echten Aggression. Ansonsten entsprechen Verhaltensweisen, die nach außen hin aggressiv wirken, oft «dem Regelwerk und sind Handlungen, die dazu dienen, die Führung zu erlangen, z. B. das Tackling im Rugby oder der Body-Check im Eishockey»[329]. Sportwissenschaftler nennen diese Art der Aggression «instrumentell»[330], weil sie einem neutralen Zweck dient, eben dem Gewinnen. Ferner zählt die Bewertung durch das Gegenüber, wonach eine Aggression nur dann vorliegt, wenn ein Betroffener «die Handlung als aggressiv beurteilt und danach strebt, die ‹Behandlung› zu vermeiden»[331].

Das wettkampffreie Aikido ist defensiv. Angriffe müssen dennoch konsequent erfolgen. Die Absicht dabei ist niemals eine feindselige, sondern ausschließlich die, einen kompetenten Beitrag zum gemeinsamen Bewegungsablauf zu machen. Ebenso müssen die Schmerzgriffe den Partner kontinuierlich an seine Grenze begleiten. Auch was die Schmerzgriffe betrifft – soviel dazu schon hier –, muss im Aikido ein Einvernehmen bestehen.

Anspruch des Budo heute

Eine kämpferische Bewegung ist also nicht dasselbe wie eine Aggression. Kampfkunst und Aggression können sich sogar gegenseitig ausschließen.

Gelassenheit soll an Stelle treten von Wut aus Angst.

Ein Ratgeber, der «welchen Sport für wen?» empfehlen möchte, bespricht Kampfsportarten pauschal und bewertet sie als «aggressiv» im folgenden Sinn: «Aggression bedeutet den Einsatz von Kraft, um zu dominieren», und prinzipiell wird zunächst «die Fähigkeit, aggressiv zu reagieren, erhöht»[332].

Es kann sogar sein, dass «sich besonders aggressive Menschen dem Kampfsport hinzugezogen fühlen und ihn auch betreiben wollen». Manche Lehrende begrüßen dies jedoch, weil hier Aggressivität abgebaut werden kann und muss, denn «grundsätzlich widerspricht» «sich Aggression und Kampf im Psychischen». Aggression als «Wut-Angst» ist das genaue Gegenteil der «gelassenen Konzentration ..., die Grundlage der Optimierung der psychischen Kampfkraft ist»[333].

Meister Noro erläutert: Angst erzeugt Gewalttätigkeit, «nur Angstfreiheit ermöglicht Gewaltlosigkeit». Aggressivität ist damit im Bedürfnis nach Selbstbehauptung begründet, entspringt der «Angst nicht erfolgreich zu sein, Angst ohnmächtig zu sein und letztendlich Angst vor dem Tod». Man muss also der Angst begegnen, wenn Aggression unnötig werden soll. Wie wir oben erfahren haben, ist es eine Möglichkeit, der Angst zu begegnen, die eigenen Fertigkeiten immer weiter zu trainieren. Nur, wer «sich seiner Kraft voll bewusst ist, kann es sich erlauben, den Gegner nicht zu vernichten»[334]. So konnte sich schließlich ein Ehrenkodex europäischer Ritter und japanischer Samurai entwickeln, hier wie dort mit Qualitäten wie Höflichkeit, Großmut, Rechtschaffenheit.

Wachsamkeit und angemessenes Verhalten sollen an die Stelle überschießender Aggression treten.

Eine Jungianische Psychoanalytikerin meint, dass überhaupt erst etwas der Unterweisung in einer Schwert- oder Kampfkunst Vergleichbares das starre Freund-Feind-Denken des Westens und seine Aggressionsbereitschaft wieder in ein Gleichgewicht bringen kann. Denn nur hierbei wird einer tödlichen Waffe oder Technik «die Entwicklung von Selbstkontrolle» gegenübergestellt, diese «Frucht des Trainings und der Initiation, der schrittweisen Einführung»[335]. Eine Studie an gewaltbereiten Jugendlichen hat dies belegt: An dem Verhalten des Teils von ihnen, mit dem ausschließlich Karatetechniken geübt worden waren, änderte sich nichts. Beim Unterrichten des anderen Teils wurden die Techniken in Rituale und Etikette eines Karate-Do eingebunden, und hier zeigte sich eine deutliche Verbesserung[336]. Schon einen Angriff abwarten zu sollen, ist für solche Jugendliche etwas Neues, ebenso, überhaupt nur zwei bis drei Minuten Stille zu Beginn einer Aikidostunde aushalten zu erlernen[337].

Blinde Gewaltausübung kann grundsätzlich kein Ziel einer Kampfausbildung sein. Im Gegenteil: Wachsamkeit und angemessenes Verhalten sind von den Ausübenden zu fordern.

Die Verführung zur Gewalttätigkeit durch technisches Können und deren Gegenpol, die Vermeidung sinnloser Gewalt wird vermittelt anhand der Parabel von der Schwertprobe[338]. Sie erzählt von einem Schwertmeister, der, um seine Söhne zu prüfen, «für diese unsichtbar ein kleines Kissen auf die Vorhangstange legte, so daß es, wenn der Vorhang beim Betreten des Übungsraumes berührt wurde, ... leicht herunterfiel». Zu seinem Nachfolger bestimmte er nicht den, der das Kissen nicht bemerkt hatte, es nur aufhob, nachdem es heruntergefallen war und es zurücklegte. Er wählte erst recht nicht jenen, der – als er endlich an der Reihe war, hereingerufen zu werden – das Kissen zwar auch nicht bemerkte, es aber dann übereifrig und unüberlegt mit seinem virtuos gehandhabten Schwert noch im Fall zerteilte. Einzig der Sohn, der das Kissen bemerkt und es lediglich einfach am Herabfallen gehindert hatte, wurde für würdig erklärt, ein Schwert zu führen.

Natürlich benötigt man eine gute Technik und schnelle Reaktionen. Die Parabel zeigt jedoch, dass die Budo-Sparten in erster Linie auf «die Ausbildung einer klaren Wahrnehmung der gesamten Umwelt, von der die Notwendigkeit des Einsatzes der eigenen Fähigkeiten abhängt», Wert legen. Wahrnehmen und Tun desjenigen, der nur schnell körperlich reagiert, ohne einfachere Lösungsmöglichkeiten zu erkennen, sind nicht angemessen, sind «noch nicht die wahre Meisterschaft»[339]. Ein entsprechendes westliches (klinisch-psychoanalytisches) Konzept wäre die sogenannte Realitätsprüfung. Das körperliche Miteinander im Rahmen einer Freizeitbeschäftigung kann helfen, diese zu verbessern.

Eigentliche Absicht des Budo: den Kampf vermeiden

Budo, die Ritterkünste, bilden eine Untergruppe der Do, der Wege, überhaupt. Bei der Übertragung von Budo in westliche Sprachen wird bedauerlicherweise stets der kriegerische Aspekt betont – französisch: arts martiaux, englisch: martial arts, deutsch: Kampfkünste. Das Schriftzeichen Do (Weg) wurde oben erläutert, und vorab war erklärt worden, dass sich jedes einzelne Kanji ursprünglich aus Bilderzeichen zusammensetzt. Zen-Meister Deshimaru betont: Das «*kanji ... bu* bedeutet, wenn man es zerlegt, ‹das Schwert bzw. den Kampf anhalten›»[340]. Damit ist Budo «ein Weg (*do*), um eine Waffe (Schwert, Speer) aufzuhalten (*bu*)» und es ist nicht Ziel, «den Gebrauch solcher Waffen zu lernen, wie es vielfach aus dem Wort abgeleitet wird, sondern man soll lernen, den Gebrauch zu verhindern. Budo ist also ein Weg des Friedens»[341]. Auch Meister Noro bietet für das japanische *bugei** die Übersetzung «Friedenskunst» an[342].

Tatsächliche Qualitäten einzelner Stile in der heutigen Realität

Allerdings halten sich nicht alle fernöstlichen Richtungen, nicht einmal alle, die sich selbst dem Budo zurechnen, an diese Grundsätze. Sagen und Tun klaffen oft weit auseinander.

Die Bereitschaft zu körperlicher Gewalt in unserer Gesellschaft erhält zumindest einen formenden Einfluss von diversen harten Stilen wie Karate und Kick-Boxen. Die in manchen Schulen zur Parole verkommenen Friedlichkeitsbeteuerungen, die reale Trainings-,

---

* ausgesprochen etwa wie bugeh.

Kampf-, und Wettkampfpraxis, die Verletzungsgefahr sowie vor allem auch die Flut an frei-verkäuflichen tödlichen Waffen werden kritisch gesehen[343].

Die ursprüngliche Budophilosophie kann vernachlässigt, aufgegeben, oder sogar regel-recht pervertiert werden. Jene Schulen und Einrichtungen sind eine Gefahr, die nahelegen, dass ihre Schüler «nicht den Kampf vermeiden, sondern siegreich aus ihm hervorgehen», die «Kampfkunst» «auf rein technisches Können» reduzieren und dies als Mittel zur Meisterung aller Konflikte darstellen[344]. «Totale Versportung» hat zur Brutalisierung «insbesondere im Judo und Karate» beigetragen[345].

Und «das» Aikido ...?

Eine meiner Gesprächspartnerinnnen erlebte im Freundeskreis: «Also die können sich meist wenig darunter vorstellen. Die gehen viel in eine Abwehr-, eine Verteidigungshal-tung. Das Judo, was für mich viel aggressiver ist, das kenne ich ja halt, das hat viel weniger ‹oha!› erzeugt als das Aikido. Das kommt wohl auch vom Fernsehen, von den Seagal-Fil-men: ‹Niko›, ‹Hard to Kill› und so. Und andere, die selber Budo machen, Ju Jutsu zum Beispiel (hier lachte sie), die halten es eher für esoterische Scheiße. Aikido ist wirklich am wenigsten bekannt.»

Weltweit gibt es Unterschiede.

Eine transkulturelle Studie[346] vermerkt die im Vergleich zu Japan auffällige Betonung des Martialischen, des Kampfes und der Selbstverteidigung in den USA. Tatsächlich ge-steht ein amerikanischer Aikidoka: «Ich ging ... im Aikido auf. ... Besonders das harte Konditionstraining ... hatte es mir angetan, bei dem es nur so Zähne auf den Boden hagel-te.»[347]

So üben wir hier eher nicht ...

Meister Asai etwa ermutigt erst weit entwickelte und körpersichere Dan-Graduierte, harte Techniken ebenfalls zu üben; beispielsweise als Atemi statt eines gezielten, aber mit offener Hand nur angedeuteten Stoßes Richtung Gesicht des Partners einen Fauststoß durchzuziehen oder bei Irimi-Nage nicht nur den Hals des anderen mit der Hand zu um-fassen, sondern auch den Mittelfinger in dessen Halsschlagader zu drücken[348]. Solche Übungen sollten allerdings keinesfalls mit Grobheit verwechselt – und nicht grob ausge-führt – werden und müssen dem Niveau beider angemessen sein. Grundsätzlich gilt: «Ver-suchen Sie, dem Partner gute Gefühle zu machen! Er soll ja wiederkommen wollen.»[349]

Aspekte des Verzichts auf Wettkämpfe

Der erste wichtige Punkt ist die Vollständigkeit der Bewegung.

Die eigentlich mögliche Härte liegt sowieso in der Ratio der Aikidobewegung selbst, und zwar auch schon in der Bewegung des Angreifers: «Karate macht einen grimmigen, kraftvollen Eindruck ... Aikido stellt sich sanft, fast träumerisch dar», jedoch werden im Karate Schläge und Tritte meist vor dem Kontakt gestoppt, während sie im Aikido voll ausgeführt werden müssen[350]. «Im Karate geht es um Wettkampfpunkte, die Bewegung muss daher stoppen; Aikido übt den ganzen Körper, stellt ihn auf das Kopf, verdreht ihn. Das gibt es weder im täglichen Leben noch im Judo oder Karate. Aikido geht durch Herz und Zentrum»[351].

Dazu kommt, dass Aikido «sehr viel mit Gelenk-Hebeltechniken arbeitet, deren Ausübung innerhalb eines Wettkampfes zu gefährlich wäre»[352]. Meister Okumura bestätigt, dass Techniken gegen Gesicht und Gelenke wie Irimi-Nage und Shiho-Nage in Wettkampfsparten und olympischen Disziplinen wie Judo als zu gefährlich verboten, für das Aikido hingegen zentral sind[353].

Die eigene Integrität bewahren zu können ist das zweite Moment.

Wer nicht wettkämpft, läuft vor allem auch nicht Gefahr, sich selbst zu beschädigen – und hier meine ich, Schaden an seiner Seele zu nehmen. Er hat es nicht nötig, sich selbst künstlich in eine aggressive Stimmung zu versetzen, etwa mittels der dort praktizierten «Selbstreizungen ... ‹Ich kneife mich oft ...› – ‹Ich schlage mir ins Gesicht, dann bin ich wieder hellwach›»[354] oder durch das «Hervorrufen affektgeladener Überzeugungen ... ‹der Gegner hat Vater und Mutter erschlagen oder so›»[355].

Affektive Harmonie, das ist das Dritte, kann entstehen.

Unter der Wettstreit-Bedingung wird, auch noch in einem freundschaftlichen Match oder Freundschaftsspiel, immer das Vergnügen der gewinnenden Seite erhöht, zumindest geringfügig, und zugleich das der verlierenden Partei geschmälert, zumindest geringfügig; man spricht von der Null-Summe. Im Aikido hingegen steigt das Vergnügen beider parallel mit dem Können beider an – win-win ist gegeben.

Die Bewegungsharmonie entwickelt sich frei.

In allen Paar- und Gruppensparten hat eine Person, deren Bewegungskompetenz sich entwickelt, ein Interesse an kompetenten Partnern. Durch das Bemühen um Anpassung an deren Bewegung wird die eigene Performance verbessert; durch deren Einsatz wiederum wird ein Spiel interessanter, ein Sieg ehrenvoller. Unter Wettstreit-Bedingungen bedeutet eine optimale Anpassung, ein optimiertes Sicheinfühlen allerdings zugleich, Lücken zu suchen im Gleichgewicht des Partners (Judo), seiner Deckung (Boxen), seiner Reichweite (Tennis). Es besteht der Druck, technisch zumindest etwas besser als der andere sein zu müssen und zugleich die Hoffnung, dass der andere etwas schlechter, schwächer ist.

Im Aikido liegt es im Interesse des Fortgeschrittenen, die Bewegung des anderen, auch des Anfängers, zu fördern. Denn je besser dieser sich in einen Ablauf hineinfindet, desto mehr von der eigenen Kompetenz kann der Fortgeschrittene realisieren. Es bleibt jedoch immer eine gemeinsame Bewegung, zu der beide Partner aus ihren unterschiedlichen Rollen gleichermaßen beitragen und sich dabei gegenseitig unterstützen.

Weil darüber hinaus mit immer wieder wechselnden Partnern geübt wird, kann mittels Aikido sowohl Bewegungs- als auch affektive Harmonie auf einer breiten Basis erfahren werden.

ERKENNTNISSE: Das erfreuliche Miteinander auf der Matte war von manchen meiner Gesprächspartner von vornherein angestrebt worden. Eine Frau hatte kein Judo mehr machen wollen, aber auch «was Partnerschaftlicheres als Tai Chi gesucht. Im Tai Chi bist du allein. Es gibt nicht dieses Offen-auf-den-anderen-Zugehen», das sie an Aikido schätzt; Aikido ist für sie «auf eine nicht-aggressive Weise ein Partnersport». Ein Mann, der früher Karate betrieben hatte, entdeckte dagegen erst im Verlauf: «Gegenseitig nehmen und gegenseitig geben. Das ist etwas, was im Aikido unheimlich positiv ist, einmal was zu geben, einen Partner zum Beispiel so hinzubringen, dass er gedehnt wird, seine Bewegung perfektioniert, und ich dann selber Hilfe kriege und meine Bewegung besser mache.»

Wie Aikido die Budophilosophie körperlich umsetzen kann

Zuweilen wird als Ergebnis von Untersuchungen gesagt, dass «Kampfsport-Schüler mehr Selbstvertrauen bekommen und als Folge weniger schnell aggressiv reagieren, wenn sie provoziert werden»[356].

Friedliche Karateka gelten als Beispiel dafür.

Eine solche Untersuchung könnte folgende gewesen sein: Karateschülern und -meistern war ein Fragebogen vorgelegt worden, der Fälle schilderte, in denen eine Person angegriffen wurde. Die Karateka sollten wählen, wie sie an Stelle dieser Person reagieren würden, ob körperlich oder verbal. Je länger ein Karateka diesen Sport bereits betrieb, also «je größer die Fähigkeit zur Selbstverteidigung mit gewalttätigen Mitteln, desto unwahrscheinlicher war es, daß sie als Mittel der Wahl angesehen» wurde. Dabei galt den Forschern «Karate als die wohl gewalttätigste asiatische Kampfsportart»[357]. Reale Vorfälle wurden jedoch nicht analysiert – das wäre auch recht schwierig. Deshalb bleibt bereits die Frage offen, wie sich die Befragten wirklich verhalten würden – ob gemäß der erklärten Zurückhaltung oder dann doch durch Einsatz der ihnen zur Verfügung stehenden körperlichen Mittel.

Vor allem aber kann die Friedfertigkeit eines Karateka, wenn überhaupt, dann nur darin bestehen, nicht körperlich aktiv zu werden – im Gegensatz zu einem Aikidoka. Denn wird die körperliche Auseinandersetzung doch einmal unvermeidlich, ist das Wie entscheidend. Ein Weg des Friedens und der Harmonie zu sein, darf eigentlich nur das Aikido für sich in Anspruch nehmen. Dies gilt nicht allein auf der Ebene von geistigen Vorstellungen und Haltungen, sondern sogar ganz besonders auf der Ebene der Körpermikropraktiken. Nur Geduld, das wird erklärt.

Zunächst einmal haben Aikidoka eine Wahl, haben Alternativen im körperlichen Handeln.

Aikido eröffnet uns einen dritten Weg, ungleich sowohl dem des mörderischen Kriegers als auch dem der christlichen Ideen der «Sanftmut oder Ghandis *Ahimsa*» mit der Gefahr des Märtyrertums[358].

In vielen Kampfstilen, bewaffnet und unbewaffnet, altertümlich oder modern, gibt es eigentlich kaum eine Wahl. Die Techniken an sich sowie die Art und Weise, wie sie angewendet werden, wirken auf den Angreifer ein mit der Absicht, ihn zu verletzten oder gar zu zerstören. Aikido gibt seinen Schülern die Freiheit, und damit die Verantwortung, zu wählen[359]. Trotz der Ansicht, Aikido sei schließlich seiner Natur nach defensiv und daher für Polizeiarbeit mit Straßenkampfsituationen ungeeignet – man müsse auf das historisch ältere Aikijutsu zurückgreifen[360] –, überwiegen die eben erwähnten Meinungen zu seiner besonderen Wirksamkeit[361].

Obwohl auch Aikidotechniken, entsprechend angewandt, tödlich sein könnten, ist Aikido ein Weg der Integration, der Harmonie, denn Aikidoschüler lernen technische Mittel, um die Aktion des Angreifers zu neutralisieren, ohne den Angreifer selbst ernsthaft zu verletzen. Dies wird durch die Eigenart der Bewegung möglich.

Das «‹weiche› Auffangen eines Angriffs und die Umsetzung in eine Drehbewegung» machen im Vergleich mit anderen asiatischen Kampfstilen die Besonderheit des Aikido aus[362]. Die direkte körperliche Attacke des Angreifers mit bambusartig biegsamen, ausweichenden, aufnehmenden Bewegungen zu beantworten, ist einerseits technisch günstig und andererseits zugleich Widerspiegelung der oben geschilderten, in Naturerleben und Gesellschaftsverständnis wurzelnden Geisteshaltung. In Kapitel 16, das auf die dafür nötigen technischen Erfordernisse eingeht, wird erkennbar, dass die Prinzipien auszuweichen und einzutreten ebenfalls einen dritten Weg, dort neben Angriff oder Flucht, verkörpern.

Diese Körpermikropraktiken – in gewissem Sinn das Wesen des Aikido – ermöglichen Mitmenschlichkeit auch noch während der körperlichen Auseinandersetzung.

Nicht allein die Wahlfreiheit ist entscheidend, sondern es gibt noch etwas. Bekanntlich wird im Karate beispielsweise immer wieder eben nicht nur nicht mit einem Partner trainiert, sondern alleine an einem Gegenstand geübt. Das Training soll ein «wirklichkeitsnahes» sein: «Für den fortgeschrittenen Karateka ... ist es nun unbedingt notwendig, daß er ein Gefühl dafür bekommt, wie es ist, wenn eine Technik trifft und mit voller Kraft ins Ziel geht». Diesem «Zweck dient im Karate ein Übungsgerät – das Makiwara. Das ist ein ursprünglich mit Stroh umwickelter Pfahl, an dem alle Armtechniken und auch Fußtechniken geübt werden können». «Andere Geräte sind der Sandsack für Hand- und Fußtechniken und ... vor allem für Fußtechniken ... der Bock»[363].

Nun könnte aber das Trainieren von Schlag und Tritt gegen unbelebte Objekte neben den gewünschten physischen Effekten auch Auswirkungen auf die seelische Struktur der Übenden haben. Dies lässt sich daraus herleiten, dass zum einen die «Bereiche im Gehirn, die Informationen über Gesichter verarbeiten» andere sind als die, die «die Wahrnehmung von Gegenständen verarbeiten»[364], genauer: «Menschen aktivieren bei der Betrachtung von Gesichtern ... eine andere Hirnregion als bei der Betrachtung von Gegenständen (Gesichter: Gyrus fusiformis, Gegenstände: Gyrus temporalis)»[365]. Das hat – und dies ist der zweite Hinweis – wiederum Konsequenzen auch für die Motorik des Menschen, und zwar von Beginn des Lebens an. Von den Säuglingsforschern war unter anderem beobachtet worden, dass das Verhalten schon von zwei bis drei Wochen alten Babys anders ist, je nachdem, ob ein Mensch im Blickfeld des Kindes erscheint oder ein unbelebtes Objekt. Erblickt es einen Menschen, sind «die Körperbewegungen des Säuglings ... weicher und runder»[366]. Vielleicht ist sowieso nicht die gerade, sondern die kurvige Linie die ursprünglich-menschliche Bewegungsform[367]. Eine weiche und runde Bewegung wie die des Aikido ist anscheinend auch die geeignete Form für den Kontakt zwischen Menschen.

Dies würde für die besondere Gewaltfreiheit des Aikido sprechen: Auch einem friedfertigen Selbstbild zum Trotz wird ein im Karate Geschulter auf körperlicher Ebene den anderen eher verdinglichen. Der andere kann wegen der Wettkampfidee, auf die das Aikido verzichtet, im Karatetraining sowieso schnell zum Gegner werden, den es zu besiegen gilt. Darüber hinaus macht vielleicht ein Karatetraining den anderen nicht bloß zum Gegner, sondern zu einer unbelebten Sache, die beseitigt, ausgeschaltet und in letzter Konsequenz zerstört werden darf. Seine Personenhaftigkeit, seine Qualität als menschliches Wesen, zählen nicht, werden nicht erfahren. Eine Begegnung findet nicht statt.

Hingegen ist die innere Aussage der überwiegend weichen, runden Aikidobewegungen auf konkreter motorischer und affektiver Ebene, dass der andere als Partner, als Person, als Mensch erkannt, anerkannt und behandelt wird. Im Aikido werden – das zeigt sich immer wieder – nicht nur zufällig einfach andere Bewegungen geübt als in anderen Stilen und auch nicht lediglich andere Einstellungen gepflegt, sondern es werden in der Bewegung selbst andere, förderliche, emotionale Qualitäten vermittelt.

II.3 Der Einfluss des Lehrenden und des konkreten Unterrichts

Nachdenklich meinte einer meiner Interviewpartner: «Und das ist auch sehr unterschiedlich. Also mein Lehrer ist – setzt ganz auf Vermeidung. Manche Lehrer, die setzen halt auf – ihren Standpunkt.» Wer asiatischen Kampfsport betreibt, weiß aus «Erfahrung ..., wie sehr der Lehrer oder Trainer die Qualität des Trainings bestimmt. Ist er sehr aggressiv», so ist es das Training auch; wenn andererseits «der Trainer eher philosophische Ansichten über den Kampfsport hat, ist die Ausübung wesentlich disziplinierter und toleranter dem Gegner gegenüber»[368]. Damit ist auch trainerabhängig, inwieweit «das philosophische Training» dazu beiträgt, dass «Aggressionen zurückgehalten oder auf konstruktive Weise umgeleitet» werden.[369] Eine transkulturelle Studie – Aikidounterricht in Japan wurde mit dem in den USA verglichen – belegt, wie die Lehrenden Atmosphäre und Meinungsbildung bestimmen[370]. Wer unterrichtet, nimmt folglich Einfluss nicht nur auf die Körperentwicklung und den Kampfkunstweg, sondern auch oft genug im weitesten Sinn auf den Lebensweg derer, die sich ihm oder ihr anvertrauen. Diese Verantwortung kann kaum überschätzt werden.

Damit rückt die Beziehung des Schülers zu der ihn lehrenden Person in den Vordergrund der Betrachtung.

IV – Das Beziehungsgefüge

Abschnitt IV erkundet Beziehungsangebote und Beziehungsbedürfnisse, die sich im Aikido begegnen können.

12 – Meister – Sensei – oder Trainer?

– Der Import einer asiatischen Struktur – Sensei und Ai: Die Nachsichtigkeit –

Die für Kampfkünste wesentliche Beziehung zwischen dem Lehrer oder Meister und dem Schüler spiegelt gesellschaftliche Formen der Feudalzeit Japans wider[1]. Das Mittelalter kannte in Europa ganz ähnliche Verhältnisse zwischen Königen und Fürsten, Lehnsherren und Gefolgsleuten. Wie wir sehen werden, gab es dort und hier Ähnlichkeiten im Empfinden und folglich im Tun. Uns liegt jene Gefühlswelt inzwischen fern; wir sind allmählich über die Renaissance und die Aufklärung in die Moderne gelangt. Für Japan hingegen, das diesen Ablauf hatte überspringen müssen, ist das feudale Erleben und Verhalten noch nicht wirklich Vergangenheit.

Mit dem traditionsgebundenen System einer Kampfkunst werden nun aus Japan spezifische Beziehungsstrukturen importiert, aus denen letztendlich auch besondere bewegungsdidaktische Strukturen erwachsen. Diese unterscheiden sich erheblich vom westlichen Sportunterricht. Hierin liegt wohl ein Teil der Anziehung auf manche unter uns, auch wenn es uns selbst nicht immer bewusst ist. Etwas Atmosphärisches besteht einerseits neben der Bewegungserfahrung und hat einen ganz eigenen Wert; andererseits wird es im bewegungsbezogenen Umgang verwirklicht.

12.1 Der Aikidolehrer als bedeutsame Beziehungsfigur: Ein Meister (Sensei)

Die Aikidobewegung selbst und das Üben des Aikido im steten Wechsel von Angreifer- und Verteidiger-Rolle sind partnerschaftlich, sind auf ein harmonisches Miteinander ausgerichtet. Die Unterweisung findet jedoch in einer asymmetrischen Struktur statt: Schüler werden von einem Lehrer angeleitet.

Er ist der Wegbegleiter, der «‹Meister›, im Japanischen ‹Sensei›, was so viel wie ‹der, der früher geboren ist› bedeutet, also im übertragenen Sinn auch ‹der, der mehr davon weiß›»[2]. Die Beziehung geht über das Vermitteln und Erlernen des Bewegungsrepertoires weit hinaus: «Was der Meister gesagt hat, ist vollkommen unwichtig. Wichtig ist allein seine Gegenwart»[3]. Japan kann als eine sogenannte Kontext-Kultur angesehen werden; Botschaften werden nicht in erster Linie durch Worte vermittelt, sondern «die wesentlichen Informationen liegen bereits in der Person»[4].

Meisterschaft wird als Zustand einer Person verstanden.

Technisch-formale Definition von Meisterschaft

Das jeweilige erreichte technische Niveau wird üblicherweise durch eine Prüfung ermittelt. Zunächst werden Schülergrade vergeben, später Meistergrade zuerkannt. Herrigel berichtet von der entsprechenden Zeremonie beim Bogenschießen: «Wir ... erhielten Diplome ausgehändigt ... je mit Angabe der Stufe* der Meisterschaft, auf welcher jeder von uns ... stand»[5]. Dies wird anders aufgefasst als im Westen. So warnt ein Graduierter selbst davor, sich mit dem Erlangen des schwarzen Gürtels für fertig im westlichen Sinn zu halten[6]. Ein Träger des schwarzen Gurtes ist nämlich noch lange kein Sensei, auch wenn er natürlich das praktisch-technische Training anleiten kann[7]. Im deutschen Karate liegt «die Grenze zwischen dem 4. und 5. Dangrad (vorher Yudansha, danach Kodansha)»[8]. Das US-amerikanische Aikido erkennt eine Person erst ab dem sechsten Dangrad als Meister an[9].

Spirituelle Sicht der Meisterschaft

Die geistige Qualität eines Meisters ist nicht einfach zu fassen. Lehrende schreiben sie sich in unterschiedlichem Ausmaß zu. Schüler legen unterschiedlich viel Wert auf diese Komponente. Zum das technische Können transzendierenden Inhalt des Begriffes Meister befindet Herrigel: «Jedweder Meister einer vom Zen her bestimmten Kunst ist wie ein Blitz aus der Wolke der allumfassenden Wahrheit»[10]. Über einem solchen steht nur noch der «Weg der kunstlosen Kunst», auf dem man «dem Nichts, das doch alles ist, begegnet, von ihm verschlungen und aus ihm wiedergeboren wird»[11].

Anspruch an den Aikidomeister

Für das nicht-wettkämpfende, nicht als Sport aufgefasste Aikido können strenge Forderungen formuliert werden. «Je höher die Graduierung ist, desto mehr spielen äußeres und inneres Verhalten eine Rolle. Die geistige Haltung ist aus der Art der Bewegung abzulesen»[12]. Man kann den Weg von Kohai über Sempai zum Sensei als Entwicklungsstufen im Aikido ansehen und dabei die Dimensionen Waza, Ki-Iku, Toku-Iku und Shi-Iku betrachten (Anhang 11 erläutert diese Begriffe).

ERKENNTNISSE: Die Spiritualität des Lehrenden in der Wahrnehmung von Schülern
In den Interviews hatte ich nach dem Verhältnis der Interviewten zu demjenigen gefragt, der ihnen regelmäßiges Training anbietet, danach, wie er wahrgenommen wird (Euer Übungsleiter, was ist der für Dich? Trainer, Lehrer, Meister ...?). Nur einmal war die Antwort: «Alles.» Manche Gesprächspartner billigten ihrem Lehrer vor Ort keine Meister-Attribute zu, behielten dies einem japanischen Shihan vor. Meist zeigten sich komplexe Wechselwirkungen zwischen dem Angebot, das der oder die Lehrende macht und dem Er-

---

* japanisch: Dan. Im Umfeld von Kampfsport und Kampfkunst wird Dan oft mit Schwarzgurt gleichgesetzt; in Japan wird der Begriff aber viel breiter verwendet, so gibt es Dan (und Kyu) beispielsweise auch im Go, dem Brettspiel. Yudansha ist damit eine Person (Sha), die einen Dan innehat (Yu); Mudansha (Mu = nicht) haben noch keinen Dangrad erreicht. Kodansha sind Inhaber von Hochgraden (Ko = hoch): Renshi (ca. 5.-6. Dan), Kyoshi (ca. 7.-8. Dan) und Hanshi (ca. 9.-10. Dan). Dieses System ist allerdings nicht einheitlich definiert.

leben sowie den Zielen der Schüler. Eine Frau beobachtet: «Die beiden teilen sich das halt, und der eine macht mehr so ein spirituelleres Aikido und der andere so die Technik»; ein Mann beschreibt: «Er ist ein netter Mensch und ein sehr esoterischer Lehrer; der erste Lehrer, der mich so von seiner Ausstrahlung überzeugt hat als spiritueller Lehrer.»

Manche Schüler empfinden es als Mangel, wenn diese Ebene überhaupt nicht angesprochen wird: «Das ist eigentlich ein Bereich, der für mich zu kurz kommt, diese geistige Dimension, diese philosophische Dimension, die ich nun zufälligerweise schon seit etlichen Jahren kenne, die kommt hier überhaupt nicht zum Tragen. Das finde ich eigentlich schade. Es wird hier als eine sportliche Betätigung verkauft und der Rest ist anscheinend da Privatsache. Hier ist es halt eine Sportarena.»

EMPFEHLUNGEN: Angesichts dieser verschiedenen Stimmen ist es für den Lehrenden wichtig, authentisch zu sein und zu bleiben. Es wäre unfruchtbar, sich an vermuteten oder ausgesprochenen Wünschen einzelner Schüler zu orientieren und etwas sein zu wollen, was man nicht ist. Mit Konstanz und Begeisterung das weiterzugeben, was man selber gut kann, das, wohinter man steht, ist wertvoll. Eine Rolle zu spielen wäre hohl, und Schüler würden es durchschauen.

Zwischenmenschliche Realität von Meisterschaft und Schülerschaft

ERKENNTNISSE: Für die Frage «Wenn ich an meinen Lehrer denke, meine ich damit ...» konnten die Teilnehmer aller befragten Gruppen wählen zwischen «eigentlich niemand Bestimmten, da ich bei so vielen Lehrern wie möglich trainiere», «unseren Übungsleiter» und «den Großmeister / Bundestrainer».

Was, glauben Sie, war die Antwort?

Die Tänzer wählten – stimmig zum westlichen Streben nach Autonomie, wir kommen darauf zurück – zu 100 % die erste Möglichkeit. Dagegen denken die Teilnehmer aus den Gruppen Iaido, Karate und beiden Aikidogruppen ganz eindeutig in erster Linie an ihren Übungsleiter. Tja. Das – sind Sie.

Eine dritte Dimension neben technischem Niveau und transpersonalem Inhalt definiert Meister-Sein durch Schüler-Haben. Die Schüler entscheiden, wen sie «als kompetenten Lehrer an- und ernst nehmen»[13]. Hier ist allerdings Vorsicht geboten. Zum einen macht die Übertragungsbereitschaft der Schüler, ein Phänomen, was unten in Kapitel 17 beschrieben werden wird, es meist jedem Lehrer leicht, anerkannt zu werden. Zum anderen ist die Auswahl an Budolehrern im Westen nicht groß. Hierzulande «bekommt der Trainer oder Meister sehr häufig den Status eines reinen Experten. Meister, die auch menschliches Vorbild sein könnten, sind höchst selten anzutreffen»[14].

ERKENNTNISSE: Aikidoschüler sind selten zugleich Zenschüler. Für sie steht die motorische Sachkompetenz im Vordergrund; dies hoben meine Interviewpartner hervor: «Nee, also so Meister sind's nicht, sondern Leute, die halt einem gut was voraus haben, die das Training gut machen können, die man was fragen kann»; «Zunächst mal natürlich ein Trainer, der diese Technik da drauf hat»; «Lehrer»; «Ich vertraue ihm und dann mach ich das auch so»; «Er hat auch eine entspannte Art, Aikido zu lehren und zu praktizieren, kann auch gut das vermitteln, was in den Büchern über Aikido steht. Ruhe, Zentrum, Kraft. Dass es nicht um Technik geht oder Brachialgewalt»; «Ja, schwierig, keine Meister, Menschen wie alle anderen auch, die jetzt irgendwas besonders gut können und mir das beibringen, und dann habe ich in dem Augenblick Respekt vor denen, vielleicht ein Stück Ehrfurcht auch.»

Das alles ist, möchte ich festhalten, gar nicht so wenig ...

EMPFEHLUNGEN: Machen Sie sich keine Gedanken über den Respekt, den Sie bekommen (möchten). Richten Sie Ihre Aufmerksamkeit auf den Respekt, den Sie geben – Ihren Schülern und Ihren Lehrern. Angesichts seiner Sachkompetenz wird dann auch ein Lehrender, der im Alltag kameradschaftlich umgänglich ist, während des Unterrichts als Meister anerkannt. Ganz praktisch klingt das so: «Im Training, da wechselt das, da ist er selbstverständlich der Meister. Da ist er auch irgendwie ganz anders, da auf der Matte. Ernster. Auf der Matte ist er ernsthafter. Da gilt, was er sagt, das gilt für die ganze Zeit, zum Beispiel Schluss ist erst, wenn er es sagt, aber auch: ‹Was der Meister sagt, wird gemacht›, das ist aber zum Großteil beschränkt auf die zwei Stunden oder so Organisatorisches, was das Training betrifft. Er selber sagt ja auch ‹Meister Ueshiba› und ‹Meister Asai›.»

Auch Meister sind von der prinzipiellen Unvollkommenheit nicht ausgenommen Gemäß der Idee des Do kann sowieso von einem lebendigen Menschen weder technische noch personale Vollkommenheit erwartet werden. «Der lebende Meister ist nicht perfekt». Daher wird im Karate an Lebende höchstens der zehnte Dangrad verliehen, der elfte und zwölfte erst posthum, «weil Do, der Weg, durch unsere Unvollkommenheit nicht vollständig begriffen werden kann»[15]. «Der Meister», sagt Noro-Sensei, «weist Euch den Weg. Schaut auf den Weg – nicht auf seinen Finger, ob der vielleicht krumm ist oder nicht ganz rein»[16]. Für die gesamte nun folgende Betrachtung wird von einem genügend gut ausgebildeten, menschlich genügend reifen Lehrer ausgegangen.

12.2 Die Beziehung zum Lehrer: Vorstellungen von Beziehungen in Ost und West und deren kulturhistorische Wurzeln

Die Gestaltung des Verhältnisses von Lehrern zu Schülern ist in jeder Gesellschaft eingebettet in das jeweilige dortige Verständnis von Beziehungen überhaupt.

Die Beziehung zu einem (kündbaren) Sportlehrer ist etwas ganz anderes
als die Beziehung zu einem (unkündbaren) Meister

Um die Unterschiede zwischen West und Ost bezüglich des Verhältnisses zwischen Lehrendem und Lernendem aufzuzeigen, habe ich nicht zuerst ein Element des Unterrichtsalltages herausgegriffen, sondern eine Störung eben dieser Beziehung. An deren Konsequenzen wird etwas besonders deutlich.

Aus westlicher Sicht ist der Sportlehrer ein kündbarer Angestellter.

Im westlichen Sport unterliegen Trainer Leistungsansprüchen wie die von ihnen Betreuten. Hat eine Fußballmannschaft mehrfach verloren, ist ein Trainerwechsel oft die am schnellsten erwogene Abhilfe; der Verantwortliche wird entlassen, ein neuer Trainer engagiert. So kennt das jeder aus Funk und Fernsehen: «Liegt ein Fußballverein am Boden, weiß der DFB ein probates Mittel: Trainerwechsel!»[17]. «Rückblick auf eine Woche des Trainerwechsels»[18]. «Die aufregendste Nachricht des Tages zuerst: Wir haben bis zur Stunde noch keine Trainerentlassung ... in dieser Spielzeit gab es bisher acht ... Das ist noch kein Rekord. Der Rekord war die Spielzeit 1990/1991, damals gab es elf ... Herta BSC trug dazu bei mit drei Trainerwechseln ... Ein Jahr später gab es neun Entlassungen ... damals zweimal bei Bayern München. Es ist also noch kein Rekord ... Unsere Mitarbeiter observieren italienische Restaurants und andere Orte, an denen die Auflösungsverträge üblicherweise ...»[19].

So einfach ist das: Ist man frustriert, so muss der Trainer gehen.

Dies ist übrigens nicht rational, sondern nur psychologisch erklärbar. Auf dem Hintergrund verschiedener Theorien zur Abhängigkeit der Mannschaftsleistung von Trainern wurde Zahlenmaterial zu Erfolg und Misserfolg der Mannschaften nach einem Austausch verglichen. Es erwies sich, dass ein Trainerwechsel keinen bedeutenden Einfluss auf Leistung der Mannschaften hat[20]. Er ist eher «eine Art ‹rituelles Opfer› ... der Trainer wird zum ‹Sündenbock› erklärt ... Dies ist ein bequemer, angstreduzierender Akt, den die Teilnehmer an der ‹Zeremonie› als ein Mittel zur Verbesserung der Leistung ansehen, obwohl – und dies geben manche Beteiligte in ruhigeren Momenten selbst zu – eine tatsächliche Verbesserung nur durch langfristige Maßnahmen und Entscheidungen des Vereins bewirkt werden kann». Alle haben ein «Interesse daran, den Mythos von der Verantwortlichkeit des Trainers aufrechtzuerhalten. Wenn der Trainer seine Verantwortlichkeit für die Mißerfolge des Teams selbst in Zweifel zieht, schwächt er seinen Anspruch, für die eventuellen Erfolge des Teams verantwortlich zu sein. Für die Vereinsführung und die Spieler gibt er eine gute Entschuldigung ab für etwas, wofür eigentlich sie verantwortlich sind. Und schließlich können die Fans der wenig erfolgreichen Mannschaft durch diesen einfachen ‹rituellen Akt› besänftigt und ihre Hoffnungen auf zukünftige Erfolge neu belebt werden»[21].

Auch in Einzelsportarten überwiegt Austauschbarkeit gegenüber persönlicher Bindung; wer mit seinem Trainer unzufrieden ist, kann meist bequem wechseln. In einer asiatischen Kampfkunst stellt sich dies anders dar.

Aus asiatischer Sicht ist das Lehrer-Schüler-Verhältnis eine von vielen gesellschaftlichen Beziehungen, die alle ähnlichen Prinzipen unterworfen sind.

Das Verhältnis von Meister und Schüler in Japan ist traditionellerweise zugleich eng und streng hierarchisch. Den alten Werten in Fernost entsprachen «das ideale Verhältnis von 1:1 oder 1:2 ... mit individuellem Eingehen auf einzelne Schüler ... und einem engen, persönlichen Verhältnis zwischen Lehrer und Schüler ... auch über den Sport hinaus»[22]. Es war keine beliebige, es war vielmehr eine besondere Beziehung. «Früher haben deshalb die Meister nur sehr wenige Schüler unterrichtet. Die Unterweisung im Weg bedarf der Bindung und des Vertrauens. Ja, man prüfte Schüler vorher, ob sie bereit waren, als Schüler aufgenommen zu werden»[23]. Hat ein Meister eine größere Zahl Schüler, unterscheidet man «*uchi-deshi* und *soto-deshi* [Begriffe in Anhang 12]. Die ersteren erhalten eine tiefgehende Unterweisung durch ihren Meister, die soto-deshi hingegen werden eher oberflächlich geschult»[24].

Im japanischen Verständnis wählt also nicht der Schüler, sondern der Meister, und schon deshalb ist er nicht kündbar. Hier gilt: «Wenn ich frustriert bin, muss ich lernen, damit umzugehen.» Angst, (Selbst-)Zweifel und Enttäuschung können im Budo nicht einfach entlassen werden. Der westliche Schüler ist zudem oft auf ein einziges Dojo, und dort vielleicht auf einen einzigen Dan-Graduierten, angewiesen. Sich von seinem Lehrer zu trennen hieße somit zugleich, das Aikido aufzugeben.

Zwei meiner Interviewpartner, die beide schon seit vielen Jahren und intensiv trainierten, hatten zwischenzeitlich erwogen, «wegzulaufen»; sie, weil sie sich «massiv gebremst» gefühlt hatte, er, weil er eine Weile von seinem Lehrer «enttäuscht» gewesen war. Beide hatten Wege finden müssen, diese Krise zu überwinden, um Aikido beibehalten zu können.

Sind Trennung und Wechsel als nach außen gerichtete (alloplastische) Handlungen unmöglich, müssen an ihre Stelle innen wirksame (autoplastische) emotionale und kognitive Manöver treten, um Konfliktsituationen aushaltbar zu machen. Eine solche geistige Lösung ist es, die Beziehungsauffassung nach japanischem Vorbild zu akzeptieren. Letztlich ist es dann nur eine Äußerlichkeit, dass ein japanischer Meister bei Unzufriedenheit nicht einfach gewechselt werden kann; es geht auch nicht allein um den zeremonielleren Umgang. Zugrunde liegt vielmehr ein grundsätzlich anderes Verständnis von einem Lehrer als Meister: Der Schüler unterwirft sich ihm, gestattet ihm, ihn zu fordern, zu bremsen und eben auch, ihn zu frustrieren.

Die japanische Pädagogik: Grundsätzliche Wertschätzung und punktuell mögliche Frustration durch Liebesentzug – Nachsicht und Strenge

Strenge Disziplin, eine mögliche Quelle von Frustration, betrifft nicht die Anfänger. Doch im Umgang mit fortgeschrittenen Schülern kommen für Japaner zentrale Auffassungen über die Verhältnisse von Mutter zu Kind, Lehrer zu Schüler und Gesellschaft zu Individuum zum Tragen. Der Lehrer bleibt immer Lehrer, der Schüler immer Schüler. Letzterer wird nicht groß und geht fort. Vielmehr kann er jederzeit kritisiert werden durch ein fühlbares Abkühlen des emotionalen Verhältnisses, wenn etwa seine Beteiligung oder Trainingshäufigkeit in den Augen des Meisters nachlässig geworden ist. Die Ursache des Nachlassens spielt keine Rolle. Auf eine gleichbleibende Wertschätzung aufgrund des vergangenen Einsatzes kann der Betreffende nicht pochen; die Gegenwart zählt. Das kann für uns sehr bitter sein; für die meisten von uns ist und bleibt Aikido schließlich doch eine Freizeit-betätigung – berufliche Anforderungen hingegen dienen der Existenzsicherung, eigene Kinder gehören zum Lebensplan. Dennoch kann es wehtun, mitzuerleben, wie andere zü-giger graduiert werden als man selbst.

Allerdings – und das ist anders als in unserer zu Vorwürfen, Rachsucht und Unver-söhnlichkeit neigenden Kultur – bleibt man nicht ein für alle Mal abgeschrieben. Der Schüler wird bei seiner Rückkehr, wenn sich also seine Trainingshäufigkeit wieder erhöht hat, rasch, vollständig und ohne nachtragende Gefühle wieder aufgenommen.

Das Verhalten des Lehrers erklärt sich daraus, wie Beziehungen in der japanischen Kul-tur allgemein begriffen werden.

Westliche Aikidoschüler fühlen sich aus Unkenntnis der japanischen Pädagogik durch das Geschilderte gekränkt. Wir wissen meist nicht, dass der Meister uns erzieht wie in Japan die Mutter ihr Kind. Dort gelten zwei wesentliche Prinzipien. Das eine ist der enge Körper-kontakt: «Weniger autoritär als die westlichen Frauen, strebt die Mutter danach, die Sym-biose, die sie während der Schwangerschaft mit dem Fötus verband, zu verlängern: Sie schläft häufig bei ihrem Säugling, läßt ihn nach seinem Belieben saugen und tröstet ihn beim geringsten Weinen»[25]. Schon dies steht im Gegensatz zu den bei uns gegebenen Stö-rungen des Haltens bzw. Tragens mit ihren psycho-motorischen Folgen (siehe oben Kapi-tel 6); westlichen Schülern ermöglicht der körperliche Umgang im Aikido korrigierende Erfahrungen. Zudem entspricht eine körpernahe Didaktik den japanischen Gepflogenhei-ten (Kapitel 21). Das zweite Prinzip ist die Erziehung ohne Gewalt, stattdessen durch sanfte Formung: «Im Allgemeinen läßt sie ihm seine, im Übrigen selten vorkommenden Launen durchgehen ... körperliche Strafen sind selten. Vielmehr setzt die Mutter die Zuneigung ein, die sie und das Kind verbindet, um das zu erhalten, was sie von ihm erwartet. Ein Akt der Ungehorsamkeit hat einen Liebesentzug zur Folge ... Aus dieser Familienkonstellation heraus entsteht eine lebenslängliche starke Bindung vom Kind zur Mutter»[26].

Diese geduldige, langmütige, nachsichtige Haltung erlaubt dem Kind Amae, ein Be-griff, zu dem wir unten kommen werden. Etwas wird angelegt, was nicht auf die Kindheit beschränkt bleibt. Vielmehr hat die Mutter-Kind-Beziehung für Japaner ein Leben lang Vorbild-Charakter. Dies betrifft sowohl den strukturellen Aspekt, also wie Beziehungen zu gestalten sind, als auch den diese Struktur füllenden emotionalen Aspekt, also wie man sich in der jeweiligen Beziehung fühlt.

*12.3 In Japan Urbild aller gesellschaftlichen Beziehungen: Die Mutter-Kind-Beziehung** *

In Japan ist man der Ansicht, die «Beziehung von Mutter und Kind stelle ein Modell ge-glückter Interaktion dar, das verpflichtend für alle Formen von Gemeinschaft ist»[27]. Schon das Schriftzeichen, welches «mögen»[28] bedeuten kann, die «Idee des Guten, des-

---

* Hier zunächst die strukturelle Analyse; den emotionalen Gehalt erläutert unten Kapitel 13.3.

sen, was geliebt wird»[29] oder auch «Liebe», «Güte»[30] (好) setzt sich nicht etwa aus den Elementen Mann und Frau zusammen, sondern aus «Frau» und «Sohn»[31], «Frau» und «Kind»[32].

Japaner sind geneigt, «solche Eltern-Kind-Beziehungen als Ideal zu betrachten und alle anderen Beziehungen zwischen Menschen danach zu messen». Werden sie nicht ähnlich dicht und tief, «hält man sie für oberflächlich»[33]. Tatsächlich wird «die Kompetenz des Erwachsenseins gerade von der Fähigkeit abhängig gemacht ... jedes Lebensalter in Korrelation zur frühen Kindheit zu sehen». Entsprechend des anderen Erziehungsstiles wird allerdings «in Japan die Erinnerung an die Kindheit nicht unter dem Bann physischer Gewalt aufbewahrt, sondern in den Symbolen der kollektiven Tradition, deren Gebrauch eingeübt»[34] wird. Auf diesem Fundament werden hierarchische Beziehungen nicht lediglich kritiklos hingenommen. Vielmehr wird in solchen Beziehungen Wohlbehagen erlebt. Uns geht es da mit Hierarchien ganz anders.

Hierarchie: Es kommt darauf an, was man damit verbindet

Aus westlicher Sicht werden hierarchische Beziehungen abgelehnt.

Zur Zeit des Zweiten Weltkrieges staunten US-Amerikaner darüber, dass den Japanern ihr Kaiser völlig über jede Kritik erhaben war; im Westen begegne man doch ausnahmslos jedem Menschen mit Skepsis[35]. Westliche psychologische und soziologische Forschung bringt Hierarchie meist mit Dominanz und Unterwerfung in Zusammenhang und gibt dem Thema durchwegs einen unguten Beigeschmack. Sport und Sportunterricht finden im Westen trotz solcher Vorbehalte in hierarchischen Strukturen statt: Lehrer/Schüler, Coach/Trainee. Keine westliche Sportart betont jedoch den hierarchischen Aspekt durch ein besonderes Zeremoniell, wie die Budoformen es tun. Damit wird die hierarchische Struktur zu lediglich einem äußeren Rahmen, der noch nichts über das Erleben dabei aussagt.

ERKENNTNISSE: Über 40 % der Karateka (besonders der männlichen, von ihnen bald die Hälfte) definierte «die Kyu- und Dangrade» (für Tänzer: «die Unterteilung in Anfänger und Fortgeschrittene») als Ausdruck einer «Hierarchie» und deshalb als unangenehm; anders der Großteil der übrigen Teilnehmer am Fragebogenteil. In den Interviews mit Aikidoka kamen Vorbehalte von zwei absoluten Anfängern, also Personen der unteren Hierarchieebene. Gerade weil es ihn reizt, Schülergrade zu erwerben, setzt sich ein junger Mann damit auseinander: «Da sind die Hakamaträger und da sind die, die haben eben keinen. Das ist schon eine relativ starke Hierarchie, glaub' ich schon. Da wird man auch schon auch irgendwie bewertet, was ist der? Der ist zweiter Dan. Das geht mir auch irgendwie gegen den Strich, dass ich das Gefühl habe, das ist so wichtig ja, wie weit ist jemand da?! Gerade im Aikido, wo ja gesagt wird, dass die sich ein bisschen so absetzen von den Karateleuten, die Wettkämpfe haben oder so, und von denen, die bunte Gürtel tragen. Da finde ich hier keinen großen Unterschied. Da hat jemand als fünfter Kyu einen gelben Gurt im Judo oder so – und das wird im Aikido auch schon deutlich herausgestrichen. Da wird getrennt: Erste Kyus nach vorne und die Danträger nach vorne, da wird echt viel

Wert darauf gelegt.» Das nach den einzelnen Graden getrennte Üben hatte der Interviewte im Rahmen eines großen Lehrgangs erlebt. Es kann insgesamt 15 Minuten der zweieinhalb Stunden betragen, wurde von dem Anfänger aber offensichtlich überdeutlich wahrgenommen; vermutlich hat es ihn auch motorisch frustriert, warten zu müssen, bis er an der Reihe war ...

Eine konsequente Ablehnung formuliert eine Frau mittleren Alters: «Mein einziger Vorbehalt: Dass das so hierarchisch abläuft, das spüre ich hier, das ist ja mein erster Lehrgang. Das steht so im Gegensatz zu meiner demokratischen Einstellung.»

Angesichts solcher Positionen hatte ich mich gefragt, wieso westliche Erwachsene in ihrer Freizeit freiwillig hierarchische Beziehungen aufsuchen, wie sie in den verschiedenen Budoformen nun einmal gegeben sind. Es scheint sich um mehr zu handeln als um den reinen Nutzen aus sportlich-körperlicher Betätigung wie Kondition oder sogar Selbstvertrauen – das eine könnte man aus Marathonlauf, das andere aus Boxen ziehen, wollte man, dem scheinbaren westlichen Konsens folgend, die explizite hierarchische Struktur meiden. Ich hatte einen eigenständigen Gewinn vermutet. Er erschließt sich vielleicht aus dem japanischen Verständnis der Implikationen von Hierarchie.

Die grundsätzliche Akzeptanz hierarchischer Beziehungen aus japanischer Sicht
In Japan bringt man Hierarchien Vertrauen entgegen. Dies gründet sich auf Vorstellungen von zwischenmenschlichen Beziehungen und von den Beziehungen zwischen Mensch und Staatswesen[36], die wiederum im Konfuzianismus wurzeln (vgl. Anhang 2). «*Hayashi Razan*, der Berater der *Tokugawa*-Shogune in Fragen der Staatsethik, der dem chinesischen Konfuzianismus des *Chu Hsi* (1130–1200) folgte», verkündete «als den ‹himmlischen Weg im menschlichen Leben› die Beachtung der fünf Beziehungen (Untertan-Herrscher, Kind-Eltern, Frau-Mann, jüngere-ältere Geschwister, Freund-Freund)». Diese fünf Beziehungen, von denen vier hierarchisch sind, wurden als naturgegebene Verhältnisse interpretiert, unabhängig vom menschlichen Willen existierend, der universalen, kosmischen Ordnung vergleichbar[37]. Hier fügt sich die Beziehung Schüler-Lehrer stimmig ein.

12.4 Das Beziehungsgefüge: Zuneigung auf der einen,
Dankbarkeit, vor allem aber Zugänglichkeit, auf der anderen Seite

Solche, im Vergleich zu den unseren ganz andere, Vorstellungen führen natürlich auch zu anderem Verhalten und zu anderem Erleben. Den jeweiligen Platz in einer Hierarchie innezuhaben hat zudem in Ost und West unterschiedliche Folgen. Für die Auffassung von Ai als Liebe zeigte sich bereits eine hierarchische Qualität ohne Wertung: Langmütiger Vater gegenüber trotzigem Kind, gelassener Aikidoka gegenüber dem Angreifer, der außer sich ist. Diese Anmutung durchdringt weit über den Aikidokontext hinaus das Beziehungsverständnis in Japan.

Ai: Liebe des in der Hierarchie höher Gestellten zu jenen unter ihm
Im westlichen Empfinden ist Hierarchie damit verbunden, dass Höhergestellte sich jederzeit etwas herausnehmen konnten wie das ius primae noctis des Fürsten oder die Rechte, die preußische Familienväter über Frau und Kinder hatten[38]. Ganz im Gegenteil hierzu haben Japaner im Verlauf ihrer Geschichte gelernt, «Hierarchie mit Schutz und Sicherheit gleichzusetzen»[39], ein in vergangenen, feudalistischen Zeiten bei uns ebenfalls übliches Konzept[40]. Manchen Personen werden aufgrund ihres Geschlechts, Alters oder ihres Standes erhebliche Vorrechte eingeräumt. «Doch diejenigen, die diese Privilegien innehaben, verhalten sich eher als Treuhänder, als Sachwalter, und nicht als willkürliche Selbstherrscher»[41]. Macht ist nicht zum Vergnügen der Mächtigen da, sondern gebunden an «die Verpflichtung, für die Belange der Schwächeren zu sorgen, denn diese haben einen Anspruch darauf, der aus der Würde des Menschen kommt»[42].

Hier erschließt sich ein Verständnis von Ai als Liebe, dem am ehesten die ursprüngliche, gerichtete Bedeutung des Wortes Zu-Neigung entspricht: Aus der japanischen Sprache lässt sich ablesen, dass Höhergestellte glaubwürdig sich liebevoll verhielten gegenüber denen, die auf sie angewiesen waren[43]. Ai bedeutet Liebe. Christliche Missionare haben zwar Ai als Übersetzung für die Liebe Gottes sowie die Liebe der Menschen zu Gott verwendet; jedoch «bedeutet Ai ursprünglich und eigentlich die Liebe eines Höhergestellten zu den von ihm Abhängigen». Als Mensch des Westens könnte man das als «patriarchalisch» ansehen, doch «im japanischen Sprachgebrauch bedeutet es mehr. Es bedeutet Zuneigung, Liebe»[44].

Bemerkenswerterweise kannte das Abendland im Feudalismus ähnliche und ebenso weitreichend bedeutsame Strukturen. Im Frankreich des 12. Jhs. «galt die ganze Welt ... als eine einzige Hierarchie. Jeder hatte andere über sich, denen er Achtung und Dienstbarkeit schuldete, jeder hatte aber auch andere unter sich, die er lieben und beschützen mußte, und dieser Austausch von Ehrfurcht und Liebe, diese Kette wechselseitiger Verpflichtungen – ein reicher Gnadenstrom ... die zeitgenössischen Theologen bezeichneten ihn mit dem Wort caritas – sollte die ganze Schöpfung befruchten und ihr den nötigen Zusammenhalt verleihen»[45].

Wie wir im nächsten Kapitel sehen werden, haben Ai und das Gegenstück, Amae, im heutigen Japan noch genau die gleiche sozialsynthetisierende Funktion. Die feudalen Muster sind dort noch wirksam, weshalb die Schüler-Lehrer-Beziehung auch «in ein komplexes System aus Verpflichtungen eingebettet ist, den On»[46], was ebenfalls erklärungswürdig ist.

On: Dankbarkeit für die erhaltene Fürsorge und daraus resultierende Verpflichtung
des in der Hierarchie tiefer Gestellten
Es ist eine Art traditioneller Gesellschaftsvertrag: Aus der erhaltenen Zu-Neigung erwachsen dem Empfänger Verpflichtungen gegenüber dem Gebenden.

Die Verschränkung von Fürsorge und Dankbarkeit
gilt in der japanischen Gesellschaft ganz allgemein

Die Vorstellung vom Wohlwollen des Höhergestellten macht es Japanern leicht, Dankbarkeit zu empfinden und auszudrücken «in einem Ausmaß, wie es Menschen im Westen nie in den Sinn käme»[47]. Neben Dankbarkeit ist Gehorsam die vordringliche Pflicht der in der Hierarchie Tiefergestellten. Während allerdings im Westen die Eltern mit Mühe Gehorsam erzwingen, müssen in Japan hingegen die Kinder hart daran arbeiten, ihren Gehorsam unter Beweis zu stellen[48].

Das Modellhafte an der Mutter-Kind-Beziehung wird in Japan ausgedehnt auf Eltern-Kind und damit auch Vater-Kind. «Die Mehrzahl der gesellschaftlichen Gruppen, wie z. B. politische Parteien, Gewerkschaften und Berufsverbände, Schulen, Universitäten, Verbrecherbanden etc., haben eine streng hierarchische Organisationsform, bei der sich wie in den traditionellen dörflichen Gemeinschaften die Bande der Autorität in verwandtschaftlichen Begriffen ausdrücken»[49]. Am stärksten ausgeprägt ist diese Struktur «in traditionellen Berufen ... unter Schreinern, Bergleuten, Sumo-Ringern und Gangstern»[50]. «Keiner kann in eine dieser Gruppen eindringen ohne die Fürsprache eines *oyakata*, wörtlich, einer ‹Vaterperson›, oder eines *oyabun*, ‹desjenigen, der die Aufgabe eines Vaters hat›. Das ‹Kind›, *kokata* oder *kobun*, ist dieser Person als Gegenleistung zeitlebens zu Ergebenheit verpflichtet»[51]. Geisha «nennen ... die Frauen, die ... Teehäuser führen, ‹Mutter›» und «übernehmen ... untereinander die Rolle von Schwestern». «In den familiären Bezeichnungen» geht es nicht um «sentimentale Vorstellungen» im westlichen Sinn. «Statt dessen kommen in den Begriffen ‹Ältere Schwester›, ‹Jüngere Schwester›, ‹Mutter› und ‹Tochter› die ungleichen, aber sich gegenseitig ergänzenden Kategorien zum Ausdruck»[52], die die Geisha-Gemeinschaften wie andere Gemeinschaften eben auch strukturieren. Bezeichnet werden nicht Sympathie-, sondern Lern- bzw. Arbeitsverhältnisse, eingegangen mit Zeremonien, die etwa denen einer Hochzeit ähneln, und deren Auflösung ebenfalls gewissen Formen entsprechen muss[53].

Bezüglich solcher «*oyabun-kobun*-(Führer-Gefolgsmann-)Beziehungen, wie sie in Japan gerne etabliert werden»[54], muss zweierlei betont werden: zum einen, dass Abhängigkeit nicht mit Passivität verwechselt werden darf und dass zum anderen ein und dieselbe Person in unterschiedlichen Kontexten verschiedene Positionen innehaben kann.

Gleichbleiben der Struktur innerhalb einer Konstellation (also Unumkehrbarkeit der Rolle) und fließend möglicher Wechsel der Rollen in unterschiedlichen Konstellationen bedingen sich gegenseitig. Beispielsweise verbeugen sich Schüler tief vor dem Lehrer; trifft nun ein Mann seinen ehemaligen Lehrer zufällig auf der Straße, wird er sich immer noch tief verbeugen, auch wenn er selbst inzwischen Premierminister geworden sein sollte[55]. Durch einen Wechsel des Kontexts kann es andererseits zu einem totalen Tausch der Rolle kommen: Eine junge Frau wird sich auf der Straße höflich und zurückhaltend gegenüber ihrer älteren Nachbarin verhalten. Nimmt die alte Dame jedoch Unterricht im Blumenstecken oder in der Tee-Zeremonie und die junge Frau ist zufällig dort die Meisterin, so wird ihr umgekehrt die Ältere mit besonderem Respekt begegnen und sich unterordnen[56].

So bestimmt sich nach dem Muster des Verhältnisses vom Begründer der Methode zu einem Shihan das von diesem zu Meisterschülern und Übungsleitern, von jenen zu ihren Schülern und schließlich, innerhalb der Schülergruppe, von erfahrenen Schülern zu Anfängern.

Die Verschränkung von Fürsorge und Dankbarkeit im Budo

Die beschriebenen Strukturen können nicht allein gedanklich akzeptiert werden. Sie müssen gelebt werden. Was bedeutet das für uns Aikidoka?

Die erste Verpflichtung besteht für Anfänger gegenüber fortgeschrittenen Schülern.

Das Gefälle mit der Struktur von Liebe und Fürsorge auf der einen sowie Dankbarkeit und Verpflichtung auf der anderen Seite wird wirklich auf Lehrgängen von Meister Asai mit der japanischen Eltern-Kind-Beziehung verglichen: «Fortgeschrittene und Anfänger, Danträger und Kyuträger – das ist wie in Japan mit Eltern und Kindern oder älteren und jüngeren Geschwistern. Die einen zeigen und helfen, die anderen sind dankbar und gehorchen»[57]. Der Respekt der Jüngeren gegenüber den Älteren ergibt sich hinwiederum aus deren Haltung, dass nämlich die Erfahrensten den jüngst Beginnenden wohlwollend «in ihrer Entwicklung behilflich» sind[58]. Die Fortgeschrittenen üben sich im Einnehmen «selbstloser Führungsrollen»[59].

Die nächste Ebene der Verpflichtung ist die der Schüler gegenüber dem Meister.

Im Verhältnis Schüler-Meister werden Respekt und die Anerkenntnis der Verpflichtung dann wirklich unverzichtbar. Der Lehrer stellt sich schließlich als Modell zur Verfügung für das, was der Schüler zu werden anstrebt. Er übermittelt die besonderen Aspekte der jeweiligen Stilrichtung und er «bemüht sich, dem Lernenden förderliche Erfahrungen zu ermöglichen, sodass dieser etwas herausfinden kann»[60]. Dafür wird ein Gefühl der Dankbarkeit («*Kansha*»[61]) gegenüber Lehrer und Kampfkunst explizit erwartet. Die Verneigung – Anfängern oft suspekt, da als ein Sichbeugen unter eine Hierarchie in unserem Sinn missverstanden – ist zunächst einmal ihr Ausdruck. Der Lehrer wird nicht gegrüßt, weil sich das halt so gehört, sondern weil er es dem Schüler ermöglicht, «seine Verbindung zur Energie zu entdecken», weil er das weitergibt, «was der Schüler lernen möchte und für kostbar erachtet». Der Gruß ist Ausdruck der Dankbarkeit, nicht dem einzelnen Menschen gegenüber, sondern er «gilt dem Wissen, das er vermittelt, der Energie, die er in Bewegung bringt und zu der er Zugang verschafft»[62].

Allerdings bleibt das On, die konkrete Verpflichtung, weiterhin bestehen und ist weder mit Höflichkeit alleine noch mit dem Monatsbeitrag oder der Lehrgangsgebühr abgegolten: «Der Schüler zahlt seine Schuld zurück, indem er fleißig übt und das aufnimmt, was der Lehrer ihm anbietet. Der Lehrer nimmt den Schüler an, weil dieser den Wunsch hat, die Kunst zu erlernen und weil er willens ist, dem Weg der spirituellen Erziehung zu folgen ... Vom Schüler wird *nyunanshin* erwartet (ein fügsames Herz), die Bereitschaft, die Unterweisung in der Kampfkunst aufzunehmen und sich dem geistigen formenden Prozess zu unterziehen. Geduld, Fleiß, Respekt und Ausdauer im Training zeichnen den hingebungs-vollen Schüler aus»[63].

Formbar zu sein, Einwirkung erlauben, ist also die wesentliche Pflicht der Schüler. Da-mit kommt man zur tieferen Bedeutung der Verneigung: Der Gruß bedeutet, dass man die Unterweisung, die man erhält, annimmt und bezeugt eine «innere Aufnahmebereit-schaft» gegenüber «Lehrern und Partnern»[64]. Wie anders ist das doch im Westen! Hier demonstriert ein Schüler Aufmerksamkeit und Mitarbeit besonders durch Stellen kriti-scher Fragen ... Wie leicht kommt es da zu einem Missverständnis.

Auch der Meister hat ein On zu erfüllen.

Ein Meister ist seinerseits wiederum in dieses Gefüge eingebunden und hat Verpflich-tungen gegenüber seinem Lehrer, seiner Disziplin und seinem Land im Allgemeinen, wo-bei «seine eigenen Schüler gewissenhaft zu unterrichten genügt, um seine Schuld zurück-zuerstatten»[65].

Die aus dem On resultierende Unauflöslichkeit hierarchischer Beziehung im japanischen Denken

Das On besteht ein Leben lang fort. Nicht nur kann die Beziehung zwischen einem Schü-ler und seinem japanischen Meister bei Konflikten nicht einfach aufgehoben werden; sie ist eigentlich überhaupt nicht auflösbar. In der japanischen Auffassung bedeutet die Gra-duierung zum Schwarzgurt nicht das Ende des Lehrverhältnisses, sondern dessen qualifi-zierten Beginn. «In der Hierarchie des Aikido bedeutet, wie in allen anderen japanischen Kampfkünsten auch, der schwarze Gürtel lediglich ‹ein Anfänger – der nun bereit und ge-willt ist, den Weg ernsthaften Lernens zu beschreiten›»[66]. «In Japan markiert der schwar-ze Gürtel erst den Beginn des wahren Übens und nicht sein letztes Ziel», bedeutet, dass sich der Übende «stillschweigend diesem Weg verpflichtet hat». Einzig der Graduierte, so Meister Noro, «kann wirklich als Schüler betrachtet werden. Der Meister hat ihn akzep-tiert und der Schüler geht, indem er den Titel annimmt, die Verpflichtung ein regelmäßig zu kommen» und fleißig zu lernen. Es handelt sich nicht um einen technischen Abschluss. Es ist vielmehr ein Öffnen «des Herzens»[67].

Der Westen hat sein Mittelalter mit der Entsprechung des Knappen, der anlässlich der Zeremonie des Ritterschlages seinem Lehnsherren Treue gelobt, gefühlsmäßig vergessen. Im Westen führten wirtschaftliche Hintergründe nach einer bürgerlichen Revolution zum neuen ideellen Wert Freiheit. Aus der Handwerks-Kultur stammt der Brauch, dass Lehrlin-ge eines Meisters Gesellen und später selbstständige Meister werden. Dies ist japanischem Denken fremd. Ein Karateka meint: «Die Meister, die eigene Verbände gründen, widerlau-fen eigentlich dem Meister-Prinzip»[68].

Japan wurde, wie gesagt, fast übergangslos aus dem Feudalismus in die Moderne geschleu-dert. Das alte Gedanken- und Wertesystem ist dort heute noch auch gefühlsmäßig zugäng-lich. Dies war in jüngerer Vergangenheit leider auch ausbeutbar. «Neben allem Positiven, was man zum Bushido sagen kann, muß man natürlich auch sehen, daß er immer einen Hang zum Konservatismus hatte, ... daß er bewußt von den Mächtigen gefördert wurde, um das feudalistische Regierungsprinzip zu stabilisieren»[69]. Auch wurde der Geist des Budo im Zweiten Weltkrieg durch das japanische Militär zur Erreichung von Kampf- und Angriffsgeist verzerrt[70].

On ist ein prominenter Begriff und wird auch von westlichen Autoren zu Budo beachtet. Auf einer seelisch tieferen Ebene bildet allerdings nicht On den Gegenpart zu Ai, sondern Amae. Dieser Begriff ist auch solchen Menschen des Westens, die sich aus Interesse an Budo bereits intensiver mit japanischen Gepflogenheiten beschäftigt haben, meist unbekannt. Das oben angedeutete Behagen in hierarchischen Beziehungen wird nun erkundet.

13 – AMAE

«Amae – Freiheit in Geborgenheit»
Titel des Buches von Doi, T., 1982.

Ai – als Einstellung, als Haltung, wie für die vorangegangenen Kapitel wesentlich – und Amae*, wozu wir jetzt kommen, sind zwei sich ergänzende Konzepte. Werden sie im Westen übernommen, können sie die gefühlsmäßige Situation des Aikidoanfängers gestalten. Ai wird vom Anfänger nicht erwartet, kann von ihm nicht erwartet werden. On zu spüren und gewisse Pflichten zu erfüllen, wird ihm in Grenzen bereits abverlangt, wobei Fehlern gegenüber, etwa beim Beachten der Dojo-Etikette, allerdings Nachsicht waltet. Hat beispielsweise ein Anfänger den Weg zur Matte barfuß zurückgelegt, so entspricht es der feudalen Struktur, ihn höchstens milde zu verwarnen und dafür dessen Übungsleiter strenger an seine Verantwortung und Fürsorgepflicht zu erinnern.

Ein Raum für Amae wird nun weder von einem in einer Hierarchie Höhergestellten explizit artikuliert zur Verfügung gestellt noch von Tiefergestellten bewusst in Anspruch genommen – von diesen allerdings aber unbewusst erwartet. Amae ist zugleich Gefühlszustand und Verhaltensmöglichkeit, ist ein passives Sichanvertrauen des in der Hierarchie Tieferstehenden; ein Sichgehenlassen oder Sichfallenlassen, ein Es-sich-wohl-sein-Lassen in Ai, der geschilderten, vom Höhergestellten angebotenen Nachsicht und bergenden Liebe. Darüber hinaus ist Amae zugleich der Ausdruck des Bedürfnisses, solcherart geliebt zu werden. Diese «japanische Emotion»[71] ist ein Schlüssel zum Verständnis japanischer Persönlichkeit: «Amae hat vielfältige Bedeutungen rund um das Bedürfnis nach passiver Abhängigkeit in hierarchischen Beziehungen»[72]. Wie Hierarchie ist auch passive Abhängigkeit im Westen etwas durchweg Negatives, in Japan jedoch nicht.

---

* gesprochen: Ama-e

13.1 *Amae wortwörtlich*

Das Konzept Amae ist im Westen aus mehreren Gründen kaum bekannt. Die Qualität ist uns fremd. Die Inhalte bleiben unausgesprochen und werden daher auch nicht mit einem Besucher Japans diskutiert. Der Begriff selbst ist nur mit Mühe zu übersetzen. «In den Indo-Europäischen Sprachen gibt es kein einziges Äquivalent für Amae (das Hauptwort) oder amaeru (die Verbform). Selbst ein ganzer Satz kann einem Nicht-Japaner das Gefühl von Amae nicht wirklich vermitteln»[73]. Ein japanisch-englisches Lexikon bietet Begriffe an, die auf Deutsch in etwa «sich etwas herausnehmen», «verwöhnt», «kindisch», «kokett», «abschmeicheln», «jemanden ausnützen» und Ähnliches bedeuten. Allerdings sind alle diese Worte abschätzig, wohingegen *amaeru* sowohl wohlwollend wie missbilligend gebraucht werden kann. «Angesichts dieses Dilemmas wird versucht, genauere Übersetzungen anzubieten, etwa ‹die Liebe des anderen voraussetzen, sich auf sie verlassen›, ‹in der Nachsicht des anderen schwelgen›, ‹die Freundlichkeit des anderen genießen›». Es geht um «ein Gefühl der Hilflosigkeit und um das Streben danach, geliebt zu werden»[74].

Dass das Japanische keine Geschlechtsdifferenzierung kennt, führt in diesem Fall zu einer Irritation: Das Wort Amae wird von der Übersetzerin von Dois Buch – sie schreibt den Begriff klein sowie kursiv – als sächlich behandelt, von mir dagegen als weiblich, in etwa als eine umfassende «Kultur der Anlehnung»[75], aber auch in einem psychologischen Sinn als eine Gestimmtheit.

Durch Worte wie «schwelgen», «sich hingeben», «sich sonnen in der Milde und Nachsicht» werden einerseits wohlige Gefühle mit den andererseits hilflos-abhängigen verknüpft. Dies ist uns im Westen fremd.

13.2 *Amae im tiefenpsychologischen Verständnis*

Ein japanischer Psychoanalytiker erinnert sich an seinen USA-Aufenthalt; damals hatte «das ‹Bitte, bedienen Sie sich selbst› (‹Please help yourself›) ... einen unangenehmen Klang für mich – ... wörtlich genommen hörte es sich so an wie: ‹Niemand sonst wird dir helfen›». Der Japaner «konnte nicht verstehen, wie diese Redewendung zu einem Ausdruck guten Willens hatte werden können»[76]. Auf sich allein gestellt zu sein, erleben Japaner als bedrohlich, als Getrenntsein: «Amae ist im wesentlichen ... Abhängigkeit vom Objekt, die Sehnsucht nach der Identität von Subjekt und Objekt»[77] – also nach dem Einssein miteinander.

Diese, die ganze japanische Gesellschaft durchdringende Empfindung reicht zurück in die frühe Kindheit: Zwangsläufig macht jeder Säugling die Erfahrung, dass die Mutter sich unabhängig von ihm bewegt – wie in den Kapiteln 5 bis 7 dargelegt, eine Entwicklungsnotwendigkeit, welche uns eigenständige Individuen werden lässt, und nur im ungünstigen Fall ein Trauma mit schwerwiegenden Folgen. Angesichts dieser Wahrnehmung ist das kindliche «Verlangen, sich fest an die Mutter zu hängen, ‹amae›, also letzten Endes der Versuch, die Tatsache des körperlichen Getrenntseins psychisch zu verleugnen»[78]. Ohne dieses aktive Zutun des Kindes, «ohne *amae* wäre die Mutter-Kind-Beziehung nicht möglich, und ohne die Mutter-Kind-Beziehung gäbe es kein gesundes Wachstum des Kindes»[79]. Das seelische Bedürfnis des Kindes, passiv geliebt zu werden, entspricht dem körperlichen Anklammern, also dem Bindungsverhalten.

Für erwachsene Japaner bedeutet Amae, den Wunsch nach ständiger körperlicher Anwesenheit der Mutter umzuwandeln in eine Vorstellung von mütterlicher Gegenwart, die bereitwillig aufrechterhalten wird, weil die frühe Beziehung gut war.

13.3 Die vielfältigen Wirkungen von Amae

Amae hat damit zu tun, wie die einzelnen Beziehungen erlebt werden, und sorgt zugleich für den gesellschaftlichen Zusammenhalt.

Abhängigkeit ist im japanischen Empfinden etwas Süßes; die Mutter-Kind-Beziehung
wird zum Beziehungsmodell, welches auch für Erwachsene gültig ist*
Entgegen Bedingtheiten der frühen Kindheit in unserer Kultur gilt, dass «die meisten erwachsenen Japaner an ihre Kindheit und an den süßen Geschmack der Abhängigkeit eine gute Erinnerung haben»[80]. Das zu dem Hauptwort Amae gehörende Adjektiv *amai* («süß») bedeutet sowohl «süß schmeckend» als auch das Wesen einer Person, die einer anderen erlaubt «zu *amaeru*(en)», also sich gehenzulassen, sich auf die besondere Beziehung, die zwischen beiden besteht, zu verlassen[81]. Süßer Geschmack, süße Gefühle gehören zur frühen Kindheit. An Orten wie Jahrmärkten, an denen Erwachsene regredieren dürfen, also kindlich empfinden und sich kindlich verhalten, werden häufig Süßigkeiten angeboten.[82] Weil Japaner die frühe Nähe von Mutter und Kind als angenehm erinnern, eben süß, vermissen sie sie später. Sie sind bereit, sogar bemüht, als Erwachsene dieses Einander-nah-Sein in allen anderen Begegnungen wieder aufleben zu lassen. Damit ist «beim Zustandekommen jeder neuen menschlichen Beziehung *amae* am Werk, zumindest zu Beginn. *Amae* spielt also eine unverzichtbare Rolle für ein gesundes seelisches Leben»[83].

Amae beginnt im Privaten, in jedem individuellen Leben neu
und wird dann zu etwas Offiziellem, Gemeinschaftlichem,
Gesellschaftlichem
Eine Kopfbedeckung behütet jedes japanische Kind vor der sengenden Sonne. Der Bahnbedienstete behütet das Kind, indem er das Verlorene aus dem Gleisbereich birgt (Abb. 1). Ausländer erfahren sehr schnell: «Japan ist ein feinfühliges und freundliches Land. Ein Mutterland»[84].

Abb. 1: Hinweisschild im Hauptbahnhof Kyoto. Foto: privat.

---

* Dies ist das Emotionale, was das Strukturelle – siehe das vorausgegangene Kapitel 12. 3 – unterfüttert.

13.4 Die japanische Achtung vor Amae
und ihre Beziehungen regelnde, sozial-synthetisierende Funktion

«Die Tatsache, daß in Japan nicht nur dem Kaiser, sondern allen, die eine hohe Position bekleiden, von ihrer Umgebung sozusagen ein weiches Kissen untergelegt wird»[85], belegt die allgemeine Gültigkeit des Amae-Prinzips. Der Kaiser ist, was Regierung, Verwaltung betrifft, völlig auf Untergebene angewiesen, hilflos wie ein «Säugling in den Armen seiner Mutter; sein Rang ist jedoch der höchste im Lande. Dies beweist, welch große Achtung in Japan kindlicher Abhängigkeit entgegengebracht wird»[86]. An «der Spitze der Gesellschaft» wird «kindliche Abhängigkeit in ihrer reinsten Form verkörpert». Als höchste Tugend gilt «*sunaosa* (Arglosigkeit, Direktheit, Zugänglichkeit)»[87]. So erklärt sich das «Phänomen, daß in Japan die größte Freiheit und Milde den Kindern und den Alten zugestanden wird»[88]. Kindlichkeit wird nicht nur nicht gering geschätzt; die «Permanenz des Infantilen»[89] «öffnet» sogar überhaupt erst «einen Raum, in dem Subjekte miteinander in Beziehung treten können»[90]. Allerdings ist nicht beiden Personen gleichermaßen Hilflosigkeit erlaubt, es dürfen sich nicht beide gleichzeitig fallen lassen, sich anlehnen. «Vielmehr läßt sich eine solche Beziehung nur dann aufrecht erhalten, wenn sie sich in das Verhältnis von Mutter und Kind differenziert»[91]. Das bedeutet, dass grundsätzlich «jede Beziehung nur dann stabil ist, wenn einer das Infantile, der andere das Maternelle repräsentiert». Ein ethnologischer Exkurs verdeutlicht Amae an den Funktionen einer Geisha (Anhang 13).

Merkmale wie das Alter oder die Stellung in einer Gruppe entscheiden in Japan über die Zuordnung zu den entsprechenden, sich ergänzenden Rollen. Innerhalb einer Konstellation kehren sich diese ja nicht um mit ihren, der Modellbeziehung zugehörigen, liebevoll-langmütig-fürsorglichen auf der einen Seite und den abhängig-wohlig-zutraulichen Haltungen und Gefühlen auf der anderen Seite. Damit wird verstehbar, was Menschen des Westens so erstaunt: In Japan werden untergeordnete Rollen in hierarchischen Strukturen schätzenswert, denn nur in der der Kind-Position kann Amae gelebt werden. In unserer Kultur – also ohne Erlaubnis zu Amae für Erwachsene – wird dagegen, dazu kommen wir gleich, die untergeordnete Position in einer Hierarchie und die damit verbundene Abhängigkeit als unangenehm, ärgerlich, peinlich empfunden.

Doch auch zwischen gleichrangigen Personen bleibt die «Affektivität, in der die Subjekte miteinander in Beziehung treten, stets an die Gegenwart der Mutter gerichtet». Im psychoanalytischen Denken ist damit ein Gutes Objekt atmosphärisch anwesend. Es ist die erinnerte und wieder herbeigezogene «affektive Kompetenz der Mutter», durch die sich «Konflikte ... kontrollieren» lassen und sich «das Risiko von Konflikten zwischen den Subjekten wie in den Subjekten selbst reduzieren»[92] lässt. Etwa so, wie eine gute Mutter zwischen ihren Kindern vermittelt und schlichtet. Das habe ich selbst erlebt: Während eines Japanaufenthaltes sollte die aus deutschen Reisenden bestehende Gruppe in geordneten Vierer-Reihen auf Einlass in einen Tempelbezirk warten – schwer genug für uns Individualisten! Ein junger Mann, größer als ich es bin, drehte sich einmal plötzlich um und wischte dabei mit seinem Rucksack an meiner Backe entlang. Leugnen hatte keinen Sinn: Mir entfuhr ein ungehaltenes «He! Pass doch auf!» Sofort wandte sich einer der uns begleitenden Japaner mir zu und beschwichtigte mich: «Nein, nein. Nicht ‹He!›. Er hat es doch nicht absichtlich gemacht.» Damals habe ich mich einfach geschämt; doch inzwischen habe ich verstanden: Es ging ihm nicht darum, mich zu rügen, sondern darum, die soziale Harmonie wieder herzustellen.

«Amae ist der entscheidende Faktor, der in Japan die Wege zwischenmenschlicher Beziehungen ebnet»[93]. «Die Bedeutung von Amae dafür, das Miteinander zu harmonisieren, zeigt sich in alltäglich gebrauchten Formeln wie *Go-shinsetsu ni amaete* (‹ich mache von Ihrem freundlichen Angebot Gebrauch›) und *O-kotoba ni amaete* (‹ich nehme Sie bei Ihrem freundlichen Wort›)»[94].

13.5 Entschuldigung, Verzeihung und wortloses Einvernehmen

In Japan gehören, neben dem Ausdruck von Dankbarkeit wie der Verbeugung vor dem Lehrenden nach dem Unterricht, Formeln des Erbittens von Entschuldigung und Gewährens von Verzeihung zu den Markern, die Beziehungen regeln und Konflikte auflösen. Die vielfältigen Formeln der Entschuldigung wurzeln ebenfalls in Amae, was «den häufigen Gebrauch des Wortes *sumanai* erklärt – d.h. den Wunsch, nicht den guten Willen des anderen zu verlieren und für alle Zeit auf seine Milde und Nachsicht rechnen zu dürfen»[95]. Tatsächlich wird eine solche Entschuldigung in Japan «immer wohlgesonnen aufgenommen», scheint daher in den Augen von Ausländern «fast magische Kraft zu haben». Im christlichen Kulturraum fühlen Schuldige sich schlecht. Sich entschuldigenden Japanern hingegen steht ein «kindlicher Appell»[96] zur Verfügung.

Überhaupt haben sie «gegenüber den nächsten Verwandten, besonders den Eltern, … normalerweise kaum Schuldgefühle – wahrscheinlich, weil beide Seiten sich so nahe sind, daß *amae* die Zuversicht gibt, daß jede Sünde vergeben wird»[97]. Dass sie «Freundlichkeiten ihres inneren Zirkels … noch nicht einmal mit einem ‹Danke› bedenken, ist … Japanern … selbstverständlich; sie würden sich wundern, daß man überhaupt anders empfinden kann»[98]. (Das nächste Kapitel wird sich einer weiter verbreiteten Sehnsucht nach verschmelzendem Erleben widmen, einem bewussten, gleichzeitig aber Wort-losen Zustand; dies hängt eng mit Amae zusammen.) Diese scheinbare Sorglosigkeit wird jedoch gezügelt durch «*Kigane* (Selbstbeherrschung / Zurückhaltung) und ein ständiges Gefühl von *enryo* (Rücksichtnahme) auf Grund der Befürchtung, daß sonst andere das eigene *amae* nicht so rückhaltlos akzeptieren würden, wie man es sich wünscht»[99].

Der innere Zirkel, mit dem Japaner sich derart eins fühlen, ist übrigens von konzentrischen Kreisen zunehmender Fremdheit umgeben. Die innigste, «die Eltern-Kind-Beziehung, in der *amae* sich naturwüchsig einstellt, ist die Welt von *ninjo* (spontan aufkommendes Gefühl); Beziehungen, in denen es erlaubt ist, *amae* einzubringen, bilden die Welt von *giri* (gesellschaftlich bedingte gegenseitige Abhängigkeit)»; die Lehrer-Schüler-Beziehung ist der Welt von Giri zuzuordnen. Ganz außen liegt «dann die beziehungslose Welt, in der es weder *ninjo* noch *giri* gibt und die von den *tanin,* ‹den anderen›, bewohnt ist»[100]. Die Aikidoübung, sich gegen mehrere Angreifer zugleich zu verteidigen, heißt nicht zufällig «*Tanin-Waza*»[101]. Zum bisher Gesagten ließe sich einwenden, dass die Japaner als Nation sich nicht immer als friedliebend, Harmonie wünschend erwiesen hätten, voller Sehnsucht, Konflikte gutwillig aufzulösen. Sie verhielten sich nicht anders als viele Nationen, die immer wieder die anderen – meist ihre Nachbarn – als Fremde erleben, als *étrangers,* als seltsam, als *strangers,* als Barbaren ... oder eben als *tanin.* «Bindungen sind immer ambivalent, in Gruppenverbindungen besteht die Tendenz, die In-Group zu idealisieren, der Out-Group mit Mißtrauen und Dehumanisierung zu begegnen»[102]. Deshalb muss betont werden, dass sich diese Erörterung auf näher Zwischenmenschliches bezieht, auf zwar nach einem in Japan allgemein gültigen idealtypischen Modell gestaltete, jedoch immer wieder individuelle Begegnungen.

Im Umfeld der körperlichen Unterweisung wird westlichen Schülern ein alternatives gesellschaftliches Modell zur Verfügung gestellt, ein Gegenbild zur Konkurrenz- und Ellenbogengesellschaft. Doch das bedeutet nicht unbedingt nur Verzicht auf die Durchsetzung des eigenen Willens und Kontrolle nur der eigenen Emotionen. Sobald Amae eine Rolle spielen darf, bekommt man viel zurück.

13.6 Amae und der Westen

Etwas von diesem zutiefst Japanischen reist also im Gepäck eines japanischen Meisters nach Europa. Bei uns ist vieles anders.

Zwei Kulturen – Unterschiedliche Auffassungen, unterschiedliche Folgen
Zum Begriff der Freiheit gibt es zwei Gegenpole: Hier die Unfreiheit, dort das Verbunden-Sein.

Zusammen mit Hierarchie wurde das Thema Freiheit bereits angeschnitten. Aikido ist meist Freizeitsport. Erwachsene Schüler begeben sich freiwillig in die geschilderten Strukturen. Sie verneigen sich körperlich, sie beugen sich im übertragenen Sinn; freiwillig ordnen sie sich unter ... was haben sie davon?

Der Lehrer ist nicht frei: Er ist verantwortlich. Im Amaekontext nimmt der in der Hierarchie Höhergestellte – notwendigerweise – die komplementäre Position ein: Seine Emotion ist Ai, die nachsichtige Liebe zu denen, die sich ihm anvertrauen. Eben deshalb muss die Beziehung zwischen Lehrer und Schüler hierarchisch sein, und eben deshalb ist eine Rollenumkehr nicht möglich. Entsprechend der Primären Liebe des kleinen Kindes handelt es sich auch hier um «eine Beziehung, in der nur der eine Partner Forderungen und Ansprüche stellen kann; der oder die andern ... dürfen keine eigenen Interessen, Wünsche oder Ansprüche geltend machen»[103]. Die Übergeordneten, also Mutter oder Vater, Aikidomeister oder Aikidomeisterin sind nicht frei; sie oder er amaeru(en) nicht, dürfen nicht amaeru(en). Dies würde weder dem Amaekonzept entsprechen noch wäre es der familiären Wirklichkeit angemessen: Schließlich kann sich ein Erwachsener auch nicht einem Säugling gegenüber gehen lassen und annehmen, jener könne das verstehen und verarbeiten. Wem dies zu weit hergeholt ist, der möge sich nur einen Moment vor Augen führen, wie absolut hilflos (natürlich nur in Bezug auf Aikidobewegungen, aber um diese geht es ja) ein Anfänger bei seinen ersten Schritten auf der Matte ist im Vergleich mit einem Dan-Graduierten. Dann wird sofort einsichtig, wer sich auf wen einstellen muss ... im Körperlichen sowieso, aber eben – zumindest im Aikido – auch im ganzen Umgang.

Der Schüler ist frei: Er ist geborgen. Dem Erwachsenen als Schüler, der dem Lehrer gegenüber in der Kind-Position steht, wird die Freiheit zu amaeru(en) zugestanden. Zugleich ist er behütet und damit auch eingebunden, denn in der Amaewelt gibt es «keine Freiheit und Unabhängigkeit des Individuums im strengen Sinne dieses Begriffs»[104].

Nicht nur Mangel an, sondern sogar Verachtung für Amae im Westen ist das Ergebnis der anders verlaufenen geschichtlichen Entwicklung

Doi stellt fest, dass «im Westen mit seiner Betonung individueller Freiheit die Menschen immer auf die Form von emotionaler Abhängigkeit, die in *amae* verkörpert ist, herabgesehen haben», weshalb für «diese Form von Gefühlen» «nicht einmal ein entsprechendes Wort existiert». Er nimmt an, dass sich das westliche Freiheitskonzept und die «Zurückweisung von *amae*» gegenseitig bedingen und zitiert den «Renaissance-Gelehrten Juan Luis Vives (1492–1540) ...: ‹Passive Liebe, d. h. die Bereitschaft, Liebe zu empfangen, schafft Dankbarkeit; und Dankbarkeit ist immer mit Scham verbunden. Scham wird aber natürlicherweise das Dankbarkeitsgefühl stören›»[105]. Daraus ergibt sich, dass «die Abendländer in ihrem Versuch, dieses Schamgefühl zu umgehen, große Anstrengungen darauf verwandt haben, auch besondere Dankbarkeit – und damit passive Liebe – zu vermeiden»[106].

Autonomie als das höchste Gut im Westen

Im Westen sind «in einer Welt, in der jeder Mensch des anderen Feind ist, das Sich-auf-sich-selbst-Verlassen und die Selbstverteidigung die einzig sicheren Wege»[107]. Dies führte zum Ideal «persönlicher Autonomie», zur Notwendigkeit, eine «sich-selbst-genügsame Reife zu erlangen, wie das in Japan nicht für nötig erachtet wird»[108]. Das zeigt sich bereits, wenn man als Beispiel noch einmal die unterschiedlichen Auffassungen von Gastlichkeit heranzieht: «Ein japanischer Gastgeber sieht es als viel höflicher an, vorab auszuwählen, was der Gast wohl mögen wird». Im Westen dagegen wird «die Möglichkeit, individuell zu wählen, hochgehalten und gefühlsmäßige Abhängigkeit soll heruntergespielt werden»[109].

Körperliche Vermittlung des kulturellen Wertes

Diese kulturelle Differenz wird früh eingeübt, wie mehrfach beobachtet wurde; beispielsweise betonen chinesische Eltern Harmonie und Zurückhaltung als unabdingbar für soziale Beziehungen, während kaukasisch-amerikanische Eltern Individualität und Selbstbehauptung fördern.[110] Japanische Mütter sehen ihr Kind offenbar als ein unabhängiges und autonomes Wesen an, völlig in eigenen Rhythmen lebend; sie bemühen sich, es durch Verständnis, Nachgiebigkeit und Eingehen auf seine Bedürfnisse einzuladen, sich auf sie zu verlassen und sich in den Familienverband einzufügen. Der amerikanischen Mutter hingegen tut ihr, ach so abhängiges, Baby leid, und sie möchte es möglichst rasch zu Autonomie und Selbstständigkeit führen[111].

Dem frühkindlichen Bedürfnis wird folglich vergleichsweise in Japan mehr entsprochen als bei uns. Die Ai-zu-Amae-Struktur ist dort sinnlich erfahrbare Alltagsrealität. Amae zu erlauben ist auf der Ebene der Gefühle die Entsprechung zum körperlichen Halten und Tragen. Das hat für die psychomotorische Entwicklung herausragende Bedeutung. Denn die fraglichen Werte sind ja nicht nur abstrakte Gedankeninhalte, sondern sie werden einem Baby konkret körperlich vermittelt, um nicht zu sagen aufgezwungen: Westliche Eltern «verstauen ihre Säuglinge in Kinderwagen und Babyschalen ... anstatt sie auf dem Leib zu tragen. Ohne sich dessen bewusst zu sein, bereiten sie sie damit vor auf eine Welt, in der Individualität und Autonomie mehr zählen als das Verschmelzen mit der Gemeinschaft»[112]. Doch das wird vom Kind als bedrohlich erlebt und macht es nicht selbstständig, sondern hilflos; jene existenziellen Ängste entstehen, die eingangs genannt worden sind (vgl. oben die Kapitel 4 und 6). Sich klein, schwach zu fühlen, ist Erwachsenen später peinlich, weil es sie an die Hilflosigkeit der frühen Zeit erinnert.

Eine unglückliche Logik ...

So zu empfinden, ist in unserer Kultur tief verankert. Der politisch-historische, gesellschaftliche Gegensatz «Freiheit oder Unfreiheit» erhält im Westen eine persönliche Bedeutung als emotionaler Gegensatz von Autonomie und Abhängigkeit, verkürzt zu: erwachsen, groß gegenüber kindlich, klein, von denen jeweils die ersten positiv, die zweiten negativ aufgefasst werden. Ein älteres etymologisches Wörterbuch versieht die Listen nur selten mit Kommentaren, gibt jedoch folgende Erläuterung zu der «Endsilbe -ling (-ing) ... ist wahrsch. entstanden aus -ing, mh. inc, das die Abstammung bezeichnet ... Ist Nachkomme, Abkömmling, Sohn die Grundbedeutung von -ing, -ling, so erklärt sich auch, daß es etwas Junges, Kleines, Geringes (daher nicht selten Tadelnswertes) bezeichnet: Jüng-, Spröß-, ... Pfiffer-, ... Höf-, Dichter-»[113].

Bemerkenswert finde ich selbst noch Flüchtling, außerdem Säugling und für unseren Kontext hier: Schützling (!), Neuling, Lehrling – und Prüfling. Es ist bereits abzusehen, wie sich vor diesem kulturellen Hintergrund westliche Aikidoanfänger fühlen können: Klein, gering und dann eben deshalb auch noch von vornherein tadelnswert ... später mehr hierzu.

Westliche Pädagogik

Geistige und gefühlsmäßige Individualität und Unabhängigkeit waren in der westlichen soziologischen, pädagogischen und psychologischen Diskussion Jahrzehnte lang erklärtes

Entwicklungsziel. So hieß es etwa nach einem Vergleich von Fallschirmsportlern, Rennfahrern und Fußballspielern, dass den beiden ersten «mehrere Persönlichkeitsmerkmale gemeinsam sind, die mit Selbst-Genügsamkeit und Unabhängigkeit zu tun haben und die den Fußballspielern fehlen». Deren Persönlichkeit wies dagegen «mehr Bedürfnis nach zwischenmenschlicher Beziehung auf»[114]. Einer geschätzten Eigenständigkeit wurde offensichtlich nicht eine ebenso schätzenswerte Beziehungsfähigkeit gegenübergestellt, sondern Bedürftigkeit. Diesem wissenschaftlichen Mainstream habe ich übrigens schon früh widersprochen ...[115]

Inzwischen ist eine neue pädagogische Debatte entstanden – Kinder würden zu Tyrannen durch eine zu freiheitliche, partnerschaftliche und liebevolle Erziehung[116]. Ohne dass dies hier näher diskutiert werden kann, muss klargestellt werden: Dies darf nicht mit Amae verwechselt werden, da der kritisierte Erziehungsstil weder die notwendige körpersichere Geborgenheit liefert noch die emotionale Sicherheit durch eine Grenzen setzende und eben dadurch haltende Hierarchie, durch das Gefälle von Ai zu Amae.

Amae, Bindung und Körper

Das Verb amaeru ist aktiv und, wie gesagt, nur in etwa übertragbar als «es sich in der nachsichtigen Beziehung wohl sein lassen». Dies nicht zu tun, nicht zu können, wird in Japan als Mangel angesehen. Dort gibt es eine ganze «Gruppe von Wörtern wie *suneru, higamu, hinekureru* und *uramu*, die sich alle auf verschiedene Seelenzustände beziehen, die von der Unfähigkeit zu *amaeru*(en) herrühren ... schmollen ... mißtrauisch sein ... Gleichgültigkeit vor...täuschen, Groll hegen»[117].

Westliche Säuglings- oder Bindungsforscher haben Gefühlsäußerungen und Verhaltensweisen von sogenannten «unsicher gebundenen» Kleinkindern erfasst, also solchen, die sich nicht auf den affektiven Austausch mit ihrer Mutter verlassen können[118]. Unter vielem anderen wurde zum einen beobachtet, dass tatsächlich sowohl diese Kleinkinder gleichgültig wirken als auch, dass dies vorgetäuscht ist: Sie schienen zwar in der «fremden Situation» ganz ruhig und selbstständig zu spielen, egal, ob nun ihre Mutter fortging oder wiederkam, und sie auch dann kaum zu beachten. Während der ganzen Beobachtungszeit wurden allerdings physiologische Parameter wie Herzfrequenz und Cortisolspiegel gemessen; diese wiesen ein hohes Stressniveau im kindlichen Körper nach[119].

Entgegen den klassischen Auffassungen des Westens kann man Amae also statt als Mangel als wertvolle «Fähigkeit» ansehen, «das Bedürfnis nach Abhängigkeit von anderen offen zu zeigen»[120].

Bei einem interkulturellen Vergleich fanden sich noch etwas mehr «sicher» gebundene Kinder in Japan als in den USA und der BRD; die Gruppe der «unsicher» gebundenen ist dort sogar verschwindend klein[121]. Da «Bindungssicherheit Erkunden und Spiel ermöglicht, während aktivierte Bindungsunsicherheit sie verhindert»[122], ist das nicht nur allgemein von Bedeutung, sondern eben auch speziell für die Bewegungsentwicklung und das Bewegungslernen.

Amae ist bei uns nur in Nischen erlaubt

Allerdings gibt es einige wenige Amae-Äquivalente im Westen. Das Ideal Unabhängigkeit, Autonomie wird durchaus nicht immer gelebt. Selbst wenn es kein Wort dafür gibt, haben auch wir «amae-ähnliche Gefühle». Phänomene wie das Aufkommen von «Selbsterfahrungsgruppen und gemeinsamem Drogenkonsum» zeigten, dass «es ein mächtiges Bedürfnis nach wechselseitiger Bezogenheit gibt». Der Protestantismus legt den größten Wert auf Individualität; der Katholizismus bietet hingegen «sozial akzeptable Ventile für Gefühle mit Amae-Charakter wie den Marienkult und die Beichte». Doch jenseits von Kindheit und von Religion gibt es kaum Gelegenheiten zu «amaeru»; vielleicht noch, wenn man «beim Umwerben und im Liebesakt Koseworte verwendet wie ‹Liebling› oder ‹Kleines›».

«Im Westen fehlt Amae zumeist, und dies verschärft vermutlich die Gefühle von Einsamkeit und Haltlosigkeit in einer rauen, kalten Welt, in der jeder von uns für sich allein kämpfen muss»; man fragt sich, «ob wohl einige Menschen des Westens sich mehr amaeru zugestehen könnten, wenn sie etwas von den japanischen Gebräuchen wüssten – doch wer kann die kindliche Unschuld zurückerlangen, wenn sie einmal verloren ist?» Die Sozialisation und die Missbilligung durch die Umwelt stehen dem wohl im Weg[123].

Nachholbedarf

Selbst diese teils sehnsüchtige, teils abschließend-betrauernde Bilanz greift wohl noch zu kurz. Es geht für die Menschen des Westens nicht darum, etwas Verlorenes zurückzuholen. Es geht für manche unter ihnen vielmehr darum, sich nachträglich etwas anzueignen, was ihnen im Gegensatz zu Japanern von vornherein vorenthalten worden war. Bleibt eine primäre unerfüllte Sehnsucht nach Harmonie, Nähe, Verbundenheit, nach der Einheit «von Wunsch und Befriedigung»[124] dauerhaft bestehen, streben erwachsene Personen mit verschiedenen gedanklichen, gefühlsmäßigen und körperlich-motorischen Strategien nach Kompensation oder, wenn möglich, grundlegender Heilung – auch mittels Aikido.

Mit Aikido begeben sich westliche Erwachsene in hierarchische Beziehungen, die es erlauben, gemäß Amae zu fühlen und sich zu verhalten. Sie sind geborgen in einer Weltsicht, in der, weil Mutterliebe bedingungslos und umfassend ist, deshalb kindliche Abhängigkeit nicht nur keine Schrecken birgt, sondern geradezu eigenen Wert hat. Das Zusammenspiel von besonderer Bewegungsqualität und besonderer Beziehungsqualität kann Dank der Wettkampf-Freiheit seine Wirkung unverzerrt entfalten.

13.7 Amae, Ästhetik, Aikido

Eine weitere Möglichkeit, mit einem frühen Mangel umzugehen, kann es sein, sich von den Menschen weniger oder mehr abzuwenden und die Befriedigung der ungestillten Sehnsucht im Unpersönlichen zu suchen. Ein solches ist die Ästhetik.

Gelingende Bewegungen haben oft ein ästhetisches Moment. Hiesige Sportstudenten schätzen Ästhetik[125]. Die asiatischen Kriegstechniken wurden in japanische Kampfkünste umgewandelt; dabei blieben manche Elemente, wie die Disziplin, erhalten, während das Element Kampf durch Ästhetik ersetzt wurde[126].

Populäre Beschreibungen sowie aikidoimplizite Texte vermitteln, wie ansprechend die ästhetische Komponente des Aikido ist. Manche geraten regelrecht ins Schwärmen, wenn sie über Aikido berichten. Auch wenn es in der Überschrift noch heißt: «Aikido ist mehr als Schönheit der Bewegung», geht es dann weiter mit: «Beim Aikido haben sogar Anfänger schon etwas von der Leichtigkeit und Eleganz, die einem auf den Fotos im Prospekt so unerreichbar vorkommt. Das liegt nicht an den Schülern. Es liegt am Aikido selber. Das leitet sich zwar ... auch von den Schwertkampftechniken der japanischen Samurai Ritter ab. Aber es ist trotzdem nicht so kämpferisch wie Judo, Karate oder gar Kendo, dafür viel schöner»[127]. «Die innere Schönheit der Stärke: Aikido – ein japanischer Kampfsport zwischen Lebensgestaltung und Kunst»[128]. «Von der Körpermitte aus ... fließt geschmeidige Beweglichkeit in Hände und Füße»; es ist eine «tänzerische ... Bewegung»[129]. Es sind «fließende, elegante Bewegungen»[130]. «Diese Einfachheit und Leichtigkeit macht Aikido ja auch so elegant ... sich so zu bewegen, rund und weich wie das Mondlicht, das sich in einem Fluß spiegelt»[131].

ERKENNTNISSE: Während der Interviews hatte ich nicht gezielt nach Begriffen in Verwandtschaft zu Harmonie oder Ästhetik gefragt, sondern ausschließlich offen danach, weshalb Aikido begonnen und, auch im Fall von Krisen, beibehalten wurde. Etwa die Hälfte meiner Gesprächspartner gab in ihren spontanen Äußerungen der Schönheit des Aikido besonderes Gewicht. Zu den geschilderten Eindrücken gehörte: «Ich finde Aikido so elegant»; «nicht Kampfsport, sondern Kampfkunst»; «Aikido hat mich wahnsinnig fasziniert, ich habe immer gedacht, ich will das machen, einmal sind mir die Bewegungen wichtig, diese runden Bewegungen, fast choreografisch, finde ich sehr schön, ich finde es sehr ästhetisch. Die japanischen Gärten finde ich einfach so was von schön und sinnlich und einfach ja, so wie Aikido».

Das kann sogar abschrecken; eine meiner Gesprächspartnerinnen hatte sich zuvor für Judo entschieden, weil sie glaubte: «Aikido ist so anspruchsvoll, da komme ich nie' rein». Schön ist es, wenn so jemand Ermutigung erhält – bei ihr hatte ein «Schau doch mal» genügt. Vielleicht ist der Gewinn durch die Teilhabe an etwas als schön Erlebtem sogar besonders groß, wenn jemand sich davon zunächst ausgeschlossen wähnte.

Die abschließend befragten Dan-Graduierten stuften die Dimension ‹Ästhetik› des Aikido als durch Übung beeinflussbar ein; man kann sie also entwickeln und dazubekommen, was man zuvor nicht hatte.

Seriöse Veröffentlichungen sprechen Aikido gleichfalls einen exquisiten Charakter zu; etwa «Aikido – die elegante Selbstverteidigung»[132] oder «Aikido – das leuchtende Budo»[133], womit ein Leuchten von innen heraus gemeint ist. Aikido gilt als «die Primaballerina der Kampfkünste»[134], denn schließlich «unterscheiden sich Aikido-Vorführungen von denen anderer Sportarten durch ihre Eleganz und Schönheit»[135]. «Lerne von der Pinie, dem Bambus, der Pflaumenblüte», rät O-Sensei Ueshiba. «Die Pinie ist immergrün, fest verwurzelt, verehrungswürdig. Der Bambus ist stark, elastisch, unzerbrechlich. Die Blüte des Pflaumenbaumes ist zierlich, elegant und sie duftet»[136]. Groß und weit sollen sich Aikido-anfänger bewegen [137], sich aufrichten und sich den Raum um den eigenen Körper erschlie-ßen, zumindest bei ausgestreckten Armen hin bis zu den Fingerspitzen. Die nächste Stufe ist: schön, was bedeutet, die Einzelkomponenten und die Gesamtgestalt der jeweiligen Übung zu verwirklichen, vollständig von Eingangsbewegung bis Abschluss der Technik. Erst die letzte Stufe ist: stark.

Die äußere Umgebung, die Umgangsformen und in Grenzen auch die Trainingsklei-dung richten Aikidoka ebenfalls auf die Befriedigung eines ästhetischen Bedürfnisses hin aus. Das Dojo wird ansprechend gestaltet, mit Bildern, japanischen Artefakten, zu beson-deren Anlässen mit Blumen geschmückt. Die Schüler sind am Ende der Trainingseinheit gehalten, ihre durch Zug und schnelle Bewegungen derangierte Kleidung vor dem Vernei-gungsritual zu ordnen, obwohl man sich im Anschluss umzieht, und überhaupt soll die Bekleidung gepflegt sein: «Schönheit ist auch wichtig», betont Meister Asai[138].

EMPFEHLUNGEN: Dies sind keine Nebensachen. Nur wenn sie beachtet werden, wird den Schülern die ganze Fülle des Aikido zur Verfügung gestellt. Denn dieses allgegenwärti-ge Ansprechen des Schönheitssinnes ist ein fester Bestandteil des Kulturimports. Ästhetik ist in Japan «kein beliebiger Zusatz und auch kein Gegensatz zu praktischen Erfordernis-sen, sondern etwas unmittelbar zum Leben Gehörendes»[139]. Durch die ästhetische Gestal-tung des äußeren Rahmens des Aikido wird bereits etwas von den geschilderten gefühls-mäßigen Inhalten vermittelt, denn zwischen der Sehnsucht nach Ästhetik und Amae be-steht folgender Zusammenhang: Amae sucht die Trennung zum Gegenüber aufzuheben, sucht «die Identität mit dem anderen zu erreichen». Dies ist jedoch nur möglich, wenn «die andere Person die eigene Absicht erkennt und mit ihr übereinstimmt», und selbst dann «hält diese Befriedigung doch gewöhnlich nicht unbegrenzt an». Daher «erfährt die Person, die *amae* zu verwirklichen sucht, oft Frustrationen». Dies ist nun die Ursache für die «Suche nach Schönheit»: «‹Schönheit› bedeutet normalerweise, daß ein Objekt den Sinnen angenehm ist und daß derjenige, der sich an der Schönheit des Objektes er-freut, durch diese Erfahrung eins mit ihm wird. Dies hat viel gemeinsam mit der *amae*-Er-fahrung». Unter Menschen, die «sich der Schönheit verschrieben haben findet man nicht selten solche, die sich ihres unbefriedigten *amae* selbst sehr bewußt sind und die sich daher umso intensiver auf die Suche nach dem ästhetischen Erlebnis begeben»[140].

Aus klinisch-psychologischer Perspektive ist dies zwar teilweise ein unreifes, regressives Verhalten, ein Sichabwenden aus dem Kontakt zu Mitmenschen, um schmerzliche Enttäu-schungen zu vermeiden, aber teilweise eben auch ein reifes, entwickeltes seelisches Verhal-ten, weil jemand sich damit von anderen Personen unabhängig machen kann.

Eine weitere Möglichkeit, enttäuschte Amaebedürfnisse unpersönlich zu machen, ist, sich ganz allgemein ein verschmelzendes Erlebnis zu ersehnen; das nun folgende Kapitel geht hierauf ein.

14 – Von der persönlichen zur überpersönlichen Beziehung: die Sehnsucht nach verschmelzendem Erleben als Thema in West und Ost

– Verschmelzen – Beziehung – Bewegung –

Oben wurde aufgezeigt, dass in unserer Kultur die Bedürfnisse nach einer genügend guten körperlichen und, damit verquickt, seelischen Beziehung zwischen dem kleinen Kind und seinen Nestfiguren oft unerfüllt bleiben. Zwei hieraus verstehbare Vorlieben wurden beschrieben: Ein Anklammern im Körperlichen wie im Psychischen, ein Bedürfnis nach Kontakt und Halt, sowie ein scheinbar auf Beziehungen nicht mehr angewiesenes Sich-geschickt-und-frei-bewegen-Wollen. Obwohl sie wie Gegensätze wirken, wie die äußersten Enden einer Linie, schließt eben diese Linie sich zu einem Kreis. Der Berührungspunkt liegt in der Sehnsucht nach verschmelzendem Erleben. Kommt es zustande, so tröstet das Japaner, deren frühe Kindheit offensichtlich günstigere Bedingungen hat, über später auftretende Gefühle von Getrenntsein hinweg; bei uns beruhigt es die Angst vor Abhängigkeit und Enttäuschung, weil keine Beziehung mehr zu Menschen gesucht wird, sondern nur noch zu diffusen Wesenheiten wie der Natur oder dem Universum.

Das Wort verschmelzen begegnet jedem, der über Kampfsport, Kampfkunst, Aikido liest oder hört immer wieder. Es ist schillernd. Mal ist es etwas, was man einfach tun soll, sofort, noch in dieser Übungseinheit: mit der Angriffsenergie des Partners verschmelzen. Mal ist es ein unendlich fernes Ziel: mit dem Universum zu verschmelzen. Verschmelzen – etwas ist daran, was viele Menschen anspricht, was die Fantasie beflügelt, was an Wunschvorstellungen anknüpft. Verschmelzendes Erleben ist beglückend, wenn es sich spontan einstellt. Doch es kann auch so lebenswichtig werden, dass man es, notfalls zu einem hohen Preis, aktiv sucht. Verschiedene Aspekte aus dieser Spannbreite sollen nun herausgegriffen werden.

14.1 Flow als alltagsnahe Verschmelzungserfahrung

Der Begriff Flow kommt aus dem Englischen und bedeutet in etwa: Im-Fließen-Sein. Psychologen verstehen darunter ganz allgemein «‹Eintauchen› in freudiges Erleben»[141] – ein Wort, das bereits an das genussvolle Sichvermischen mit Substanzen anklingen lässt[142]. Dies kann jedoch überall gelingen, beim Skifahren genauso gut wie in einer Skatrunde. «Kletterer, Komponisten, Modern-Tänzer, Schachspieler, Basketballspieler»[143] waren befragt worden, und so kam man zu einer «Rangreihe der Gründe freudiger Aktivität». Ganz vorne lagen «Lust an der Aktivität und an der Anwendung von Können» und «die Aktivität selbst: das Muster, die Handlung, die darin liegende ‹Welt›» Dann folgten «Freundschaft, Kameradschaft, Entwicklung persönlicher Fähigkeiten und Fertigkeiten, sich an eigenen Idealen messen» und «Ausleben von Gefühlen». Wenig wichtig waren «Wettbewerb, sich mit anderen messen» und «Prestige, Achtung, Ruhm»[144].

Das wettkampffreie Aikido, als Partnersport im Rahmen einer Gruppe geübt, bietet für viele der geschätzten Momente einen Ansatzpunkt. Die darin liegende Welt ist weit.

14.2 Die gemeinsamen Charakteristika von Flow und Verschmelzung: Verschmelzungserleben als außergewöhnlicher Bewusstseinszustand und als Anknüpfen an frühkindliche Gefühlszustände

Athleten erleben veränderte Bewusstseinszustände und haben vielleicht eine «Gipfelerfahrung»[145]. Abgesehen von «ihrer soziokulturellen Einbettung» folgen solche außergewöhnlichen Bewusstseinszustände «transkulturell den gleichen Prinzipien»[146]. Zu diesen gehört, dass das Erleben auf eine eigentümliche Art unmittelbar wird, wortlos und zeitlos.

Wortlosigkeit

Die Bewegung der Schwertkämpferin entsteht «jenseits bewusster Gedanken und aus dem Ursprung ihres Seins»[147]. Solange die verschmolzene Erfahrung andauert, wird sie weder laut noch still in Gedanken in Worte gefasst. Die anschließende «Unaussprechlichkeit der Erfahrung im normalen Bewusstseinszustand»[148] ist für manche Forscher sogar ein Kriterium, während andere nur betonen, dass «die Beschreibungen von *flow*-Erlebnissen durch unsere Informanten natürlich nachträgliche ‹Übersetzungen› großer Emotionen sind»[149]. Im Tun bemerkt man «nicht einmal den *flow*-Zustand bewußt, und noch viel weniger bedenkt und formuliert» man «das Erlebnis und dessen Bedeutung»[150].

«Ein Mensch im *flow*-Zustand … ist sich … seiner Handlungen bewußt, nicht … seiner selbst. Ein Tennisspieler widmet seine … Aufmerksamkeit dem Ball und seinem Gegner, ein Schachmeister konzentriert sich … auf die Strategie des Spiels … soll der *flow* erhalten bleiben, kann man den Bewußtseinsakt selber nicht reflektieren»[151].

Hier haben wir ein Element, dank dessen verschmolzenes Erleben eine Rückkehr zur Gefühlswelt der frühen Kindheit zulässt: Die Welt der Frühzeit ist reich an Sinneseindrücken und an Gefühlen. Worte kommen erst später hinzu und verlangen dann ein gewisses Abrücken vom eigenen Erleben, ob nun das Kind gefragt wird, was es essen möchte oder wo es ihm wehtut. Die Wortlosigkeit des Flowzustandes und damit das Wegfallen allen Grübelns und aller Selbstbeobachtung hebt diese innere Distanzierung auf.

Ego-Losigkeit, man könnte auch sagen, Ich-Losigkeit bedeutet: Jenseits – oft kritischer – innerer Stimmen Richtig-Sein

Anscheinend erlaubt «das für den *flow* typische Verschmelzen von Handlung und Bewußtsein kein Eindringen äußerlicher Perspektiven mit solchen Sorgen wie ‹Wie schneide ich bei der Sache ab?› oder ‹Warum tue ich das?› oder sogar ‹Was wird mit mir geschehen?›»[152]. «Im harten, todernsten Ringen mit dem Berg spüren wir uns sehr intensiv, aber wir ‹denken› uns nicht»[153].

Erkenntnisse: Um zu erkunden, ob und in welchem Ausmaß das in den von mir untersuchten Sportgruppen ebenfalls gelingt, hatte ich im Fragebogen den Satz angeboten

«Sich spüren, nicht: sich denken – das könnte ich mir gut als Motto für (Aikido bzw. Karate bzw. Tanz) vorstellen». Hier stimmten Tänzer eher zu als Karateka, und Aikidoka dann noch einmal viel mehr als die Tänzer. Aikido zu üben ist offenbar besonders gut geeignet, Flow zu erleben.

Zeitlosigkeit

Die zweite wesentliche Komponente des Flow ist die «Veränderung des Zeitempfindens, ein Auseinanderklaffen von chronologischer und psychologischer Zeit ... Im *flow*-Erlebnis ... verliert der Kletterer den Kontakt mit der Zeit völlig ... Der zeitliche Aspekt des tiefen *flow*-Erlebens wird zumeist mit Hilfe solch widersprüchlicher Ausdrücke wie ‹ein ewigdauernder Augenblick› zum Ausdruck gebracht»[154]. Obwohl das Mannschaftsspiel vom Ergebnis her missraten war, erinnert sich ein Spieler vor allem an das Gefühl, zu rennen, Spaß zu haben, es zu genießen, sich leicht im Kopf zu fühlen, zu lachen ohne zu wissen, warum – «während des Spiels war es einfach großartig ... ich war glücklich ... als ob man sich keine Sorgen um irgendetwas machen muss ... es ist einfach nur *jetzt*»[155].

Wiederum werden Gefühlszustände vom Beginn des Lebens wiederbelebt, denn Zeit ist etwas Selbstverständliches allein für westliche Erwachsene: Schon nach dem Aufwachen schauen wir, wie spät es ist; wir wissen, wann wir im Büro sein müssen, bis wann etwas erledigt sein soll, ob der Zug pünktlich kommt. Wir denken nicht darüber nach, dass die Idee eines in die Zukunft oder die Vergangenheit gerichteten «Zeitpfeiles» und das «Diktat der Uhr» moderne Kulturprodukte sind[156]. Zur Kompetenz von Säuglingen gehört es zwar von Geburt an, Rhythmen und dynamische Formen wahrzunehmen, wie sie im Tagesablauf, in Liedern und Spielen gegeben sind[157]. Zeitbegriffe hingegen müssen mühsam gelernt werden, etwa wenn das Kind vertröstet wird, kurz warten soll ... gleich ... später ... heute nicht mehr ... morgen, oder wenn es sich erinnern soll, was vorhin oder gestern war. Wieder kehrt man im Flow zu den Ursprüngen zurück, denn «Zeitlosigkeit scheint mit einer sehr frühen Beziehung verknüpft zu sein»[158].

14.3 Die sogenannten ozeanischen Gefühle

Das Zusammenfließen von Wortlosigkeit und Zeitlosigkeit mündet in die ozeanischen Gefühle, eine Wortschöpfung von Freud. Das Erleben von Grenzenlosigkeit kann für sich allein empfunden oder aber auch geteilt werden.

Verbundenheit

Als es oben (in Kapitel 7) um die zwei gegensätzlichen Vorlieben für bestimmte Bewegungen ging, wurde erwähnt, dass einige Menschen ein «Sicherheitsgefühl in der harmonischen Vermischung mit ... freundlichen Weiten»[159] erleben und genießen. «Der Säugling in den Armen der Mutter, Verliebtheit»[160] und die «Phantasievorstellung einer urtümlichen Harmonie», Religion und «Ekstase ... Orgasmus»[161] sind miteinander verwoben. Im Erwachsenenleben kann es gelingen, «wenigstens mit ... dem Liebespartner die harmonische Verschränkung wiederherzustellen, die in der Vor-Objekt-Welt bestand»[162], ein «Gefühl der vollständigen Einheit und Verschmelzung mit dem Partner»[163]. Dem Liebespaar in «Wem die Stunde schlägt» ist nur eine einzige gemeinsame Nacht beschieden. Die Phase der Zeitlosigkeit, durch die das intime Beisammensein beider gekennzeichnet wird, ist viel ausdrucksvoller, als eine erotische Beschreibung es je sein könnte[164] (Anhang 14 gibt die Passage wieder).

Unendlichkeit

Dieses Erleben kann sich ausdehnen: «Auf dem Höhepunkt der Lust hat man für einen kurzen Moment das hinreißende Erlebnis, daß zwischen einem selbst und der ganzen Welt vollkommene Harmonie besteht»[165]. Es ist «ein Gefühl, Teil des gesamten pulsierenden Weltalls zu sein ... im Orgasmus findet der Mensch seine Identifikation mit kosmischen Prozessen»[166]; vielleicht «Schweben, Gefühle des Einsseins mit dem All»[167], letztendlich «ein Gefühl, das man die Empfindung der ‹Ewigkeit› nennen möchte, ein Gefühl wie von etwas Unbegrenztem, Schrankenlosem, gleichsam Ozeanischem ... ein Gefühl der unauflösbaren Verbundenheit, der Zusammengehörigkeit mit dem Ganzen der Außenwelt»[168]. Solches Erleben führte Menschen einst vielleicht dazu, eine Verbindung anzunehmen zwischen Sexualität und universellem Ki, wie in Kapitel 9 geschildert.

14.4 Meditation: Verschmelzung und Harmonie-Erfahrung

Aikido zu üben wird zuweilen als Bewegungsmeditation bezeichnet[169]. Abhängig von der Schulrichtung, aber auch von der Person des Übungsleiters wird dem Aikidotraining Zen-Meditation mehr oder weniger eng zur Seite gestellt. Graf Dürckheims Ausführungen dienen immer wieder Menschen mit spirituellem Interesse als geistiger Hintergrund der Budoformen. Seiner Meinung nach ermöglicht das Üben Verschmelzungserlebnisse; zur Schilderung wählt er, stimmig zu dem in Kapitel 7 Ausgeführten, eine Substanz, und zwar Wasser (Kasten 1).

Kasten 1: Verschmelzungserlebnisse

Nur die Übung, die den Gegensatz von Ich und Welt überwindet, weil sie ihn bis zu Ende durchlebt, führt zu dem Einklang, der sich auch im tätigen Leben bewährt. Diese Übung des Großen Verschmelzens von Ich und Welt hat ihre volkstümlichste und primitivste Form im japanischen Bad. Das Bad ist nicht dazu da, sich in ihm zu waschen –, das geschieht, ehe man sich dem Wasser anheimgibt –, sondern dazu, daß man sich auflöse im Element, bis man völlig eins wird mit der uns als Wasser erst umspielenden Welt. Um dieses bewußte Verschmelzen geht es auch im rechten Schauen in der Natur, im rechten Hören des Liedes, im rechten Sehen des Kunstwerks, im rechten Genießen des Gartens, im rechten Betrachten eines Zwergbaumes, einer Blume oder auch eines Steines, in der rechten Versenkung in ein Mandala oder ein heiliges Bild. Überall wird das gleiche geübt: da ist ein Objekt, das, recht verstanden, in seiner Weise die

Große Einheit bekundet; und da ist das ihm begegnende Subjekt, das auch, wenn es sich richtig versteht, ein individueller Ausdruck der «Einheit im Wesen» ist. Ganz still muß man sitzen, ganz unbeweglich und, zur Mitte versammelt, sich dem Großen Atem des «Es» überlassen. Dann steigt der Grund auf und verschlingt ganz von selbst das Ich sowie auch seinen Gegenstand. Beide hören auf, in sich selbst «bestehende» Formen zu sein. Die Einheit geht auf, entgrenzend und allübergreifend.[170]

ERKENNTNISSE: Danach gefragt, stimmten dem Satz «Aikido (Karate, Tanz) ist Meditation» Karateka schon eher, Aikidoka wesentlich öfter zu als Tänzer.

Natürlich führt nicht jede Meditation gleich zur Erleuchtung. Doch wir dürfen uns darauf verlassen, dass – wie so oft im Aikido – das Einfache jedenfalls gut ist. «Was halt auch viel bringt: die Meditation. Bei uns im Dojo wird da schon mehr Wert drauf gelegt, auch auf eine längere. Wenn's mit der Sonne passt, dem Wetter, trainieren wir draußen. Und dann, wenn die Sonne untergeht, diesen Augenblick, wenn die Sonne den Horizont ankratzt, bis sie dann untergeht, das sind dann ein paar Minuten, diese Zeit nutzen wir dann. Da sind wir dann mal rausgefahren zu so einem See. Und wir sind da mal ‹gesessen› und haben dann allein die ganzen Geräusche die draußen sind, die man in der Natur hört, wahrgenommen. Da ist uns auch aufgefallen, obwohl wir draußen in der Natur sitzen, sind Autogeräusche sogar noch hörbar – obwohl sie unheimlich weit entfernt sind – und das – Innere hat sich – also man achtet wirklich mehr – man genießt das Leben mehr an gewissen Tagen dann. Also insgesamt für mich ist es eine positive Lebenserfahrung»; so schildert es einer meiner Gesprächspartner.

EMPFEHLUNGEN: Schlichte Mittel können etwas Berührendes zugänglich machen.

14.5 Anhaltende Verschmelzungssehnsucht kann eine mögliche Folge von frühem Mangel sein – Verschmelzungserlebnisse versuchen, diesem Mangel zu begegnen

Frühe Erlebnisse von Trennung, Verlassenheit, aber auch allgemein davon, in den normalen Entwicklungsbedürfnissen grundsätzlich nicht verstanden worden zu sein, lassen in vielen Menschen eine Sehnsucht aufkommen nach «einem Gefühl von Verbundenheit und dem Verschwinden des Gefühls des Getrenntseins»[171], eine «Sehnsucht nach dem ozeanischen Gefühl der primären Liebe»[172]. Eine kollektive Erinnerung an eine ursprüngliche Harmonie und deren Verlust sowie das Bemühen, sie von Neuem zu erlangen, bilden ein bekanntes Muster in Theologie, Philosophie und Psychologie: «In der biblischen Geschichte befindet sich der Mensch im Garten Eden in einem Zustand undifferenzierter Harmonie ... Der Mensch ... kann nicht in den ursprünglichen Zustand der Harmonie zurückkehren, aber er kann einen neuen Zustand der Harmonie anstreben ... die messianische Zeit genannt, in der es zwischen Mensch und Natur, Mensch und Mensch, keinen Konflikt mehr geben wird ... wo Wolf und Lamm Seite an Seite ruhen»[173].

Unpersönliches Verschmelzen ermöglicht es, die frühen Defizite zu verleugnen Psychotherapeuten kennen von ihren Patienten sowohl einen Wunsch nach Verschmelzung[174] als auch, sozusagen als seelisches Gegensteuern, eine Angst vor Verschmelzung[175]: «Wir wissen aus den Tagträumen ... sowohl Gesunder als auch psychisch kranker Menschen, daß man sich oft ... in Verschmelzungsphantasien verliert, die keine konkreten Objekte, sondern diffuse, unbegrenzte und unzerstörbare Substanzen betreffen. So sprechen Suizidanten von ihrem Wunsch, soweit in eine Schneelandschaft hineinzulaufen, bis sie ... immer kleiner werden und sich schließlich im Weiß der Landschaft verlieren. Andere phantasieren sich auf eine Wiese, der Sonne und dem Wind zeitlich unbegrenzt hingegeben»[176]. Eine schwer traumatisierte Patientin (stimmigerweise betrieb sie Gleitschirmsegeln) enthüllte mir selbst einmal Suizidgedanken; wie ich mit ihr zusammen entdecken durfte, verbarg sich hinter diesen der Wunsch nach einer Rückkehr in einen lebhaft erinnerten vorgeburtlichen Schwebezustand.

Verschmelzung in religiösen Vorstellungen: Mystizismus und Grandiosität stellen einen
    Gegensatz dar zur Bedrohung sowohl durch Einsamkeit als auch durch Ohnmacht
Verschmelzungsfantasien oder -erfahrungen erlauben es, Widerständiges oder sogar Feindseliges in Freundliches oder zumindest in Harmloses umzudeuten; dies ist eine Möglichkeit, einer (Über-)Macht zu begegnen. Ein Kletterer beschreibt dies: «Einmal oben, kam es mir vor, als könnte ich meine Arme öffnen und mit der gesamten Umgebung verschmelzen. Ich war ein Teil des größeren Ganzen – eine Einheit. Es ist eine physische Transzendenz, durch die man sich einer unveränderlichen Realität anpaßt. Man verschmilzt mit ihr, statt sie zu verändern»[177].

Heilserfahrungen sind häufig durch «Anzeichen der *unio mystica*, einer tiefen ... Wiedervereinigung der Person mit dem Universum» gekennzeichnet, «und davon, dass das ursprüngliche ‹ozeanische Gefühl› wiedererlangt wird»[178]. Damit schließt sich der Kreis zu den freundlichen Weiten: «In dem Raum ‹zwischen den Objekten›, zwischen den realen Menschen» kann die «Verschmelzung mit dem grandiosen, idealen Objekt, z. B. dem Bild Gottes, gesucht werden»[179]. Dadurch, dass «man in der Verschmelzung eins mit etwas unbegrenzt Großem wird bedeutet die sogenannte ‹Verschmelzung› sogar einen Wert- und Machtzuwachs»[180]. Dies ist ein zweiter Weg aus der Ohnmacht.

Jenseits der Machtfrage
Mit außergewöhnlichen Bewusstseinszuständen ist oft ein «Wandel der Bedeutung von Ideen und Objekten verbunden und das Gefühl, profunde Einsichten zu gewinnen, die bis zur mystischen Einheitserfahrung reichen»[181]. Erleuchtung ist «die Enthüllung einer neuen Welt»[182]. Flow zählt ähnlich zu den «numinosen Erfahrungen»[183]. Schildert jemand «transzendente Aspekte des Erlebens von tiefem *flow* ... stellt sich eine großartige Expansion ein, ein Sichöffnen für die Grundbelange der menschlichen Existenz, ein Aufblühen»[184]. Für «diese außergewöhnlichen Aspekte der intensivsten Kletter-Erfahrung» werden «meist Adjektive wie *transzendent, religiös, visionär* oder *ekstatisch* gebraucht»[185].

Das Erleben der Bergsteiger, wie «mit dem Fels und den Kameraden verschmelzen ... die Idee der Schöpfung, intensiven Staunens und Wahrnehmens ... Ich liebe sie so»[186] entspricht in Teilen vielleicht der Auffassung des Aikidobegründers O-Sensei Ueshiba von universaler Liebe.

Verschmelzungserfahrung als etwas Heilendes

Manche Menschen suchen verschmelzendes Erleben aktiv und ausgerechnet in solchen Handlungen, die die Mehrheit wegen damit verquickter Mühe, Angst und Schmerz ablehnen würde. Warum tun sie das?

Die jemanden bis zum Äußersten beanspruchende Vorbereitung auf eine Danprüfung im Aikido kann als Initiationsritual angesehen werden[187]. «Stammeskulturen setzen psychoaktive Drogen, Fasten, Einsamkeit, Schmerzen, Erschöpfung, Schlaflosigkeit oder gefährliche Mutproben ein, um die normale Wahrnehmung des Initianten zu zerrütten, damit sich auf ihren Trümmern eine neue Sicht der Welt manifestieren kann». Man kann der Ansicht sein, dass außergewöhnliche Bewusstseinszustände «periodisch vom Bewußtsein geradezu instinktiv angestrebt werden»[188]. Anscheinend haben sie eine eigenständige, der seelischen Gesundheit dienende Funktion.

Solche Überlegungen gehen zurück auf «Bateson», der von der reinigenden «Wirkung psychotischer Reaktionen» überzeugt war und auf «James ... 1902 ... ‹Die klassische Mystik und jene niedere Mystik (Psychose) entspringen der gleichen mentalen Ebene›»[189]. Für hier bedeutsam sind die Facetten, dass solche Zustände zuweilen aktiv aufgesucht bzw. hergestellt werden, dass sie etwas Heilendes haben können und dass Erschöpfung und körperliche Schmerzen Mittel sind, sie zu erreichen – so, wie die «alten Völker in Europa oder Asien» «Bewußtseinsveränderung als Heilmittel» verwandten[190].

Oben war der Gedankengang entwickelt worden, dass Störungen der Mutter-Kind-Beziehung zu Selbstentfremdung führen können.

Extremsportlern gelingt es offenbar, mithilfe körperlicher Aktivität solch quälenden Zuständen von «Selbstfremdheit»[191] zu begegnen. Denn Extrem-Alpinisten berichten über «große Zersplitterung, bedrückende ... ‹Aufteilung meines Ich› ... Geradezu psychose-ähnliche Dissoziations-Erlebnisse ... Diese Traumata der Desintegration ereignen sich nicht während der harten Aktion am Berg»[192]; sie werden im Tal erlebt. «In der schwierigen Wand fühlen sich die Extremen ganz beieinander, aus einem Guß. ‹Harmonie› lautet das Schlüsselwort». Der «Harmonisierungseffekt», die «‹harmonisierende› Wirkung des schweren Bergsteigens liegt offenbar in der Erfahrung des vollkommenen Zusammenklangs von Bewegungstätigkeit, Sinnesleistung und Bewußtseinsaktivität», «das sich selbst reflektierende Bewußtsein ist ausgeblendet», jener «Sitz von Zweifel und Disharmonie». Alle «Kräfte und Fähigkeiten» sind «in vollständiger Konvergenz auf den augenblicklichen Handlungsvollzug ausgerichtet. Alles strömt in einem Punkt zusammen». Es ist ein regelrechtes «Feuerwerk der konsonanten körperlichen Empfindungen»[193].

«Wegen des Kontrastes zum qualvollen Normalzustand der inneren Zerrissenheit wird die seelische Balance beim schweren Steigen als ganz große Wohltat erlebt»[194]. «Daraus läßt sich ein allgemeines Fazit ableiten: Schwerer und ganzheitlicher Sport vermag Ich-Spaltungen vorübergehend auszugleichen»[195]. Vielleicht auch deshalb kann Sport zur Sucht werden; dieser Gedankenfaden wird spät noch einmal aufgegriffen, denn auch Aikidoka sind dagegen nicht völlig gefeit.

14.6 Verschmelzungssehnsucht und -erfahrung in Budo und Aikido

Während ein Aikidoschüler in anderen Dimensionen wie etwa der Fallschule seinen Fortschritt im wahrsten Sinn des Wortes hautnah zu überprüfen vermag, weil die blauen Flecken auf den Schultern weniger werden, ist das mit dem Verschmelzen wesentlich schwieriger.

Verschmelzen als technischer Begriff mit hirnorganischem Korrelat
Verschmelzen kann als terminus technicus gebraucht werden. «Man bewegt sich in Harmonie mit etwas anderem, von dem man ein Teil ist ... Beim Klettern muß man sich völlig den Bewegungen widmen. Man verschmilzt sein Denken mit dem Felsen»[196]. Ähnlich erklärt Zenmeister Deshimaru: «Ein guter Krieger oder Jäger muss in der Lage sein, mit der Natur, die er durchstreift, zu verschmelzen, eins mit ihr zu sein»[197]. Man muss «Kraft, ... Technik und ... handelndes Bewusstsein ... in Harmonie bringen ... zu einem ... verschmelzen»[198]. Genau wie für den Krieger oder Jäger ist es auch für den Kampfsportler entscheidend, «abwarten zu können und sich nicht zu früh fest zu legen»[199].

Derartige Bewusstseinsveränderungen, ob sie sich nun spontan einstellen oder ob sie aufgrund längerer Übung aktiv angezielt werden können, sind sogar messbar. Über Funk wurde das Hirnstromwellenbild (EEG) von Tennisspielern abgeleitet. Ausgerechnet in den schwierigen Phasen ihres Wettstreits, in den Augenblicken vor dem Schlag, verlangsamten sich deren Hirnstromkurven. Ähnliches fand man bei Gewehrschützen: Bei den Treffsichersten verlangsamten sich die Hirnstromkurven am meisten. Offenbar erreichen Leistungssportler vor kritischen Anforderungen einen Zustand innerer Sammlung, da eine solche Verlangsamung der Gehirnwellen vermutlich eine Konzentration auf das Wesentliche bedeutet[200].

Verschmelzen mit dem anderen, dem Gegner oder Trainingspartner, als Aikidoprinzip
Insbesondere wird der Begriff Verschmelzen für den Kern jeder Aikidotechnik verwendet, für das Aufnehmen des gegnerischen Impulses, dem Vereinigen beider Kräfte, was schließlich das Umlenken ermöglicht (Genaueres in Kapitel 16). Besonders wichtig, und besonders schwierig ist es, dabei das richtige Timing zu finden. Aikidomeister Kitaura meint, um es zu erlernen, würde man gut und gerne die ersten dreißig Jahre des Übens brauchen[201] ... Ein Beispiel dafür kann die Koordination der eigenen Bewegung mit der einer Drehtür

sein: «Geschlossen, offen, geschlossen, offen, geschlossen, offen, *Jetzt*. Eintreten, verschmelzen, bewegen, hinaus»[202]. Verschmelzen wird als Ziel formuliert: «*Nage* verschmilzt mit *Ukes* einstürmender Energie in eine spiralförmige Bewegung ... Bei einer wirklichen Verschmelzung ... wird keiner verletzt, und einen Augenblick lang sind beide eins. Durch den Willen zur Vereinigung entsteht eine Eleganz und Anmut, die beide Partner bewegt und stärkt»[203].

Nicht zu verschmelzen ist ein Fehler, stellt eine Gefahr dar, und Beobachter erschrecken über einen Prüfungskandidaten: «‹Der verschmilzt ja gar nicht!› ... er mußte Schläge einstecken und ging zweimal zu Boden»[204].

Verschmelzen als zufriedenstellendes Miteinander mit anderen Menschen

Eine Forscherin sieht eine von ihr erhobene Aussage meines Erachtens unnötig kritisch: «Im folgenden Zitat bezeichnet die Interviewpartnerin Erlebnisse von Verschmelzung und Selbstauflösung als höchstes Ideal, das sie mit Aikido verbindet: ‹Eben diese Idee vom Begründer, daß Aikido Liebe ist. ... Ich hatte das einmal mit jemand. Da haben wir zusammen ... Shiho-Nage gemacht, so eine ganze Weile und irgendwie hat sich dabei uns beiden dieses Ich aufgelöst ... da ist echt sowas zwischen uns rübergesprungen, so eine Energie, die war absolut positiv und das ist das, was ich eigentlich suche›». Dies setzt die zitierte Autorin mit dem Verlust von Ichgrenzen gleich [205]; meiner Ansicht nach wurde vielmehr das befriedigende Miteinander zweier eigenständiger Individuen ausgedrückt, und das, was zurücktrat, war eher das Ego. Schließlich hat die Säuglingsforschung (vgl. Kapitel 5) inzwischen auch Folgendes erbracht: Was frühere Beobachter für eine Symbiose mit verschwimmenden Grenzen gehalten hatten, besteht eigentlich in hochintensiven Momenten der Gemeinsamkeit zwischen zwei eigenständigen Personen, dem Kind und der Mutter[206].

Bekanntlich ist «die gelungene Verbindung zu anderen Menschen ein zentraler Faktor persönlicher Entwicklung und psychischer Gesundheit». Ausgehend von der gegenseitigen Regulation in der «Kleinkind-Erwachsenen-Interaktion» nehmen die Säuglingsforscher an, dass im «mikroregulatorischen, sozial-emotionalen» Austausch «zweier sich selbst organisierender Systeme» wie «Mutter-Kind oder Patient-Therapeut» und damit eben auch Freunde, Aikidolehrer und -schüler, zwei Trainingspartner, «jeder der Interaktionspartner einen kohärenteren und komplexeren Zustand des Bewusstseins erreicht als allein», was auch heilsame Veränderungsprozesse ermöglicht[207].

Die dem Flow wie dem frühkindlichen Erleben zugeordneten Merkmale Wortlosigkeit und Zeitlosigkeit finden sich im Aikidoüben wieder.

Wortloses Einvernehmen: Durch die technische Verbindung der Bewegung zweier Körper, auf die ich unten noch genauer eingehe, wird das oben erwähnte Versprechen emotionaler Harmonie eingelöst, entweder schlicht erfreulich oder als eine korrigierende Erfahrung einstiger Defizite, in beiden Fällen anknüpfend an Empfindungen aus der sehr frühen Kindheit. Solch ein verschmelzendes Erleben ist ein Wort-loses. «*Amae* ist in jenen familiären, ehelichen und sozialen Beziehungen angesiedelt, in welchen die Kommunikation hauptsächlich nonverbal stattfindet»[208]. Ein entsprechendes Bedürfnis auszudrücken ist unnötig, es bei anderen anzusprechen ist unpassend: «Nach japanischen Vorstellungen benötigen die, die einander nahestehen – das heißt, die, die den Vorzug haben, miteinander verschmelzen zu dürfen – keine Worte, um ihre Empfindungen auszudrücken. Man würde sich gewiss nicht mit dem anderen verschmolzen fühlen (das ist *Amae*), wenn man das Bedürfnis hätte, dies in Worte zu fassen!»[209]

ERKENNTNISSE: Hierzu passt ein Detail meiner Ergebnisse. Für die Interviews hatten sich ja weibliche und männliche Aikidoka freiwillig gemeldet. Sie hatten nicht nur meine Fragen beantwortet, sondern auch bereitwillig und spontan vieles ausgeführt. Vier Personen, die alle sowohl seit mehreren Jahren Aikido üben, also bereits in eine flüssige Bewegung hineingefunden haben, als auch sich gut ausdrücken können, fanden für dieses Besondere am Aikido kaum Worte, ob sie nun die Bewegung beschreiben wollten, wie hier zwei Männer («irgendwie eine weichere Form»; «dieses Runde, dieses Schwingende, mehr Bewegung, mehr das Runde, so ein viel dynamischeres oder ich weiß nicht, wie man das nennen soll») oder das Miteinander, wie hier zwei Frauen («also ein paar Leute, wo ich kenn', mit denen kann man gut machen, sind mir schon wichtig», sagte die eine und die andere: «Poing!, da ging das gut»).

Interessanterweise bemerkten und analysierten diese Personen ihr Sprachproblem: «Umm, meine Freunde verstehen das manchmal nicht so ganz. Ich komm' da zurück, ja, ne, und erzähle, und dann sagen die: ‹Tja, das freut uns, dass dir das so gut getan hat, aber was war es denn genau?›. Ich kann's nicht auf den Punkt bringen – da fehlt dann so das Verständnis, was es nun ist, was es nun eigentlich ist. Das ist immer wieder so», beschreibt eine Frau ihre Wahrnehmungen. Ein Mann vergleicht: «Ohne, dass ich es wohl beschreiben könnte. Also, sagen wir mal, auch ein Orgasmus lässt sich überhaupt nicht beschreiben, man kann es auch nicht mitteilen. Entweder hat 's einer gehabt, dann weiß er was es ist, oder er hat 's nicht gehabt, aber dann kann ich 's ihm auch nicht erklären. Und so ähnlich läuft 's wohl auch hier, man merkt, dass das normale, diskursive Bewusstsein nicht ausreicht.»

Zeitlosigkeit und verändertes Raumgefühl: Eine «veränderte Wahrnehmung von Raum und Zeit»[210] zählt zu den Merkmalen außergewöhnlicher Bewusstseins-Zustände. Aikidomeister Kitaura vergleicht: «Der Raum – ist für Kant etwas sehr Abstraktes – aber für uns ist er greifbar. Wir streicheln sozusagen den Raum, nicht den anderen. Der andere ist im Fokus, der Raum verschwindet, ist bloßes Medium zur Vereinigung. In dem Raum verschmelzen beide – plastisch, konkret, nicht abstrakt»[211].

Das Fallen im Aikido, manchmal auch «Fliegen» genannt[212], dauert objektiv kaum eine Sekunde. Dennoch kann das Erleben von einer auffallend zeitlosen oder zeitlupenartigen Qualität sein. Ein «verschmelzungsartiger Zustand» wurde auch einer anderen Interviewerin berichtet, wieder nur mühsam in Worte gefasst: «Die Ebene von ‹etwas loslassen und im Raum sich bewegen›, also nur noch ‹Raum›, also wirklich im Raum sich bewegen und Sicherheit im Raum finden, wie zum Beispiel im Fallen … Bewegung nicht vorwegzunehmen, sondern Bewegung wirklich, sich Bewegung, der Bewegung überlassen»[213].

Verschmelzen mit dem Universum

Ein Verschmelzen mit einem Trainingspartner ist ein erstes Ergebnis, dann aber auch eine Zwischenstufe, indem es kosmische Ausmaße bekommt: «Aikido kann … als eine Philosophie der Integration, der harmonischen Verbindung von Mensch und Mensch – und von Mensch und seiner Umwelt – aufgefasst werden»[214]. Doch es geht eben noch weiter: Das letzte «Ziel ist das Erreichen der vollkommenen Einheit von Geist und Körper, von den Menschen untereinander und von Mensch» und seiner zum «Universum»[215] erweiterten Umwelt. Dies ist nach O-Sensei Ueshiba die eigentliche Art, zu üben: «Das Geheimnis des Aikido besteht darin, dass wir uns in die Bewegungen des Universums einfügen und uns mit dem Universum selbst in Einklang bringen. Derjenige, der das Geheimnis des Aikido erlangt hat, trägt das Universum in sich und kann sagen: ‹Ich bin das Universum›»[216].

Folglich empfehlen Aikidomeister, stets mit dem Gefühl zu üben, dass «man in Geist und Körper mit dem Himmel und der Erde vereint ist … das Allerwichtigste ist, verbunden zu sein»[217]. Eine staunende Anfängerin schildert die Schwertkämpferin als verschmolzen: «Sie war Teil der brennenden Luft, Teil des Feuers, Teil des Steinbodens, auf dem sie tanzte», und sie begriff: «man bewegt sich im Rhythmus des Lebens selbst»[218].

14.7 Der Nutzen des Verschmelzens

Allmählich tritt hervor, was man durch all die Mühen auch im Aikido gewinnen kann: Eigenmacht und innere Freiheit; die Fähigkeit, sich Harmonie zu erarbeiten, Harmonie bewirken zu können sowie möglicherweise eine Heilung von innerer Zersplitterung.

Eigenmacht

Traumatische Erlebnisse münden vor allem in die Erfahrung von Ohnmacht. Dagegen steht der Gewinn von Übungen: «Körperliches Training eröffnet, ‹ähnlich dem Erwerb erotischen Wissens› den Zugang zu einer blitzartig wahrgenommenen spirituellen Erkenntnis … ‹selbst die Muskeln hatten zu existieren aufgehört. Ich war wie in durchscheinendes Licht, in ein Gefühl der Macht eingehüllt›»[219].

Man kann in einem Atemzug sprechen von «der zügellosen Hingabe oder der verschärften Selbstzucht – was dasselbe ist»[220]. Von den Extrembergsteigern hört man ähnliche Worte: «radikale Hingabe»[221], «Hörigsein», einen «süßen» oder «wilden» Rausch[222]. Extrembergsteiger finden diese Ekstase in der Einsamkeit; Mishimas, des Japaners «Rausch körperlicher Anstrengung, Müdigkeit, Verschwitztheit» wird mittels «freudigen Eintauchens in die Menge» erfahren[223], einem Verschmelzen mit der Gruppe.

Gelassenheit durch Akzeptieren, sich Hineingeben

Wird das Aikidoprinzip Eintreten korrekt angewendet, hat der Angreifer «keine Macht mehr»[224] über den Verteidiger. Im Alltagsleben kann der Angriff «eine physische Bedrohung sein, eine verbale Beleidigung oder eine emotionale Krise»; immer wird es nötig, «damit zu verschmelzen». Dies gilt letztendlich auch für das «Unvermeidliche», die «Begegnung mit dem eigenen Tod»[225].

ERKENNTNISSE: Einer meiner Gesprächspartner bezog das im Aikido Gelernte auf Trauer: «Dass einem ein Schmerz nichts anhaben kann, wenn man vollkommen ruhig und entspannt bleibt in diesem Schmerz und sich so ein bisschen auflöst, dann ist er einfach nur noch da.»

Harmonie bewirken können

Graf Dürckheims Auffassung der Übung gilt für Meditation wie für Budo: so lange zu üben, bis das Tun kein Gegenstand mehr ist gegenüber dem Ich, bis keinerlei bewusste Anstrengung mehr nötig ist, bis Harmonie herrscht[226]. Wir erkennen das Anliegen der Freie-Geschickte-Bewegungsmenschen wieder: «Das Ziel solcher vollendeten Kunst ist, in der Wirklichkeit etwas von jener Harmonie wiederzuschaffen, die vor der Entdeckung getrennt existierender Objekte bestand, jener Harmonie der freundlichen Weiten, die einen sicher hält und umschließt»[227]. Unendliche Mühe wird darauf verwandt, etwas mühelos gelingen zu lassen, wie ein Aikidoka weiß. «Sicherlich kommt jeder, der eine Kunst ausübt – Malen, Musizieren, Schreiben, Tanzen, Skifahren, Gewichtheben – irgendwann mit der dem Universum zugrundeliegenden Struktur in Kontakt, mit der Art ‹wie die Dinge sind›. Das sind begnadete Momente des Loslassens und Verschmelzens ... Den begnadeten Moment aufsuchen heißt, ihn vertreiben ... Nötig sind Jahre der Übung des Entsagens und Aufgebens ... alter Verhaltensmuster ... des Ego ... sogar der Persönlichkeit»[228].

Innere Zerrissenheit heilen

In der Aikidoliteratur werden Zentrierung und Verbundensein gegenübergestellt der «Abtrennung des Menschen von der Identität mit dem Universum», der Entfremdung des einen Menschen vom anderen und «letztlich dem Gefühl des Gespaltenseins in sich selbst»[229]. Ein Aikidoschüler formuliert eine erste Ahnung davon: «Es ist seltsam: Eine *Ki*-Kraft war mir immer bekannt, doch ich nahm an, dass sie von meinem Kopf ausgehen würde, nicht von meinem Körper. Die im Aikido übliche Verortung im *Hara* gefällt mir besser, denn dies stellt genau die Verbindung zwischen Geist und Körper her, die mir immer gefehlt hat. Früher habe ich meinen Körper gerade nur als Vehikel für mein Hirn angesehen. Ich hoffe nun, echte Geist-Körper-Verbindungen herstellen zu können und so aus diesem Schema auszubrechen»[230]. Vielleicht nutzen in der Tat manche Aikidoka «Harmonie und Verschmelzung als Voraussetzung, ‹ich› zu sagen»[231]. Eine Forscherin gewann «den Eindruck, daß ein Ich-Gefühl und eine gewisse persönliche Stabilität für die Interviewten an Harmonie-, Verschmelzungs- und Glücksgefühle gekoppelt sind ... Sie entwerfen das Bild der Verschmelzung mit dem eigenen Körper oder das Bild einer Synthese der verschiedenen Persönlichkeitsanteile»[232].

14.8 Aikido, Flow, Verschmelzen, Substanzen

Einige meiner Ergebnisse bilden ab, wie es sich anfühlt, Aikido zu machen und was man sich erhofft. Solche Einstellungs-Items, wie sie in meinem Fragebogen verwendet wurden, weisen schließlich immer eine gewisse Unschärfe auf: Wird einer Aussage zugestimmt, so kann das heißen, dass es so ist oder dass man es so haben möchte. Ebenso sind die Mitteilungen in den Interviews, wenn man so will, gefühlte Konzepte, gedachtes Erleben.

Bewegungsqualitäten

Von Anfang an üben Aikidoka regelmäßig Tai Sabaki, auf der Stelle oder mit Richtungswechsel im ganzen Übungsraum. Dabei sollen sie, ohne innezuhalten oder anzustoßen, durch die Menge der anderen Übenden gleiten mit leicht gebeugten Knien, Bodenkontakt vor allem mit den Fußballen, von der Anmutung her ein bisschen wie Schlittschuhlaufen. Dies sollte dem Freie-Geschickte-Bewegungsmenschen entgegenkommen, der lernen möchte, die widerständigen Objekte zu entschärfen, in fließende Harmonie aufzulösen, sie gleichsam in Substanzen zu transformieren, mit denen sich dann vermischt werden kann. Zumindest wird der Raum erobert, obwohl er doch voller Objekte, also anderer Menschen ist.

ERKENNTNISSE: Im Fragebogen war der Satz angeboten worden: «Wenn es auf der Matte (Tänzer: im Saal) voll ist, fühle ich mich behindert und gestört». Die Teilnehmer aus beiden Aikidogruppen stimmten gut zur Hälfte zu – verständlich; schließlich müssen sie die kreisförmigen Bewegungen mit ihren jeweiligen Partnern und mit den umgebenden Paarungen koordinieren. Die Karateka stimmten jedoch genauso oft zu, obwohl sie sich oft nur auf einer geraden Linie vor und zurück bewegen – dann aber Iaidoka, deren Bewegung vergleichsweise gemessen ist, zu beinahe 70 und Standard-Tänzer sogar zu über 90 %! Letztendlich gelingen also, wenn überhaupt, nur den Aikidoka auch in einer Menschenmenge Bewegungen, die zugleich fließend, raumgreifend und verschmelzend sind.

Entsprechend haben es Iaidoka schwer, in Flow zu kommen: «Manchmal klappt es so gut, dass ich hinterher staune, wie lange ich durchgehalten habe» – das kann von ihnen nicht einmal die Hälfte sagen, im Gegensatz zu 75, 80, 100 % der Aikidoka, Karateka, Tänzer. Offensichtlich ist es hilfreich, mit einem lebendigen Partner zu üben; Tänzer genießen vielleicht noch einen Vorteil durch die tragende Wirkung der Musik.

Weit über 90 % aller befragten Aikidoka mögen «das Fließende» am «Angreifen, Geworfenwerden, Rollen, Aufstehen und Wieder Angreifen ...». Nur einen sehr kleinen Teil und nur der deutschen Aikidoka kann dies auch «manchmal irgendwie frustrieren», denn «man scheint nichts zu erreichen».

Verheißungen

Völlig im Einklang mit der Vorstellung von freundlichen Weiten, von Vermischung mit Substanzen stimmten von den deutschen Aikidoka 90, von den französischen 100 % dem Satz zu: «Gelungenes Aikido ist wie Atmen oder Schwimmen – der andere bietet kaum noch Widerstand». Dabei gab es keinerlei Unterschiede, auch nicht zwischen denen, die erst kürzer und denen, die (vielleicht sogar viel) länger trainierten; offenbar decken sich die Beobachtung der einen mit den Erfahrung der anderen – oder die Wünsche beider.

Ein Fragebogen-Item enthielt einen Satz des ehemaligen Aikidomeisters und Begründers des Kinomichi, Noro-Sensei: «‹Wenn wir immer weiter üben, lösen sich die Erstarrungen auf und wir werden von Eis zu Wasser, dann zu Dampf, dann letztendlich zu Licht›[233] – das ist nicht nur ein schönes Bild, sondern ein festes Versprechen». Damit wird der Übende selbst zur Substanz und der vollkommenen Vermischung steht nichts mehr im Wege. Hier stimmten deutsche und französische Aikidoka zu fast 70 und fast 90 % zu, wieder jeweils ohne alle Unterschiede. Die Zustimmung entspringt also nicht etwa bloß einer sehnsüchtigen Anfängermotivation, auf die später vielleicht Ernüchterung folgt. Es ist vielmehr etwas Bleibendes.

Wie sich gezeigt hat, spielen heftige bis übermäßige körperliche Anstrengungen und die Inkaufnahme von Schmerzen zuweilen eine herausragende Rolle, wenn es um Verschmelzungserfahrungen geht. Während die Anstrengung im Aikido durchaus im sportüblichen Rahmen liegt, ist die gezielte Arbeit an der Schmerztoleranz eine wesentliche, aber anderswo eher unübliche Komponente des Aikidotrainings. Deshalb wird im nächsten Kapitel Schmerz, vor allem in seinen sozialen, psychischen und interaktionellen Bedeutungen, erkundet. Wir muten uns da schon etwas zu …

15 – Schmerz oder: Beziehung um wirklich jeden Preis?

Schmerz zu ertragen wird im Aikido freiwillig ständig geübt. Absichtlich zugefügte Schmerzen sind fester Bestandteil des Trainings. Auch wenn einzelne aufgrund ihres Körperbaus kaum leiden, kommen doch die wenigsten ganz ungeschoren davon.

Warum tun wir uns das an? Das Argument, ein umfassender Gewinn würde dieses abschreckende Moment wohl ausgleichen, wird durch die, gerade von Anfängern – ihnen wird sich noch ein eigenes Kapitel widmen – berichteten sonstigen Frustrationen zumindest abgeschwächt. Daher habe ich überlegt, ob vielleicht ein zusätzlicher, eigenständiger Gewinn aus dem Umfeld der Schmerzerfahrung erwachsen könnte.

15.1 Schmerz: ein Phänomen

Seien wir tapfer, schauen wir dem Feind ins Auge, lernen wir ihn kennen. Was ist das eigentlich – Schmerz?

Hier könnte man wirklich meinen: Das ist doch einfach! Jemand tritt mir auf den Fuß, es tut mir weh. Fertig. Aber das mit dem Schmerz ist, ganz im Gegenteil, ziemlich kompliziert. Schmerz ist ein physiologischer und zugleich ein psychologischer Begriff: «*Schmerz* ist ... *eine unangenehme Sinnesempfindung, die mit körperlicher Schädigung* verbunden ist, oder die so beschrieben wird, als wäre sie damit verbunden. Diese Definition hebt absichtlich den subjektiven Charakter des Schmerzes als Phänomen der Wahrnehmung hervor ... Wie jede andere Wahrnehmung ist Schmerz also eine Leistung unseres Gehirns, die nicht unbedingt von den peripheren* Vorgängen abhängig ist». Bemerkenswert ist, dass Schmerz als «eine eigenständige Sinnesmodalität» angesehen wird[234]. Wie sehen, hören, tasten, riechen und schmecken ist Schmerz zu empfinden damit etwas, was von einem Reiz im Körper (oft ganz weit draußen, an Fingerspitzen oder Fußsohlen) angeregt wird und dann im Gehirn weiterverarbeitet. Letzteres wird der für uns hier spannende Teil sein, zum Ersteren daher nur kurz.

Was bei Schmerz im Körper geschieht

Alle funktional-anatomischen Gegebenheiten und Vorgänge dem heutigen Stand der Wissenschaft entsprechend darzustellen, ist hier nicht möglich[235]. Schmerz dürfte «in der Entwicklungsgeschichte spätestens mit den Säugetieren aufgetreten sein. Der ... evolutionäre Fortschritt bestand offensichtlich in seiner lebensbewahrenden Bedeutung als ‹Frühwarnsystem› gegenüber bedrohlichen Gefahren von außen und von innen»[236]. Ein Schmerzreiz (heiße Herdplatte) bewirkt Reflexe (Hand wegreißen) und körperliche Reaktionen (Blutgefäße ziehen sich zusammen)[237]; möglicherweise auch «Veränderung der Atmung, der Schweißausscheidung, des Kreislaufes; Erröten; Änderungen des Herzschlages oder plötzlichen Muskelkontraktionen»[238]. Auf all dies haben wir keinen Einfluss. Es folgen «Reaktionen, die mehr oder minder darauf abzielen, den schlimmen Reiz loszuwerden. Sie können, falls das nicht gelingt, in sogenannte Flucht- oder Kampfhandlungen münden»[239].

Was bei Schmerz in der Psyche geschieht

Auf der Ebene der Gefühle entsteht Angst, Wut oder eine Mischung aus beiden[240]. Dazu kommt der Wunsch, man möge sich dem schmerzenden Körperteil liebevoll zuwenden[241], wie einer meiner Gesprächspartner einräumt: «Wenn natürlich wer da ist und mich bemuttert, dann genieße ich es schon.» Hier zeigt sich bereits die Nähe von körperlichem und seelischem, genauer: zwischenmenschlichem Geschehen, die das Schmerzthema so spannend macht.

Nicht nur die Schmerzempfindung hat sich entwickelt, sondern auch die Fähigkeit, den Ausdruck von Schmerzen zu beherrschen

Während die Schmerzwahrnehmung zunächst einen evolutionären Vorteil bot, hatte es sich im weiteren Verlauf offenbar als günstig erwiesen, den Schmerzausdruck unterdrücken zu

---

* medizinisch für: In den (vom Gehirn weit) entfernten Regionen des Körpers.

können. So zeigen «gebärende Menschenaffen in der afrikanischen Steppe in ihrem Verhalten alle Anzeichen des Geburtsschmerzes»; «Schmerzäußerungen während der Geburt, Schreien, Stöhnen» fehlten jedoch, vermutlich weil dies «Raubtiere anziehen» würde[242].

Menschen können nun erst recht sich nachgeben oder aber willentlich Kontrolle ausüben – auf mehreren Ebenen: «Motorische Reaktionen (zucken, sich winden); stimmliche Reaktionen (ächzen, stöhnen); verbale Reaktionen (sich beklagen, um Hilfe bitten); soziale Reaktionen (die Gesellschaft anderer meiden – gilt hauptsächlich für chronisch Kranke); Verstecken der Schmerzempfindung»[243].

Es ist noch komplizierter

«Sowohl somatische als auch soziale und psychologische Faktoren sind an der Schmerzentstehung und -aufrechterhaltung beteiligt»[244]. Betrachten wir kurz die sogenannten organismischen Moderatoren, zum Beispiel, wie die Reizleitung funktioniert: Es ist wahr, Händchenhalten hilft! (Anhang 15 erklärt, wieso). Daneben sind die schon im Kapitel zu Ki erwähnten biochemischen Botenstoffe wirksam. Endorphine verhindern die Schmerzerfahrung (Anhang 16 erklärt, wie), beispielsweise in einem Kampf, in einer Trance, in außergewöhnlichen Bewusstseinszuständen, wie sie im vorangegangenen Kapitel Thema waren, in einem «ekstatischen Rauschzustand ... Studien an griechischen Feuerläufern zeigten, daß bei dem direkten Kontakt des nackten Fußes mit der Glut im EEG plötzlich Theta-Wellen auftreten ..., die ein Anzeichen eines intensivsten emotionellen Erlebnisses sind ... Ein solches EEG tritt ... nicht nur im Zustand potentiell extremer Schmerzen auf, sondern ... auch während des sexuellen Höhepunktes und gelegentlich bei sogenannten mystischen Erlebnissen in der Meditation»[245].

15.2 Der Umgang mit Schmerz, wenn er denn auftritt, ist eine psychische Aktivität, beeinflusst von innerpsychischen und sozialpsychologischen Faktoren

Altgriechisch kannte «verschiedene Worte für Schmerz» wie «Odyne ... Algos». Das Verb «algein» («Schmerz empfinden») ist aktiv, «Schmerz empfinden ist nach dem damaligen Sprachverständnis also eine aktive Tätigkeit des Betroffenen und nicht bloß passiver Leidenszustand»[246].

Von der Wahrnehmung eines Reizes zur Sinngebung als Schmerz

Abgesehen von den Reflexen wird auch beim Schmerz erst gelernt, einem beliebigen Sinneseindruck eine feste Bedeutung zuzuschreiben. Man sieht «unmittelbar nur etwas mit einem bestimmten komplexen Umriss und einer bestimmten Farbe», aber man sagt: «Ich sehe eine Katze»[247]. Das Baby weint; die Mutter benennt den Zustand als Bauchweh. So werden für das Kind Reiz und Begriff verknüpft.

Erst als zweiter, ebenfalls gelernter Schritt folgt die Bewertung als angenehm, unangenehm oder schädlich. Bewertungen geschehen im Kopf, nicht im Körper, wirken aber darauf ein, wie das Körperliche erlebt wird. Erwachsene machen vielleicht schon einen Unterschied, ob sie von einer Impfspritze gestochen werden (nützlich) oder einer Nähnadel (ärgerlich). Bewertungen sind individuell und situationsabhängig variabel. Schwer verwundete Soldaten des Zweiten Weltkrieges haben weit weniger über Schmerzen geklagt als Zivilisten mit ähnlichen Verletzungen. Für Letztere bedeutete eine Verletzung dieses Ausmaßes eine Katastrophe, die Soldaten konnten immerhin das Schlachtfeld verlassen[248].

Die Schmerzerwartung geschieht ebenfalls im Kopf. Im Alltag wappnet man sich zuweilen gegen Schmerzen, um Wohlbefinden zu erlangen, etwa wenn man heißen Tee trinkt oder in ein anfangs fast unerträglich heißes Bad steigt, um sich zu wärmen. Wesentlich ist dabei das Element der Einwilligung; wird man von genau dem gleichen Schmerzreiz überrascht, fällt das Verhalten anders aus[249]. Bei einer ärztlichen Behandlung, im Kindbett, im Boxring kommt es zu der Erwartung von Schmerzen. Doch man ist bereit, sie zu ertragen um eines späteren Gewinnes willen wie der Heilung oder Verhinderung schlimmerer Schmerzen, des Sieges, des Kindes ...[250]

Man hat etwa gemessen, ab welcher Temperatur kaltes Wasser als schmerzhaft empfunden wird, und festgestellt, dass die sogenannte Schmerzschwelle bei allen Menschen und überall ziemlich gleich ist. Nun wird die dritte mentale Komponente wirksam, die Schmerzakzeptanz. Kontaktsportler (Fußball, Ringen) sind ganz allgemein bereit, mehr Schmerzen zu ertragen als Nicht-Kontaktsportler (Tennis, Golf) und beide Gruppen mehr als Nichtsportler[251].

Ein paar Erkenntnisse

Mindestens die Hälfte der Teilnehmer aus allen von mir befragten Gruppen macht «lieber weiter, als wäre nichts, statt aufzuhören», wenn ihnen «während des Trainings etwas wehtut (Krampf, Prellung, o. ä.)»; mit 80 % französische Aikidoka noch weit mehr als deutsche, unter den deutschen dann männliche doppelt so oft wie weibliche und jene, die mehrmals pro Woche trainieren weit eher als jene, die nur einmal pro Woche üben.

Für meine Forschung hatte ich auch Fragebögen speziell zu Schmerz ausgegeben. Anhand einer Dimension «Intensität» der «Mehrdimensionalen Schmerz-Skala»[252] zeigte sich, dass Kampfsportler (Karate und Aikido) wirklich mehr Schmerzen vermeldeten als Tänzer, wobei sich das für die französischen Aikidoka (und innerhalb derer besonders für die älteren) sogar noch heftiger darstellte als für die deutschen.

Das Training «soll mich entspannen und mir Spaß machen; Schmerz hat da überhaupt nichts zu suchen»: Diesem Item meines eigenen Fragebogens stimmten mit über 80 bzw. fast 70 % Tänzer und Iaidoka zu, mit unter 20 % die Kontakt-Kampfsportler jedoch nicht.

Neben der Bereitschaft, überhaupt Schmerzen in Kauf zu nehmen, ist es offenbar noch einmal etwas anderes, zu dulden, dass einem jemand Schmerzen zufügt. Einer meiner Gesprächspartner erzählt von seiner Freundin, «die macht Fußball», also einen Kontaktsport. Trotzdem muss er, wie andere begeisterte Aikidoka auch, erfahren: «Wenn ich aber mal was Neues mit ihr ausprobieren will, heißt es schon eher: ‹Aua! Das musst du mit mir nicht machen!›»

15.3 *Kulturelle Einflüsse auf den Umgang mit Schmerz*

Die Bewertung von Schmerzen kann also in verschiedenen Kulturen und Subkulturen unterschiedlich ausfallen. «Die Intensität der Schmerzempfindung bzw. die Schmerzschwelle hängt ... stark von unserer inneren Einstellung bzw. von der Art, wie wir denken, ab»[253]. Schmerzempfindlichkeit kann anerzogen werden[254]. Verhaltensbereitschaften wie Vermeiden, Erdulden, Aufsuchen werden durch soziokulturelle Wertigkeiten gesteuert. Bei einem Verstoß gegen Normen droht soziale Ächtung, die als Scham verinnerlicht wird[255].

Sozialpsychologische und spirituelle Bedeutung des Schmerzes

Da Schmerz normalerweise gefürchtet wird, konnte er von alters her als Strafe eingesetzt werden. Dies verraten romanische Wortstämme: Das deutsche *Pein*, das englische *pain*, das französische *peine* gehen zurück auf lateinisch *poena*, Strafe. Über den Weg der mit der Annahme der Strafe zurückgezahlten Schuld, der Ent-Schuldigung, der wiedererlangten Schuldfreiheit erhält Schmerz als Reinigung und Erlösung spirituelle Bedeutung[256]. Zumindest für unseren Kulturkreis gilt die Erwägung: Am liebsten erlitte man natürlich keine Schmerzen; dann aber ist Schmerz immer noch «besser als unbestrafte Schuld»[257], besser als quälende Schuldgefühle. Moralische und religiöse Empfindungen berühren sich: «Die Gläubigen, die den Schmerz auf Erden ertragen, gehen in das Paradies ein ... Auf der anderen Seite wird ein sündiger Lebenswandel mit dem ewigen Schmerz des Höllenfeuers bestraft»[258]. «Die Menschheit schuf sich einen Gott, der litt, weil sie fühlte, daß der Schmerz der Weg zum Himmel ist, weil das Leiden, die blutige Qual für ihr Empfinden göttlich ist»[259].

Wenn es etwas Numinoses, Erhabenes gibt um den Schmerz, dann kann Schmerzen zu ertragen einen Menschen erheben.

Der rituelle Einsatz von Schmerz als Medium bei Prüfung und Übergang

«Schmerz ist ein verbreitetes anthropologisches Konzept ... in der Literatur der Antike, in den klassischen Tragödien und im Werk Homers. Ein durchgängiges Leitmotiv (Leidmotiv?) im Kampf um Troja sind die Schmerzen der Kämpfer und der Besiegten». «Odysseus – mit dem Wortstamm ‹odyne› – wird als der Mann der Schmerzen gedeutet; auf seiner zehnjährigen Irrfahrt musste er physische und psychische Qualen überstehen»[260].

Schmerzen ertragen zu können unterscheidet im kollektiven Bewusstsein einen reifen von einem kindlichen Menschen. Daher spielt Schmerz weltweit seit Jahrhunderten eine zentrale Rolle bei Initiationsriten, die den Übergang markieren sollen zwischen Jugend und Erwachsenenalter, Zivil und Militär oder Schüler und Student in schlagenden Verbindungen. Personen, die mittels solcher Rituale einen Übergang, in der Wertung ihrer Gruppe einen Aufstieg bewältigten, haben «Charakterstärke bewiesen, indem sie Schmerzen ertrugen und damit Zugang zur erwählten Gruppe erlangt». Es genügt nicht, mit Worten zu beteuern, «dass man männlich und tapfer ist»; man muss es «durch handfesten Stoizismus»[261] beweisen. Schmerzreize sollen wahrgenommen, aber jegliche Reaktion und vor allem auch der Schmerzausdruck müssen unterlassen werden. Nur dann gilt das instinktive, animalische Erbe als bezwungen und die Person als geläutert, gereift, entwickelt, würdig[262].

Schmerz als Teil von Erprobung oder Initiation kann auch im Aikido eine Rolle spielen, etwa, wenn sich frischgebackene Dan-Graduierte erinnern an den Erhalt der neuen Gürtel: «Wir ... kosteten den Augenblick ... aus – die Schmerzen in unseren Muskeln ... das angenehme Gefühl, sich gemeinsam einer harten, schönen Disziplin verschrieben zu haben»[263].

15.4 Schmerz im Sport

Bezüglich Schmerz im Sport kann man sich ein Kontinuum, eine Linie der Akzeptanz vorstellen. Sie beginnt bei erwartetem, in Kauf genommenem, mehr oder weniger zufällig erlittenem Schmerz und geht bis hin zu auf sich genommenem und sogar regelrecht aufgesuchtem Schmerz.

Die häufige «Ausnahme»

Schmerz kommt in allen Sportarten mal vor, als Begleiterscheinung von Pech wie Umknicken, als Untrainiertheit mit Schmerz bei Dehnungsübung und späterem Muskelkater; als Versagen des Stoffwechsels wie einem Wadenkrampf; als Begleiterscheinung von Verletzungen wegen einem Versagen des Könnens oder der Ausrüstung, infolge einer gegnerischen Handlung, egal, ob regulärer Treffer oder regelwidriges Foul oder Fehler in manchen Budosparten, wie ein zu weit durchgezogener Stoß im als kontaktlos geplanten Karate. Egal wie oft so etwas passiert, bleibt doch die Anmutung von Ausnahme, Zufall, erhalten. Wie im Leben meiner Gesprächspartner sonst auch: «Wenn meine Freundin mich aus Versehen haut.»

Die Aussicht auf Preisgelder

Viele Sportler muten sich selbst Schmerzen zu: «Man muß nur die Konzentration aufbringen, den Schmerz von der Brust in den Kopf zu verlagern, wo man eher mit ihm fertig werden kann. Der Bodybuilder, der sich auf ‹das kann ich ertragen› programmiert, ist auf dem Weg zum Champion»[264].

Doch oft geht es um viel mehr als Geld.

Das Aufsuchen von Schmerz ist Teil des Extremsportes

Um Aikidoka besser zu verstehen habe ich sie gedanklich* wiederholt mit Risiko-Sportlern verglichen. Wir verlangen von uns zwar längst nicht solch extreme Leistungen wie diese, andererseits bemühen wir uns um eine Körperbeherrschung, wie Spaziergänger das für unnötig halten würden.

---

* Ich hatte auch einen Fragebogen verteilt, mit dem in einer anderen Studie Risikosportler wie Extrembergsteiger und Amateure wie Wanderer untersucht worden waren. Ein rechnerischer Vergleich war jedoch nicht möglich.

Extrembergsteiger nehmen freiwillig Entbehrungen, Schmerzen und existenzielle Gefahren auf sich. Dabei setzen sie sich mit der nicht-sozialen Umwelt auseinander: Es ist die Natur, der schroffe Fels, die beißende Kälte, die sie leiden macht und die es zu besiegen, zu «überwinden», zu «unterwerfen» gilt[265]. Auch die eigene Natur muss bezwungen werden, das gibt ein Gefühl der Macht «über die Qualen des gemarterten Leibes, über die Angst, über Regungen ... der Lust, über den ... Tod, Macht, ganz allein die härtesten Situationen zu meistern»[266]. Dabei erweist sich «der Extreme als Schmerzensmann»[267]. Berichte der Extremalpinisten betonen «das Leiden, das oftmals höllische Leiden», «tage- und wochenlangen unglaublichen Mühen, Entsagungen und Qualen», «Erdulden von Qual», «Martyrien», «Torturen». «Die alpine Leidensbereitschaft reicht ... bis an die Grenzen der physischen Zerstörung». Diese hat kaum noch den Charakter der Freiwilligkeit, gleicht eher einem «nackten, tyrannischen Zwang», hat durchaus einen «Anstrich von Wahnsinn».

Schmerz wirkt als Schutz vor Selbst-Annihilation

Im letzten Kapitel wurde erwähnt, dass Flow seelischer Zersplitterung entgegenwirken kann. Offenbar lässt sich das, was Flow nicht mehr zuwege bringt, mit Schmerzen doch noch erzwingen. «Das körperliche Leiden ist ein seelisch hochbedeutsamer Bestandteil der Unternehmungen der Extremen». Sie brauchen «das Leiden und die Bedrohtheit als Lebenselixier»[268]. Dabei entspricht «der Saldo der Glückserlebnisse in den wenigsten Fällen dem Maße des Leidens und ... der Strapazen»[269]; vielmehr fällt auf, dass «diese Schilderungen immer dann am farbigsten und am leidenschaftlichsten werden, wenn es um Situationen größter Qual und Strapaze geht. Da kommt ... eine Unmittelbarkeit und Lebendigkeit in die Schilderung, wie sie beim Erzählen der (seltenen) ‹schönen› Momente kaum» erreicht wird[270].

«Vor dem Hintergrund einer existentiellen Gefühlsbedürftigkeit ist schließlich die Qual genausoviel wert wie die Lust»[271]. «‹Die Leute hier definieren sich über den Schmerz›, meint ... der Bergmarathonläufer ... ‹erst wenn's weh tut, fühlen wir uns lebendig›»[272]. Eine literarische Figur sagt ähnlich: «wenn ich die Wahl habe zwischen dem Nichts und dem Schmerz, wähle ich den Schmerz»[273].

Möglicherweise gilt allgemein: «Dualität von Lust und Qual ist eine der erlebnismäßigen Besonderheiten von ganzheitlichen Ausdauersportarten»[274]. Auch für Aikidoka kann sich das Schmerzerleben verselbständigen; beim Üben für den schwarzen Gürtel stellt der US-amerikanische Anwärter fest: «Es ging mir nicht um die Qualifikation ... es war ... mehr als das ... ein dunkler Trieb. Es war die Tortur selbst, die mich in ihrem Bann hielt»[275].

Die Schmerzen der Bergsteiger ergeben sich im Kampf gegen die unbelebte Natur. Manche der Schmerzen, die Aikidoka erleben, werden ihnen – einvernehmlich – von ihren Trainingspartnern zugefügt. Schmerzzufügung und Schmerzakzeptanz finden innerhalb von Beziehungen statt.

15.5 Schmerz und Beziehung

> «Ein bisschen masochistisch sind wir hier doch alle».
> *Ein Dan-Graduierter im Gespräch, als ich mit Aikido anfing.*
>
> «Das ist auch masochistisch. Das ist nicht mein Ding».
> *Eine Interviewpartnerin*

Natürlich kennen alle Kampfsportler, sowohl östliche als auch westliche, Schmerzen. Allerdings wollen Boxer oder Karateka durch Deckung und Abwehr möglichst verhindern, dass der Gegner einen Treffer landet. Aikidoka dagegen lassen sich von ihren Übungspartnern Schmerzen gezielt zufügen. Es gibt genügend Sportarten ohne solche Elemente. Ist es nun masochistisch, sich derlei anzutun?

Masochismus ist eine klinisch-psychologische Kategorie. Und irgendwie fast ein Schimpfwort. Und vielleicht ein verborgenes Motiv: Der Beweggrund dafür, sich von einem Partner körperlich Schmerz zufügen zu lassen, könnte eher einer Sehnsucht nach Geborgenheit entspringen als einer Lust auf Schmerzen.

Im Teil II waren das frühkindliche Bedürfnis nach konkret körperlich erfahrbarer Geborgenheit und das diesbezügliche Defizit in unserer Kultur beschrieben worden. Ich nehme zum einen an, dass das verbunden mit der japanischen Kampfkunst importierte Beziehungsangebot, das Verhältnis von Ai zu Amae, diesen Bedürfnissen auf der Gefühlsebene entgegenkommt. Was nun erörtert wird, stellt zum anderen auf der körperlichen Ebene die Verbindung her zu ungestillt gebliebenen Bedürfnissen.

Eine Psychotherapeutin, die sich mit der «Grundstörung» beschäftigt hat, mit der Enttäuschung am frühen emotionalen Angebot, weiß: «Mütter suchen wir ein Leben lang», und sie meint, dass «in jeder Beziehungsform auch der bergende, mütterliche Zug ... enthalten ist»[276]. Gilt dies auch noch für Konstellationen, in welchen einem wehgetan wird?

Körperliche Empfindungen bei zugefügten Schmerzen

An Masochismus kann man sowieso nur denken, wenn eine Person freiwillig größere Unannehmlichkeiten aufsucht, als ihr in ihrem kulturellen Umfeld bereits regelhaft abverlangt werden. Im freiwilligen Bereich existiert zudem eine erhebliche Spannweite von erhaben bis profan. Trauernde, Liebende, Märtyrer und Helden haben für einen geliebten Menschen, für Gott und Vaterland Schmerzen erduldet[277]. Eine kräftige Massage wird von einer Person als angenehm, von einer anderen als schmerzhaft empfunden.

Eigentlich mag kein menschliches Wesen Schmerz[278], nicht einmal sexuelle Masochisten: «Ernsthafter Schmerz ist so unangenehm, daß er keinen Platz für Lust läßt»[279]. Das wirft die Frage auf, «warum Stimulationsmuster, die ... aversiv sind, plötzlich zur Quelle von Befriedigung und Freude werden können, ... zu lustvollen Erfahrungen»[280]. Möglicherweise sind die Übergänge fließend. «Denn wo Empfindung ist, da ist auch Lust und Schmerz»[281]. Über den «Liebesakt» wird behauptet «der Schmerz gehört zu diesem höchsten Augenblick der Lust»; «Schmerz» sei kein «Hindernis», sei vielmehr «eine Bedingung der Lust»[282]. Auch auf anderen Gebieten kann «Schmerz Wollust sein»: «Die Geburt meines Kindes war trotz aller Schmerzen oder vielmehr wegen all der Schmerzen das Schönste, was ich erlebt habe»[283]. Etwas zurückhaltender betrachtet wäre damit Schmerzlust – falls es so etwas gäbe – jedenfalls die Erfahrung starker körperlicher Reize.

Schläge können anscheinend sogar beruhigend wirken, denn «bei Wärme wie bei Lust ... werden die peripheren Blutgefäße weiter und das Gewebe kräftiger durchblutet. Das gleiche geschieht beim Körperkontakt mit einem geliebten Menschen. Daß dabei Ängste abgebaut werden, liegt vermutlich daran, daß durch die Erweiterung der Gefäße die zentrale Spannung nachläßt. Dieses Gefühl ist ein Synonym mütterlichen Schutzes und das Gegenteil dessen, allein auf der Welt zu sein»[284]. Tatsächlich haben mir immer wieder einmal Patienten erzählt, als Kinder hätten sie regelmäßig abends «keine Ruhe gegeben», hätten so lange gelärmt oder gesungen, bis der Vater sie verhauen habe. Dann sei es «gut» gewesen, dann hätten sie schlafen können. Es waren einsame Kinder ...

Schmerzen zufügen oder Schmerzen auf sich nehmen –
beides kann Verlassenheitsgefühle beruhigen

Sadomasochistisches Verhalten kann als Folge der Frustration des frühkindlichen Bedürfnisses nach körperlicher Nähe und Geborgenheit gesehen werden. Das an sich gesunde Bedürfnis wird in pervertierter Form gelebt; nur noch ein verzerrtes körperliches Handeln als Ausdruck der psychischen Verzerrung ist möglich.

Die sogenannte sadistische Seite enthält Machtausübung und Kontrollversuche aus Sicherheitsbedürfnissen heraus. Das «Anklammern» des kleinen Kindes ist weder «Aggression» noch «Liebe», sondern das «gemeinsame Vorstadium». Normalerweise wird «die Milderung in Streicheln und Betasten ... die zärtliche Liebe bringen». Andernfalls ist «durch die Versagung und die regressive Verstärkung der ersten Anklammerungswünsche die Entwicklung des allgemeinmenschlichen Sadismus gegeben»[285]. Extremes Machtbedürfnis kann einer der hauptsächlichen nicht sexuell motivierten Gründe für sadistisches Verhalten sein[286], mit dem Unterton von Gewinnen-, Den-Willen-durchsetzen-Wollen. So vergewissert man sich – wenn auch auf pervertierte Weise – der Anwesenheit und Verfügbarkeit anderer, fühlt sich nicht verlassen[287].

Auf der sogenannten masochistischen Seite sichern Gehorsam und Unterwerfung die Beziehung, sind der Preis für Schutz, Geborgenheit – und damit interessanterweise ebenfalls Kontrollversuche. Hierbei gilt die «Beobachtung von Reich, der Liebesanspruch des Masochisten wäre auf die in frühester Kindheit besonders tief erlebte Angst aufgebaut, allein gelassen zu werden»[288]. Der Masochist erlebt reale Schmerzen, nicht weil er sie mag, was ihrer Definition als unangenehm widerspräche; vielmehr «nimmt er den Schmerz bereitwillig in Kauf, weil er bestimmte Elemente gewisser Situationen reizvoll findet»[289], «die ebenso gut gedankliche Konzepte wie körperliche Momente sein könnten»[290].

Gedankliche Konzepte ... ein denkbares Solches wäre die jahrhundertealte Verknüpfung von Schmerz mit Gehorsam[291], wobei «ein Untertanen-Verhältnis oft mit Geborgenheit und Schutz verbunden ist»²⁹² – man denke an die Erörterung hierarchischer Beziehungen oben.

Strenge kann für eine Person «ihre Kindheit repräsentieren, die Zeit, in der sie von den Erwachsenen behütet wurde»²⁹³. Die Person entwickelt «eine Neigung, sich abhängig zu machen und hat das Gefühl, sie kann ohne die Nähe, Bereitwilligkeit, Liebe oder Freundschaft eines anderen Menschen ebensowenig leben, wie sie ohne Sauerstoff existieren könnte». Letztendlich ist es egal, von wem jemand sich abhängig macht: Vater, Mutter, Liebhaber, Ehemann, Freund, Arzt. «Es könnte genausogut eine Gruppe sein, zum Beispiel ... eine religiöse Sekte»²⁹⁴. Gerade bezogen auf Gruppen kann man Initiationsrituale mit masochistischen Praktiken vergleichen: Privilegien und Schutz werden geboten, Gehorsam wird verlangt.

Masochisten versuchen, mächtige Personen dazu zu zwingen, ihnen Privilegien und Schutz zu gewähren, indem sie sich selbst erniedrigen, «um auf eine passive Weise mit der mächtigen Person verschmelzen zu können. Extreme Unterwerfung bietet eine Beruhigung der Angst, verlassen zu werden, weil man sich eins mit dem anderen fühlen kann»²⁹⁵. Verschmelzung mit einem grandiosen Objekt kennen wir schon als einen Weg aus Angst und Ohnmacht. Wieder wird, zur Not mithilfe von Schmerz erreicht, was mit einfacheren Mitteln nicht gelingt. «Die eigene Passivität zu betonen kann ebenfalls dem Zweck dienen, beschützt zu werden ..., weil das der Wieder-Vereinigung mit der beschützenden Macht dient. Die eigene Kleinheit und Hilflosigkeit zu betonen ist ein Appell an die Gnade der bedrohlichen oder schützenden Macht»²⁹⁶. Die im japanischen Kulturkreis üblichen Verneigungen könnten als Ver-Körperung eines solchen Sich-klein-Machens angesehen werden.

Auf die Verantwortlichkeit des Schmerzzufügenden wird vertraut

Im Umfeld echter sadomasochistischer Praktiken wird der Zusammenhang zwischen einerseits Schmerz und andererseits Geborgenheit immer wieder ausgesprochen. Dazu kommt «Vertrauen». Interessanter Weise behält der passive Part die «Kontrolle»²⁹⁷; der aktive Part hat eine «Verpflichtung»²⁹⁸.

Die Verantwortlichen in Psychiatrie und Psychotherapie müssen eine Verquickung von Schmerz und Vergnügen selbstverständlich vermeiden, den Zusammenhang zwischen Schmerzzufügung und Verantwortung, die Verpflichtung des aktiv Schmerzen Bereitenden aber anerkennen. Wer, wie ich selbst jahrzehntelang, mit körperorientierter Psychotherapie arbeitet, begleitet Patienten durch Qualen. Dies muss sorgsam geschehen; die Gefahr einer Retraumatisierung ist groß. Ein «heilendes Geborgensein» stellt sich nur dann ein, wenn Behandler um das «immer auch Verwundende ihres Handeln» wissen²⁹⁹. Dies gilt im körperlichen wie im übertragenen Sinn. Man muss zugestehen, dass «Psychotherapie einen Eingriff bedeutet, der wehtun kann. Damit bekennen wir uns gleichzeitig zu unserer Verantwortung. Das Leid wird ausgeglichen durch die positiven Aspekte der Beziehung wie dem Gefühl der Geborgenheit»³⁰⁰.

EMPFEHLUNG: Welche Gründe auch immer jemand haben mag, sich mir anzuvertrauen – und mir zu erlauben, ihr oder ihm weh zu tun – ich bin verantwortlich. Wir müssen

uns klar darüber sein, wie eng nebeneinander die bedrohliche und die fürsorgliche Machtausübung liegen. Wer körperlich überlegen, technisch versierter ist, sollte dann eben auch
im Aikido nicht nur den einzelnen Hebel oder Schmerzgriff schwächeren Partnern gegenüber dosieren können, sondern zugleich auch seine Motive hinterfragen: Will ich wirklich
nur zeigen, wie das genau auf den Punkt zu bringen ist, oder genieße ich da insgeheim
auch etwas?

Scheinbar masochistisches Verhalten, gesehen als Strategie zu Angstreduktion, Angstab-
wehr und Trauma-Bewältigung

Jenseits aller Beziehungen versuchen Menschen auch immer wieder, und müssen es auch
versuchen, etwas für sich selbst zu tun. Für Aikidoka wie für Kampfsportler überhaupt besteht folgende Parallele zu den Extremsportlern: Verschärfte Übung, auch unter Schmerzen, das Erwerben von Skills, stärkt das Vertrauen in sich selbst und beruhigt so die Ängste
vor Verlassenheit und Ausgeliefert-Sein. Damit zählt auch das aktive freiwillige Aufsuchen
von Schmerzhaftem zu den sogenannten Coping-Mechanismen*. Oder man spricht von
der «zwanghaften Wiederholung des Unlustvollen (sogar des Schmerzvollen)»[301] «zum
Nutzen des Ichs». Man kann unterscheiden, ob dabei «das Ich der Bemächtigung des
Wiederholungszwanges ausgesetzt bleibt, ohne daß es zu einer Auflösung der inneren
Spannung kommt, ob es Vorgänge von Abreagieren sind, die unverzüglich oder verzögert
die Erregung abführen oder Abarbeitungsmechanismen, deren ‹Aufgabe darin besteht,
die Spannung allmählich zu lösen, indem sie die inneren Bedingungen ändern, wodurch
diese entsteht›»[302].

Der Trainingszusammenhang im Aikido stellt regelmäßig sowohl kathartisch-abreagie-
rende und damit Stress mindernde als auch diszipliniert-abarbeitende und damit einer Entwicklung dienliche Momente zur Verfügung. Die psychischen Inhalte können traumatische Erlebnisse mit frühen Bezugspersonen sein, aber auch Traumatisierung im späteren
Leben wie ein schwerer Unfall[303]. Normalerweise schützen sogenannte Abwehrmechanismen die Person davor, von Unbewältigtem überflutet zu werden; sie sind allerdings unbewusst. Daher muss für das durch sie ausgelöste Tun eine Ich-nahe, alltagstaugliche, sozial
akzeptable Erklärung gefunden werden. So etwas wird Rationalisierung genannt. Wurde
beispielsweise jemand hypnotisiert und hat im Zustand der Trance einen Auftrag bekommen («Sie werden nachher das Fenster öffnen» oder «... Ihr Jackett ausziehen») sowie zugleich die Suggestion, zu vergessen, dass da ein Auftrag war, wird diese Person später das
Gespräch oder den sonstigen Ablauf unterbrechen und sagen, «Entschuldigen Sie ... kann
ich mal eben ... es ist doch sehr warm hier drinnen ...» Man spürt also einen Impuls, weiß
selbst nicht, wo er herkommt, und findet für sich und das soziale Umfeld eine Erklärung
(«mir ist wohl warm»). Eine verbreitete Begründung für das Erlernen eines Kampfsportes
ist das Üben für den Ernstfall. Dies kann man als eine ebensolche Rationalisierung ansehen, weil ein Ernstfall in Form eines tätlichen Angriffs in der Zukunft vielleicht nie eintre-

---

* Coping (engl.): etwa «fertigwerden mit, klarkommen».

ten wird, dafür aber bereits früh im Leben des Individuums als Gefühl von Bedrohtheit eingetreten war.

Auf jeden Fall ist es eine aktive Antizipation dessen, «was überwältigend wäre, wenn es unerwartet über einen hereinbrechen würde». «Ebenso wie manche Sadisten andere quälen, um die Vorstellung zu verleugnen, dass man sie quälen könnte, foltern Masochisten sich selbst (oder richten es ein, dass man sie foltert) und schließen so die Möglichkeit aus, in überraschender Weise und überraschendem Ausmaß misshandelt zu werden»[304].

Wie schon oben beim Bewältigen der Angst zu fallen erwähnt, hat man auch hier den Vorteil, die Bedingungen zu bestimmen.

Verlassen wir nun diese menschlichen Grenzbereiche und gehen wir zu dem, was für uns alltäglich ist: zu den Schmerzaspekten im Aikido.

15.6 Schmerz im Aikido; Schmerz und Beziehung im Aikido

Schmerz kann im Aikidotraining eine so wesentliche Rolle spielen, dass man sich fragen mag, wieso es dennoch beibehalten wird.

Reizvoller Muskelkater

ERKENNTNISSE: Auch sportliche Menschen sind oft überrascht: «Gleich am nächsten Tag, ich hatt' überall Muskelkater», erinnert sich ein junger Mann, und eine Frau: «Ich hatte nach dem ersten Aikidotraining Muskelkater an Muskeln, die wusst' ich nur vom Anatomiebuch her, dass es die gab; je mehr ich gemacht habe, desto schlimmer wurde es.» Das kann sogar die Neugier wecken und als Hinweis auf besondere Wirksamkeit des Aikido im Vergleich zu anderen Sportarten genommen werden: «War einmal da, gleich mittrainiert, es hat mich dann so fasziniert, das hat wirklich jeden Muskel beansprucht und, ähm, bin dann dabei geblieben.» Eine Massage offenbart: «Es werden viele Muskeln beansprucht, wenn da hingelangt wird, die brutal wehtun.» Dies kann als Hinweis genommen werden darauf, dass an der eigenen Technik zu feilen ist: «Dass man sich sagt, ‹Oooh, den Muskel hab' ich gespürt, also dann muss ich also etwas irgendwie anders machen, das wäre besser›».

Solcherart mit Schmerzen umzugehen, wird von Psychologen als positives kognitives Reframing bezeichnet; man gibt den Vorgängen gedanklich einen neuen Rahmen.

Verletzung und Beziehung im Aikido

Man kann Kampfsportarten bezüglich einer Kategorie «riskant – sicher» als «riskant» bewerten: «Auch beim Trainieren einfacher Stöße und Schläge kann man sich verletzen ..., also eine risikoreiche Aktivität»[305]. Man kann das Risiko auch aufschlüsseln nach erheblichen Konsequenzen bei Misserfolg wie Verlust physischer Intaktheit bis Tod oder nach Verletzungshäufigkeit in der Ausbildungszeit[306]. So gesehen ist das Verletzungsrisiko im Aikido gering. Bei einem sportwissenschaftlichen Vergleich von fünfzig Sportarten wurden Minuspunkte von Null bis fünf vergeben; Aikido erhielt deren einen für «Häufigkeit von Verletzungen», Volleyball dagegen drei, und zwei für «Schwere von Verletzungen», während Leichtathletik, Turnen und Tennis drei erhielten[307]. Entsprechend erinnerte sich eine meiner Gesprächspartnerinnen: «Du hast wahnsinnige Verletzungen beim Handball», weil man dort «gestört, brutal unterbrochen» wird. Aikido gehört nicht zu den bei Versicherern «listenmäßig erfaßten Risikosportarten»[308].

Anfänger werden in ausgedehnten Vorübungsphasen an die riskanten Bewegungselemente herangeführt und lernen selbst einen verantwortungsvollen Umgang mit den – bei gekonnter Ausführung im Verteidigungsfall äußerst wirksamen – Techniken. In einer realen Konfrontation, einem Ernstfall, hätte allerdings eine Überschätzung eigener Fertigkeit erhebliche Konsequenzen.

ERKENNTNISSE: Ab und zu kann auch im Aikido schon mal was passieren: «Anfänger drehen sich falsch, dann tritt der eine den anderen mit den Hacken, und dann ist der Zeh gebrochen, hab' ich schon gesehen.» In den seltenen Fällen, in denen meine Interviewpartner Verletzungen erwähnten, standen jedoch nicht Schmerzen im Vordergrund, sondern das zwischenmenschliche Geschehen.

Am Ende eines Lehrgangs erschöpft und kurz vor der Prüfung zum fünften Kyu, der ersten für erwachsene Schüler, hatte sich eine Frau «das Schlüsselbein gebrochen, weil jemand auf die Matte kam, der noch gar nicht trainiert hatte, der war halt noch fit und dann haben wir so 'ne Vorwärtsrollübung gemacht und der hatte halt ziemlich Power und hat geschmissen» – er war vielleicht nicht achtsam genug – «und dann bin ich auf den Ellbogen gefallen und dann hat's auch noch ‹Knack› gemacht». Auf eine dann doppelt enttäuschte Amae verweist ihr Rückzug: «Da war erst mal Schluss, da war ich auch sauer auf meinen Lehrer, auf die Leute auch, weil sich die Leute meiner Meinung nach nicht genug gekümmert hatten, da habe ich echt gedacht, Scheißladen, was soll der Mist, da hab' ich dann natürlich ein halbes Jahr gar kein Aikido gemacht.»

Amae ist ebenfalls beteiligt, wenn eine von außen angebotene Motivation angenommen wird: «Dann habe ich langsam angefangen, diesen Feldenkrais zu machen, das konnte man da bei uns auch mitmachen, das hat die Frau von meinem Trainer da gemacht, und dann hab' ich glaube ich ein dreiviertel Jahr später wieder richtig angefangen.»

Aushandeln ist im Aikido möglich: «Dann kann man ja auch mit dem anderen sprechen, ‹warte mal, ich hab' da eine Zerrung›», das war einem Mann wichtig, ebenso einer Frau: «Wenn man einfach völlig erschöpft da ist, dann kann man das auch sagen, sagen, ich bin leider super unkonzentriert heute, bitte etwas ruhiger oder etwas langsamer, das ist schon o. k.» – niemand wird beschämt. Oder gleich ganz aus dem Spiel genommen.

Zudem kann man sich in Grenzen seine Trainingspartner aussuchen, kann für sich sorgen, wählen, wem man sich anvertraut: «Fortgeschrittene, die gehen ja viel sensibler» mit ihr um, stellt eine Anfängerin fest, und auch eine selbst schon Fortgeschrittene weiß zu schätzen: «Der eine Trainer von uns, also da brauchst du, da ist Angst unnötig.»

Wieder spielt Amae eine wichtige Rolle.

Selbstüberwindung

Im Freizeitsport ist Schmerz kein wesentliches oder gar eigenständiges Charakteristikum. Vertraute Abläufe funktionell adäquater Bewegung sind einem Menschen mit gesundem Körper angenehm. Selbstüberwindung spielt vielleicht eine Rolle im Vorfeld (erst noch trainieren oder gleich ab in den Biergarten?), jedoch nicht bezogen auf Elemente der Bewegung selbst wie beim Aikido. Für die meisten Anfänger sind gleich zwei regelmäßig wiederkehrende Konstellationen mit erheblichen Schmerzen verbunden und erfordern daher Selbstüberwindung: Zum einen Kniesitz und Kniegang, die alle Übenden gleichzeitig betreffen; zum anderen betrifft speziell den Angreifer, dass er mit Schmerzzufügung durch den Verteidiger einverstanden sein muss, mit dem Einsatz von Hebeln und Schmerzgriffen. In zeitlich kurzen Wechseln muss jeder Übende immer wieder auch angreifen.

Die erste aikidospezifische Konstellation stellen somit Kniesitz und Kniegang dar.

Es handelt sich um einen Kulturimport unüblicher Körperpraktiken. Das Abknien zum Kniesitz ist Part des Rituales zeremonieller Höflichkeit und kann außerdem erwartet werden während Phasen von stiller Meditation, Atemübungen oder Gymnastik. Dazu kommt das Sichbewegen auf den Knien.

Uns ist beides fremd. Das Leben der Japaner spielte sich dagegen über Jahrhunderte auf mattenbelegten Böden ab; flache Sitzkissen waren gebräuchlich, aber keine Stühle, und folglich gibt es dort sogar heute noch bodentiefe Schreibtische. Daher mussten einst Samurai, die einen Fürsten zu schützen hatten, einen jähen – und eben aus der auf Knien und Fersen sitzenden Position heraus geführten – Angriff blitzschnell genauso aus dem Kniesitz heraus parieren können.

Den Kniesitz (Seiza[309]), den Kniegang (Shikko[310]) sowie die Kniegangstechniken (Suwari Waza[311] und Hanmi Hantachi[312]) müssen sich die Übenden selbst zumuten.

Auf Knien und Fersen zu sitzen ist in unserer Kultur Kindern angenehm sowie gelenkigen Erwachsenen möglich. Seiza verlangt, auf Knien und Schienbein zu sitzen; das Gewicht ruht auf Fersen und Spann. Die Zehen liegen flach auf dem Boden; es gilt als elegant, wenn sich die großen Zehen kreuzen. Für die Techniken werden die Zehen aufgestellt. Zuweilen «bedeutete die Erfahrung von Schmerz in einem geschützten Rahmen einen Anreiz zum Nachdenken», berichtet ein Aikidolehrer und zitiert einen Schüler: «In dieser ersten Einheit heute fiel mir die unübersehbare körperliche Belastung auf. Anstrengung bin ich gewohnt, aber nicht selbst auferlegten, willkürlichen Schmerz, also die Selbst-Folter, im Seiza zu sitzen. Eine interessante Erfahrung, aber nur erträglich, wenn man den Standpunkt einnimmt, dass das guttut. Um es durchzuhalten, muss man ein edles Ethos in die Selbstkasteiung legen, in die Bedeutung des Rituals, und zu dieser Aufgabe grimmig entschlossen sein. Ich habe es gemacht, obwohl sich in mir alles sträubte»[313]. Die Einschätzung, dass eine derartige Selbstüberwindung sowohl nötig als auch förderlich ist, bezieht emotionale Frustration mit ein: «Kein Schmerz – kein Gewinn», so ein Gestalttherapeut und Aikidolehrer[314]. Das eigentliche Ziel, «zu wachsen und auf eine neue Weise zu sein», kann ausschließlich «durch das peinlich genaue und oft schmerzvolle praktische Üben» erlangt werden.

Der Kniegang des Aikido ist etwas Einzigartiges

Während Seiza auch in anderen östlichen Systemen bekannt ist, ist auf den Knien zu laufen eine Besonderheit des Aikido. Es widerspricht nun auf jeden Fall den anatomischen Gegebenheiten und ist so vielleicht vergleichbar dem Gehen auf Händen der Akrobaten, was diese allerdings immer nur kurzfristig zeigen. Aikidoka können dagegen längere Zeit ... zwanzig Minuten ... vierzig Minuten ... auf den Knien üben. Auch der Bodenkampf der Judoka («katame waza»[315]) ist nicht zu vergleichen mit jenen Aikidotechniken, bei denen der Verteidiger von Anfang an durchweg auf Knien arbeitet, während der andere ebenfalls mit Schritten auf den Knien oder aber aus dem Lauf auf den Füßen angreift. Auch im Iaido wird zwar eine Kata häufig aus dem Knien heraus begonnen oder mit dem Abknien beendet. Im Verlauf sind jedoch nur selten Schritte auf den Knien vorgesehen; zudem nur kurze, gerade, die sich von denen des Aikido bereits darin unterscheiden, dass zumindest ein Fuß aufgestellt und vorgesetzt wird und nur ein Knie dann nachgezogen.

Mit dem längeren Gehen und vor allem dem zugehörigen Drehen auf den Knien, noch dazu in schnellem Tempo (Abb. 2), steht Aikido unmittelbarer als andere Stile in der Tradition der Samurai.

Der typisch westliche Körperbau macht alles noch schlimmer

Eine in einer Kultur bekannte Bewegungsform kann von Angehörigen einer anderen Kultur gewiss prinzipiell erlernt werden. Zur Kulturfremdheit kommt jedoch hinzu, dass viele von uns bei Kniesitz und Kniegang durch unseren typischen Körperbau behindert werden: Westliche Beine sind relativ zum Rumpf länger, was es mühsamer macht, sie unterzuschlagen. Hier kommen genetische Faktoren zum Tragen. Es gibt zwischen den «Jetztmenschen ... Unterschiede, die ... zur Identifikation ... von fünf verschiedenen geographischen Gruppen dienen ...: 1. kaukasoïd (Europa, Nordafrika, Westasien); 2. mongolid (Ostasien, Nord- und Südamerika); 3. Schwarze (Afrika südlich der Sahara); 4. !Kung San und Khoikhoi (Kalahariwüste und afrikanische Kapregion); und 5. australoïd (Australien, Tasmanien und Neuguinea). In der Vergangenheit schränkten geographische Barrieren (Ozeane, Wüsten, Gebirge, Flüsse usw.) den Genaustausch zwischen diesen Gruppen ein, was zu den anatomischen Unterschieden führte»[316]; etwa gibt es im Bau des Skeletts «beträchtliche Abweichungen, die vor allem die Proportionen ... betreffen. Die Bewohner des mittleren und südlichen Afrika ... haben im Verhältnis längere Extremitäten und Fingerknochen, bei Menschen aus Ostasien sind diese Knochen besonders kurz. Umgekehrt haben Mongolen im Verhältnis den längsten Rumpf, dieser ist bei Afrikanern wiederum am kürzesten. Solche Unterschiede lassen sich mit den Umweltbedingungen in den geographischen Herkunftsregionen in Verbindung bringen ... Bei den Mongolen, die aus kalten Regionen stammen, führte die verhältnismäßig geringe Körperoberfläche dazu, dass die Wärme festgehalten wird. Bei Menschen aus den warmen Klimazonen des tropischen und subtropischen Afrika dagegen ist sie gewachsen, was einer Überhitzung entgegenwirkt».

«Solche Unterschiede in den Proportionen der Körperabschnitte ... verleihen den einzelnen geographischen Gruppen aber auch unterschiedliche Fähigkeiten. Wegen der im

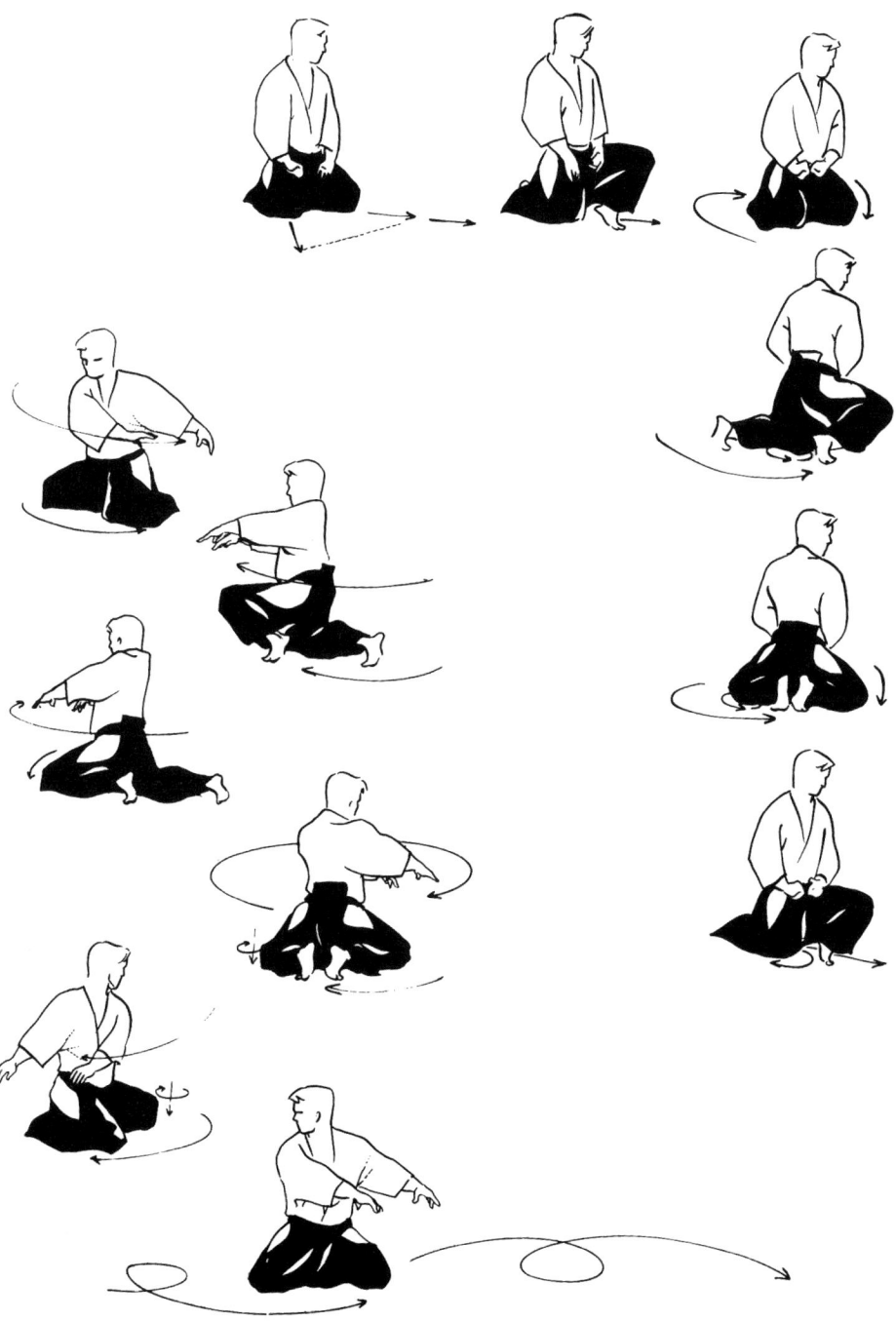

Abb. 2: Der Kniegang. Oben und rechter Rand von oben nach unten: vorwärts. Auch rückwärts wird geübt. Linker Rand von oben nach unten: Tai Sabaki (drehend). Entnommen: Westbrook & Ratti (2010), S. 295.

Verhältnis zur Körpergröße langen Beine können Afrikaner beispielsweise von Natur aus schneller laufen als Asiaten. Deshalb sieht man Sportler aus dem mittleren und südlichen Afrika bei allen olympischen Laufwettbewerben besonders häufig im Finale, obwohl die Asiaten einen größeren Anteil der Weltbevölkerung stellen[317].

Umgekehrt lässt sich hieraus erklären, dass ein ostasiatisches Volk über Jahrhunderte Kniesitz und Kniegang kultiviert hat. Abb. 3 zeigt die unterschiedlichen Proportionen von – für hier interessant – mongolid und kaukasoïd. Dem westlichen Menschen ist der Kimono zu kurz ...

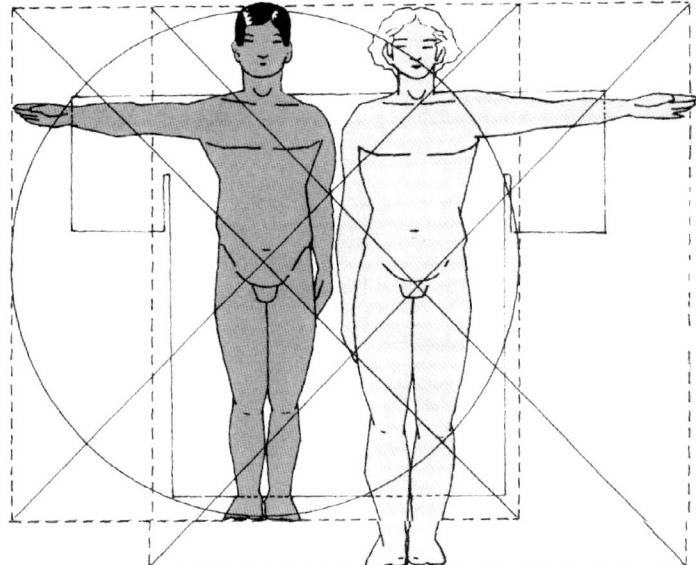

Abb. 3: Der japanische und der westliche Körper im morphologischen Vergleich. Entn.: Buisson & Buisson (1983), S. 106.

ERKENNTNISSE: Diese Unterschiede beginnen sich im modernen Japan zu verwischen, doch uns hier nützt das nichts. Meine Interviewpartner jedenfalls schilderten ihre Leiden, so ein älterer Mann: «Schon das Sitzen da in diesem Seiza, das hat mir also den Schweiß sofort auf die Stirn getrieben, weil meine Sehnen überhaupt nicht dafür geeignet waren, die waren nicht gedehnt genug.» «Und dann den Kniegang, das tut mir sehr weh, das kann ich nicht gut akzeptieren, das möchte ich vermeiden, ist eine große Belastung. Vielleicht bin ich da auch übersensibel», klagt eine Frau, und eine zweite stöhnt: «Und aua! Und noch 'ne Knietechnik, mir tut alles weh!» Die sprachlichen Elemente «schon» bzw. «und» machen deutlich, dass die hier beschriebenen Schmerzen in einer ganzen Reihe von Schmerzerlebnissen stehen.

Denn die nächste Hürde ist gleich Ukemi, die Fallschule: «Es ist schwer, das Rollen als Erwachsene zu lernen. Viele springen auch ab, weil sie das nicht aushalten: Ich hatte lange auf beiden Schultern Hämatome*, konnte nicht mal die leichteste Jacke vertragen.»

* medizinisch: Blutergüsse.

Sie bleiben zäh dran, wie diese Frau: «Durchhalten – ich bin dann eh' so ein Kämpfertyp.» Hier geht es erstmalig um das Kämpfen gegen sich selbst. «Außerdem mache ich jeden Tag zweimal eine halbe Stunde eine Gymnastik. Ohne diese tägliche Gymnastik könnte ich also das nicht machen. Ich hab mir extra so eine Matte geholt, so eine kleine. Einmal in der Woche, das würde nicht reichen. Schon nach einer Woche, da hab ich schon siebenmal geübt gehabt, da konnte ich also, ohne zu weinen so sitzen», berichtete ein Gesprächspartner und auch «ein großes Erstaunen von der Familie, weil die mich jeden Tag da sitzen sehen und auch abends mich abquälen sehen, dass ich es durchziehe und nicht aufgebe.» Eine Anfängerin meint: «Da hab ich es dann wohl auch übertrieben, wir hatten eh' die härteste Matte, und ich hab' zuhause auf dem Teppich gerollt. Wollte es auch können, wollte einen schnellen Erfolg.»

Tja – die Skills wollen erworben, gemeistert werden.

ERKENNTNIS und EMPFEHLUNG: Immer wieder zeigt sich, wie verflochten Schmerzerleben und Beziehung sind: «So wie du mich angesprochen hast: So, ‹komm jetzt mal Power!›». Es ist etwas Gemeinsames: «Dass wir erst mal gucken können, testen», und dass es dann beiden Spaß macht: «Fand ich 'ne gute Motivation; das war nicht nur ‹uff, jetzt kann ich nicht mehr!› – ‹Los weiter!› – so ein Ziehen, sondern: ‹Ja, weiter, du machst das toll!› Ja, da kriegt man, also ich krieg' da direkt wieder einen neuen Schub! Und das war ja auf den Knien, also ich fand's gut.»

Sich wehtun lassen

Das Geschilderte fällt trotz allem innerhalb des oben skizzierten Kontinuums unter die auf sich genommenen, vielleicht unter die aufgesuchten Schmerzen. Einvernehmliche Schmerzzufügung ist noch einmal etwas anderes.

Dies ist die zweite aikidospezifische Konstellation: Die Übenden erklären ihr Einverständnis, ihre Einwilligung, geben die Erlaubnis zur Schmerzzufügung.

Normalerweise haben Schmerzen etwas Unpersönliches, Neutrales, selbst dann noch, wenn ein Gegner oder in der Hitze des Gefechtes ein Sportsfreund beteiligt war. Einvernehmlich zugefügter Schmerz bekommt eine neue Qualität durch die Beziehungsdimension. Der Lehrende hat eine Technik gezeigt. Man verneigt sich vor ihm und danach vor einem Trainingspartner. Wir beide wissen schon im Vorhinein, dass wir uns gleich gegenseitig wehtun werden. Und ich werde nicht etwa mein Äußerstes geben, um dies zu verhindern. Nein. Ich werde es geschehen lassen.

Absichtlich Schmerzen zuzufügen bedeutet, ein Tabu zu verletzen; es muss daher ein Vertrag geschlossen werden.

Ruhige, überlegte, gezielte Schmerzzufügung gehört gewöhnlich in das Gebiet der Heilkunde; nur besonders ausgebildeten, quasi eingeweihten Kundigen werden Eingriffe in den Körper und Manipulationen an ihm gestattet. Im medizinischen Kontext besteht ein komplexes Gefüge ausgesprochener und unausgesprochener Verträge bezüglich der einverständlichen Schmerzzufügung[318]. Ärztliches und pflegendes Personal hat die Aufgabe, Schmerzen zu lindern, muss jedoch gerade mit diesem Ziel bei Diagnostik und Behandlung oft Schmerzen zufügen. Auf seiner Seite sind die Vertragsbestandteile eine Begründung der Notwendigkeit, Vorwarnung über Zeitpunkt und Ausmaß des Schmerzes, Zusicherung, dass er möglichst gering gehalten werde und In-Aussicht-Stellen anschließender Besserung. Auf Seite des Patienten werden Einwilligung und Kooperation erwartet. Er muss «Schmerzarbeit»[319] leisten: Schmerzen so lange wie nötig ertragen, ihren Ausdruck möglichst beherrschen, leise jammern statt laut, sprechen statt sich zu entziehen, Ort und Ausmaß sachdienlich schildern und Notwendiges trotz Schmerzen tun, etwa nach einer Operation aufstehen. Trotz Schmerzerwartung werden Einverständnis und aktive Beteiligung gewünscht.

Eine Behandlung durch unqualifizierte Personen würde man sich allerdings verbitten. Anders im Aikido! Hier wird dem Anfänger nicht nur von dem gut geschulten und zudem vielleicht mit besonderem Charisma ausgestatteten Meister wehgetan, sondern praktisch von jedem Mitübenden, auch von solchen, die kaum erfahrener sind als er selbst oder sogar noch ungeschickter. Trotzdem muss er sich genauso kooperativ verhalten wie der eben geschilderte Patient. Und man darf nicht vergessen, dass – im Gegensatz zu notwendigen Eingriffen – die Schmerzen an eigentlich intakten, gesunden Körperteilen erst erzeugt werden.

Aikidotypische Techniken, die routinemäßig häufig geübt werden und ebenso routinemäßig schmerzen, sind die als Haltetechnik funktionierenden Gelenkshebel Ikkyo, Nikyo, Sankyo und Gokyo. Die Haltetechnik Yonkyo besteht in gezieltem Druck auf bestimmte Punkte an Hand- oder Fußgelenk. Die Wurftechniken Shiho Nage und Kote Gaeshi basieren ebenfalls auf Verdrehungen des Handgelenks. Ein Wurf kommt dadurch zustande, dass Uke dem durch die Verdrehung ausgelösten Schmerzreiz ausweicht.

Aktiv übt man diese Griffe, um sie zu erlernen. Passiv lässt man sie an sich üben, um sie in ihrer Wirkung zu erfahren, damit andere Lernende Übungspartner haben, vor allem aber, wie stets erklärt wird, um die eigenen Gelenke geschmeidig werden zu lassen. Schon auf Anfängerniveau gilt, dass die vom Verteidiger applizierten Techniken umso leichter ertragen werden, je kräftiger und zugleich biegsamer die Gelenke sind. Sie sollen möglichst schmerzunempfindlich werden, bis man – auf fortgeschrittenem Niveau – fähig ist, eine bereits applizierte Technik in eine Gegentechnik, «Kaeshi Waza»[320], umzuwandeln: Man bleibt einer Immobilisierung nicht länger ausgeliefert, sondern kann die fixierte Extremität, Hand oder Arm, aus dem Haltegriff herauswinden und diesen mit einer eigenen Technik kontern.

Genau wie beim Aufwärmen der Sehnen an den Beinen muss man sich zunächst wieder selbst überwinden, an die Schmerzgrenze gehen und seine Hand-, Ellbogen- und Schultergelenke mit Dehnübungen auf die verdrehenden Hebel vorbereiten.

Schmerzarbeit des Passiven als Besonderheit des Aikido

Während der Partnerübungen soll dann der Passive würdevoll Haltung bewahren, sich nicht aufgeben, so die Übungsleiter. Der erwartungsgemäß auftretende Schmerz soll gelassen, weich angenommen werden. Der Passive soll sich durch Ausatmen entspannen und weder körperlich noch durch Geräusche oder Worte protestieren, sich nicht entziehen. Er soll sogar mitgehen, also seinen Körper in die der Fluchttendenz entgegengesetzte Richtung bewegen. Hier wird «Siegen durch Nachgeben»[321] gelernt, ein wichtiges Budoprinzip.

Erst wenn er meint, den Schmerz nicht länger ertragen zu können oder zu wollen, oder wenn er eine Verletzung befürchtet, gibt der Passive diszipliniert ein Signal, das Abklopfen, einen Schlag mit der freien Hand flach auf den Boden. Vereinbarungsgemäß lässt der Aktive daraufhin sofort los. Nach jeweils vier Durchgängen – rechte und linke Seite jeweils im Wechsel – tauschen Aktiver und Passiver die Rolle.

Ebenso wie der oben geschilderte Kniegang ist die Einvernehmlichkeit von Schmerzzufügung und -akzeptanz ein unterscheidendes Merkmal zwischen Aikido und den übrigen Budoformen[322].

Routinemäßige Schmerzerzeugung – funktionell-anatomisch erforscht

Unter den Vorgaben, dass im Aikido Aktion erst als Reaktion auf Angriff stattfindet, dass der Angreifer durch einen Wurf auf Abstand gebracht oder durch einen Hebel immobilisiert wird und dass die Techniken effektiv sind, ihre Wirkung aber nicht durch dauerhafte Beschädigung des Angreifers, sondern nur durch kurzfristigen Schmerz erzwungen wird, wurden die anatomischen Effekte der regelmäßig geübten Haltegriffe untersucht. Erfahrene Aikidolehrer führten sie aktiv aus. Passiv erfuhren in den verschiedenen Untersuchungen die Autoren, Aikidolehrer, Lehrstuhlinhaber der Anatomie, ein Arzt, ein Physiotherapeut und Leichname den jeweiligen Griff; entsprechende Fotos, Röntgenbilder und anatomische Zeichnungen wurden publiziert. Verschiedene Befunde werden vorgelegt.

Die Effekte der Handgelenkshaltegriffe Ikkyo, Nikyo, Sankyo, Yonkyo und Gokyo unterscheiden sich.

Die Wirkung von Ikkyo beruht vermutlich darauf, dass das Ellbogengelenk des Angreifers völlig durchstreckt auf die Matte gedrückt wird und dass Schmerz erzeugt wird, weil der Verteidiger mit seinem Fingerknöchel den Ulnaris-Nerv des Angreifers quetscht[323]. Letzteres bildet wohl das martialischere Vorgehen des anglo-amerikanischen Aikido ab. Wurde im Rahmen der Technik das Handgelenk des Angreifers bereits gefasst, dann beendet man im Aikikai Deutschland Ikkyo mit einer Überdehnung dieses Gelenks, was in den USA erst Nikyo omote zugeordnet wird[324].

Nikyo besteht im Beugen und Verdrehen der Arm- und Handgelenke des Angreifers. Mehrere Muskeln und Sehnen werden schmerzhaft gedehnt (Anhang 17 benennt hierzu und zu dem Folgenden Details), und auch bei Sankyo sind zahlreiche Muskeln, Sehnen und Bänder von Verdrehung und Druck betroffen. Yonkyo basiert auf der Ausübung von Druck auf Nerven und Knochenhaut.

Reduzierte Schmerzempfindlichkeit als Effekt langfristigen Trainings ist erwiesen.

Vorbereitende Dehnungsübungen, Atem- und Entspannungstechniken während des Partnertrainings und die Erlaubnis zum Abklopfen sollen die Schmerzgriffe schon für Anfänger zumindest erträglich machen. Darüber hinaus haben wir ihnen ja in Aussicht gestellt, dass die fortgesetzte Übung die Gelenke allmählich schmerzunempfindlich werden lässt. Gerade Anfänger zweifeln hier schon einmal: Sind nicht doch alle fortgeschrittenen Aikidoka Leute, denen sowieso kaum je etwas wehgetan hat? Gibt es solch einen Trainingsfortschritt wirklich? Es gibt ihn, und er war in den erwähnten Studien anatomisch nachweisbar – entweder als unerwartet weite Dehnbarkeit von Sehnen oder als Aufbau zusätzlichen, Druck mindernden Bindegewebes.

Eigene ERKENNTNISSE

Mich hatte der psychische Aspekt interessiert. Schmerzen können anhand ihrer Qualitäten unterschieden werden[325]. Manche Qualitäten beschreiben eher allgemein, was vorkommen kann; andere bilden wohl ganz gut ab, wie sich die angewandte Technik anfühlt.

Da gibt es einmal verschiedene Schmerzbilder.

«Ausgebreitete Stumpfheit» betrifft vor allem Karateka, aber in zweiter Linie auch die deutschen Aikidoka – unter ihnen besonders die älteren, aber auch die ledigen (jünger und ledig muss sich nicht decken!) – mehr als Tänzer.

«Begleitende Lästigkeit» vermeldeten Aikdoka mehr als Tänzer, und wieder Karateka mehr als alle.

Alle befragten Kontakt-Kampfsportgruppen (leider war dieser Fragebogen an die Iaidoka nicht ausgegeben worden) beobachten an ihren Schmerzen mehr «andauernde Hartnäckigkeit» als die Tänzer; bei den deutschen Aikidoka die Kyu-Grade mehr als die Dan-Graduierten und vom Alter her eher die jüngeren; diese Form von Schmerzen wurde also frisch erzeugt und nicht schon als Zipperlein auf die Matte mitgebracht.

Schmerzen mit «spitzer Rhythmik» wurden von allen Kampfsportlern häufiger berichtet als von den Tänzern; von den französischen Aikidoka noch häufiger als von den deutschen. Innerhalb derer litten unter solchen wieder jüngere eher als ältere, ledige eher als verheiratete und Kyu-Grade eher als Dan-Graduierten.

Ein angesichts der anatomischen Befunde wohl als aikidotypisch anzusehendes «stechendes Reißen» wird in beiden Aikidogruppen häufiger erlebt als beim Tanz und wirklich auch häufiger als im Karate.

Ein «unberechenbarer Überfall» – was gewiss gut beschreibt, wie ein Schmerzgriff wirkt – trifft französische Aikidoka häufiger als Karateka und auch als deutsche, und bei diesen dann die mit nur etwa einem Jahr Trainingserfahrung heftiger als Fortgeschrittene.

Ledig sein bedeutet keineswegs, nicht in einer erfüllenden Partnerschaft zu leben. Dennoch weisen die Ergebnisse hier und weitere, in Kapitel 23 zu berichtende, hin auf die Bedeutung von Beziehungsmomenten auch für das scheinbar neutrale Bewegungsgeschehen.

15.7 Schmerzkompetenz

Offensichtlich wollten meine Gesprächspartner die eigenen Fähigkeiten erweitern. «Im Training ist es zwar nicht so schön» – so beschreibt ein Interviewpartner erst mal den Mattenalltag; dann fährt er fort: «Ich freue mich, die Grenzen ausdehnen zu können. Wo sind die Grenzen, geht es noch? ‹Ist doch toll für dich, ein Erfolg.› ‹Kannst du noch weiter über deinen Horizont gucken? Geht es noch?›» Genauso offensichtlich geht es um mehr.

Was hat man nun letztendlich davon?! Weitere ERKENNTNISSE

Der erste Gewinn ist für die Matte, ist bald spürbar.

Der Lohn direkt auf der Matte besteht in der Gewöhnung, im Übungseffekt: «Aber danach besser» oder «Ich kann es meistens aushalten. Ist nicht mehr so bewusst wie früher. Die Grenze ist schon höher gesetzt».

Der zweite Gewinn stellt sich im Alltag ein.

«Schmerzen (z. B. ärztliche Behandlung) besser aushalten» – das können, seit sie ihr Training betreiben, in meiner Studie doppelt so viele Karateka wie Tänzer – und dann noch einmal doppelt so viele Aikidoka wie Karateka.

Ein weiterer Fragebogen[326] erkundete den Umgang mit Schmerzen, wenn sie denn im Alltag auftreten. Einige Skalen dort beschreiben ungünstige, andere zuträgliche Haltungen. In meiner Beforschung zeigten sich zwischen den Gruppen zunächst keine Unterschiede im alltäglichen Schmerzenerleben oder eben auch -nichterleben. Traten dann welche auf, so verhielten sich «resignativ» weibliche Karateka eher als männliche und Aikido-Anfänger eher als Dan-Graduierte; ledige Aikidoka eher «resignativ» sowie eher «ängstlich» als verheiratete; letztere wiesen auch insgesamt mehr «Schmerzkompetenz» auf. Aikidoka «lenken» sich von Schmerzen weniger «ab» als Iaidoka und Tänzer. Sich bei Schmerzen abzulenken galt noch als günstig, als die Skalen konstruiert wurden und ich sie verwendete, weshalb mich das Ergebnis erstaunte – Aikido zu üben, sollte die Menschen doch wohl durchweg kompetenter machen in Sachen Schmerz! Inzwischen wird tatsächlich die im Aikido gepflegte Haltung, Schmerzen einerseits bewusst zu akzeptieren, sich aber zugleich im Tun nicht beirren zu lassen, eher als eine ganz eigene Kompetenz anerkannt.

Psychischer Gewinn

Die Schmerzmomente werden von stärkeren Partnern angeleitet, gemeint sind nicht unbedingt kräftigere, sondern meist erfahrenere, und im körperlichen Kontakt wird auch oft mit solchen geübt. Mehr als die Hälfte der befragten Teilnehmer aus beiden Aikidogruppen trainierten wirklich «die Hebel und Schmerzgriffe lieber mit jemandem, mit dem man ‹richtig› üben kann, auch wenn der mir mal wehtut».

Hierarchie, Gehorsam und Unterwerfung kommen erneut zum Tragen.

Bei der Erklärung der Schmerzgriffe wurde zwischen aktivem und passivem Üben unterschieden. Zwar wechselt die Rolle zwischen dem Angreifer, Uke und dem Ausführendem der Technik, Nage meist nach jeweils vier Bewegungseinheiten. Für den Trainierenden besteht je nach Partner dennoch kein gefühlsmäßiger Unterschied zwischen den beiden Rollen; mit einem Fortgeschrittenen zu üben bedeutet zusätzlichen Stress für den Anfänger, selbst wenn im Moment er der Aktive ist und den Schmerzgriff appliziert. Der Fortgeschrittene hingegen weiß, dass ihm die Übung meist weniger Schmerz bereiten wird. Er ist sowohl körperlich trainierter als auch entspannter; ihm ist die Situation vertraut, die Bewegungsfolge geläufig.

Allerdings kann dem Anfänger gegenüber auch ein aggressives Moment enthalten sein, wie Aggression bei Mensch und Tier überhaupt Ranghöheren vorbehalten scheint[327] ... und gezügelt gehört ... Zum Zeitpunkt meiner Beforschung zumindest stimmten Karateka und deutsche Aikidoka weitaus häufiger als französische Aikidoka dem Satz zu: «Ich sehe keinen Weg, Anfängern alles zu ersparen, an dem ich schließlich auch gewachsen bin». Innerhalb der deutschen Aikidoka waren dieser Ansicht mit über 90 % jene, die schon sechs Jahre und länger trainierten, weit häufiger als Personen, die erst ein oder zwei Jahre übten (eine Tendenz zu mehr Strenge schien auch bei denjenigen gegeben, die drei bis fünf Jahre übten – wir kennen sie bereits als die, die selbst viel von sich verlangen – aber dies ist nicht statistisch gesichert). Mit 100 % Zustimmung sind dieser Meinung Dan-Graduierte deutlich mehr als beide Kyugrad-Gruppen.

Zuwendung bekommen und geborgen sein bilden das Gegengewicht.

Im Fragebogen war der Satz angeboten worden: «Beim Üben der Hebel und Schmerzgriffe denke ich eher, dass man sich um mich kümmert, nicht, dass man mich bloß quälen will». Tatsächlich gab es hierzu von deutschen und französischen Aikidoka eine überwältigende Zustimmung, nämlich über 80 bzw. fast 100 %!

Wie wichtig es ist, dass dabei der Passive die Möglichkeit hat, denjenigen zu kontrollieren, der ihm Schmerzen zufügt, war oben herausgestellt worden. Schon die Vorbereitung hat man selbst in der Hand («du dehnst», «du machst Dehnübungen») und dann vor allem das Ausmaß: «Jetzt: ‹halt! stopp!›. Selber an die Grenze zu gehen, das macht ein schönes Gefühl, wenn der Schmerz nachlässt», sagt ein Mann lachend. Zwei weitere Gesprächspartner, Mann und Frau, betonen ebenfalls: «Und dann abschlagen»; «du klopfst ab». Wer dann aber nicht sensibel auf die Grenzen seiner Trainingspartner eingeht und Techniken so durchzieht, «dass hinterher jeder jammert, dass er seine Gelenke verdreht hat», ist für manche Gesprächspartner auch schon mal ein «Brecher», ein «Kotzbrocken» ...

Pausen im Gesprächsfluss der Interviews markieren Momente, an denen die Interviewten in der Erinnerung den erlebten Schmerz noch einmal nachfühlen: «Aushalten – es geht noch –», hörte ich von einem Mann, und von einem zweiten: «Dieses – Schmerz solange aushalten bis es nicht mehr geht, und dann noch ein Stückchen, und dann erst abschlagen.»

Ein absoluter Anfänger beschreibt seinen Umgang mit langsam bis zur Unerträglichkeit ansteigendem Schmerz. Wie in Zeitlupe ist der Nutzen und die Aneignung der von dem Fortgeschrittenen gegebenen Unterstützung zu erkennen, angefangen von der Kennzeichnung des Gesagten als fremdes Gedankengut und weiter zur Auseinandersetzung damit bis zu einer gewissen ersten Evidenz der Gültigkeit im Sinn einer technischen Wirksamkeit; später wird er noch einen Transfer zu Trauerarbeit vollziehen: «Beim letzten Lehrgang hat mir ein Danträger erzählt, wenn man sich vollkommen entspannt bei dem Schmerz, dass man das dann wesentlich länger aushalten kann. Das beschäftigt mich dann auch, also wie weit einem der Schmerz dann nichts mehr anhaben kann, wenn man an einem Punkt ist, wo man denkt, es geht nicht mehr und es dann trotzdem noch wesentlich weiter geht, wenn man schon das Gefühl hat, dieser Punkt ist überschritten und der Schmerz kann immer stärker werden, und der macht einem nichts mehr, und das ist eine tolle Erfahrung. Der kann immer größer werden; ja, dann ist er einfach nur noch da. Es gelingt selten, aber es ist irgendwie auch eine interessante Erfahrung.»

In der passiven Rolle wird Schmerzarbeit geleistet; die aktive Begleitung dabei entspricht Kriterien, wie sie von Schmerzforschern als geeignet empfohlen werden: Nicht bemitleidend, schonend, sondern freundlich ermutigend.

Die gemeinsame Übung der Schmerzgriffe mit ihrem Rhythmus daraus, sich anzuvertrauen, dem Partner Erlaubnis zu geben, an die Grenzen geführt zu werden bzw. selbstbestimmt an die Grenzen zu gehen, dabei die Kontrolle zu behalten und dann wieder den anderen an die Grenze zu führen, sich auf den Schwächeren einzustellen und Verantwortung übernehmen kehrt im Aikido ständig wieder. Die oben in Kapitel 7 beschriebenen Freie-Geschickte-Bewegungsmenschen ziehen hieraus den Gewinn der Angstabwehr, die Körperkontaktmenschen den der Angstreduktion und beide damit den der Trauma-Bewältigung. Nachdem so weitgefasste Themen erörtert wurden kommen im nächsten Abschnitt viele einzelne Momente des Lernens und Lehrens zur Sprache.

V – Der didaktische Raum

In der Didaktik des Aikido vereinen sich das importierte Beziehungsangebot und das importierte Bewegungsangebot. Der nun folgende Teil geht gezielt auf das Lehren und Lernen ein, auch wenn in den sonstigen Kapiteln, verknüpft mit spezifischen Erkenntnissen, ebenfalls Empfehlungen gegeben werden.

16 – Prinzipien der Aikido-Bewegung

Dieses Buch, und hier dieses Kapitel, will keinesfalls ein Kompendium aller möglichen Aikidotechniken geben. Hierfür stehen meisterliche Lehrbücher zur Verfügung, etwa von Saito-Sensei[1]. Ein kompletter Katalog entspräche auch nicht der Intention des Aikido, von den Grundformen zur immer freieren Bewegung fortzuschreiten. Jede einzelne Technik dient sowieso lediglich als ein Vehikel, um die Schüler zu einem immer tieferen körperlichen Verständnis der Wirkmechanismen des Aikido zu führen: «Aikido benutzt Techniken, um Prinzipien zu verdeutlichen»[2].

Die asiatischen Vorstellungen von Energie, universaler Harmonie und empfehlenswerter Lebensführung beeinflussen die Techniken und auch die Didaktik. Umgekehrt symbolisieren die Techniken wiederum jene transzendenten Vorstellungen. Dabei wird über diese nicht philosophiert; sie werden als Ansichten über das Miteinander auf der sinnlich erfahrbaren Ebene des körperlichen Geschehens in Gang gebracht, erlebt und beantwortet.

Das Kernprinzip – oder das Herz – des Aikido ist Ki musubi oder Ai Ki, jenes Moment, dank dessen die Verheißung einer bruchlosen Harmonie im Psychomotorischen eingelöst wird. Viele einzelne Facetten tragen dazu bei.

Als unterrichtende Person hat man mehrere Möglichkeiten, um die Schülergruppe an dem einen oder anderen Prinzip arbeiten zu lassen. Man kann verschiedene Techniken als Antwort auf dieselbe Angriffsform heranziehen oder dieselbe Technik zu mehreren Angriffsformen; zusätzlich gibt es die verschiedensten Ausführungen.

Dabei wird man sich eine Systematik geben, um die Schüler nicht zu verwirren und je nach Übungsstand mehrere oder weniger Variationen durchgehen, um sie nicht zu frustrieren. Andererseits wird man flexibel genug sein und das Programm zugunsten eines anderen Prinzips anpassen, wenn man beobachtet, dass es, schlicht gesagt, an einer ganz anderen Stelle hakt.

Als schreibende Person muss man sich für irgendeine Reihenfolge entscheiden ... deshalb werden die einzelnen Aspekte nun nacheinander aufgezählt, ein wenig im Stil einer Liste. «Listen» oder «Sammlungen» sind übrigens «die Leitgattung der japanischen Kunst»[3]. «Schon die ‹Liste der ärgerlichen Dinge› im berühmten *Kopfkissenbuch* (*Makura no sōshi*, um 1000) der Dame Sei Shōnagon (um 966 – um 1017 / 1025) ist vor dem

Hintergrund der Vielzahl möglicher bzw. ‹unmöglicher› Listenarten zu verstehen»[4]. Das Ziel solcher Listen «ist nicht die zündende, alles andere auf seinen Platz verweisende Idee, … das Ziel der Liste bleibt die Erzeugung von Varietät und / oder die Findung einer nicht-hierarchischen Gemeinsamkeit»[5].

16.1 Aller Anfang ist … wichtig: Aufwärmen und Fallschule

Um Aikido kampfsporttechnisch wirksam üben zu können und um dabei zugleich bestmöglich vor Verletzungen geschützt zu sein, bedarf das eigentliche Training der Vorbereitung. Je nach den Vorlieben des Lehrenden und den Möglichkeiten der Schüler bewegen sich die Vorbereitung des Training und sein Ausklang auf einem Kontinuum von sportlich, sogar sehr sportlich mit Bauchaufzügen, Bockspringen, auch über einen stehenden Mann, Liegestützen, Klimmzügen bis ruhig und meditativ, zuweilen sehr meditativ, mit Elementen fernöstlicher Techniken wie Yoga und Akupressur in Selbst- und Partnermassage. Unverzichtbar ist das sportübliche und das kampfsportspezifische Stretching[6].

Ankommen und Reinkommen: Einfühlsame Begleitung

Hier steckt mehr dahinter als so auf den ersten Blick ersichtlich. Es geht um den Wechsel zwischen verschiedenen Zuständen des Alltagsbewusstseins, dem umgangssprachlichen Umschalten.

Die Übergänge zwischen den verschiedenen Bewusstseinszuständen eines Kleinkindes erfordern Einfühlung von der Mutter.

Vom Anfang des Lebens an hat ein Säugling das Bedürfnis nach viel Zusammensein mit seinen Bezugspersonen, jedoch durchaus ebenso ein Bedürfnis danach, für sich zu sein. Ungestörter Schlaf ist sowieso Teil des ersten motivational-funktionalen Systems[7], nämlich der Befriedigung basaler körperlicher Bedürfnisse. Bereits im Säuglingsalter gibt es verschiedene Bewusstseinsstufen: «*Ungerichtete Wachaktivität, ruhig-aufmerksames Wachen, aktiv-aufmerksames Wachen,* Schläfrigkeit, aktiver Schlaf und ruhiger Schlaf und die … Übergänge von Wachen und Schlaf»[8]. Im Üben des Aikido lassen sich beispielsweise «Konzentration und wache Offenheit»[9] wiederfinden.

Die Säuglingsforscher stellten fest, dass eine stimmige Begleitung durch die Mutter an der Schwelle zwischen einem dieser Zustände und dem nächsten günstig ist, etwa die «sanften Töne gekoppelt mit sanften Bewegungen der Mutter … beim Übergang vom Wach- zum Schlafzustand»[10].

Auch ein Aikodomeister begleitet nicht nur die einzelnen Übungsphasen, sondern ebenso die Übergänge zwischen diesen.

Aikidoka werden im Verlauf der Trainingseinheit von ihrem Lehrer von sanften zu quirligen Bewegungen – und zurück – geführt. Gerne werden die «ruhigen Phasen, besonders am Anfang des Trainings als Chance genutzt, sich von der Alltagshektik zu entspannen und (meistens langsam) auf das Training einzustellen». Folgende Beispiele bilden subtile Phasenübergänge gut ab, wie sie im Aikido bewusst registriert werden dürfen: «Obwohl ich am Anfang immer unheimlich irritiert war darüber, daß das so leise ist ... hinterher fand ich das sehr angenehm, zu wissen, daß da einfach so eine Zeit ist, wo ich noch mal mitkriege, wie ich so drauf bin ... ob ich das Gefühl habe, ich könnte gleich loslaufen oder ich bin eher müde. Ja einfach noch mal so eine Zeit zu haben, da anzukommen. Nicht einfach so aus dem Alltag und dann rollen ... und nach einer Weile habe ich das Gefühl, ich kann so langsam in diese Bewegung einsteigen. Das finde ich immer ganz toll, mit so einem ruhigen Anfang. Ich glaube ... wenn wir am Anfang ein Spiel gemacht hätten, wäre ich ausgestiegen, das wäre mir zu viel gewesen. Und so ist das eine ganz angenehme Steigerung, einfach in der Bewegung.» «Wenn ich das Gefühl habe, bei so einem Aufwärmtraining, es geht nur darum, irgendwelche Dehnübungen zu machen ... dann finde ich das nicht so gut, als wenn ... so Zentrierungsübungen auch da sind. Wie so ... kleine Rollen, zum Beispiel hat auch damit zu tun, erstmal, daß ich so zu mir finde, während des Trainings ... und dieses Weichwerden und so als Einstimmen»[II].

ERKENNTNISSE: Auch meine Gesprächspartnerinnen genießen es, zunächst zur Ruhe zu kommen und dann in die Dynamik geführt zu werden. Immer wieder vergleichen sie mit früheren Erfahrungen, etwa mit «Aerobic – vorne stand eine Tante und hat irgendwie Spagat gemacht und ist irgendwie herumgehupst, nach irgendwie lauter Disco-Musik und das war voll für die Knochen total schade. Sie haben auch überhaupt keine Ahnung gehabt über Dehnen und Strecken und es ging nur noch auf die Knochen. Es war so eine angebliche Konditionsgeschichte, aber das war für den Körper glaube ich überhaupt nicht so»; «Diese ‹Bundeswehrallüren› im Ju Jutsu, also vom Konditionstraining war ich meist zu kaputt für den Rest». «Was mir schon sehr wichtig ist, sind die Aufwärmtechniken, also dieses Dehnen, man wird ein bisschen biegsamer», betont ein junger Anfänger und freut sich, «da einen Fortschritt zu spüren». Eine Frau führt aus: «So Wirbelsäulensachen das ist total wichtig, auch weil ich so irgendwie arbeite, so übergebeugt und ganz viel verspannte Schultern hab'. So etwas auf jeden Fall, diese Arm, Schulter, Rücken, Wirbelsäule, das ist, auch Nacken, das knackt immer so. Diese Atemgeschichten finde ich sehr wichtig und diese Meridiane abklopfen. Total schön.»

Letztendlich wird die große Spannbreite der körperlichen Erfahrung geschätzt; derselben Gesprächspartnerin sind nicht nur die «Atemtechniken und die Dehnungssache», sondern auch «Kondition wichtig. Ich finde gerade diese Abwechslung auch sehr schön und könnte nicht einfach nur Yoga machen. Das wäre mir nicht schnell, nicht sportlich genug, glaube ich». Eine zweite stellt ebenfalls Vergleiche an: «Ich hab' vorher dreizehn Jahre Hallenhandball gespielt, und ich find die Aufwärmgymnastik im Aikido wesentlich besser, die Atemtechniken. Das Langsame tut mir sehr gut.» Es erscheint ihr «natürlich»: «Aikido ist erst eher langsam und wird dann recht schnell. Es baut sich auf. Auch das Aufwärmtraining und die Techniken bauen ja aufeinander auf.»

Zur Frage nach ihrem Lehrer sagte eine meiner Gesprächspartnerinnen als erstes wertschätzend: «Er kann uns gut einstimmen.»

Ein Raum dafür, sich selbst zu spüren

Teil der Aufwärmphase sind «Übungen zur *Wahrnehmung* und zum *Spüren*, z. B. Sitz-
und Stehübungen, in denen es um das *Gleichgewicht*, Gespür für den Boden, Zentrierung
von Körper und Bewegung und Konzentration geht»[12].

Ein Interviewter beobachtete erfreut seine dank Aikido erhöhte Wahrnehmungsfähigkeit für körperliche Vorgänge: «Man hat ein ganz anderes Körpergefühl bekommen. Es
werden viele Muskeln beansprucht.»

ERKENNTNISSE zum Fallenlernen

Vom Aufwärmen geht es über zur Fallschule[13]. Menschen, denen es dauerhaft unangenehm ist, werden wohl kaum beim Aikido bleiben. In der Fragebogenstudie bestätigten
auch lediglich 3,5 % der deutschen Aikidoka, dass «Rollen oder Fallen» für sie «jedes Mal
wieder ‹Augen zu und durch›» bedeutet.

Einer meiner Interviewpartner benötigte allerdings einen alltagstauglichen Nutzen,
um sich der Fallschule anzunähern: «‹Hart-Fallen› war was, was ich am Anfang überhaupt nicht gerne gemacht habe. Dann hatte ich mal einen Motorradunfall und bin dann
dementsprechend auf die Seite gefallen, seitdem tue ich konzentrierter auf diese Hartfall-
übungen eingehen. Auch weil unser Meister dann erzählt hat, er ist im Winter ausgerutscht und hat ‹abgeklopft›.» Das Vorbild hat ihn überzeugt: «Man merkt dann auch
selber wenn man irgendwo hinfällt und kann abklopfen und steht auf. Und die Leute sagen: ‹Was ist denn mit dir los?› Und ich sage: ‹Ich mache Aikido!› – ‹Ah so, du spinnst
mal wieder›. Und dann erkläre ich, nee, ich bin halt ausgerutscht, – ‹ach, echt?› – Und
dann: ‹Ist ja interessant, dass du trotz dem Missgeschick das Zu-Boden-Gehen so hinge-
kriegt hast.› Da hat das Aikido viel bewirkt, das in dieser Richtung hinzukriegen.» Rück-
blickend haben ihm die Fallübungen «viel gebracht».

EMPFEHLUNG: Eigentlich versteht es sich von selbst, und einem geschlossenen Anfän-
gerkurs geht es auch gar nicht anders –, man baut die Roll- und später die Fallübungen
schrittweise auf. In einer offenen Gruppe hingegen gebietet es die Verantwortlichkeit, das
körperliche Vermögen neu Hinzugekommener einzuschätzen, ihn oder sie nicht zu überfordern und sie gegebenenfalls auch daran zu hindern, sich selbst zu verletzen.

16.2 Die Mitte und das Gleichgewicht

«Die Bewegungsprinzipien des Aikido ... ergeben sich aus den Bedingungen der menschlichen Bewegung überhaupt». Als erstes ist es wichtig, sowohl im Stand als auch in der Bewegung zentriert zu sein[14].

Sich zentrieren, die eigene Mitte finden

Der Körperort, welcher anatomisch den Beckenraum umfasst, kann funktionell-anatomisch als Körperzentrum oder Schwerezentrum angesehen werden. Im Japanischen wird
er Hara genannt. Im Unterricht heißt das dann: Arbeite mit der Hüfte!

Ein bisschen funktionelle Anatomie kennenzulernen schadet hier nicht.

Es ist ein «Basisprinzip von Aikidobewegungen, den Körper der Schwerkraft zu überlassen und die Schwerkraft in den eigenen Bewegungen zu nutzen». Die Koordination erfolgt dabei «über das Becken als Körperzentrum»[15]. Weil «Bewegungen und Körperhaltung ... der Gravitation unterstehen», ist es das «Schwerezentrum»[16], der Schwerpunkt, jener Punkt, «der sich nach den Gesetzen der Mechanik so bewegt, als ob die gesamte Masse des betrachteten Körpers in ihm vereinigt wäre und alle auf den Körper wirkenden Kräfte, insbesondere die Schwerkraft, an ihm angreifen würden». Dies ist nichts Absolutes, sondern von der eigenen Position abhängig: «Die Lage des Körperschwerpunkts (KSP) hängt von der Körperform und der Massenverteilung im Körper ab. Bei aufrechtem Stand mit herabhängenden Armen befindet sich der KSP beim Menschen etwa in Bauchnabelhöhe im Körperinneren»[17]. Das «beim Menschen in der Beckengegend» angesiedelte Schwerezentrum liegt also «in der Normalstellung oder -haltung über dem Unterstützungspunkt»[18], «auf einer senkrechten Linie» mit diesem; «beim Stehen auf Füßen oder Händen befindet es sich oberhalb der Abstützung, beim Kauern auf derselben Höhe und beim Hängen, zum Beispiel an einer Stange, liegt es unterhalb»[19].

Der Beckenraum oder Unterbauch heißt in Japan Hara. Während der Westen für diese Körperregion nur umgangssprachliche oder medizinische Wörter kennt (Bauch, Viszera), geben Japaner diesem Ort vielfältige emotionale und transzendente Bedeutung: Rückgrat, Herz, Sinn, Mut. Hier befindet sich der Ursprung des Atems und damit des Geistes. Ein intimer, wortloser Gedankenaustausch ist «haragei, ‹hara-to-hara-communication›». Vergleichbar zum Begriff Ki finden sich zahllose weitere Idiome im Umfeld des Begriffes Hara. Traditionell gürten sich die Männer mit Leinenbändern («hara-maki»); schwangere Frauen legen den «hara-obi» an[20].

Dieses «Zentrum der Einheit und der Koordination» wird in der Terminologie des Aikido «nach Koichi Tohei ... *seika no itten* (‹der Eine Punkt im Unterbauch›)» genannt, oder nach «Kisshomaru Ueshiba *seika tanden* (‹Zentrum im Unterbauch›)». Hier erreicht das Körpergewicht die größte Dichte, und so entsteht ein Gleichgewicht zwischen der mittleren und oberen «Anatomie sowie der sie stützenden Architektur der Beine» unten. Dank der «kraftvollen Beckenstruktur» sind Gleichgewicht und aufrechte Haltung bequem möglich und «das gesamte Gewicht des oberen und mittleren Körperbereichs» wird durch die Beine nach unten in den Boden geleitet[21].

Die Vorübung Ikkyo Undo[22] kann man abgewandelt wie in Zeitlupe üben lassen, wobei die Schüler die Gewichtsverlagerung vom einen auf den anderen Fuß sowie die jeweilige Position ihres Beckens erspüren sollen.

Aus dem Stand heraus, meist mit zumindest einem Knie leicht gebeugt, erfolgen die Schritte[23] in alle Richtungen und ebenfalls alle Bewegungen – oft aus der Normalstellung abwärts: Der «Übergang von der natürlichen Stellung (Shizentai) in den Kniesitz (Za-ho)» bietet sich an als «erste Übung des jungen Aikidoka zur Kontrolle seines Körperzentrums»[24].

In den Bauch atmen: Technischer Effekt und gefühlsmäßige Bedeutung
Im Verlauf des Aufwärmens helfen schwingende und kreisende Übungen den Aikidoschü-lern, die Beweglichkeit und Empfindsamkeit des Hüftbereiches zu erhöhen (auch, wenn manchen das zunächst peinlich ist). Vor allem aber entwickelt tiefe Bauchatmung die Konzentration des Bewusstseins im Hara. Atemübungen sind seit jeher Bestandteil fernöstlicher Trainingspraxis. Von Chi oder Ki war schon oben die Rede. Das «Zentrum des Chi liegt im Tan-T'ien, einem Punkt etwa 8 cm unterhalb des Nabels (wo auch der Schwerpunkt des menschlichen Körpers liegt)». Die «inneren Kampfkünste» streben mittels «Atmungs- und Meditationsübungen» nach «Konzentration und Kräftigung des Chi in dieser Stelle»[25]. Hierfür «gibt es auch *Stimm- und Schreiübungen* im Aikidotraining»[26]. Einerseits dienen die Atemtechniken im Aikido dazu, «Bewegung und Atmung zu integrieren bzw. Bewegungen mit ‹Atemkraft› auszuführen»[27] – sich um das bereits erwähnte Kokyu Nage zu bemühen. Andererseits ist das «Absenken des Chi» «Hauptziel der inneren Künste», denn wenn «das Chi des Kämpfers tief ist, ist sein Stand fest und im Gleichgewicht, und sein Geist bleibt ruhig und ungetrübt von Zorn»[28]. Die Bauch-Becken-Region ist also stets ruhig und tief zu halten. Schließlich sagt man ja schon umgangssprachlich von einem unkontrolliert erregbaren Menschen: Der geht leicht hoch ...

In den Körperpsychotherapien, die in den 1970er-Jahren entwickelt wurden, spielten Atmung und stimmlicher Ausdruck eine wichtige Rolle. Schließlich hat die Atmung den normalen Umfang, wenn «sich das Einströmen der Luft bis in den Bauch hinein auswirkt, so daß sich die Bauchwand entspannt nach außen wölbt. Das Zwerchfell ist frei beweglich». Diese entspannte Atmung kann man bei «primitiven Völkern» sehen – in unserer Kultur höchstens noch «bei ganz kleinen Kindern». Denn hierzulande «hat die idealisierte ‹Figur› eine schmale Taille und einen flachen Bauch». Unsere «Kulturvorschriften» verlangen «Erweiterung des Brustkorbs» und Einziehen des Bauches; bei der gewohnheitsmäßig «festgehaltenen Atmung bewegt sich das Zwerchfell kaum»[29].

Atem und Stand
Die Idee des Hara wurde entdeckt: Das «Zentrum im Bauch ... das einige Finger breit unter dem Nabel liegt» heißt im «japanischen Zen ... Hara», «im chinesischen ... Tai Chi ... Tan-Tien und in Sufi-Schulen Kath». Man nahm auf: «Anhänger dieser Schulen östlicher Weisheit sind überzeugt, daß es ein mit unseren Grundtrieben verbundenes Zentrum der Vitalität ist»; man kann an die Ausführungen zu Vitalität und Sexualität in Kapitel 9, Ki, denken. Wieder einen ungehinderten Zugang zu «der Energie und der Kraft dieses Zentrums» zu bekommen führt dazu, «in diesem Zentrum geerdet»[30] zu sein. Der technisch effektive Stand des Kampfsportlers stellt die körperliche Entsprechung dar zum für die Bioenergetik grundlegenden Konzept der Erdung, des Grounding[31], einer durch Standübungen erworbenen psychischen Errungenschaft.
ERKENNTNISSE: Eine meiner Gesprächspartnerinnen hebt hierauf ab, wenn sie die Wirkung des Aikido beschreibt mit: «Du bist entspannt, du bist erholt, du bist ‹geer-

det›.» Wie viele andere asiatische Stile auch wird Aikido stets barfuß betrieben. Das Stehen, der Stand, die «Verwurzelung über die Füße», wie es einer meiner Interviewpartner nannte, wird hierdurch sinnlich unmittelbar erfahren. Auch eine weitere Interviewte schätzte dies: «Alleine das Gefühl, ich müsste beim Aikido Turnschuhe tragen, kann ich mir nicht mehr vorstellen, wie das beim Handball so ist. Das Körpergefühl ist ganz anders.»

Empfehlungen: Diese Erfahrung kann bereits im Rahmen des Aufwärmens intensiviert werden mit folgender Übung: Man lässt die Schüler zunächst nur einen Fuß ein paar Minuten selbst kräftig massieren, dann bittet man sie, aufstehen und mit geschlossenen Augen den Unterschied zwischen den beiden Füßen erspüren. Meist ist der massierte Fuß wärmer, fühlt sich größer an und hat mit der ganzen Fläche Kontakt zum Boden, während der andere einem im Vergleich fast erschreckend hölzern, ungeformt und gefühllos vorkommt.

Die Anleitung zur Bauchatmung im Training kann als Erlaubnis verstanden werden, wieder zu einer unverbogenen ursprünglichen Seinsweise zurückzukehren, wieder kindlich zu fühlen, zu erleben, in der Welt zu sein und auch, sich zu behaupten; wieder wird an Kapitel 9, Ki erinnert, diesmal an das dort zu Urheberschaft Gesagte. Kampfsport steigert das Selbstvertrauen[32]: Man wird im Körperlichen und im Psychischen standfest.

Festigkeit und Biegsamkeit

Der feste Unterkörper des Aikidoka soll, dies ist ein weiteres Prinzip, einen lockeren, entspannten Oberkörper tragen[33]. Um dies zu bebildern, kann man die «Bambusweisheit» heranziehen. Eine andere Metapher entsteht aus den Bedeutungen von Yin und Yang: Yang, das Feste, das Feuer, muss schließlich unten sein und Yin, das Weiche, das Wasser, oben – nur so kann das Wasser kochen ...

16.3 Zum Zentrum, zum Mittelpunkt der gemeinsamen Bewegung werden

Verschränkt damit, ein Gespür für das eigene Gleichgewicht zu entwickeln, lernen Aikidoka, das Gleichgewicht des Gegners zu brechen, den Angreifer aus dem Gleichgewicht zu bringen.

Balance, Stabilität des Verteidigers, Instabilität des Angreifers

Kurz zum Zusammenspiel von Schwerezentrum und Gleichgewicht allgemein (vgl. re., Abb. 1): «Ein Mensch verliert sein Gleichgewicht, wenn er sich so weit nach vorn neigt, daß das Lot durch den Schwerpunkt seines Körpers nicht mehr die Fläche trifft, mit der seine Füße den Boden berühren»[34]. Das gleiche gilt für ein Sichneigen nach hinten.

Der Verteidiger wirkt etwa mit folgender Absicht auf den Angreifer ein: «Der unstabile oder labile Gleichgewichtszustand ... ergibt sich, wenn das Schwerezentrum ... in eine

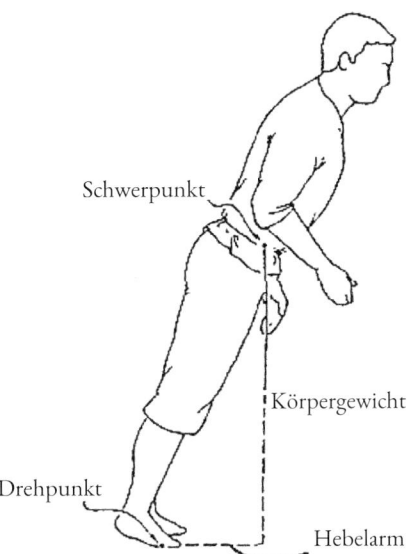

Schwerpunkt

Körpergewicht

Drehpunkt

Hebelarm

Abb. 1: Drohender Verlust des Gleichgewichts. Entnommen: Walker (1981), S. 103.

Raumrichtung bewegt wird, ohne daß der gewichtstragende Körperteil agiert». Dadurch «wird es zu einem Sturz kommen, sofern der Körper keine entsprechende Gegenaktion unternimmt»[35].

Uke könnte folglich so beschrieben werden: «Der Körper ist in seinem *labilsten* Aktionszustand, wenn das Schwerezentrum diagonal-hoch gestoßen wird oder in eine diagonal-tiefe Richtung fällt und sich nicht senkrecht über dem normalen Unterstützungspunkt befindet», und Nage so: «Der Körper ist in seinem *stabilsten* Aktionszustand, wenn sich das Schwerezentrum in senkrechter Linie über dem Unterstützungspunkt befindet»[36].

Eben deshalb muss Nage unbedingt eine zwar entspannte, aber stets möglichst lotrechte Haltung beibehalten. Das gilt besonders auch während schneller sowohl horizontaler als auch vertikaler Bewegungen, wenn er etwa unter einem Arm des Gegners durchtaucht oder wenn er den Gegner nach unten führt, indem er selbst abkniet. Anfänger bücken sich mit steifen Beinen oder fallen ihrem Uke hinterher ... Hier ist viel mühevolle Arbeit notwendig, um eine korrekte Wahrnehmung der eigenen Haltung zu entwickeln. Sie muss von innen heraus erspürt werden, denn im Dojo gibt es keine Spiegelwand.

Die Umsetzung

Mit der ausdrücklichen Absicht, «nicht die ästhetische Seite eines solchen Wurfs behandeln»[37], sondern den «Bewegungsablauf in einzelne Phasen zergliedern und die ihnen zugrunde liegenden physikalischen Prinzipien erläutern» zu wollen, wird folgendes Beispiel gegeben:

Kasten 1

Angenommen, Ihr Gegner packt wie in Abb. 8 (hier Abb. 2)* gezeigt Ihre Handgelenke. In einer Aikido-Abwehr werden Sie sich geschmeidig beugen und dabei Ihre Handgelenke über Ihren Kopf nach vorn bringen. Da Ihr Gegner die Handgelenke festhält, wird er durch Ihre Bewegung nach vorn gezogen. Er beugt seinen Oberkörper vor und verliert das Gleichgewicht, sobald sein Schwerpunkt vor den Fußspitzen liegt. Wenn Sie dann Ihr rechtes Bein nach hinten bewegen und sich auf Ihr rechtes Knie stützen, beschreibt Ihr Oberkörper einen weiten Bogen nach unten. Da das Gleichgewicht des Gegners bereits gebrochen ist, wird er Ihre Handgelenke weiter festhalten und in einem Purzelbaum über Ihre Schultern nach vorn auf die Matte geschleudert.

Wie bei vielen Aikido-Übungen kommt der Gegner auch hier gleichsam «von selbst» zu Fall. Er konnte Ihre Vorwärtsbewegung nicht behindern, weil er kein stabiles Gleichgewicht hatte. Er hätte Sie aber auch nicht aufhalten können, wenn er versucht hätte, mit seinem ganzen Körpergewicht und großer Muskelkraft Ihre erhobenen Arme nach unten zu drehen. Ein solcher Versuch müßte mißlingen, weil Ihr Gegner in dieser Lage nur in Richtung Ihrer Arme ziehen kann und keinen Hebelarm für die angestrebte Drehung des Schultergelenks hat[38].

Abb. 2: Ein Atemkraftwurf aus dem Angriff von hinten zu beiden
Handgelenken. Entnommen: Walker (1981), S. 106 oben.

Ganz ähnlich wird Kaiten Nage nur dann wirksam, wenn man den Kopf des Uke konsequent unter dessen Hara geführt hat. Die Einwirkung auf Uke erfolgt also durch einen vertikalen Spin oder Drall (siehe unten), meist in Verbindungen mit Kreisbewegungen. Dies muss so schnell geschehen, dass der andere nicht mehr reagieren, sich nicht wieder ausbalancieren kann.

Hier besteht einer der tiefgreifenden Unterschiede zwischen Aikido und Standard-Tanz. Dort muss das Paar einen Gleichgewichtspunkt außerhalb der individuellen Körper, und zwar zwischen beiden, finden und halten. Dann gilt: «Niemals drehe ich mein Körperzentrum weiter oder schneller, als meine Partnerin folgen kann»[39]. Anders als dort und auch anders als bei lateinamerikanischen Tänzen, bei denen jeder Partner seinen eigenen Schwer-

* Vermutlich als Parallele zum im selben Artikel ebenfalls betrachteten Judo verzichtet der Autor darauf, den Verteidiger in den Skizzen durch einen Hakama zu kennzeichnen.

punkt hält, behauptet im Aikido der Verteidiger als Einziger sein Gleichgewicht im Körperschwerpunkt und bricht das des Angreifers. Der Verteidiger wird sich gerade genügend langsam drehen, dass der Angreifer eben noch Kontakt halten kann, jedoch so schnell, dass er damit Mühe hat und deshalb die Balance verlieren muss. Die Balance des Partners wird gebrochen, sein Schwerpunkt gekippt. Die Mitte des Verteidigers wird zum Mittelpunkt des Bewegungsgeschehens.

16.3 Ausdehnen der Kraft statt Muskelkraft

Aikidoschüler werden immer wieder dazu angehalten, sich zu entspannen und ohne Kraftanstrengung, vor allem mit lockeren Schultern, zu arbeiten. Zu Beginn können viele sich jedoch kaum vorstellen, wie es ohne Kraft gehen soll ... sie wollen es nicht, doch ihre Körper setzen wie von selbst Kraft ein.

Die fließende Bewegung

Man kann Bewegungen anhand verschiedener Ordnungssysteme beschreiben und dabei neben Raum, Kraft, Zeit und Form[40] auch den Fluss[41] der Energie betrachten. Fluss ist eine bedeutsame Kategorie für das Aikido. Dieselben Aikidotechniken können unterschiedlich ausgeführt werden, erläutert Meister Asai. Ju no Keiko, das weiche Üben, ist locker und entspannt und dient vor allem dem Einüben der Abläufe. Unter Go no Keiko, dem festen Üben, wird verstanden, selbst fest, stabil zu werden, sich beispielsweise aus einem starken Griff befreien zu können, aber nicht etwa, brutal zu werfen. Ryu no Keiko, das fließende Üben, verlangt, dass das Verbinden der eigenen Bewegung mit den Impulsen des Angreifers bruchlos gelingt[42].

Der Fluss ergibt sich aus der Reihenfolge, in der die einzelnen Körperteile in Bewegung gesetzt werden. Ungehemmt ist es ein «Peitschen», der Bewegungsfluss wird plötzlich und energisch freigesetzt. Gebunden ist beispielsweise das «Drücken», eine kontrollierte Bewegung, die in jedem beliebigen Moment angehalten werden kann. Es kommt darauf an, an welchem Körperort eine Bewegung «entspringt» und wohin sie sich von dort ausbreitet. Das bedeutet, dass «eine Peitschbewegung der oberen Extremitäten zentral im Rumpf entspringt, sich in Schultern und Oberarme ausbreitet und in den Unterarmen und Händen endet, während der gebundene Fluß des Drückens in den Händen beginnt und die mit der Aktion des Drückens verbundene Spannung sich zur Mitte hin verbreitet, zuerst über Handgelenke und Unterarme zu den Oberarmen und schließlich in den Rumpf, zur Körpermitte»[43].

Die jeweiligen Manöver des Aikidoka, also das Insgesamt aus Ausweich- und Eintrittsbewegung, Schritten und vielleicht einem Griff dienen ausschließlich dazu, die eigene Mitte in diejenige Position zu bringen, aus der eine optimale Einwirkung auf die Mitte des Partners gegeben ist. Ab dann bewegt man die Arme vergleichsweise wenig, sondern vordringlich das eigene Zentrum. Die Beine befördern diese Bewegung der Mitte, möglichst sparsam und elegant, oder die Mitte wird scharf gewendet (*kaiten*). Hierdurch bekommt die Aikidobewegung ihre typische fließende Qualität, denn «Bewegungen, die im Rumpf, dem Körperzentrum, entspringen und dann allmählich in Arme und Beine hinausströmen, sind im allgemeinen freier fließend als solche, in denen das Körperzentrum ruhig bleibt, während sich die Gliedmaßen zu bewegen beginnen»[44].

Mühelos machtvoll

Der Verteidiger zentriert sich also in seiner Körpermitte. Zugleich schickt er sein Ki, lässt seine Kraft fließen: Er «muss Arme und Hände als Verlängerung seiner Mitte nutzen»[45]. Die Energie oder Kraft vom massereichsten Körperteil, dem Becken, in die Extremitäten zu leiten, auszudehnen, zu verlängern, ist sehr wirksam: «Ob der Angreifer ein Handgelenk oder beide Schultern gegriffen hat – er bekommt es immer mit der gesamten Körpermasse des Verteidigers zu tun»[46]. Dabei wird «die Kraft, die von einem sich als Einheit bewegenden Körper erzeugt wird, dessen Schwerpunkt im Hüftbereich bleibt ... weitaus größer als das, was Arme oder Beine für sich alleine bewirken könnten»[47]. Wir müssen uns also nicht anstrengen, um den Angreifer irgendwohin zu bugsieren – vielmehr wird das meiste dadurch erreicht, dass wir uns selbst, unsere eigene Mitte, unseren eigenen Schwerpunkt bewegen.

So entsteht der oft beschriebene Eindruck von Mühelosigkeit. «In Wirklichkeit rührt die Überlegenheit des Meisters allein daher, daß er in einem jahrelangen Training intuitiv Einblick in die physikalischen Zusammenhänge zwischen Kräften, Drehungen und Drehmomenten gewonnen hat»[48]. Oder, poetischer formuliert: Indem er die Prinzipien umsetzt, «erlaubt der Aikidoka Technik und Bewegung, sich selbst zu vollenden»[49] ...

ERKENNTNISSE: Kampfsportschüler haben Freude daran, solche Einblicke in die Effektivität der Techniken zu gewinnen. Ein männlicher Anfänger schätzte «dieses automatische Erlernen dieser Naturgesetze, dieser Gegebenheiten», schätzt es, «ein Verständnis» zu bekommen von «Hebelgesetzen, Schwerkraft, Rotation». Eine Frau, die schon ein paar Jahre übt, findet «es sehr interessant, was man so über die Hebelwirkungen erzielen kann oder über einfach fallenlassen, loslassen».

Spiraliger Fluss umschifft Hindernisse

Im Aikido darf man sich diese Kraftausdehnung von der Mitte nach außen nun keineswegs starr und hölzern vorstellen. Vielmehr werden die Aikidobewegungen nicht linear-geradlinig, sondern spiralig entwickelt. Bereits im Rahmen des Aufwärmens können Körperbeherrschung und ein Gefühl für Mitte und Gleichgewicht durch Praktizieren spiraliger Dehnungen verbessert werden. Abb. 3 zeigt eine allein ausgeführte Dehnung, Abb. 4 eine Partnerübung. Mehr hierzu findet sich in einer Darstellung des aus dem Aikido entwickelten Kinomichi[50].

Die spiralige Bewegung des Aikido ist in mehrfacher Hinsicht effektiver, als eine lineare es wäre, beginnend mit der Abwehr: «Beim Aikido kommt es oft darauf an, die Richtung einer gegnerischen Angriffsbewegung abzulenken». Um einen Faustschlag ins Gesicht abzu-

Abb. 3: Eine spiralförmige Dehnung aus dem Ki-nomichi von Meister Noro. Entnommen: Rouma-noff (1994, Bildtafel S. 32 / 33).

Abb. 4: Meister Asai demonstriert eine, den gesamten Körper des Partners erfassende, spiralig wirksame Dehnungsübung, die auf dem Wurf Shiho Nage basiert. Auch der Aktive setzt seinen Körper spiralig drehend ein. Entnommen: O. N. (1984 c), S. 4.

bremsen, müsste man «eine Kraft von über dreitausend Newton (etwa dreihundert Kilogramm) aufbringen und würde dabei Knochenbrüche riskieren. Es ist vernünftiger, den gegnerischen Streich nur abzulenken, wobei schon eine Kraft von etwa zehn Newton genügt, um die Bahn seiner Faust um einen Zentimeter zu verschieben»[51].

Anschließend werden die Techniken, einmal angesetzt, ebenfalls nicht geradlinig entgegen der Kraft des anderen ausgeführt. Vielmehr arbeiten fast alle Haltegriffe und auch die meisten basalen Würfe mit einer spiralig verdrehenden Einwirkung auf das Handgelenk, was sich dann fortpflanzt auf Ellbogen, Schulter, letztendlich Körperzentrum des Angreifers und so sein Gleichgewicht bricht.

Anfänger üben Haltetechniken wie Ikkyo oder Sankyo zunächst als Immobilisierung; sie dienen jedoch ebenso als Ansatz für einen Atemkraftwurf. Andererseits bieten Kote Gaeshi («Handgelenksdrehhebelwurf»[52]) und Shiho Nage («Vier-Richtungen-Wurf»[53]) ihrerseits sowohl die Möglichkeit, den Griff zu lösen und den Angreifer zu werfen, als auch, den Griff zu halten bzw. umzugreifen und den Angreifer auf dem Boden zu immobilisieren.

EMPFEHLUNG: Dies zeigt, dass die Unterscheidung in Würfe und Haltegriffe lediglich auf Vereinbarungen beruht, um in didaktischer Absicht die Vielfalt der im Aikido möglichen Techniken zu systematisieren oder mit dem Ziel der Vergleichbarkeit in Prüfungssituationen. Im Training ist es dagegen interessant, beide Auffassungen zu üben.

«Lerne davon, wie geschmeidig und unbehindert das Wasser im Flussbett zwischen den Felsbrocken strömt», empfiehlt O-Sensei Ueshiba[54]. Für den Aikidoka selbst ebenso wie für das, was er bewirken möchte, gilt: «Eine weiche wellenförmige Bewegung breitet sich auf Grund ihrer Struktur durch den ganzen Körper aus. Diese fließende Bewegung passt sich, wie ein Fluss, der auf Hindernisse stößt und seinen Lauf dementsprechend ändert, den Gegebenheiten an»[55]. Tatsächlich zeigen Messungen zum tierischen Laufen, Fliegen und Schwimmen, «wie belebte und unbelebte Systeme von selbst aus Hindernissen – Imperfektionen – optimale Fließ- und Bewegungsformen entwickeln»[56]. Im Aikido geht eine Bewegung harmonisch in die nächste über, ohne «Pause, Unterbrechungen oder Zusammenstoß»; «aus einer Wellenbewegung wird vielleicht eine Spirale»[57].

Die spiralige Bewegung ist sehr urtümlich: «Bei der Geburt kommt das Neugeborene sich spiralig drehend aus dem Körper der Mutter»[58]. Auch «die Bewegungsform des Kleinkindes ist, choreographisch gesehen, die weiche Kurve», dagegen die des «Schulkindes die Lineare». Diese Veränderung ist weniger durch die Entwicklung bedingt, sondern vermutlich eher eine Überformung durch erzwungenes Stillsitzen[59]. Aikido zu betreiben bedeutet also, zu ursprünglichen Bewegungsformen zurückkehren, deren Verlust vielleicht nur unterschwellig wahrgenommen und unbewusst betrauert worden war.

In den nicht-linearen Bewegungselementen des Aikido verbindet sich tiefgehende zwischenmenschliche Begegnung mit hoher technischer Wirksamkeit.

16.4 Die Schwerthand

Locker sollen die Schultern des Aikidoka sein, entspannt seine Arme. Dennoch ist dabei nichts schlaff. Ganz im Gegenteil soll die Bewegung von Hand(-kante) und (Unter-)Arm des Aikidoka die Klarheit, Schärfe und Flexibilität eines Schwertes gewinnen; man spricht von der «Schwerthand»[60], japanisch «Tegatana», was sich zusammensetzt aus Te, also Hand, und Katana, einer Schwertform. Eigentlich umfasst die Schwerthand den ganzen Bereich von Ellbogen bis Hand, doch ist manchmal nur die Handkante von Handgelenk bis kleinem Finger gemeint.

Es besteht ein enger Bezug «zur japanischen Schwertkunst», denn Ueshiba «hatte verschiedene Schwert-, Stock- und Lanzenstile erlernt und sie allmählich mit *taijutsu* (Körpertechniken) verschmolzen». Die «fließenden Aikidotechniken» erfordern «Kontrolle über einen Gegner». Im Ausführen «der defensiven Aikidomanöver wird die Kontrolle nicht mittels muskulärer Überlegenheit oder einem stahlharten Griff ausgeübt, sondern durch den besonderen Einsatz der Hand als Schwertklinge».

Angriffsformen wie Schlag oder Stoß werden als Schwerthieb aufgefasst bzw. als Schwertstich, und entsprechend agieren die eigenen Extremitäten in der Rolle einer eigenen Waffe. Angriffe zur Hand stellen den Versuch dar, den Verteidiger, der das Schwert überhaupt erst ziehen könnte, zu behindern. Die 70-80 cm lange Klinge eines Schwertes steckt in einer starren Scheide aus Holz und Lack, getragen an der linken Seite; um es zu ziehen, dreht man deshalb die Hüfte nach links und zurück – Vorbild für Aikidobewegungen wie Shiho Nage. Vergleichbar dem gezogenen Schwert kann die Schwerthand nun optimal eingesetzt werden. Bei kunstgerechter Ausführung «kann der Aikidoka mit seiner Hand als Klinge einen Angriff flüssig und elegant aufnehmen, kontrollieren und umlenken, gerade so wie ein erfahrener Schwertmann ein gegnerisches Schwert ablenken und parieren würde»[61]. Die Schwerthand fängt den Angriff auf; durch Anwendung einer Technik wird der angreifende Körper umgelenkt. Ohne dass hier der Begriff Schwerthand benutzt wird, erläutern Kasten 2 und Abb. 5 ihren Gebrauch:

Kasten 2

Angenommen ein Angreifer tritt mit seinem rechten Fuß auf Sie zu, um Ihnen mit der Kante seiner rechten Hand ... ins Gesicht zu schlagen ... Um einem solchen Schlag zu begegnen, müssen Sie Ihren linken Fuß zurücknehmen und den Hieb mit Ihrem linken Arm abwehren. Abwehren heißt hier aber nicht, den Schlag zu stoppen, ja nicht einmal ihn zu bremsen, sondern den rechten Arm des Gegners etwas nach unten abzulenken und dann mit der rechten Hand zu packen. Ohne sich im geringsten zu bemühen, den Impuls abzubauen, setzen Sie die Kreisbewegung fort, die Sie mit der Zurücknahme des linken Fußes eingeleitet haben, und zwingen Ihren Gegner dadurch ebenfalls auf eine Kreisbahn. Ihr Gegner stand zunächst verhältnismäßig stabil, weil er den rechten Fuß in Angriffsrichtung vorgestellt hatte. Während Ihrer Kreisbewegung ziehen Sie ihn aber nach links, und bei der Verlagerung in diese Richtung verliert er sehr schnell das Gleichgewicht ... Um den Wurf abzuschließen, schwenken Sie den rechten Arm des Angreifers nach unten. Während Sie mit Ihrem linken Bein weiter zurückgehen, drehen Sie die Oberseite seines Handgelenks nach unten und biegen Sie seine Hand in dieselbe Richtung. Befindet sich der Angreifer erst einmal in dieser Lage, so kann er seinen Fall nicht mehr abwenden: Sein Gleichgewicht ist bereits gebrochen, er kann seine eigene Bewegung nicht mehr abbremsen, und er kann seine Hand Ihrem Griff nicht entziehen, weil Sie sein Handgelenk abwinkeln. Selbst mit starken Armmuskeln kommt er nicht gegen das Drehmoment an, das Sie erzeugen, wenn Sie die Hand um sein Handgelenk beugen.[62]

Abb. 5: Kote Gaeshi aus dem Angriff Schlag zur Schläfe. Entnommen: Walker (1981), S. 106, mittlere Zeile.

Bei all dem wirkt «das Prinzip, keinen Widerstand zu bieten (*ju*), sondern zu verschmel-zen* und umzulenken» mit dem oben angeführten Stand zusammen: «Während die Bei-ne die körperliche Gesamtheit tragen, führen Arme und Hände den Gegner». Die Bewe-gung wird gemäß der «defensiven Logik der *kensabaki* (Schwertbewegungen) koordi-niert»[63].

Das Schwerthandprinzip ist sowohl in der Abwehr als auch im daraus folgenden flüssi-gen Aufnehmen und Umwandeln des Angriffs wirksam. Dabei muss der Verteidiger sei-nerseits den Angreifer nicht notwendigerweise fassen, um ihn führen und werfen zu kön-nen, solange er das Schwerthandprinzip verwirklicht (Abb. 6).

Gemäß der friedfertigen Absicht des Aikido schnei-det die Hand zwar wie ein Schwert, verletzt jedoch nicht, sondern lenkt ausschließlich um. Auf technischer Ebene kann es genauso wenig wie mit einem Schwert ein Schieben oder Zerren der unbewaffneten Hand an einzelnen Gliedmaßen des Gegners geben. Vielmehr ent-steht eine «von der Mitte, den Hüften (*koshi*) des Aiki-doka ausgehende einheitliche, wirbelnde, führende Be-wegung»[64].

Abb. 6: Christian Tessier [sic] mit einem Gegner: Pronierte** Arme in Aktion. Entnommen: Del Alcantara (2005), S. 143.

16.5 Kreisbewegung und kugelförmiger Raum

Nicht umsonst ist ein Fachbuch betitelt mit «Aikido und die dynamische Sphäre»[65]. Hiermit ist der geometrische Ausdruck für Kugel gemeint – für eine Kugel, die man sich vorstellen kann als geformt aus unendlich vielen Kreisen um denselben Mittelpunkt.

Kreise, Kreise, Kreise – wenn es im Aikido ein Mantra gäbe: So würde es lauten Über Aikido sind «dessen flüssige, kreisförmige Bewegungen am ehesten bekannt»[66]. Die Formen Kreis und Spirale sind nicht lediglich Äußerlichkeiten der Aikidobewegung, son-dern Teil ihrer zentralen Prinzipien, denn im Aikido «ist stets der Angreifer benachteiligt, weil mit jedem Angriffsshieb ein großer Impuls verbunden ist. Der Verteidiger kann die Be-

---

* Der gefühlsmäßige Aspekt wurde oben in Kapitel 14 angesprochen; zum technischen Aspekt kommen wir unten.
** Funktionell-anatomisch: Drehung von Arm und Hand so, dass der Handrücken außen bzw. oben / vorne ist. Das wird als besonders natürliche Haltung angesehen. Je konsequenter der Verteidiger die Daumen nach in-nen dreht, desto zwingender muss der Angreifer fallen.

wegung ohne großen Kraftaufwand ablenken und auf eine Kreisbahn bringen. Dort wirken Zentrifugalkräfte auf den Angreifer, die sein Gleichgewicht brechen und ihn auf die Matte werfen können»[67]. «Der angreifenden, kommenden Kraft des Partners wird nicht eine blockierende Kraft entgegengesetzt. Seine Kraft wird in Kreise, Spiralen umgeleitet, unter Nutzung der Flieh- und Anziehungskräfte, und dadurch ohne Kraftaufwand»[68].

Sowohl das Zentrum des Verteidigers als auch seine oberen Extremitäten setzen die Kreisbewegung um.

Zum einen bewegt sich die Mitte des Verteidigers kreiselnd, ohne zu stoppen. Besonders deutlich wird dies bei der Übungsform Tanin Waza mit mehreren Angreifern. Zum anderen beschreiben die Arme des Aikidoka während der Techniken meist große Kreise. Diese Kreise können – horizontal bis vertikal – in jeder gedachten Ebene liegen und auf den unterschiedlichsten Höhen. Bei Ikkyo beschreibt die Hand des Verteidigers einen fast senkrechten Kreis von unterhalb seines eigenen Schwerpunktes über Schulter und Gesicht des Gegners – und damit über dessen Mitte – und dann zurück zum eigenen Knie. Bei Kote Gaeshi dagegen ist die Kreisbahn fast waagrecht und ebenfalls möglichst nicht höher als die Knie des Verteidigers; beide sind damit knietiefe (japanisch *gedan*) Techniken. Anders zum Beispiel Irimi Nage: Hier schwingen die Kreis- und Spiralbahnen tief durch, die Technik wird jedoch auf Höhe des Oberkörpers des Verteidigers beendet. In Abb. 7 macht ein Kunstgriff, das Lichtzeichnen, dies schön sichtbar.

Abb. 7: Eine Aikidobewegung (Tenchi Nage). Entnommen: Patt (1987), Titelseite.

Zahllose Kreise lassen eine Kugel entstehen.

Letztendlich bildet sich ein kugelförmiger Raum, eine Sphäre, um den Aikidoka[69]. Dies geht wiederum auf die Schwerthand zurück: «Einst war es unmöglich, in den von einer messerscharfen Klinge begrenzten Raum um einen Schwertmann einzudringen. Heute zieht die Hand als Klinge dieselbe Grenze»[70]. Eine Skizze zeigt die Verteidigung des Kör-

pers mittels sphärisch geführter Schwerter (Abb. 8). Ähnlich unerreichbar soll sich der Aikidoka machen, indem er den oder die Angreifer immer wieder von seinem eigenen Körper weg führt (Abb. 9), sie zwar nicht beschädigt, doch mit der Zeit davon überzeugt, von
ihm abzulassen ...

Abb. 8: Der undurchdringliche Kreis um den
Schwertkämpfer. Entnommen: Westbrook & Ratti
(2010), S. 77.

Abb. 9: Der undurchdringliche Kreis um den Aikidoka. Entnommen: Westbrook & Ratti (2010), S.
69.

Spiralförmiger Fluss, Kreisbahnen und der entstehende kugelförmige Raum machen es also möglich, anstürmende Personen umzulenken und zu werfen. Schön und gut – ein Angreifer hat so etwas herausgefordert. Aber das macht man doch nur ein Mal und dann nie
wieder – oder?

Warum es beiden Beteiligten Spaß macht

Wer nicht selbst Aikido ausübt, stellt sich vielleicht vor, dass es Nage Befriedigung verschafft, Uke zu werfen ... aber daran, dass es angenehm sein könnte, geworfen zu werden,
zweifeln wohl viele. Und doch ist es so.

Auch vom Fallen zum Fliegen muss man einen Übungsweg zurücklegen.

Aikidoneulinge lernen von Anfang an, rückwärts (*ushiro*) und vorwärts (*mae*) zu rollen. Weil der Kopf von Kindern im Verhältnis zum Körper schwerer ist als bei Erwachsenen,
fällt ihnen die Vorwärtsrolle leichter. Erwachsene fangen meist lieber mit der Rückwärtsrol-
le an oder sogar nur mit der Vorstufe, im Sitzen hin und her zu schaukeln. Der Übergang
vom Rollen zum Fallen wird oft als Wagnis erlebt und manchmal erst nach Jahren vollzogen. «*Ukemi,* die Kunst des Fallens ist im *Aikido* so hoch entwickelt wie in keinem anderen
Kampfsport ... der *Aikidoka* kann alles, von der leisen, runden Rolle bis hin zum auf-
sehenerregenden *Sutemi* (‹Aufopferung des Körpers›), dem klatschenden Aufschlag auf
die Matte mit offenen Handflächen»[71]. Je nach Technik und auch abhängig vom Können
des Werfenden landet der Angreifer zu Füßen des Verteidigers oder er wird einen weiteren
Raum durchmessen: Das ist dann das «Fliegen»[72]. Einige Aspekte der Fallschule hat Aikido mit Ju Jutsu oder Judo gemein. Doch dieses Fliegen gehört Aikido allein (Abb. 10).

Abb. 10: «Fliegen» – Meister Tada
wirft Meister Asai (Aufnahme von
1968). Entnommen: *Aikido*, 1/2012,
S. 16.

«Sobald man Ukemi gemeistert hat, verwandelt sich die Angst vor dem Fallen in die Freude des Fliegens. Durch die Luft zu segeln in eine mutmaßliche Katastrophe hinein und
dann zu landen, ohne … sich weh zu tun, ist mit nichts zu vergleichen»[73].

ERKENNTNISSE: Tatsächlich «fehlt» einem Drittel der Teilnehmer aus beiden Aikidogruppen «richtig etwas, wenn eine Trainingseinheit ganz ohne großes Fallen war». Für
über 40 der französischen und sogar über 60 % der deutschen Aikidoka hat «groß zu Fallen etwas Prickelndes» und entsprechend ist für eine meiner Interviewpartnerinnen «Geworfenwerden» das, was ihr «am allerbesten gefällt».

Man kann dabei nämlich bestimmte, im Alltagsleben sonst nicht gegebene, Körperempfindungen genießen.

Im freien Fall erlebt man Leichtigkeit und sogar Schwerelosigkeit.

Eine angenehme Erschöpfung danach kann durch vielerlei temporeiche Bewegung erzielt werden; sich drehende Bewegungen beider Partner kommen auch beim Tanzen vor.
Das Rollen, später Fallen oder sogar, für kurze Momente, Fliegen des Angreifers ist eine
Besonderheit des Aikido. Damit ist Aikido vermutlich einzureihen in «Aktivitäten, die
Empfindungen des Fallens und von Zentrifugalkräften aufsuchen»[74]. Vom Spaß an Fahr-
geräten auf Jahrmärkten, die Thrill (vgl. Kapitel 7) erzeugen, wurde auf in ähnlicher Weise
aufregende Sportarten geschlossen[75]. Ein Teil der Erregung kann durch die Einwirkung sowohl des Bewegtwerdens als auch des Sichbewegens auf das Gleichgewichtsorgan zustande
kommen.

Interessant sind dabei wohl die momentkurzen, aber wiederholbaren Sensationen der
Leichtigkeit bis Schwerelosigkeit schon während rascher Drehungen und erst recht im frei-
en Fall. Bereits in der Drehung beeinflusst Bewegung die Körperwahrnehmung: «Jede
schnelle Bewegung, und ganz besonders eine kreisförmige, verändert die Wirkungsweise

des Vestibulums* und damit die Empfindung von Leichtheit oder Schwere des Körpers. Dies geht zum Teil auf muskuläre Aktivität zurück, doch eben auch auf die vestibuläre Irritation ... man erlebt sich freier in Bezug auf Gewicht und Masse des Körpers»[76].

Das Drehen betrifft die Körper von Angreifer und Verteidiger; Rollen, Fallen oder Fliegen erlebt man nur jeweils im Angreiferpart. Sich im eigenen Körper freier zu fühlen als im Alltag gewohnt wirkt belebend, vermutlich verstärkt durch das Zusammenspiel mit den biochemischen Reaktionen, wie sie oben in Kapitel 9, Ki, beschrieben wurden.

16.6 Ai Ki – die Verbindung

Oben war vom Verschmelzen in seinen vielen Bedeutungen die Rede. Schauen wir nun genauer hin, was da mit dem einen Körper und dem anderen Körper passiert und was da zwischen den Menschen geschieht.

Die Verbindung von Trainingspartnern – ihrer Energien, ihrer Körper – hat vielfältige technische und emotionale Aspekte. Dies ist das Herz des Aikido.

Die Kernprinzipien des Aikido: Das Eintreten und das Vereinigen

Eintreten und Vereinigen benennen den zentralen Wirkmechanismus des Aikido. Es handelt sich um Momente der Bewegung, auf die im Unterricht von Anfang an abgezielt wird, die aber erst nach jahrelangem, für viele Übende vielleicht sogar erst nach jahrzehntelangem Bemühen erreicht werden können.

Das Eintreten wird oft nicht bemerkt.

Laienhaft und populär wird die Aikidobewegung gerne als eine ausweichende beschrieben. Dies ist missverständlich: Zwar weicht der Aikidoka insofern aus, als er die gerade Linie des auf ihn gerichteten Angriffsimpulses verlässt. Weitaus wesentlicher ist jedoch – und das ist so subtil, dass es Beobachtern oft entgeht – dass er sofort im Anschluss eintritt: Er geht auf den Angreifer zu, sei es zu dessen Vorderseite, sei es in dessen Rücken; nun allerdings nicht mehr in der ursprünglichen Linie, sondern in einem spitzen Winkel. Er bleibt auf den Angreifer ausgerichtet und zielt mit seiner abschließenden Aktion letztendlich immer auf dessen Mitte.

Dieses Eintreten gibt es in den Variationen Irimi, zugehend, oder Tenkan, sich eingangs rückwärts drehend. Irimi kann als «direkter (aktiver, positiver) Eingang zur Gleichgewichtsbrechung[77]» beschrieben werden und Tenkan als «ausweichende, ergänzende (passive, negative) Körperdrehung[78]». Hierbei bedeuten die Adjektive aktiv, passiv, positiv und negativ keine Wertung, sondern es wird Bezug genommen auf die Konzepte Yang und Yin (vgl. Anhang 2). Ein direktes In-den-Angreifer-Hineinlaufen wird vermieden; gleichzeitiges Vorwärts-und-vorbei-Gehen macht Irimi und die anschließende Technik erst effektiv. Ebenso erhält Tenkan durch einen winzigen, aber sehr entschiedenen Vorwärtsim-

---

* Gleichgewichtsorgan im Ohr.

puls seine Dynamik. Die Wahl zwischen diesen Möglichkeiten bestimmt den Eingang der Technik. Das Eintreten ist weder Flucht noch Angriff, sondern ein eigenständiger dritter Weg[79].

Mit diesem «Eintreten wird angestrebt, in der Verteidigungsbewegung den eigenen Mittelpunkt mit dem des Partners oder der Partnerin zu verbinden, d. h. zum Partner oder zur Partnerin hinzugehen und dadurch selbst zum Mittelpunkt der kreisenden Bewegung zu werden»[80], oder, poetisch formuliert, «im Zentrum des Geschehens zu bleiben, einem ruhigen, sicheren Ort, ‹dem Punkt, um den sich die Erde dreht›»[81]. So lässt sich das erklären: «Bei einem geraden Stoß ... zum Magen oder Unterbauch ... treten wir tangential ein und drehen uns gleichzeitig vertikal um die eigene Achse. Eine solche Drehung ... macht das Ziel des Angriffs ... äußerst schwer zu erreichen»[82]. Zunächst zum Prinzip tangentiales Eintreten, veranschaulicht durch die Abb. 11 und 12.

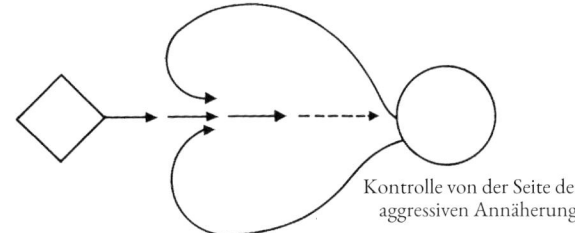

Abb. 11: Tangentiales Eintreten.
Entnommen: Westbrook & Ratti (2010), S. 70.

Kontrolle von der Seite der aggressiven Annäherung

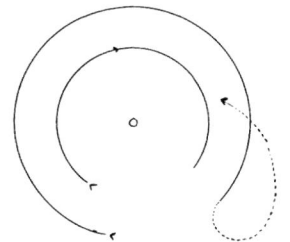

Abb. 12: Tangentiales Eintreten (*tenkan*-Version) gegen den Angriff Chudan Tsuki (Stoß auf Höhe der Körpermitte wie im Textbeispiel beschrieben) und Ansetzen zum Wurf Irimi Nage; zusätzlich «Ansicht» von oben. Entnommen Westbrook & Ratti (2010), S. 198. Kreise über Kreise über Kreise ...

«Indem ich die Stelle verlasse, an der ich soeben noch stand, erschaffe ich dort ein Vakuum, in welches der Gegner stürzen muss»[83]. Auf dieses Eintreten (englisch: enter), die erste Bewegung, folgt das Vereinigen (englisch: blend oder unify).

Das Herz des Aikido ist Ai Ki – das Vereinigen.

Die Literatur zu Aikido und ebenso die mündliche Unterweisung nehmen Vereinigen oder Verschmelzen, auf Japanisch Ki Musubi (wörtlich: die beiden Ki verknoten) oder Ai Ki (das Verbinden der Ki), als terminus technicus für das zentralste Bewegungsprinzip: Die Verbindung der eigenen Kraft mit der des Gegners. «Im Aikido verschmilzt man mit dem Angriff und leitet ihn um, statt ihn zu stoppen und zu kontern»[84]. «So wird der Angriff in harmlose Bahnen gelenkt ... Zu bremsen oder zu unterbrechen würde die Wucht des Angriffs zerstören, die der Aikidoka ja gerade aufrechterhalten möchte»[85], den Schwung, den er nutzen will.

Dabei «wird die Führung und Kontrolle durch das Verschmelzen und Mitfließen» während des aggressiven Zusammentreffens aufgebaut, im Einklang mit dem «Prinzip des Nicht-Widerstands»[86].

Ein vertikaler Spin oder Drall entsteht, wenn nach dem Verbinden die kreisförmigen Bewegungen kontinuierlich in eine abwärts gerichtete Spirale überführt werden. Der Verteidiger bleibt zwar lotrecht, senkt seinen eigenen Schwerpunkt jedoch ab. Der Angreifer ist bereits aus dem Gleichgewicht gebracht; zusätzlich zu dem beschriebenen «Vakuum» wirkt auf ihn ein Sog nach unten (vgl. Abb. 13).

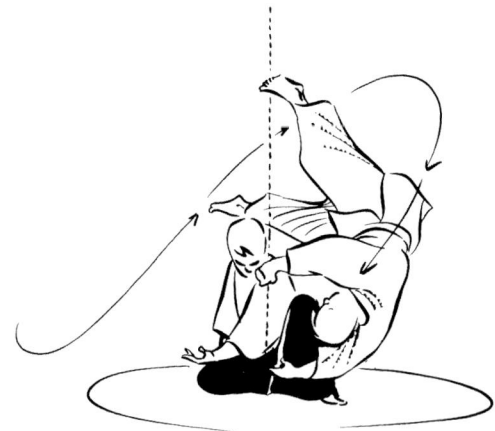

Abb. 13: Vertikaler Spin oder Drall [Technik: vermutlich ein Atemkraftwurf (Kokyu-Nage)]. Entnommen: Westbrook & Ratti (2010), S. 60.

Abb. 14 fasst die Prinzipien Eintreten, Verschmelzen und Absenken der eigenen Mitte zusammen:

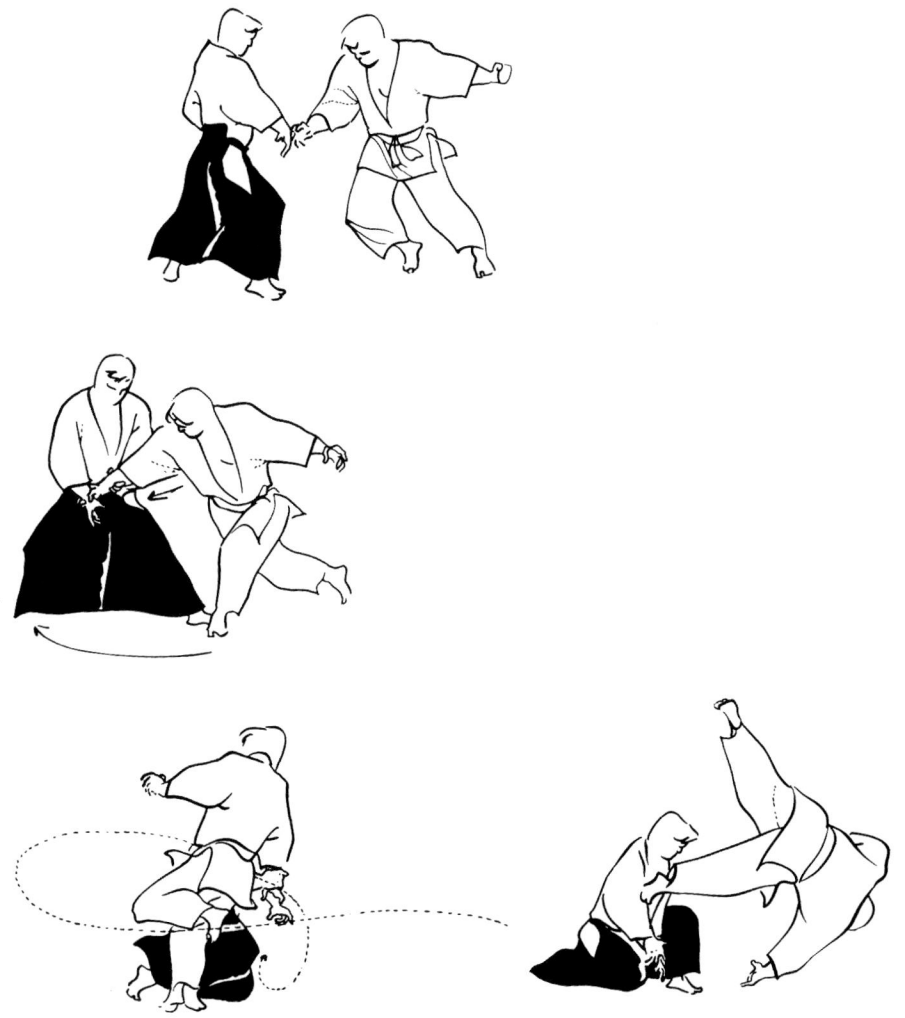

Abb. 14: Tangentiales Eintreten (*tenkan*-Version) und vertikaler Spin [Abwehr mit einem Atemkraft-Wurf (Kokyu Nage) gegen Angriff zur Hand (Ai-Hanmi Katate-Dori)]. Entnommen: Westbrook & Ratti (2010), S. 254.

Verbindung entsteht als Frucht des Sichverlängerns

Verlängern oder Verlängerung ist ein Begriff, dem wir öfter begegnen können, durchaus mit unterschiedlichen Schwerpunkten und sogar auch jenseits des Aikido.

Bereits im Ausdehnen, oder eben Verlängern, der Energie oder Kraft von der massereichen Beckenregion in Arme und Hände ist das Prinzip des Sichverlängerns zu erkennen.

Zum einen verwurzelt sich ein Aikidoka stabil im Boden[87]. Zum anderen soll Ki fließen, soll Ki geschickt werden, weit über die körperliche Grenze, die äußersten Fingerspitzen, hinaus.

Eine Waffe soll als Verlängerung des eigenen Körpers wirken.

Wer fortgesetzt übt, kann mit Schwert und Stock eine solche Vertrautheit erwerben, dass die Waffe als Verlängerung des eigenen Körpers empfunden wird und so sicher, so selbstverständlich gebraucht werden kann wie die eigene Hand. Es kommt dabei zunächst zu einer Erweiterung der Fähigkeit, Gegenstände am eigenen Körper zu lokalisieren[88]. Wenn man das Schwert über den Kopf hebt, weiß man nun, in welchem Winkel die Spitze geneigt ist und muss nicht nachschauen. Allmählich wird die Waffe nicht mehr als Fremdkörper erlebt, sondern als Teil des eigenen Körpers. Ganz ähnlich verlängert sich ein Blinder in die Spitze seines Stocks. Der Artist hat eine Verlängerung geübt, die bis in den Teller auf dem Stock auf seinen Kopf reicht[89].

Das Einladen entsteht auf der Ebene der Körpermikropraktiken als Verlängerung des eigenen Körpers im Kontakt mit einem anderen Körper.

Besondere Bedeutung bekommt das Sich-Verlängern(-Können) in Partnerübungen. Beide Partner führen einen nonverbalen «Dialog», ein Zwiegespräch ohne Worte. «Tänzer ... Musiker, bei genauer Betrachtung jede Berührung, jedes gemeinsame Handeln oder bloße Zusammensein» – alles, jedes kann so betrachtet werden. Dabei geht man davon aus, dass «jeder Mensch die Fähigkeit hat, sich über die Körpergrenzen hinaus zu ‹verlängern› und damit sowohl seine Wahrnehmung wie auch seine Handlungsfähigkeit so zu erweitern, dass mit anderen ein Zusammenspiel möglich wird». Es ergibt sich ein Miteinander, «das die Individualität jedes einzelnen respektiert, gleichzeitig aber in einer übergeordneten Gemeinsamkeit kein Gegeneinander oder auch nur unkoordiniertes Nebeneinander mehr enthält»[90] (mehr zur Methode in Anhang 18). Dies entspricht im psychomotorischen Handeln den oben in Kapitel 11 genannten guten Absichten der Aikidoka.

Die dafür notwendigen Körpermikropraktiken werden im Aikidoüben ausdifferenziert. Was bedeutet das? Künstler beispielsweise wenden subtile Gesten für ein körperliches Einladen an, wenn sie einen Gast aus dem Publikum zum Mitmachen auf die Bühne lotsen wollen. Ähnlich lädt der Aikidoka – ebenso wie ursprünglich der Schwertkämpfer – ein. Hierdurch ist er noch einmal weniger lediglich Opfer eines Angriffes. Vielmehr beeinflusst er den Gegner und verlockt ihn dazu, wenn überhaupt, dann dort anzugreifen, wo er ihn gut wird führen können. Jede «Technik setzt ... schon vor dem ausgeführten Angriff an. Der Angreifer wird durch meine Energie zu einer bestimmten Art und Form des Angriffs verleitet. Ich ‹lade ihn ein› und ‹verführe› ihn»[91]. Oben in Teil II waren die affektmotorischen Schemata der Verbindung beschrieben worden. Sie können also auch ohne direkten Körperkontakt greifen, können den Abstand zwischen zwei Körpern überbrücken. Eigentlich gar nicht so verblüffend, wenn man bedenkt, welchen mächtigen Impuls wir verspüren, darauf einzugehen, wenn ein Baby seine Ärmchen nach uns ausstreckt, um hochgenommen zu werden.

Einen mit Schwung angreifenden Körper aufzunehmen, dann die Führung zu übernehmen und schließlich den anderen mittels eines Wurfes fortzuschicken, wird zuweilen als Verlängern des gegnerischen Bewegungsimpulses bezeichnet.

Genau genommen können die meisten Techniken entsprechend variiert werden; beispielsweise ist es nur «eine Art, Kote Gaeshi auszuführen, den Partner direkt zu Boden zu bringen und ihn mit einem Haltegriff zu immobilisieren. Eine andere Art ist es, ihn weit weg zu werfen. ‹Werfen, als ob man die Luft heftig mit einem Fächer bewegt› heißt das»[92], erklärt Meister Asai.

Das Geheimnis der harmonischen Bewegung: Psychomotorische Einfühlung

Erst nach langer Zeit gelingen Eintreten und Verbinden bruchlos, unbemerkt. Es ist nötig, sich die Fähigkeit der psychomotorischen Einfühlung anzueignen. Wenn man ein wenig mit den Worten spielt, kann man sich etwas vorstellen wie: sich verlängern ... etwas über die Grenzen des eigenen Körpers hinaus ausdehnen ... Fühler bekommen ... Fühler ausstrecken ... Ein-Fühlung haben ...

Den Kontakt aufzunehmen ist die erste Stufe.

Im Aikido wird «immer wieder das Bewußtmachen von Bewegungselementen bzw. das Aufbrechen automatisierter Bewegungsabläufe im Kontakt mit den TrainingspartnerInnen erforderlich». Ziel ist, zu einer gelingenden Partnerübung zu kommen: «Im Kontakt mit den ÜbungspartnerInnen gilt es, die eigenen *Bewegungen mit denen des Partners oder der Partnerin fein abzustimmen,* um zusammen eine harmonische Bewegung hinzukriegen»[93].

Wie schon oben gesagt, wäre es ein Missverständnis, würde man harmonisch mit nett gleichsetzen. Vielleicht lässt sich am ehesten etwas wie stimmig, passend verwenden für ein Phänomen, das gleichermaßen für die Mutter und ihr kleines Kind gilt wie auch für Kampftechniken. Überhaupt greift das nun Folgende auf das in Teil II zur psychomotorischen Entwicklung Ausgeführte zurück.

Das Sicheinstellen ist nicht allein eine Haltung, eine Absicht oder ein willentlicher Akt, etwas, was man sich nur vorzunehmen braucht. Es ist vielmehr – zumindest im Aikido – ein hochkomplexer psychomotorischer Vorgang. Noch dazu entzieht sich das Geschehen unserem Bewusstsein und unserer Kontrolle, erstens, weil es sich in Sekundenbruchteilen abläuft, und zweitens, weil es auf der Ebene von muskulären Kleinstprozessen vor sich geht.

Gestützt auf Ergebnisse der Säuglingsforschung darf man «*Harmonie als Entwicklungsmotor*»[94] annehmen, also als etwas von Anfang des Lebens an Bedeutsames und Förderliches. Besonders interessant für uns als Aikidoka ist dabei, dass «gelingende Einfühlung vom Kind ... nicht bemerkt wird»; dafür stutzt es, wenn die Einfühlung unvollkommen ist. In etwa kann das so aussehen: «Ein neun Monate alter Junge spielt mit seinem Spielzeug. Er haut es zufrieden auf den Boden und ist schwungvoll bei der Sache ... Die Mutter kommt von hinten dazu, legt ihm die Hände auf die Hüften und wackelt ihn in einem Rhythmus hin und her, der zu seinen Armbewegungen paßt. Das Kind dreht sich nicht einmal um und spielt weiter wie bisher. Instruiert man die Mutter, beim nächsten Mal ihren Rhythmus absichtlich so zu verändern, daß er ein klein wenig von dem des Kindes abweicht, so dreht sich das Kind um und blickt die Mutter erstaunt an».

Man kann daraus zweierlei schlussfolgern: Zum einen ist die «Genauigkeit des Zusammenpassens ... ein Ziel in sich selbst und entwicklungsfördernd»; wenn Abweichungen sich häufen, führt das zu Schäden. Zum zweiten werden «Abweichungen im Grad des Zusammenpassens von Verhaltensweisen bemerkt und unterbrechen den Fluß der Aktivität»[95]. Im Aikido gilt das für die Harmonie mit dem Partner oder Gegner bezüglich Timing, Kraft, Tempo. Immer von Neuem üben wir, keine derartigen Brüche entstehen zu lassen, keine zusätzliche Störung herzustellen.

Die Körper-Erinnerungen aus dem psycho-motorischen Feld zwischen Mutter und Kind werden von manchen Aikido-Lehrenden herangezogen, um das Herstellen der Verbindung zu bebildern.

Tatsächlich ist es nicht zu weit hergeholt, Beziehungen herzustellen zwischen Säuglingsforschung und der Kampfkunst Aikido; manche Aikidolehrer sprechen derlei an. In den folgenden Beispielen zu verschiedenen Wurftechniken wird inhaltlich Ähnliches zum Aufbau des Kontaktes gesagt: Die Übernahme der Kontrolle über die Angriffsenergie des Uke soll niemals abrupt erfolgen; entweder wird der Kontakt so nicht sicher, eine sichere Führung entsteht nicht. Oder der Kontakt, der Griff um ein Handgelenk, eine kontrollierende Hand im Nacken, wird zu schnell zu fest; der Gegner, zu diesem Zeitpunkt in seinem Gleichgewicht noch relativ stabil, bemerkt dies, Widerstände werden geweckt, er wird versuchen, sich zu befreien oder die Technik zu kontern.

Kitaura-Sensei verwendet eine Metapher: «Wenn wir durch einen Bambuswald gehen, schlagen wir auch nicht mit Stöcken gegen die Stämme: Da würden ja gerade alle Schlangen herauskommen!»[96] Damit bebildert er seine Empfehlung, beim Kaiten Nage aus dem kontrollierenden Griff zum Kopf des Gegners keinen Nackenschlag zu machen.

Hatayama-Sensei gibt eine technische Anweisung: «Bei Kote Gaeshi erst nur den kleinen Finger am Gelenk des Gegners einhängen, langsam die Führung übernehmen, allmählich die ganze Hand um die seine schließen. Sanft am Anfang, bestimmt am Ende»[97].

U. Hayashi knüpft an Alltagserfahrungen an: Sie empfiehlt, in einer Vorübung zum Irimi Nage den Kopf des Gegners sanft zur Schulter zu führen und mit der eigenen Hüfte in einen schwingenden Rhythmus zu kommen, «sachte, als ob ihr ein Baby wiegen würdet»[98].

Anlässlich einer Vorführung kommentiert ein Aikido-Experte[99] das Werfen und Immobilisieren eines Gegners wie folgt: «Wenn man diese Technik richtig gemacht hat, fühlt sich der Gegner wie von seiner Mutter ins Bett gebracht. Das beste Aikido fühlt sich immer so an. Es ist nicht dazu da, den Gegner zu bestrafen, sondern ihn zu beruhigen und ihn zugleich daran zu hindern, jemanden zu verletzen»[100].

Sich abstimmen

Gemeinsam bedeutet miteinander, nicht gegeneinander; denn als Machtspiel den Partner bei der Ausführung seiner Technik blockieren zu wollen, ist im Aikido nicht sinnvoll. Meister Asai führt mehrere Gründe an. Schließlich weiß man von vornherein, was der Partner tun möchte, da es soeben vom Lehrer vorgeführt worden ist. Es stört nicht allein das Vergnügen an der Bewegung und entmutigt die Anfänger; noch gravierender ist, dass Anfänger dadurch dazu verleitet werden, mit unnötiger Kraftentfaltung gerade der oberen Extremitäten zu agieren, wodurch die Aktion verkrampft statt flüssig wird. Für Fortgeschrittene ist es dann schon eher einmal angemessen, auszuprobieren, was funktioniert und was nicht. Vor allem aber ist, was für Zuschauer wie ein abgekartetes Spiel aussieht, eben genau das, was im Aikido angestrebt wird und immer weiter verbessert werden soll: Das Vereinen (Ki Musubi), das Verbinden der energetischen Impulse beider Partner[101].

Die Bewegungsharmonie im Aikido ist ein Ergebnis ständiger Feinabstimmung.

Mutter und Kind müssen in der Frühzeit des Säuglings beide daran arbeiten, ihre Verhaltensweisen zueinander passend zu machen. Gelingende Einfühlung wird von den Säuglingsforschern «attunement»[102], etwa Einstimmung, Abstimmen, genannt. Mit der Zeit lernen sich beide in ihrem körperlichen Zusammenspiel immer besser kennen, können sich immer besser aufeinander einstellen. Schon das ist nicht einfach – und dabei sind sie nur zu zweit …

Aikidoka haben es noch viel schwerer. Sie üben in einer Trainingseinheit mit mehreren Personen, vielleicht mit fünf, vielleicht mit zwanzig, und sie müssen sich mit einer großen Variationsbreite von Körpern auseinandersetzen. Schließlich gibt es im Aikido kein matching, weder nach Geschlecht noch nach Gewicht und auch nicht nach Gürtelfarben. Daher üben Mittzwanziger mit Mittfünfzigern, aber auch mal ein 60-Jähriger mit einem 11-jährigen Kind; 1,80 mit 1,65 m, aber auch mal 1,98 mit 1,56 m; 80 kg mit 60 kg, aber auch mal 120 mit 50 kg; harte Muskeln mit weichem Bindegewebe, schwere Knochen mit zierlichen Gelenken, Drahtige mit Dicklichen, Ruhige, Gelassene, Bedächtige mit Unkonzentrierten, Aufgeregten, Aggressive mit Ängstlichen, Müde mit Fitten, Erfahrene mit Neulingen … und daraus soll letztendlich immer eine gemeinsame Bewegung erwachsen.

ERKENNTNISSE: Aus Beiträgen verschiedener Interviewpartner lässt sich wie ein Puzzle das Bild dieses Geschehens zusammensetzen. «Am Anfang bin ich mit einem nicht so zurechtgekommen, der war mir irgendwie vom Körper dermaßen unähnlich … Von der Bewegung her, ich habe einfach nichts gecheckt, und irgendwie hat's auch menschlich nicht hingehauen.» Eine körperliche und eine emotionale Dimension sind angesprochen. Im Aikido wird es idealerweise nicht bei der Wahrnehmung eines derartigen mismatchings belassen; solche Personen sollten sich nicht ständig vermeiden. Sie sind vielmehr durchaus gehalten, immer wieder auch miteinander zu üben. Dieselbe Frau kann inzwischen berichten: «Aber das hat sich eigentlich doch schon gelöst. Feine Sache, ich komm' mit dem jetzt genauso gut zurecht wie mit den anderen.»

Eine andere Frau hat an sich und anderen schon häufig beobachtet, dass im «Üben und Korrigieren der Bewegungen sich beide Partner anpassen». Dies ist wesentlich und bedeutet weit mehr als lediglich Rücksichtnahme eines Stärkeren auf einen Schwächeren. In Kasten 3 bilden die Äußerungen meiner Gesprächspartner die wechselseitigen Abstimmungsleistungen und damit die wechselseitige Wirksamkeit des Aikido in einzelnen Schritten ab. Man sieht, wie sich die Wahrnehmungsfähigkeit für den anderen in beiden Rollen des Aikidoübens kontinuierlich entwickelt. Kasten 3 hier stellt eine Entsprechung dar zu Kasten 1 in Kapitel 5.

Kasten 3: Das Bewegungs-Beziehungs-Duett im Aikido

> Zunächst ist es ja so, dass die Aktion des Nage erst als Reaktion auf den Angriff des Uke erfolgt – dieser Angriff muss deshalb deutlich sein, man muss etwas wollen. Eine Frau meinte: «Aikido ist bestimmt geeignet für Leute, die Schwierigkeiten haben, mit anderen Menschen umzugehen, Kontakt zu kriegen, die sich nicht trauen, auf andere zuzugehen. Oder im Gegenteil (hier habe ich gedanklich ergänzt: Die dies zwar tun, aber auf wenig bewusste, wenig feinfühlige Weise) die massiv lernen müssen, sensibler zu werden».
> Fast zeitgleich muss Nage mit dem umgehen, was auf ihn zukommt. Er erwirbt folglich die «Sensibilität, den anderen dabei auch wahrzunehmen in seiner Richtung (ich ergänze: des Angriffs)».
> Im diesem zweiten Schritt muss Nage handeln, den Angriff aufnehmen, die Führung übernehmen (das Eintreten) und ab jetzt führen (eine Technik anwenden). Dies hat vielfachen Kriterien zu genügen, soll vor allem eben haptonomisch (einfühlsam-bruchslos) erfolgen, nicht abrupt, aggressiv, verstörend sein: «Richtung angeben – aber dann nicht grob werden».
> Nun ist es am Angreifer, seinerseits zu reagieren und mit der Aktion des Nage (der angewandten Technik) umzugehen; er erwirbt dafür «als Uke dann die Sensibilität, die Richtung des anderen wahrzunehmen (also Eintreten und Ansatz der Technik des Nage)».
> In einem Moment, in welchem er über den psychosozialen Gewinn aus Aikido reflektierte, bezog sich ein Mann vermutlich auf eben diesen Umkehrpunkt: «Einer kommt, wie reagiert der andere? Ja, spürt man so die Energie des anderen?».
> Im dritten und letzten Schritt muss Uke auf die von Nage eingesetzte Abwehrtechnik körperlich eingehen, den Hebel akzeptieren, nachgeben, sich zu Boden führen lassen, rollen oder sich anvertrauen und groß fallen. Im Psychomotorischen ist dieses Moment bei Techniken wie Irimi Nage gut vergleichbar dem körperlichen Tun des Säuglings, nämlich dem Sichanschmiegen; die oben zitierte Frau nannte das: «und sich hinzugeben».

Die notwendigen Eigenschaften werden meist erst allmählich erworben. Sie sind die Auswirkung der ständig erforderlichen und erfolgenden Abstimmungsleistungen im konkret motorischen und zugleich intersubjektiven Feld.

Die entwickelte körperliche Einfühlung der langjährig übenden Aikidoka wird von den Anfängern bemerkt und geschätzt, wie von dieser Interviewpartnerin: «Fortgeschrittene, die sollten – viel sensibler umgehen, ein besseres Körpergefühl, -bewusstsein haben. Haben die meisten auch.» Einen fortgeschrittenen Aikidoka erkennt man folglich nicht unbedingt daran, dass er einen wie auch immer gearteten Gegner überwinden kann, sondern daran, dass er auch mit technisch wenig entwickelten oder körperlich benachteiligten Partnern zu einem «schönen Übungsfluss» gelangt, wie ihn eine meiner Gesprächspartnerinnen schätzte. Auch ein weiterer Interviewter genoss diesen «Effekt des Spielerischen, des Tänzerischen», «dieses Harmonische und Synchrone».

Korrigierende Erfahrungen werden möglich.

Dies ist das Wesen des Aikidoübens: Gemeinsam etwas zuwege zu bringen. Wenn einst das Beziehungs-Bewegungs-Duett mit der Mutter nicht genügend gut war, dann haben Aikidoka die Möglichkeit, Vergleichbares hier und heute mit der Welt in Ordnung zu bringen. Im Aikido wird Harmonie im Sinn von Stimmigkeit in allen vitalen Dimensionen geübt, gefördert: Die Partnermassage ruhig und konzentriert, Angriff und Wurf gleichermaßen temperamentvoll, aber bezüglich Kraft und Tempo immer so dosiert, dass der schwächere Partner noch handeln oder reagieren kann. Die einzelnen Techniken unterscheiden sich in ihrer Qualität; manche können leicht und vergnüglich gegeben und genommen werden, andere sind besonders gefährlich und verlangen besondere Ernsthaftigkeit – Abstimmungsprozesse in Richtung zunehmender Kompetenz beider laufen ständig ab. Dies kann einst entstandene Schäden noch beim Erwachsenen reparieren helfen und führt den Schüler auch zur Harmonisierung in sich selbst.

16.7 Harmonisch und harmonisierend: Der Ausgleich zwischen den affektmotorischen Schemata des Sichverbindens oder Abstandherstellens

Das Verbinden ist schwierig, subtil, komplex. Doch nur das Verbinden herauszustellen wäre einseitig. Ohne den richtigen Abstand kann Nage seine Technik nicht ausführen; den richtigen Abstand zu finden ist ebenfalls schwierig, subtil, komplex. Mit der Immobilisierung oder dem Werfen wird endgültig ein Abstand hergestellt. Aikido hat allgemein eine große Spannbreite – auch, was Nähe und Distanz, Abstand und Verbindung betrifft.

Fließender Wechsel zwischen Verbindung und Abstand
statt erzwungener Verbindung

Anders als bei Paaren im Standard-Tanz bleibt, wie erwähnt, bei einer Partnerübung im Aikido nur der Verteidiger in seinem Gleichgewicht. Der Angreifer hingegen wird taumeln, stürzen, zu Boden gehen – was alles im Tanz einer Katastrophe gleichkäme. Das Kunststück besteht darin, dass dies im Aikido immer noch eine gemeinsame Aktion ist. Und erstaunlicherweise besser gelingen kann. Beim Standard-Tanz hält man zwar ausdrücklich daran fest, dass «innerhalb des Paares ein harmonisches Bewegungs-Miteinander stattfindet, das geradezu als Sinnbild von Einigkeit, Verständnis und Übereinstimmung zweier Menschen erscheint». Allerdings entstehen dort wegen der «stilisierten Haltung» zwangsläufig Probleme, wenn «ein Tänzer selbst ohne entsprechend entwickeltes Körpergefühl und Körperbewußtsein ... mit einem Partner auf Körperkontakt tanzt».

«Unsicherheiten und Fehler ... behindern den Partner und bringen ihn aus dem Gleichgewicht». Nun muss aber weitergetanzt werden. Daraus ergibt sich «eine Kette von gegenseitigen Behinderungen, Fehler potenzieren sich ... und schließlich streiten sich die Partner leise oder sogar laut»[103]. Im Aikidotraining dagegen übt eine Paarung zwar einen Bewegungsablauf auch mal für längere Zeit. Die einzelnen Durchgänge sind jedoch kurz, sodass mit jedem neuen Durchgang und vor allem wegen des regelmäßigen Wechselns zwischen der Uke- und der Nage-Rolle die Feinabstimmung stetig verbessert werden kann.

Fließender Wechsel zwischen Abstand und Verbindung
statt immerwährendem Abstand

Aikido arbeitet mit dem richtigen, «harmonisch» genannten Abstand zwischen den Übungspartnern, «Ma-Ai»[104]. Ist die Distanz zu groß, würde ein Angriff Nage nicht erreichen und gemäß des Selbstverteidigungsprinzips müsste Nage nicht handeln. Wird dann aber der Abstand durch Tempo und Impuls des Uke zu eng, muss Nage ihn korrigieren, um sich zu schützen und sich in der Ausführung seiner Technik nicht selbst zu behindern. Das Kernmoment der Technik besteht in der Verbindung; mit ihrer Beendigung wird ein Abstand hergestellt. Unter dem Blickwinkel der «Affektmotorik»[105] wird im Aikido eine – harmonische – Balance zwischen distanzierenden oder «differenzierenden»[106] und «verbindenden»[107] affektiv-motorischen Mustern verkörpert.

Das ist etwa im Karate anders. Zwar würden auch in einem Aikidohandbuch Ausführungen kaum auffallen wie diese: «Sie lernen ..., einen Gegner vor sich zu haben. Sie müssen seinem Angriff ausweichen und ihn abwehren und einen Gegenangriff führen. Sie bekommen ein Gefühl für Distanz, Abwehr und Gegenangriff»[108]. Immerhin kann ja diskutiert werden, ob im Aikido der Atemi ausschließlich dem Wieder-Herstellen von Distanz und damit der Abwehr dient, ob er einen Gegenangriff nur symbolisiert oder ob er als tatsächlicher Gegenangriff schon Teil der Verteidigungstechnik ist.

Bei näherem Hinsehen zeigt sich jedoch, dass es im Karate ausschließlich darum geht, «den richtigen Abstand im Angriff und in der Verteidigung zu finden». Aufgrund der Absicht «Katapultiere dich beim Angriff weit nach vorne! Wenn dein Partner nun bei der Abwehr nicht auch weit genug zurückgeht, kannst du seine Abwehr durchbrechen»[109] kann es «passieren, daß beide Partner sich gleichzeitig aufeinander zu bewegen und zusammenprallen. Deckung hoch und sich sofort vom Partner abstoßen!»[110] In dieser Bewegungsform wird ausschließlich ein einziger Affekt kultiviert: Distanz. Es gibt keine Verbindung. Auf psychischer wie auch auf motorischer Ebene ist das Stoppen plus Kontern des Karate das genaue Gegenteil zum Verbinden plus Umleiten des Aikido.

16.8 Schwert üben ist Aikido verstehen

Die Bewegungen des Schwertes bilden sich in der Aikidobewegung ab. Schülern von Anfang an ab und zu vorzuführen, wie sich die eine oder andere unbewaffnete Technik aus dem Waffentragen und -handhaben entwickelt hat, bringt ihnen etwas vom Geist der jeweiligen Technik nahe. Unter normalen Bedingungen, also vielleicht besser nicht mit besonders gewaltbereiten Jugendlichen, ist es gut, Schüler früh auch mit Holzwaffen üben zu lassen. Über Verbindung und Abstand gibt es hier viel zu lernen.

Das Prinzip gebundener Schwerter

Als Vorübung bietet sich die Harmonisierung (Ki-awase) der Paarbewegung mit jeweils einer Waffenart an. Jeder der Partner führt dann entweder ein Schwert (Ken oder Bokken) oder jeder einen Stock (Jo). Ki kann auch Angriffsimpuls bedeuten und *awase* heißt verbunden, zusammen. Während «Ki musubi» das endgültige «Verknoten / Verknüpfen des Ki der beiden Partner» bedeutet, bezeichnet «Ki-awase» die «erste Kontaktaufnahme mit dem Ki des Partners, das Verbinden des Ki der beiden Partner»[111]. Unter Ki-awase wird verstanden, auf einen Angriff mit einem Holzschwert weder langsam und verspätet zu reagieren noch hektisch und verfrüht, sondern gleichzeitig – so, als ob die beiden Schwerter an der Spitze verbunden wären: Hebt sich das eine, so hebt sich auch das andere, weicht eines zurück folgt das andere nach[112]. Wird im Anschluss ohne Waffen dann beispielsweise Ki-awase-Shomen-uchi trainiert, soll «die eigene Schwerthand mit der des Partners gefühlvoll aufeinander» treffen[113]. Darauf aufbauend wird man die Verteidigung mit Schwert gegen Schwert (Kumi-Tachi) üben – Anhang 19 erläutert die Benennung Rollen hierbei – oder Stock gegen Stock (Kumi-Jo) und ebenso die Mischform (Stock gegen Schwert). Wie beim Aikido sind die Rollen von Angreifer und Verteidiger festgelegt. Dabei wird zusätzlich das Prinzip der ökonomischen, sparsamen und deshalb zugleich eleganten Bewegung erarbeitet. Der Verteidiger gewinnt, weil er weit genug aber dennoch sparsam ausweicht, den Angriff genau am richtigen Punkt aufnimmt, sich effektiver schützt, den kürzeren Weg geht, sich im richtigen Winkel auf die Mitte des Partners ausrichtet, seine Gegenaktion präziser platziert.

Damit steckt auch die tiefergehende Lehre in diesen Übungen: Die Bewegungen des Angreifers symbolisieren den unreifen Geist, der, von Angst-Wut getrieben einen absoluten Tötungswillen hat und sich deshalb Blößen gibt. Zugleich verkennt er die Realität, nämlich, dass der Verteidiger ihm überlegen ist.

Der Verteidiger verkörpert in seinen Bewegungen Gelassenheit und kühle Ruhe; bei den meisten Kata verwarnt er den Angreifer erst ein-, zweimal, ehe er den endgültigen Schlag führt[114].

Die Verteidigung gegen Waffen durch Anwendung von Aikido

Ausgehend vom Prinzip der Gewaltlosigkeit unternimmt der Aikidoka nichts, solange er nicht angegriffen wird. Er trägt erst recht keine Angriffswaffe mit sich. In Weiterführung der ethischen Grundlage wendet er möglichst auch keine Waffen gegen einen bewaffneten Gegner an; eigentlich handelt er *kara te* – mit leerer Hand.

Ein Beispiel für die Entwicklung einer Aikidotechnik als Antwort auf einen Schwertangriff zeigt Abb. 15. Vorne im Bild der Verteidiger, der als erstes mit einem Schritt nach

Abb. 15: Die Ableitung vielleicht des Wurfes Kote Gaeshi als Verteidigung gegen den Angriffsschlag mit einem beidhändig geführten Schwert. Entnommen: West-brook & Ratti (2010), S. 13.

rechts vorn eingetreten, dem Schlag ausgewichen ist und als zweites bereits seine Hüfte ge-dreht und das linke Bein nach hinten gesetzt hat.

Geübt werden wiederum zunächst Grundtechniken, später auch freie Atemkraftwürfe ge-gen den bewaffneten Angriff. Dies wird in Abhängigkeit von der Waffengattung Aikijo ge-nannt, Aikiken, bzw. Aikitanto, wenn ein Messer beteiligt ist.

Lediglich für Aikijo gibt es die Variationen, sowohl den bewaffneten Angriff abzuweh-ren als auch selbst den Stock zu führen und damit Angriffe zu parieren sowie einen Angrei-fer auf Abstand zu halten[115].

EMPFEHLUNGEN und ERKENNTNISSE: Bei allen Waffenübungen im Aikido geht es schluss-endlich nicht um Selbstverteidigung, sondern darum, ein tieferes Verständnis für die ei-gentliche Aikidobewegung zu entwickeln, allgemein für ihren Sinn, aber auch für Tempo und Timing. Doch auch Details lassen sich hiermit gut vermitteln; beispielsweise, dass die Arme mit einer gewissen Körperspannung oft eben wie ein Schwert vor der Körpermitte bleiben oder zumindest im Bereich zwischen den Körperseiten. Nie sollte ein Arm verges-sen werden und wie unbelebt herunterbaumeln ... Parallel dazu geht es um Konzentration, Ernsthaftigkeit und Nachdrücklichkeit.

«Ich übe mit dem Ken, um gutes Aikido zu machen»[116]. Diese Maxime gibt sich ein erfahrener Aikido-Meister; doch auch schon nach wenigen Monaten bemerkt eine Anfän-gerin: «Und Schwert. Das gibt einem Weite. Man lernt etwas über die Bewegung an sich.»

Ein Schwert ist kein Tennisschläger

Sich in ein Gymnastik- oder Sportgerät zu verlängern, es in sein Körpergefühl mit hineinzunehmen, ist Teil der Körperbeherrschung in vielen Disziplinen. Ein Schwert handzuhaben, löst zusätzlich besondere Gefühle und Assoziationen aus, und zwar archaische, archetypische. Dies gilt bereits für Holzwaffen und erst recht für den Umgang mit aus Metall gefertigten Schwertern.

Das Schwert hat sein eigene Mystik.

In der japanischen Kosmologie gehört Metall zu den dort fünf Elementen[117]. Über die Herstellung und den Gebrauch von Schwertern flochten sich zu allen Zeiten und an allen Orten Mythen[118]. Im gesamten asiatischen Raum umgab eine magische Aura die Waffenmeister mit ihrer Fähigkeit der Stoffumwandlung[119]. In unserem Kulturkreis pflegten die Kelten eine Tradition des Schwertkampfes. Ähnlich dem Zen in den japanischen Kampfkünsten entwickelten die Schwertkämpfer auch hier ihre Kraft aus einem Verständnis der Einheit universaler Kräfte. Der Blitz als Symbol der Vereinigung himmlischer und irdischer Mächte spielte in der keltischen Schwertmystik eine Rolle[120].

Wer eine Waffe ergreift, kann davon ergriffen sein.

Eine Jungianische Psychoanalytikerin rekurriert zur Schilderung ihres Erlebens von Aikido und Schwertkunst intuitiv auf die Metapher ‹Blitz›: «Ich war verliebt ... Der Blitz hatte eingeschlagen und ich brannte lichterloh. Der Blitz ist das erste Schwert – er zerteilt den dunklen Himmel und fährt in die fruchtbare Erde, bringt Licht in das Urdunkel; seine leuchtenden Muster knistern unauslöschlich über den weiten Himmel meines Gemüts. Die Sterne sind beständig, die Bewegungen des Mondes sind vorhersagbar, beruhigend ist die Sonne, die ... ihren täglichen Lauf nimmt und nachts durch die Meere reist. Anders der weiße Blitz, er schlägt ein, tanzt, zerreißt, fesselt den Blick, durchbohrt, zerfetzt, verbrennt – beseelt uns mit Staunen und heiliger Scheu. Aus dem geheimen Dunkel wird der Strahl enthüllt, die blanke Klinge des Blitzes wie die blanke Klinge des Schwertes bestürzen das Herz. Blut fließt, wenn der Blitz über den Himmel jagt und zuschlägt und wenn das Schwert tanzt, zustößt und schneidet ... Solche Erfahrungen bezeichnen Räume von Initiation und von Opfer ... Genau hier, in äußerster Gefahr finde ich Zutritt, öffnet sich der energetische Kreis des Blitzes»[121].

EMPFEHLUNG: Mit dem Schwert üben zu lassen bringt die Augen (nicht nur) schüchterner Frauen zum Strahlen, weckt (nicht nur) unkonzentrierte, konfuse Menschen auf.

17 – Der Aikidomeister oder der fortgeschrittene Schüler als Übertragungsfigur

for father and coach
Zeile aus einem Gedicht von
Barbara Lamblin[122]

Nun geht es ein weiteres Mal, jedoch aus einem neuen Blickwinkel, um die Beziehung zwischen Lehrenden und Lernenden. Nicht nur für alles übrige menschliche Erleben, sondern auch für das Lernen sind persönliche Beziehungen nötig[123]. Positive zwischenmenschliche Beziehungen fördern die Ausschüttung eines Hormons, welches seinerseits das Nervenwachstum begünstigt[124]. Wachstum und Vernetzung der Nerven im Gehirn bilden die materielle Grundlage für Lernprozesse.

Bei einem so komplexen Geschehen wie dem Unterrichten ist das mit den guten Beziehungen ebenfalls nicht ganz einfach.

Wappnen Sie sich! Was nun folgt, ist ein etwas sperriges Kapitel. Und zunächst, zumindest scheinbar, weit entfernt von dem Anliegen, Aikido zu üben, zu zeigen, zu verbreiten. Dennoch möchte ich es Ihnen nicht ersparen. Nehmen wir es mal so: Im Dojo Staub zu saugen ist auch nicht das eigentliche Aikido. Aber es ist nötig, und ab und zu kuckt man in allen möglichen Ecken nach, ob da auch keine Spinnweben hängen. Ganz ähnlich ist es mit der Reinlichkeit bei seelischen Vorgängen: Solange im Alltag alles gut läuft – o. k., kein Bedarf. Aber manchmal gibt es Ecken, in denen sich etwas ansammelt ... besser, man weiß zumindest, dass es solche Ecken in den Seelen der Menschen gibt. «Ich bin doch kein Psychotherapeut!», werden Sie, ganz zu Recht, sagen. Nein, natürlich nicht. Aber ein tapferer Samurai, der sich auch etwas Unbehaglichem stellt – das sind Sie doch?

17.1 Begriffsklärung: Übertragung – was soll das sein?

Sie sind noch dabei? Fein. Packen wir's an.

Zum Ende von Kapitel 13 hatten wir den Gedanken festgehalten, dass es zwar auch im Westen «Amae-ähnliche Gefühle» gibt[125], dass dieses Bedürfnis, passiv geliebt zu werden[126] hier jedoch wenig berücksichtigt wird. Mit Übertragung und Übertragungsbereitschaft werden westliche, psychoanalytische Kategorien herangezogen, mit denen sich das verschleierte Wirken dieses und verwandter, im Westen verleugneter, psychischer Prozesse fassen lässt. Gerade weil sie mit der Sache nichts zu tun haben, ist man normalerweise nicht auf sie gefasst, und sie können einem gehörig in die Quere kommen.

Die im Budo besondere Struktur der Lehrer-Schüler-Beziehung wurde oben betrachtet. Wir Aikidoka würden uns wohl eher nicht als unserem Meister – wie etwa dem Guru einer Sekte – ergeben bezeichnen. Dennoch kann die Bindung sehr bedeutsam werden. Ein Teil der im Hintergrund wirksamen psychischen Dynamik kann als Übertragungsgeschehen angesehen werden.

Darunter ist zu verstehen, dass die Erfahrungen, die wir früher mit wichtigen Bezugspersonen gemacht haben, in unsere heutigen Beziehungen einfließen. Insbesondere wenn damals ein Konflikt nicht gelöst wurde, etwas unerledigt oder ein Wunsch offen geblieben ist, kann das die aktuellen Beziehungen stören. Wer die Anerkennung durch die Eltern vermisst hat, wird einerseits vielleicht hoffen, sie nun endlich vom Lehrenden zu erhalten. Doch es ist kompliziert: Er oder sie wird andererseits zugleich fürchten, diese Wertschätzung wieder, erneut, endgültig nicht zu bekommen. «Unter dem Blickwinkel überdauernder Muster vergangener Beziehungserfahrungen» werden dann «Wahrnehmungen und Beziehungsverhalten verzerrt»[127].

In der Folge gibt sich die betreffende Person vielleicht kaum mehr Mühe (es lohnt sich ja doch nicht ...). Oder sie möchte sogar geschätzt werden, ohne sich anzustrengen (nur dann gilt es wirklich ...). Oder sie strengt sich ganz ungeheuer an, wird dabei aber rücksichtslos oder auf eine andere Weise unangenehm und stellt es tragischer Weise am Ende selbst her, dass man mit ihr nicht zufrieden sein kann. So oder so wird die alte, negative Erfahrung wiederholt. Menschen, die sich im Grunde genommen nach Zuwendung sehnen, können es schaffen, sich aus einer Gruppe regelrecht hinauszukatapultieren.

Diese «*Übertragungsbereitschaft*» ist also zugleich Wiederholung und Lösungsversuch und bewirkt oft «kompromißhaftes Verhalten, in das sowohl Wünsche und Impulse, als auch Ängste und Befürchtungen und deren Abwehr miteingehen»[128].

17.2 Übertragung in Schule und Sportunterricht

Solche unbewussten seelischen Prozesse warten nicht ab, ob sie eingeladen werden – sie stellen sich ungebeten ein, in der Firma, unter Nachbarn, in der Schule, im Sportunterricht: «Sowohl Lehrer als auch Schüler projizieren Erfahrungen aus der eigenen Vergangenheit auf gegenwärtige Situationen und Interaktionspartner – was wiederum zu ‹unbewußten Erwartungsphantasien›» führt. Unglücklicherweise stehen diesen «unbewußten Erwartungen, Wünschen, Ängsten etc. auf formeller schulischer Ebene keine Ausdruckssymbole zur Verfügung, sie gehen unkontrolliert in die Interaktion ein und können die Kommunikation verzerren»[129]. Das gilt natürlich genauso für Sportvereine und kleinere Trainingsgemeinschaften.

Die Wucht und Macht einer Übertragung werden von den Betroffenen aus Unkenntnis unterschätzt; Sportlehrer und Trainer sind sich dann, über die Technikvermittlung hinaus, nicht der Tragweite aller Anforderungen an ihre Person bewusst. Doch kann es auch vorkommen, dass Trainer aus eigenem Ehrgeiz eine ungute Abhängigkeit sogar missbräuchlich fördern[130]. Solche in manipulativer Absicht induzierte Übertragungen spielen im Aikido vermutlich keine ausgeprägte Rolle. Auf formaler Ebene steht dem ein höflicher Umgang entgegen – dazu unten mehr – sachlich die Wettkampfabstinenz und im Wesen die in Ai begründete Verantwortlichkeit.

17.3 Übertragung und Gegenübertragung

Zwei Faktoren werden dennoch zum Problem. Der eine ist, dass ein Großteil der vergangenen Beziehungserfahrungen eines Menschen in der vorsprachlichen Zeit liegen kann, ihm selbst also beim besten Willen nicht bewusst zugänglich ist. Das zweite Moment ist, dass auch die andere Seite nicht anders kann, als mit der sogenannten Gegenübertragung auf das gefühlsmäßige Angebot zu reagieren, und sei es auch noch so verquer. Kinder, die von Anfang an «(elterliche) Unerreichbarkeit oder Zurückweisung erlebt»[131] hatten und die sich in der Folge bereits im Säuglingsalter als unsicher gebunden erwiesen[132], wurden später auch von Kindergärtnerinnen abgelehnt[133], wie Langzeitstudien zeigten. Später machten sie dann Lehrer immer wieder so ärgerlich, dass diese sie am liebsten in die Ecke stellen oder hinausschicken wollten[134]. Man kann sagen, das, was in die heranwachsenden kleinen Wäldchen hineingerufen worden war, schallte später aus ihnen heraus ...

Das verlangt viel von den Betreuenden.

Selbst wer differenzierte Ansprüche an den Kampfsporttrainer stellt[135], denkt die emotionale Komponente der Trainerfigur nicht an. Selten sind Forderungen zu finden, wie die nach Selbstreflexion des Lehrers zumindest im Umgang mit verhaltensgestörten Kindern[136]. Selbstreflexivität bedeutet, sich zu hinterfragen, zu überlegen, was das eigene Handeln beim anderen auslöst, bewirkt. Dies ist die unverzichtbare Grundlage einfühlsamen Umganges mit anderen, Anvertrauten, Kindern[137]. Durch Selbstreflexion kann der sozial Mächtigere zumindest seine eigenen, möglicherweise unangemessenen Impulse erkennen und beherrschen.

Damit sind wir gemeint, die Lehrenden und Fortgeschrittenen. Überlegenes Können, entwickelte Fähigkeiten verleihen Macht im sozialpsychologischen Verständnis. Im freiwillig aufgesuchten hierarchischen System des Aikido können die erwachsenen Schüler einem Lehrer beispielsweise zugestehen: «Vertrauensmacht», dann «Vorbildmacht», «Expertenmacht», «Informationsmacht», angesichts der offiziellen Graduierungen «legitimierte Macht» sowie auf der Gefühlsebene «Belohnungsmacht» und «Bestrafungsmacht»[138].

Erkenntnisse: Und genauso verstehen das auch die Schüler: «Wenn jemand Macht hat, und das hast du als Danträger, du bist verantwortlich, dann solltest du damit gut umgehen. Wenn man jemand Verantwortung gibt, dann zeigt sich auch – also für mich – wie man damit umgeht, also so eine Art Charakterfertigkeit», hob eine meiner Interviewpartnerinnen hervor.

Empfehlungen: die Verantwortung ist kaum zu überschätzen.

17.4 Das Übertragungsgeschehen ist immer ein Mehrpersonenstück

Das Phänomen Übertragung ist janusköpfig, enthält sowohl die Gefahr des endgültigen Scheiterns als auch die Chance zu einer umfassenden Besserung. Es kommt dabei auf das

Handeln des anderen an: Lässt er oder sie sich in die verzerrte Beziehungsgestaltung verwickeln oder nicht?

Nicht jedem sind diese Begriffe und Denkweisen vertraut. Man kann sich das etwa so vorstellen: Ein Mensch kommt in ein beliebiges neues Umfeld – tritt eine neue Stelle an, kommt nach einem Umzug in eine neue Stadt, beginnt eine neue Sportart. In seinem Gepäck, dem Aktenkoffer, der Trainingstasche hat er, ohne es selbst zu wissen, so etwas wie das Drehbuch eines Theaterstückes dabei: Die Quintessenz seiner Lebenserfahrung. Alle Rollen darin sind bereits festgelegt und genau beschrieben; sein Part ist der des Regisseurs. Offen ist nur noch, welche der anderen Rollen dieser Mensch nun mit wem besetzen wird. Sie als Übungsleiter Ihres Dojo oder als ein Schüler dort haben kaum Einfluss darauf, welche Rolle Ihnen zugeteilt wird ... unabhängig von Ihrem tatsächlichen Geschlecht können Sie der Vater sein, dessen häufige berufliche Abwesenheit als Desinteresse erlebt worden war, die überforderte Mutter, die keinen Überblick hat, der strenge Großvater, der nichts gelten ließ, was nicht tausendprozentig war, die liebe Oma, bei der man einfach spielen durfte ... oder ein Geschwister.

Die Übertragung nutzbar machen

Übertragen bedeutet, dass die Person jemand anderen in ihr altbekanntes Beziehungsmuster zu verwickeln sucht, was geschieht, indem sie unbewusst auf Aspekte von dessen Verhalten und Persönlichkeit achtet. Immer noch unbewusst, wählt sie gezielt etwas davon aus und verhält sich so, dass eben die Gegenübertrags-Reaktionen hervorgerufen werden, die sich mit alten Erwartungen decken. Wie könnte das nun konkret aussehen? Nehmen wir einmal an, Sie sind ein freundlicher und gelassener Aikidolehrer. Nur eines ist Ihnen wichtig: Pünktlichkeit und ein ruhiger, gemeinsamer Beginn der Trainingseinheit mit einer stillen Zeit im Seiza ... und dann gibt es den einen Schüler, der immer ein paar Minuten zu spät angeschlappt kommt ... geräuschvoll seine Tasche verstaut ... am liebsten würden Sie ihn hinauswerfen – und damit hätten Sie seine alte, negative Erfahrung und Erwartung bestätigt. Ein anderes Beispiel: Sie selbst sind sich tief in Ihrem Inneren auch nicht immer ganz gewiss, ob Sie genügend anerkannt sind. Dann kriegt der gewisse Schüler Sie, indem er schwätzt, während Sie etwas vorführen. Sie sehen – so einfach ist das.

Der schwierige Teil besteht nun darin, «einen interpersonellen Raum zu schaffen, in dem man eben nicht wie erwartet reagiert ... und somit dem Betreffenden zu neuen Erfahrungen in einer geschützten Beziehung verhilft»[139].

Im wettkampffreien Aikido kann ein Lehrender, der die Einstellung von Ai zu Amae konstant und verlässlich realisiert, solch einen geschützten Raum erzeugen und neben neuen Bewegungserfahrungen auch neue Beziehungserfahrungen ermöglichen.

EMPFEHLUNGEN: Die Grundvoraussetzung ist, sich möglichst nicht verwickeln zu _lassen. Meister Tohei rät: «Werden Sie niemals wegen eigener Belange wütend»[140]. Lächelnd schweigen, bis der Schwätzer wieder still ist, ist o.k. Mit Strafmaßnahmen, wie etwa einen Unpünktlichen zu ignorieren und ihn vielleicht sogar noch einmal so viel Zeit am Mattenrand warten zu lassen, wie er ursprünglich zu spät dran war, ist man aber bereits in das ungute Spiel eingestiegen.

Es tut mir leid: Ein Patentrezept für alles, was vorfallen könnte, gibt es nicht ... dazu sind die Menschen zu verschieden und zu vielfältig, was andererseits auch schön ist. Vielleicht könnte eines helfen: Wenn es schwierig wird – fragen Sie sich selbst: «Was geht hier vor? Wie fühle ich mich? Was würde ich (insgeheim) am liebsten tun?» Und dann – tun Sie genau das nicht. Sondern Sie machen Atemübungen. Und versuchen Sie, auf einer geistig-emotionalen Ebene Ma-ai, eine harmonische Distanz, zu dem Geschehen zu bekommen. Werden Sie sich darüber klar, dass Sie meist nicht persönlich gemeint sind mit der ganzen Wucht (von Zorn und Trotz – aber auch von Liebe!), die da auf Sie zukommen kann. All das gilt vielmehr jenen Personen, die früher einmal, in dessen Kindheit, für den betreffenden Menschen die Welt bedeutet haben.

Bleiben Sie gelassen.

Und: Fassen Sie Mut.

ERKENNTNISSE: Vielleicht werden unbewusst oder gezielt Gegenwelten aufgesucht; so kam über alle Gruppen kaum Zustimmung zu jenem Satz: «Über Sport gab es eigentlich den besten Kontakt zu meinem Vater», und dafür fast durchgängig 100 % zu diesem: «Mein Lehrer ist keinem meiner Eltern ähnlich».

Japanisch inspirierte Bewegungskünste können wohl wirklich eine Lücke schließen, wenn es einst in der Eltern-Kind-Beziehung psychophysische Defizite gab. Ein wie oben geschilderter Meister ist ein Gegenbild zu unreifen, wenig kompetenten Eltern[141], einem schwer traumatisierten und beschädigten[142] oder gar massiv entgleisten Elternteil[143]. Man tritt an die Stelle eines ungenügenden Selbstobjektes*. Budo kann helfen, schwere Verhaltensstörungen zu mildern. Mit straffälligen Jugendlichen und als Karate-Do praktiziertem Karate «konnte durch eine zweijährige Begleitforschung ... nachgewiesen werden, daß bei den Gewalttätern ... die vormals extrem hohe Aggressivität und Bereitschaft, Gewalt anzuwenden, ganz erheblich gesenkt und deren Sozialverhalten deutlich verbessert werden konnte»[144]. Vergleiche zeigten, was die eine wesentliche, die förderliche Bedingung ist: «Zunächst ist darauf zu achten, daß zwischen Lehrer und Schüler ein besonderes Klima herzustellen ist, das (wie früher [gemeint ist: in Japan]) geradezu ein ‹väterliches› sein sollte. Eine Beziehung zwischen Meister und Schüler also, die über die zwischen Trainer und Sportler in einer Vertrautheit und persönlich bedeutsamer Nähe hinausgeht»[145]. Ohne diese Bedingung und, das war das zweite wichtige Moment, ohne das zu einer Budoform gehörende Zeremoniell, also allein durch Techniktraining, gab es keinen Effekt[146].

Die Gruß- und Dankrituale können wohl als die im Westen sonst fehlenden Ausdruckssymbole angesehen werden: Erwartungshaltungen wie Wertschätzung, die sich ein Lehrer wünscht, und Fürsorge, das Bedürfnis der Schüler, werden durch sie anerkannt.

---

* Begriff erklärt in Kapitel 4.

Wunder kann man nicht bewirken, schon gar nicht von heute auf morgen. Kurze Interventionen bewirken nicht viel. Von den Betroffenen wird nämlich das, was neu ist, zunächst als Ausnahme angesehen. Es wird nicht sofort integriert, das alte Weltbild wird nicht sofort korrigiert und das Erleben ändert sich nur allmählich[147]. Kein Grund, aufzugeben! Die Austauschprozesse zwischen Veranlagungen, frühen Erfahrungen und Umwelt entwickeln sich auch im Erwachsenenalter weiter[148], neue, heilende Beziehungserfahrungen üben nachweislich einen günstigen Einfluss aus, sogar noch auf das hirnorganische und sonstige körperliche Geschehen[149] (erwiesen von einer noch jungen Forschungsrichtung, der «Epigenetik»). Und Geduld sowie Frustrationstoleranz gehören doch zu Ihren Stärken als Aikidoka ...

Übertragungsobjekte und verschiedene Übertragungsqualitäten

Was im Vokabular der Psychoanalyse positiv gestimmte Übertragungsbereitschaft heißt, entspricht einer Facette von Amae: Von einer Übertragungsfigur wird in kindlich anmutendem Vertrauen erwartet, dass sie Geborgenheit vermittelt, dass man bei ihr *amaeru* kann: «Es ist wohl für jeden, der einer Obrigkeit, gar einem König gegenübertritt, natürlich, daß er von einem so hoch Überlegenen eine Art väterliches Wohlwollen erwartet, vielleicht auch eine gewisse Strenge»[150]. Gewiss ist es «problematisch, literarische Texte als eine ethno-psychologische Schrift zu nehmen», um «zeitlose und allgemeine Erkenntnisse ... zu gewinnen». Solch ein Text kann jedoch «als Einführung» dienen[151]. Da gute Schriftsteller viel von seelischen Vorgängen verstehen, werde ich mich noch auf weitere Beispiele aus der Prosa stützen.

Positiv oder negativ kennzeichnet lediglich die Färbung, die ein Mensch seinen Übertragungsgefühlen gibt, und ist nicht als Wertung dieser Person zu verstehen und erst recht nicht als Aussage über die zweite Person, an welche Übertragungsgefühle geheftet werden, auf welche etwas von woandersher Stammendes übertragen wird.

Die für den Einzelnen subjektiv wichtigste Bezugsperson, sei es der Bundestrainer, ein Übungsleiter oder ein Gruppenmitglied, könnte als ideales, beschützendes, wunscherfüllendes Elternteil erlebt werden oder als strenge, versagende Figur. Ebenso kann die Leitfigur beide Seiten zugeschrieben bekommen und dies wiederum zeitnah wechselnd (manchmal ...) oder prozesshaft (anfangs ... heute ...); oder aber positive und negative Übertragung werden auf mehrere Personen des Trainingszusammenhanges verteilt[152].

17.5 Körperliche Manifestation des psychischen Mechanismus

Interessanterweise kann sich etwas Atmosphärisches wie Übertragungsbereitschaft im körperlichen Handeln einer Person zeigen. Drei Prosatexte können Erscheinungsweise und Funktion dieses Phänomens erhellen, das auf der psychischen Ebene das Amaebedürfnis widerspiegelt und das sich zugleich auf der motorischen Ebene manifestiert. Bei Di Lampedusas Heldin Angelica hatten «vierzig gemeinsame Lebensjahre mit Tancredi» bewirkt, dass «sie sogar die Hände kreuzte und bog in jenem anmutigen Spiel, das eine der Eigentümlichkeiten Tancredis war»[153]. Ein japanischer Autor lässt einen Ich-Erzähler sprechen: «Zu seinen Lebzeiten kam mir nie der Gedanke, ihm irgendwie ähnlich zu sein ... Nach seinem Tod wurde mir in belanglosen Augenblicken bewußt, daß ich doch dies und jenes von meinem Vater hatte. So fühlte ich etwa, wenn ich von der Veranda in den Garten hinunterstieg, daß ich in der gleichen Haltung wie er einst mit den Füßen nach den ... Sandalen tastete ... Auch das Zigaretten-Kästchen nahm ich wie er vom Tische auf und stellte es wieder zurück. Oder ich stand morgens vor dem Spiegel über dem Waschbecken, rasierte mich ..., wusch den seifigen Pinsel im heißen Wasser aus und wrang das Wasser an der Pinselspitze mit den Fingern aus, wobei ich das Gefühl hatte, ich täte es genau wie er»[154]. Eine Japanerin erinnert sich: «Seit dem Tod meiner Schwiegermutter hatte ich das Gefühl, als sei meine Verbindung zur Welt abgerissen ... Ich überraschte mich manchmal, wie ich ihre Bewegungen nachahmte, die ein wenig steife Art, mit der sie mit ihren leicht nach innen gerichteten Füßen getrippelt war, ihre ehrerbietigen, tiefen Verneigungen; und sogar ihr Lächeln, bei dem sie die Unterlippe so eigenartig hochgezogen hatte. In dieser Nachahmung suchte ich Schutz»[155].

Die genannten drei Personen imitieren für sie bedeutsame, inzwischen verstorbene Figuren. Zumindest im letzten Beispiel wird damit ausdrücklich Nähe zu der durch den Tod Entfernten hergestellt.

Die für einen Schüler wichtigen Meister leben zwar, sind aber auf ihre Weise ebenso fern, da es keinen alltäglichen, vertrauten Umgang gibt. Mit Verhaltensangleichungen, die ganz ähnlich sind wie die beschriebenen, wird die Distanz überbrückt. Eine Einheit wird hergestellt mit dem Fernen, die Absicht aus der Amae, eins zu sein mit dem bedeutsamen Menschen, wird umgesetzt.

Persönliche Beobachtungen, Mitteilungen sowie Videomaterial liefern Beispiele dafür, wie die Eigenheiten eines Aikidolehrers nachgeahmt werden. Das kann gebrochenes Deutsch beim Erklären sein, eine Eigenart der Bewegung beim Ordnen der Bekleidung oder Schweißabwischen, sein Gang, des Lehrers typische Begleitgeräusche zu einer Bewegung. Vermutlich wird derlei nicht nur zufällig mit übernommen, sozusagen Huckepack mit dem gezielten Lernen von Techniken. Diese Imitationen werden wohl eher durch den «Übertragungshunger» gefördert: «Unter dem Einfluß einer positiven Übertragung werden Manierismen, Eigenschaften, Züge und Gewohnheiten» übernommen. Das ist «eine Manifestation der Liebe und, noch wichtiger, ein primitives Mittel, sich zu einem Objekt in Beziehung zu setzen. Man darf nicht vergessen, daß Identifizierung die früheste Variante der Objektbeziehung ist»[156]. Identifizierung ist ein seelisches Manöver, um Beziehungen zu einer wichtigen Person herzustellen. Imitation entspricht dem im körperlichen Tun. Die Säuglingsforschung hat das Nachahmen von Gesichtsausdrücken als den Beginn des sozialen Lernens und der Einfühlungsfähigkeit erkannt: «Frühe Imitationen ... sind auch Vorläufer von Identifizierungsprozessen»[157].

17.6 ERKENNTNISSE zu Übertragung

Für mein Forschungsanliegen habe ich aktiv nach Spuren des Übertragungsgeschehens gesucht und ich konnte zudem zufällige Einblicke gewinnen.

Schon der Kontakt zu einem Aikidolehrer wird in der Tat als besonders erlebt. Im Fragebogen war die Aussage vorgestellt worden: «So ganz unbefangen und normal kann ich mit meinem Meister (Tänzer: Trainer) irgendwie nicht sprechen». Hier stimmten nicht einmal 10 % derjenigen zu, die Standard-Tanzen betrieben, aber über 40 % der deutschen Aikidoka, egal, wie lange sie schon übten oder wie hoch sie graduiert waren.

Die positive Übertragung: Ein mächtiger Motor für Entwicklung

Die folgenden drei Feststellungen aus dem Fragebogen wurden zu einer Skala* «Positive Übertragung» zusammengefasst: «Ich habe mich schon dabei ertappt, nicht nur die Bewegungen meines Aikidolehrers nachzuahmen, sondern auch etwas von seinen Eigenheiten, wie Sprache, Geräusche, eine typische Geste wie das Zurechtziehen der Anzugjacke, seinen Gang o.ä.»; «Auch wenn das vielleicht albern klingt: In meinen Aikidolehrer bin ich manchmal beinahe ein bisschen verliebt» und «Von meinem Aikidolehrer habe ich bestimmt schon mal geträumt». In den Fragebögen für die anderen Sparten hieß es natürlich Karatelehrer usw.

Je öfter ein Mitglied einer Gruppe einem der drei Sätze zustimmte, desto höher wurde der Skalenwert dieser Gruppe. Deutsche und französische Aikidoka stimmten am häufigsten zu; Karateka nur etwa halb so oft und Iaidoka sowie Tänzer kaum. Was nun dazu kam: Innerhalb der deutschen Aikidoka haben diejenigen den höchsten Wert auf der Skala «Positive Übertragung», die dreimal pro Woche oder öfter zum Training gehen – und den geringsten jene, die bloß einmal pro Woche trainieren. Die, die angaben, etwa zwei- bis höchstens dreimal zu üben, lagen dazwischen.

Öfter zu kommen ist ein Effekt positiver Übertragung, sich besonders hineinzuknien ein zweiter. Eine zweite Skala, «Verschränkung von Anstrengungsbereitschaft mit Zuwendung vonseiten der Lehrer / Fortgeschrittenen» setzte sich zusammen aus folgenden Sätzen: «Mir ist es wichtig, hauptsächlich von einem Lehrer zu lernen, der mich und meine Entwicklung dann auch kennt»; «Mein Meister / Lehrer weiß, was gut für mich ist und sorgt für mich»; «Mein Lehrer achtet auf mich und kümmert sich um meine Graduierung / Einstufung»; «Ich genieße es, wenn sich ein Fortgeschrittener mit mir Mühe gibt»; «Mein Lehrer darf mir Anstrengungen zumuten, wie ich sie sonst nie bereit wäre, auf mich zu nehmen» und «Wenn ich mich von meinem Lehrer nicht anerkannt fühle, strenge ich mich besonders an».

Innerhalb der deutschen Aikidoka fand sich der höchste Mittelwert auf dieser Skala in jener Gruppe, die den «Bundestrainer / Großmeister» als ihren eigentlichen Lehrer ansahen.** Dazwischen lag die Gruppe mit der deutlichen Bindung an ihren «Übungsleiter». Der niedrigste Mittelwert fand sich in der Gruppe jener, die sich auf «Niemand bestimmten» bezogen.

---

* Ein etwas anderes Rechenverfahren als die Auswertung jedes einzelnen Items.
** Zum Zeitpunkt der Fragebogen-Erhebung wurden im Aikikai Deutschland auch Schülerprüfungen fast ausschließlich von Meister Asai abgenommen.

Einem weiteren Item, «Eigentlich fühle ich mich während des Trainings ständig beobachtet», stimmten insgesamt gut 10 % der deutschen Aikidoka zu und dabei auffallend häufiger diejenigen, die schon länger trainierten und die, die Dan-graduiert waren (das ist ja nicht dasselbe). Es bleibt offen, ob dies auf reale Erfahrungen mit der Aufmerksamkeit der Lehrenden beruht, ob es eher eine ständige Befürchtung ausdrückt, einen Wunsch oder die fantasierte Erfüllung des Wunsches, dauerhaft beachtet zu werden.

EMPFEHLUNG: Eine gute Beziehung zum Lehrenden zu haben, hat also – sogar wenn diese zum großen Teil in der Fantasie besteht – einen unmittelbaren Einfluss auf die Trainingshäufigkeit sowie den Einsatz und damit einen mittelbaren auf den Übungsfortschritt im Aikido. Als lehrende Person können Sie nicht allzu viel dazu tun, denn das meiste spielt sich im Innerseelischen der Schüler ab. Aber das, was sich da vielleicht entwickeln möchte, nicht zu stören, kann schon genug sein.

Die negative Übertragung: Eine hohe Hürde, die Betreffende überwinden müssen
Allzu schlimm scheint es bei uns Aikidoka nicht zu sein. Mit zwei Fragebogensätzen hatte ich versucht, negative Übertragungen zu erfassen, Impulse von Trotz und innerem Aufbegehren, dem, was Psychoanalytiker Widerstand nennen würden: «Ich komme oft zu spät zum Training, obwohl ich es eigentlich pünktlich schaffen könnte» und «Ich würde oft gerne widersprechen, wenn der Lehrer vorne etwas erklärt». Mit einer Zustimmung von über 70 und 50 % fielen bei beiden Items die Iaidoka aus dem Rahmen. In den übrigen befragten Sparten hatten im Schnitt 5 bis 15 % mit Unmut zu kämpfen, auch wenn sich innerhalb der französischen Aikidoka über 20 % jeweils der Dan-Graduierten und der langjährig Trainierenden zum Trödeln bekannten. Das Üben mit Partnerkontakt gibt offenbar viel, was die einsam übenden Iaidoka entbehren.

Es ist wesentlich, negative Übertragung von einer momentanen Frustration zu unterscheiden. Dies taten auch die Teilnehmer meiner Studie über alle Sparten: Keine 10 % stimmten dem Satz zu: «Wenn ich bei einer Prüfung durchfallen würde, könnte es lange dauern, bis ich bei diesem Lehrer wieder trainieren wollte». Dagegen bejahte bis zu einem Drittel (von den deutschen Aikidofrauen fast die Hälfte) diesen: «Wenn ich mich von meinem Lehrer nicht anerkannt fühle, verdirbt mir das den Spaß, und ich würde mir am liebsten einen anderen suchen». Das Gefühl ist entscheidend, also nicht unbedingt die Wirklichkeit, sondern die subjektive Wahrnehmung!

Ein Interviewpartner hatte sich «viel mit der Frage auseinandergesetzt, ‹Aikidolehrer und Vater›; also ich hab' für mich selber erkannt, dass also die Aikidolehrer, die ich hatte, immer gewisse Vaterfunktion für mich übernommen haben, weil ich meinen leiblichen Vater eigentlich seit meinem fünften Lebensjahr nicht mehr gesehen habe. Da gibt's gewisse Parallelen». Beispielsweise hatte es «eine Zeit» gegeben, in der er von seinem Lehrer «enttäuscht war». «Ja, oder er lehnt mich ab aus irgendwelchen Gründen. Oder ich denke, dass er mich ablehnt. Ich vertrage das nicht.»

Während ihm diese Thematik bewusst war, stellte er selbst keine ausgesprochene Verbindung her zwischen der Enttäuschung durch den Vater und einem Vorbehalt, den er als

Einziger von allen Interviewten so formulierte: «Zu Anfang hab' ich mich damit schwer getan und ich hatte immer so Hilfskonstruktionen. Wenn ich mich verbeuge, dann verbeuge ich mich nicht vor dem Bild da, weil ich's nicht verstehe – ich kannte den Mann nicht – sondern vor der Welt allgemein.» Und er bekräftigte: «Das ist heute immer noch so, dass ich keinen Draht zu dem Mann hab'. Ja, selbst wenn ich ein Video von dem Begründer sehe, dann, also das reicht nicht. Früher war das ein Problem für mich, weil es Autoritäten waren, die überhaupt keinen Gehalt für mich hatten.» Es ist nicht schwer, herauszuhören, wem diese Bitterkeit eigentlich gilt.

Schön, dass diesem Menschen Brücken gebaut wurden: «Da haben mir damals auch meine Lehrer geholfen und mittlerweile fällt es mir einfacher, mich vor Orten, vor Menschen zu verbeugen.» Lachend schließt er: «Ich verbeug' mich immer noch vor dem Bild, und dann vor meinen Lehrern. Das fällt mir leichter, also vor konkreten Sachen.»

ERKENNTNISSE und EMPFEHLUNG: Halten Sie sich vor Augen, dass das Hier und Heute sowie der rein sachliche Anlass nur untergeordnete Rollen spielen. Die Gefühle entstehen fast unabhängig von Ihrem Verhalten. Zwei praktisch entgegengesetzte Beispiele zeigen es: «Anfangs wollte ich powern, weitermachen, schneller lernen, ein Lehrer hat das massiv gebremst» – dies hatte eine inzwischen fortgeschrittene Frau einst derart erzürnt, dass sie beinahe abgebrochen hätte. Ein ebenfalls fortgeschrittener Mann beschreibt seine «Krisen mit dem Lehrer» hingegen so: «Wenn der mich nicht fordern würde, hätt' ich keine Konflikte. Dadurch, dass er mich fordert, hab' ich Konflikte.» Reibungsmomente können also nicht vermieden werden. Jede, jeder Lehrende hat eine eigene Ausstrahlung, jeder Schüler, jede Schülerin hat individuelle Lebensthemen im Gepäck.

17.7 Multiple Übertragungen ...

Das Phänomen, das man Übertragung nennen kann, betrifft die asymmetrischen Beziehungen Lehrer/Schüler, Fortgeschrittener/Anfänger, aber auch Beziehungen unter Gleichgestellten*, und auch hier kann es sowohl stören als auch zu einem guten Ende führen.

... als Störfaktor

In einer Gruppe unterhalten «verschiedene Personen dynamische Beziehungsgefüge»[158]. Diese können «Ähnlichkeit zu einem systemisch-familialen Gefüge»[159] bekommen. Sobald in relativ geschlossenen Gemeinschaften familienähnliche Konstellationen entstehen, können Vorerfahrungen nicht nur mit einem Elternteil, sondern auch mit Geschwistern übertragen werden. Je nach ihrer Struktur wirken sie sich günstig aus oder als hinderliche Vorurteile, beispielsweise als ein Erleben ständiger Benachteiligung eines Mädchen oder einer Frau, wenn nur die Jungen etwas durften, als Älterer, wenn sich nur um die Kleineren

---

* Psychoanalytiker würden dann vielleicht eher von Projektion sprechen, doch diese Unterscheidung ist hier nicht wichtig.

gekümmert wurde, als Jüngster, wenn man sich gering vorkam geschickten Großen gegenüber. Die Möglichkeit zur «multiplen Übertragung»[160] bietet einer Trainingsgemeinschaft Erwachsener damit andererseits auch die Chance zu vielfältigen korrigierenden Erfahrungen.

... als Hilfestellung

«Die multiple Übertragung ist durch die Anwesenheit mehrerer anderer eingebettet in ein
grundsätzliches Klima der Triangularität*. Das heißt, daß eine Beziehung nicht übermächtig oder allein wesentlich werden kann, weil neben ihr noch andere wichtige Beziehungen
stehen». Das erlaubt, die verschiedenen Übertragungsqualitäten und -rollen «bei verschiedenen Personen des Settings zu deponieren». In Vereinen, in denen mehrere Lehrende unterrichten, kann dementsprechend einer «das Gegenüber für ängstigende Übertragungs-
problematik» repräsentieren, also «mit der gesamten Wucht einer Übertragung aus ungünstigen Vorerfahrungen beladen» werden, «während der andere gute Beziehungen ver-
körpern ... kann. Auch Gruppenmitglieder können Träger solch unterschiedlicher Über-
tragungsanteile sein».

Letzteres wird bedeutsam, wenn ein Aikidoschüler in Konflikte mit seinem Lehrer gerät. Indem «die Beziehung zumindest zu einem (im Aikido einem zweitem Meister, dessen Stellvertreter, einem Fortgeschrittenem oder Mitanfänger) konfliktfrei gehalten werden»[161] kann, wirkt sie in Krisen stützend. Jemand könnte sich also vom Meister vernachlässigt fühlen, doch eine andere, als positiv, stützend erlebte Person verhindert, vielleicht lediglich durch ihre Anwesenheit, den Abbruch. Neben der psychischen Arbeit an sich
selbst eröffnet sich dem Betreffenden so eine weitere Möglichkeit, Konflikte mit dem Meister zu bewältigen.

Erkenntnisse: Dem Satz «Wenn ich mit dem Lehrer mal nicht gut klarkomme,
gibt es ja noch Leute in der Gruppe, die mich mögen und fördern» konnten fast 90 % der
deutschen Aikidoka zustimmen; sie erhalten wirklich Unterstützung.

Ein guter Zusammenhalt der Übenden entspricht sowieso all dem, was Japaner und japanische Lehrer unter einer Gruppe verstehen. Schauen wir uns das doch näher an.

18 – Eine weitere, mit der Kampfkunst importierte, japanische Einstellung: Die Bedeutung der Gruppe im Erleben von Lehrenden und Mitgliedern

Aikido wird fast ausschließlich in der Gruppe geübt; eine lehrende Person unterrichtet,
mit Ausnahme spezieller Einführungskurse oder Fortgeschrittenentrainings, die ganze
Gruppe auf einmal. Im Westen geben wir dem meist keine besondere Wertigkeit. Kampf-

---

* D. h. Dreiecksbeziehungen nach dem Modell Mutter-Vater-Kind.

sport gilt schlicht als «mittelmäßig gesellig», weil «Interaktionen, zwar hauptsächlich nicht-verbaler Art, aber eben doch Interaktionen erforderlich sind ... Die Schüler geben einander dabei verbales Feedback, das von ‹Versuch es doch einmal so› bis ‹Hey, paß auf!› reicht»[162]. Japanern wäre das nicht genug. Im Westen wird beobachtet, dass Japaner gerne als Gruppe auftreten, sich gerne in der Gruppe bewegen – zuweilen wird das etwas belächelt. Auf dem Hintergrund des Gewebes aus Fühlen und Tun um Amae betrachtet erschließt sich jedoch erst der besondere Wert, den die Gruppe im japanischen Empfinden hat.

18.1 Wie man sich in der – oder besser: als – Gruppe fühlt

Die japanische Auffassung von Mensch und Gruppe ist eingebettet in japanische Vorstellungen von Welt und Sein. Zu diesen gehört, dass bereits «die japanische Genesis von Anfang an ein Prozeß des Werdens ist; sogar der allererste Gott war nicht ‹schon da›, sondern ist geworden». «In dieser Welt des Werdens ist nichts voneinander abgegrenzt», auch nicht die einzelnen Menschen in einer Gruppe. «Die Gruppe ist in der Welt des Werdens eine ihrerseits unabgegrenzte Daseinsform, die aus einzelnen, ebenfalls unabgegrenzten» Wesen besteht. «Die kleinste Einheit dieses verschwommenen, fließenden Gebildes entspricht, um es nochmals zu verdeutlichen, keineswegs einer Person – dann müßte man ja von einem Individuum sprechen». Das Erleben ist ein anderes. «Die Menschen fließen, je nach den kollektiven Bindekräften*, in ein Gebilde zusammen, für das wir nur als Notbehelf das Wort ‹Gruppe› verwenden, weil uns kein anderes zur Verfügung steht»[163].

Japanisch ist dementsprechend eine Sprache des Werdens, im Gegensatz zu Sprachen des Tuns, wie unsere eine ist. Handelnde Personen bleiben unerwähnt, der prozesshafte Vorgang wird geschildert. Statt «ich heirate morgen» heißt es dort «morgen wird Heirat gemacht»[164]. «Diese Daseinsform kennt die Trennung von ‹Ich› und ‹anderen› nicht; in ihr heben sich die Einzahl und die Mehrzahl zu jener direkten Unabgegrenztheit auf, die es unmöglich macht, Sie und mich voneinander zu unterscheiden»**. «Das japanische Wort für den Menschen ‹ningen› symbolisiert diese Weltsicht. Ursprünglich bedeutet es etwa ‹von Mensch zu Mensch› oder ‹zwischen den Menschen›»[165]. Im Westen wird hingegen nur selten die Frage aufgeworfen, «wie eigentlich jene Besonderheit der psychologischen Persönlichkeit beschaffen sein soll, die bewirkt, daß sie sich qualitativ von allen gesellschaftlichen Gegebenheiten unterscheidet und doch durchgängig gesellschaftlich ist»[166].

---

* Hierunter würde ich die wechselnden Rollen in den unterschiedlichen, meist hierarchischen, Bezügen verstehen, wie in Kapitel 12 geschildert.

** Das heutige Japanisch kennt, wenn doch etwas herausgestrichen werden soll, ein Wort für «du» / «Sie» (*anata*) und eines für «ich» (*watashi*), unterscheidet jedoch weder das Geschlecht noch Singular und Plural der Nomen und ebenso wenig Gegenwart und Zukunft der Verben (DK).

Im Japanischen entfallen die Personalpronomen «*Ich, Du, Er, Wir, Ihr* und *Sie*» häufig ganz, was dieser Sprache «eine gewisse Vagheit im Vergleich zu europäischen Sprachen» gibt[167]. Obwohl die japanische Sprache als «Isolat»[168] gilt, lässt sich Ähnliches auch im Vietnamesischen beobachten. Dort gibt es «nicht einen bestimmten, sondern mehrere Ausdrücke für jedes einzelne persönliche Fürwort, für ‹Ich›, ‹Du›, ‹Er›, ‹Wir›; umgekehrt wird manchmal dasselbe Wort für ‹Ich›, ‹Du› und ‹Er› gebraucht ... Auch Vergangenheit, Gegenwart und Zukunft werden sprachlich nur sehr unscharf unterschieden, ebenso wie Wirklichkeits- und Möglichkeitsformen, aktivische und passivische Formen des Verbs. Substantive, Adjektive und Verben sind nur durch ihre Stellung im Satz als solche erkennbar. Die grammatikalischen Vorformen des logisch ‹folgerichtigen› Denkens sind also im Vietnamesischen nur sehr unvollkommen ausgebildet»[169].

Das Verschwimmende dieser Sprachen entspringt dem wortlosen Einvernehmen der Amae, bestätigt das verschmelzende Beziehungserleben. Zwischen der für westliche Menschen befremdlichen Unlogik und der Verschmelzungssehnsucht gibt es folgende Verbindung: Erleuchtung, Satori, «mag definiert werden als intuitive Innenschau, im Gegensatz zu intellektuellem und logischem Verstehen»[170], «kommt nicht aus dem Verstand»[171]. Generell, meint Doi, der sich auf Suzuki bezieht[172], ist das Denken in Japan eher intuitiv als logisch. Man kann dies «nicht unabhängig von ... der *amae*-Mentalität ... sehen; denn in dem Versuch, die Tatsache der Getrenntheit durch das Medium der Gefühle zu verleugnen und eine Identität mit der Umgebung zu erreichen, liegt von Anfang an etwas sehr Unlogisches»[173].

Folglich bestimmt auch keine andere Ratio als das Streben nach Eins-Sein das Verhältnis des einzelnen Japaners zu seiner Gruppe. Das dortige Verständnis von Freiheit ist damit ebenfalls ein anderes als das westliche.

18.2 Die Gruppe und die individuelle Freiheit

Die «Unterscheidung zwischen Freien und Sklaven im alten Griechenland» liegt der westlichen Freiheitsidee zugrunde, weshalb Freiheit «das Nichtvorhandensein ... aufgezwungenen Gehorsams» bedeutet und mit «Menschenwürde und Menschenrechten verknüpft ... etwas Gutes und Erstrebenswertes» ist. Die westliche Konsequenz, dass «die Interessen des Individuums über die Interessen der Gruppe gestellt» werden bildet einen «scharfen Kontrast zur japanischen *jiyu*-Vorstellung». Das Wort Jiyu, mit dem «Freiheit oder andere westliche Worte mit entsprechender Bedeutung übersetzt werden», steht interessanterweise «in enger Beziehung zum *amae*-Wunsch ... – was auch in der Wortzusammensetzung *jiyu-kimana* (je nach Laune)* ... deutlich wird». Weil «das japanische *jiyu*-Konzept ... in *amae* wurzelt und weil *amae* ... auf die Gegenwart anderer angewiesen» ist, ist «die

---

* Entsprechend wird im Aikido unter Jiyu Waza das freie Üben zweier Partner verstanden, bei dem weder die Angriffsform noch die anzuwendende Technik vom Lehrer vorgegeben sind.
(Ufa-aikido: www.ufa-aikido.de/woerter/woerter.php. Erhalten am 15. Juni 2003).

japanische *jiyu*-Vorstellung ... nicht geeignet, den Vorrang des Individuums vor der Gruppe zu sichern». Folglich versteht man in Japan unter Freiheit «die Freiheit zu *amaeru*(en), d. h., sich so zu benehmen, wie man gerade Lust hat, ohne Rücksicht auf die anderen. Nie bedeutete sie die Freiheit von *amae*».

Amae mag «das Individuum von der Gruppe abhängig machen und es ihm erlauben, sich auf die Gruppe zu verlassen, wird aber niemals zulassen, daß das Individuum sich wahrhaft unabhängig von der Gruppe macht»[174]. Dies wird auch kaum gewünscht; Ausschluss «aus dem Kreis, zu dem man gehört» ist sogar höchst bedrohlich: «Die Wärme und die Sicherheit, die die Gemeinschaft bietet, wird einem verweigert und man findet sich im gefürchteten Außenbereich wieder»[175].

«Eigenwilligkeit oder Rücksichtslosigkeit werden natürlich nicht als positive Eigenschaft gewertet; und so hat auch das Wort *jiyu*» oft kritische Untertöne, im Gegensatz zum westlichen Freiheitsbegriff, «der den Respekt vor dem Menschen anzeigt und keine Spur von Kritik enthält»[176].

18.3 Konsequenzen für Lehren und Lernen in der Gruppe

Seinerseits eingebunden in das geschilderte Erleben hat auch der Lehrende das Anliegen, den Zusammenhalt einer Gruppe zu festigen. Keinesfalls möchte er die Gruppe spalten oder gar zerreißen. «Das japanische Ideal ist das der kleinen, aber gemeinsamen Schritte». Die Gruppe hat Vorrang vor dem Einzelnen und es ist Anliegen eines japanischen Lehrers, die ganze Gruppe vorwärtszubringen[177]. Im wettkampffreien Aikido kann dieser Kulturimport in Reinform übernommen werden; kein Lehrer hat Anlass, sich auf Kosten der übrigen Schüler bevorzugt um einen zukünftigen Champion zu kümmern.

Erhält ein Schüler durch eine Prüfung den nächsthöheren Grad, kann dies zwar in Einzelfällen Gefühle von Neid auslösen, wenn etwa unter den zuvor mit ihm Gleichrangigen jemand durch eine Verletzung oder auch eine Frau durch Mutterschaft daran gehindert war, ebenso intensiv zu trainieren. Doch im Allgemeinen ist eine Graduierung Anlass zur Freude für die ganze Gruppe, Ansporn weiterzuüben, Aussicht darauf, selbst ebenfalls weiterzukommen. Negative Gefühle des Einzelnen werden so vermieden, beruhigt, aufgefangen durch die Haltung des japanischen oder japanisch geformten Lehrers, letztendlich wiederum durch Amae.

In der Synthese von bewusst und sensibel angeleiteter Gruppe und importierter östlicher Haltung kann ein förderliches Klima entstehen, in dem Macht-, Konkurrenz- und Ausschlussstrebungen nicht von vornherein vorprogrammiert sind.

Darüber hinaus kann sogar, falls nötig, biografisch mitgebrachten Beschädigungen entgegengewirkt werden, dank eines angemessenen Umgangs des oder der Lehrenden mit den Schülern. Diese haben es sowieso schwer genug ...

19 – Das schwere Leben als erwachsener Aikidoanfänger

Aikido zu unterrichten bedeutet oft Erwachsenenpädagogik. Manches ist dabei gewiss einfacher als mit Kindern oder Jugendlichen, so kommen Erwachsene meist wirklich freiwillig. Anderes kann verblüffend schwierig sein.

In Teil IV war eine zugewandte Haltung eines in der Hierarchie Höherstehenden, also auch des Lehrenden, geschildert worden. Ich bin davon überzeugt, dass sie wünschenswert und notwendig ist. Beschäftigt man sich mit erwachsenen Aikidoanfängern, wird rasch deutlich, warum die beschriebene Haltung ihnen guttut. Der Anfang ist gerade im Aikido besonders schwer.

19.1 Wer ist ein Aikidoanfänger?

Nehmen wir es doch gleich mal richtig genau und bestimmen wir, was unter einem Anfänger im Aikido verstanden werden kann. In Budoformen ist die Auffassung generell etwas eigen. Anfänger im westlichen Sinn sind Personen, die erst seit wenigen Wochen Aikido ausprobieren; Anfänger im Sinn von Kampfsportverein oder -schule können schon längere Zeit dabei sein und auch bereits Schülergrade erworben haben. Die Anfängerphase in diesem Verständnis dauert im Aikido jahrelang. Aikido stellt zwar «eine humane und trotzdem effektive Form der Selbstverteidigung» dar, weil es sich «auch gegen bewaffnete Angreifer anwenden» lässt. Rein als Selbstverteidigung gibt es jedoch rascher zu erlernende Systeme, denn «mit ein oder zwei Jahren ist es im Aikido ... nicht getan. In der Notsituation verlangen die komplizierten Kreisbewegungen sehr viel Erfahrung und Geschick. Das ‹weiche› Auffangen eines Angriffs und die Umsetzung in eine Drehbewegung verlangen ein großes und ausgeprägtes Einfühlungsvermögen, welches man nur nach mehreren Jahren der Übung erlangen kann»[178].

Dazu kommt als zweiter Stressfaktor, dass Lernen hier zugleich bedeutet, zu üben mit jemandem, der oder die es besser kann. Beispielsweise machen Karateschüler mehr Fehler, wenn sie mit einem höhergraduierten Partner üben, als mit einem gleichrangigen, niedrigerrangigen oder alleine[179].

Erkenntnisse: Einem meiner Gesprächspartner kam es hart an, «mit Leuten zu üben, die eigentlich sind wie man selbst, und man selbst hat immer die Aufgabe, von denen zu lernen». Und das hört nie auf: Dem Satz «Wenn ich mit einem Fortgeschrittenen übe, habe ich Angst, ihm auf die Nerven zu gehen ... was ich sonst kann, ist dann ‹wie weggeblasen›» stimmten französische Aikidoka und Tänzer mit einem Drittel bis fast der Hälfte aller Teilnehmer besonders häufig zu – und interessanterweise dann innerhalb beider Aikidogruppen die Anfänger nicht häufiger als höhere Kyugrade und Dan-Graduierte!

Auch als Schwarzgurt höherer Stufe kann man sich also in der Bewegung mit einem Großmeister schnell wieder auf anfängerähnliches Erleben zurückgeworfen fühlen. So gesehen sind wir alle fast immer, oder immer wieder Anfänger in der schier unerschöpflichen Kunst des Aikido. Und wir möchten alle gut behandelt werden ...

19.2 Das erschütterte Selbstwertgefühl

Erwachsene Aikidoanfänger sind nicht spielerisch in diesen Sport hineingewachsen. Sie stehen plötzlich vor einem Berg von Problemen angesichts der besonderen Kompliziertheit der Bewegung selbst und zusätzlich der Belastung, als Erwachsener zu lernen.

Je komplexer die Bewegungen sind,
desto unbeherrschbarer erscheint der eigene Körper

Interessierte werden gewarnt. Mit: «Lass dich nicht entmutigen ... das ist nicht ganz einfach mit dem Aikido!» wurde einer meiner Gesprächspartner zu seinem ersten Training begrüßt. Ein anderer Interviewer erfuhr: «‹Bei den ersten Übungen kann man leicht eine Art Schock erleiden ... Man glaubte, doch zumindest Herr seines eigenen Körpers zu sein, und muß nun genau das Gegenteil feststellen. Man verwechselt rechts und links, vorwärts und rückwärts, oben und unten, und dies in einfachsten Bewegungen›[180]. An dieser Schwelle scheitern viele. Der Erfolg scheint in weiter Ferne»[181]. «Ich fühle mich belebt, lebendig – aber auch ungeschickt und lächerlich. Mir wird klar, dass ich ganz gewiss kein ‹Naturtalent› bin»[182]. So beginnt ein weiterer Erfahrungsbericht und ein dritter so: «Die erste Stunde war eigentlich grausam.» Auch später noch war dieser Frau «zum heulen zumute» gewesen angesichts der Frage, ob sie «jemals dafür geeignet» sein «oder die endlos komplizierten Übungen jemals verstehen würde»[183].

Wir wissen natürlich, dass es nicht genügt, einen Bewegungsablauf zu sehen, und auch nicht, ihn intellektuell zu verstehen. Anfänger hingegen sind manchmal regelrecht entgeistert, wenn sie das Angebot – der «Meister führt eine Bewegung vor» und ein erfahrener Partner hilft – nicht körperlich nachvollziehen können. Man erlebt sich als «unfähig, die ... Hinweise ... umzusetzen. Es zeigt sich sehr klar, dass wir längst nicht so weit Herr» unserer Füße, Schultern, Hände sind, «wie wir glauben»[184]. Keine vollständige Kontrolle über den eigenen Körper zu haben ist in unserer Kultur äußerst beschämend[185].

Deshalb ist der Anfänger oft sich «seiner Ungeschicklichkeit nur allzu bewusst und darüber unglücklich und verunsichert»[186]. Wie dort beim aus dem Aikido entwickelten Kinomichi ist auch im Aikido das eigene Unvermögen die erste Entdeckung des Anfängers. Er fühlt sich hier wie dort «plump, blockiert und verkrampft»[187]. Eine Anfängerin erinnert sich: «Euch schien alles mit einer Leichtigkeit aus dem Körper zu kommen, ich dagegen hatte den Eindruck, als wäre ich aus Beton und genauso hart schlug jede Bewegung in meine Muskeln ein»[188]. Für einen Anfänger ist es emotional belastend, sich plötzlich als einen ungeformten Körper zu erfahren, unfähig zu spüren, wahrzunehmen. Das Schwerste ist, einzusehen, dass man steif ist, verspannt, mit dem Kopf zwischen den Schultern, krumm, und dass man «schon bei dem Versuch, normal zu atmen», schier erstickt. Man muss «wieder ganz bei Null anfangen»[189].

Wie bitte? Auf den Fußboden?!

Darüber hinaus kann die Notwendigkeit, ständig zu Boden gehen zu müssen, als Demütigung erlebt werden. Das bekommen Aikidoka zu hören, wenn sie jemanden zum Training mitnehmen, wie eine meiner Gesprächspartnerinnen: «Das könnte ja noch ein anderes Thema sein: ‹Was? Jemand anderes soll mich zu Boden bringen?›»

Wirklich sieht sich eine Anfängerin dazu «verurteilt, sich wie ein Depp auf dem Boden zu wälzen, unfähig, auch nur die einfachsten Rollen einigermaßen mit ‹Gesicht› zu überstehen»[190]. Deshalb vielleicht «finden manche Karate-Anhänger es sogar unter ihrer Würde, sich werfen zu lassen»[191].

Versagensgefühle und Überdruss angesichts der Anforderung, stetig zu üben

«Karateanfänger entdecken hier meist nur Zeichen der körperlichen ‹Unzulänglichkeit› an sich; Herzklopfen, Atemlosigkeit, das Gefühl, ‹nicht mehr zu können›, Muskelkater, Blasen unter den Füßen und blaue Flecken an Armen und Beinen»[192]. Den Anfängern des Aikido oder des Kinomichi scheinen darüber hinaus oder sogar vorwiegend psychische Faktoren zu schaffen zu machen. Weil objektive Schwierigkeiten und subjektive Schamgefühle zusammenkommen, muss viel Unlust ertragen und müssen quälende Zustände überwunden werden: «Wieder ein Tag voller Frustration. Anscheinend kann ich nichts so machen, wie es sein soll. Allmählich glaube ich, dass ich riesige Hindernisse werde überwinden müssen, bis ich einigermaßen koordiniert sein werde. Es wäre schön, eine Abkürzung zur Eleganz zu finden, aber ich weiß, da hilft es nur, sich Mühe zu geben ... das Wichtigste im Aikido ist wohl Geduld!»[193] «Auf meinem niedrigen Niveau bedeutet üben einfach zu üben – und immer wieder zu versagen – wieder, wieder und wieder: Nachmachen, üben, versagen. Langeweile, Unmut, Angst, Empörung, Erschöpfung»[194].

Das, was kleine Kinder freiwillig und unermüdlich tun – nämlich üben – ist für Erwachsene lästig und darüber hinaus ziemlich kränkend.

Die besondere Situation des lernenden Erwachsenen im westlichen Empfinden

Dem Anfängerzustand beispielsweise mit 36 Jahren unterworfen zu sein, macht alles noch schlimmer[195]. Für den im Westen Erzogenen ist es – als Kind und erst recht als Erwachsener – beschämend, etwas nicht zu können, nicht zu beherrschen. «Dem Prozeß ‹irgendetwas zu *werden*, haftet ... etwas Lächerliches an› ... Lernen müssen wird als ‹eine Schande›»[196] erlebt. Nur so kann man es verstehen, dass sich die Anfängerin angesichts der ihr doch völlig unvertrauten Aikidobewegung, und noch dazu in einem sehr kurzen Beitrag, gleich zweimal als «Depp» bezeichnet[197]. Dies ruft geradezu nach einer Bewegungsform, die eingebunden ist in die Philosophie des Do mit der ausdrücklichen Wertschätzung schrittweisen, prozessorientierten Lernens.

Die Kapitel 6 und 13 oben lieferten bereits Puzzle-Teile zu dem Bild davon, dass und weshalb in unserer Kultur das Klein- Sein demütigend ist. Das Etwas-lernen-Müssen wird diesem Klein-Sein zugeordnet und damit ebenfalls schambehaftet erlebt. Eben deshalb versichern Aikidoanfänger, denen man im Training etwas erklärt, eilig, eine bestimmte Technik jetzt verstanden zu haben und zu können, obwohl das nach wenigen Wochen aufgrund mangelnden Überblickes sowie nicht-vorhandener neuronaler Bahnung im Gehirn überhaupt noch gar nicht möglich ist (siehe auch unten: Dem prozeduralen Gedächtnis Zeit lassen).

Erkenntnisse: Einer meiner Gesprächspartner hatte objektiv die besten Bedingungen: Er war knapp zwanzig Jahre alt, körperlich fit, mit guten Erfahrungen in vielen Sportarten zuvor. Er trainierte sehr eifrig, bis zu «fünf-, sechsmal pro Woche» und das sogar in zwei verschiedenen Dojo. Aber erst seit wenigen Monaten! Doch wie sah sein subjektives Erleben aus? So: «Wenn die sich immer wieder auch bemühen, einem was zu zeigen, ja was entwickeln, und man gibt da erst mal nichts zurück in gewisser Weise, das ist manchmal schwierig. Ich habe das Gefühl, wenn ich mit Leuten trainiere, die weiter sind, dass ich die dann so nerve, dass sie vielleicht ‹ach schon wieder› mit einem trainieren müssen, der vielleicht die Übung noch nicht, den Griff halt einfach noch nicht hinbekommt. Und vielleicht auch Blicke kommen, meine Güte, hast du es denn immer noch nicht kapiert!»

Eine andere Interviewte ergänzt, was das alles noch schlimmer macht: «Wenn du jetzt wirklich der Einzige bist, der gerade anfängt, und alle anderen machen schon seit einem Jahr, ist es natürlich besonders blöd.»

In Kapitel 15 waren die körperlichen Schmerzen im Aikidotraining Thema. Aikidoanfänger setzen sich neben den körperlichen zugleich seelischen Leiden aus wie Scham und Kränkung. Neuere Ergebnisse der Hirnforschung haben erbracht, dass die Repräsentationen körperlicher wie seelischer Schmerzen im Gehirn sehr nahe beieinander liegen. Die jeweiligen Reize werden an einem mehr oder weniger identischen Ort verarbeitet. Auch funktionell, also verhaltenssteuernd, sind die Auswirkungen praktisch dieselben[198] – beispielsweise möchte man weglaufen. Und wenn das nicht geht?

19.3 Das Selbstwertgefühl wiederaufrichten

Ein Aikidoanfänger kann also erheblich verunsichert sein. Denn «durch narzißtische Kränkungen, durch Entzug der gewohnten narzißtischen Zufuhr, durch Misserfolge»[199] wird das Selbstwertgefühl gefährdet. Anfänger können nun weder an der äußeren Welt, den Anforderungen, etwas ändern, noch an den eigenen Fähigkeiten. Daher müssen Schüler wiederum psychische Arbeit an sich selbst leisten, vergleichbar dem Bemühen, Frustration durch den Meister zu bewältigen (s. o., Kapitel 12). Um durch all die schlimmen Gefühle nicht abgeschreckt zu werden und aufzugeben, müssen sie erneut auf seelische Manöver zurückgreifen. Wenn wie hier «die drohende Erschütterung»[200] des Selbstwertgefühls nicht vermieden werden kann, muss sie kompensiert werden. Dies gelingt mithilfe mal philosophischer Gedanken, wie «dass man eine gewisse Demut mitbringen muss», mal hoffnungsvoller Selbstversicherungen, wie «irgendwann im Laufe von wahrscheinlich sehr vielen Jahren klappt es».

Und natürlich dank sporadischer ermutigender Erfahrungen.

Im Verlauf geduldigen Übens kann man dann, wie hier eine Anfängerin, belohnt werden «mit Jubel und Freude, wenn ab und an ein Blitz meinen nachtdunklen Himmel erleuchtet»[201]. Eine Übungsleiterin, ein Übungsleiter kann hier viel behindern oder beschädigen – oder fördern und unterstützen. Eine höfliche Anrede trägt dazu bei.

20 – Der von der Ai-zu-Amae-Konstellation geprägte Umgang mit Anfängern, mit Schülern allgemein

Gegründet auf der japanischen Sicht von Beziehungen machen in einer, nach japanischem Vorbild modellierten, Bewegungsform Lehrer den Schülern und Fortgeschrittene den Anfängern ein spezielles Beziehungsangebot. Im Gegenzug für die Bereitschaft, Unterweisung anzunehmen, wird hier auch Erwachsenen ein japanischen Kindern vergleichbarer Status zuerkannt. Sie erfahren Freiheit und Milde, Qualitäten, die sie in ihrem bisherigen Leben vielleicht vermisst haben. Diese besondere Einstellung bestimmt die Sprache und den nonverbalen Umgang. Erst dann wird sie konkret, wird sie fassbar, hat ein Schüler etwas davon.

20.1 Das Verständnis, die Auffassung des Unterrichtenden von Lernen und Lernenden; seine Einstellungen, seine Haltungen, sein paraverbales Verhalten

Ein Aikidomeister bemüht sich grundsätzlich, Anfänger nicht zu kränken. Bereits der philosophische Hintergrund legt nahe, sich als Lehrender oder fortgeschrittener Schüler um eine achtsame Haltung gegenüber Anfängern zu bemühen. Der Shintoismus erwartet Respekt vor allem Lebendigen, aus dem Zen stammen Demut und Mitgefühl. Zugrunde liegt vor allem aber die Haltung von Ai, die den Anfängern Amae erlaubt, den Kleinen freundlich und selbstverständlich ihr So-Sein zugesteht. An Ungeschicklichkeit, Fehlermachen, nicht verstanden haben, ungelenk oder hart, langsam oder schwerfällig, schüchtern sein ist aus dieser Sicht eben nichts Tadelnswertes: Anfänger sind so, wie kleine Kinder eben Kinder sind. Auch zunächst unbegabte, ungeschickte Schüler sollten vom Lehrer nicht gering geschätzt werden.

Doch so zu empfinden ist dem Westen fremd. Und deshalb leiden westliche erwachsene Anfänger.

Die Haltung des Lehrenden

Grundsätzlich gilt es, «mit Anfängern sanft» umzugehen[202], zunächst konkret-körperlich: «Anfänger haben oft sehr steife, harte oder weiche, schwache Sehnen. Darum müssen bei ihnen die Hebel besonders vorsichtig ... ausgeführt werden»[203]. Meister Noro zufolge sollen Anfänger mit möglichst Fortgeschrittenen üben, sollen statt Erklärungen zu erhalten lieber die Bewegung schmecken, spüren was da geschieht, sollen Vertrauen und Hoffnung vermittelt bekommen[204]. Ohne dass von Amae gesprochen wird, werden die damit verbundenen Haltungen und Empfindungen umschrieben: «Man versteht nichts?» Unwichtig. «Der Meister lächelt uns aufmunternd zu, was soviel heißt wie: man ist nicht ‹blöd›, man ist ‹normal›, man ist sogar ‹gut›». «Bei aller Unvollkommenheit», allem Unvermögen, bei aller «Unfähigkeit fühlt man sich doch akzeptiert». Es ist wie Balsam für das Herz. «Kein Grund zur Beunruhigung. Man ist auf dem Weg» und man ist in Obhut genommen[205].

Erkenntnisse: Schüler spüren es und sind dankbar, wenn die Haltung von Ai ihnen Amae erlaubt: «Gestern hat Herr Asai ja gesagt, Danträger und Anfänger sollen sich mischen, also das finde ich gut, dann ist die Hemmschwelle überschritten. Dann kann man es einfach machen. Gestern hat er so erzählt, dass er selbst so klein war, als er bei Herrn Ueshiba angefangen hat und überall blaue Flecken hatte und dass er versteht, wie schwer die Übungen für uns sind.»

Die Haltung der Mitschüler

Von einem Japaner erzogene fortgeschrittene Aikidoka haben meist nicht vergessen, wie sie selbst sich als Anfänger gefühlt haben und wie ihnen begegnet wurde. Die Erfahrung fließt in den Kontakt mit Neulingen ein: «Doch eines fiel auf, keiner der anderen Aikidoka machte sich über mich lustig. Jeder übte mit jedem, Anfänger mit Fortgeschrittenen, keiner schien arrogant oder selbstgefällig»[206]. Eine meiner Interviewpartnerinnen sagte über die ihr bekannten Fortgeschrittenen zuhause und auf dem großen Lehrgang: «Die meisten Leute sind auch sehr sensibel und rücksichtsvoll.»

Diese respektvolle Atmosphäre umgibt den Anfänger durchgängig. Die Mitschüler bleiben höflich beispielsweise auch während einer Prüfungsphase, die eine Stunde oder länger dauern kann. Auch hieran wird deutlich, dass wir uns in einem Dojo befinden und nicht etwa in einem Fußballstadion: Die am Prüfungsgeschehen nicht Beteiligten sehen ruhig, in ordentlicher Haltung sitzend zu, flüstern höchstens. Undenkbar sind Zwischenrufe, Anfeuerungen, laute Kommentare oder gar abfällige Bemerkungen, genauso wenig Beifallskundgebungen. Geklatscht wird nur am Ende des Lehrgangs, nach dem Verbeugungsritual, als Anerkennung für den Lehrenden, vielleicht auch, nachdem eine Prüfung bestanden oder eine Dan-Urkunde überreicht wurde. Eine kleine Ausnahme hat sich im Aikikai Deutschland etabliert: Meister Asai holt während des Lehrgangs manchmal einen Anfänger nach vorne, um eine Weile beispielhaft dessen technisches Problem aufzuzeigen und zu korrigieren. Selbst in dieser prekären Situation bleibt der Umgang auch mit einem Erwachsenen quasi kindgerecht. Unter generellem Verzicht auf Beschämung zieht der Lehrende eher noch durch eine Pantomime die Lacher auf sich. Wenn es dann klappt und der Anfänger den Meister zu Fall gebracht hat (Abb. 16, S. 258), erhält dieser Schüler einen ermunternden Applaus.

Der Begriff Meister deckt unter Berücksichtigung des Ai-zu-Amae-Verhältnisses also letztendlich einen Spannungsbogen ab von einer unendlich fernen Autorität zu einer Person
aus Fleisch und Blut, über die man kindlich vertrauensvoll verfügen darf; verfügen ist hier
bewusst verwendet in demselben Sinn, in dem ein Kleinkind über die Mutter verfügen
können muss – denn nur sie kann sich auf seine Bedürfnisse einstellen, nicht umgekehrt
(vgl. Teil II oben und Kapitel 29 unten).

Abb. 16: Meister Asai beim Kindertraining in Bamberg.
Entnommen: Aikido. Fachzeitschrift des Aikikai
Deutschland, 2/96 (Titelblatt).

20.2 *Weitere* ERKENNTNISSE

Mit bestimmten Fragebogen-Sätzen hatte ich mich bemüht, die Ai-zu-Amae-Atmosphäre
einzufangen und Meinungen hierzu zu erfahren.

Angenehmer Umgang
Dem Item «Man kann von jedem etwas lernen, wenn der nur freundlich ist» stimmten
wirklich hauptsächlich Teilnehmer aus beiden Aikido-Gruppen zu (allen voran die französischen) und dann noch Tänzer – im Unterschied zu Iaidoka und Karateka. Es räumten
auch eher Karateka als Aikidoka oder Tänzer ein, sie hätten «keine Lust, während des
Trainings zu jedem freundlich zu sein». Sobald also Körperkontakt, insbesondere enger,
eine Rolle spielt, wird es geschätzt, wenn die sachlichen Inhalte in freundlichem Umgang
vermittelt werden. Entsprechend empfinden viel eher Aikidoka und Tänzer als Karateka
ihre «Trainingsgruppe oft als richtig liebevoll».

Erst einmal «selbst weiter kommen» zu müssen, einem Anfänger «nichts zu geben»
zu haben, glaubten in der Fragebogenaktion nicht nur Karateka, sondern auch Tänzer viel
häufiger von sich als Aikidoka. Unter dem Primat des Leistungsdrucks in den wettkämpfenden Sparten ist etwas wie das Ai-zu-Amae-Prinzip schwer aufrechtzuerhalten; hier ist
das wettkampffreie Aikido im Vorteil.

Ähnliches kam öfter vor: «Wer mir etwas zeigen möchte, muss selbst eine erstklassige Technik haben, guter Wille allein reicht da nicht» – so sehen das mit Abstand Tänzer häufiger als die deutsche und Karateka häufiger als beide Aikidogruppen; damit sind es wieder die wettkämpfenden Sparten, die der Sachbezogenheit den Vorrang vor dem freundlichen Umgang geben.

Insgesamt wenige Personen, doch wenn überhaupt, dann Karateka, Iaidoka und Tänzer vergleichsweise häufiger, bejahten den Satz «Meist ist im Training niemand, der mir noch was geben kann». Fasst man das etwas weit, als technische Förderung ebenso wie als vergnügliches Miteinander, ist im Aikido offenbar auf jeden Fall mehr drin.

Allerdings auch nicht ungebrochen. Lehrende und Fortgeschrittene sind auch hier keine Heiligen. In den Gesprächen fiel auf, wie wichtig die Ai-zu-Amae-Konstellation ist und wie scharf wahrgenommen wird, wenn es daran fehlt.

Entbehrte technische Unterstützung

Beschwerden legten zunächst einmal Gewicht auf den Aspekt technische Unterweisung: «Bei uns war es am Anfang wirklich auch eine Quälerei, weil keiner eigentlich viel 'ne Ahnung hatte und der Meister es uns eigentlich kaum gezeigt hatte», erinnert sich ein Mann, und ein Anfänger kritisiert: «Die Fortgeschrittenen, das sieht man, dann ist einer selber Dan, dann bleiben die für sich. Ich hätte mir jemanden gewünscht, der einen führt. Dann müsst' man sich nicht immer gleich an die Meister wenden, es gab so niemanden dazwischen.»

Mangelnde Verbundenheit

Dann aber wird wirklich auch die Zuneigung, Zuwendung vermisst: «Was mir nicht gefällt ist, dass manchmal Danträger etwas arrogant sind. Und zwar nicht die erfahrenen, sondern die letztes Jahr oder vorletztes Jahr noch erster Kyu waren und auf einmal alles wissen, find' ich ganz unangenehm. Hat was von ‹wir haben das jetzt geschafft›.»

Vermisste Mütterlichkeit

Schließlich lässt sich eine Erwartung nach bedingungslosem Entgegenkommen ohne eigene Bedürfnisse herauslesen: «Ich habe durch den Lehrgang viele Leute kennengelernt, auch viele, die nur herkommen, um Prüfung zu machen und von Meister Asai gesehen zu werden», beklagt sich ein Anfänger. Ein Fortgeschrittener denkt zurück an seinen Beginn: «Ich war da mal, und die Struktur hat mich ein bisschen abgeschreckt. Das ist 'ne Privatschule und es ging gleich ans Bezahlen, auch beim Probetraining, und das widersprach sich für mich ein bisschen.» Kein «Probetraining mitmachen dürfen einfach so, sich ganz frei entscheiden – man musste gleich bezahlen. Das war auch sehr vordergründig, und deswegen habe ich diesen Verein dann gemieden.» Der Gesprächspartner erwartete Ai zu seinem Amae; dass ihm eine Geschäftsbeziehung angeboten wurde, erschien ihm folglich «vordergründig», und er wendete sich erst einmal enttäuscht ab.

Stellungnahmen

Die Interviewten geben Einblicke darin, mit welchen gedanklichen Manövern sie ihr Dilemma lösen. Beispielsweise wird, ohne zunächst zu werten, konstatiert: «Diese Aufspaltung finde ich schade.» Oder der Wunsch wird zurückgenommen; eine Enttäuschung wird weniger stark empfunden, wenn das Bedürfnis gezügelt werden kann: «Ist vielleicht auch gar nicht so wichtig. Nein, ich will mich da nicht seelisch anlehnen, mir reicht das, was die Lehrer mir über das Aikido geben, also das reicht mir völlig. Ich finde es dann nett, wenn man danach noch was trinkt zusammen, ein bisschen schnackt und dann geht man auseinander.» Aber auch Kritik wird geübt, ein Anspruch wird formuliert. Selbstbewusst und auch moralisch befindet der oben zitierte, erboste Anfänger: «Das merkt man im Aikido», «Larifari», «Arbeiten auch nicht an sich selber».

Wie sich schon gezeigt hat, sind Aikidoka auch noch nach ein paar Jahren Anfänger im technischen wie im gefühlsmäßigen Sinn; der Bedarf an gutem Umgang besteht weiter.
　　Kommen wir nun zum Unterrichten im engeren Sinn.

20.3 Die An-Sprache als Ausdruck der Haltung der Lehrenden: Sprache als Ausdruck von Beziehungsqualität, als Vehikel für Beziehungsangebot und Technikvermittlung

Wie sollen unsere Anfänger nun konkret-sinnlich erfahren, welche Einstellung ihnen entgegengebracht wird? Eigentlich ist es dasselbe wie mit kleinen Kindern: Abstrakte wohlwollende Gedanken nützen ihnen nichts. Es bedarf des Tuns. Ein Hinweis ist, wie man sie anspricht. Das Sprachverhalten des Lehrenden ist Element der Vermittlung bewegungsbezogener Inhalte, aber auch Medium der Vermittlung ihrer Einstellung den Schülern gegenüber.
　　Im Kontrast zur Sportsprache des Westens kann man gut aufzeigen, wie grundlegend anders sich Ausübung und Unterricht vor dem Hintergrund der Amae darstellen. Im anderen Verbalverhalten eines Aikidolehrers drückt sich das andere Beziehungsangebot aus. Damit wird es für Anfänger Wirklichkeit. Zuerst zur Sportsprache des Westens.

Westliche Sportlersprache

Hier haben wir aufgezeichnete Spieler-Äußerungen. «Da der allgemeine Geräuschpegel ... sehr hoch war, sind nur die Äußerungen der Spieler erfasst worden, die in Phasen relativer Ruhe hervorgebracht wurden», vermutlich also eher noch Gemäßigtes. Ausschnitte sind (unter Auslassung spielnotwendiger Informationen und Anleitungen):
　　Hopp//Schnell// ... //mach ihn weg// ... //Das war doch gar nichts// ... //Mensch// ... //Ja gibts das auch//Mensch du// ... //Mist// ... //Schneller/schneller// ... //hopp// ... //Tempo// Hopp jetzt// ... //spiel doch Mensch// ... //Das darf nicht wahr sein// //Hopp, hopp Karle// Jetzt spielt wieder jeder lummelig// ... //Das ist ein Scheiß Spiel

grad// ... //Mensch Karle// ... //Menschenskind// ... //So was gibts doch net// ... //Da könnst' doch reinschlagen[207].

Jetzt kommt die Überraschung: Dies wird positiv gesehen. «Die Beispiele, die auf Ungezwungenheit und Lockerheit, gefühlsstarke Lexik, Bequemlichkeit, Lässigkeit, Emotionalität, Ironie ... des Sprachstils verweisen, können die Funktionalität des Sprachgebrauchs der Sportler nur unterstreichen». Auch wenn eingeräumt wird, dass «der Sprachgebrauch der beobachteten Sportler fast alle Bernsteinschen Merkmale des restringierten Sprechens aufweist ... einfache Satzkonstruktionen ... wenige Sprechpausen, ... soziozentrische Sequenzen, Aphorismen, Sprachhülsen, Modewörter, idiomatische Wendungen und Vulgarismen» heißt es doch am Ende, diese Sprache sei eben «funktional»[208].

Sportlehrersprache
Eine funktionale Sprache zwischen Lehrer oder Fortgeschrittenem und Schüler, Anfänger, dient zweifelsohne auch im Aikido der Anweisung, der Fehlerkorrektur, der Ermutigung. Der Tenor ist jedoch ein anderer als der, der oft in westlichen Sportstätten und Sportunterrichtsstätten mitschwingt.

Als ich mit meiner Forschungsarbeit begann, war das Verbalverhalten von Sportlehrern ein weißer Fleck auf der Landkarte der Sportpsychologie. Man hatte wohl einerseits bemerkt, dass «autoritäre», «dominierende» oder «direkte» Ausformungen des Verbalverhaltens weniger gute Ergebnisse bei Schülern zeitigten als «indirekte». Andererseits würden Sportlehrer wesentlich häufiger direkt kommunizieren als Lehrer anderer Fächer; man konnte allerdings nicht klären, ob dies am Wesen des Sportunterrichts liegt, an der Ausbildung der Sportlehrenden oder an anderen Faktoren[209].

Was gab's dann noch so? Man hatte ebenfalls festgestellt, dass im «Sprachverhalten» von Sportlehrern «sozial emotionale Äußerungen unterrepräsentiert sind»[210]. Die Persönlichkeitsmerkmale von Trainern waren untersucht worden. Dabei wurden «Unbeweglichkeit und ein spärliches Interesse an den Bedürfnissen Anderer nach Bezogenheit» gefunden. Sportlehrer sind rigide und autoritär; «Persönlichkeitsmerkmale, die Einfühlsamkeit kennzeichnen und die zu engen persönlichen Beziehungen beitragen sind bei ihnen am schwächsten ausgeprägt»[211].

Neben Zuneigung und Zugehörigkeit ist Respekt bedeutsam: Als «Sportlehrer aus der Sicht ängstlicher Schüler»[212] untersucht werden, «wünschen sich Ängstliche etwas häufiger als Nichtängstliche einen Lehrer, der ermutigt, gute Hilfestellung gibt, sich um die Schwachen kümmert, niemanden herabsetzt und lächerlich macht»[213]. Schließlich wurde «nicht nur für Sportlehrer an allgemeinbildenden Schulen, sondern auch für Turn- und Sportlehrer bzw. Trainer in Vereinen ... eine erziehungspsychologische Ausbildung gefordert», was so begründet wurde: «Tadel, Kritik, Korrekturen, laute Anordnungen der Trainer bestimmen das akustische Milieu des Trainingsabends. Nicht selten hört man beleidigende oder verletzende Traineräußerungen wie: ‹Du hängst hier wie ein nasser Sack!› – ‹Laß doch mal deine krummen Gräten lang!›. Viele der Bemerkungen haben eher eine destruktive Wirkung in Bezug auf einige Erziehungsziele»[214].

Erst spät wurden die «körperliche Exponiertheit»[215] und die «doppelte» – physische wie psychische – «Verletzbarkeit»[216] von Sportschülern dokumentiert. Es zeigte sich, dass Schüler unter Beleidigungen durch die Lehrer litten.

Dagegen sind Ausfälle wie «Ihr seid doch nur dumme Idioten! Könnt Ihr nicht mal Euer dummes Maul halten!»[217] in einer Aikido-Unterrichtsstunde undenkbar. Der nicht allein sachlich-ruhige, sondern bewusst respektvolle-höfliche Ton des Lehrenden ist kein zufälliger Nebenaspekt, sondern in der japanischen Kultur verwurzelt und damit eine weitere Facette des Kulturimports.

ERKENNTNISSE: Häufig kommen Menschen zum Aikido – und bleiben dabei –, die zuvor eine ganze Menge anderes kennengelernt haben, so wie meine Interviewpartnerinnen: «Dann hab' ich eine Weile Fußball gespielt, so richtig in einer Damenmannschaft, war aber auch Scheiße eigentlich. Beim Reiten war das eigentlich auch immer so schrecklich und beim Fußball, dass da immer so irgend so ein Typ in der Mitte stand und rumgebrüllt hat und der hat irgendwie die Macht und dann war da echt so ein Macker, der hat da den Pogo getanzt und fand sich dabei wahnsinnig toll und es ist einfach schrecklich gewesen, irgendwann mit fünfzehn oder sechzehn merkte ich das und dachte, das ist doch fürchterlich. Auch im Handballverein läuft das so ähnlich ab, und es gab auch Leute, die richtig gerudert haben, als Sportler, die so, ne, einen Brüller hatten da hinten – beim Segeln war das so, überall, meistens natürlich Männer»; «diese ‹Bundeswehrallüren› im Ju Jutsu»; «Schulsport fand ich schrecklich bis auf Handball, Reck und Barren fand ich schrecklich, Bodenturnen auch».

20.4 Im Aikido ist das anders ...
Ai und die Erlaubnis für Amae werden hier verwirklicht

Die jeweilige Eigenerfahrung und natürlich die individuelle Persönlichkeit des Lehrers bestimmen das Training. Daher werden die japanischen Prinzipien in unterschiedlichem Umfang verwirklicht. Sie sind dennoch kennzeichnend für die Unterrichtsgestaltung im Aikido. Zumindest haben wir etwas kennengelernt, was es wert ist, beibehalten und weitergegeben zu werden.

Höflichkeit

Die Empfehlungen Meister Toheis atmen die Atmosphäre von Amae: «Auch ein Wurm von nur einem Zentimeter Länge hat den Geist und die Seele dieses einen Zentimeters. Jeder Mensch respektiert sein eigenes Ich. Behandeln Sie darum niemanden geringschätzig, und verletzen Sie nicht seine Selbstachtung»; «Ausdauer ist beim Unterrichten ebenso wichtig wie Geduld, Freundlichkeit und die Fähigkeit, sich an die Stelle des Schülers zu versetzen»; «So wie die Natur jedes Geschöpf liebt ... und allen Dingen hilft zu wachsen ... so müssen wir jeden Schüler mit Ernsthaftigkeit und ohne Benachteiligung oder Parteilichkeit unterrichten»; «Die Kampfkünste beginnen und enden mit Höflichkeit, nicht nur in der Form, sondern ebenso im Herzen und im Geist»[218].

Allerdings bestehen im Westen bezogen auf das «Phänomen Höflichkeit ... stereotype Verhaltensannahmen, die bisweilen ins Klischeehafte reichen. So wird ... im Allgemeinen die Ansicht vertreten, Mitglieder des östlichen (asiatischen) Kulturkreises seien ausgesprochen höflich und besorgt, ihr ‹Gesicht zu verlieren›»[219], während doch wohl eher «unterschiedliche Funktionen von Höflichkeit im Menschenbild begründet liegen, das im westlichen und östlichen Kulturkreis variiert». Während im «Rahmen anthropologisch-verhaltenswissenschaftlicher Arbeiten ... bislang ein eher negatives Bild von Höflichkeit gezeichnet» wurde, kann man «von einer positiven Grundfunktion der Höflichkeit, *Respekt*» ausgehen. Dies gilt auch, wenn «der Sprecher versucht, den Hörer zu bewegen, etwas zu tun»[220], also etwa, ihn technisch anzuleiten.

Japanische Höflichkeitssprache

Der höfliche Unterrichtsstil japanischer Meister und ihrer lehrenden Meisterschüler konkretisiert sich in der Sprache. Die im Japanischen sehr ausgefeilte Höflichkeitssprache[221] ist Teil der «sozialen Sitten, die ... offensichtlich die *amae*-Ideologie getragen haben»[222]. Sie wird allerdings nicht nur gebraucht, um einer Person mit einem höheren Status Respekt und Ehrerbietung zu bezeugen, sondern es fällt «auf, daß es zwischen der Höflichkeitssprache gegenüber Höhergestellten und der Art und Weise, wie man im Japanischen mit Kindern spricht, eine große Ähnlichkeit gibt. Eine Frau kann z. B. zu dem kleinen Sohn einer anderen Familie sagen: *botchan wa o-riko-san desu ne* (‹Was für ein kluger Junge!›); das Wort *riko* (klug) hat zwei Höflichkeitssilben erhalten, das Präfix *o-* und das Suffix *-san*. Zu einem kleinen Mädchen wird sie vielleicht sagen: *O-jo-chan no o-yofuku wa kirei desu ne* (‹Dein Kleid ist aber schön.› ‹Was für ein schönes Kleid!›). In diesem Fall benutzt sie für die dem deutschen ‹Dein› entsprechende Wendung ein Wort, das für die Tochter von jemand anderen gebraucht wird und das selbst schon ein Höflichkeitspräfix und -suffix enthält. (Eine Vorstellung von der Tönung kann vielleicht durch die Übersetzung ‹des kleinen Fräuleins› wiedergegeben werden [Jedoch ist diese Höflichkeit Regel, nicht Ausnahme, und enthält keinen ironischen Beiklang – DK]). Darüber hinaus hat sogar das Wort für Kleid sein Höflichkeits-Präfix erhalten»[223]. Das Kanji für das Höflichkeitspräfix kann sehr verschieden ausgesprochen werden; wiederum legt erst der Kontext – in diesem Fall das nächste Schriftzeichen – fest, ob als Aussprache «go», «gyo», «mi», «o» oder «on» gewählt würde.[224]

Bleiben wir noch einen Moment beim Umgang mit Kindern. Klein gewesen zu sein, ist Japanern schon deshalb in guter Erinnerung, weil in ihrer Säuglingszeit kaum Ängstigendes vorfiel. Auch im weiteren Verlauf der Kindheit wird das Junge, Kleine nicht verächtlich behandelt. Vielmehr ist man in Japan tolerant «gegenüber Kindern und man geht respektvoll mit ihnen um. Man behandelt sie wie ‹kleine Erwachsene› und nicht als ‹noch nicht zurechnungsfähige› Menschen. Auch ältere Leute sind freundlich zu Kindern». «Nicht nur werden Kinder solchermaßen darauf hingewiesen, dass reifes Verhalten höfliches ist, sie erleben es auch selbst so von den Erwachsenen», getreu dem japanischen Erziehungsprinzip, dass «Kinder vor allem durch Vorbild lernen»; wir werden uns noch damit befassen. «Kinder dürfen sich ausleben», haben «Narrenfreiheit, auch wenn sie immer wieder auf richtiges Benehmen hingewiesen werden. Weigert sich ein Kind, das gewünschte Benehmen anzunehmen, dann wird es als ‹noch zu klein› bezeichnet, dann wird es sozusagen zurückgestuft in eine niedrigere Altersgruppe. Missachtung der Norm ist quasi Rückfall in die Kindheit».

«Höflichkeit wird lange eingeübt, und erst wenn die Kinder oder Jugendlichen alt genug sind, die Notwendigkeit auch zu verstehen, wird höfliches Benehmen vorausgesetzt. Die Höflichkeit und Freundlichkeit, der man in Japan allenthalben begegnet, gestalten das Miteinander und Nebeneinander erfreulich, was notwendig ist angesichts der großen Bevölkerungskonzentration». «Als Erwachsene geben Kinder zurück, was sie selbst empfangen haben»[225].

Höfliche Anrede im Aikidounterricht

Ebenso selbstverständlich höflich spricht ein Aikidomeister seine Schüler an. Auffallend anders – im Vergleich zu Schule und Sportverein – ist der Umgangston im Dojo. Ein japanischer Meister siezt seine Schüler. Grundsätzlich erfolgt Fehlerkorrektur nur durch erneutes Zeigen für alle oder einen gezielten Hinweis für den Einzelnen. Die Unterweisung kommt ohne Bloßstellungen oder Kränkungen aus. Auch ich selbst habe in über dreißig Jahren von Meister Asai nie Ärgeres zu hören bekommen als «Frau Dioszeghy, was machen Sie denn da?!» – und dies nicht etwa, weil meine Technik untadelig wäre …

Das bedeutet natürlich nicht, dass man Schüler nicht fordern soll, und man muss dabei auch keine Girlanden reden.

Andere Atmosphäre

ERKENNTNISSE: Besonders erfreulich ist, dass zum einen der Umgang des Lehrers mit seinen Schülern auf deren Umgang untereinander abfärbt. Das ist nicht nur Fassade, solange der Lehrende halt kuckt, sondern es wird verinnerlicht, zur eigenen Haltung: «Die Leute sind respektvoll untereinander. Anders als im Handball. Das geht los in der Kabine – ‹Kann ich mal dein Haarshampoo? Hat grad jemand was zu trinken?› Das ist da so normal. Und das ist hier anders.»

Übrigens zeigt sich dies nicht nur im Reden, sondern auch im Handeln: Hausmeister von Hallen, Betreiber von Sportgaststätten staunen immer wieder … nachdem Aikidoka da waren, sieht es anders aus, als sie es üblicherweise gewohnt sind … Müll ist in den dafür vorgesehen Behältnissen, Stühle sind an ihren Platz zurückgestellt …

So viel dazu, wie man sprechen sollte. Aber was? Und wann? Und wann nicht?

21 – Sprechen und Schweigen: Schweigen – der östliche Ansatz

In einem Bewegungskunst-Weg steht im Zentrum das körperliche Handeln, nicht das Reden ... oder das Schreiben ... Einige Besonderheiten des Bewegungslernens und -lehrens werden nun erläutert und ebenso, dass eine Körper-zu-Körper-Didaktik ihre ganz eigene Problematik haben kann.

21.1 Abstinenz vom Lehrbuch

Kein Lernen vom Papier, sondern ein Lernen im Tun gilt im Budo ganz allgemein als das eigentlich Richtige, hier im Kendo: «Zeugnisse dieser hohen Stufe des Kendo sind in vielen Schriften festgehalten und sicher interessant zu lesen». Sie fruchten aber erst, wenn jemand seit Jahrzehnten Kendo praktiziert hat, «weil er erst dann die parallelen Erfahrungen gemacht hat, die ihn in die Lage versetzen, ähnlich zu empfinden». Zuweilen wird dies beabsichtigt: «Diese Lehren wurden bewußt verschlüsselt und paradox ausgedrückt, damit der Anfänger nichts damit anfangen konnte. Die Meister meinten, daß dadurch Anfänger nur verwirrt und abgelenkt würden». Schriften dienen nicht der Anleitung, «sondern sind die Quintessenz der Erfahrung von Leuten, die den ‹Weg des Schwerts› schon lange gegangen sind». Es gibt keine Abkürzung: «Anfänger bekommen immer wieder nur den Rat, fleißig Kendo zu üben und die Technik zu verbessern. Irgendwann werden sie dann selbst einmal so weit sein»[226]. Entsprechend konnte auch eine Aikidoanfängerin tatsächlich keinen Nutzen aus Büchern ziehen, obwohl diese sogar «angeblich für Anfänger geschrieben» waren, denn sie «verstand kein Wort der japanischen Ausdrücke»[227]. Man braucht Geduld: «Vieles Symbolische, erst mal Phantastische, Lächerliche und anscheinend Irrationale lässt sich zehn Jahre später doch verstehen. Es ist kompliziert»[228].

Während die Qualität der Unterrichtssprache höflich ist und Sprachinhalte durchaus ihren Stellenwert haben, gebührt der direkten motorischen Unterweisung Vorrang. Lernen ist sinnliche Erfahrung.

21.2 Körperhafte Didaktik

Manche Lehrenden regen gerne auch einmal mentales Training an: Wenn die Schüler am Ende der Unterrichts-Einheit bereits wieder gesammelt im Seiza sitzen, empfehlen sie ihnen, sich die eben geübten Abläufe in Gedanken noch einmal vorzustellen. Mit Ausnahme solchen mentalen Trainings ist beim westlich geprägten Bewegungslernen der Körper des Lernenden ständig involviert, jedoch nicht zwingend der Körper des Lehrenden. Im Aikidounterricht dagegen lernt ein Schüler hauptsächlich über die Anschauung der weit entwickelten Bewegung des Lehrers und im direkten körperlichen Kontakt zu diesem. Didaktik besteht zum einen darin, Vorbild zu geben – die Lehrinhalte zu ver-körpern – und zum anderen in Korrekturen direkt am Körper des Lernenden.

Vorbildhaftigkeit des Lehrenden – Nachahmung durch den Lernenden

Es ist der Lehrer selbst, der unermüdlich die Bewegung immer wieder aufs Neue vorbildlich durchführt. Er demonstriert in jeder Unterrichtseinheit jede einzelne Bewegung, die Vorübungen solo, die Techniken mit einem fortgeschrittenen Schüler als Partner. Er steht vorne, nicht daneben, nicht außerhalb, und er fährt auch nicht als Coach auf dem Motorrad neben seinen Radrennsportlern her. Er lenkt selten mit Kommandos (etwa: Jetzt mit vollem Tempo!) und noch weniger mit langatmigen Erklärungen.

«Kein Wort über Zen, über Ichlosigkeit (*Mushin*) oder sonstige geistige Konzepte» erfuhr ein Iaidoschüler in Tokyo, und auch er sah ein: «Lernen heißt zu allererst nachahmen»[229].

Einen weiteren Aspekt fügt Kitaura-Sensei, ein Aikidomeister und Kunsthistoriker, hinzu. Seiner Ansicht nach ist Übung nicht beschämend, sondern schlicht notwendig; das Nachahmen bedeutet allerdings, sich unterzuordnen. Er vergleicht dies mit der Kunst: «Man muss die traditionelle Form studieren, bis man sie assimiliert hat. Ein Maler wie da Vinci war zehn oder fünfzehn Jahre lang Schüler … eine lange Assimilationsphase galt als sinnvoll. Anders an der modernen Universität, Akademie. In der Moderne wird Originalität geschätzt, das Prinzip der Authentizität. Dabei besteht die Gefahr, dass scheinbar etwas ‹Eigenes› geschaffen wird, bevor das Grundsätzliche verstanden ist. Daraus ist die fast militärische, schmerzliche Disziplin zu verstehen. Oder es ist wie Sprachen lernen: Man kann nicht seine eigene Sprache erfinden, wenn man wirklich kommunizieren will»[230].

Die westliche Einstellung verrät ein Kommentar zur Ausbildung von Ballett-Tänzern: Sie «müssen tun, was sonst tabu ist – abkucken und ihren Meister imitieren»[231].

Lehren durch Beobachtung und Nachahmung ist dagegen in Japan allgemein üblich, beispielsweise in der Geisha-Ausbildung[232]. In Japan wird dem Üben ein eigener Wert gegeben; lernen ist nachahmen und wiederholen, daran ist nichts Erniedrigendes. Tatsächlich verbringt ein japanisches Kind wesentlich mehr Zeit als Kinder anderenorts damit, die Schrift zu erlernen: «Man benötigt Tausende von Stunden, um die japanischen Schriftzeichen schreiben zu lernen; manche von ihnen setzen sich aus 24 verschiedenen Strichen zusammen. Abmalen, nachmachen, wiederholen, wiederholen, wiederholen, wiederholen.» «Egal um welche Kunst oder Fertigkeit es geht, gelernt wird immer auf die gleiche Weise: Durch Wiederholung meistert man die Form.» Fotos zeigen die disziplinierte Anordnung und die synchrone Bewegung von Auszubildenden, sei es mit der Bambusflöte, sei es mit dem Cocktailshaker[233].

Lehren durch Vorbildsein ist in Japan das Übliche. Eine Feldstudie verglich den Aikidounterricht in Japan mit dem in den USA. Sie schildert «den nicht-sprachlichen, kinetischen Stil, den man in Japan oft beobachten kann: Die unterrichtende Meisterin hatte zwei Schüler beobachtet, die mit der eben gezeigten Technik Schwierigkeiten hatten. Sie ging zu ihnen hin, stellte sich neben sie und sah zu, wie die beiden die Technik langsam durchführten. An einem bestimmten Punkt der Bewegung platzierte sie sich neben denjenigen, der die Technik anwenden wollte, und nahm die gleiche Körperhaltung ein wie er. Das Paar bemerkte die Meisterin und hielt inne. Während beide zusahen, veränderte sie ihre Körperhaltung. Als der Verteidiger seine eigene Körperhaltung entsprechend änderte, verlor sein Trainingspartner das Gleichgewicht, und er selbst konnte lächelnd die Technik abschließen. Beide Schüler setzten sich im *seiza* nieder und verneigten sich vor der Lehrerin. Sie verbeugte sich im Stehen und wanderte anschließend weiter im *dojo* herum, um anderen Trainierenden zuzusehen. Sie hatte die ganze Zeit über kein Wort gesprochen»[234].

So hat es wenig Sinn, um verbale Erläuterungen einer Technik zu bitten. Meister Asai erzählt, wenn er O-Sensei Ueshiba gefragt habe, wie etwa Shiho Nage genau ginge, sei er bloß geworfen worden: «Bums! ‹Das ist Shiho Nage!›» Und das ist heute nicht anders, wie ich selbst auch schon in kurzen Japan-Aufenthalten mit Trainingsteilnahme erfahren konnte ... Man kommt halt nicht darum herum: «Die Techniken müssen vom Körper aufgesogen werden»[235].

ERKENNTNISSE: Ein Interviewpartner sah dies ein: «Am besten guck' ich wohl zu und versuche es, immer möglichst nahe diesem Ideal dranzukommen.»

Das Zen des Lernens

Die «zugrunde liegenden philosophischen Annahmen»[236] können sowieso einzig auf diese Weise vermittelt werden: «Der oder die Lehrende hat eine subtile Aufgabe darin, die Bewegungs-Kunst (und damit die Zen-Kunst) zu unterrichten. Lehrende unterrichten vordringlich durch Demonstrationen». Verbale Erläuterung im Übermaß fügen dagegen dem verzerrten Bild, das der Schüler von der Wirklichkeit hat, weitere irrelevante Details hinzu: «Ein Lehrender kann einem Schüler durch Erläuterungen genauso wenig dabei helfen, eine Technik zu meistern, wie sie oder er ihm die Ultimative Wahrheit durch Worte vermitteln kann»[237].

ERKENNTNISSE: Tatsächlich lassen sich in den Aussagen von Interviewpartnern Hinweise finden, dass eine unkritische Anwendung von Lehreraussagen auf die eigene (Anfänger-)Person Illusionen fördert. Die besondere Trainingsstruktur des Aikido – stets üben, nie wettkämpfen – erzwingt ja über lange Zeit keine Realitätsprüfung. Gerade auch bei Anfängern gehen die Fortgeschrittenen zunächst mit; auch eine noch etwas unsaubere, schwächliche oder aus sonstigen Gründen nicht effiziente Bewegung eines Anfängers wird nicht völlig blockiert. Dies kann ein trügerisches Sicherheitsgefühl vermitteln: «Ich habe das Gefühl, gar nicht mehr in gefährliche Situationen zu kommen, ich strahle da was aus», meinte eine Frau. Nun war mir bereits bekannt, dass die 45-Jährige, die nach eigener Aussage «klein und nicht total kräftig» ist, erst seit wenigen Monaten Aikido übte. Vermutlich in Reaktion auf meinen zweifelnden Gesichtsausdruck fuhr die Betreffende fort: «Es schult das Empfinden, hilft der Wahrnehmung, es kommt auch zu einer Selbstreflexion, auch der Grenzen.» Das Überzogene an ihrer ersten Äußerung war offenbar genügend Ich-nah, sonst hätte sie sie nicht so rasch, auf ein nicht-sprachliches soziales Signal hin, relativieren können. Dennoch liegt hierin eine echte Gefahr.

Keine Gefahr für Leib und Leben, sondern lediglich eine für das Selbstwertgefühl entsteht, wenn die Herausforderungen einer Prüfungssituation verleugnet werden. Beispielsweise wird eine Idee vom Lehrer übernommen, die für jenen und dessen Entwicklungsstand stimmen mag, nicht jedoch für das Niveau des Schülers: «Sieh erst mal zu, dass du im Bewegungsablauf so einigermaßen einen Rhythmus findest. Deine Atmung. Ich sag mal, ich achte mehr auf die Atmung erst mal als auf die Bewegung, wenn ich die Atmung unter Kontrolle hab, dann, sag ich mir, funktioniert auch die Bewegung. Dass man halt die Atmung beachtet, die Atmung ist schließlich etwas im Leben, ohne die kann ich nicht existieren, ich mache es ja ständig bewusst oder unbewusst, zum Großteil macht man es ja unbewusst. Man sollte aber wirklich, auch bei Prüfungen, wenn man drauf achtet, die Atmung bewusst einzusetzen, dann – packt man das auch.» Dieser Interviewpartner trat am nächsten Tag zur Prüfung auf den dritten Kyu an und er fiel durch, da er die geforderten Techniken nicht sicher beherrschte. Er blieb erfreulicherweise weiter dabei und ist inzwischen bereits seit Langem Dan-Graduierter.

Wortlose Korrektur am Körper des Lernenden

Daneben gibt es die eigene vorbildliche Erfahrung des Übenden, der seinerseits den Meister angreifen darf und von ihm in der Position Uke bewegt wird oder den der Meister angreift, um ihm zu zeigen, wie er als Nage die Bewegung besser ausführen kann. Diese ist die ursprüngliche, eigentliche, japanische Art zu unterrichten: «Die kleinen Kinder in Japan lernen im allgemeinen nicht durch Demonstration und noch weniger durch wohlüberlegte Erklärungen, sondern durch die direkte Manipulation am Körper des Kindes»[238]. «Wie die meisten Verhaltensweisen wird in Japan auch die Verbeugung durch direkte An-

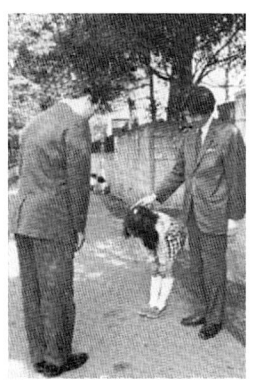

leitung gelernt – nicht durch wortreiche Erläuterungen»[239]. Während die deutsche Mutter ihr Kind auffordert, das schöne Händchen zu geben, führt, vielmehr begleitet, hier der Vater mit leichter Hand – eigentlich nur mit den Fingerspitzen – die Verneigung seiner Tochter bis zur erwünschten Tiefe und Dauer. Der Erwachsene verneigt sich seinerseits ernsthaft vor dem Kind, was das oben zu Höflichkeit gerade auch Kindern gegenüber Gesagte hübsch veranschaulicht (Abb. 17).

Abb. 17: Wortlose, körperliche Anleitung. Entnommen: Condon & Kurata (1974), S. 80.

ERKENNTNISSE: Eine Übertragung in den Westen ist nicht unproblematisch. Wenn ein nach japanischem Vorbild unterrichtender Lehrer hiesige Schüler mit direkten Manipulationen an deren Körper korrigiert, wie es ihm vertraut ist, kann dies Befremden und Unwillen erzeugen. Es ist ein sensibler Bereich; zwischen Absichten der Lehrenden und Auffassungen der Schüler entstehen Missverständnisse.

Zwei Frauen berichten von solchen Ereignissen und ihren Reaktionen: «Nur wenn er mich festhält, sich so amüsiert, dass ich nicht gleich draufkomme», nahm die eine Interviewte Anstoß. Für die andere Gesprächspartnerin bezog sich die Kränkung auf ihren Körper: «Ich war grad' in einer Vorwärtsbewegung, da kommt er und drückt mir so die Schultern nach hinten, ‹Ihre Haltung ist unmöglich!›»

Wieder müssen die Betreffenden innere Arbeit verrichten. Eine Möglichkeit ist es, zumindest den sachlichen Gehalt als wahr zu bestätigen und dadurch Selbstbild und Fremdbild zur Deckung zu bringen: «Ich bin ja auch groß. Ich bin so 1,72 Meter sowas. Das erste, was auffällt, ist meine schlechte Haltung. Und wenn ich unter Stress stehe, das kenn' ich von mir, da geht das automatisch, oder wenn ich k. o. bin, so mit den Schultern nach vorne, genau, sowas Erschöpftes. Ja, tu ich ja, ne.» Ein zweites Mittel ist, sich selbst des Bemühens und Fortschritts zu vergewissern. Die interviewte Person spricht sich selbst die Kompetenz zu, den eigenen Prozess beurteilen zu können: «Und ich weiß, meine Haltung hat sich gebessert.» Durch Einfühlung wird dann die Kluft zum anderen überbrückt: «Aber jemand, der mich nicht kennt, dem fällt's natürlich als Erstes auf.» Indem sie sich dann eine eigene, kritische Meinung zugesteht, mildert die Interviewte die Kränkung weiter ab, der andere ist nicht absolut im Recht: «Das mit dem Zurückziehen und das so Probieren fand ich grenzwertig. Er hat das ja schon mal probiert, da hat er irgendwie was an der Wirbelsäule rumgedrückt, das ist anatomisch auch …» Schließlich verhält sich die Interviewte eindeutig westlich und bezieht auch verbal Stellung, sie verlässt den japanischen Kodex: «Ich habe ihn angelacht, hab' gesagt, er hätte recht, aber mehr als üben ging' nicht.»

Die Schlussfolgerungen der zuerst zitierten Frau legen dagegen nahe, dass es sich ihrer Meinung nach nicht bei ihr selbst, sondern bei dem Lehrenden um eine narzisstische Thematik handelt: «Das hätte er doch nicht nötig. Auf einem Podest steht er da für mich nicht mehr. Das kenne ich aber auch von vielen Therapie-‹Meistern›, sind im Grunde genommen menschlich.» Hier werden der Auslöser und damit das Ausmaß der Kränkung kleiner gemacht.

Noch kritischer, weil im Spannungsfeld von einerseits Höflichkeit und Respekt, andererseits kampfdidaktischer Notwendigkeit stehend, sind Momente, in denen eine körperliche Kränkung oder Verletzung vom Lehrenden absichtlich herbeigefügt wird. Wieder ist es vom Temperament abhängig, ob oder wann man etwas dergleichen zu seiner Unterrichtsmethodik hinzunimmt: «Ich hab das eben bei Lehrern auch – dass ich dann 'ne Atemi abkriege, das ist dann wie ein Schlag für mich. Das hab ich ziemlich viel erlebt und das hab' ich noch nie gemocht. Also, das haben auch viele Lehrer bei mir gemacht. Ich kann's wirklich auch nicht rekonstruieren, wie es passiert ist. Ich weiß nur, dass Blut immer schoss», erinnerte sich ein Interviewpartner. «Ein Lehrer hat mir mal erklärt, das war kein Aikidolehrer, der meinte, er wollte irgendeine Mauer bei mir durchbrechen.» Der Schüler hatte Mühe, dies zu verarbeiten: «Ich meine heute immer noch, dass das nicht der richtige Weg ist, ich versteh's dann auch nicht.» Er bemüht sich, eine Lehre daraus zu ziehen: «Im Aiki-

do kann ich das noch eher akzeptieren, weil es auch, es schafft Abstand. Ich hatte sehr große Probleme, diesen Abstand überhaupt einzuhalten.» Statt wie im Beispiel oben den
Lehrer kleiner zu machen, greift der hier Gekränkte zur Lösung, sich zumindest auf die
gleich hohe Stufe zu stellen: «Zum Teil habe ich das meinen Lehrern verziehen, also ich
weiß auch ein bisschen, wie energiegeladen ich sein kann.»

EMPFEHLUNGEN: Als Lehrende müssen wir uns darüber im Klaren sein, dass wir genau beobachtet werden, dass mitunter viel gedacht, aber beileibe nicht alles ausgesprochen
wird. Wir haben einen sachlichen Aspekt im Sinn; vor allem unter dem Einfluss des oben
erläuterten Übertragungsgeschehens kann unserem Handeln jedoch eine falsch verstandene emotionale Bedeutung zugeschrieben werden. Wir müssen sensibel für Stimmungen
werden.

21.3 *Warum wir zum Lernen und Verstehen beileibe nicht auf Worte angewiesen sind*

Der ureigentliche japanische Unterrichtsstil, zu zeigen statt zu erklären, lässt sich auch aus
anderen Gründen nicht einfach in den Westen verpflanzen. Ikeda-Sensei hat beobachtet,
dass «es unter den Schülern – grob unterschieden – zwei Typen gibt. Der eine kann eine
Übung, die ich gezeigt habe, sofort nachmachen, der andere muss die Übung zunächst mit
dem Kopf verarbeiten, um sie später im Körper verwirklichen zu können.» Um allen
Schülern gerecht zu werden, versuche er «einen Mittelweg»[240] zu finden. Auch Meister
Asai musste feststellen, dass eine Bewegung nachzumachen, Japanern leicht falle, während
seine deutschen Schüler eine Technik vorzugsweise erst «im Kopf klar»[241] haben möchten, bevor sie beginnen, sich zu bewegen.

Abschauen und Nachahmen

Nun ja – genau genommen ist der Kopf immer einbezogen, auch wenn es gar nicht danach aussieht, denn auf hirnorganischer Ebene sind sogenannte «Spiegelneuronen» aktiv.
Diese sorgen «dafür, dass wir allein durchs Anschauen Handlungssequenzen verstehen
können». Sie sind grundlegend «für die Fähigkeit, durch Beobachten lernen zu können,
und maßgeblich daran beteiligt, wenn Bewegungen nachgemacht werden»[242]. Wer mit
Kindern lebt, weiß, dass sie auch ohne Anleitung den Großen zuschauen und deren Handlungen imitieren, selbst wenn aus der Sicht der Erwachsenen zuweilen scheinbar Unsinn
dabei herauskommt und das Baby sich Brei ins Gesicht schmiert, so wie halt die Mama sich
eincremt ... Das Verhalten selbst ist nämlich sinnvoll. Es ist Teil unserer Fähigkeit, in einer
Lebensspanne enorm viel zu lernen. Die Menschen der Frühzeit hatten keine strukturier-
te Pädagogik und keine Lehrpläne. Zwar entdeckten und erprobten sie viel und gaben ihre
Erfahrungen weiter; wesentlich war jedoch gewiss, dass Kinder zusahen und aus eigenem
Antrieb nachahmten, wie man einen Korb flocht ... wie man einen Pfeil mit Federn ver-
sah ...

Schüler, die hier Schwierigkeiten haben, weisen diese fast in jedem Moment einer Einheit
auf. So stehen Sie vielleicht der Gruppe gegenüber in *hidari kamae* und fast alle Schüler

haben auch sofort den linken Fuß vorne. Einzelne jedoch müssen Sie – oft sogar wiederholt – verbal auffordern: «Links vorne. Linker Fuß. Links!» Diese Personen verhalten sich so, als ob sie Ihr Spiegelbild wären. Bei einer Atem- oder Dehnungsübung wäre das nicht so schlimm, vielleicht abgesehen von einem Platzproblem und ferner abgesehen davon, dass es dem japanischen Schönheitssinn entspricht, wenn sich alle Mitglieder einer Gruppe gleichsinnig bewegen können. Schließlich ist dies auch eine Übung in Koordination. Spätestens bei einer Schwerttechnik wird jedoch alles schlicht falsch. Deshalb müssen diese Menschen aktiv umlernen, müssen lernen, statt Sie zu spiegeln, genau das zu tun, was Sie tun. Dieser Umlernprozess wird umso langsamer vollzogen, je komplexer die Bewegungen werden. Oft ist die einzige Möglichkeit, ihn in Gang zu bringen, sich wie in dem Beispiel aus Japan neben den Schüler zu stellen und ihm zu ermöglichen, sich parallel zu bewegen.

Vermitteln

Nur ganz allmählich beginnen wir zu begreifen, was alles diese Spiegelneuronen ganz selbstverständlich und auch sehr flink für uns tun. Ihr Funktionieren ist dem viel schwerfälligeren Erklärt Bekommen weit überlegen und greift auch dort, wo Worte (vielleicht noch) nicht verstanden werden.

Die Säuglingsforscher fanden heraus, dass sich Menschen von Anfang an nicht nur im Tun aufeinander einstellen. Vor allem werden Affekte geteilt, ein intersubjektives Feld entsteht. Wiederum ist das Kind kompetenter Partner. Es ist zwar darauf angewiesen, von der Mutter verstanden zu werden, doch auch seinerseits in der Lage, ihren Gefühlszustand zu begreifen. Anscheinend läuft das so ab: Babys schauen ihren Nestpersonen zu und imitieren deren Gesichtsausdrücke. Man kann leicht ausprobieren, was das bewirkt: Macht man ein bestimmtes (freudiges oder ärgerliches oder auch angeekeltes, ganz egal) Gesicht, stellt sich bei einem selbst die entsprechende Physiologie ein – man bekommt dieses spezielle Gefühl. Dies ist eine Information, die man innerlich lesen kann und als Erwachsener auch mit Worten benennen. Doch auch ohne Worte können sich im dritten Schritt die kleinen Kinder am Gesicht ihrer Mutter, genau genommen an deren innerem Zustand, orientieren: «Konfrontiert man neun Monate alte Kinder mit einem interessanten, aber Unsicherheit erzeugenden Objekt ..., so schwanken sie zwischen Furcht und Neugier und schauen zur Mutter. Deren Reaktion bestimmt den sich entwickelnden Affekt des Kindes. Macht die Mutter ein furchtsames Gesicht, wird sich das Kind fürchten, lächelt sie, so beginnt es, neugierig darauf zuzukrabbeln. Dieses Phänomen heißt ‹social referencing›»[243] *

Fortgeschrittene Aikidoka, die Anfänger an die zu Beginn oft gefürchteten Fallübungen heranführen, verhalten sich unwillkürlich richtig und machen ein freundlich-beruhigendes Gesicht.

---

* Die Spiegelneuronen sind auch an weiteren seelischen und sozialen Prozessen wesentlich beteiligt, etwa an der Entwicklung von Empathie, Mit-Gefühl.

22 – Sprechen und Schweigen:
Sprechen – der westliche Ansatz

Zumindest im westlichen Aikido muss zusätzlich mit verbalen Erläuterungen unterrichtet werden. Bezüglich der Sprachinhalte lassen sich gezielte technische Instruktion und Bildhaftes, also Metaphern unterscheiden. Nicht nur der Ausdruck, auch die Sprachinhalte haben eine eigene Wirkung.

22.1 Die technische Instruktion im Aikido: Ein modern wirkender Ansatz

Die Bewegungsbeschreibung, sozusagen im Klartext, ist auf jeden Fall ab und zu notwendig. Interessanterweise sehen wir dennoch gleich noch einmal, dass Worte manchmal nicht nur nicht viel nützen, sondern sogar stören.

Problem

Beim Beschreiben von Bewegung(en) in didaktischer Absicht stehen normalerweise die «bewußtseinpflichtigen oder bewußtseinsfähigen Anteile ... der sensomotorischen* Regulationsebene der Handlung»[244] im Mittelpunkt. Dadurch soll die Bewegungsausführung des Lernenden verbessert werden. Man kann diese Praxis gängiger «Bewegungsanleitungen» allerdings kritisieren: «Die Instruktionen beziehen sich dabei üblicherweise auf die räumlich-zeitliche Koordinierung der Körperbewegungen. Im Tennis werden zum Beispiel die einzelnen Phasen des Vorhandschlags ... und deren Abstimmung mit dem ankommenden Ball beschrieben, erklärt und demonstriert; bei Abweichungen von der Zieltechnik gibt der Trainer entsprechende Korrekturhinweise. Skischüler erhalten Instruktionen zur Körperhaltung, zur Be- und Entlastung der Skier, zum Stockeinsatz ... Die Aufmerksamkeit der Lernenden wird also durchweg auf die eigenen Bewegungen gelenkt.»[245]

Dabei wird «die oft gerade von Spitzensportlern berichtete Erfahrung, daß ‹Denken› den Bewegungsvollzug stören kann»[246], vernachlässigt. Worte im Kopf und Worte von draußen beeinträchtigen nämlich die eigentlich sehr präzise arbeitende, aber unbewusst ablaufende Bewegungssteuerung, was bereits für die reflektorische Korrektur der Haltung gilt[247]. Erst recht ist «die motorische Steuerung von Bewegungen» ein «automatisch ablaufender Prozeß, der durch bewußte Einflußnahme in der Regel nur gestört wird». Eine Laborstudie bewies: «Instruktionen in einem fortgeschrittenen Lernstadium waren ... keineswegs hilfreich, sondern störend. Auch zu Beginn des Lernprozesses ... wirkten sich ... Instruktionen, von denen man eigentlich eine lernfördernde Wirkung erwartet, nachteilig aus».

---

* Das Insgesamt von Sinneswahrnehmung, Nerven, Muskulatur usw.

Lösung

Offenbar «scheint der Ausweg darin zu bestehen, daß man sich nicht auf die Bewegungen selbst konzentriert (interner Fokus), sondern die Aufmerksamkeit auf den Effekt lenkt, den man ... erzielen will (externer Fokus)»[248]. Das motorische System kann «extrem genaue Adjustierungen» vornehmen, ohne dass der Betreffende dies überhaupt merkt. Das bedeutet, dass «der Versuch einer verstandesmäßigen Bewegungskontrolle eher kontraproduktiv ist». «Während nach klassischer Ansicht Wahrnehmung und Handlungssteuerung in zwei funktional getrennten mentalen Subsystemen ablaufen, werden einer neuen Theorie zufolge wahrgenommene Inhalte und geplante Handlungen in gleicher Form im Gehirn repräsentiert: als vorgefundene beziehungsweise intendierte Umweltereignisse. Unter diesen Umständen sollten motorische Aktionen tatsächlich besser gelingen, wenn sie im Sinne ihrer beabsichtigten Effekte in der Umwelt und nicht nur einfach als körperliche Bewegungsmuster geplant werden»[249].

Umsetzung eines ebensolchen, günstigeren Vorgehens im Aikidounterricht

Hier hat das Bewegungslernen im Aikido Vorteile. Zum einen wird in Paar-Situationen geübt, mit dem erklärten Ziel, auf den Gegner einzuwirken. Die Aufmerksamkeit richtet sich also von vornherein auf einen beabsichtigten Effekt außerhalb des Körpers des sich Bewegenden. Zum anderen ist es durch die Einbettung in den Gesamtrahmen eines Kampfsportes und der Ableitung von Techniken aus dem Schwertkampf sowieso stark «extern» bebildert. Folgende Anweisungen sind denkbar:

Bewege dich so, dass dein Gegner aus dem Gleichgewicht gebracht wird – das gilt oft.

Oder: Bewege dich, als ob du ein Schwert an deiner Hüfte ziehen, dann zunächst im Vor-dem-Gegner-Vorbeigehen dessen Bauch durchschneiden und anschließend, nach einer scharfen Wendung, seinen Kopf abschlagen würdest – das beschreibt Shiho Nage in der *omote*-Ausführung.

In der Absicht einer körperlichen Einwirkung auf den Partner werden die Schüler von den unbewusst-automatisch ablaufenden Justierungsprozessen unterstützt, was sie bemerken können: «Ja wenn ich das mehr so kontrolliere, so vom Kopf oft, also jetzt: ‹Rechtes Bein nach vorne und linke Hand und so ...›, dann finde ich das oft stockender. Also, wo das, von mir aus so ein bißchen so ein Unterschied zwischen dem ‹Bewegungen erspüren› und ‹Bewegungen denken› ... einfach so im Körper zu merken, ob die Bewegung stimmt und nicht, weil ich weiß, daß da ein Fuß vorne oder hinten gestanden hat»[250].

22.2 Fehlerkorrektur bedeutet im Aikido Hilfe, nicht Entwertung

Natürlich wird der Schüler auch im Aikidounterricht verbessert. Dies, sowie die damit verbundene motorische Irritation und psychische Kränkung, steht nur eben nicht im Zentrum der Aufmerksamkeit.

In manchen anderen Bewegungsformen werden die Praktizierenden korrigiert, wenn sie etwas nicht so vollziehen, wie es einer Konvention entspricht. Standard-Tänzer tragen

Wettkämpfe aus. Der zunehmende Druck, auch die «Tanzleistung» vergleichbar zu machen, ist für ein dort zu beobachtendes Erstarren der Bewegung verantwortlich: «Da sich der Turniertanz als Sport – als *Leistungssport* – versteht, muß er sich wie dieser dem Wettbewerbs-, genauer: dem Überbietungsprinzip unterstellen. Das hat die klare Ausarbeitung ‹objektiver› Bewertungsrichtlinien zur Folge. Nur durch genaue Regelung der Turnierordnung, durch Festlegung aller Bedingungen ... läßt sich eine gewisse Vergleichbarkeit herstellen, die ... eine ... Bewertung der Tänzer erlaubt ... eine Quantifizierung der Leistung ... Bewertungsrichtlinien sind entsprechend bis in Einzelheiten ausdifferenziert wie: Feststellen der Winkel von Körperlinien, Einhalten von ‹Balance-Linien›, Taktteilfestlegungen für das Absenken und Erheben der Körper»[251]. Abb. 18 veranschaulicht dies:

Abb. 18: «Ausschnitt aus ‹DTV (Hg.): Bewertungsrichtlinien für Tanzsportturniere im Deutschen Tanzsportverband. Berlin 1973, 15›». Entnommen: Fritsch (1984), S. 69.

Nur scheinbar gibt es im Aikido Ähnliches. Zwar kennen auch wir richtig und falsch. Anfängern werden bestimmte Schrittfolgen, Winkel, Abstände, Handhaltungen und Griffe vorgegeben, ohne deren Beachtung eine Technik letztendlich nicht funktionieren würde. Dies ist zugleich der fundamentale Unterschied: Die Form der Technik ist nicht willkürlich festgelegt, lediglich einer Mode, einem herrschenden ästhetischen Empfinden unterworfen. Sie ergibt sich vielmehr aus der Funktion als effizienter Abwehr. Wird ein Schüler verbessert, so erlebt er sich selten als in eine Schablone gezwängt. Vielmehr überwiegen Stolz und Vergnügen sowie eine Art körperlich spürbarer innerer Wertungen, wenn Frustration (es wird nichts) abgelöst wird durch Erkenntnis und ein Erfolgserlebnis (aha – so klappt es!).

Dieser Unterschied zwischen Funktionalität und Konvention wird besonders deutlich an einem zweiten Beispiel. Im Standard-Tanzen wird die Bewegung durch einen vorgeschriebenen Gefühlsausdruck noch überformt. «Jeder Tanz hat seinen spezifischen Ausdrucksgehalt, den man mit Stichworten andeuten kann: Gemüt (LW)*, Kraft (T), Beschwingtheit (WW), Souveränität (SF), Spritzigkeit (Q), Dynamik (S), Sehnsucht (R), Koketterie (CCC), Stolz (PD), Ausgelassenheit (J). Der Ausdrucksgehalt des RR könnte als eine Kombination von Ausgelassenheit, Kraft und Geschicklichkeit beschrieben werden»[252].

Dem Aikidoka ist hingegen kein bestimmter Ausdruck vorgegeben. Er kann mit ernster Miene trainieren oder lächeln; er kann eine Prüfung kämpferisch absolvieren oder gelassen. Die Vorstellung, einen bestimmten Ausdruck gar an eine bestimmte Technik zu koppeln, wäre absurd.

22.3 Dem prozeduralen Gedächtnis Zeit lassen (ERKENNTNIS und EMPFEHLUNG)

Letztendlich kann ein körperlicher Ablauf – ob nun richtig abgeschaut oder intellektuell verstanden – nur durch Übung wirklich gelernt werden. Für die Unterrichtspraxis bedeutet dies, Zurückhaltung zu üben. Natürlich sehen Sie als Dan-Graduierter bei Anfängern an vielen Ecken zugleich, dass es hapert. Beschränken Sie sich dennoch mit den Korrekturen. Natürlich sollen Fehler sich nicht erst einschleifen dürfen; doch eine Flut von verbalen Interventionen entmutigt bloß, da der oder die Betreffende das Richtige eben nicht auf Anhieb liefern kann.

Erst was nicht mehr bewusst beschlossen werden muss, sondern automatisiert abläuft, ist in das prozedurale Gedächtnis eingegangen. Was das ist, wurde oben in Kapitel 5 und in Anhang 4 erläutert. Für die zahlreichen ungewohnten Bewegungsabfolgen des Aikido müssen die entsprechenden neuronalen Bahnungen erst entwickelt werden – zu Anfang ist die Gedächtnisspur flüchtig … «Da kommt so eine Horde, niemand hat eine Ahnung von nichts, es ist wahnsinnig schwer, denen so ein paar Grundsachen beizubringen, dann sind Semesterferien, dann sind die drei bis vier Monate nicht da, dann kommen sie wieder, haben die Hälfte vergessen und dann fängt man praktisch wieder von vorne an.»

Für die Mitschüler bedeutet das: Geduld, Geduld, Geduld …

Für den Lehrer auch.

22.4 Das eigene Erleben als einziger Weg

Meister Noro betont einerseits den «absoluten Vorrang» der lebendigen Erfahrung, ohne deshalb andererseits intellektuellen Wissenserwerb auszuschließen: Er selbst hört «nicht

---

* LW = Langsamer Walzer, T = Tango, SF = Slow Fox, Q = Quick Step, S = Samba, R = Rumba, CCC = Cha-ChaCha, PD = Paso Doble, J = Jive, RR = Rock'n Roll

auf, zu studieren und zu lernen, aber ob etwas richtig oder falsch ist, sagt mir ganz allein mein Körper». Es ist ein intimes «Wissen, das keinem Zweifel Raum lässt» und zugleich «aber auch ein Nicht-Wissen», weil es nicht über Worte kommt[253].

ERKENNTNISSE: Ein Interviewpartner bestätigt: «Was hier auch immer wieder deutlich wird, das ist eigentlich, dass die Sprache und das analytische Bewusstsein nicht in der Lage sind, die einzelnen Vorgänge, die da vorgeführt werden, sofort zu zerlegen, und in unserer eingeübten Weise zu behandeln, sondern, dass ich es erst dann richtig mache, wenn ich es als richtig erspüre, nicht wenn ich es sagen kann oder wenn ich es analysieren kann. Und irgendwann im Laufe von wahrscheinlich sehr vielen Jahren klappt es, aber ohne, dass ich es analysiert habe, ohne, dass ich es wohl beschreiben könnte.»

22.5 Metaphern

Eine gute Brücke zwischen spröder Technik und allzu schleierhafter Philosophie stellen bildhafte Beschreibungen dar, die auch das Körpergefühl ansprechen.

Bildhaftes wird zum Unterrichten von Bewegung gerne herangezogen, so auch für den Tanz: Denn «die grundlegenden Phänomene der statischen und dynamischen Balance (mechanische Wahrheiten, gegen die man nicht ungestraft verstoßen kann) müssen zwar erkannt und erläutert werden». Doch diese sind oft so kompliziert, dass «man gezwungen ist, zu ihrer Umsetzung weniger präzise, dafür aber leichter faßliche (bildliche) Bewegungskonzepte zu entwickeln»[254].

Nur was Sie überzeugt hat, überzeugt Ihre Schüler

Von der Möglichkeit, Aikidoprinzipien durch Metaphern zu vermitteln, wird häufig Gebrauch gemacht[255]. Sind die Kräfte ungleich verteilt, wird auf die Einwirkung des weichen Wassers auf den harten Stein verwiesen. Die Bewegung des Verteidigers bei Ausführung von Ikkyo kann mit einer Welle oder Woge verglichen werden, die ein Schiff, den Angreifer, ergreift und fortspült. Derartige Bilder verdeutlichen erstens eine Einzelbewegung. Sie vermitteln zweitens essenzielle Prinzipien. Außerdem beflügeln sie die Fantasie der Übenden und wirken so etwaiger Langeweile entgegen.

Wieder ist es vom Lehrenden abhängig, welche Schwerpunkte gesetzt werden. Das wird besonders deutlich, wenn jemand zwei Lehrer hatte; der eine sprach «von Wasserfällen, Strudeln und Wolken aus Energie», der andere, im Hauptberuf Ingenieur, zerlegte «eine Technik oft in ihre ... Bestandteile ... redete von Drehgelenken und Hebelkräften»[256]. Lehrende wählen offensichtlich Beispiele, die ihnen selbst, aufgrund ihrer eigenen Lebenswirklichkeit und ihrer eigenen Alltagskompetenzen anschaulich sind.

EMPFEHLUNGEN: Hier ist wie so oft Selbstreflexion nötig: Falls Sie technische Analogien bevorzugen, stellen Sie sicher, dass diese auch von allen Schülern verstanden werden (Trägheit der Masse? Beschleunigung in einer enger werdenden Kurve??). Nehmen Sie Ihre Schüler mit, indem Sie genau zeigen, was gemeint ist. Falls Sie lieber poetische Bilder verwenden: Wählen Sie jene aus, die Ihnen selbst eingeleuchtet haben. Selbstkongruenz, zu deutsch Echtheit, ist ein wesentliches Merkmal der Kompetenz des Unterrichtenden. Sie müssen sich in jedem Augenblick des Unterrichtens wohlfühlen können mit dem, was Sie sagen, dürfen sich nicht selbst verbiegen, nicht jemand sein wollen, der oder die Sie nicht sind. Die Schüler erspüren solch ein «falsches Selbst»[257] und fühlen sich nicht aufgehoben, nicht gehalten, nicht getragen.

Zusammenwirken von Bild und sinnlichem Erleben

Offensichtlich schöpfen Menschen den größten Gewinn aus Metaphern, für deren Stimmigkeit sie selbst körperliche Evidenz erfahren haben. Dies wird berührend deutlich angesichts der Akzeptanz von Yin und Yang als Metapher für die Wechselfälle des Lebens. Niederlage, im wahrsten Sinn des Wortes als Zu-Boden-Gehen, und Schmerzerfahrung sind im Aikido ja nicht gekoppelt an verlieren, versagt haben, sondern sind Teil der Trainingsroutine. Anders als im Karate geht man ständig zu Boden; anders als im Judo noch dazu im regelmäßigen, vereinbarten Rhythmus nach jeweils vier Übungsdurchgängen. Dies macht es leicht, die hinter dem asiatischen Denken stehende Vorstellung von den ständigen Wandlungen von Gut und Böse, Glück und Unglück, Recht und Unrecht zu übernehmen.

Erkenntnisse: «Ich habe selber schon auch viele schlechte Erfahrungen gemacht, die hab' ich nicht verstanden, bevor ich Aikido gemacht habe. Aber die existieren eben auch, die machen das Leben erst rund, glaube ich. Du musst dann natürlich auch die Tiefen des Lebens mit durchleben. Wenn man das jetzt betrachtet wirklich als Yin und Yang, als mal positiv, mal negativ, dann muss man auch die negativen Seiten mal durchmachen, dann kommt das dann schon wieder. Wie beim Aikido: Man wird mal geschmissen und schmeißt dann wieder selber», fasst ein Mann zusammen. Ein Anfänger glaubt, dass «Aikido auch ein Wechselspiel ist oder so, einfach auch Negatives – ich denke, dass Aikido für das Leben außerhalb der Matte unheimlich viel birgt». Ein dritter Gesprächspartner stellt fest: «Eines, das ist hier auch sehr wichtig, und zwar, dieses dauernde Spiel zwischen und Nage und Uke, also eigentlich zwischen Subjekt und Objekt, dass man lernt, beides zu sein, Werfer und Geworfener. Was man auch natürlich im Alltag im Grunde dauernd erlebt, dass derselbe einmal Täter ist und dann auch wieder Opfer seiner eigenen Tat, oder wenn man jetzt grade an das Strafrecht denkt, dass es also solche glasklaren Unterscheidungsmöglichkeiten, wie uns unser westliches Denken da vormacht, völlig absurd sind, dass beide Möglichkeiten ständig in mir versammelt sind, je nachdem, ob ich was tue oder nicht, bin ich Täter oder Opfer einer anderen Tat. In diesem Wechselspiel zwischen Nage und Uke, da kommt das also ständig vor. Also dieses Wechselspiel zwischen Nage und Uke, zwischen Subjekt und Objekt, das ist auch wichtig, was man hier lernt, körperlich lernt.» Eine Frau betont: «Dieses Wechselspiel aus Spannung und die Spannung wieder aufheben, einfach fallen lassen, ich finde, das hat sehr viel mit dem Leben auch zu tun, dass man lernen muss, nicht alles nur festzuhalten, sondern auch mal loszulassen. Ich finde, das kann man wahnsinnig gut anwenden auf das ganze Leben. Je mehr ich das mache, desto mehr sehe ich das, desto wichtiger wird mir das.»

Diese verschiedenen Schüler und Schülerinnen aus ganz verschiedenen Trainingsgemeinschaften benutzen sogar spontan* dasselbe Bild vom «Wechselspiel».

Auch weitere Bilder und Metaphern, welche die Aikidoprinzipien verdeutlichen sollen, werden übernommen und wiederum zur körperlichen Erfahrung in Beziehung gesetzt: «So wie man hier das Leben, wie es mal unser Lehrer gesagt hat, nicht geradlinig durchläuft, sondern in Bogen, in diesen Kreisen durchläuft –», greift ein Mann auf. Eine Frau betont: «Mit Parallelen zum Leben gibt es immer so ein paar Sachen, die mir total Spaß bereiten, ich vergleiche das dann auch manchmal so mit meiner Arbeit, oder wie der eine manchmal so sagte, ja, da musst du sein wie ein Baum im Wind, so dehnend oder so beweglich, sobald man steif wird, bricht man, das ist genauso ein Prinzip von Statik. Irgendwann mal so, kling! Da ist mir das dann so aufgefallen, da dachte ich, ja klar, stimmt. Machst du das starr, jede Brücke, alles, bricht es. Bäume sind so aufgebaut, beim Aikido ist es eben auch so. Und das ist dann auch fürs Leben. In dem Augenblick, wo du so völlig steif durch die Gegend läufst, ja und so völlig unflexibel im Prinzip bist, und ich mich nicht auf neue Sachen einstellen kann, ich glaube, dann zerbricht man viel eher, als wenn man einen Schicksalsschlag, ja dann haut einen das um, aber wenn man dann dehnbar ist, dann schaukelt man halt wieder zurück irgendwann.»

EMPFEHLUNGEN: Haben Sie's bemerkt? «Wie der gesagt hat», «Wie es der mal gesagt hat» ... die Schüler hören zu ... merken sich Ihre Aussagen ... prüfen sie. Seien Sie sorgsam mit dem, was Sie sagen. Es kann sehr wichtig werden.

Weitere ERKENNTNISSE: Oben durften wir einen Schüler bei seiner Schmerzerfahrung Schritt für Schritt begleiten. Er hatte dabei folgende Einsicht: «Was ich auch interessant finde, ist zum Beispiel dieser Schmerzaspekt im Aikido. Ich finde, das ist auch ein Aspekt vom Aikido, wo ich sagen würde, vielleicht so, was man auch für das Leben so lernt. Mit so 'nem Schmerz umzugehen. Auch mit einem Trauer-Schmerz, den muss man ja auch einfach da sein lassen, muss ihn wahrnehmen, und wenn man sich da verkrampfen würde, würde man sich selbst weiter verletzen, man kann ihn auch einfach mal, einfach mal wieder gehen lassen.»

«Schmerz ist ein Teil des Lebens; man kann ihm nicht ausweichen» – da waren sich die von mir befragten Karateka, Tänzer und Aikidoka einig. Umso wertvoller ist es, lernen zu können, gerade auch mit dem Unveränderbaren, Unausweichlichen umzugehen.

Andererseits ist vieles veränderbar; es kann gebessert oder neu begonnen werden. Hier kann die verinnerlichte Übungshaltung eine Rolle spielen als eine Metapher für die Lebensführung. Wer im Aikido etwas nicht konnte, hat nicht etwa seine Chance gehabt, hat halt ver-

---

* also von sich aus. Das Wort war weder Teil der halb standardisierten Fragen gewesen, noch wurde er etwa nach einiger Zeit einem Gesprächspartner angeboten (etwa: «ein anderer hat das ‹Wechselspiel› genannt – findest du auch, dass das passt?!»).

loren und ist nun draußen. Er wird weiter üben, den Aikidoweg weiter gehen: «Wenn da mal jetzt eine Bewegung, zum Beispiel Nikyo, mal nicht so geklappt hat, kann ich mir immer sagen, na gut, nächste Woche oder am Donnerstag hab' ich die Möglichkeit also, das zu vertiefen. Und wirklich drauf zu achten.» Problematisch waren für diesen Mann «eigentlich wirklich mehr die Sachen außen herum». Dort kam die Erfahrung von der Matte zur Anwendung: «Dann hab' ich mir gesagt, na ja, also das war wie beim Aikido. ‹Du hast mal eine Bewegung nicht gekonnt, aber irgendwann› – und nach einiger Zeit hat man dann wieder eine Beziehung gehabt, also so etwas wie dranbleiben und es wieder probieren.»

23 – Mann – Frau – Aikido: Undoing gender

> «Nicht-Diskriminierung und Nicht-Exklusivität
> sind die grundsätzlichen Charakteristiken des Aikido.»
> K. Ueshiba[258]

Dieses Kapitel ist ein bisschen anstrengend. Doch seien wir ehrlich: Das sind die Beziehungen zwischen Männern und Frauen sowieso ... gehen wir sie halt einmal nicht naiv an, sondern so richtig wissenschaftlich. Schaden kann das nicht, denn schließlich unterrichten Männer und Frauen die Mädchen und Jungen, die Frauen und Männer, die sich ihnen anvertrauen oder die ihnen anvertraut werden.

Während man unter «sex» «die biologische Definition von Geschlecht, die ... auf der genetischen Ausstattung oder hormonellen Vorgängen basiert» versteht, bedeutet «gender» «die daraus abgeleiteten gesellschaftlichen Normen männlichen und weiblichen Verhaltens in Sexualität, Familie oder Beruf»[259]. Damit wurde «die Kategorie Gender ... eingeführt zur Abwehr biologistischer Kurzschließungen, also um klar zu machen, daß die soziale Existenzweise von Frauen und Männern sich in keiner Weise mit irgendwelchen biologischen Gegebenheiten erklären ließ»[260].

Einer der vielen Vorzüge des Aikido ist das gemeinsame Training von Frauen und Männern, Mädchen und Jungen. Dies entfaltet seinen besonderen Wert angesichts der Bedingtheiten von Männern und Frauen im Sport, bei Bewegung und in der Gesellschaft überhaupt.

23.1 Geschlechtsrollen, Körper und Sport: die typischen Muster ...

Schon bei Kindern findet sich eine biologische, eine psychologische und eine sozial bestimmte Geschlechtsrollenidentität[261], auch Letztere scheinbar angeboren im Sinn von genetisch festgelegt. Doch die heutige Forschung betrachtet Geschlecht, Geschlechterordnung, Geschlechts(rollen)identität als soziale Konstruktionen, ebenso wie, weit über das

Biologische hinausgehend, Körperwahrnehmung, Bedeutungszuweisungen an den Körper, Körperideale und Körperselbstbild sowie Bewegung[262]. Denn das Erleben des eigenen
Körpers, die Einstellungen zu ihm und der Umgang mit ihm unterliegen der Sozialisation;
sie sind überaus formbar.

Der übliche westliche Sport ist am Prozess dieser Formung beteiligt, «weil zugeschrie-
bene Geschlechtsmerkmale vorrangig auf biologische Voraussetzungen zurückgeführt werden können und damit von selbst als ‹natürlich› und ‹natürlich ungleich› erscheinen».
Außerdem halten institutionelle und organisatorische Merkmale im Sport Geschlechts(rollen)stereotypen aufrecht, so «findet in nahezu allen Sportdisziplinen auf Wettkampfebene
ca. ab dem 11. Lebensjahr eine offizielle Trennung der Geschlechter statt» und zu einigen
Wettkampfdisziplinen sind entweder nur Männer oder nur Frauen zugelassen[263].

Bis in unsere jüngste Geschichte war Sport, von Männern für Männer entwickelt, Männern vorbehalten geblieben. Danach wechselten sich Zeiten ab, in denen Frauen sich den
Zugang zum Sport zu erstreiten versuchten und es ihnen verwehrt wurde, mit solchen, in
denen Frauen gehalten wurden, sich sportlich zu betätigen[264], wobei so oder so mit ihrer
Fortpflanzungsfähigkeit argumentiert wurde. «Seit den 1950er Jahren wurden Frauen …
zu fast allen … Sportarten zugelassen, ohne dass dies die Dominanz der Männer im Sport
abgebaut hätte»[265].

Heute sind Männer und Frauen allgemein im Alltag und in der Freizeit gleichermaßen
körperlich aktiv. Dennoch zeigen sich ab Beginn des Schulalters Geschlechtsunterschiede.
Jungen und Männer sind öfter Mitglied in einem Sportverein als Mädchen und Frauen[266].
Trotz der zunehmenden Beteiligung von Frauen im Leistungs- und Spitzensport liegen die
Verdienstmöglichkeiten der Frauen, beispielsweise im Fußball, häufig deutlich unter denen
der Männer[267].

Die Bewegungsqualitäten, die für Jungen und Männer als richtig, für Mädchen und Frau-
en als angemessen gelten, und jene Bewegungsformen, die von diesen gewählt werden, decken sich meistens. Zu den gesellschaftlichen Vorstellungen von «Weiblichkeit» zählen Eigenschaften wie «Passivität, Submissivität, Schwäche und Sicherheitsbedürfnis», zu denen
von «Männlichkeit», «Aktivität, Aggressivität, Stärke, Risikobereitschaft und Durchsetzungsvermögen»[268]. «Bewegungsqualitäten werden dabei nach gängigen Stereotypisie-
rungen den Geschlechtern zugeordnet: weiche Bewegungen werden als ‹weiblicher Anteil› der Person aufgefaßt, harte Bewegungen als ‹männlicher Anteil›»[269].

Turnen und Schwimmen sind die Einstiegssportarten bei Mädchen, sie werden aber
mit zunehmendem Alter weniger wichtig. Mädchen bevorzugen informelle Sportaktivitä-
ten, Individualsportarten, deutlich häufiger Reiten und Tanzen.[270] Frauen wählen Individualsportarten ebenfalls häufiger und vor allem ästhetisch-kompositorisches wie Gymnastik, Turnen, Schwimmen, Sportarten, die Figurarbeit, Bewegungs- und Körpererleben betonen. Dabei zeigen Mädchen und Frauen wenig Bedürfnis, sich auf eine Bewegung zu
spezialisieren und diese zu perfektionieren. Entspannung ist Frauen deutlich wichtiger als
Männern.[271] Damit stellt die Wellnessbewegung «die weibliche … Perspektive im Sport»[272].

dar. Auch im Leistungs- und Spitzensport gelten wiederum «kompositorische Sportarten mit starker Ausdrucks- und Ästhetikkomponente»[273] als Frauensportarten.

Einstiegssportart der Jungen ist der Fußball, und er bleibt auch später wichtig.[274] Männer wählen deutlich häufiger als Frauen wettkampforientierte Mannschaftssportarten. Sie sind interessierter an den Aspekten sportlicher Leistung (Stärkung von Muskulatur, Stärke, Leistung, Erkennen von Leistungsgrenzen).[275] Dem entsprechen im Spitzensport die Männersportarten «mit dem Ziel der unmittelbaren Überwindung des Gegners ... oder in denen die Kraftkomponente eine besondere Rolle spielt»[276]. In etwa ist die «Abenteuerorientierung die männliche Perspektive im Sport»[277].

23.2 ... *und was sie uns antun*

Das Bedürfnis, eine klare geschlechtliche Identität zu haben, und damit sowohl Zugehörigkeit[278] sowie Normalität, ist ein starkes Motiv. Beide Geschlechter zahlen hierfür einen hohen Preis. Dies wird spätestens ab der Pubertät deutlich.

Mädchen und Frauen

In dieser Zeit treten beim Körpererleben von Mädchen Körperästhetik und Sexualität deutlich in den Vordergrund; die Körperdynamik mit Risiko- und Grenzerfahrungen verliert an Bedeutung. Jungen lernen hingegen, «sich ihre Umwelt ‹ausgreifend› anzueignen und dabei auf die Leistungs- und Belastungsfähigkeit des Körpers zu vertrauen»[279]. Besonders problematisch ist, dass «Mädchen in dieser Lebensphase die Beziehung zu sich selbst aufgeben, um ‹Beziehungen› eingehen zu können»[280]. Frühere Freiräume in Körperhaltung oder Aktivitäten werden in der Pubertät sanktioniert, während dies für gleichaltrige Jungen nicht gilt. Ziel der Sozialisierung ist «eine ‹weibliche› Körperinszenierung, die mit der Beschränkung auf eine bestimmte Kleidung auch die Beschränkung auf eine bestimmte Körpersprache mit entsprechenden Bewegungsformen verbindet»[281].

Werden Kinder beiderlei Geschlechts zusammen unterrichtet, verlangt das von den Lehrenden, besonders achtsam und vorurteilsfrei zu sein, denn allzu leicht werden die Stärken sowie der Abbau von Schwächen bei Mädchen im Gegensatz zu Jungen wenig beachtet, Mädchen von Lehrern und Lehrerinnen weniger gefördert; auf Interessen der Mädchen wird weniger eingegangen. Im Gegensatz zu Jungen, die Raum einnehmen können, lernen Mädchen, «sich zurückzunehmen, auf ihre Bedürfnisse und Interessen zu verzichten und ihre Unvollkommenheiten zu internalisieren»[282]. Bezüglich solchen Metalernens (das bedeutet: während man scheinbar nur eine Sache lernt, bekommt man gleichzeitig übergeordnete Prinzipien vermittelt) machen Kampfsportszenarien übrigens leider eher keine Ausnahme. Im Judo-Kindertraining wurden auch noch in den 1990er-Jahren geschlechtsdiskriminierende Inhalte so nebenbei eingeübt: Die gegeneinander antretenden Jungenmannschaften hießen etwa die Bären, Löwen und Panther, die Mädchenmannschaften dagegen die Mäuse, Igel oder Eichhörnchen.

Für erwachsene Männer ist ihr Körper dann eher ein Instrument und vielleicht selbstverständliches Medium des In-der-Welt-Seins; mehr zu ihnen unten. Bei Frauen wird der eigene Körper häufig zum Feld der Auseinandersetzung mit ihrem Leben. «Schönheit» war lange die einzige Frauen zugestandene Form, «Macht» auszuüben.[283] Wenn reale, gesellschaftlich relevante Macht fehlt, dient «Schönheit» als Ersatz «für das mangelnde Selbstwertgefühl»[284]. «Frauen mit brüchigem Selbstgefühl sind oft übermäßig mit ihrem Körper beschäftigt. Die Verwirrung darüber, wer sie sind, spiegelt sich in der Verwirrung über ihr Körpervolumen – ob sie zu dick, zu dünn oder ... richtig sind»[285]. Das Körperbild von Frauen ist häufig stark verzerrt, der eigene Körper oft mit «Selbsthaß» belegt.[286] Allgemein sind Frauen mit ihrem Körper und Aussehen deutlich weniger zufrieden als Männer und schätzen auch ihre körperlichen Fähigkeiten geringer ein.[287]

Menschen, die ein geringes Selbstwertgefühl haben – ein entsprechendes Defizit kann bereits in der frühen Kindheit angelegt sein durch mangelhafte empathische Spiegelung seitens der Bezugspersonen, vgl. Teil II – oder die unsicher sind, etwa bezüglich der eigenen Identität, orientieren sich stärker an Geschlechtsrollenstereotypen[288]. Bei Frauen sind dies kulturelle Schlankheitserwartungen. Zu Beginn des letzten Jahrhunderts «wurde das mütterliche Frauenbild durch ein sexuelles Frauenbild ersetzt. Schlankheit wurde zum Zeichen für Emanzipation und zum Symbol unabhängiger befreiter Sexualität». Beispielsweise wurden die Siegerinnen der «Miss America»-Wahl immer größer und dabei immer leichter. Allmählich wurde dies von einem athletischen Ideal überlagert, was neben Diät auch noch diszipliniertes Körpertraining verlangt: «Das Schönheitsideal der Gegenwart ist ein ‹lebendiger, pulsierender Körper›, eine Frau mit ‹den kraftvollen Schultern einer Schwimmerin, den sehnigen Schenkeln einer Marathonläuferin und den muskulösen Armen einer Tennisspielerin›»[289].

Schlank zu sein gilt als «Leistungs- und Erfolgsbeweis»[290]. Für Profisportlerinnen ist Schlankheit ein Muss und oft eine Qual[291]. Doch gerade auch manche Amateurin möchte die sportliche Betätigung als Schönheits- und als Schlankheitsmittel einsetzen. Statt Bewegungsarbeit zu leisten, sind Frauen viel eher und weitergehender als Männer dazu bereit, Arbeit an ihrem Körper zu verrichten. Eine kleine praktische Entlastung bieten hier die Kampfkünste: «Außerdem trägt man keine Tights oder dergleichen, die genau preisgeben, wieviel Körperfett man hat: Das Ego kann sich gut im Gi* (die Bekleidung im Kampfsport) verstecken»[292].

Sportliche Bestätigung kann zwar im Dienst der «Selbstvergewisserung als Frau»[293] stehen. Doch nicht einmal die Rechnung sportliche Betätigung gleich gesteigertes Selbstwertgefühl geht für Frauen einfach auf. Eine kombinierte Längs- und Querschnittsbeforschung von Frauen, die regelmäßig in Fitnessstudios trainierten, erbrachte zwar positive Zusam-

---

* korrekt: Dogi oder Keikogi.

menhänge zwischen Training und allgemeinem Selbstwert, selbsteingeschätzter Sportlichkeit und Attraktivität. Aber es zeigte sich, dass «solche positive Auswirkungen möglicherweise nur bei relativ sportlichen und selbstbewußten Frauen gelten. Bei anderen Frauen kann Training in einem Fitneßstudio zu Selbstwertbelastungen führen»[294]. Selbstwertprobleme und «Leeregefühle» erzeugen ein «intensives Bedürfnis nach Anerkennung»[295] und damit «ein unerbittliches – und blindes – Streben nach Vollkommenheit ... Wir vergleichen uns ... – und wir schneiden immer schlecht ab»[296].

Im Aikido, in dem keine Wettkämpfe durchgeführt werden, gibt es nun keine Einteilung in Gewichtsklassen und keinen Aushang von Siegerlisten. Frauen genießen es, sich in spielerischer Bewegung einzusetzen, sich verausgaben zu können, wie ihnen «das in einer Wettkampfsituation nicht mehr möglich ist»[297].

Jungen und Männer

Jungen und Männer werden ebenfalls gemäß bestimmter Geschlechts(rollen)stereotype sozialisiert. Das fällt nicht so auf, da damit für sie, anders als für Frauen, keine offensichtlichen Nachteile verbunden sind; dennoch müssen auch sie oft Anteile der Person entweder ignorieren oder aber unterdrücken.

Schon Jungen bevorzugen «risikoreiche Unternehmungen und wilde Balgereien sowie direkte Konfrontation, um von ihren Peers nicht als ‹Schwächling› angesehen zu werden»[298]. Auch Männlichkeit muss also unter Anstrengung, in einem ständigen Wettbewerb, erworben werden. Männer, die ein niedriges Selbstwertgefühl haben, sind «eher bereit, ein Risiko einzugehen und körperliche Stärke zu demonstrieren, um den Erwartungen an Männlichkeit zu folgen»[299].

Die klassisch männliche Geschlechtsrolle beinhaltet Anpassung des Lebens an die Arbeitswelt, Wagnis, Abenteuer und Risiko, Aktivität, Dominanz, Kompetenz[300], Emotionskontrolle und damit verbunden eine gewisse Härte gegen sich selbst, aber auch gegen andere. Entsprechen diese Rolle, ein solches Verhalten nicht dem Charakter oder den Möglichkeiten eines Jungen oder Mannes, kann ihm Anerkennung verweigert werden. Er wird von anderen Männern, teilweise auch Frauen, diskriminiert, genau wie Frauen, die die Grenzen der Stereotype durch ihr Verhalten überschreiten.[301] Die typischen Werte fließen ein in die «Grundstrukturen des traditionellen Sports»[302], vor allem in den Leistungs- und Wettkampfsport, in dem Stärke, Durchsetzungsvermögen, Kraft, Schnelligkeit, Härte, Kampfeswille, Mut wesentlich werden. Sport sozialisiert in Richtung rücksichtslosen Handelns und Kaltblütigkeit, Aggressivität gegenüber anderen, Gegnern, besonders in bestimmten Spiel- und Kampfsportarten wie Fußball.[303] Im Sport sind körperliche Auseinandersetzungen für Jungen und Männer nicht nur legitimiert, sondern sogar erwünscht, weshalb «Sportarten mit hohem Aggressionspotential auch überwiegend von Männern betrieben werden»[304].

«Selbstgefährdung in Form von riskantem Körpereinsatz und Verletzungen sind im Sport an der Tagesordnung»[305]. Übrigens zeigen sich diese männlichen Verhaltensweisen auch außerhalb des Sports. Anders als Frauen neigen Jungen und Männer häufiger zu riskant-aggressivem Verhalten, das mit Schäden für den eigenen Körper einhergehen kann, wie Mutproben oder exzessiver Alkohol- und Drogenkonsum. «Das Riskieren des eigenen Körpers dient ... der Aufrechterhaltung der Anerkennung durch andere Männer»[306]. Junge Mädchen verletzen sich dagegen häufiger selbst.[307] Männer müssen den Bezug zum eigenen Körper, im Sinne einer achtsamen Wahrnehmung, opfern. *«Wenn der Körper einfach nur so funktioniert, ist er quasi nicht vorhanden. Erst in den Augenblicken, wo er extrem Lust oder extrem Unlust signalisiert, wird man auf ihn aufmerksam»*[308].

Erkenntnisse: In den spontanen Mitteilungen eines männlichen Interviewpartners findet sich eine ebensolche traditionelle Karriere – und dann der Einfluss des Aikido: «Mit achtzehn, zwanzig, da meint man, Alkohol gehört zum Leben. Braucht man aber nicht! Ich hatte früher Schnaps getrunken, bis ich eine Magenschleimhautentzündung hatte. Seit ich jetzt Aikido mache und keinen Alkohol trinke, geht es mir gut, zwei Jahre schon. So muss ich nicht mehr am Stammtisch der erste sein mit einer leeren ‹Maß›. Es gibt auch andere Ziele: In der Arbeit. Bei Kollegen etwas erreichen. Beim Chef, dann bei dessen Vorgesetzten. Das ist dann ein Erfolg. Ich setze mir auch Ziele im Aikido.» Aikido wurde zunächst als sportliche Betätigung betrieben, wirkte aber anders als typische Männersportarten: Es verbesserte seine Körperwahrnehmung und damit seine Beziehung zu sich selbst; inzwischen geht er pfleglicher mit sich um: «Man muss halt etwas auf sich achten. Das Aikido alleine schützt einen ja nicht vor irgendwelchen Gefahren. Wenn ich aber jetzt nur einen leichten Schnupfen hab, weil ich wieder mit nassen Haaren Motorrad gefahren bin – wenn man eben darauf achtet, auf diese Kleinigkeiten, wie zum Beispiel so eine Erkältung, die geht dann auch wieder schnell weg.»

Gesundheitsbewusstsein, Gesundheitsverhalten, Selbstfürsorge gerade von Männern können durch Aikido günstig beeinflusst werden.

23.3 Sackgassen und ein Ausweg

Es ist schwer, die ausgetretenen Pfade zu verlassen. Und es wird einem oft schwer gemacht.

Einseitige Anpassung als Holzweg ...
Scheinbar haben Männer mehr zu verlieren. «Der Anteil der Mädchen, die ‹geschlechtsuntypische› Sportarten ausüben, ist mit 29% deutlich höher als der der Jungen mit gerade einmal 5%»[309]. Athletinnen wie männliche Tänzer wurden lange Zeit stigmatisiert.[310] Die Vorbehalte gegenüber Frauen in Männersportarten sind umso ausgeprägter, je stärker eine Sportart dem klassisch männlichen statt dem traditionellen weiblichen Stereotyp entspricht.[311] Das Eindringen von Frauen stellt noch dazu die Funktion, der Inszenierung von Männlichkeit zu dienen, infrage. Abwehr- und Ausschlussmechanismen gipfeln in der Unterstellung, die Sportlerin sei keine richtige Frau.[312]

Dieses Klischee ist alt: Von historischen oder mythologischen Kriegerköniginnen wurde stets entweder berichtet, dass sie ihr Heer siegreich führten, dabei aber zart, sanft und rein blieben oder aber, dass es grausige, oft sexuell gierige, Mannweiber gewesen seien[313]. Und doch kann man mit einer Jungianischen Psychoanalytikerin, die neben Aikido Schwerttechniken erlernte, darüber nachdenken, was Kampfsporttraining in letzter Konsequenz auch heute noch bedeuten kann: Als Frau bereit – und fähig – zu sein, zu töten. Eine anderenorts interviewte Aikidoka diskutiert die «ethische Dimension» von «Stärke», «Kämpfen», «Gewalt»[314] auf Frauen bezogen.

Frauen können in einer männlichen Sportart Selbstvertrauen und Selbstbewusstsein aufbauen[315]. Allerdings blicken selbst feministische Forscherinnen kritisch auf die Zunahme expressiver Gewalt bei Frauen in Männersportarten und sehen hierin eine Übernahme männlicher Verhaltensweisen, also auf eine unreflektierte Anpassung, hinweist[316].

ERKENNTNISSE: Eine meiner Interviewpartnerinnen hatte mehrere für Frauen unübliche Sportarten betrieben und sogar solche, die auch für Männer als riskant gelten. «Ich weiß, dass ich sehr kräftig bin und von Haus aus ein sehr sportlicher Typ, vom Bewegen her, das liegt mir. Es hat in meiner Lebensgeschichte angefangen mit zehn Jahre Fußball spielen. Ich mache auch noch Flaschentauchen und will jetzt Fallschirmspringen anfangen, dafür habe ich Kendo aufgegeben.» Sie schildert ihre erst durch Aikido angeregte Entwicklung von «anfangs war ich selber noch hart» zum «erspüren». Kapitel 27 wird ausführlich auf solche Bereicherungen eingehen.

Wenn Frauen bereits mithilfe von Bewegungsarbeit damit ringen, dass «das Weibliche ... im Vergleich mit dem Männlichen als das Andere, das Mindere, Kleinere, weniger wertvoll»[317] gilt, wird die Auseinandersetzung mit einem fernöstlichen Meister zu einer zusätzlichen Herausforderung. Eine meiner Gesprächspartnerinnen meinte: «Ich denk', hat auch was mit japanischer Tradition zu tun. ‹Frau› hat wenig Stellenwert.»

Letztendlich versuchen wohl eher die Frauen, das ihnen Vorenthaltene zu erobern. Männer kommen ihnen nicht entgegen, geraten ihrerseits nicht unter den Druck, ihre Muster gleichfalls zur Disposition stellen zu müssen[318]. Ein alternatives Bewegungsangebot löst bei ihnen sogar Irritation und Angst aus. Beispielsweise stieß ein Projektstudienseminar «Körpererfahrung» an der Sporthochschule vor allem bei Männern auf Widerstände; nur die «meisten Frauen und die Männer, die bereits Erfahrung mit Meditation, Massage, Aikido» hatten, zeigten «erheblich mehr Geduld im Herausfinden eigener Möglichkeiten und im Sich-Zeit-Nehmen für Erfahrungserweiterungen»[319]. Sich differenziert wahrzunehmen und zu erspüren, kann nämlich Männer in Konflikt bringen zu ihren sonstigen Bedingtheiten, besonders denen der Arbeitswelt. Rudolf zur Lippe begründet sein Aufgeben des Aikido so: «Wir fürchten uns vor zu viel Wachheit für ganze Formen und selbstgefundene Körperlichkeit, weil wir ahnen, daß wir die falschen Anforderungen von außen, die doch weitergehen werden, als um so unerträglicher erfahren müssen»[320].

Androgynität

Trotz aller Bedenken gehört Aikido mit zu jenen Bewegungskünsten, welche Männer wie Frauen einladen, sowohl Fehlendes zu integrieren als auch Vertrautes zu prüfen, um es dann beizubehalten oder sich davon zu lösen. Es wirkt damit im besten Sinn androgynisierend. Man kann das «androgyne Menschenbild als Brücke» zwischen den Stereotypen ansehen. Das Wort «androgyn» setzt sich «aus den altgriechischen Wörtern für Mann (andros) und Frau (gyne) zusammen». Androgynie ist ein ganzheitliches psychologisches Modell; es betont, dass jeder Mensch sogenannte männliche und weibliche Eigenschaften aufweist, dass «Schönheit und Sanftheit, Stärke und Aggression in einer Person vereinigt sind». Nach C. G. Jung ist Akzeptanz und Integration des gegengeschlechtlichen Anteils für jeden Menschen notwendig. Androgynität bedeutet keineswegs «Reduktion auf eine einzige vage, geschlechtsneutrale Form; die Vision des Androgynen entstand vielmehr als Bild und Ausdruck der Vielfalt der menschlichen Entwicklungsmöglichkeiten» und schließt deshalb «ein Maximum an Gegensatzspannung ein»[321]. Eben diese ist im Aikido gegeben, mit seinem weiten Wirkungsbereich zwischen Entspannung und Ki Ai, Waffentraining und Fühlübung.

Das Aikidotraining macht die geschlechtsspezifischen Körper- und Bewegungsmuster mit ihrer jeweils typischen Abspaltung von Bewegungspotenzialen sichtbar: Beispielsweise muss bei Frauen eher Körper- und Bewegungsspannung aufgebaut, bei Männern eher übermäßige Anspannung in Armen und Schultern abgebaut werden. Neben Körpermustern werden Verhaltensmuster deutlich: «Schwierigkeiten, kooperativ zu trainieren bei Männern und ein Übermaß an Beziehungsorientiertheit, an dem die kooperative Bewegung letztlich ebenso leidet, bei Frauen». Aikido verlangt sowohl eine Auseinandersetzung mit Bewegungsmustern als auch mit den klassischen Identitätsmustern (Aktivität, Kraft, Stärke und Macht ist männlich, Passivität, Weichheit und Ohnmacht ist weiblich). In wettkämpfenden Sparten müssen Leistungsträger ihre jeweiligen besonderen Stärken immer weiter ausbauen. Im Aikido dagegen wird jeder durch das breite Trainingsangebot auch immer wieder mit seinen Schwachstellen konfrontiert und ist gehalten, an diesen zu arbeiten, zu feilen.

Letztendlich sollte es im Aikido nicht um die gedankenlose Übernahme der jeweils gegengeschlechtlichen (Bewegungs-)Stereotype gehen, sondern «um eine Auseinandersetzung mit den eigenen Mustern, bei der Neues entstehen kann»[322]. «Aikido ist weder männlich noch weiblich und es sollte nicht vorab bestimmt werden, wie sich Männer und Frauen im Aikido verhalten sollten, wie sie Aikido ausführen sollten»[323].

ERKENNTNISSE: Ohne dass sie dies selbst so benannt hätten, schätzten meine Gesprächspartner beiderlei Geschlechts den Undoing-Gender-Aspekt, das androgynisierende Moment. Die Körperentwicklung, von der meine Gesprächspartner berichteten, ergänzte stets zuvor Fehlendes. So sind es Männer, die aufzählen: «Bisschen dehnbarer werden», «ich bin gelenkiger geworden», «beweglicher bin ich geworden, auf jeden Fall», dass sich «in den Muskeln viel gelockert» hat und die den «Sinn» des Aikidoübens «auf eine Geschmeidigkeit» beziehen. Dem steht gegenüber: «Das hat für mich eine große Bedeutung dieser Kraftzuwachs. Gerade für mich als Frau.» Der androgynisierende Effekt betrifft auch die psychische Entwicklung: «Dass man, und als Mann wohl besonders, mehr bauchlastig werden darf, damit auch verbunden mehr intuitiv. Intuition lässt man zu, und es muss nicht alles so analysiert und rational betrachtet werden.»

Mithilfe des Aikido wird nicht nur, was überzeichnet ist, ins Lot gebracht; auch was bisher unentwickelt geblieben war, wird nachträglich belichtet. Schließlich ist es auch quälend, die eigene Geschlechtsidentität nicht angemessen ausfüllen zu können. Zwar wechseln die Rollen von Angreifer und Verteidiger im Aikido nach jeweils vier Durchgängen; innerhalb dieser Rolle sind jedoch klare Verhaltensvorgaben definiert (dezidiertes Angreifen; bestimmtes Übernehmen der Führung und konsequente Durchführung der Technik bis zum Ende; Akzeptieren der Technik). Daher ist nach Ansicht einer meiner Gesprächspartnerinnen «Aikido gut für Männer, die es nicht schaffen, deutlich zu zeigen, was sie wollen, Richtung geben. Für Frauen auch, aber ich habe das Problem bei Männern mehr bemerkt. Sozusagen Führungskräfte schulen. Und im ehelichen Bereich: Partnerin deutlich zeigen, Richtung angeben ...»; ihr abschließendes «... aber dann nicht grob werden» verweist auf die im Aikido erlernbare Feinabstimmung.

Aikido wird gefiltert durch die Persönlichkeit und den Stil des Lehrenden vermittelt. «Es gibt ja gutes ‹weibliches› Aikido und gutes ‹männliches› Aikido. Der eine Trainer von uns, der macht ‹weibliches› Aikido, ne, obwohl er ein Mann ist, ganz sanft und so.»

Empfehlung: Letztendlich sollte ein guter Aikidolehrer androgyn sein (wie übrigens auch ein guter Psychotherapeut und jedes Elternteil) ...

23.4 Weil es Dauerbrenner sind: Frauen – Schwachsein – Schönheit – Schlanksein

Immer wieder wird betont, dass Aikido für Frauen besonders geeignet ist: «Einmal erlernt, stellt Aikido, da der Kraftaufwand minimal ist, auch für Frauen eine praktikable Verteidigung dar»[324]. Es wird berichtet, was Frauen an Aikido genießen: «Ich kämpf' da mit einem Riesenkerl und er muß hinfallen, egal was er macht! Und das ... macht unheimlich Spaß!» Es wird erklärt: «Nur durch möglichst langes und tiefes Ausatmen entwickelt man ‹Ki›, die einzige Kraft, die man beim Aikido überhaupt braucht. Und die jeder entwickeln kann, auch Kinder, ‹schwache› Frauen oder alte Leute». «Beim Aikido lernen auch Frauen ihre verborgenen Kräfte kennen: Nachgiebigkeit ist hier Stärke»[325]. «Im Gegensatz zu den verwestlichten, an Wettbewerb orientierten Kampfsportarten wie zum Beispiel Karate oder Taekwondo ... sind fast die Hälfte aller Aikido-Schüler ... Frauen». Es wird angenommen, dass «Frauen mehr die weiche, nach innen gerichtete Seite der Kampfkunst fasziniert»[326].

Daneben wird Aikido, als Beispiel für Kampfsport, unter die «Schönheitsgeheimnisse Japans»[327] gezählt. Eine Frau hält es in ihrem Einsteigerbericht dann auch wirklich für erwähnenswert, dass sie in einem halben Jahr «ungewollt fünf Kilo abgenommen»[328] hat. Die Vorstellung, Aikido sei quasi als Kosmetikum einzusetzen, hatte sich herumgesprochen bis in das Honbu Dojo, Tokyo, der Zentrale des Aikikai. Das damalige Oberhaupt, Ueshiba Kisshomaru, nahm kritisch Stellung: «Man sollte nicht verleugnen, daß einige Frauen Aikidotraining beginnen, indem sie denken, daß es nützlich für die Selbstverteidigung oder eine ideale Übung für Gesundheit und Schönheit sei. Sie sind durch Zeitungen und Zeitschriften mißgeleitet worden ... Haben sie einmal mit dem Training begonnen, erkennen sie, daß Aikido wiederholte Übung bedeutet, die Einheit von Körper und Geist und die Kultivierung der Ki-Energie erfordert. Daß es wohltuend für Gesundheit und Schönheit oder nützlich als Selbstverteidigung sein mag, ist rein ein Nebenprodukt, das nicht mit dem Geist des Aikido verbunden ist. Solche Ergebnisse schnell und nur um ihrer selbst zu suchen unterminiert die wahre Würdigung dessen, was Aikido anzubieten hat»[329].

ERKENNTNISSE: Erfreulicherweise hatte sich keine Einzige der von mir interviewten Frauen kritisch mit ihrem Aussehen oder ihrer Figur befasst oder dergleichen überhaupt erwähnt. Letztendlich war es ein Mann, der diesbezügliche Überlegungen anstellte: «Man gerät immer wieder im Alltag in so einen Trott rein, und auch in der Ernährung oder bezüglich Gewicht, wenn man mal über die Stränge schlägt. Durch diese langdauernde Bewegungsart wird man immer wieder daran erinnert, sich doch immer ein bissel aus dem Alltag zurückzunehmen und das alles mal zu überdenken, das ist immer so ein Korrektiv wieder.»

Dies zeigt ganz nebenbei, warum es sinnvoll ist, nicht einseitig etwa nur Frauen zu beforschen, sondern beide Geschlechter: Man erfährt nicht lediglich etwas zu dem Erwarteten, sondern auch Überraschendes.

23.5 Frauen, die Aikido üben

Schwarzgurtträgerinnen aus den USA berichten mindestens drei unterschiedliche, zum Teil sogar gegenläufige Gründe, mit Aikido zu beginnen. Für manche Frauen stellte es eine neue, weitere Sportart dar, die sie aus Neugier aufnahmen, nachdem sie schon in anderen Sparten erfolgreich waren. Andere hatten eher abschreckende sportliche Vorerfahrungen gehabt: Wer stets als Letzte in ein Team gewählt wird, hat nicht das Gefühl, noch Fertigkeiten erwerben zu können – hat verloren, ehe das Spiel begonnen hat. Wieder andere fühlten sich bedroht und wünschten eine Technik der Selbstverteidigung zu erlernen. Alle Frauen schätzen die ethische und philosophische Dimension des Aikido und erlebten die schrittweise Heranführung an körperliche Kompetenz als angenehm, hatten Freude an der Bewegung entdeckt sowie Selbstvertrauen gewonnen[330].

Neben vielem anderen werden übrigens auch «positive Wirkung auf ... die Menstruation, Schwangerschaften und Geburten» berichtet[331]. Übungsleiter sollten allerdings die folgenden Modifikationen berücksichtigen: Sobald die Schwangerschaft überhaupt bekannt ist, sollten Schwangere sich nicht mehr werfen lassen, sondern ausschließlich rollen.

Gegen Ende der Schwangerschaft sollte frau auf das Rollen ganz verzichten und als Uke mit einer Dehnung oder einem Auslaufen in der Bewegungsrichtung abschließen. Es wird allgemein davon abgeraten, Schwangeren den Schmerzgriff Yonkyo zu applizieren, denn dies könnte eine Fehlgeburt auslösen.

Von Neugeborenen wird dann auch schon einmal erzählt, sie seien besonders wach zu den Uhrzeiten, zu denen die Mama als Schwangere trainiert hatte ...

Auch angesichts der vielen erfreulichen und förderlichen Momente, die Aikido für Frauen hat, ist es wohl selbst dort noch möglich, eine «ausschließliche Innenorientiertheit des Körpererlebens, als Form ‹weiblichen› Selbst- und Welterlebens» aufrechtzuerhalten. Diese verhindert nicht nur eine objektive Sicht auf tatsächlich «vorhandene Handlungs- und Bewegungskompetenzen, sondern auch auf die Wahrnehmung von äußeren Ursachen für Zerrissenheitsgefühle, die für die weibliche ... Lebenswelt prägend sind»[332].

Auch Aikidofrauen beobachten Ärgernisse und Behinderungen wie unerwünschte Berührungen, herablassendes Korrigieren, Über- und Unterforderung, die Angst der Männer vor starken Frauen und die Reduzierung weiblicher Möglichkeiten durch das «Sanftheitsgebot»[333]. Während es anfangs einen «hohen Anteil an weiblichen Aikidoka»[334] gibt, ändert sich das Verhältnis von Frauen zu Männern bei den Fortgeschrittenen. Wenn bei einem Wochenendlehrgang «ausnahmsweise mehr Frauen als Männer auf der Matte sind» ist dies «eine absolute Rarität»[335]. Frauen mit Großmeister-Rang fehlen.[336] Überhaupt ist «der Frauenanteil ... auf dem Schwarzgurt-Niveau ... frappierend gering. Das gleiche gilt für den Anteil der Aikidotrainerinnen in gemischtgeschlechtlichen Gruppen». Immerhin wird jedoch in «einigen Schulen oder Vereinen ... ein spezielles Frauentraining angeboten, das von einer Frau geleitet wird. Auch in Frauen-Bewegungs- und Sportzusammenhängen wird vielfach Aikido praktiziert. In Deutschland gibt es inzwischen einige Frauen, die eine eigene Aikidoschule eröffnet haben»[337].

ERKENNTNISSE: Wegen meiner Erfahrungen mit höchst unwilligen Kandidaten für Forschungen an der Universität hatte der Fragebogen möglichst einfach handhabbar sein sollen; unklugerweise hatte ich daher auf die Doppelung in männliche und weibliche Formulierungen verzichtet. Ein zugleich empörter und feuriger Kommentar zu zweien meiner Sätze ist es wert, festgehalten zu werden: «Es gibt auch Aikidomeisterinnen, in die man verliebt sein und von denen man träumen kann!»

23.6 Weitere ERKENNTNISSE zu Frauen und Männern in meiner Studie

An der Fragebogenphase hatten in den einzelnen Sportgruppen unterschiedlich viele Frauen teilgenommen. Im Iaido und im französische Aikido wurden nur wenige Frauen erfasst (in Prozent 13 und 21). Die (Hochschulsport-)Gruppe Karate wies ein Drittel Frauen auf. Einzig Standard-Tänzer und deutsche Aikidoka waren mit einem Verhältnis von fast genau halbe-halbe ziemlich perfekt ausbalanciert.

Die Frauen erwiesen sich als ehrgeizig: Ohne dass es dabei bemerkenswerte Unterschiede gegeben hätte, haben die Mitglieder aller befragten Sportgruppen zu zwischen 10 und

30 % dem Satz zugestimmt: «In einer Gruppe, in der alle ungefähr den gleichen Entwicklungsstand haben, werde ich nicht genug gefördert». Doch innerhalb der deutschen Aikidoka waren es dann aber mehr als doppelt so viele Frauen wie Männer – wenn schon, denn schon!

Einem anderen Satz, der inhaltlich zum Themenkreis des Do gehört, hatten fast doppelt so viele Männer wie Frauen zugestimmt: «Die Kyu- und Dangrade sind Formalitäten, die man hinter sich bringen muss; danach fängt das eigentliche Bemühen um das Aikido erst an». Entgegen den zitierten Ansichten über Mädchen und Frauen im Sport, sie würden nur selten etwas ernsthaft betreiben, etwas vervollkommnen wollen, geben Aikidofrauen damit umgekehrt auch bereits schon der Graduierung einen Wert an sich. Daher ist es auch nicht verwunderlich, dass fast doppelt so viele Frauen wie Männer dem Satz zustimmten: «Wenn ich mich von meinem Lehrer nicht anerkannt fühle, verdirbt mir das den Spaß, und ich würde mir am liebsten einen anderen suchen». Eher Frauen als Männer wollten «lieber von mehreren Lehrern lernen».

Das gemeinsame Trainieren wurde von meinen Gesprächspartnern im Allgemeinen befürwortet. Ein männlicher Anfänger stellt fest: «Was ‹Männer und Frauen› angeht, da finde ich es schön, dass es gemischt ist. Vor allem, weil ich denke, dass Frauen vielleicht ganz anders Aikido machen als Männer, teilweise, wie jeder eh' ein anderes Aikido macht.» Eine Frau, die schon mehrere Jahre übt, betont: «Unabhängig davon, dass das ja auch eine andere Trainingsart ist, mit einem Mann.» Kritik an Männern hat erwartungsgemäß unsensible Kraftanwendung zum Inhalt: «Es gibt immer so ein paar Brecher, ein paar Kotzbrocken.» So jemandem wird auf Dauer auch eine Powerfrau ausweichen: «Das geht bis zu dem hin, und das ist das Einzige, dass ich nicht weiter mit dem trainiere. Ich muss mir nicht alles antun lassen, also mit mir lass' ich's nicht mehr machen.»

Teils kritisch, teils selbstkritisch überlegt ein Anwärter auf den ersten Dan: «Vielleicht erscheine ich auch härter oder bin härter und krieg' dann entsprechend auch Kritik von den Frauen, die sich gern weicher bewegen oder auch gewisse Sachen gern vermeiden.» Obwohl er zugibt, «ganz intolerant» zu sein gegenüber Personen, «die Opfer meiden», bedauert er: «Es wird auch sehr schnell, ja, der Kontakt abgeschnitten. Ich steh' dann oft wie ein begossener Pudel, und versteh's auch nicht, weil es letztendlich auch nicht meine Intention war.» Er ist bereit, dies als Hinweis zu nehmen darauf, dass er an sich arbeiten muss: «Letztendlich versuch' ich's zu verstehen, eigentlich wie so 'n Spiegel, nur dass es sich jetzt schon über mehrere Jahre hinzieht, und ich halt immer weiter schauen muss, ob was bei mir schiefläuft.»

Die Frauen in meiner Studie gingen wirklich nicht so rabiat mit ihrem Körper um wie die Männer. Angesichts des Satzes «Wenn mir während des Trainings etwas weh tut (Krampf, Prellung o. Ä.) mache ich lieber weiter, als wäre nichts, statt aufzuhören», waren fast doppelt so viele männliche wie weibliche Aikidoka bereit, derartige zufällige Schmerzen zu übergehen. Bezüglich der aikidotypischen einvernehmlichen Schmerzzufügung bedingen sich mehr als doppelt so viele Frauen wie Männer aus: «Nur jemand, zu dem ich vollstes Vertrauen habe, darf mich an meine Schmerzgrenze bringen.»

Die Reaktionen auf den Satz «Im Training habe ich oft Angst» erbrachten spannende Ergebnisse. Allgemein wurde kaum zugestimmt und es zeigten sich keine Sportgruppenunterschiede. In einem zweiten Schritt, dem Vergleich allein der Männer, ergab sich: Bei der Gruppe Tanz hatten statistisch signifikant mehr, insgesamt ein Drittel, zugestimmt. Vermutlich stammt die Angst der Männer im Tanz daher, dass sie führen müssen und folglich die Hauptlast der Verantwortung für ein Gelingen tragen. Das wettkampffreie und partnerschaftliche Aikido ist hier im Vorteil.

In beiden Aikidogruppen sind es dagegen die Frauen, die schon eher (mit rund 15 % sieben- bis achtmal so oft als Männer) Angst haben; vermutlich vor körperlichen Konsequenzen: «Ich habe so vor einigen Wurftechniken, oder vor dem Fallen habe ich Angst, weil ich mir da auch mal was getan habe», sagte eine meiner Gesprächspartnerinnen und auch eine zweite hatte sich «verletzt beim Fallen und beim Rollen».

Übungsleiter sollten dies nicht leichtfertig abtun. Es ist schon ein Qualitätsprädikat, wenn eine Schülerin von ihrem Lehrer sagt: «... also da brauchst du – da ist Angst unnötig.»

Wenn Frauen vorgeworfen wird, empfindlich zu sein, gilt das als Schimpfe. Empfindsam zu sein ist dagegen ein Vorteil – im Aikido bestimmt. In ihrer Reaktion auf den Satz «Beim Training habe ich manchmal schon gespürt, was mit ‹Ki› gemeint sein könnte, als ein lustvolles Gefühl im Bauch» hatten sich die vier japanischen Stile, anders als bei vergleichbaren Fragen, ähnlich verhalten. Dafür zeigte sich bei den deutschen Aikidoka eine Tendenz (so nennt man das, wenn z. B. der Unterschied deutlich ist und nur ganz knapp eben nicht statistisch gesichert): Es hatten bereits die Männer knapp zur Hälfte zugestimmt, dann aber fast 70 % der Frauen. Frauen können es sich wohl noch eher erlauben, Bauchgefühle wahrzuhaben oder sie wagen es eher, dies kundzutun.

Unterm Strich ergab sich keine simple Gleichsetzung von Männern mit hart und Frauen mit weich. Den drei Kontakt-Kampfsportgruppen war der Satz vorgelegt worden: «Die Kampfelemente sind doch bloß Überbleibsel aus der kriegerischen Vergangenheit des Budo, sie könnten von mir aus auch gut wegfallen». Insgesamt kam nur eine äußerst geringe Zustimmung. Dafür zeigte sich ein drastischer Unterschied innerhalb der deutschen Aikidoka: Hier hatten immerhin über 11 % der Männer zugestimmt – aber keine Frauen!

«Eigentlich gefällt es mir meistens besser, mit Männern zusammen zu üben», erklärt eine Frau. Sie bemängelt, dass «Frauen doch manchmal ein bissel sehr vorsichtig sind», denn «das sind ja dann meistens Frauen», bei denen man, auch wenn sie «schon ein bissel fortgeschrittener» sind, «immer noch genauso vorsichtig sein» muss. Sie bedauert: «Es gibt wenige Frauen, mit denen man auch mal ein bissel mit Schmackes üben kann.» Eine zweite bekräftigt: «Ich halte nichts von Frauengruppen! Mag ja sein, dass – ich weiß, es gibt – ich find's nicht gut. Weil ich denke, dass das dann eher verstärken kann, was schon da ist. Dort geht es nur sanft, sanft, sanft. Ich hab' da mal Vertretung gemacht und ein bisschen härter, und das wollten sie nicht.»

Interessanterweise waren es manche Männer unter meinen Gesprächspartnern, die sich zum Training mit den Holzwaffen nur zurückhaltend äußerten: «Mit Stock und Schwert hatte ich anfangs meine Schwierigkeiten, das ist so ballettartig, das ist so wenig Bezug. Aber je mehr ich das mache, desto mehr gefällt mir das auch», oder die allgemein blieben: «Waffen haben dich schon immer interessiert, also ‹Stock und Schwert› ist interessant.» Die Frauen dagegen zeigen sich begeistert: «Am besten gefällt mir eigentlich jetzt das Kämpfen oder die Waffen. Partnerübungen mit Waffen, ich mach' sehr gern mit Schwert, mit Stock auch», so die eine und eine zweite: «Stock mach' ich gerne, Stock find ich toll.» Sie ist streng mit sich selbst: «Schwert, glaub' ich, kann ich nicht so.» Eine dritte genießt die Erlaubnis, Raum einzunehmen: «Schwert gibt einem Weite.»

23.7 Mein Tipp: Frauentechniken statt Frauengruppen

Aikidoka müssen sowieso in jedem Training mit den unterschiedlichen Körpern ihrer Mittrainierenden umgehen, besonders dann im gemeinsamen Üben von Frauen und Männern. Auch ich selbst, mit immerhin 1,64 m, kann mich an eine Irimi-Nage-Sequenz mit einem Mann von 2,10 m erinnern … Während er mich gerade warf, kam Meister Asai vorbei, blickte hoch und sagte lachend: «Ja, ja – das ist zweiter Stock!» Eine meiner Gesprächspartnerinnen hatte mehrere Sportarten erst gar nicht ausüben können: «So ein Handballtraining wollt ich gern mal mitmachen, aber da sind meine Hände einfach zu klein. Mir ist der Ball immer aus der Hand gefallen. Oder Tennis, weil ich einfach den Schläger, der Griff für meine Hand zu groß ist, müsst ich einen Kinderschläger nehmen …»

Hier sind spezielle Frauentechniken geeignet, wie sie beispielsweise Meister Hatayama unterrichtet: Hat Nage kleine Hände und Uke große, ist es günstiger, bei Sankyo nicht die ganze Handfläche umfassen zu wollen, sondern nur Daumen und kleinen Finger hinter den anderen drei zusammenzuhalten und so den Hebel auszuführen. Bei Yonkyo kann frau die haltende und die ausführende Hand zusammenrutschen lassen und so die Kraft beider Hände, übereinander gelegt, zugleich auf den Yonkyo-Punkt übertragen. Bei Meister Noro war zu beobachten, dass es bei Shiho Nage möglich ist, nicht die ganze Hand, sondern nur den Daumen mit beiden Händen zu ergreifen, um die Technik abzuschließen.

Diese Modifikationen bergen natürlich auch ein Risiko – die Griffe müssen sitzen. Sie können nur in einer gemischten Gruppe realistisch geübt werden. Auch wenn kleine Frauen von einem «Meter sechsundfünfzig» dafür einen gewissen Preis zahlen müssen: «Was manchmal ein bißchen unangenehm ist mit großen Partnern, ist – Irimi-Nage, wenn ich Uke bin, dass ich dann nämlich grad bei Männern ein bißchen arg unter der Achsel drinhäng und wenn dann der Anzug schon etwas alt ist …»

23.8 Aikido und Partnerschaft

Einander Trainingspartner und Lebenspartner in einem zu sein, ist eine Herausforderung. Eine Aikidoka, einen Aikidoka zum Partner zu haben, ebenfalls.

Paare auf der Matte

ERKENNTNISSE: Bei den Reaktionen auf den Satz «Über Bekannte bzw. meinen damaligen Lebenspartner kam ich zu Anfang zum ...» zeigte sich nur in einer der fünf Gruppen ein Geschlechterunterschied: Innerhalb der deutschen Aikidoka stimmten die Frauen fast doppelt so häufig zu wie die Männer. Es ist eine offene Frage, ob und wann aus einem dem anderen zuliebe Begonnenes etwas Eigenes wird.

Betreiben Ehe- oder Lebenspartner gemeinsam den gleichen Sport, wirken unterschiedliche körperliche Bedingungen sowie die allgegenwärtige Konkurrenzthematik oft sprengend[338]. Möglicherweise ist im Fall von Paaren die Toleranz gegenüber Schmerzzufügung, Ungeschicklichkeit, aber auch Kritik und Korrektur geringer als im Fall von Personen, die sich nicht so nahe stehen. Schließlich ist es menschlich, von seinem Liebespartner eine durchweg gute Behandlung zu erwarten; und es ist ebenfalls menschlich, gerade vom Lebenspartner zu wünschen, dass er oder sie in den Augen der Welt möglichst tadellos erscheint. Paare müssen ihren Weg finden zwischen intimer Vertrautheit daheim und höflich-respektvollem Umgang auf der Matte. In diesem Bereich ist wie im Körperlichen besondere Achtsamkeit geboten.

Im Aikido gibt es zumindest theoretisch Möglichkeiten, Konflikte zu mildern. Die Wahl eines neuen Übungspartners für jede neue Technik erlaubt es, gravierende Unterschiede etwa im Schmerzempfinden oder eine, aus anderen Gründen nötige, Schonung zu berücksichtigen; die Partner können sich punktuell ausweichen, ohne sich für die gesamte Dauer trennen zu müssen. Für eindeutig angenehme Elemente wie Dehnung oder Massage können Paare sich andererseits gezielt zusammenfinden. Insgesamt haben sie im Training, und danach in der Kneipe, gemeinsam etwas erlebt, was die Verbundenheit stärkt.

Dem japanischen Streben nach Harmonie, auch in der sozialen Dimension, entspricht es, wenn sich das Niveau der Graduierung innerhalb von Ehepaaren eher annähert als auseinanderdividiert, solange Grundparameter wie vor allem die entsprechende Trainingsfrequenz gegeben sind.

Aikidoka und ihre Partner bzw. Partnerinnen draußen

ERKENNTNISSE: Schön ist es, wenn die aktiven Aikidoka sich unterstützt fühlen dürfen. «Mein Freund damals fand das sogar toll und meinte immer, ich soll öfter gehen», erinnert sich eine Frau.

Ein Wunsch, Aikido mit Ehe- oder Lebenspartner zusammen auszuüben, scheitert häufig – mal erst auf der Matte, oft schon im Vorfeld: «Meine Frau ist damit eigentlich nicht so zurechtgekommen. Die hat durch die Rollen immer Schwindelanfälle gekriegt, und danach ist sie dann zum Joggen gegangen, da macht man ja keine Rolle.» «Er reitet, findet Aikido aber sehr interessant, möchte es dann auch immer mal anfangen, tut es aber nicht.» «Die macht Fußball. Sie sagt immer, dass sie keine Zeit für Aikido hat, aber eigentlich hat sie kein Interesse.»

Hilfreich ist gegenseitige Toleranz: «Ich akzeptiere ihres – sie akzeptiert meines. Videos guckt sie sich schon mal an oder wenn wir eine Vorführung gemacht haben, da war sie auch dabei. Die Frau macht halt das eine und der Mann das andere, wie bei anderen Paaren auch.» «Ich will da nicht überreden», hat eine Frau beschlossen und auch ein Mann hat sich abgefunden: «Es gibt Menschen, die wünschen sich was anderes, die möchten auch sich anders bewegen. Meine Freundin zum Beispiel, die möchte Taekwondo weitermachen. Ich kann ihr das Aikido empfehlen, sie versteht auch die Bewegungen, versteht auch, dass da auch Elemente drin sind, die sie bevorzugen würde, aber sie würde da nicht anfangen wollen. Die Entscheidung muss jeder selber treffen.»

Ferner kann es nötig sein, Zeit vom Aikidoüben abzuziehen und in die Paarbindung zu investieren. Einvernehmlich klingt das so: «Und bin ich auch mit. Also, zweimal in der Woche joggen wir, und einmal gehe ich hierher» – also als der Versuch, beiden gerecht zu werden. Oder es wird bedauert, bedeutet einen Verzicht ihm zuliebe –: «Ja ich bin wenig auf Lehrgängen, muss ich sagen, ne.»

Der Körperkontakt im Aikido lässt bei denen daheim schon auch mal Befürchtungen aufkommen. «Eifersucht: ‹Du machst das ja nur, um anderen Frauen näherzukommen! Willst halt Massagen von denen!›». Die Partner sind dann gefordert, Strategien zur Konfliktlösung zu finden, etwa, die Bedenken ernst zu nehmen und auszuräumen: «Die Frau kam dann übrigens auch zurück, sie hatte eingesehen, ihre Eifersucht ist Unsinn, weil er hat wirklich nur Aikido gemacht. Meist schiebt ja einer ein Problem nur aufs Aikido, zum Beispiel ‹nie ist Zeit, über etwas zu sprechen!› Man muss da den Punkt drauf bringen, dass da was aufs Aikido geschoben wird.»

Daneben ist es möglich, Elemente des Aikido in die Partnerschaft einzubringen und diese zu bereichern, etwa durch die Atemtechnik in Momenten großer Aufregung oder eben gerade durch die Massagen als Gemeinsamkeit: «Man muss ihr halt klar machen ‹du hast ja auch was davon!› Es ihr mal zeigen. Das ist positiv für sie. ‹Aha, das ist ja was Schönes was ihr da macht.› Wenn sie mal was hat vom Fußball und ich dehne sie, dann: ‹Aahh!› Das kann sie schon genießen.»

Bitter ist es, wenn sich der andere abwertend verhält. «Angefangen habe ich ja zum Lächeln meiner Kinder und meines Mannes. Mein Mann, der ist selber ganz unsportlich, der sagt abends, wenn ich zum Training gehe, zu den Kindern ‹Mami geht jetzt los, Leute verhauen!›» Diese Frau «musste sozialen Widerstand überwinden. Das Lächeln ertragen können. Das muss man erst mal wegstecken.» Inzwischen gilt für sie: «Jetzt macht es mir so viel Spaß, ist mir komplett egal.»

Erkenntnisse zum Einfluss des Familienstandes

Von den Teilnehmern an der Fragebogenstudie waren bei den deutschen Aikidoka drei Viertel ledig und ein Viertel verheiratet; bei den Tänzern war das Verhältnis genau umgekehrt, bei den französischen Aikidoka halbe-halbe. Bei ihnen und bei den Iaidoka fanden sich einige wenige (jeweils unter 10 %) Geschiedene; etwas mehr als die Hälfte der Iaidoka waren ledig; in der Karate-(einer Hochschulsport-)Gruppe über 90 %. Weil Vergleiche daher problematisch sind, berichte ich hier nur gesicherte Ergebnisse zu ledigen oder verheirateten deutschen Aikidoka.

Dem Satz «Wenn es auf der Matte voll ist, entsteht eine tolle Stimmung» stimmten fast zwei Drittel der Verheirateten, aber keine 30 % der Ledigen zu; diese sind wohl irritierbarer, störbarer.

«Oft habe ich den Impuls, mich zu entschuldigen, nachdem ich jemanden geworfen habe» – so empfanden über ein Viertel der Ledigen, doch keine Verheirateten. Weder die körperliche Kontrolle noch eine Klarheit von Gefühlen und Absichten sind bei den Ersteren bereits stabil installiert.

Etwa die Hälfte der deutschen und französischen Aikidoka sagte von sich: «Etwas, was mir bisher peinlich war (Schwitzen, außer Atem geraten o. ä.) macht mir beim Aikido weniger aus». Die weitaus höhere Zustimmung kam dabei von den Ledigen (und von den Jüngeren sowie von den Anfängern bis zu zwei Jahren Trainingszeit, das ist ja nicht dasselbe!). Man kann dies so verstehen, dass dieser Personenkreis im Aikido erstmalig einen körperlich nahen und dabei entspannten Kontakt zu anderen hat, wohl insbesondere zu Personen des anderen Geschlechts.

Da verwundert es nicht, dass es fast die Hälfte der Ledigen sind, gegenüber bloß 15 % der Verheirateten, die dem Satz zustimmen: «So ganz unbefangen und normal kann ich mit meinem Meister / Lehrer irgendwie nicht sprechen». Sie sind schüchterner und eher in eine Übertragungsbeziehung (vgl. Kapitel 17) verwickelt. Alter, Trainingsdauer oder Graduierung spielten hier keine Rolle!

Die philosophische Einstellung «Schmerz ist ein Teil des Lebens, man kann ihm nicht ausweichen» wurde von deutschen wie französischen Aikidoka sowieso schon weitestgehend akzeptiert; von Ledigen noch häufiger als von Verheirateten. Erhalten letztere eher Trost? Die nächsten Befunde legen diese Gedanken nahe.

Bei zwei der sechs möglichen körperlichen Schmerzqualitäten, die man im Training erleben kann, berichteten Ledige die deutlich höheren Werte. Ferner haben Ledige auffallend mehr Angst vor dem Auftreten von Schmerzen als Verheiratete, und sie verhalten sich auch im Fall, dass sie Schmerzen leiden, resignativer als diese. Umgekehrt wiesen Verheiratete einen deutlich höheren Mittelwert für eine Skala auf, die eine allgemeine Schmerzkompetenz messen soll. Wie kommen diese wenigen, aber gleichsinnigen Unterschiede zustande? Man kann natürlich nicht einfach davon ausgehen, dass alle diejenigen, die «verheiratet» angekreuzt haben, in liebevollen, geborgenen Beziehungen leben, während alle anderen, die «ledig» angekreuzt haben, einsam und unglücklich sind: Dennoch geht es den Verheirateten – als ganzer Gruppe – anscheinend besser als der ganzen Gruppe der Ledigen. Vermutlich kann der verhaltensbiologische Zweig der Bindungsforschung dies genauer erklären; vielleicht damit, dass im nahen Umgang von Menschen, die sich mögen, in deren Körpern die Produktion einer stressreduzierenden und immunstabilisierenden Substanz (Oxytocin) angeregt wird.[339]

In Kapitel 9 waren außerdem Zusammenhänge zwischen Ki und Sexualität berührt worden. Auf diesem Hintergrund ist wohl der ehemalige Aikidomeister und Begründer des Kinomichi, Noro, zu verstehen: Während seiner Lehrgänge rät er Ledigen immer wieder dazu, sich zu verheiraten. Ihr Ki sei zu weit aufgestiegen, bis in Herznähe; dies beunruhige sie und bringe sie aus dem Gleichgewicht. In der Ehe könne es dann wieder in den Beckenraum, zum Hara, absinken, zur Ruhe kommen, sich sammeln und der Mensch sei wieder gefestigt und stabil. Wie weise ...

Aikido zu üben ermöglicht es also, *gender*-konstruierende körperbezogene Einstellungen und körperliche Verhaltensweisen zu lockern, einen Ausgleich zu schaffen zwischen dem männlichen und dem weiblichen Prinzip. Ausgleich in vielen Bereichen – eine breit gefächerte Harmonisierung – gehört zum Ertrag der Mühen. Das nächste Kapitel zeigt dies an den unterschiedlichen motorischen Vorlieben der Übenden.

VI – Die reiche Ernte

> Somewhere, somehow it must be possible to reconcile
> the conflicts of the emotions, the pains of life, the sense of beauty,
> in one unifying understanding*.[1]

Erfreuliche Wirkungen des Aikidoübens konnte man bereits immer wieder aus den in den vorangegangenen Kapiteln vorgestellten Erkenntnissen herauslesen. Mit zusätzlichen theoretischen Grundlagen wird nun bereits Angesprochenes ergänzt und weitere Gewinne werden aufgezeigt. Manches wird Ihnen bekannt vorkommen. So ist das eben beim Ernten: Das Feld mit dem reifen Getreide sieht anders aus als das frisch umgepflügte oder das mit den jungen Keimen. Doch es ist natürlich immer noch dasselbe Feld.

Budoka möchten erklärtermaßen an ihrer Persönlichkeit arbeiten. Westliche Forschung, die allerdings vordringlich am Leistungsmotiv interessiert war, erbrachte «keine konsistenten Zusammenhänge zwischen Sport und Persönlichkeit»[2]. Veränderungen kommen eher zustande in Teilbereichen der Identität wie Selbstkonzept, Selbstdarstellung, Körperkonzept, Körperbild[3]. Vielleicht darf man sich das so vorstellen: Als Langzeitwirkung der Betätigung wird man zwar kein neuer Mensch oder, bildlich gedacht, man zieht nicht um von einer Hütte in einen Palast. Aber doch schon von einem Zimmer mit Kochnische in eine etwas größere Wohnung, in der Gäste willkommen sind, die Raum für Stille hat und die mit, je nachdem, ruhigeren oder fröhlicheren Farben eingerichtet ist ...

Aikido stellt Harmonie mit dem Universum in Aussicht, mit dem Mitmenschen, mit sich selbst. Ins Zeitgemäße übersetzt, heißt dies wohl die Erde nachhaltig bewirtschaften ... und auch, wie wir eben sahen, als Mann und Frau gut miteinander umgehen oder, das wird noch Thema sein, Verwicklungen im Berufsleben auflösen. Dann das Schwerste von allem: mit sich selbst ins Reine kommen.

Noch einmal ins Zeitgemäße übersetzt verstehe ich unter Harmonisierung Ausgleich oder Regulation. Aikido bringt intra- und interpersonelle Regulation auf den Weg.

24 – Ausgleich zwischen den psychomotorischen Präferenzen

Oben in Kapitel 7 war abgeleitet worden, wie frühkindliche Beziehungserfahrungen eines Menschen einfließen in seine späteren Vorlieben für bestimmte Bewegungsformen oder aber deren Ablehnung. Wenn nun mit der Wahl einer Sportart nach dem gegriffen wird, was einem sympathisch ist, und man dies weiterhin vollzieht, hat man es gemütlich, bleibt

---

* Es sollte doch einen Raum, einen Weg, eine Möglichkeit geben, die widerstreitenden Gefühle, das Schmerzliche im Leben und den Sinn für alles Schöne auszusöhnen in einem einzigen, alles vereinenden Begreifen (dtsch. von mir, DK).

aber beengt. Eine Nachreifung der Persönlichkeitsstruktur ist nötig. Durch Aikido wird sie möglich, denn hier bieten sich über die erwünschte Beruhigung alter Ängste hinaus echte Entwicklungschancen, es kommt zum Ausgleich zwischen Extremen, Einseitigkeit wird gelockert. Beide oben beschriebenen Typen werden mit der von ihnen jeweils abgelehnten Seite konfrontiert, müssen sich mit ihr auseinandersetzen und sie letztendlich integrieren.

24.1 Die Festhalte-Menschen oder die Angst vor dem Sichentfernen

Jene Menschen, deren bewegungsbezogene Vorliebe ein enger Kontakt ist, finden im Aikido, was sie suchen. Statt die Wunscherfüllung lediglich fantasieren zu müssen, können sich Aikidoschüler leibhaftig an die Hand nehmen lassen. Dann aber wird es technische Notwendigkeit, verkrampftes Anklammern durch Sichentspannen zu ersetzen und zwar «auch bei der größten Anstrengung»[4]. Dies wird in jeder Unterrichtseinheit geübt.

Die Trainingspartner lassen sich weder einfach benutzen, noch spiegeln sie lediglich Bewegungen. Sie bewegen sich passend, aber komplementär. Deshalb führt Aikido heraus aus unerfüllbaren Fantasien in eine Realität, die zumindest genügend gut ist. Eine genügend gute Beziehung ist besser als überzogene neurotische Ansprüche[5]. Als Lohn dafür können Festhalte-Menschen in die Erlebnisbereiche der anderen Seite hineinschnuppern.

Entwicklungsaufgaben für Festhalte-Menschen, bezogen auf den Erwerb von Skills Skills können nur durch ständige Wiederholungen, regelmäßiges Training, erworben und erhalten werden. Hier findet sich ein unmittelbarer Bezug zur früher geschilderten fortgesetzten Übung auf dem Weg, dem Do. Ursprünglich ist «das Element der endlosen Wiederholung ... bezeichnend» für die Freie-Geschickte-Bewegungsmenschen[6] und ihnen angenehm. Festhalte-Menschen müssen sich zu dieser Eigenleistung eher zwingen, weshalb das Sichaneignen von Fertigkeiten an sich bereits einen Entwicklungsschritt für sie bedeutet.

Ma-Ai, der richtige Abstand, die harmonische Distanz, bleibt nicht länger allein Domäne der Freie-Geschickte-Bewegungsmenschen, genauso wenig die Kompetenz im Visuellen, statt lediglich im Haptischen[7]: Festhalte-Menschen müssen nun lernen zu schauen, statt nur zu tasten. Sie werden auf Vermeidungsverhalten hingewiesen, werden ermutigt, das Gesicht nicht abzuwenden und die Augen offenzulassen, wenn sie angegriffen werden oder ihnen ein Atemi entgegenkommt.

Statt lediglich «von seinen Objekten als eine Art Klammerparasit angenommen zu werden»[8], wird der Festhalte-Mensch echte Fertigkeiten lernen, um Objekte wirklich zu wohlwollenden zu machen, was ja ebenfalls eine Domäne der Freie-Geschickte-Bewegungsmenschen ist.

Anklammern als Kontaktverhalten wird gespeist aus traumatischen Erfahrungen von Verlassenheit. Im Aikido wird eine Entwicklung angeregt vom Angreifen (gezielt, energisch) über das Festhalten (kraftvoll, aber auch elastisch) zum Loslassen (einerseits die Verbindung zum anderen aktiv lösen, indem man ihn wirft, andererseits sich werfen lassen).

Konkret-körperliche Ängstlichkeit überwinden als weitere Entwicklungsaufgabe
Die über Jahre extensiv geübte Fallschule der Kampfkünste erlaubt einen stufenweisen Abbau von Angst, anders als der Schulsport. Mit Blick auf «die emotionale Befindlichkeit» der «Schüler»[9] lässt sich sagen, dass Fallangst im Sportunterricht nicht berücksichtigt, sogar verdrängt wird: «Die am Leistungsziel orientierte Methodik des Hochsprungs» wird «vorwiegend auf die Höhe bzw. Weite des Sprungs» ausgerichtet. Kaum beachtet wird dabei, dass jeder Sprung «ein Aufgeben des sicheren Standes und ein Versetzen des Körpers in einen Zustand der Instabilität»[10] bedeutet.

Ein eher festhaltend gestimmter Mensch hat vielleicht schon vage ein Defizit gespürt und sucht trotz aufkommender Angst einen Weg vom Anklammern hin zur freieren Bewegung. Das Üben und Meistern ist ebenso angesprochen wie der Genuss am Durchmessen des leeren Raumes. Indem er lernt, sich fallen zu lassen und sich beim Landen zu schützen, taucht er ein in die freie geschickte Erlebensweise.

24.2 Die Freie-Geschickte-Bewegungsmenschen oder die Angst vor der Annäherung

Das freie oder große Fallen ist die Domäne dieser Menschen, gekennzeichnet durch den Genuss am Durchmessen des freien Raumes und durch «Angstlust»[11]: «Habe auch heute noch manchmal Schiß, bei diesem harten Fallen, das also für mich auch sehr reizvoll ist»[12].

Bedürfnisbefriedigung bezogen auf den Erwerb von Skills
Der zentrale Wunsch, Geschicklichkeit zu erwerben, wird im Budo unmittelbar befriedigt: «In Kampfsportarten wie dem Aikido ..., in denen es keinen Wettkampf gibt, vermittelt schon das Gefühl, eine schwierige Übung zu beherrschen, ein gesteigertes Selbstwertgefühl. Die positive Bestätigung, die man erfährt, wenn man kann, was man vorher nicht konnte, ist schließlich auch ein Sieg, der gerade bei der oft sehr komplizierten Technik vieler Kampfkünste ohne Selbstbeherrschung und Selbstdisziplin nie möglich wird»[13].

Die zugehörige «Realitätsanpassung» verlangt den Umgang mit «Perspektive» und «Proportion»[14]. In der Tat erfordert Ma-Ai, der für Aikido wesentliche richtige Abstand beider Partner vor dem Angriff und während Durchführung der Technik, solches Können, dass noch Dangraduierte ständiger Übung und Korrektur bedürfen.

Eine besondere Geschicklichkeit kann als motorische Konkretisierung von Verschmelzung erscheinen. In Veröffentlichungen über Aikido werden Leichtigkeit und Sicherheit zuweilen bewundert, zuweilen versprochen. Fortgeschrittenes Aikido wird oft als magisch beschrieben. Im Zuschauer wird der Wunsch ausgelöst, derlei selbst zu können; der Aktive kennt die Realität investierter Mühe, der sich diese Personen jedoch gerne unterziehen. Geschicklichkeit ohne Ausrüstung wird besonders hoch bewertet.[15] Tatsächlich werden für Aikidoprüfungen im Aikikai Deutschland Verteidigungen mit bloßer Hand gegen bewaffnete Angriffe auch erst von den Meistergraden verlangt.

Entwicklungsaufgaben für Freie-Geschickte-Bewegungsmenschen
Eigentlich wollen sie andere Menschen tunlichst vermeiden und suchen unpersönliche Verschmelzungserlebnisse. Erfahrene Lehrer wissen um Verschmelzungswünsche, diesbezügliche Ängste ebenso wie Chancen: «Ganz offensichtlich ist dieser Kontakt nicht ungefährlich.» Er weckt mächtige Gefühle, kann «Anlass zu einer Vielzahl von Projektionen und Identifikationen geben», kann dazu führen, dass man sich und den anderen verwechselt, wie einst das kleine Kind sich und seine Mutter verwechselt haben mochte, kann dazu verleiten, die eigene Identität zu verlieren. Daher rührt die Angst, die der Kontakt hervorrufen kann. «Es geht darum», von der Sehnsucht nach einer Verschmelzung, die sowieso nicht verwirklicht werden kann, «zu einem bewussten Kontakt mit einem Partner gelangen, dessen gesamte Persönlichkeit man voll respektiert», in dessen «Sphäre» man sich aber nicht verliert, obgleich man sich ihm völlig geöffnet hat.[16]

Die Freie-Geschickte-Bewegungsmenschen werden durch den Kontakt mit Meister und Gruppe auf die Gegenseitigkeit von Beziehungen hingewiesen. Sie lernen, andere in ihrer Mehrdimensionalität zu begreifen, als nicht nur hinderlich (bedrohlich), sondern ebenso auch als hilfreich (freundlich). Im konstanten Übungsraum, mit verbindlichen Trainingszeiten und häufiger Anwesenheit derselben Personen einerseits, aber mit Wahl- und Ausweichmöglichkeiten andererseits, können Erfahrungen des Kontaktes riskiert werden.

Aikido kann nicht allein praktiziert werden; man ist bei Erlernen und Ausüben der Fertigkeiten stets mit anderen konfrontiert, zu Anfang sogar besonders auf deren Wohlwollen angewiesen. Das muss zumindest ertragen werden.

Schülern wird also versprochen, dass Aikido die konflikthafte Spannung zwischen der Person und den Objekten ihrer Umgebung aufheben kann. Ein hochentwickelter Lehrer, der jahrzehntelang eigene Bewegungserfahrung gesammelt und über die Bedeutung von Bewegung nachgedacht hat, benennt die gleichen Schwierigkeiten und Sehnsuchtsziele wie von dem Psychoanalytiker formuliert; er weist ebenfalls auf die Notwendigkeit hin, illusionäre Wünsche zugunsten einer Auseinandersetzung mit der Wirklichkeit aufzugeben: «Mit dem Partner zusammen eine harmonische Bewegung finden – das ist die wahre Erziehung – In Wirklichkeit erfährt schon das ganz kleine Kind, dass die anderen Objekte sind, die Widerstand leisten»[17].

24.3 Frucht des Ausgleichs: Die gesündere Mitte

Aikido zu trainieren kann zwei auf den ersten Blick gegensätzliche Bedürfnisse befriedigen und im Lauf der Zeit eine teilweise Veränderung der biografisch erworbenen psychischen Struktur bewirken. Das Beziehungsverhalten beider Typen wird differenzierter und damit der Wirklichkeit angemessen. Als entstehende Mitte könnte man sich eine Person vorstellen, «die ihre Sehnsucht nach der Einheit und Harmonie ihrer frühkindlichen Erlebnisse nicht aufzugeben braucht», andere aber als wohlgesonnen und unabhängig zugleich betrachten kann, die weder sich an diese anderen klammert und sie damit unangemessen lebenswichtig macht, noch sie zum Rang eines «Ausrüstungsgegenstandes»[18] erniedrigt.

25 – Harmonie ist Ausgleich ist Regulation

Eingangs war die Frage aufgeworfen worden, was Menschen im Aikido suchen. Nun hatte sich gezeigt, dass es schon allein *das* Aikido so nicht gibt, dass es vielmehr stets eine eigene Färbung bekommt durch die Person, die es vermittelt. Auch die Schüler erwiesen sich als höchst unterschiedlich. Nicht alle suchen das Gleiche, sie tragen sogar ganz entgegengesetzte Anliegen an das Aikido heran. Ihre Wünsche werden zunächst erfüllt. Das Nachlassen bestimmter Spannungen ist gewiss ein erster Schritt zur Harmonisierung. Allmählich jedoch erhalten die Übenden etwas dazu, was ihnen fehlte, oft ohne dass sie es überhaupt zuvor hätten benennen können – was sie aber erst vollständig macht.

Wie vieles andere auch kann Aikido «ein Ausgleich zum Alltagsstress» sein: «Wenn du von der Matte gehst – du bist entspannt, du bist erholt.» Eine Fülle weiterer, selbstverständlicher oder bemerkenswerter, Facetten wurde in den Interviews genannt.

25.1 Körperliche Dimensionen

Aikido zu üben wirkt ausgleichend auf die Physiologie «Eine Einheit hat eineinhalb Stunden. Da mache ich oft zwei hintereinander.» Die Gesprächspartnerin betont: «Wichtig war die Möglichkeit, körperlich da zu sein, sich auszutoben. Eine Einheit langt da nicht, wenn die erste zu ruhig war, dann noch die zweite zum Powern. Oder hinterher die ruhige zum Ausgleich», erklärt sie selbst. Eine zweite Frau stellt fest: «Ich hab' nen zu niedrigen Blutdruck, das hab' ich so noch nie auf die Reihe gekriegt, mit Aikido krieg' ich's hin.»

Bald oder mit der Zeit konnten Interviewpartner Wirkungen auf ihre Körperlichkeit beobachten: «Ich hatte in der Schule Schulterbeschwerden, die sind weggegangen», sagt ein junger Mann und ein zweiter: «Meine Motorik hat sich von Grund auf verbessert.» Eine Frau hat beobachtet: «Meine Haltung hat sich verbessert.» Darüber wird eine Harmonisierung bemerkt: Durch zehn Jahre Handball hatte sich eine Frau zuvor «einseitig belastet» gefunden; ein Mann erlebte sich als «schief». Deshalb hatte es ihn «fasziniert damals. Eine Sache, die war mir sehr wichtig, war die Ausgewogenheit der Körperbewegungen, dass ich beidseitig trainiert wurde.»

Die Kategorie «Ausgewogenheit der Bewegung» erweist sich als Ergebnis der mit dem «Papiercomputer»[19] befragten Dan-Graduierten als «kritisch», wechselwirksam, das bedeutet, von allen anderen Wirkfaktoren des Aikido abhängig und zugleich überaus einflussreich (Grafik 1, nächste Seite).

25.2 Körper und Intellekt

Zwei Interviewpartnerinnen bieten den ihnen Anvertrauten etwas an, was ihrer Ansicht nach zur Regulierung nach geistiger Anstrengung förderlich ist: «Ich verwende Aikido auch in der Arbeit. Gerade die Konzentration, das ist wichtig für alle Lebensbereiche. Ich mache berufliche Weiterbildung, und wenn die Leute da zu ‹verkopft› sind, mache ich

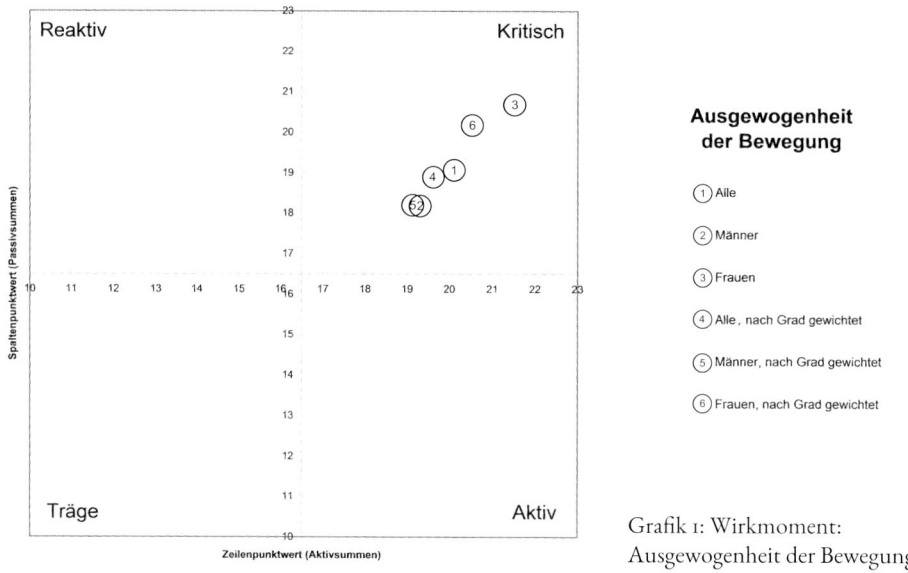

Grafik 1: Wirkmoment:
Ausgewogenheit der Bewegung

was mit ihnen», erzählt eine Frau, ebenso eine zweite: «Zum Beispiel mache ich mit einer Wochenendgruppe auch schon mal Atemübungen. Da hat man ja so zwei Stunden was gemacht, da kann man sich ja auch mal bewegen, das stimulier' ich schon so.» Zugleich wird deutlich, dass diese Integration auch eigenes Bedürfnis dieser beiden Frauen ist: «Ich will es nicht so getrennt haben alles, ich will es zwischen den Lebensbereichen lieber fließend», betont die eine, und «bei mir greift das über», die andere.

25.3 Autonomie und Verbundenheit

Eine Gesprächspartnerin erinnert sich, «in der Arbeit» gefragt worden zu sein, «was es zu erreichen gilt», und an ihre Antwort: «Harmonie.» Offensichtlich war sie dafür kritisiert worden: «Das war schlimm – (typisch: Sie arbeitete im psychotherapeutischen Bereich und schließlich war in psychologischen Theorien über lange Jahre Autonomie als Entwicklungsziel gesehen worden, vgl. Kapitel 6). Da hab' ich gesagt, dass ich damit meine, was Höheres auch, was Heilendes. Ich achte mich, aber ich achte auch dich. Das ist meine Definition von Autonomie, und damit geht es mit Harmonie zusammen.»

Die Beforschung der Dan-Graduierten stufte «Harmonie» ebenfalls als überaus wechselwirksam ein.

25.4 Ausgleich, indem angeboten wird, was sonst vielleicht fehlt

Ausgleich besteht nicht nur zwischen Polen, sondern auch im Ergänzen von Fehlendem, darin, Wichtiges, aber bislang möglicherweise Entbehrtes, zur Verfügung zu stellen.

Soziales Ansehen

Vielleicht nicht der ganz hehre Geist der Kampfkunst, aber unter dem Blickwinkel der Selbstregulation menschlich verständlich, ist das Bedürfnis, soziale Beachtung zu bekommen: «Da haben die anderen dann gestaunt – das ist der Türsteher, und bei dem kann der so was machen. Da war dann auch von außen irgendwie: ‹Oh, Wahnsinn! Das ist ja doch etwas Interessantes.›» Ihre Sportart auszuüben, «weil ich da über lange Zeit die meiste Anerkennung bekommen habe», räumten insgesamt etwa zehn bis 15 % aller Befragten ein. Unter den deutschen Aikidoka bestätigten dies, schon anders als Anfänger, bereits über 14 % der höheren Kyugrade und dann ein Drittel der Dan-Graduierten.

Zwischenmenschliche Nähe

Meist ist es nicht schwierig, in einer Aikido-Trainingsgemeinschaft anzukommen: «Wie ich das erste Mal da war, fand ich es schon gleich einfach nett. So offen, sehr offene Leute», erinnert sich eine Frau und eine zweite ist sich sicher: «Neue Leute werden bei uns schnell einbezogen. Die sind zweimal da, dann sind sie drin.» Auch eine dritte kann bestimmt sagen: «Aikido ist 'ne tolle Art und Weise, Kontakt zu machen. Du bist drin, du wirst geduzt.»

Berührt werden

Taktile Stimulation, auch der Tiefensensibilität, hat regulierende Wirkungen, beispielsweise anregende, aber auch angstlösende. Der ehemalige Aikidomeister und Begründer des Kinomichi, Noro, außerdem vielfacher Vater, verfügt über jahrzehntelange und gründlich durchdachte Bewegungserfahrung. Sein Wissen schlägt die Brücke zur Säuglingsforschung: Körperkontakt ist für Kinder lebensnotwendig. «Ihr ganzes Wachstum, ihre ganze Entwicklung» wird gestört, «wenn diese Kontakte unzureichend oder unbefriedigend sind». Der «Dialog zwischen Mutter und Kind geschieht zu Beginn vor allem über Berührung». Auch wenn nun Erwachsene miteinander üben, ist ein «Kontakt», der sich über «die Berührung der Handinnenflächen» eines anderen Menschen ergibt, hoch «affektiv besetzt»[20].

EMPFEHLUNGEN: Bei Massagen wie bei Kontaktübungen sind bedeutsame Begegnungen möglich. Mechanismen psychischer Abwehr – diese erkläre ich genauer unten in Kapitel 27 – greifen allerdings auch hier, denn es können Gefühle von Traurigkeit, Verlust, Sehnsucht oder erotische Impulse durch das Massiertwerden aufkommen. Eine Sexualisierung der Berührung kann als Abwehr funktionieren: Man agiert dann scheinbar auf einer erwachsenen Ebene statt auf der viel verletzlicheren frühkindlicher Bedürfnisse.

Die Schüler können in beiden Rollen Unterstützung durch die lehrende Person benötigen, um zu einer guten gemeinsamen Erfahrung zu finden. Ob sie sich selbst oder einen Trainingspartner massieren: Ab und zu müssen sie daran erinnert werden, dass sie hier kein Werkstück bearbeiten, sondern es – über ein Körperteil – mit einem ganzen, lebendigen Menschen zu tun haben. Dann wird es wichtig, sich nicht selbst zu schaden, während man sich um den anderen kümmert, also sich nicht zu verkrampfen, nicht in einer unbequemen Haltung zu verharren. Für beide Seiten ist es wichtig, die Flucht in irgendwelche Gedanken (hoffentlich erreiche ich nachher den Bus ... zu Hause muss ich unbedingt noch ... sicher mache ich es nicht gut genug ...) bleiben zu lassen.

Meister Noro empfiehlt, stets mit der Einstellung zu massieren, dass man selbst gutes Ki zu seinem Partner fließen lässt, und nicht etwa, dass man von diesem schlechtes Ki aufnimmt und es von Zeit zu Zeit von den Händen abschütteln muss.[21] Der aktive Part gibt über die Hände. Das ist genug. Der passive Part spürt, was geschieht. Das ist viel.

ERKENNTNISSE: Deutsche Aikidoka haben nichts dagegen, «viel angefasst oder gar massiert zu werden», und 16 % von ihnen «fehlt richtig was, wenn in einer Trainingseinheit keine gegenseitige Massage vorkam». So begrüßte dies auch einer meiner Interviewpartner: «Was eigentlich auch sehr gut ist: ab und zu eine Massage, das lockert.» Dass er noch hinzufügte: «Dadurch lernt man auch viele Leute kennen», verweist auch hier auf Beziehung und Begegnung.

Ein älterer Interviewter schätzt neben dem philosophischen Hintergrund des Aikido, dass «man eigentlich wenig Sprache benötigt, aber viel Körperkontakt, also eine zusätzliche Bereicherung». Eine bereits budoerfahrene Anfängerin erlebt die besondere Qualität der Berührung im Aikido als «gleichzeitig mit Nachdruck, aber sorgsam». Eine bereits Fortgeschrittene bekräftigt: «Du wirst auf eine gute Weise körperlich berührt.»

Die Trainingspartner kommen sich dabei zuweilen sehr nahe: «Die Übungen, die man macht, das sind ja eigentlich körperliche, die sind ja auch schon relativ intim, man ist dem anderen ja eigentlich näher, als das so irgendwie möglich wäre. Ich glaube, dass dieses viele Körperliche, was so beim Aikido dabei ist, vielleicht auch ein Punkt ist, warum viele Leute – warum das Aikido auch so faszinierend ist, wegen dem Kontakt. Das ist in der Gesellschaft sonst so nicht anerkannt. Ich weiß das von den geistig Behinderten zum Beispiel, ich mach' da Zivildienst, dass die immer schmusen wollen, die haben da anscheinend keine Hemmschwelle. Das ist vielleicht wirklich ein Faktor, den anderen anfassen zu können, und sich selbst zu spüren, sodass das auch ein wichtiger Punkt ist.»

Hierbei ist der selbstregulatorische Gesichtspunkt, dass eine Person im Aikido etwas – ihr Wichtiges – erhalten kann, was sie vielleicht nirgendwo sonst bekommen könnte. Menschen, die nicht in einer Partnerschaft oder Familie leben, werden manchmal über Jahrzehnte höchstens flüchtig berührt! Im Aikido darf auf gesellschaftlich anerkannte Weise ein kreatürliches Bedürfnis befriedigt werden.

26 – NEUE WEGE, ZU TUN UND ZU DENKEN: ERWORBENE KOMPETENZEN

ERKENNTNISSE: In den Gesprächen zeigte sich, wie die Interviewten selbstregulatorische Kompetenz erwerben und ausüben. Sie setzen Facetten des Aikidoübens gezielt ein. Das Wann und das Wie der Selbststeuerung bildete sich ab der Fähigkeit, sich bei Bedarf selbst auszugleichen, sich anzuregen oder sich zu beruhigen. Neben dieser *intra*personellen wird auch eine *inter*personelle Regulation erkennbar.

26.1 Regulation über den Transport der körperlichen Erfahrung, des körperlichen Tuns von der «Matte» in den Alltag

Offensichtlich ist es für Aikidoka reizvoll, Elemente, die sich für sie auf der Matte bewährt haben, in ihr sonstiges Leben mit hinüberzunehmen. Die Interviewten nutzen die Körpertechniken zur Regulation körperlicher Belange: «Wenn ich irgendwo sitze, dass ich dann was von den Aufwärmübungen mache, was von den Dehnübungen», aber auch für seelische Bedürfnisse; Ziel ist damit die intrapersonale Regulation.

Die Fähigkeit, sich selbst anzuregen

Ein Mann «genießt das Leben mehr», seit er Aikido übt. Eine Frau berichtet: «Macht Spaß, die Übungen, die Gymnastik. Ich mach' zu Hause auch schon mal Gymnastik. Wär' ich früher nicht draufgekommen, jetzt tu' ich das. Ich hab' 'nen kleinen Garten, da üb' ich dann schon mal Stock.»

Die Fähigkeit, sich selbst zu beruhigen

Drei Interviewteilnehmer schildern detailliert, wie sie in beruflichen Momenten oder in Prüfungssituationen Stress mindern, indem sie ihre Atemschulung nutzen; sie beschreiben die körperlichen und psychischen Effekte: «Oft; bei mir im alltäglichen Leben – da sind Kunden, die blasen sich auf und regen sich auf. Dann atme ich ein paar Mal durch, setze mich auch besser hin, halte mich anders. Dann wird mir dann auch bewusst: ‹Jetzt richte dich auf›, ‹konzentriere dich!›, ‹atme!› Die Bauchspannung lässt dann nach», berichtet er.

Sie malt aus: «Da ich aufgeregt war vor Gruppen, da habe ich schon Aikido gemacht, da hatte ich einen Lehrauftrag an einer Schule, der ging ganz gut, aber da war ich aufgeregt; ich bin rausgegangen und hab' Atemübungen gemacht. Das hab' ich früher auch nie gemacht. Mein Zittern war nicht weg, aber es ging zurück, ich war wieder stimmig, ich war wieder klarer. Ich spreche zu schnell, wenn ich aufgeregt bin, das sollte man nicht machen, wenn man vor 'ner Menge Leute spricht, schon mal gar nicht, wenn kein Mikrofon da ist, dann brauchst du so kirchenbauähnliche Verhaltensweisen, bin ich gar kein Typ für, aber da hab' ich mir das vorgenommen, vorher war ich zittrig, und da mach' ich Atemübungen.»

Was sich als hilfreich erwiesen hat wird erneut eingesetzt: «Ich hab's vor dem Examen gemacht, bevor ich ins Mündliche ging. Da sitzen vier Leute, ich war am Atmen, war alles kein Problem, sind Kollegen, die wollen wissen, wie du es machst, das ist in Ordnung.» Dranbleiben stabilisiert den Effekt: «Ich mach' zu Hause dann auch schon mal so Atemübungen. Wär' ich früher nicht drauf gekommen, jetzt tu' ich das, also es fließt mit ein, ganz klar.»

26.2 Regulation über den Transfer körperlicher Strategien in (soziale) Verhaltensstrategien

Hier liegt der Schwerpunkt mal auf der intra-, mal auf der interpersonalen Regulation.

Es zeigte sich, dass die körperliche Erfahrung gesucht wird, um bedrängenden nichtkörperlichen Gegebenheiten zu begegnen. Die technischen Elemente des Aikido wie Einladen, Angreifen, eine Technik anwenden, das Herstellen von Verbindung und von Distanz sowie viele andere mehr dienen als Modelle.

Unspezifisch

Eine Frau findet an Aikido «auch sehr interessant, was man so über die Hebelwirkungen erzielen kann», dies kann man «wahnsinnig gut anwenden auf das ganze Leben». Ein Mann erwägt Ähnliches, ausgehend davon, «dass Aikido ja auch viel damit zu tun hat – mit Naturgesetzen, Hebelgesetzen, Schwerkraft, Rotation. Dinge, die man sich so zunutze macht. Ich denke, das sind alles Formen, die – wie auch so 'ne Beziehung im menschlichen Leben funktioniert. Da ist es ja auch immer so, dass einer kommt – wie reagiert der andere? Da hab' ich jetzt das Gefühl, dass man durch dieses automatische Erlernen dieser Naturgesetze, dieser Gegebenheiten auch viel für sich halt so lernen kann vor allem im Umgang mit anderen, weil das so im Aikido so häufig vorkommt durch die Partnerübungen.»

Partnerschaft

Ein Interviewter erinnert sich: «Bei meiner Freundin habe ich das auch gemerkt, da hatte die sich über was aufgeregt, da hab' ich dann – ‹Ganz ruhig! Atme erst mal durch.› Jetzt noch mal: ‹Was ist denn los?› Dann: ‹Wie können wir das lösen?› Dann kriegt man das irgendwie schon auf die Reihe.»

Berufliches

Anders als in der fernöstlichen Kultur mit ihrem Ideal der Konfliktvermeidung sollen aus westlicher Sicht Konflikte auch oft durch Auseinandersetzung entschieden werden. Die für diese Studie gewonnenen Interviewpartner stehen mitten im Leben; sie können sich den gesellschaftlichen Vorgaben nicht entziehen.

Eine Frau schildert: «Ich merke, dass ich auch sehr angespannt war, gestresst bin durch die Arbeit, weil das eigentlich auch schon ziemlich hart ist. Der ganze Druck von außen, es geht ja auch immer um viel Geld, das hängt dann auf einem. Ich muss mich immer wieder durchsetzen. Eigentlich hab' ich auch wirklich genug Biss, nur oft genug machst du das nämlich doch wieder nicht oder ziehst dich nämlich doch wieder zurück.» Was auch belastet: «Man wird auch immer mehr verdrängt, es wird immer härter, der ganze Kampf um überhaupt Arbeitsplätze. Ich bin im Moment auch raus und hoffe, dass ich da jetzt wieder reinkomme, ich merke aber, dass ich wahnsinnig viel Energie brauche und wahnsinnig stark sein muss. Du musst dich auch ständig fortbilden und weiterbilden und auf dem Laufenden sein und willst ja auch nicht irgend so einen Mist nachher dann machen. Dafür musst du einfach total so eine Energie haben.» Bei einer weiteren Frau «war auch privat viel Druck durch die berufliche Unsicherheit».

Immer wieder erweist Aikido sich als Ressource.

Eine Gesprächspartnerin zählt auf: «Was mir sowieso immer gefehlt hat, was mir unheimlich wichtig ist, dass ich endlich auch mal so 'ne Ruhe ausstrahle. Ganz ruhig werde ich wahrscheinlich nie. Für meine Arbeit merke ich es, Aikido ist total gut», es eröffnet ihr einen Weg, den erwähnten Druck «einfach umzuwandeln». Sie empfindet etwas, «vielleicht nenn' ich's auch Zufriedenheit, ich merke, dass ich zufriedener werde, bisschen ruhiger, man wird einfach relaxter, dass ich so was spüre wie ein Zentrum, einen Mittelpunkt, mehr auf mich selber bezogen. Man bekommt, wenn man sein Zentrum sucht und es findet, eine ganz andere Souveränität. Ich habe das Gefühl, dass ich das beim Aikido lerne. Dafür bringt mir das so viel.»

Eine zweite Interviewte hat im Aikido gefunden, was sie von vornherein angesteuert hat: «Und jetzt ist es genau wie ich es mir vorgestellt habe: Leicht und beruhigend. Die Konzentration tut mir gut, Aikido macht mir richtig den Kopf frei durch die Konzentration auf den Partner.»

Zugleich wird Urheberschaft, eine Befähigung zur Einflussnahme, ausgebaut.

Die im Training erworbene Fähigkeit, sich zu fokussieren, ist im Beruf nützlich auch angesichts des nörgelnden Kunden: «Du konzentrierst dich – was will der denn überhaupt? Aha – ahja ‹gut›. Dann kannst du auf den einwirken.»

26.3 Konfliktkompetenz erwerben

Eine beliebige Kampfsportart zu trainieren, kann die Fähigkeit erhöhen, sich durchzusetzen; Aikido dagegen betont das Ideal der Deeskalation auf der geistigen wie auf der körperlichen Ebene. «Während ein psychologisches Selbstsicherheitstraining oft einseitig das assertive Verhalten fördert, umfasst Aikido sowohl den Ansatz, Probleme anzupacken, Hindernisse zu umgehen, sich nicht ablenken zu lassen, den richtigen Zeitpunkt für Ausweichen oder Stellungbeziehen zu erkennen und sich auch im Rückzug gut zu fühlen»[22]. Aus anderen Studien war zu erfahren: «Das eigene Reagieren auf einen Angriff ... war bislang angstbesetzt, doch der Befragte kann nun allgemein Auseinandersetzungen gelassener gegenüberstehen». Aikido hat ihm «gezeigt, wie wichtig es ist in Angriffe hineinzugehen ... Schwierigkeiten und Konflikten nicht auszuweichen». Er hat gelernt, «Umwege zu vermeiden und Angriffen besser standzuhalten»[23].

Erkenntnisse: Meine Gesprächspartner zogen für den Konfliktfall vielfältige Unterstützung aus dem Aikido. Kompetenz in Konfliktfällen hat drei Dimensionen: Die Fähigkeit, sich zu behaupten, dann die, sich aber auch schützen zu können, und schließlich die, Möglichkeiten zu finden, den Konflikt zu entschärfen.

Standfestigkeit, Selbstbehauptung, Assertivität

Teils stellen die von mir Befragten einen Zuwachs fest, teils formulieren sie zumindest ein Anliegen in dieser Richtung: «Wenn man sein Zentrum sucht und es findet, dann bekommt man eine ganz andere Souveränität. Das ist das, was mir sowieso immer gefehlt hat», sagt eine Frau. Ein junger Mann berichtet: «Ein Beispiel aus einer Übung, womit das beim letzten Mal so klar geworden ist: Ein Zwei-Meter-Mann vor mir, und ich musste ihn dann werfen und dann hat es nicht funktioniert. Wenn ich jetzt Esoteriker wäre, würde ich sagen: ‹Du bleibst in deiner Aura und würgst rum und kommst nicht 'raus›. Aber das ging halt nicht, weil ich halt nicht richtig 'rangegangen bin. Und dann habe ich mir gedacht, vielleicht ist es dann auch häufig in Beziehungen so, mit anderen Leuten, also außerhalb des Aikido, dass ich nicht ‹straight› bin.» Eine Frau schätzt «dieses Element zu kämpfen; ich habe das auch schon mal jemanden erzählt, dass ich merke, dass ich dadurch lerne, zu kämpfen.» Ein Mann überlegt: «Also auch im Berufsleben – wann muss ich für mich selber stehen bleiben, meinen Standpunkt auch verteidigen.»

Gewünschter Zuwachs an Elastizität, Flexibilität, Selbstschutz

Einer Gesprächspartnerin geht es darum, beide Pole zu verbinden: «Kämpfen, ohne hart zu werden, das find' ich auch sehr wichtig für mich. Ohne verbissen zu werden, ohne sich zu verkrampfen. Wenn dich da einer irgendwie, was weiß ich, geschäftlich über das Ohr hauen will, dass du das vielleicht genauso nehmen kannst wie so einen runden Wurf. Dass du vielleicht genauso gut konterst, wie mit so einer Innenrolle bildlich gesprochen, das wäre Klasse», und eine zweite bemerkt ganz ähnlich: «Wenn einer so Spielchen machen will, nicht gleich konfrontieren, eher aufnehmen, nicht selber zu Schaden kommen – da will ich noch viel mehr verwirklichen.»

Deeskalation

Äußerungen eines Interviewpartners verdeutlichen sein Ringen darum, das Anliegen des Aikido, Frieden zu stiften und seine möglicherweise eher konfrontative psychische Struktur zu vereinen: «In letzter Zeit, da ich in 'nem traditionellen Frauenberuf bin, ich bin Krankenpfleger, arbeite ich mit anderen Aspekten, und dadurch ist es auch schwieriger geworden», überlegt er und fährt fort: «Also ich löse auch andere Sachen auf, die Konflikte verlangen das auch ständig.» Er vergleicht mit dem Aikido: «Mein Lehrer ist, setzt ganz auf Vermeidung», und er sucht die Parallele: «Wann weich' ich aus – versuch' ich immer wieder. Ja oft eben also körperlich Konflikt gehabt – seit meiner Kindheit nicht mehr gehabt. Aber ich versuche immer den Transfer zu meinen kleinen Streitigkeiten auf verbaler Ebene, das ist sehr schwer für mich. Oft kann ich's nicht übersetzen, bemüh' mich einfach, 'ne Situation zu erkennen und zu sehen, wo eigentlich der ausweichende Weg sein könnte, und dass ich dann auch versuche, so zu reagieren.»

26.4 Psychische Reife oder der Ausgleich zwischen schwarz und weiß

Krisen zu überwinden wie oben geschildert in Kapitel 10 sowie Unveränderliches (dort), aber auch Kränkungen (sie waren Thema in Kapitel 19) zu verarbeiten, stärkt die Betreffenden. Mein Mann und ich leiteten jahrelang gemeinsam Selbsterfahrungsseminare für in sozialen Berufen Tätige. Weil sie für ihr eigenes Leben etwas lernen wollte, fragte eine Frau Bernd, warum er mich geheiratet habe. Er antwortete: «Als wir uns kennenlernten, hatte sie bereits den ersten Dan in Aikido. Also wusste ich, sie hat Frustrationstoleranz – und das finde ich wichtig bei einer Ehefrau … also, gefragt war ja nach dem Heiraten, nicht nach dem Verlieben …» Zum seelischen Erwachsenwerden gehört es, ambivalente[24], also widersprüchliche Strebungen in sich selbst wahrzuhaben und ebenso Ambiguität[25], Mehrdeutigkeit, in den Lebensbereichen zu ertragen. Aikido zu üben fördert ganz allgemein «flexiblere und lebendigere Haltungen zur Welt»[26].

Man selbst und die Trainingspartner

Jemand kann hohe Ansprüche an sich selbst haben, etwa: «Das Wichtigste ist immer noch für mich, Kontakt zu finden zu jemandem, auch zu Menschen, die mir so nicht zusagen, und mich damit auseinanderzusetzen, auch mit Antipathien oder Sachen, die mir nicht so gefallen.» Im Aikido sieht er sich konfrontiert mit «Körpergerüchen», einerseits mit «sehr harten Menschen» und andererseits mit solchen, die nicht so diszipliniert und so kraftvoll trainieren wollen wie er. Auf der Matte begegnen sich Menschen, die powern wollen und solche, die sanft und leicht üben möchten. Wer sich viel abverlangt, ärgert sich über die, die «Opfer meiden wollen». Eine Frau findet «Schwitzen ist gut», einen Mann stört es: «Man ist hinterher wie ein Scheuerlappen und so sieht man auch aus.» Sie alle müssen miteinander auskommen.

Man selbst und die Lehrenden

Eine Möglichkeit, ein primär defizitäres narzisstisches Gefülltsein des Selbst zu kompensieren ist es, sich mit einer idealisierbaren Figur zu identifizieren. Manchmal klappt dies bruchlos: «Eine gewisse Bewunderung ist irgendwie auch dabei; vielleicht ein Stück Ehrfurcht auch.» Wird diese Figur jedoch entwertet («Auf einem Podest steht er da für mich nicht mehr»; «wenn ich enttäuscht war von meinem Lehrer»), kommt das erneut einer Entleerung des eigenen Selbst gleich und stellt den Betreffenden damit vor ein Problem.

Insbesondere, wenn der Lehrende grundsätzlich geschätzt wird («was er lehrt, find' ich klasse. Was er lehrt und wie er dann lehrt. Ich halte ihn auch da manchmal für sehr geduldig»), muss, wie hier von einer Schülerin, psychische Arbeit geleistet werden, um zu integrieren, was nicht ins Bild passt: «Ich hab' ihn erlebt, wenn er schlecht drauf ist, fand ich unmöglich, fand ich auch keine Art und Weise mit Menschen umzugehen, die so freiwillig ihr Hobby haben. Es ist ein ambivalentes Verhältnis.»

Man selbst so, mit sich allein

Auch was man in sich selbst so entdeckt, kann zwiespältig sein. Die Einstellung kann das eine sein, das Tun ein anderes.

Ein und dieselbe Anfängerin übte zuhause auf dem Teppich zäh, zu rollen, trotz blauer Flecken auf den Schultern. Andererseits wollte sie «den Kniegang gern vermeiden».

Ein Anfänger entdeckt an sich, dass er einerseits von sich «Demut» und eine philosophische Weg-Orientierung erwartet, sich aber andererseits ausmalt: «Und dann ist man selber Dan und gibt selbst Training», noch ehe er die erste Schülerprüfung absolviert hat.

Angenehme und unangenehme Empfindungen liegen nahe beieinander.

Wer jahrelang nur in Anfängergruppen trainiert hat, stellt fest, dass ein großer Lehrgang zusammen mit Fortgeschrittenen «schon anspruchsvoller und sehr lehrreich» ist, aber auch ungewohnt «anstrengend».

Gerade jemand, der die oft intime körperliche Nähe an Aikido ausdrücklich schätzt, räumt ein: «Da ist es ja wichtig und entscheidend, mit wem da trainiert wird. Ich finde es nicht bei jedem angenehm, beim Irimi Nage zum Beispiel beim Werfen, den so nahe bei mir zu haben oder so nahe bei dem zu sein.»

Andere nicht zu entwerten und sich selbst differenzierter zu sehen, beides bereichert die Person. Und es gibt weitere, durch das konkret-körperliche Handeln angestoßene, erfreuliche Entwicklungen. Infolge der Reorganisation der affektmotorischen Schemata – das nächste Kapitel wird aufschlüsseln, was damit gemeint ist – kommt es zu einer kognitiven Umstrukturierung, zur Reorganisation des Selbstbildes, des Körperschemas, zu einer Erweiterung des Möglichkeitshorizontes. Das Körperschema ist die mentale Repräsentation des eigenen Körpers und seiner Potenzen. Dieses Körperschema – also die psychische Wahrheit von «ich bin ... ich kann ...» – wandelt sich dank Aikido. Beispielsweise genießt inzwischen eine Person diese Bewegungsform, die einst von ihrer übrigen, sehr sportlichen Familie als «Bücherwurm» abgestempelt worden war. Sie kann nun anders über sich selbst als einen sportlichen oder sich bewegenden Menschen denken.

Aikido bietet vielfältige Möglichkeiten zur Reorganisation von bislang wenig Entwickeltem. Übungen mit, und vielleicht sogar besonders die ohne Partner, etwa die Stoß- und Schlagübungen mit Waffen, können viel zur Nachreifung von Eigenmacht, Willensgefühl, Selbstbehauptung und zur Integrierung des Körperselbst beitragen. Sie sind deshalb auch für ein «Empowerment» im Rahmen einer Traumatherapie geeignet[27].

«Etwas für den Alltag draußen Gewinnen» erwies sich bei der Befragung der Dan-Graduierten zum Großteil als Auswirkung des Aikidoübens (Grafik 2). Die Frauen insgesamt, also ohne Gewichtung ihrer jeweiligen Graduierung, empfanden es allerdings als wechselwirksam. Das heißt, sie fühlten sich dadurch auch wiederum zum Trainieren motiviert.

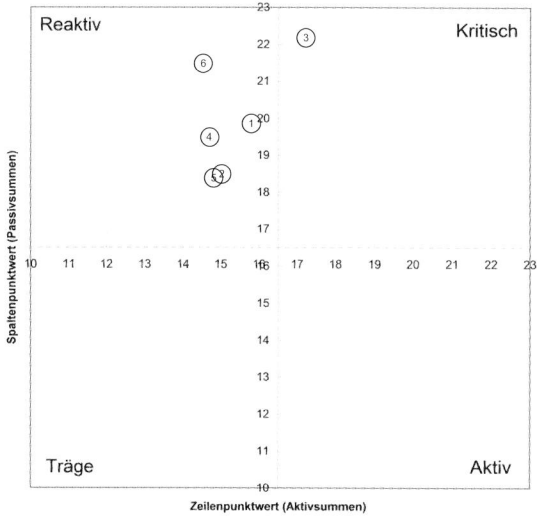

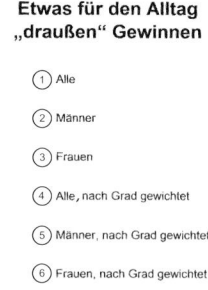

Etwas für den Alltag „draußen" Gewinnen

1 Alle
2 Männer
3 Frauen
4 Alle, nach Grad gewichtet
5 Männer, nach Grad gewichtet
6 Frauen, nach Grad gewichtet

Grafik 2: Wirkmoment: Etwas für den Alltag «draußen» gewinnen. Erfasst mit der Technik «Papiercomputer»[19]

27 – Eine neue Weise, zu fühlen und zu sein

Was nun folgt, ist mühsam, dafür meiner Ansicht nach aber nicht nur für Fachleute spannend. Angreifen, festhalten, loslassen und rollen könnte man als Makrovorgänge bezeichnen, als große, umfassende Handlungen. An jeder einzelnen sind unendlich viele kleine, kleinste (mikro) Geschehnisse beteiligt. Unter Körpermikropraktiken kann man sich winzige und nicht bewusst gesteuerte Abläufe vorstellen, schon beim Basteln, aber auch als Gesten auf einen anderen ausgerichtet oder als Antwort auf dessen Aktion: Ein interessiertes Heben der Augenbrauen, ein einladendes Lächeln, ein Zurücknehmen des Oberkörpers, was einen Vorbehalt signalisiert.

Affekte und mit ihnen affektmotorische Schemata sind in erster Linie für die eigene Person bedeutsam, sind aber eben auch wahrnehmbar für andere und regulieren so den Kontakt. Körpermikroprozesse sind ebenfalls zunächst in der Person wirksam, also auch wenn jemand für sich ist, und im Kontakt für andere kaum wahrnehmbar.

Die Grenzen sind fließend; beispielsweise hat eine Ausdifferenzierung affektmotorischer Schemata einen Einfluss auf Kontakte, bewirkt aber auch psychostrukturelle Veränderungen in der Person.

27.1 Körpermikroprozesse

Oben war verschiedentlich angerissen worden, dass im Körper verfestigte Einschränkungen und Einseitigkeiten, beispielsweise stets unnötig fest wie ein Schraubstock zuzupacken oder stets schüchtern und verhalten anzugreifen, nicht willkürlich verändert, wohl aber durch kontinuierliches Aikidoüben gebessert werden können.

Antrieb (oder: Affekt)

Die Säuglingsforschung hat gezeigt, dass Körperlichkeit und Affektivität untrennbar verbunden sind. Bewegungen lösen im Sichbewegenden ebenso wie im Beobachtenden Gefühle aus und umgekehrt veranlassen Affekte körperliche Aktionen. Heute nennt man Affekt, was in der Theorie von Ausdruckstanz oder Pantomime als Antrieb bezeichnet worden war. Dimensionen, in denen Stern die Vitalitätsaffekte beschreibt, nämlich «Intensitätsgrad», «Zeitmuster, Rhythmus», «Gestalt» zum einen und zum anderen Bewegungsantriebe nach von Laban, nämlich stark / fest oder leicht / zart, schnell oder allmählich, direkt oder indirekt und gebunden oder locker / frei entsprechen sich[28]. Eine erwachsene Person erscheint in ihren «Antriebsgewohnheiten»[29] zunächst festgelegt, durch ihre «Körperentwicklung gebunden»[30] oder, aus klinisch-psychologischer Sicht, durch ihre biografisch erworbene Psychodynamik.

Antriebsqualitäten im Budo

Erfreulicherweise hat aber der Mensch «die Möglichkeit und den Vorteil, durch bewußtes Training seine Antriebsgewohnheiten verändern und erweitern zu können, selbst unter ungünstigen äußeren Bedingungen»[31]. Stellen wir uns zwei verschiedene Menschen vor, den einen, der mir beim Händedruck seine Hand nur gerade eben überlässt und den anderen, der meine Hand regelrecht zermalmt. Würden sie einen Kampfsport beginnen, würden beide mit einem weiteren Spektrum an Bewegungs- und damit Seinsmöglichkeiten konfrontiert; etwa im Bereich «Kraft»: «Sehr stark bis sehr leicht», da es zwar kraftvolle Bewegungen wie Schläge und Tritte gibt, aber auch anderes mit der «Betonung auf Leichtigkeit wie etwa das Gehen auf dünnem Reispapier, ohne es zu zerreißen»[32]. Die «Bewegungsvielfalt» reicht «von linear bis nicht-linear (einfach und komplex)»[33]. Die «Geschwindigkeit» deckt einen Bereich ab von «sehr schnell bis sehr langsam. Der Extremfall sind blitzartige Tritte und fast zeitlupenartige, meditative Bewegungen». Der «Bewegungsumfang» reicht von «sehr kontrahiert bis ausgedehnt»[34]. Lehrende sollten es den Schülern ermöglichen, solche vielfältigen Körperpraktiken zu erleben und zu integrieren.

Kasten 1 (nächste Seite) verbindet von Labans Antriebskategorien mit Beispielen aus Budo und speziell Aikido (*kursiv*).

Werden solche bislang ungewohnte Bewegungsabläufe zunächst bewusst trainiert und eingeübt, wirkt dies über die sich verändernde Physiologie auf die Affektivität der Person zurück. Allmählich stehen ihr neue, nicht etwa bloß mechanisch eingelernte Bewegungen zur Verfügung, sondern – spontan – eine breite Varianz authentischer affektiv-motorischer Möglichkeiten.

Mit Hilfe der Aikidobewegung können Übende die Spannbreite der menschlichen Affektmotorik erkunden, erweitern, vertiefen, entwickeln und reorganisieren. Ein auch nur vorbewusster Bedarf, eine vage gespürte Enge, vielleicht auch eine Lebenskrise kann dazu motivieren, etwas zu suchen – und Aikido zu finden. Letztendlich hat Aikido nicht lediglich veränderndes und erweiterndes, sondern tiefgehend heilendes Potenzial.

27.2 Die Tiefenwirkung längeren Aikidotrainings auf seelisch bedingte, doch längst verkörperte Probleme

Immer wieder wird «Aikido auch zeitweilig als Ergänzung zu einer Therapie»[35] gesehen; eine andernorts befragte Person «meinte, Aikido und Therapie hätten für sie eine wechselseitige Wirkung gehabt»[36].

ERKENNTNISSE: Im Verlauf mehrjährigen Aikidoübens kann das Lebensgefühl sich grundsätzlich verbessern, wie es eine Interviewte beschreibt: «Seit ich wieder viel zum Aikido gehe, merke ich, dass ich wieder so zu mir selber finde. Ich merke, dass ich zufriedener werde insgesamt, bisschen ruhiger.» Aikido hilft ihr, «ein bisschen lockerer halt zu werden» und «nicht alle Sachen so verklemmt und so verbohrt» zu sehen. Ein Mann erklärt ähnlich: «Ich muss auch sagen, seitdem ich das mache, ist meine Lebenseinstellung schon ein bisschen anders geworden. Ich sehe nicht mehr alles so ernst, wo ich mich früher verrückt gemacht habe mit, wenn ich etwas nicht geschafft habe.» Eine Interviewte empfiehlt Aikido weiter, auch weil «es ein guter Therapieersatz für bestimmte Personen sein» kann. Eine andere Gesprächspartnerin führt aus: «Zur Ruhe kommen, heil werden, das hab' ich

Kasten 1: Labans Kategorien und Beispiele aus den Budotechniken (Beispiele *kursiv*)

QUALITÄT	MUSKEL-KRAFT ZUR ÜBERWIN-DUNG DER SCHWER-KRAFT (ENERGIE)	ZEIT ELEMENTARE AKTION	RAUM ELEMENTARE AKTION	FLUSS	BEISPIEL
A: ankämpfen … bis zur Emotion Hass	Fest = starker Widerstand, Schwerege-fühl	plötzlich = schnelles Tempo, kurzzeitig, augenblick-lich	Direkt = gerade Rich-tung, faden-artiger Raum, evtl. Enge	gebunden	stoßen, schieben, strecken, durchlöchern *Tsuki (Fauststoß) im Karate oder als Aikidoangriffsform*
Variationen zu A	zart	plötzlich	direkt	frei	tupfen, picken, antippen *die fünfte Form des Setei-Iai, bei der das Schwert so zart gefasst wird, «als würde man Tofu mit Stäbchen essen» – und dann blitzschnell geführt*
	fest	allmählich	direkt	gebunden	drücken, quetschen, zermalmen *Schmerzgriff Yonkyo*
	fest	plötzlich	flexibel	frei	peitschen, geißeln, schnappen *Atemi (angedeuteter Stoß zum Gesicht des anderen, um dessen Gleichgewicht zu brechen)*
B: erspüren … bis zur Emotion Liebe	zart = zarter Widerstand, schwereloses Gefühl	allmählich = langsames Tempo, lang-zeitlich, Endlosigkeit	Flexibel = wellige Lini-en, biegsame Raumausdeh-nung, überall sein	frei	schweben, rühren, fliegen, dahintreiben, aufnehmen *Kontaktübung im Kinomichi; Einladen im Aikido*
Variationen zu B	fest	allmählich	flexibel	gebunden	wringen, verdrehen *alle Hebel; auch die Würfe Kote Gaeshi, Shiho Nage*
	zart	allmählich	direkt	frei	streicheln, glätten, gleiten *Schritte / Gang im Aikido*

lernen müssen, das gab's früher nicht oder ich wusste gar nicht, dass es das gab.» Sie fasst zusammen: «Ich halt' nicht den Atem an, ich atme tief ein und aus. Diese Übung, ich atme ein und drück' auch was weg. Das ist 'ne Riesenveränderung. Das ist eine Entwicklung in den letzten Jahren also ohne Aikido glaube ich nicht, dass die so weit gegangen wäre. Es hat für mich fast 'ne Körpertherapie – Körpertherapie nicht im Sinne von so Therapie, aber schon doch, es ist was Heilendes, was Heilwerdendes.»

Dass Aikido häufig in die Rolle kommt, zu unterstützen, zu ergänzen, liegt letztendlich daran, dass die üblicherweise verbalen Psychotherapien alleine nicht greifen, wenn es sich um Lebensgefühlsstörungen handelt, welche in der frühesten Kindheit entstanden sind. Erinnern, Einsichten gewinnen, Betrauern genügt nicht; kognitives Bearbeiten, Planen, sich Vornehmen scheitert. Vielmehr können Zustände wie beispielsweise Ängste aus körperlich-vorsprachlicher Zeit ausschließlich durch körperlich-nonverbale Prozesse erreicht und gemindert werden. Dies ist der beste Ansatz zur Einflussnahme[37] auf Inhalte des prozeduralen Gedächtnisses[38]. Explizite Körperpsychotherapien[39] sind besser geeignet, einen Zugang zur Ebene der geronnenen Beziehungserfahrungen zu schaffen. Die Aus- und Verformungen der biografisch gewordenen psychischen Struktur haben ihre jeweiligen körperlichen Entsprechungen. Daher kann jede körperliche Aktion, Interaktion, auch jede Intervention eines Therapeuten, Körperempfindungen auslösen. Hierdurch werden die damit verbundenen Gefühle und Erinnerungen oder, wo diese selbst nicht zugänglich sind, Bilder, Metaphern für affektmotorische Schemata hervorrufen, mit denen dann eine Weiterarbeit möglich ist.

Jede motorische Handlung – dies kann also auch eine Aikidoübung sein. Auch ohne einen expliziten therapeutischen Rahmen – und völlig ohne eine entsprechende Absicht – wird das prozedurale Gedächtnis berührt. Dessen Inhalte werden oft geschützt von einer Körperabwehr. Das ist erklärungsbedürftig.

27.3 Aikido als heilender Umgang mit der Körperabwehr

> «Der Leib ... agiert die Vergangenheit aus, die damit als solche aufgehoben wird,
> erlebt sie wieder. Was der Leib gelernt hat, das besitzt man nicht,
> wie ein wiederbetrachtbares Wissen, sondern das ist man.»[40]

Der Begriff Abwehr

Hat ein Mensch in seiner Kindheit entgleiste Interaktionen erlebt, dann haben sich mit hoher Wahrscheinlichkeit in seinem Körper an sich schon defizitäre Strukturen verfestigt. Zusätzlich entwickeln sich solche, die der Abwehr seelischen Leidens dienen. Unter Abwehr versteht die analytische Psychotherapie unbewusste Manöver, durch die Menschen sich vor seelischem Schmerz schützen – ausgelöst vielleicht durch Kränkungen oder Einsamkeit in der Gegenwart; dann durch Erlebnisse der Kindheit, die zu erinnern und bewusst zu spüren nicht erträglich ist, und drittens durch assoziative Verknüpfungen zwischen solch schmerzhaften Erfahrungen heute und einst. Seelische Abwehrmechanismen, etwa Verdrängung, andere stets beschuldigen oder sich selbst ständig schuldig fühlen, keinerlei intime Beziehung eingehen oder sich in Beziehungen anklammernd, überkontrollierend verhalten, sind viel beschrieben worden.

Körperabwehr

Der Begriff Körperabwehr ist weniger bekannt, obwohl schon früh erkannt wurde, dass «das, was Menschen mit ihrem Körper tun – ihn verspannen, ignorieren und so weiter – psychologisch als Abwehr dienen kann. Groddeck (1990, 1949) wies als einer der ersten darauf hin. Ferenci (1964, 1955) entwickelte diesen Gedankengang weiter. Reich (1989) und andere arbeiteten ihn noch weiter aus ... Selbst Anna Freuds (1987) immer noch einflußreiches Buch ‹Das Ich und die Abwehrmechanismen› stützt diese Idee, wenn auch nur am Rande. Die meisten der ‹neuen Therapien› (Gestalttherapie, Transaktionsanalyse usw.) erkennen sie ebenfalls an»[41]. «Psychisch verursachte Fehlfunktionen des muskulären Systems sind eng verquickt mit der Abwehr gegenüber Körpergefühlen und kinästhetischer Wahrnehmung»[42], d.h. man vermeidet es, den eigenen Bewegungsempfindungen und dann den damit verbundenen seelischen Regungen nachzuspüren.

Einwirkung auf die Körperabwehr

Dass durch Aikidoüben etwas Verhärtetes aufgeweicht wird, bemerken sensible Anfänger gleich zu Beginn. Eine Jungianerin verwendet statt Körperabwehr noch Reichs älteren Begriff Körperpanzer: «Nun bin ich auf der Trainingsmatte. Ungeschickt lerne ich, meinen Körper vorwärts abzurollen und aus dem Stand nach hinten zu fallen sowie meinem Partner, der mich mit voller Wucht angreift, zur Seite auszuweichen. Die erste Lektion des Kriegers besteht offenbar darin, rund zu werden, sich zugleich weich und fest zu bewegen – und loszulassen ... Ein mein Leben lang bestehender Körperpanzer wird angegangen»[43].

Die Freiheit von Wettkämpfen (abgesehen von Splittergruppen wie Tomiki-Aikido) bietet Trainierenden des Aikido einen unschätzbaren Vorteil gegenüber Leistungssportlern: Sie sind gehalten, immer wieder alle Bereiche zu trainieren, auch das, was dem Einzelnen jeweils unsympathisch ist, was er scheinbar nicht kann, jedenfalls nicht mag. Im Gegensatz dazu baut ein Boxer, Sprinter oder Marathonläufer stets mehr von dem aus, was ihm sowieso liegt. Aikido bietet daher die Möglichkeit, die als scheinbar Nicht-Können oder zufällig Nicht-Mögen getarnten Formen der Körperabwehr zu erreichen und allmählich abzubauen. Das individuelle psychomotorische Feld eines Menschen sowie das motorische intersubjektive zwischen ihm oder ihr und anderen werden ausdifferenziert und transformiert.

Es kommt also zu einem Ausgleich zwischen Facetten der Persönlichkeit, zwischen Überdimensioniertem und Unterentwickeltem bis hin zur Erschließung neuer, dem bisherigen Spektrum entgegengesetzter Facetten, also Erweiterung der Erlebens- und Verhaltensmöglichkeiten der Person. Dies nährt Hoffnungen auf eine noch weiter reichende Ent-Störung als Ziel der Regulationsbestrebungen.

27.4 Einzelne Momente, in denen das Aikidoüben die Körperabwehr lockern kann

Betrachten wir jetzt detailliert, an welchen Punkten und wie Aikido Veränderungen anstoßen kann und wie die so oft beobachtete therapeutische Wirkung auf der konkreten psy-

chomotorischen Ebene zustande kommt. Ich habe Elemente des Trainingszusammen-
hangs mit der Auflistung des Körperpsychotherapeuten verflochten.

Unterentwickelte motorische Schemata

Aikido zu üben ist besonders gut geeignet, «unterentwickelte motorische Schemata»
nachträglich auszudifferenzieren. Diese stellen «ein Defizit» dar, einen «Entwicklungs-
stillstand». Beispielsweise sind «die affektmotorischen Schemata eines Menschen im Bereich von Ärger ... unentwickelt»[44]. Als Ursache kann man sich vorstellen, dass die Bezugspersonen dieses Menschen in dessen (früher) Kindheit Ärger fürchteten oder missbil-
ligten. Durch ihre (vielleicht sogar ihnen selbst unbewussten[45]) Handlungen und Haltungen wurde dies dem Kind mitgeteilt. Schon ein verschlossener Gesichtsausdruck ist ja für
es verstehbar[46]. Weil einst Strafe, Ablehnung, Liebesverlust drohten, hat das Kind bereits
in vorsprachlicher Zeit gelernt, motorische Äußerungen mit aggressiver Färbung zu modulieren bis hin zur völligen Unterdrückung. Dies sind die materiellen Gegebenheiten, die
der psychischen «Selbstentfremdung»[47] zugrunde liegen.

Beim Erwachsenen geschieht Folgendes: «Jedesmal, wenn sich zum Beispiel eine Spur
von Ärger regt, sucht dieser Mensch nach möglichen aggressiven Bewegungen (von denen
es viele gibt), um diese zu explorieren. Aber in seiner Wahrnehmung existieren diese Bewegungen nicht; oder als nicht in seiner Reichweite und zu schwierig für ihn. Weit entfernt
von jeder Schuld oder Angst, hat die Person *auf der körperlichen Ebene das* tiefe *Gefühl*,
‹Ich weiß einfach nicht, wie ich das machen soll›. Es ist, als wiese ihr verfügbares *affektmotorisches Repertoire* hier eine Lücke auf»[48].

Dass die zur Emotion Ärger gehörenden Körperpraktiken in einem Kampfsport vorkommen, versteht sich von selbst. Zudem wird von einer Person mit elterlicher Autorität
und Macht vorgeführt, wie es geht, und damit der Affekt gutgeheißen. Ferner wird Nicht-
zu-Können vorausgesetzt, man ist da, um zu lernen, zu üben. Dann sind fast alle Übungen
dyadisch, so dass meist jemand verfügbar ist und zeigt, erklärt, ermuntert, mit dem zusammen man ausprobieren kann.

Defensiv verzerrte affektmotorische Schemata

«Defensiv verzerrte affektmotorische Schemata sind vergleichsweise schon weiter entfaltet,
aber mit einer pathologischen Tendenz werden sie zu häufig benutzt wie zum Beispiel eine
beharrliche kämpferische Aggressivität». «Diese kann sich in Schemata äußern, die die
Schultern, Arme und Hände aktivieren; oder Kiefer und Augen; oder das Becken; oder sogar die Beine. Entweder herrscht eines dieser Schemata vor oder mehrere von ihnen agieren
in verschiedenen Kombinationen. Bei einem Kleinkind finden wir hier offene, unverhohle-
ne Bewegungen vor. Beim Erwachsenen ist die körperliche Aktivierung meistens kontrollierter und subtiler». «Diesem Verhalten können verschiedene, der Abwehr dienende Absichten zugrunde liegen: Intimität verhindern, sich gegen ein regressives Erleben von De-
mütigungen wehren und anderes mehr. Und natürlich kann die Körperabwehr ohne weiteres mit verschiedenen rein psychischen Abwehrmechanismen zusammenarbeiten, zum
Beispiel: Verleugnung, primitive Abwertung und projektive Identifizierung (so daß beim

anderen z. B. Gefühle des Eingeschüchtertseins und / oder einer entsprechenden Feindseligkeit ausgelöst werden)»[49].

Letztere sind Beispiele für die oben in Kapitel 17 erläuterten (Gegen-)Übertragungen, also die Gestimmtheiten, die im Gegenüber des Betreffenden entstehen. Dies führt dann zu Konflikten in der Trainingsgruppe oder mit dem Leiter – also mit Ihnen.

Solch einseitige, defensive Verzerrung können durch die Vielfalt des motorischen und paramotorischen Angebotes aufgelockert werden. Ein krampfhafter Kämpfer wird eingeladen, auch einmal zu lächeln. Anderseits wird jedoch ein ständig kicherndes Mädchen ermuntert, ernsthaften Ausdruck in einen Angriff zu legen.

Ängstliche Selbstbewahrung

Die «Angst vor dem Fallen» kann Lowen folgend, verstanden werden als «Angst davor, die Kontrolle über sich zu verlieren, sich zu verlieren, sich auszuliefern». So konnte man «in Körpererfahrungsgruppen die Beobachtung machen, daß gerade aktive Sportler große Schwierigkeiten bei Fallübungen hatten, bei denen der Fall nicht instrumentell zu dem Ziel der Leistungssteigerung oder des Sieges umdefiniert werden konnte: Sie versuchten, jederzeit eine umfassende Kontrolle über sich zu behalten»[50].

Die Fallübungen sind damit bereits eine Herausforderung. Speziell bei Irimi Nage wird zugleich ein weiteres unterentwickeltes Schema angegangen, denn zum Aufgeben der Kontrolle wie bei jedem Fallen kommt noch das Sich-einem anderen-Anvertrauen. Der feste Griff und die Auslenkung des Nackens (Abb. 1) lösen meist wesentlich mehr Angst aus als vom Technischen her ähnliche, aber weiter außen angesetzte Verdrehungen wie die des Handgelenks bei Kote Gaeshi. Nicht nur Anfänger sträuben sich hier oft unwillkürlich. Um als Uke schon beim Rollen und erst recht beim Fallen im Irimi Nage angst- und verletzungsfrei mitgehen zu können, ist es unbedingt nötig, sich zunächst mit dem Kopf an die Schulter von Nage zu legen bzw. führen zu lassen. Danach muss man sich mit Brust und Bauch an dessen Rücken kuscheln. Das bedeutet praktisch einen Wieder- oder Neuerwerb des von den Säuglingsforschern beobachteten ganzkörperlichen Anschmiegens eines Kindes an den Körper der Mutter[51], «molding» genannt[52]. Eine halsstarrige, starrköpfige Kontrolle muss aufgegeben werden, um eine selbst-bewusste, aber geschmeidige Verfügung über das Fallen zu erlangen.

Abb. 1: Kontrolle von Kopf des Angreifers als Besonderheit des Irimi Nage. Entnommen: Westbrook & Ratti (2010), S. 198 (Ausschnitte).

ERKENNTNISSE: Von daher ist es kein Zufall, dass Irimi Nage die einzige Technik war, auf die die Interviewpartner immer wieder im Detail eingingen. Das Ängstigende daran wurde herausgehoben: «Ich mag überhaupt kein Irimi Nage. Der ist, der kommt mir irgendwie wahrscheinlich zu nahe. Erst mal muss ich mich immer drehen, dann wird mir schwindlig, ich glaub', ich atme da auch falsch, und dann kommt der so nahe an den Hals, so dass ich, am Anfang wusste ich nie, wohin muss ich den Kopf drehen und so hab' ich mich ja auch verletzt beim Fallen und beim Rollen. Also für mich, mir tut er nicht so gut.»

EMPFEHLUNGEN: Jegliche Verbesserung kommt ausschließlich in Gang durch Tun, Tun, Tun; hilfreich ist es sicher, wenn Nage den Griff eingangs nicht-ängstigend sanft und dann gegen Ende fest und eindeutig aufbaut.

Gegenmobilisierung

Hier wird «eine Bewegung ... gegen eine andere, ihr vorausgegangene Bewegung gerichtet ... Ein Kind wird zum Beispiel traurig. Eines der dadurch mobilisierten Subschemata stimuliert eine Öffnung der Kehle als Vorbereitung auf ein Schluchzen. Ein Zusammenziehen der Kehle wirkt dann dem entgegen und reduziert oder verhindert, daß das Schluchzen anwächst»[53]. «Gewöhnlich ... beschränkt sich eine Gegenmobilisierung auf bestimmte Muskelgruppen»[54]. Dabei sind «die meisten entsprechenden Bewegungen so geringfügig ..., daß sie mit bloßem Auge nicht wahrgenommen werden können. Wenn ... ein kleines Kind gegen eine Woge von Traurigkeit ankämpft, kann man eine eindeutige und offensichtliche Verhärtung der Halsmuskulatur, ein Zusammenpressen der Lippen und so weiter wahrnehmen. Ein Erwachsener jedoch setzt diese Bewegungen nur im Ansatz und in verkürzter Form ein ... In der Therapie können viele dieser Bewegungen nur mit Hilfe eines Lernprozesses entdeckt werden, in dessen Verlauf der Patient die Fähigkeit entwickelt, sie von innen zu spüren»[55].

Hier bleibt es dem Übenden also weitgehend allein überlassen, wie viel er von sich und seinen Gegenmobilisierungs-Manövern wahrzunehmen lernt, und ob er dann aktiv damit umgehen will. So kann jemand vielleicht bemerken, dass ihn Atemübungen traurig stimmen und er dies unterdrückt. Mitunter können Trainingspartner allerdings doch etwas rückmelden – etwa, dass jemand stets zwinkert, wenn er mit einem Schlag zum Kopf angegriffen wird; hier werden das Erschrecken und die Angst unterdrückt und es werden die Impulse gebremst, sich abzuwenden oder wenigstens die Augen zu schließen.

De-Aktivierung

Hier «wird ein neurologisches Signal zu den relevanten Muskelgruppen geschickt, das ihnen ‹sagt›, daß sie ihre Spannung reduzieren ... sollen. Die Muskeln bekommen die Botschaft zu erschlaffen, auch wenn die Muskelspannung tatsächlich nur leicht verringert wird ... für Erwachsene ist das typisch ... Ein Mann entdeckte ..., daß seine Arme und der Schultergürtel sich oft seltsam unlebendig anfühlten, wenn er das Gefühl hatte, daß ihm jemand unmittelbar zu nahe kam, ihn bedrängte. Es zeigte sich, daß er damit unbewußt versuchte, den ‹muskulären Wunsch›, jemanden wegzuschieben, zu sabotieren»[56].

Mit Deaktivierungsphänomenen müssen sich Übende dauernd auseinandersetzen, wenn plötzlich etwas nicht mehr zu gehen scheint ... mit einem für stärker gehaltenen Partner, mit einer Frau, der man ja nicht wehtun darf, mit einer als attraktiv erlebten Person, weil in einem engen Kontakt wie beim Irimi Nage erotische (oder gar homoerotische) Ängste mobilisiert werden ...

Das chronische Festhalten

Es ist ein «gewohnheitsmäßiger Muskelzustand ... So bleiben zum Beispiel bestimmte Kiefermuskeln in einem fast permanenten Zustand der Anspannung, um motorischen Schemata entgegenzuwirken, die das Beißen steuern ... Durch ihre statische Natur bleiben diese Festhaltemanöver stärker im Verborgenen»[57].

Die Atem-, Dehnungs-, Selbst- und Partnermassagesequenzen im Aikido können solche verfestigte Fehlhaltungen auflockern.

Chronische Hypotonie

Sie «ist das Gegenteil von chronischem Festhalten. Ein Körperbereich oder bestimmte Muskelgruppen verbleiben in einem gewohnheitsmäßigen Zustand nicht optimaler Spannung. Chronische Hypotonie ist also die statische Entsprechung zur De-Aktivierung»[58].

Der optimale Aufbau von Spannung sowie das Halten der Spannung im Verlauf einer Bewegungsfolge ist ständiges Element des Aikidounterrichts; dies betrifft sowohl die Spannung im eigenen Körper im Stand, beim Rollen und im Sich-alleine-Bewegen als auch in der Kontaktnahme des Uke und im Führen als Nage.

Die Atemreduktion

Sie «ist vielleicht die wirkungsvollste Form der Körperabwehr. Ihre destruktiven Auswirkungen zeigen sich in der psychischen Ökonomie von uns allen. Atmung ist komplex: Zwei eng miteinander verknüpfte Schemata-Hierarchien sind beteiligt. Die eine hängt mit den motorischen Abläufen zusammen, die andere mit unseren Bewußtheitsmustern hinsichtlich der Atmung. Wichtig ist hierbei nicht das Atemvolumen, sondern die Reaktionsfähigkeit des Atems ... Wenn der Atem a) subtil genug verläuft und wir b) ein ausreichendes Randbewußtsein von ihm bewahren – kann er uns viele Informationen übermitteln. Wir empfangen dann sehr viel mehr und nuanciertere Daten, die uns über unseren eigenen inneren Zustand und das, was wir an anderen wahrnehmen, Aufschluß geben. Deshalb ist jede defensive Verringerung der Atmung so machtvoll. Sie zieht sowohl unseren Kontakt zu uns selbst als auch den zu anderen Menschen in Mitleidenschaft.»[59]

Die Kultur des Atemflusses, seines Umfanges und Ortes im Unterbauch und innerhalb der Flanken, der vollständigen Ausatmung sowie der Stimmigkeit zur Bewegung ist festes Element des Aikidounterrichts. Zugang zur eigenen Atmung wird auf jeden Fall gefunden; bezüglich der subtilen Qualitäten ist festzuhalten, dass zumindest theoretisch kein Element des Aikido mechanisch und unaufmerksam vollzogen werden soll.

Die kinästhetische (auf die Bewegungsempfindung bezogene) Vermeidung

Sie «ist eine generelle Flucht aus dem kinästhetischen Bereich. Sie betrifft die bewußte Verteilung unserer Aufmerksamkeit und beeinflußt, wie und wann wir unsere Aufmerksamkeit auf etwas richten. Man gewöhnt sich an, das Kinästhetische ‹auszublenden›, es zu ignorieren»[60].

Eine umfassende kinästhetische Vermeidung ist in einem Bewegungstraining schlechterdings nicht möglich. Etwaige Ausweichmanöver wie stehenbleiben und quatschen, allzu viel nachfragen, allzu oft müde am Rand sitzen, werden von Gruppenmitgliedern und Übungsleitern bemerkt; der oder die Betreffende wird mit sanftem Nachdruck zu einer erneuten Auseinandersetzung mit sich und dem eigenen Körper bewegt.

Visuelle Körperbildkonstruktionen

Dies «sind Vorstellungen vom Körper ... Sie repräsentieren den Körper als etwas, was gesehen wird, das heißt, von außen gesehen. Oft manifestiert sich darin ein vager Standpunkt von ein, zwei Metern Entfernung: Dies ist mein Körper, wie jemand anderes ihn sehen oder ich ihn im Spiegel erblicken könnte». Problematisch wird dies, wenn «diese Konstruktion als Hauptbezug» für die «Vorstellung von ‹meinem Körper› – oder ‹meinem Selbst› in seiner körperlichen Dimension –» genommen wird. Man verliert «den ‹gelebten Körper› ... eine überwiegend höchst kinästhetische Angelegenheit». «Durch die Vorherrschaft des Visuellen wird verleugnet, wie gründlich wir den Kontakt zu uns selbst verloren haben ... Sie führt dazu, daß wir über unser körperliches Wesen in einer Form nachdenken, die verbirgt, wie sehr wir davon abgeschnitten ... sind»[61].

Aus ähnlichen Erwägungen zieht Meister Kitaura den Husserl-Schüler Mezzoponti heran mit dessen Idee der gelebten Welt, des gelebten Körpers: Man könne kein komplettes visuelles Bild des eigenen Körpers haben, sondern ihn nur erfahren. Hierzu trägt Aikido bei[62]. Durch den ständigen unmittelbaren Körperkontakt mit anderen Menschen wird man mit den eigenen realen Dimensionen und Potenzen konfrontiert, man muss sich immer wieder aufs Neue damit auseinandersetzen, wie leicht, zierlich, groß, imposant, schwerfällig oder was auch immer man in Wirklichkeit ist.

Bevorzugen von Spiegelwänden

Oben (in Teil II) waren Forschungsergebnisse zu gelingenden und zu gestörten Mutter-Kind-Beziehungen ausgeführt worden. Wie schon früher erkannt worden war, sucht der Säugling «die Spiegelung seiner selbst im Auge der Mutter und benutzt das, was er dort sieht, um ein ‹Ich›-Gefühl zu entwickeln»[63]. Aus der Bewunderung durch die Mutter erwächst das Selbstwertgefühl des Kindes. Wie von der Säuglingsforschung bestätigt entsteht in ungünstigen Fällen eine «Grundstörung» als Folge eines mangelhaften «Zueinander-Passens» von Mutter und Kind. Sie wird «von dem einst Betroffenen ... erlebt» als fehlte ihm etwas, «weil ihn jemand enttäuschte und vernachlässigte»[64]. Als Notbehelf versuchen manche Menschen, diese vermisste bedeutsame Spiegelung, also die einfühlsame Beziehung, durch das Trainieren vor einer Spiegelwand zu ersetzen: «Die Frauen in meinem Aerobic-Kurs liebten und haßten den Spiegel, je nachdem, welche Botschaft er zu-fällig aussandte ... als wäre die Blicklinie zwischen Selbst und gespiegeltem Selbst eine Art Rettungsleine»[65]. Dies entspricht der erwähnten Abwehr tiefliegender seelischer Ängste durch muskuläre und motorische Aktivität: Offenbar kann der Umgang mit dem Spiegel der Beschwichtigung verschiedener Ängste dienen, etwa der «Furcht vor körperlicher Iso-lierung». War die Mutter nicht genügend reaktiv, wird die im Erwachsenenalter fortbeste-hende Angst beruhigt, wenn es gelingt, «diesen total reaktions-freudigen Spiegelpartner zu lebendigen Regungen zu bringen»[66].

Dagegen sind Aikidoka mit Partnern konfrontiert, die zwar meist gutwillig den Bewe-gungen folgen, einerseits jedoch Personen in eigenem Recht sind und keinesfalls beliebig manipulierbare Spiegelbilder, andererseits wirklich mitmenschlich.

27.5 Psychostruktureller Ausgleich: Der Einfluss des Aikidoübens auf psychische Störungen, Bewegungsstörungen und Beziehungsstörungen

In Teil II hatte sich die wechselseitige Bedingtheit von Beziehungsstörungen und Bewe-gungsstörungen gezeigt. Erkenntnisse: Hierzu und zur Besserung durch Aikido war von meinen Gesprächspartnern viel zu erfahren gewesen. Sie sahen Entsprechendes an sich selbst und an anderen; eine Frau kennt Momente, «wo bei Erwachsenen Bewegungshem-mungen psychische Ursachen haben. Die psychische Grundstruktur wird ja mitgebracht. Die ist auch an der Bewegung abzulesen.» Ein Mann liefert das konkrete Beispiel: «Ich hatte ein bisschen Angst vor den anderen Kampfsportarten», «weil ich auch früher sehr viel Angst hatte vor anderen Menschen» – er meinte nicht körperliche Angst. Mehr oder weniger bewusst hatte er eine mögliche Wirkung bereits angezielt: «Das Aikido gefiel mir so als Kompromiss zwischen alleine üben irgendwas und was mit Menschen zu machen.» Ein anderer entdeckte bald: «Psychisch habe ich überhaupt das Gefühl, dass beim Aikido durch diese vielen Partnerübungen, die man macht, einem auch während der Übungen viel klargemacht wird, wie man mit anderen Menschen umgeht. Da sind mir auch einige Dinge so deutlich geworden. Wo mir klar wurde, meine Güte, den Stiefel, den du hier machst, den machst du auch sonst mit Leuten so in der Kommunikation.» Die Inter-viewpartnerin von eben fuhr fort: «Bewegungshemmungen und psychische Störungen werden gleichzeitig günstig beeinflusst. Das kenne ich aus dem Training und den vhs-Kur-sen. Beim Üben und Korrigieren der Bewegungen lockert sich auch das Psychische, weil sich beide Partner anpassen.»

Oben in Kapitel 11 war bereits der interaktionelle Effekt der Anpassungsleistungen ge-schildert worden und in Kapitel 16, wie Harmonie auf der Matte technisch erarbeitet wird. Kasten 1 in Kapitel 16 zeichnet die ständig notwendigen Abstimmungsprozesse nach. Das Bemühen um diesen interaktionellen Fortschritt bewirkt als Rückkoppelungseffekt wie-derum einen individuellen Fortschritt. Die kontinuierliche Übung hat nicht lediglich mo-mentane, sondern bleibende Effekte und wirkt ausgleichend, harmonisierend auf die psy-chische Struktur der Beteiligten. Unter anderem werden die oben (in den Kapiteln 5 und

6) erläuterten affektmotorischen Schemata dank dieser Abstimmungsbemühungen ausdifferenziert, in ein Gleichgewicht gebracht – eben harmonisiert.

Verbindungsschemata

Die haptonomische Bewegung ist die realistische Näherung an die Sehnsucht nach harmo-
nischer Verschmelzung (vgl. Kapitel 14). Psychomotorisch gesehen betrifft ein Großteil des
Geschilderten affektiv-körperliche Schemata der Verbindung. Für einen Mann ging es beispielsweise darum, «Nähe zu finden». Auch eine nach eigener Aussage besonders sportliche Frau beschäftigte etwas Ähnliches. Sie vermerkt zu ihrer Ausgangslage: «Am Anfang,
da war ich auch selber noch relativ hart.» Sie zeichnet die durch die Abstimmungserforder-
nisse angestoßene Entwicklung nach: «Am Anfang hat mir das Kämpfen sehr gut gefallen;
gefällt mir jetzt auch noch sehr gut», wobei ihr inzwischen «das eigentlich mehr gefällt,
auch wirklich auf den anderen einzugehen und nicht nur Power zu machen. Jetzt ist es so,
dass mir auch das Bewegungsrichtung-vom-anderen-Erspüren und Dem-genauen-Namen-
Geben sehr gut gefällt.»

Differenzschemata: Distanzierung, Abgrenzung

Wie für eine gesunde Entwicklung notwendig und außerdem stimmig zur Vorstellung von
Yang und Yin werden gleichzeitig auch die differenzierenden, distanzierenden affektmotorischen Schemata entwickelt. Uke muss deutlich angreifen – also die Distanz zu Nage un-
terschreiten – und daraufhin muss Nage den optimalen Abstand (Ma Ai) wieder herstellen, um die Führung übernehmen und die Technik anwenden zu können; dies ist nur
möglich, wenn Nage sich nicht verwickeln, behindern lässt.

Erkenntnisse: Ein Aikidoka stellte den Zusammenhang her zwischen seiner Bezie-
hungs- und seiner Bewegungsstörung: «Ich hatte sehr starke Probleme, mich überhaupt
mit Menschen auseinanderzusetzen körperlich, also Abstand zu finden. Ich hatte das Problem in meinen Bewegungen, dass ich in die Leute 'reingefallen bin oder 'reingelaufen bin,
und ich habe mir dadurch selber wehgetan, ich hatte sehr große Probleme, diesen Abstand
überhaupt einzuhalten.» Der Vater einer anderen Gesprächspartnerin «hat auch Kampfsport gemacht». Er hatte ihr als Kind «Atemi» zugemutet, «so Schläge vors Gesicht und
man sollte die Hand wegschlagen». Später, «nicht beim Judo, erst beim Aikido», wird
das notwendige differenzierende affektmotorische Muster entwickelt: «Man kriegt Hinweise, wie man es anders machen kann. Keine Fluchtreaktionen!» Mit der physischen
wird die psychische Ebene erreicht: «Jetzt im Aikido, da werden Kindheitstraumen aufge-
arbeitet. Jetzt geht es mir sehr gut damit.»

Verkörperte Lebensthemen und korrigierende Erfahrungen

Die Gespräche thematisieren immer wieder eine Verschränkung von Innerpsychischem
und Psychosozialem, Motorischem und Biografischem. Während des Übens werden Lebensthemen durchgearbeitet: In der Auseinandersetzung mit Lehrern die Vatersuche eines
Mannes, in der Auseinandersetzung mit Lehrern und Trainingspartnern der «Umgang

mit Männern» einer Frau. In der Auseinandersetzung mit dem Geprüftwerden vor Meister und Zuschauern stellte eine zweite Frau fest: «Ich find' die Aikidoprüfung ziemlich aufregend. Das ist mein Thema. Das hat was mit Sichzeigen zu tun.» Eine dritte wurde in der Auseinandersetzung mit den Techniken mit sich selbst konfrontiert: «Da sehe ich so etwa auf der körperlichen Ebene das wieder, was ich sonst so erfahren habe, worüber in Selbsterfahrung, Therapie gesprochen worden ist. So im Bewegungsmuster, dass ich merke, da ist dann zum Beispiel ein Schutzmuster drin, ein Ausweichen zum Beispiel, das ist schon eine Frustration.»

28 – SELBSTREGULATION

Ein umfassendes Bedürfnis danach, zur Selbststeuerung befähigt zu sein, hat sich als zentrales Thema der Beforschung herauskristallisiert. Zugleich wurden das Potenzial, die vielfältigen zuträglichen Elemente des Aikido sichtbar. Das alles hält dem Vergleich der Sportgruppen stand.

28.1 Selbstregulation im Vergleich

Die statistische Prüfung der im Fragebogen gegebenen Antworten ergab, dass sich folgende Sätze zu einer Skala gruppieren ließen: «Mir gefällt am Aikido (Karate, Iaido, Tanz), dass man mit dem Körper nicht lügen kann»; «‹Sich spüren, nicht: sich denken› – das könnte ich mir gut als Motto für das Aikido (Karate, Iaido, Tanz)-Training vorstellen»; «Es ist ein tolles Gefühl, zuerst reagiert und d a n n gedacht zu haben»; «Wenn ich mal so richtig in der Bewegung drin bin, kann mich so schnell nichts mehr ablenken»; «Aikido (Karate, Iaido, Tanz) ist Meditation»; «Ich übe Aikido (Karate, Iaido, Tanz), um meine Persönlichkeit zu entwickeln»; «Ich übe Aikido (Karate, Iaido, Tanz), um meinen Geist zu schulen»; «Aikido (Karate, Iaido, Tanz) ist für mich vor allem Selbstvervollkommnung»; «Seit ich Aikido (Karate, Iaido, Tanz) übe, kann ich Schmerzen (z. B. ärztliche Behandlung) besser aushalten»; «Seit ich Aikido (Karate, Iaido, Tanz) übe, werde ich mit angsterregenden Situationen (wie Prüfungen oder Beinaheunfällen mit dem Auto) besser fertig»; «Seit ich Aikido (Karate, Iaido, Tanz) übe, werde ich mit bedrückenden Zuständen (wie Arbeitslosigkeit, Liebeskummer, Einsamkeit) besser fertig»; «Im Vergleich zu dem, was ich bisher in Schule und Beruf erreicht habe, wäre / war der erste Dan in Aikido (Karate, Iaido) / das goldene Tanzabzeichen die größte Leistung von allem für mich»; «Ich bin nirgendwo im Leben so sicher wie über meine Aikido (Karate, Iaido, Tanz)-Bewegung» und «Das Aikido (Karate, Iaido, Tanzen) gibt mir viel, was ich sonst entbehren würde».

In dieser Skala fließen die mehrdimensionalen Effekte der Betätigung zusammen: Vor allem ein Sichwohlfühlen, Flow zu erleben im Tun; dann konkrete Effekte im Transfer auf den Lebensalltag und ebenso Effekte bezogen auf Ichideale. Auch schon die Vorstellung, im Sinne des Ich-Ideals an sich zu arbeiten, auf dem Weg dahin zu sein, reduziert innere

Spannungen. Diese Skala erhielt die Bezeichnung «Selbstregulatorischer Effekt». Je mehr Teilnehmer aus einer bestimmten Sportgruppe je mehr der Sätze bejaht hatten, desto höher war der Wert, den diese Gruppe auf der Skala erhielt. Der höchste Mittelwert (9,41 aufgrund eines Durchschnitts an Zustimmung zu neun bis zehn Items) ist bei den deutschen Aikidoka erkennbar (Grafik 3). Nur knapp darunter liegt mit 9,15 der Mittelwert der französischen Aikidoka. Mit einem Wert von 7,45 liegen die Karateka an dritter Stelle, gefolgt von den Iaidoka (6,17) und zuletzt den Tänzern (5,75). Es bestehen statistisch hochbedeutsame Unterschiede zwischen einerseits beiden Aikido-Gruppen und andererseits sowohl Iaido als auch Tanz, ferner eine bedeutsame Differenz zwischen beiden Aikido-Gruppen und Karate sowie immer noch ein gesicherter Abstand zwischen Karate und Tanz.

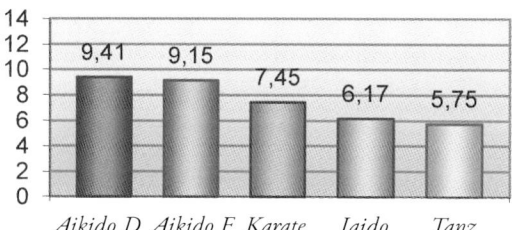

Grafik 3: Skala «Selbstregulatorischer Effekt». Mittelwerte.

Männer und Frauen unterscheiden sich innerhalb der Sportgruppen nicht signifikant (Grafik 4), genausowenig wie übrigens auch die beiden Familienstands-Gruppen, die beiden Altersgruppen, die Graduierungsgruppen, die Frequenzgruppen und die vier Trainingsdauergruppen sich nicht unterscheiden. Ausnahmsweise werden hier solche Nicht-Unterschiede berichtet, weil sie eine eigene Bedeutung haben: Es war ja eine Feldstudie mit natürlichen Gruppen gewesen, keine künstlich zusammengestellte Laborstudie; beispielsweise befanden sich unter den Karateka viele jüngere und ledige, bei den Tänzern viele ältere und verheiratete. Die Einmütigkeit im Empfinden und Bewerten zeigt daher deutlich,

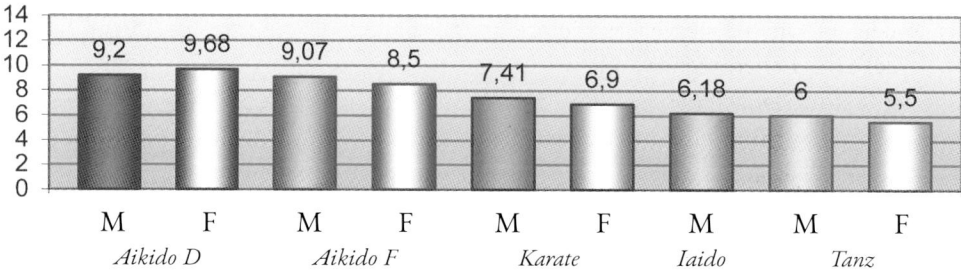

Grafik 4: Skala «Selbstregulatorischer Effekt». Mittelwerte für Frauen und Männer.

dass Aikido besser als die Vergleichsgruppen die ganze Spannbreite abdeckt zwischen körperlichem Wohlbefinden und Ichideal-bezogenen Ansprüchen.

28.2 Selbstregulation in den Gesprächen

Die Absicht Selbststeuerung, die erfahrene regulierende Wirkung des Aikido, das Erwerben und Anwenden entsprechender Kompetenzen hatten sich in den Gesprächen als zentral für das Motivationsgefüge der Befragten erwiesen. Selbstregulation ist im Sprachgebrauch der qualitativen Forschung die «Schlüsselkategorie»[67].

Bedarf
Die Interviewpartner hatten bewusst einen Bedarf formuliert: «Es fehlt einem schon, wenn man es nicht machen kann», sagt ein Mann, und ein zweiter nennt die Pole «einmal körperlich, andererseits auch so psychisch, das Gefühl, jetzt muss man wieder hin». Eine Frau spürt: «Wenn ich nicht hinkomme, fehlt mir was. Ich merke auch, wenn ich abstinent bin. Dann fehlt mir was, irgendwas stimmt nicht.»

Man bekommt etwas
«... was die Lehrenden mir über das Aikido geben.»

Man merkt es ihnen an
Den Angehörigen und Freunden der Interviewten fällt dieses Etwas, nämlich die regulierende Wirkung des Aikido, auf: «Meine Familie, meine Eltern, die wissen zwar nicht genau, was ich da mache, sie sagen sich halt nur: ‹Es ist etwas, wo er sich körperlich bestätigt. Er ist – wenn er nach dem Training wiederkommt – etwas anders. Er ist – umgänglicher.›» So umschreibt es ein Mann; eine Frau führt es aus: «Ich finde es schön, wenn mein Freund sagt: ‹Geh mal wieder zum Aikido.› Obwohl er es nicht kennt. Er weiß nur, wie es wirkt. Wenn ich heimkomme und sage: ‹war das heute wieder ein schwieriger Tag›, und bevor wir dann Essen gehen oder was Schönes miteinander machen – diese zwei Stunden gewinnt er auch Zeit für sich und er weiß, wir gehen dann hinterher anders miteinander um. Aber schöner, als wenn ich nur müde und mies drauf bin.» Auch ihre «Freunde kriegen mit: ‹Der tut es gut.›»

In eigenen Worten
Immer wieder betonen Interviewte die erlebte regulierende Wirkung wie dieser Mann: «Man genießt das Leben mehr», oder ein zweiter: «Dass es mir äußerst gut geht, und ich ein so tolles Gefühl danach habe.» Eine Frau streicht heraus: «Mir hat das auch so seelisch auch viel gebracht», und eine zweite fasst zusammen: «Du bist völlig kaputt, bist mies drauf, gehst auf die Matte, gehst nach 'ner Stunde wieder runter; es geht dir gut.»

Etwas Besonderes
Die regulierenden Effekte werden, auch im Vergleich mit sonstigen körperlichen Betätigungen, ausdrücklich dem Aikido zugeschrieben: «Ich habe so alle Sportarten gemacht in

meiner Jugend, von Judo über Handball, Fußball, Tennis, Rudern, und es war alles ganz schön, aber es hat mir nie so diesen, also diesen Elan gegeben», stellt ein Mann fest. Eine Frau betont: «Im Judo lernt man Tricks. Jedenfalls also ich hab' was anderes gesucht. Jetzt ist es genau wie ich es mir vorgestellt habe: leicht und beruhigend.» Eine zweite erklärt im Einzelnen: «Ich bin ausgeglichener. Das hatte ich beim Handball nicht. Körperlich war ich kaputt, aber psychisch geschieht nichts. Ich habe noch 'ne andere Verbindung – wie sag ich das? – zum Leben? Energie, Atmung, das hatt' ich vorher nicht. Ich hatte zwar immer so einen ganzheitlichen Aspekt im Auge, aber der ist mir durchs Aikido bewusster geworden. Zur Ruhe kommen, heil werden – das gab's früher nicht, oder ich wusste gar nicht, dass es das gab. Wenn ich es eher kennengelernt hätte, dann hätte ich es auch früher begonnen, dann hätte ich schon früher das Handball sausen lassen.» Wieder zeigt sich die ganze Spannbreite der individuellen Regulation: Manche bringt Aikido in Schwung, manche kommen zur Ruhe.

Letztendlich gibt es also weder *das* Aikido, noch *die* oder *den* Akidoka, noch *die* Wirkung des Aikido – sondern immer wieder ein Zusammenspiel der einzelnen Aspekte.

Gezieltes Ergreifen

An den verschiedensten Stellen oben wurde bereits das Was und das Wie der Selbststeuerung plastisch. Es war zu sehen, dass die Befragten aus der Übungshaltung ein Vorbild für ihre Lebensführung gewinnen; dass sie einzelne Elemente oder komplette Trainingseinheiten einsetzen und zwar je nach ihren Bedürfnissen, den basal physiologischen ebenso wie den weitergehenden: «Der eine Leiter macht mehr so ein spirituelleres Aikido und der andere so die Technik. So kannst du nehmen, was du brauchst.»

Aikido zu üben ist also ein Weg zur Selbststeuerung und auch in diesem Sinn ein Weg durch das Leben.

28.3 Die Fülle

Der reiche Gewinn durch Aikido steht im Vordergrund, ob nun langjährig Übende Aikido jemand anderem empfehlen: «‹Es ist gewöhnungsbedürftig›, sag ich auch dazu. ‹Es ist schwer zu lernen, aber es lohnt sich›», oder ob sie für sich selbst Bilanz ziehen «Das ist 'ne Menge geworden.»

VII – Zum Ende kommen

Ein stimmiger Ausklang rundet die Aikido-Übungseinheit ab. Die Worte meiner Interviewpartner eben wären für hier ein schöner Abschluss. Allerdings passt stehenbleiben nicht zu Aikido. Schauen wir uns am Ende also noch ein wenig um, wie es weitergehen könnte.

29 – Gegenwind

Mein Buch ist vielleicht eine Station, keinesfalls jedoch Endpunkt auf dem Weg … wer ihn weitergeht, bekommt vielleicht auch einmal Gegenwind, im Bekanntenkreis, von kritischen Kollegen … Das erste Kapitel des letzten Teils stellt sich deshalb brisanten Fragen wie: wem das was nützt mit der Selbstregulierung, ob man es mit Aikido übertreiben und sich so schaden kann und ob Amae wirklich ein Ideal darstellt.

29.1 Wem nützt Selbstregulierung?

Foucault mahnt, «dass die Machttechnologien spätkapitalistischer Gesellschaften gerade nicht mehr über klare Vorgaben operieren»[1], sondern dass vielmehr «die Macht sich in ihrer tatsächlichen Wirkungsweise kaschiert». Nach Foucault werden «‹Selbsttechniken› zu Punkten, an denen die Herrschaftstechniken über Individuen sich der Prozesse bedienen, in denen das Individuum auf sich selbst einwirkt»[2]. Beispielsweise wird der «Einsatz von Entspannungstechniken», wie ihn etwa auch meine Gesprächspartner oben beschreiben, als «Emotionsarbeit» angesehen, welche «ein Dienstleister vor einem schwierigen, möglicherweise angstauslösenden Kundenkontakt» erbringt. Unter manchen Umständen können Schäden entstehen wie «Burnout»[3]. Die Umstände – da ist es beispielsweise die Frage, ob dem Dienstleister ein rein profitorientierter Großkonzern im Nacken sitzt oder ob ihm ein auch fürsorglicher Chef den Rücken stärkt. Letztendlich verführt ein in Aussicht gestellter «Raum unendlicher Möglichkeiten» die Menschen dazu, «die Adaption fortwährend drohender Gefahren als Herausforderung, die Zumutung beständiger Selbstmodulation als Selbstverwirklichung» umzudefinieren.[4]

Dies ist so unwahr nicht. Nachdem man einmal geboren wurde, wäre es jedoch utopisch, noch einen Zustand zu erwarten, der völlig frei wäre von unlustvollen Spannungen im eigenen Körper, zwischen mir und der natürlichen ebenso wie der von Menschen gestalteten Umwelt, zwischen mir und anderen Menschen, zwischen mir und auch der denkbar selbstbestimmtesten Tätigkeit. Daher ist kaum eine Welt vorstellbar, in der Individuen nicht auf sich selbst einwirken müssten mit dem Ziel der Selbstregulierung, -steuerung, -beruhigung, -anregung und der allgemeinen Impulskontrolle. In unserer Welt ist dies vonnöten.

Hier ist dann wohl ein Mittel, ein Weg, vorzuziehen, der nicht in Sackgassen führt, nicht in Lungenkrebs oder Übergewicht endet, in Drogen- oder Spielsucht oder darin, andere Menschen zu kränken und zu verletzen. (Selbst-)Regulatorische Kompetenz zu erwerben und geeignete Mittel zu kennen sind daher berechtigte Anliegen. Aikido zu üben hat sich – neben vielen anderen ureigenen Vorzügen – als eine Ressource erwiesen.

Vergleichbar den obigen Einwänden wird allerdings zuweilen befürchtet, Aikido könnte zu nur scheinbaren Problemlösungen verleiten durch Rückzug auf Verinnerlichung und darauf, Lebenssinn im eigenen Körper zu finden[5]. Meiner Meinung nach begegnet solchen Tendenzen einerseits schon der soziale Umgang der Gruppe mit einem entsprechend disponierten Menschen, oder vielleicht auch ein aufmerksamer Lehrer; vor allem aber erfordern die interpersonalen Abstimmungsleistungen im motorischen intersubjektiven Feld eine ständige Auseinandersetzung mit dem anderen als einem Repräsentanten der Außenwelt. Von daher ist zumindest nicht anzunehmen, dass speziell Aikido zu Rückzug auf oder Orientierung an einer Innenschau verleiten würde.

ERKENNTNISSE: Zwar war eine Frage nach Beteiligung an gesellschaftspolitischen Aktivitäten weder im Fragebogen formuliert noch im Interview vorgegeben worden, und nur eine Gesprächspartnerin berichtete spontan von Engagement «in der Hochschulpolitik» und «für Umweltschutz». Dennoch scheint Aikido keine konfliktfreie Gegenwelt zu erschaffen. Vielmehr sind beide Welten in hohem Grad durchlässig: Wie gezeigt wurde, erholt sich die Person im Aikido nicht nur von der Arbeit, sondern die in der Aikidowelt erworbenen Kompetenzen stärken die Individuen auch in ihren lernenden und arbeitenden Tätigkeiten ebenso wie in der sozialen Kommunikation. Durchdringungen werden sogar aktiv befördert.

Dies entspricht letztendlich dem Begriff des Do, der auch für Japaner kein Tun im Elfenbeinturm sein soll, sondern ein Weg durch das Leben.

29.2 Ist allzu viel ungesund? Aikido und sportsüchtiges Verhalten

Drei Problemkreise sind zu bedenken: Einmal das pure Übermaß an Zeit und Intensität, das für das Trainieren aufgewendet wird, zum Zweiten eine unangemessene Bezogenheit auf den eigenen Körper, und drittens der Verdacht, es sei nur eine Ersatzhandlung.

Der eigene Körper als Objekt

Die «Kinästhetische Hyperkonzentration» ist eine weitere mögliche Form der oben besprochenen Körperabwehr, eine, die kein Bewegungsstil ausschließen kann. Darunter ist zu verstehen, dass «ein besonderer Aspekt oder Bereich des Körpers extrem viel kinästhetische Aufmerksamkeit bekommt – und der Rest kinästhetisch vermieden wird». Eine Tänzerin wird als Beispiel angeführt: «Wenn es darum ging, Gliedmaßen und Rumpf im Raum zu bewegen, besaß sie natürlich eine Raffinesse, über die man nur staunen konnte. Und sie widmete sich dieser speziellen Dimension des Körperbewußtseins mit ständiger Sorge, mit der ständigen Frage, ob sie funktionierte oder nicht; es wirkte fast wie eine Droge. Trotzdem war sie aber sehr wenig in Kontakt mit den Nuancen ihrer Atmung und hatte wenig Toleranz für die Entwicklung von Körperempfindungen ... Der Ebbe und Flut ihrer Affekte war sie sich nur wenig bewußt. Im Grunde hatte ihre Beziehung zu ihrem Körper mehr eine Form von fanatischer Körperbeherrschung als eine Suche nach einer tiefgreifenderen Empfänglichkeit»[6].

Dem entspricht auf emotionaler Ebene «die Sublimierung ... die Schaffung neuer Objekte anstelle unserer ... alten, oder die Annahme von Dingen als Liebes...objekte, die nur wenig mit dem ursprünglichen Objekt zu tun haben. In einigen Fällen von Sublimierung wird das Selbst als Objekt genommen, wie beim Tänzer, Schauspieler»[7]. Auch der Aikido-ka kann das eigene (Körper-)Selbst als Objekt nehmen[8] und endlos an sich arbeiten.

Dem Leben ausweichen statt nur dem Angreifer

So eingesetzt kann auch Aikido ein Problem eher verschleiern als lösen. Intensiv zu trainieren wird dann dysfunktional: «Aikido kann so stark psychophysisch energetisierend wirken, dass jemand nicht bemerkt, wenn es ihm in einer anderen Dimension wie der Partnerschaft zunehmend schlechter geht»[9].

ERKENNTNISSE: Ein junger Anfänger, der selbst eifrig trainierte, teilte mir seine Selbstbeobachtungen und Überlegungen mit: «Also, ich kenn das selbst, wenn es mir nicht so gut geht, dass ich dann rausgehe, joggen oder so. Und mir danach es dann wieder besser geht. Dass der Körper auch viel Einfluss hat auf meine Psyche. Und ich glaub, dass das beim Aikido auch so ist. Also einmal körperlich, dass man es merkt so in den Muskeln. Dass man aber andererseits auch so psychisch das Gefühl hat, so jetzt muss man wieder hin, so. Ich habe mich auch oft schon gefragt, ob, warum ich das so viel mache, womit das denn so zu tun hat, ob das mehr daran liegt, dass das halt so ein schöner Sport ist – oder ob das vielleicht auch ein bisschen ablenkt von anderen Dingen, die gelöst werden müssten so. Also, dass man sich zwar bewegt beim Aikido, dass man aber sich vielleicht selbst nicht bewegt so.» Hier fragte ich nach, und er fuhr fort: «Ja, mhm – (und er räusperte sich; vielleicht war es ihm nicht ganz geheuer, so weit zu greifen) Ich denke, also auch wenn ich bei Leuten nachdenke, die ganz viel Aikido machen, wie die leben und so, also da habe ich – ist ’ne ganz vage Theorie, aber man kann sich ja, ich will mal sagen, persönlich bewegen, also wenn ich mich praktisch von Zuhause ‹fort-›bewege oder aus bestimmten Beziehungen ‹fort-›bewege, die mir unangenehm sind, oder so. Und ich kann das vielleicht auch tun, indem ich die Energie, die dafür da wäre, entlaste, so, dass ich vielleicht immer zum Aikido gehen muss, weil ich mich persönlich nicht losreißen kann, mich nicht von Zuhause losentwickeln kann und so. Ich hab manchmal ein bisschen die Angst, dass das so ein Ableiter sein könnte, so ’n Blitzableiter. Aber vielleicht, muss da auch jeder für sich einfach selbst ein bisschen wissen, wann er zum Aikido geht und warum, ob wegen dem Aikido oder ob er andere Sachen lösen müsste.»

Aikido und Sportsucht

Die Zusammenhänge zwischen Bewegung und Stimmung, körperlicher Anstrengung und Glücksgefühlen sind bekannt (vgl. «Runner's High», Kapitel 9, Ki). Zunächst wurde hierin eine «positive addiction» gesehen[10], im Kontrast zum Missbrauch schädlicher Substanzen. «Stoffungebundene Süchte», zu denen bislang. «Spiel- ... und Arbeitssucht» gerechnet wurden[11], gibt es aber vielleicht gar nicht, weil immer chemische Prozesse im Gehirn beteiligt sind: Angesichts der Endorphine, jener durch Körpertraining aktivierten Botenstoffe, könnte übermäßiges Training praktisch als Substanzen-Missbrauch angesehen werden; man produziert die Substanz eben selbst. Eine Zunahme sportsüchtigen Verhaltens wird jedenfalls beobachtet[12].

ERKENNTNISSE: Im Interview hatte ich direkt danach gefragt, ob Aikido wohl süchtig machen könnte; mir wurde geantwortet, mal mit einem Schmunzeln, das Gefühl danach «macht süchtig, bestimmt», mal ernsthaft: «Wenn ich so überlege, gerade an den Gedanken angelehnt, dass Aikido auch viel zu tun hat mit Berührung und so – dann glaube ich, dass es auch Stück weit süchtig macht.»

29.3 Die kritische Frage nach der Verfügbarkeit von Objekten

Verfügbarkeit[13] ist eine notwendige Eigenschaft der frühen Bezugsperson. Der vergleichbare Begriff «primäre Liebe»[14] besagt, dass das Kind sich seinen Bedürfnissen gemäß jederzeit an die Mutter wenden kann, ohne seinerseits bereits Verpflichtungen zu haben. Die Säuglingsforschung hat bestätigt, dass das Kind sich entscheiden möchte, ob es sich der Mutter zuwendet und Kontakt wünscht, Hilfe sucht, oder ob es sich abwendet und selbstständig explorieren, spielen oder einschlafen will. Im gleichen Sinn funktionieren die Amaewünsche im japanischen Kulturkreis[15].

Ist die notwendige Spiegelung des Kindes durch die Mutter lückenhaft, bleibt eine narzisstische Bedürftigkeit zurück und der Betreffende verharrt in der ständigen «Suche nach einem verfügbaren Objekt». Am Ende sieht man den «erwachsenen Menschen, der sich einsam fühlt und deshalb Tabletten schluckt, Drogen nimmt, ins Kino geht, Bekannte aufsucht, unnötige Telefonate macht, um irgendwie das» ... «Gefühl des Verlassenseins zu überbrücken»[16]. Kann Aikidoüben zu solch einer Ersatzhandlung werden?

Das Aikido als verfügbares Objekt

Etwas positiver formuliert kann man betrachten, inwiefern Aikido ähnliche Qualitäten wie ein im guten Sinn verfügbares Objekt hat. Erwachsene müssen nun einmal die Autonomie des anderen berücksichtigen. Erfüllen andere die Bedürfnisse einer Person nicht, können unerfüllte Wünsche auf nicht-personale Selbstobjekte übertragen werden. Ein mögliches solches wäre Aikido: nicht-personal in dem Sinn, dass keine bestimmte private Bezugsperson des Betreffenden anwesend sein muss. Auswählend und entscheidend verhält sich allein und ausschließlich der quasi in der Kind-Position befindliche Part, hier also der Trainingsteilnehmer. Der in der Eltern-Position stehende Lehrer, sowie der Trainingsraum und auch die Gruppe der Mittrainierenden als überpersönliche Gesamtheit sowie Schriften, Fotos und Videos haben idealerweise stabil und flexibel verfügbar zu sein; Kinos, Museen, Kirchen oder Fitness-Center sind in gewisser Weise ähnlich verfügbar.

ERKENNTNISSE: Wird von der Übungsleiterseite das implizit vorausgesetzte Versprechen, verfügbar zu sein, gebrochen, macht das zornig: Eine Interviewte hatte «Schwierigkeiten mit einigen Lehrern, die nicht gekommen sind. Oder sich manchmal vertreten ließen. Mal nicht, mal irgendwie. Wenn man was gesagt hat, war das Kritik, man ist blöd angeredet worden.»

Während sich im japanischen Konsens das Verhältnis des Ausübenden zu seiner Kunstform derart bestimmt, dass er ihr etwas zu geben hat, wie etwa die Verpflichtung zu lebenslangem Bemühen (vgl. Kapitel 12, Sensei, On), verhalten sich westliche Praktizierende nehmend. Unter dem Primat der Regulation wird dem Aikido Entspannung entnommen, Anregung, Spaß, Beruhigung oder spirituelle Leitung; es wird nach Bedarf intensiviert oder ausgesetzt. Aikido wird als verfügbares Objekt behandelt. Ein Gegenstand, der regelmäßig für selbstregulatorische Zwecke nutzbar sein soll, muss für die betreffende Person ausreichend zugänglich sein. Meine Gesprächspartner zählten auf, was alles dazu gehört: nicht zu weit weg; Trainingszeiten, die zu den beruflichen Anforderungen passen; dass man nicht viel an Ausrüstung benötigt und dass man im Aikido nicht «irgend'nen festen Partner als Trainingspartner brauch', sondern wo ich jetzt hingehen kann und dann kann ich trainieren». Dass Aikido ein Leben lang ausgeübt und über die Zeit bezüglich der Frequenz sowie in der einzelnen Einheit bezüglich der Intensität flexibel dosiert werden kann, sind weitere Aspekte.

Es kann sich mitunter extrem darstellen. Der eben erwähnte Anfänger beobachtete trotz seines eigenen Eifers besorgt «einige Leute, die, also, fanatisch Aikido machen, jeden Tag dabei sind und deren ganze Zimmer gespickt sind mit Bildern von Ueshiba».

EMPFEHLUNGEN: Anders als dieser junge Heißsporn sollte man keinesfalls vorschnell urteilen. Es kommt stets darauf an, was der Einzelne aufgrund seiner Biografie, seiner Vorerfahrungen und seiner aktuellen Lebenssituation bewältigen oder ertragen muss – und mithilfe des Aikido bewältigen oder zumindest ertragen kann. Ohne etwas dergleichen wäre er vielleicht längst tot oder würde unter den Brücken der Stadt hausen ...

Was Ihre persönliche Verfügbarkeit betrifft: Die eingegangene Verpflichtung sollten Sie unbedingt ernst nehmen. Die Schüler haben zwar keinen Anspruch darauf, in jeder Stunde einen Fortschritt zu machen und auch nicht darauf, dass Sie nie einmal müde sind. Sie haben allerdings einen Anspruch auf einen stabilen Rahmen, und dazu gehört, dass Sie zu vereinbarten Zeiten anwesend sind.

Der eigene Körper als verfügbares Objekt

Verfügbare personale wie nicht-personale Objekte helfen, Angst oder Einsamkeit zu mildern. Allzu leicht verfügbare Dinge wie Nahrung, Alkohol, Zigaretten sind suchtgefährdend. Regelmäßiges Training kann auf gesündere Weise verfügbar sein. Körperliche Empfindungen haben auch diesen speziellen Aspekt: «Plötzlich tut sich in uns eine ganz neue Welt auf ... eine Welt voll subtiler Feinheiten ... in der schon die geringste Nuance, die allerkleinste Veränderung spürbar wird, eine Welt von unendlicher Variabilität ... Zudem ist sie immer verfügbar und allgegenwärtig, da sie sich ja in mir befindet»[17]. Mit seiner Präzisierung, bedeutsam sei der Ort der Begegnung zwischen dem eigenen Körper und dem, was ihn umgibt, weist Meister Noro zum einen bereits hin auf den notwendigen Bezug zur Außenwelt. Zum anderen betont er, dass beispielsweise Kinomichi, und das gilt ebenso für das Aikido, nicht passiv konsumiert werden kann. Vielmehr muss jeder Einzelne aktiv an seiner Veränderung arbeiten[18]. Aktivierung und Übernahme von Verantwortung für sich selbst wirkt bereits einer Suchtstruktur entgegen.

ERKENNTNISSE: In den Gesprächen war ebenfalls zu erkennen, was alles die Interviewten vorab einsetzten, ehe sie überhaupt in den Genuss möglicher regulativer Effekte kommen konnten: Eine Absicht, etwas für sich zu tun oder auch sich zu entwickeln; eine genügend gute Körperlichkeit oder aber den Mut, es trotz gewisser Einschränkungen zu versuchen – «ungelenkig» fand sich ein Mann, «zu steif» eine ältere Anfängerin. Dann ein gewisses Interesse an fernöstlicher Kultur oder eine Neigung zu asiatischen Bewegungsformen, andernfalls die Offenheit, sich auf Neues, Fremdes einlassen zu können: «Kennt keiner – da gehen wir mal hin.» Dann das «Durchhalten» in der Anfängerzeit angesichts Muskelkater, blauer Flecken, Schwindelgefühlen beim Rollen und Schamgefühlen angesichts des Unvermögens, die schwierigen Bewegungen auszuführen. Anders als die oben aufgezählten «Möglichkeiten der Ablenkung»[19] kann Aikido also nicht bequem konsumiert werden; ein Gewinn auch nur für einen einzigen Abend wird nicht ohne kontinuierliches Bemühen erzielt. «Nach einer Zigarette greift man ‹instinktiv›. Aikido ist da anders», betonte einer meiner Gesprächspartner, denn es ist häufig sogar schon im Vorfeld – in der Zeit zwischen Alltag und Training – notwendig, Unlust selbstregulierend zu überwinden: «Oft ist man müde und muss sich hinquälen – also schon von daher keine Sucht!»

29.4 Ein klarer Blick auf Amae

Gerade angesichts der eminenten Bedeutung des Amae-Konzeptes für mein Anliegen muss auch es kritisch durchleuchtet werden. Es sind zwei Positionen zu nennen, beide aus psychoanalytischer Sicht, eine westliche, eine japanische.

Bedenken und Relativierungen der Beobachter von Amae

Dois[20] Analyse der Amae hat nicht den Westen im Blick. Er sorgt sich um die japanische Nation mit ihrem kollektiven Bedürfnis, die Getrenntheit von Kind und Mutter, von Subjekt und gutem Objekt zu verleugnen. Ein Zuviel an Amae führt dort zu Entscheidungsschwierigkeiten und einer allgemeinen Infantilisierung. Deshalb versteht er «unter ‹positiver Einstellung zum *amae*› nicht nur, *amae* zuzulassen und zu ermutigen, sondern auch, daß man sich gerade dadurch, daß man sich nicht unter die Herrschaft des *amae* begibt, dessen positive Potentiale fruchtbar macht»[21]. Schließlich gibt es eine enge «Beziehung zwischen *amae* und dem Bewußtsein des Selbst, das im Japanischen mit dem Wort *jibun* ausgedrückt wird[22] ... ein Mensch, der ein *jibun* hat, ist in der Lage, *amae* zu kontrollieren, während ein Mensch, der seinem *amae*-Verlangen auf Gedeih und Verderb ausgeliefert ist, kein *jibun* hat[23] ... es wird vielmehr notwendig sein, *amae* zu transzendieren, indem man die Unterschiedenheit von Subjekt und Objekt entdeckt, d. h. mit anderen Worten, die andere Person»[24].

In unserer Kultur haben dagegen Entsprechungen für Amae zu wenig Raum.

Auch aus westlich-psychologischer Sicht erscheinen heutige Japaner nicht unbedingt seelisch gesund. Die allgegenwärtige Unterscheidung zwischen äußerem und innerem Kreis (s. o., Kapitel 13) kann als ein psychisches Spaltungsmanöver gesehen werden. Das bedeutet beispielsweise, dass Persönlichkeitseigenschaften nicht absolut verwirklicht werden: Wer in einem für ihn bedeutsamen Kontext höflich oder hilfsbereit ist, kann durchaus in einem anderen rücksichtslos oder gleichgültig sein.[25] In zurückliegender und jüngerer Geschichte wiesen Japaner als Nation einerseits extreme Grausamkeit auf und andererseits immer wieder Suizidbereitschaft. Wie passt dies alles zu der geschilderten liebe- und verantwortungsvollen Ai-zu-Amae-Beziehung?

Vermutlich führt eine Art gesellschaftlich institutionalisierter früher, jäh einschneidender und umfassender Verstoßung aus dem Kleinkind-Paradies nicht nur zum beharrlichen Versuch, die einstige Harmonie wieder herbeizuzwingen, sondern noch zu weiteren Störungen. Dies bedarf der Erklärung.

Die Verletzlichkeit der Amae

Auch in Japan können Kindesmisshandlungen vorkommen.[26] Ebenso gab und gibt es in Japan Abtreibung als Mittel der Geburtenkontrolle, einst auch das Aussetzen oder Töten von Mädchen, was allerdings relativiert wird: «An den Kindern, die man aufzog, hing man jedoch mit großer Liebe»[27]. Das Phänomen des sogenannten «plötzlichen Kindstodes» tritt in Japan seltener auf als hier[28]. Japanische Säuglinge und Kleinkinder leben tatsächlich in einem Paradies[29], verglichen mit unserem Durchschnitt.[30] Als Resultat ist die gesamte japanische Gesellschaft nach dem Modell der anaklitischen Beziehung geformt.[31]

Im Alter von etwa drei Jahren jedoch beginnen für japanische Kinder Erziehung, Pflichten, der erste Drill im Kindergarten. Unbewusst schuldgefühlsbereit versuchen die Eltern, sie zu entschädigen, das trifft auch für Kinder in *Budo*sportarten zu: «So diszipliniert und ernsthaft die Kinder im Dojo sind, so ausgelassen sind sie außerhalb des Trainings. Hier stehen sie westlichen Kindern nichts nach und das, obwohl sie vom Elternhaus und im Dojo mit der gesamten Thematik und vor allem Ernsthaftigkeit der Budodisziplin konfrontiert sind. Der Grund ist einfach: In ihrer tatsächlichen Freizeit genießen japanische Kinder in beinahe allen Bereichen geradezu Narrenfreiheit»[32].

Diese spätere Entschädigung kann aber nicht ungeschehen machen, dass die Kinder in ihrer Frühzeit eine scheinbare Verstoßung erfahren haben. Hier greift vermutlich der Begriff «Anaklitischer Fokus»[33]; er steht für die komplexe Störung, die aus der besonderen Verquickung von guter früher Beelterung mit darauffolgender Verlusterfahrung entsteht. Bedingung ist dabei, dass der Verlust einerseits nach dem achten Monat erfolgt, nachdem also die Bindung gefestigt ist, und andererseits vor Ende des dritten Lebensjahres, also bevor er verbal, rational verarbeitet werden kann. Das unverstandene Geschehen wird von dem betroffenen Kind als Bestrafung für eigene Fehler- und Mangelhaftigkeit eingeordnet; Kapitel 6 oben gab, belegt mit Ergebnissen der Säuglingsforschung, Beispiele für solche vorsprachlichen Missverständnisse. Es muss betont werden, dass es nicht etwa um aggressive Handlungen der Eltern geht, sondern beispielsweise um deren plötzliches Ausfallen, vielleicht, weil die Mutter wieder arbeiten musste oder selbst ins Krankenhaus kam.

Als Auswirkungen werden genannt: «Auffallend sind psychische Spaltungserscheinungen und Kipp-Phänomene. Vor allem fallen Schwankungen zwischen Extremen auf, wie zwischen dem Erzielen von Glanzleistungen und ... deprimiertem Absturz. Überanstrengungsbereitschaft und Perfektionismus wechseln mit ... Versagensangst. Ein Zustandekommen allzu katastrophenartig erlebter Fehler wird ... immer wieder ... mühevoll gebremst. Zusammenbrüche des Selbstwertgefühls führen ... in die Nähe offener oder verdeckter Suizidalität». Das alles beschreibt Japaner sehr gut. Tragisch ist, dass diese Menschen «oft besonders leiden, weil sie in der so geglückten Frühphase keine Abwehr gegen die Fülle ihrer Empfindungsfähigkeit aufzubauen brauchten»[34].

Unbekömmlich ist also keineswegs die Erlaubnis zu amaeru, sondern eine abrupte Rücknahme dieser Erlaubnis, eine plötzliche weitgehende Beschneidung der Amae, die dann mühsam wiedererobert, erhalten, oder zur Not fantasiert werden muss. Was von der westlichen Psychotherapeutin für Individuen beschrieben wurde, betrifft als gesamtgesellschaftliche Störung die japanische Nation und berührt eben deshalb nicht den Kern meiner Ausführungen. Die gesamtgesellschaftliche Störung hierzulande besteht in dem Mangel an Amae-Erlaubnis. Wir können etwas davon nachholen, im Umfeld des Aikido etwas erhalten, was sich nachträglich in die psychische Struktur einbauen lässt. Wir werden beschenkt durch das uns von japanischen und japanisch geprägten Lehrern und Unterrichtsmethoden angebotene gute Klima für Anfänger und auch für Leistungsschwache.

30 – Jenseits des Dojo

Die vielfältigen guten Wirkungen des Aikido können sich an den unterschiedlichsten Orten entfalten.

30.1 Psychotherapie und Verwandtes

In diesem Abschnitt habe ich Hinweise und Anregungen zusammengetragen, die nicht auf empirischer Forschung beruhen, sondern auf der oft jahrzehntelangen Erfahrung und dem gründlichem Nachdenken verschiedener Menschen, die Aikidoka, Psychotherapeuten oder auch beides sind.

Verschiedentlich haben Budoka in ihren Stilen, häufig im Aikido, heilsame Effekte beobachtet. Sie betonen, dass dadurch das Eigentliche der Kampfkunst nicht verwischt wird: «Aikidotechniken ... sind an sich bereits eine überlegene Methode der Selbstverteidigung ... doch ihre wahre Bedeutung liegt im Verständnis von Konfliktlösung und Harmonie mit der Natur. Dies geht weit hinaus über die Einheit von Leib und Seele oder das Aufzeigen physikalischer Gesetze und hat für viele Lebensbereiche Bedeutung»[35]. «Kampfkünste wie das Aikido sind auf Grund ihrer Merkmale und Prinzipien so reich, dass sie an sich schon wirksam sind. Sie können als Unterstützung herangezogen werden, um eine Vielzahl therapeutischer Ziele zu erreichen»[36].

Umgekehrt bemerken Vertreter therapeutischer Schulen Parallelen zwischen ihrer Methode und Dao, Zen und dem technischen Vorgehen des Aikido[37]. Die frei schwebende Aufmerksamkeit, die Zentrierung, der Aufbau einer Verbindung und das Übernehmen der Führung werden genannt.

Im Rahmen und in den Übungen des Aikido kann eine ununterbrochene Kette von «Modellsituationen» gesehen werden, künstlich herbeigeführten Situationen, die gleichwohl Alltagsrelevanz haben[38]. Deshalb können durch langjähriges Aikidoüben Persönlichkeitsdefizite gebessert werden; umgekehrt können Aikidoelemente auch in Therapie oder Selbsterfahrung eingesetzt werden. Beispiele wären, dass jemand zuvor «seine Zeit nicht einteilen kann oder daß er nicht fähig ist, den eigenen Körper zu fühlen, liebevoll zu anderen zu sein, sich zuzuwenden, jemanden anzuschauen, sich abzugrenzen, sich durchzusetzen, Zielvorstellungen zu entwickeln, zu werben, zu erobern, zu rivalisieren»[39]. Weil hierbei geduldiges «Wiederholen ... und Neulernen unerläßlich» sind[40], stellt das Üben eines Do ein unaufdringliches Korrektiv dar. «Oft bieten Gruppenmitglieder sich gegenseitig Hilfestellung bei der Differenzierung der Ichfunktionen». Aufgrund der Unterschiedlichkeit finden sich stets Mitglieder, «die Stärken haben, wo andere Schwäche zeigen», wobei «Identifizierungsvorgänge, Abgucken, Nachahmen und spielerisches Verändern des Nachgeahmten»[41] wirksam sind. Aikidotypische Beispiele hierfür wären alle Momente körperlicher Unterschiede – wie Kraft, Biegsamkeit, Kondition – die stets ermöglichen, dass der Fähigere den Benachteiligten zum Entwicklungsfortschritt ermutigt, ebenso wie Momente seelischer Struktur – Konzentrationsfähigkeit, Ängste, soziale Kompetenz. Unter der Bedingung des Do bestehen Gruppen langfristig; unter der Bedingung der Wettkampffreiheit entsteht eine entspannte Atmosphäre, in der Defizite gezeigt, Hilfe erbeten und Hilfestellungen angenommen werden können ohne die Sorge, beschämt, ausgeschlossen oder zurückgelassen zu werden.

Oder nehmen wir «die Fähigkeit, Ja oder Nein zu sagen. Eine solche mangelhafte Ichfunktion kann schon zu frühesten Gehemmtheiten bei der Äußerung von Wünschen ... gehören. Zurückgewiesene Bedürfnisse in der Säuglingsphase oder frühe Persönlichkeitsentwertungen zeigen sich oft hinter solchen Ausfällen. Jedoch kann auch die Identifizierung mit entscheidungsschwachen Vorbildern zur Verschwommenheit ... führen». «Modellsituationen mit praktisch augenfälligen Entscheidungsmöglichkeiten» bieten den Zugang «zu Ausfallerscheinungen und ihrer Bearbeitung»[42]. Im Aikido wird immer wieder geübt, auf einen zunächst festgelegten Angriff augenblicklich mit einer entschiedenen sogenannten «Eingangsbewegung» zu reagieren, nach rechts oder links aus der Angriffslinie hinaus; nach rückwärts ausweichend oder nach vorwärts. Ängstlichkeit, Unsicherheit, Konfusion, Zerfahrenheit werden nachdrücklich erlebt und allmählich ausgeschliffen.

Ähnlich erklärt sich auch die Eignung für Coaching[43].

Das sanfte Aikido ist geeignet, depressive Patienten durch schnelle kleine Erfolge zu ermutigen und zu stärken; es ist geeignet auf körperlichem Weg stufenweise Entspannung zu erlernen[44]. Für Körperbehinderte ist die Fallschule besonders interessant, aber auch, Nicht-Behinderten einen Umgang ohne Vermeidungsmöglichkeit abzuverlangen[45].

Aikido hat Berührungspunkte mit Feldenkrais. Den heilenden Effekt ungewohnter, unüblicher Bewegungen auf hirnorganisch, etwa durch einen Schlaganfall, verursachte Bewegungsstörungen hat Feldenkrais, selbst ein hochgraduierter Judoka, entdeckt[46]. Ungewohnte Bewegungen im Sinn von Abläufen, wie sie in unserer Kultur im Alltag nicht vorkommen, sind im Aikidotraining zahlreich. Schon die Standardtechniken setzen sich aus vielen dem Westler ungewohnten Bewegungselementen zusammen, etwa dem «Kniegang» (Suwari Waza). Mit der Zeit werden sie dem länger Übenden zwar vertrauter; Aikidoka werden dennoch immer wieder zu unüblichen Bewegungsabläufen angehalten: Mal sollen einzelne Elemente einer Technik isoliert geübt werden. Oder alle auf der Matte üben allein (mit lediglich imaginierten Partnern), und dabei mit unterschiedlichen Aufgaben für unterschiedliche Grade. Von Dan-Graduierten kann verlangt werden: «Machen Sie die Bewegung des Uke (der durch Wurf oder Rolle rückwärts zu Boden gebracht, dort auf den Bauch gedreht und mit einem Festlegegriff immobilisiert wird) bei Kote Gaeshi aus der 13. Angriffsform!» Darüber hinaus sind die Kombinations- und Variationsmöglichkeiten des Aikido sowieso schier unbegrenzt, womit eine Bewegung, die plötzlich von einem Gastlehrer erstmalig gezeigt oder variiert wird, auch für einen schon seit Jahren praktizierenden Aikidoka schwer nachzuvollziehen ist (sogar schwerer, weil reversal shift learning schwieriger ist, als etwas neu zu lernen).

30.2 Kinder und Schule

Seit Langem finden sich Trainingsangebote für Kinder; auf Einzelheiten kann hier nicht mehr eingegangen werden. Trotz der westlichen Vorbehalte gegen Hierarchien kann Aikido sogar im Rahmen des Schulunterrichts als eine der «freien Künste» im klassischen Sinn angesehen werden.[47]

30.3 Jugendarbeit und Sozialarbeit

Aikido ist fruchtbar in Erlebnispädagogik[48] und Gewaltprävention sowie in Affektkontrollprogrammen[49]. Das Bemühen um Gemeinsamkeit und die Empathie-Entwicklung dank der regemäßigen Rollenwechsel werden hervorgehoben.

Erkenntnisse: Daneben wird im Aikido eine besondere Einstellung kultiviert: Mein Fragebogen-Item «Wenn mir ein Haltegriff (wie Nikyo oder Yonkyo) / eine Abwehrtechnik wehtut, hilft mir das, noch gelassener zu werden» bejahten französische Aikidoka zu 85, deutsche zu 45, Karateka dagegen nur zu 15 %. Überhaupt kann Aikido in friedenspädagogischer Absicht eingesetzt werden; so machte eine meiner Gesprächspartnerinnen erste Bekanntschaft: «Wir haben im Rahmen der Jugendarbeit eine interne Mitarbeiterfortbildung gemacht; der Bereich war politische Bildung, und es gab einen Workshop Aikido».

Tragen Sie also Aikido auch weiter an Orte wie Volkshochschulen, an denen möglicherweise danach gesucht wird – Aikido ist es wert, gefunden zu werden –, und an Orte, an denen es nicht erwartet wird – Aikido ist es wert, entdeckt zu werden.

30.4 Aikido für Helfer

Menschen aus helfenden Berufen tut es einfach gut, Aikido zu betreiben. Wegen allem.

31 – Zurück auf die Matte: Was war das noch mal mit dem Schmutz am Finger des Meisters?

Ein Wort an die Schüler: Der ist, wie gesagt, unwichtig. Haltet Euch nicht damit auf.
Ein Wort an die Lehrende oder den Lehrenden: Der ist, wie gesagt, unwichtig. Jeder kann nicht mehr tun, als in jedem Augenblick sein Bestes geben, ein Schüler nicht, ein Lehrer nicht. Ein paar Dinge gilt es vielleicht zu beachten, Ihnen zuliebe, Ihren Schülern zuliebe.

31.1 Auch Sie müssen umschalten

Sorgen sie auf eine Ihnen ganz persönlich gemäße Weise – laute Musik? Stille Meditation? Ein Schläfchen? Ein Stück Brot? – für eine Pause zwischen Alltag und Unterrichten. Sie sollten keinen Ärger aus dem Büro auf die Matte mitbringen. Training zu geben kann auch Sie selbst regulieren; dennoch müssen Sie mehr geben als nehmen. Das bedeutet auch: Sorgen Sie dafür, von woandersher etwas zu bekommen, sonst werden Sie von Ihren Schülern abhängig.

31.2 Trauen Sie sich etwas zu

Wenn Sie dann auf der Matte sind: Besiegen Sie die Angst, zu langweilen ... Fehler zu machen ... nicht anerkannt zu sein ... Sie können genug, sonst stünden Sie nicht vorne.
Überfordern Sie nicht Ihre Schüler: Ein Prinzip, klar herausgearbeitet und mit genügend Zeit vermittelt, sodass die Schüler es integrieren und in einen guten Bewegungsfluss kommen können, ist viel für eine Trainingseinheit. Ein Feuerwerk an Techniken, auch wenn es Eindruck macht, kann entmutigen, und die Schüler schalten ab. Verzichten Sie auf eine anspruchsvolle Wurftechnik, solange Ihre Schüler dieser noch nicht gewachsen sind. Sie wollen niemanden verletzen.
Überfordern Sie nicht sich selbst: Versuchen Sie nicht, etwas vorzuführen, von dem Sie nicht sicher sind, ob es klappt (Zwischen zwei Liegestützen in die Hände klatschen?

Von zwei bärenstarken Männern bestimmt nicht hochgehoben werden können?). Probieren Sie es vorher aus oder lassen Sie es sein. Ihre Schüler brauchen Aikidounterricht, keine Show. Und Sie wollen auch Ihre Selbstachtung nicht verletzen.

31.3 Seien Sie achtsam

Aufgrund oben geschilderter Prozesse wie der Übertragungsbereitschaft (Kapitel 17) und dem Lernen über die Spiegelneuronen (Kapitel 21) sind die Schüler Ihnen in einem gewissen Sinn ausgeliefert: Sie müssen unwillkürlich auch nachahmen, was Sie eigentlich gar nicht zu zeigen wünschen. Dies wird sich obendrein einschleifen, wenn es Ihnen selbst ebenfalls nicht bewusst ist und Sie es deshalb nicht korrigieren. Vermeiden Sie kleine Unarten wie Nasebohren, Stirn kratzen, Ohr zupfen – Sie wollen dies nicht an Ihren Schülern wiederfinden. Beobachten Sie jeden Schüler aufmerksam: Sind das nun dessen Eigenheiten beim Angreifen, beim Rollen? Oder hat sie oder er das etwa von mir? Kontrollieren Sie immer wieder selbstkritisch Ihre Haltung, Ihre Bewegungen, Ihr Rollen und Aufstehen, Ihre Techniken. Lernen Sie weiter, üben Sie weiter, lassen auch Sie sich noch etwas sagen.

Es ist sowieso wichtig, stetig weiterzutrainieren. Sich auf ein entwickeltes Ki zu verlassen birgt die Gefahr, basale Fertigkeiten wie Geschmeidigkeit und Kondition zu verlieren und im Bewegungsrepertoire eng zu werden.

Ich danke Ihnen für Ihre Aufmerksamkeit! Und jetzt vergessen Sie bitte alles Geschriebene und haben Sie Freude am Aikido!

O-Sensei Ueshiba sagt: «Ungeachtet des Ortes oder Zeitraumes hat jeder Meister den Ruf gehört, und hat zur Harmonie mit Himmel und Erde gefunden. Viele Wege führen auf die Spitze des Fuji, doch es gibt nur einen Gipfel – Liebe».[50]

Anhänge

ANHANG 1 – EPOCHEN DER JAPANISCHEN GESCHICHTE[*]

- vor 30 000 v. u. Z.:

Während der Eiszeit waren die späteren japanischen Inseln durch Landbrücken mit dem (heute russischen) Sachalin sowie dem (asiatischen) Festland verbunden. Über diese, und auch über das Meer, gelangten von China und Korea kommende Jäger und Sammler auf den Archipel. Gemäß Abert & Mischer[1] gehörten zu ihnen die Vorfahren der *Ainu* (eines Volkes, das heute noch vor allem im Norden Japans lebt). Die *Ainu* haben europäisch wirkende Augen ohne mongolische Lidfalte.

Der Beginn einer ständigen Besiedlung und die ethnische Herkunft der heutigen Japaner sind ungeklärt. Evtl. hatten «auch die frühen Japaner ... weniger mongolide Gesichtszüge», und es ist «möglich, dass es bis ins 16. Jahrhundert dauerte, bis sich die Physiognomie des modernen Japaners herausgebildet hat»[2], womit Japaner und *Ainu* doch enger verwandt wären, als man lange annahm.

- ab etwa 10 000–300 v. u. Z.:

Jomon – eine steinzeitliche Kultur (den *Ainu* vermutlich eng verwandt). Ihre Angehörigen lebten als Jäger und Sammler, «und zum Teil schon in kleinen Dörfern»[1].

- [660 v. u. Z.]:

Der 1000 Jahre später erstellten Reichschronik «*Nihon shoki*» zufolge wird hier die Thronbesteigung des ersten Kaisers berichtet: «Obwohl es sich dabei um einen Mythos handelt, setzt die offizielle Herrscherzählung mit ihm ein»[1].

- ca. 300 v. u. Z. – 300 u. Z.:

Yayoi – neue Siedler. Kontakt zu China. Neue Kulturtechniken wie Nassfeldreisanbau und Metallverarbeitung (Bronze, Eisen). Konkurrierende Großfamilien. Erster größerer Staatsverband mit einem König an der Spitze, ohne festem Hof[1]. «Stets läßt sich ein eben inthronisierter König aus Gründen kultischer Reinheit einen neuen Palast errichten»[3].

- 300–710:

Yamato – Könige mit Hofstaat, Ministern, Räten. Gegen Ende der Epoche Kontakt mit dem Buddhismus und der chinesischen Schrift. Reformen. Expansion.

- 710–794:

Nara – Erste ständige Hauptstadt. Kulturelle Hochblüte, während gleichzeitig das aus Bauern und Fischern bestehende Volk verarmt und von Großgrundbesitzern abhängig wird[4].

[*] auszugsweise, zusammengefasst u. sortiert von mir, hauptsächlich nach Abert & Mischer (2006), S. 160-163.

- 794–1185:

Heian (späteres *Kyoto*) – Kulturelle und religiöse Blütezeit. Begründung der heutigen japanischen Schrift[5]. Folge von adeligen Herrscherfamilien. Aus «*bushidan* (privaten Armeen aus Banditen oder Bauern)» «entwickelt sich allmählich der Kriegerstand der *samurai* (‹Diener›)»[6]. Kroll & Orikasa weisen darauf hin, dass der Oberbegriff *Bushi* richtiger wäre, da der Begriff *Samurai* «eigentlich nur die unteren Ränge dieses Standes bezeichnet»[7].

Vom 11. Jahrhundert u. Z. an bis in das vorvergangene Jahrhundert wurde Japan von einer Abfolge von Kriegerfamilien regiert (nach Storry & Forman, 1986).

- 1185–1333:

Kamakura – der Kaiser ernennt einen Militärgouverneur (Abert & Mischer, 2006, S. 162).

- 1192–1868:

Zunächst regieren Militärherrscher (*Shogune*) das Land und bekriegen sich untereinander (ebd.).

- ab 1600–1868:

Edo (späteres *Tokyo*) – über weite Abschnitte eine Epoche des Friedens. *Samurai* werden Staatsdiener in der Verwaltung (Abert & Mischer, 2006, S. 163). Aus Kriegstechniken werden die Kriegskünste.

- um 1542:

Mit portugiesischen Seehändlern erreichen die ersten Europäer Japan (Abert & Mischer, 2006, S. 162/163).

- 1635–1854:

«Verschlossenes Land»: Japan isoliert sich von der übrigen Welt, um Überfremdung, Christianisierung, letztendlich Unterwerfung zu verhindern (Abert & Mischler, 2006, S. 164).

- 1858:

USA erzwingen Handelsvertrag (ebd.).

- 1868–1912:

Meiji – Modernisierung (Abert & Mischer, 2006, S. 165/166).

- 1914–1918:

Japan führt Krieg gegen Deutschland und Russland (Abert & Mischer, 2006, S. 167).

- 1937–1945:

Japan führt (erneut) Krieg gegen China (Abert & Mischer, 2006, S. 168).

- 1941–1945:

Japan führt Krieg gegen die USA, Kapitulation nach Abwurf zweier Atombomben auf Hiroshima und Nagasaki (ebd.).

- 1945–1951/52:

Amerikanische Besatzung (ebd.).

- 1956:

Mitgliedschaft in den Vereinten Nationen (ebd.).

Anhang 2 – Weltanschauung, Weltverständnis, Kosmologie, Religion, Philosophie, (Sozial-)Ethik

1. Shintoismus

Zeitlicher Ursprung

Steinzeitlich (Rademacher, 2006, S. 25). Benennung als *shin to* (= «Weg der *Kami*») erst spät, ca. 600 u. Z. (Radmacher, 2006, S. 26); *Kami* kann in etwa mit Gott, Götter übersetzt werden, *shinto* bedeutet folglich ««‹Gottesweg› oder ‹der Weg der Götter›» (*Otake-Sensei*, zitiert in Reid & Croucher, 1986, S. 150). Kroll & Orikasa (1988) meinen, dass «*Shinto* erst angesichts der ausländischen Religionen aus verschiedenen regionalen Vorstellungen zu einer Religion zusammenwuchs» (S. 3).

Inhalt

(nach westlichem Verständnis: Animismus – DK)

Kami sind Kräfte, die Orten der Natur (Bergen, Quellen, Flüssen), Tieren, oder Menschen innewohnen; sie schicken Gesundheit und Erfolg, bzw., falls erzürnt, Krankheiten oder Missernten (Rademacher, 2006, S. 25). Nach Kroll & Orikasa (1988, S. 3) werden auch die Seelen der Verstorbenen zu *Kami*.

Überlieferung

Mündlich.

Organisation

Verehrung durch Verkörperung als Idol, durch Markierung des Ortes mit einem Tempel oder einem *Torii*; Annahme ständiger Anwesenheit, Anrufung durch Händeklatschen oder andere Geräusche.

Kami sind *regional*, an die Orte gebunden, «selbst … der König» (Rademacher, 2006, S. 30), der ein «Priesterkönig» ist (Rademacher, 2006, S. 33); auch sind sie nur zu bestimmten Anlässen, also *zeitlich* gebunden, wirksam.

Zuweilen kam es zur «Verschmelzung» mehrerer *Kami*; z. B. die der Sonne wurden «zu einem einzigen, zur Sonnengöttin *Amaterasu*» (Rademacher, 2006, S. 26).

Der Kaiser, der seine Abstammung von *A.* herleitet, ist selbst Priester eines mächtigen *Kami*. Seine *Person* ist heilig (Rademacher, 2006, S. 29).

Bedeutung für das *Aikido*:

Respekt vor allem Leben.

2. Daoismus (hier zunächst der sog. Religionstaoismus) –
Dao als allgemeines energetisches Prinzip

Ursprung

Geografisch: etwa heutiges China und Randgebiete.

Historisch: Die Vorstellung vom *Chi*, einer universalen Lebensenergie, mehr als Atem, mehr als Blut, stammt aus frühgeschichtlicher Zeit. Reid & Croucher (1986) berichten, dass «nach Ansicht der meisten Fachleute» das hierauf basierende System der Akupunktur bereits «etwa vor 5000 Jahren entstanden sein» dürfte (S. 106). «Die älteste erhaltene Darstellung» des *Tai-Chi*-Symbols finde sich «auf einer fast 3000 Jahre alten Metallurne» (S. 104/105). Pillot (1984) nimmt Erklärungen zu *Ki* aus einer alten chinesischen Urkunde, *Huai-nan Tzu*, tausend Jahre später präzisiert durch den Neukonfuzionismus (S. 56). Reid & Croucher (1986) umschreiben: «Tao Chinesischer Ausdruck mit der Bedeutung ‹Weg›. Das als Taoismus bezeichnete philosophische System beruht auf den Schriften des Lao-Tse, eines chinesischen Philosophen, der im 4. Jahrhundert vor Christus lebte.» (S. 230, Hervorh. i. Orig.)

Meister Noro erklärt uns den Zusammenhang des japanischen Wortes Michi mit dem chinesischen Begriff Dao (sino-jap. Aussprache: Do) wie folgt: «‹*Michi*› bedeutet im Japanischen ‹Weg› und ist in etwa dem japanischen Äquivalent des chinesischen ‹Dao›, dem ‹Dō›, gleichzusetzen. ‹*Michi*› besteht wiederum aus ‹*Mi*›, was Körper bedeutet, und ‹*Chi*›, dem Blut, das im Körper kreist. ‹*Michi*› ist daher auch gleichbedeutend mit ‹Leben›. ‹*Michi*› ist der Weg des Lebens oder der Lebensenergie.» (Roumanoff, 1994, S. 15.)

Nach Reid & Croucher (1986), S. 105, entwickelten «Philosophen der Sung-Dynastie (960–1279 n. Chr.)» aus alten Vorstellungen einen Begriff, der als «der höchste Pol» übersetzt wird (s. unten).

Inhalt
(nach westlichem Verständnis vielleicht: Mystik? – DK)

Es handelt sich um ein komplexes System: zunächst um eine Kosmologie der Gegensätze und ihrer Bewegung, Wandlungen, ihrem Gleichgewicht (Religionsdaoismus) und zum anderen um eine Lebenslehre (philosophisch-konfuzianischer Daoismus unter Zen-Einfluss), die unten in Abschnitt 5 expliziert werden wird. Es sind also einander widersprechende Auslegungen möglich.

Die Encyclopedia Britannica, 1947, S. 797, erklärt: Tao [Dao] habe ursprünglich die Bewegung der Himmel um die Erde bedeutet («the revolution or the way of the heavens about the earth»). Diese Bewegung(en) wurden als Ursache aller irdischen Erscheinungen angesehen. Als Ort des Tao wurde ein himmlischer/hoher («celestial») Pol angenommen, Sitz der Kraft, weil um ihn sich alles drehe. Reid & Croucher (1986) zitieren Chu-Hsi, der diesen 1173 u. Z. beschrieb als «Dasjenige, das keinen Pol besitzt! Und doch (ist es selbst) der ‹höchste Pol›. Es ist die Ursubstanz jener Bewegung, die das Yang hervorbringt und jenen Rest, der das Yin hervorbringt ... All die unzähligen Dinge (des Universums) gehen auf den einen höchsten Pol zurück.» (S. 105)

Im Lauf der Zeit wurde aus dieser konkreten, räumlichen Vorstellung ein abstrakter Begriff, und das *Tao* wurde als universelle kosmische Energie hinter der sichtbaren Ordnung der Natur angesehen, und zwar zweifach:

Im Wesen («being»): unpersönlich, allgegenwärtig, ewig.

Im Werden («becoming»): spontan, geordnet, uneigennützig und beständig für das höchste Gut allen Lebens («of all beings») wirksam (Encyclopedia Britannica, 1947, S. 797, wortgetreu ins Deutsche übertragen v. DK).

Eine unpersönliche, kosmische Energie bringt also *Yin* und *Yang* hervor, das negative und das positive, das weibliche und das männliche Prinzip. Deren Interaktion wiederum bringt Himmel, Erde, alles Leben hervor (nach Encyclopedia Britannica, 1947, S. 236, dtsch. zusgef. v. DK). Wagner (1985) versuchte eine Übertragung: «Do – Dieses Schriftzeichen ist dasselbe wie das für *Tao*, was im Chinesischen soviel wie ‹Gesetz(-mäßigkeit)›, ‹Prinzip›, ‹Weg› ... bedeutet. Wir können es ... unter Entlehnung von Begriffen aus der europäischen Ontologie mit ‹Seins-Ursache› oder ‹Sein› übersetzen: Es ist jene Gesetzmäßigkeit, jenes Prinzip, das sich hinter allem bzw. in allem birgt; das wesentliche von allem Seienden; ein Name (mehr nicht!) für den Ursprung aller Dinge, den Urgrund allen Seins (‹aller Wesen Ahnherr›, ‹Mutter der 10.0000 Wesen› ...!» (S. 24, Hervorh. i. Orig.)

Bildhaft wird der Kosmos als ein Kreis dargestellt, beschreiben Reid & Croucher (1986), «der das Yang (Licht) und das Yin (Dunkel) enthält. Die geschwungene Linie, die die beiden trennt, steht für die ewige Bewegung der miteinander verbundenen Elemente und die kleinen Punkte geben an, daß sich auch im Yang Yin befindet und umgekehrt. Das Ganze ist das T'ai-Chi, und es ist in vielerlei Hinsicht synonym mit dem Inhalt des Tao. Das Tao ist der ‹Weg›, d.h. die Bewegung des ganzen Universums; das T'ai-Chi ist irgendwie konkreter als das Tao.» (S. 105)

Bewegung und Durchdringung sind Wesensmerkmale von *Yang* und *Yin*, was auch als *das Prinzip der Wandlungen* bekannt ist. Kroll & Orikasa (1988) erläutern: «Dem Yin-Yang-Prinzip zu Folge ist der Tod ebenso wie das Leben ein vorübergehender Zustand. Leben und Tod folgen aufeinander, wie alle anderen Gegensätze ebenfalls aufeinander folgen» (S. 2). Diesem Prinzip der Wandlung und Bewegung entsprach in unserem Kulturkreis vielleicht die «keltische Auffassung vom notwendigen Gleichgewicht in der Natur» (Storl, 2009, S. 83), die «schöpferische und zerstörerische Urprinzipien, analog dem Yin und Yang der Ostasiaten und dem Shiva/Shakti der Inder» enthalten haben soll (ebd., S. 81).

Überlieferung

Mündlich / Schriften.

Organisation (dtsch. u. zusgef. v. DK nach Encyclopedia Britannica, 1947, S. 797)
In Vielem in Opposition zum *Konfuzianismus*; dessen *Tugenden* (siehe unten, Abschn. 4) wurden als Entfernung von der Harmonie und dem einfachen Leben gesehen, als ein Auf-

reißen von Gegensätzen. Folglich waren *Dao*isten gegen eine Zentralregierung, propagierten den kleinen, dörflichen Staat in friedlicher Beziehung zu seinen Nachbarn sowie weitgehende Autonomie für das Volk. Hieraus ist es zu verstehen, dass laut Stevens (1988) der Begründer des *Aikido* gesagt haben soll «Budo und Landbau sind eins» (S. 26).

Die vom *Dao*ismus vertretenen Ideale der Schlichtheit und der Freuden des bäuerlichen Lebens standen im Gegensatz auch zu den Bildungsprogrammen des Konfuzianismus; das Volk sollte in *Unschuld* (allerdings nicht Unwissenheit) gehalten werden. Kroll & Orikasa (1988) merken an, dass «im Gegensatz [zu dem Konfuzianismus, s. u., 4.] der Taoismus die Auffassung [vertritt], dass alles Üben den Menschen noch weiter entfremden würde, weshalb der Taoismus das Prinzip des ‹Wu-wei›, des ‹ohne tun› vertritt» (S. 3).

Andere, *mystische* Strebungen hingegen bemühten sich sehr aktiv um die o. e. Lebensenergie. Reid & Croucher (1986) berichten von *tao*istischen Einsiedlern, die glaubten, dass «ein Leben in den Bergen (umgeben von Nebel-Chi) und die *Ausübung* spezieller Atem- und Gymnastikübungen, *sexueller Praktiken und* vielleicht auch *Kampfkunstübungen* es dem Menschen ermöglichen könnten, das Chi in seinem Körper zu beherrschen» (S. 106, Hervorh. von mir, DK). Sie wollten lernen, «es zu speichern und aufzubewahren, es auch an einer bestimmten Körperstelle zu konzentrierten oder, mit verheerenden Folgen, plötzlich freizusetzen. Letztlich sollte die Kenntnis des Chi nicht nur zu langem Leben, sondern zu Unsterblichkeit führen» (ebd.).

Bedeutung für das *Aikido*

Vorstellung von der Lebensenergie (→ Kapitel 9: *Ki*).
Konzept von der universellen Harmonie (→ Kapitel 11: *Ai*).

Kroll & Orikasa (1988) ergänzen: Angesichts einer Kunst, die vermag den anderen zu töten, erscheint das absurd, aber man muß sich dabei vergegenwärtigen, daß den Chinesen und auch den Japanern die europäische Vorstellung von einer Endgültigkeit des Todes fremd ist. (S. 2)

3. Buddhismus

Ursprung

Geografisch: Indien.

Historisch: Mitte des 6. Jh. v. u. Z. (Rademacher, 2006, S. 29). Kam als eine bereits 1000 Jahre alte Religion Mitte des 6. Jh. u. Z. nach Japan.

Mit Beginn des 8. Jh. u. Z. Vermischung von *Shintoismus* und *Buddhismus*. Inzwischen gelten beide parallel als Staatsreligion (Rademacher, 2006, S. 35).

Inhalt
(nach westlichem Verständnis: eine Erlösungsreligion – DK)

Leben ist an Leid und Vergänglichkeit geknüpft. Nur Askese und Entsagung führen zu Erleuchtung – einem tieferen Verständnis des Seins – und ermöglichen Befreiung aus dem Kreislauf von Tod und Wiedergeburt (Rademacher, 2006, S. 29). Nach Kroll & Orikasa (1988) ist das «Symbol des Buddhismus ... das Rad, auch ein Zeichen der ewigen Bewegung. In Japan entstand der Zen-Buddhismus .... Diese Spielart des Buddhismus ist auch in China bekannt, war aber in Japan viel einflußreicher als dort, obwohl die Zen-Sekte bis heute zu den kleinen buddhistischen Sekten Japans gehört.» (S. 2).

Überlieferung
Heilige Schriften, die einwirken auf Religion, Philosophie, Politik, Medizin, Astronomie und magische Vorstellungen (Rademacher, 2006, S. 29), sowie auf Bildhauerei, Architektur, Malerei, Literatur (Rademacher, 2006, S. 30). «Binnen eines Jahrhunderts wird Japans buddhistisch inspirierte Adelselite lesen lernen und ... eine eigene Literatur» schöpfen (Rademacher, 2006, S. 30).

Organisation
Gebunden an Lehrer, Mönche, Nonnen, Klöster.

Geistige Kommunikation «von Afghanistan bis Korea, von Tibet bis nach Sri Lanka und Java» (Rademacher, 2006, S. 30).

Bedeutung für das *Aikido*
Mitgefühl, Erbarmen als Qualität eines Meisters (s. Kapitel 11, *Sensei*)

Zen-Einfluss auf die Lebensführung, s. Kapitel 10, *Do* (s. u., philosophischer *Dao*ismus).

4. Konfuzianismus

(alle Daten aus Encyclopedia Britannica, 1947, S. 236) – dtsch. v. DK. – soweit keine andere Quelle genannt.)

Ursprung
Geografisch: China.

Historisch: Älteres Gedankengut als System formuliert während der *Han*-Dynastie (China 206 v. u. Z. – 221 u. Z.). Infolge des Kontaktes mit dem Buddhismus neu interpretiert durch *Hu Hsi* (1130–1200) (oder *Chu-Hsi*, siehe auch *Dao*ismus).

Inhalt
(im westlichen Verständnis: Sozialethik, Verhaltenskodex – DK)

Die kosmische Ordnung entspricht der des *Dao*ismus (siehe oben, Abschnitt 2). Das soziale Leben der Menschen ist in diese universelle Ordnung eingebunden (Encyclopedia Britannica, 1947, S. 236 und 797). Dies begründet nach Kroll & Orikasa (1988) «eine Sozialethik, derzufolge jedes Individuum eine feste Position einnimmt, die ihn zu bestimmten Verhaltensweisen gegenüber anderen determiniert» (S. 2/3). Gössmann (1990): Diese Beziehungen wurden als naturgegebene ... Verhältnisse interpretiert, die unabhängig vom menschlichen Willen existieren. ‹Der Himmel befindet sich oben, die Erde unten. Die Sonne geht im Osten auf, im Westen unter. Niemals geht sie im Westen auf, im Osten unter ... Mit uns Menschen ist es ebenso›. (S. 17/18, Hervorh. i. Orig.). Ein Moralkodex wurde festgeschrieben, der gegenseitiges tugendhaftes Verhalten erwartete, Mitmenschlichkeit, Gerechtigkeit (bezogen auf den jeweiligen Platz in der Welt mit seinem Status, seinen Rechten und Pflichten), Weisheit, Aufrichtigkeit, Treue und Ehrerbietung (Encyclopedia Britannica, 1947, S. 236).

Überlieferung

Konfuzius (550 oder 551–478 v. u. Z.) übermittelt antike Lehren, editiert Klassiker, also Schriften, deren Studium die Moral fördern soll.

Organisation

Nach Kroll & Orikasa (1988) geht der Konfuzianismus «davon aus, daß der Mensch sich im Naturzustand im Einklang mit der Natur befand. Der zivilisierte Mensch ist diesem Zustand entfremdet, weshalb er sich nicht mehr im Einklang mit der Natur befindet. Der Weg zurück ist dem Menschen versperrt, nur dadurch, daß er sich in verschiedenen Künsten, u. a. dem Kampfe, übt, kann er wieder diesen Einklang mit dem Kosmos finden» (S. 3).

Verehrung eines Pantheons von Natur- und Kulturgottheiten (Himmel, Erde, Kaiserliche Ahnen, Konfuzius selbst, die eigenen Vorfahren…) (Encyclopedia Britannica, 1947, S. 236).

Das *Amt* des Kaisers ist heilig, nicht sein Träger (Rademacher, 2006, S. 29). Der Kaiser und seine Beamten (die sich durch Examina in den Klassikern qualifiziert haben) regeln die Regierungsgeschäfte als Priester, Exekutive, Gesetzgeber und Richter (Encyclopedia Britannica, 1947, S. 236).

Bedeutung für das *Aikido*

Die Beziehung des Schülers zu seinem Lehrer oder Meister fügt sich ein in die o. e. «fünf Beziehungen» (siehe Kapitel 12, *Sensei*).

Überlegungen zu Fragen der Hierarchie und der wohlwollenden Ausübung von Macht führen ebenfalls dorthin (siehe Kapitel 11, *Ai*).

Die versöhnliche, sozial verträgliche Komponente des Konfuzianismus (ganz anders geartet als unser, vom Gegensatz Gut-Böse abgeleitetes antagonistisches Prinzip – Stichwort «Rechthaberei») prägt den alltäglichen Umgang in Japan und gehört mit zu dem für uns andersartigen Beziehungsangebot – siehe die Kapitel 11, *Ai* und 13, *Amae*.

5. *Philosophischer* Dao*ismus –* Do *als Prinzip der Lebensführung*

Ursprung

Geografisch: das heutige Japan, vermutl. eingrenzbar auf die Hauptinsel Honshu mit den ersten größeren Staatsgebilden.

Historisch: entstanden infolge der Einführung des Buddhismus, und speziell der *Zen*-Richtung.

Inhalt
(im westlichem Verständnis: Lebensrichtlinie, kein Glaubenssystem – DK)

Kroll & Orikasa (1988) definieren: «DO bedeutet: ‹der Weg (im ZEN-Buddhismus, chinesisch TAO)›. Tao, bzw. Do sind hier im Sinne des philosophisch-konfuzianischen Taoismus gebraucht, nicht im Sinne des Religionstaoismus» (S. 1). Reid & Croucher (1986) definieren diese gewandelte Auffassung von *Tao* bzw. *Do* als «einen Weg durch das Leben» (S. 148). Dies muss betont werden: Ein Weg durch das Leben ist gemeint, nicht etwa ein Weg auf etwas zu, hin zu einem Ziel. Wagner (1985) bemüht sich, die Bedeutungen des *Tao* als Sein – im Religions-*tao*ismus – mit der Lebensphilosophie des *Zen* zu verbinden; seiner Ansicht nach sind beide Bedeutungen miteinander vereinbar. Dies werde möglich durch den Grundgedanken, «der für *Zen* und *Tao*ismus so entscheidend ist: ‹Der *Weg* ist bereits das *Ziel*› ... Oder wie es Chao-chon (japanisch: Joshu) ausdrückte: ‹Euer tägliches Leben, das ist *Tao*!› ... *Zen* bzw. *Aikido* und Alltagsleben lassen sich also nicht voneinander trennen ...» (S. 24/25, Hervorh. i. Orig.).

Diese Zen-Variante des Buddhismus war zur bevorzugten Philosophie der japanischen Kriegerklasse, der *Bushi* geworden. Nach Kroll & Orikasa (1988) beeinflussten die Vorstellungen der *Zen*-Buddhisten «nicht nur die japanischen Kampfkünste, sondern auch alle anderen japanischen, traditionellen Künste, wie Teezeremonie, Malerei, Ikebana etc.» (S. 2). Die Philosophie des *Zen* beansprucht Gültigkeit für das alltägliche Leben und Denken. In der japanischen Kultur finden sich verschiedenste von *Zen* beeinflusste Wege, *Do*.

Der Unterschied zum Religions*tao*ismus (s. o., Abschnitt 2) besteht also darin, dass man sich dort dem Kosmos eher nicht-handelnd einfügt, während hier versucht wird, durch das Üben (s. Kap. 10, *Do*) die verlorene Einheit mit dem Kosmischen wiederzuerlangen.

Überlieferung
Schriften; mündl. Unterweisung

Organisation
Hochformalisierte Übungen; höfische Etikette; oft ein besonderer Raum der Ausübung; unverzichtbar: Anleitung durch einen Meister.

Bedeutung für das *Aikido*
Konzept des Meisters (→ Kapitel 12, *Sensei*).
    Konzept der Übung (→ Kapitel 10, *Do*).
    Konzept der Lebensführung (→ Kapitel 10, *Do*).

Anhang 3 – Wissenschaftsgeschichte zur Psychologie der Frühen Kindheit

Die psychoanalytischen Vorstellungen von der frühen Kindheit entstanden aus der Behandlung erwachsener Patienten (Kasuistik) und aus eigener Erfahrung (Introspektion). Sie sind damit immer Rekonstruktionen, Rückprojektionen, zudem gefiltert durch die jeweilige Störung (Neurose). Erst die geschichtlichen Vorläufer moderner Säuglingsforschung wie Spitz (z.B. 1992), Mahler et al. (1982); Mahler (1983), Piaget (1937) befassten sich mit kleinen Kindern. Die Beobachtungen, die als makroanalytisch bezeichnet werden können, blieben jedoch weiterhin überformt durch psychoanalytische Dogmen. Der modernen Säuglingsforschung steht inzwischen ein unendlich feineres Instrumentarium zur Verfügung, nämlich die mikroanalytische Beforschung gezielter experimenteller Settings. Ihre gut wiederholbaren und vielfach bestätigten Ergebnisse (z.B. Stern, 1992) wurden erst im Nachhinein zusammengefasst und nur sehr vorsichtig interpretiert (Lichtenberg, 1991; Dornes, 1994, 1997).

Anhang 4 – Entstehung des Prozeduralen Gedächnisses

Fields (2005) erklärt die neuro-physiologische Komponente folgendermaßen: «Gewinnt ein Erlebnis … durch seine Intensität oder stetige Wiederholungen an Bedeutung, führt es zur synchronen Depolarisierung zahlreicher Synapsen und löst so wiederholt Aktionspotenziale aus. Diese zeigen an, dass das betreffende Ereignis aufgezeichnet zu werden verdient. Die entsprechenden Gene springen an und Verstärkerproteine etablieren eine Langzeitpotenzierung an eben den Synapsen, die an der kurzfristigen Speicherung beteiligt waren: Die zunächst noch flüchtige Gedächtnisspur wird für alle Zeiten ins Gehirn eingebrannt.» (S. 69)

Anhang 5

Zunächst üben Aikidoschüler in weißen Anzügen (Dogi), wie auch im Judo oder Karate üblich. Im Aikikai Deutschland tragen alle Schülergrade weiße Gürtel, in anderen Aikidoverbänden zuweilen auch bunte. Die traditionelle Gewandung der Schwarzgurte (Meistergrade, Dan) ist im Aikido der Hakama. Es ist ein dunkler Hosenrock, gehalten von vier langen Bändern, die um den Leib gewickelt werden; er kann durch seine Längsfalten weit aufspringen und so jeder Bewegung Raum geben. Im Aikikai Deutschland beispielsweise wird der Hakama ab dem ersten Dan über dem schwarzen Gürtel und der weißen Hose getragen (sie ist auch weiterhin Pflicht, egal, wie warm es vielleicht ist!); ähnlich im aus dem Aikido entwickelten Kinomichi. Laut Meister Noro entspricht dies der Ernennung zum Samurai durch einen Fürsten – es durfte erst ab dem Stand der Samurai ein Hakama getragen werden. In der FFAAA (Frankreich) dagegen ist der Hakama bereits ab dem vorletzten

Schülergrad (über dem weißen Gürtel) erlaubt; der Hakama ist so geschnitten, dass ein seitlicher Spalt die Gürtelfarbe erkennen lässt.

Meister Noro erläutert weiterhin den Einfluss der chinesischen Medizin auf die Einstellung der Japaner zum Körper: Von den inneren Organen würden sechs als «positiv» und fünf als «negativ» angesehen (vgl. Anhang 2 oben); dies würde nun durch die sechs äußeren, meist gut sichtbaren und die fünf inneren, meist verborgenen Falten des Hakama symbolisiert. Ein akkurater Knoten – schon des weißen Gürtels der Schüler, besonders aber der Bänder des Hakama – drückt Harmonie im Körper aus.[8]

ANHANG 6 – BALINTS BEGRIFFE

Balint (1972) führte für Menschen mit diesen beiden unterschiedlichen Ausrichtungen eigen Bezeichnungen ein, zwei aus dem Griechischen abgeleitete Kunstworte: «Oknophiler» und «Philobat». Ich wähle für hier und im Folgenden zwar etwas umständliche, aber dafür sofort verständliche, Umschreibungen.

ANHANG 7

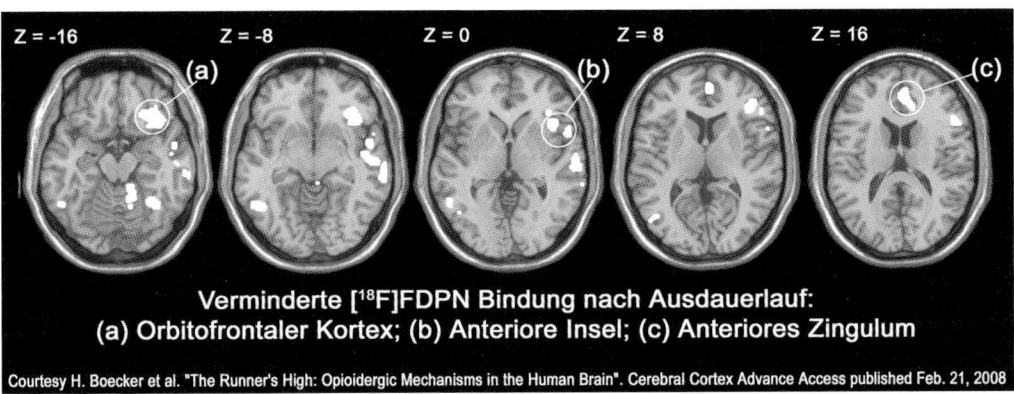

Abbildung 1: «Messung der Endorphin-Freisetzung nach Ausdauerlauf mit Positronen-Emissions-Tomografie [...] PET-Messung: Die Abbildung zeigt fünf aufeinanderfolgende Hirnschnitte. Die Hirnbereiche, in denen nach einem Ausdauerlauf körpereigene Opiate freigesetzt und gebunden wurden, farblich [im Original rot, hier weiß; DK] hervorgehoben»
(TU München, 2008, www.neuro.med.tu-muenchen.de/dfns/presse/bilder_PI032008.html).

Anhang 8

Bereits als die *Samurai* noch hauptsächlich eine feudale Kriegerkaste bildeten, gab es einen Ehrencodex mit ethischen Vorgaben, die sich allerdings nicht auf milden Umgang mit dem Gegner bezogen. Die moralische Forderung betraf vielmehr den Verzicht auf Egoismus. Es wurde Wert auf Treue, Hingabe, Selbstaufopferung gelegt. Oft wird Bushido, «der Weg des Kriegers», so missverstanden, dass dieser Weg darin bestehe, den Tod zu suchen. In Wahrheit bedeutet Bushido aber, «in der Welt etwas zu tun, etwas zu hinterlassen, um dann seinen menschlichen Leib ablegen und den Tod akzeptieren zu können». Bushido hat nichts mit rituellem Selbstmord zu tun – sich zu töten, weil man versagt hat, ist «kein sehr produktives Denken», deshalb hat Bushido mit einer solch «verantwortungslosen Lebensweise nichts zu tun». Wahres Bushido ist, gerade im Fall eines Versagens weiterzuleben, um das Missratene in Ordnung zu bringen, Unrecht, wieder gutzumachen. Das Kennzeichen des wahren Bushido ist die Selbstaufopferung, das Bemühen, «den Menschen zu helfen oder in der Welt etwas Gutes zu tun, selbst wenn es das eigene Leben kosten sollte»[9].

Laut Noro-Sensei (2008) ist die wörtliche Übersetzung der Kanji, aus denen sich «Samurai» zusammensetzt, «Mann» und «Tempel», ein Samurai sei somit dem Frieden verpflichtet gewesen, seiner Meinung nach jemand, der nicht für sich existiere, sondern der Verantwortung trage, andere anleiten, führen müsse, sein Können teilen und weitergeben müsse. Dies verweist sowohl auf die besonderen Implikationen hierarchischer Strukturen in Japan (Kapitel 12) als auch auf eine wünschenswerte Einstellung beim Umgang mit Anfängern (Kapitel 19 f.).

Anhang 9

Pease & Pease (2000) referieren aus den USA: «Gewaltverbrechen oder aggressive Vergehen, auch Vergewaltigungen kommen bei chinesischen Männern weniger häufig vor als bei weißen oder schwarzen Männern, wahrscheinlich aufgrund des niedrigeren Testosteronspiegels» (S. 259).

Anhang 10

So Ikeda-Sensei. Asai-Sensei hingegen warnt: Dies klingt zu familiär und gemütlich, und man könnte darüber zu vergessen, dass «das Schwert ein Mordinstrument» ist (2011). Andererseits ist es in Japan Tradition, Lern- und Arbeitsbeziehungen mit familiären Benennungen auszudrücken (Dalby, 1988). Darüber hinaus soll vielleicht mit den beiden Begriffen ein reifes Prinzip von einem unreifen Prinzip unterschieden werden; schließlich sind die Kumi Tachi so angelegt, dass es stets der Angreifer oder eben Sohn ist, der sich eher unüberlegt bewegt und einen – tödlichen – Fehler macht. Dies entspräche der oben zitierten Ansicht, dass es sowieso ein Zeichen von Unreife ist, jemanden anzugreifen.

Anhang 11

koohai: «younger, less experienced» (Enomoto, 2008, S. 29).

Kohai: «Junior, der Jüngere, der Auszubildende in den Budo-Disziplinen; Aikido-Schüler» (Velte, 1994, S. 58).

Sempai: «older, more experienced» (Enomoto, 2008, S. 29); «der Ältere, Tutor (= Herrscher, Aufpasser) des Schülers» (Velte, 1994, S. 82).

Sensei: «übliche jap. Anrede für Professoren, Lehrer, Meister und Ärzte. Oft auch ranghöchster Danträger im Dojo (s. d.)» (Velte, 1994, S. 83).

Waza: «Oberbegriff und Gruppe von Techniken, Technik, Kunst, Gattung» (Velte, 1994, S. 106).

Ki-iku: «zweite Stufe der geistigen Entwicklung, hervorgerufen durch die Praxis des Zusammenwirkens der körperlichen und geistigen Kraft» (Velte, 1994, S. 57).

Toku-iku: «dritte Stufe der ethisch-sittlichen Entwicklung, durch die Praxis der Vervollkommnung der Persönlichkeit, im Sinne der gegenseitigen Achtung aller Menschen» (Velte, 1994, S. 99).

Shi-iku: «vierte Stufe der Wahrheit und der Liebe (zweite Definition des Begriffes ‹Ai›, s. d.) durch den Zustand der Harmonie mit dem Universum, d. h. die individuelle Ki-Kraft stimmt mit der universalen (kosmischen) überein» (Velte, 1994, S. 85).

Anhang 12

Uchi-Deshi: Der einzige oder einer der wenigen Schüler, den oder die der Meister bei sich bzw. im Dojo wohnen lässt («Deshi: Lernender, Student, Jünger» – Velte, 1994, S. 34; «Uchi: innen» – Velte, 1994, S. 101.).

Soto-Deshi: Schüler, der lediglich zum Unterricht kommt, aber woanders wohnt («Soto: außen» – Velte, 1994, S. 88); Japaner verwenden für Letzteren auch O Kayou San: Einer, der regelmäßig von zuhause aus kommt (Meister Asai, 2009 b), also etwa ein externer Schüler.

Anhang 13 – Funktionen einer Geisha

Ethnologischer Exkurs: Amae verdeutlicht an den Funktionen einer Geisha
Lassen Sie uns einen Exkurs, einen Ausflug machen und Geisha in einem Teehaus besuchen. Ihr Umgang den Mächtigen von Politik und Wirtschaft kann das bisher Gesagte vorzüglich bebildern.

Kennenlernen

Immer wieder wird Geisha als japanischer Begriff für ‹Prostituierte› missverstanden, obwohl Japaner selbst hier scharf unterscheiden[10]. Englische Wörterbücher bieten inzwischen die Begriffe «artists» und «traditional entertainers» an[11]; die langjährige Ausbildung in traditionellem Tanz, die Beherrschung traditioneller Elemente, die Kultiviertheit in Kostümierung, Bewegung, Umgang werden damit anerkannt. Die Silbe Gei bedeutet «Kunst»[12] und damit ist «Geisha» eine «Frau, die ihren Lebensunterhalt mit Kunst verdient»[13]. Ihre eigentliche Funktion ist damit jedoch bei Weitem noch nicht verstanden, eigentlich sind es mehrere Funktionen.

Zuvorderst ist sie Kulturträgerin. Neben klassischem Tanz, tradierter Musik und Dichtkunst beherrschen Geisha die Etikette[14] sowie «feine Nuancen kultivierter Gastlichkeit». Geisha sind «geistreich» und «charmant». Die Erotik fügt sich hier ein: Ein Kimono wird reizvoll präsentiert, aber niemals vulgär[15].

Ein wesentliches Moment ist Loyalität; «im Beisein von Geishas werden politische Unterredungen geführt» und daher bevorzugen die einzelnen politischen Fraktionen bestimmte Geisha, bestimmte Teehäuser, genau genommen ganze Geisha-Viertel[16].

Geisha sind «gefühlvoll»[17]; in langjährigen Beziehungen zu ihren Kunden entstehen Vertrauen und Freundschaft[18].

Für das Thema der Ai-zu-Amae-Konstellation ist interessant, dass Geisha ihrer Klientel vor allem die basalen mütterlichen Funktionen anbieten: Regulierung der Emotionalität, Spielen, Füttern, zur Not sogar Sauberhalten ...

Regulieren des Gefühlshaushaltes

Einer Geisha «natürliches Lachen und die verwickelten Geschichten, die sie erzählen konnte, brachen immer wieder das Eis steifer Zurückhaltung am Anfang der Parties»[19]. Während es die Aufgabe der Schülerin ist, «wohlerzogen dazusitzen und auszusehen wie eine schöne, bemalte Puppe», führen die Unterhaltung ältere Geisha, die «aus jahrelanger Erfahrung wissen, wie man die Atmosphäre durch Plauderei auflockert»[20]. Älter und erfahrener – das ist wörtlich zu nehmen. «Das Durchschnittsalter von Geishas liegt im allgemeinen bei 40 Jahren»[21] und «oft sind die anregendsten Gesprächspartnerinnen Geishas von 50 oder sogar 60 Jahren»[22]. Geisha sind «keine Kellnerinnen»[23], «keine Dienstmädchen, sondern Gastgeber, die im Umgang mit ihren Gästen Initiative, Individualität und Einfallsreichtum zeigen ... einem schüchternen Gast seine Hemmungen ... nehmen, das Gespräch auf Themen bringen, für die ihre Gäste sich interessieren, und die», hierauf kommt es besonders an, die «Stimmungsschwankungen erkennen, die sich im Verlauf eines Abends ergeben können». «Damit der Abend reibungslos verläuft, müssen ‹wir sein wie Öl›»[24]. Diese Maxime haben wir bereits als zu Ai gehörig kennengelernt.

Wichtiges Anliegen ist es also, die Atmosphäre zu entspannen. Oft geschieht das, indem der Ranghöchste aufgezogen, geneckt, kleiner gemacht wird[25]. Westliche Männer würden wohl eher stets in ihrer Männlichkeit bestätigt werden wollen, japanische Männer hingegen lassen sich zu Kindern machen. «Futami ist viel mütterlicher ... Sie ist zwar keine Geisha mehr, aber sie hat viele Kunden im Teehaus, die diese Qualitäten an ihr schätzen»[26]. Es findet sich immer wieder dieselbe Vokabel: um Gäste kümmern[27], sich um ihr Wohlbefinden kümmern.

Bespielen, Bespaßen, Betreuen, Bemuttern

Zum Repertoire der Geisha gehört auch eine Vielzahl von Spielen mit der Anmutung eines Kindergeburtstags[28]. Zwar ist geistreiche Unterhaltung verschwendet an einen «Amerikaner, der kein Japanisch kann»[29], dennoch stoßen sich Ausländer «an den mehr kindischen, slapstickhaften Aspekten des japanischen Humors. Es ist nicht zu bestreiten, daß Japaner ... albern wie Schulkinder sind ... Je höher ihre Stellung im normalen Leben ist, desto mehr schwelgen sie, wenn es die Situation zuläßt, in Albernheiten und Obszönitäten ... Japanische Männer spielen gern den ‹ungezogenen Jungen›». Wenn es den Geisha «zuviel wird, können sie ihrerseits die strenge Mutter spielen ... Auch das scheinen japanische Männer zu lieben – sie führen sich mit dem größten Vergnügen so auf: Als seien sie mißratene Kinder. Amerikaner sind meistens entsetzt, wenn sie sehen, daß sich ihre japanischen Kollegen so ... ‹unmännlich› benehmen»[30]. Betrunken riss ein junger Offizier von jenen, die später in Chiran auf Kyushu zu Kamikaze-Fliegern ausgebildet wurden, den Mattenboden im Teehaus auf, «um nach Kartoffeln zu graben»; die Geisha hätte «ihm am liebsten eins hinten drauf gegeben»[31].

«Viele Dinge, die Japaner so komisch finden – das Anfassen, die Partyspiele, die albernen Scherze –, erinnern Amerikaner an die Spiele ihrer Kindheit». Während von westlichen Erwachsenen kritische Distanz erwartet wird, haben «Japaner in dieser Hinsicht keine Skrupel. Nirgendwo haben japanische Männer so viel Freiheit wie auf einer Geisha-Party – selbst wenn es nur die Freiheit eines Kindergartens ist»[32].

Füttern

«Die Verhätschelung des männlichen Egos, in den Augen der Geishas das A und O ihres Berufs»[33], zeigt sich besonders im urmütterlichen Ernähren.

Überhöhen: Der Beginn des Fütterns kann in einem großartigen Auftritt bestehen: Eine Prozession von prunkvoll gekleideten Geisha betritt den Raum, jede Einzelne von ihnen trägt einen lackierten Tablett-Tisch in Augenhöhe vor sich her. Diese Zeremonie ähnelt dem Darbringen von Opfern in einem Tempel[34]. Oft ist es das erste Amt der Lernenden, Sake einzuschenken. «In der Mitte des unteren Teils des Festsaales blieb sie stehen, kniete nieder und verbeugte sich mit auf den Boden gelegten Händen. Dann hob sie die

Sake-Flasche so vorsichtig auf, als enthalte sie heiliges Wasser und setzte sich an die Seite eines Gastes»[35].

Verhätscheln: Anschließend werden die Gäste bedient. Japanische Speisen werden bereits verzehrfertig serviert. «Stäbchen ... verwandeln ... den Reis in einen Milchstrom, mütterlich vollführen sie unermüdlich die Gebärde des Fütterns»[36]. So fiele es jedem Japaner, und damit auch dem Gast eines japanischen Banketts, bereits leicht, sich selbst zu bemuttern. Dennoch perfektioniert «seine» Geisha dies, indem sie «geschickt die Gräten einer Forelle entfernt oder das Obst schält»[37].

Zur Not obliegt ihr auch das Sauberhalten des Gastes, wenn der stets automatisch nachgeschenkte Sake am Ende unbekömmlich gewesen war[38].

ANHANG 14

Dann waren sie beisammen, so daß sie, während der Zeiger der Uhr, unsichtbar nun, immer weiterrückte, wußten, daß dem einen nichts widerfahren könne, was nicht auch dem andern widerführe, daß mehr nicht geschehen könne als dieses, daß dies alles war und das Immer, das Gewesene und das Heute und das Künftige. Was ihnen nicht vergönnt war, sie hatten es nun. Sie hatten das Jetzt und das Zuvor und das Immerdar und das Jetzt, das Jetzt, das Jetzt. Oh, jetzt, jetzt, jetzt, das einzige Jetzt, und vor allem jetzt, und es gibt kein anderes Jetzt neben dir, mein Jetzt, und Jetzt ist dein Prophet. Jetzt und immer nur jetzt. Komm, du mein Jetzt, denn es ist kein Jetzt außer dem Jetzt. Ja, jetzt. Jetzt, bitte jetzt, nur jetzt, nichts anderes, nur dieses Jetzt, und wo bist du, und wo bin ich, und wo ist der andere, und nicht das Warum, niemals das Warum, nur dieses Jetzt; und weiter und immer nur, bitte, das Jetzt, immer das Jetzt, von jetzt an immer nur das eine Jetzt, ein einziges, kein anderes ist das einzige Jetzt, eines, jetzt entschwindend, jetzt emporsteigend, jetzt dahinschwebend, jetzt dich verlassend, jetzt entrollend, jetzt in höchsten Höhen schwebend, jetzt fort, jetzt weg, weit weg, ganz weit weg; eines und eines ist eines, ist eines, ist eines, ist eines, ist immer noch eines, ist immer noch eins, ist eins im Gleiten, ist eins im Sanften, ist eins im Sehnen, ist eins in der Güte, ist eins im Frohsinn, ist eins, das man streichelt, ist eins auf der Erde nun, die Ellbogen gegen die Fichtenzweige gestemmt, die abgeschnittenen Fichtenzweige, die das Lager dieser Nacht waren, mit dem Geruch der Äste und der Nacht, endgültig auf der Erde nun und im Morgen des kommenden Tages. (S. 366)

ANHANG 15

«Sehr schnell leitende Nervenfasern, wie die A-beta-Fasern, sind nicht mit Schmerzrezeptoren verbunden; dafür leiten sie Berührungsreize, wie sie beispielsweise beim Streicheln entstehen, mit einer Geschwindigkeit von fünfzig Metern pro Sekunde in das Rückenmark. Dabei überholen sie alle gleichzeitig oder sogar kurz vorher gesetzten Schmerzreize und blockieren deren Aufnahme am Eingang des Rückenmarks. Das Tor wird gleichsam geschlossen.» (Bräutigam, 1990, S. 86). Das nennt man «Gate-Control-Theory» nach Melzack & Wall (1965).

ANHANG 16

Die «körpereigenen opioiden Peptide [sog. Endorphine] [wirken] aktivierend auf die Neuronen des Höhlengraus und analoge Strukturen im Hirnstamm, die alsdann über deszendierende Nervenbahnen im Rückenmark schmerzhemmende Substanzen absondern. ... Nach Auffassung von Candace, Pert und Mitarbeitern (1998) dürften somit endogene Opiate und andere Neuropeptide sowie ihre zugehörigen Rezeptoren Teil eines verhaltensregulierenden ‹psychosomatischen Netzwerks› sein, welches die Befindlichkeit und ganz besonders die Angst-, Stress- und Schmerzempfindlichkeit reguliert» (Rüegg, 2007, S. 36/37).

ANHANG 17

Nikyo: (1) extensor carpi radialis brevis, (2) extensor carpi radialis longus, (3) extensor pollicis brevis, (4) extensor pollicis longus, (5) extensor indicis (Olson & Seitz, 1993, S. 130).

Sankyo: (1) common extensor tendon attached to the lateral epicondyle, (2) extensor carpi ulnaris, (3) extensor carpi radialis brevis, (4) extensor carpi radialis longus, (5) extensor digiti minimi, (6) extensor digitorum, (7) extensor carpi ulnaris, and (8) ligaments of the elbow's joint capsule ... (S. 1349/1350). In addition, and «at the same time, tori is putting a lot of rotational force on the wrist» (Ms. Susan Gibson, M. S., personal communication, May, 1991). (Olson, Seitz & Guldbrandsen, 1994, S. 1350).

Yonkyo: The results suggest that the pain associated with the backward variation of Yonkyo involves the compression of the superficial radial nerve, perhaps its lateral branch, and compression of the periosteum. Ueshiba (1985) states that one must «grip with the root of your right index finger against his ulna bone ...» (S. 132), which may, quite possibly, be the radial bone if the present research workers' observations are correct (Olsen & Seitz, 1990, S. 1063).

Zum Trainingseffekt: Our observation of an unexpected lengthening of the distance between the pisiform and the ulnar styloid visible in the instructor's wrist radiograph is consistent with this mechanism of Nikyo pain. Alternatively, fibrous tissue from chronic periosteal irritation may preclude direct periosteal compression (Eckert & Lee, 1993, S. 713, Hervorh. i. Orig.).

ANHANG 18

Der Autor erklärt: «Veldmann (1986) hat für diese Phänomene ein Konzept entwickelt, das er ‹Haptonomie› nennt» (ebd.). Auf Deutsch etwa: Die Lehre vom Berühren; Veldmann wandte seine Technik u. a. in der Geburtshilfe an, um im mütterlichen Bauch falsch liegende Kinder sanft und von außen zu drehen (DK).

ANHANG 19

Dabei sorgt die Benennung der beiden Rollen (Ukedachi und Uchidachi) zuweilen für Verwirrung. Aikidoanfänger haben sich etwa gemerkt: Nage ist der, der wirft, Uke ist dann halt der, der rollt. Genau genommen bezeichnet Nage oder Tori jedoch die Person, die eine Technik anwendet, also jemanden wirft bzw. immobilisiert. Uke muss fertigwerden mit dem, was da auf ihn zukommt, und sich schützen, rollen, fallen. Uke nimmt die Technik an. Ukedachi (aus *uke*, annehmen, und *tachi*, Schwert) ist ebenfalls derjenige, der annimmt, was auf ihn zukommt, nämlich den Angriff. Ukedachi ist der Verteidiger.

Uchi ist die westliche Schreibweise und Aussprache für zwei verschiedene Schriftzeichen, von denen eines für «innen» steht wie in der Technik uchi Kaiten nage und das andere für «schlagen» wie in den Angriffsformen Shomen uchi, Yokomen uchi, Katatedori men uchi. *Uchidachi* (aus *uchi*, schlagen und *tachi*, Schwert) ist derjenige, der den Angriffsschlag führt. *Uchidachi* ist der Angreifer.

Literaturverweise

Abkürzungen
a. O. = alles Obige
ebd. = ebenda

Verweise zum Vorwort

1   Balz, 2000.
2   Velte, 1994, S. 73.
3   ebd., S. 104.
4   ebd., S. 99.
5   vgl. Enomoto, 2008, z. B. S. 53.
6   ebd., S. 4 f.

Verweise zu Abschnitt I

1   vgl. Reid & Croucher, 1986.
2   nach Westbrook & Ratti, 2010, S. 23.
3   Gruhlke, 1992, S. 50, Hervorh. i. Orig. Auch im Weiteren wird Gruhlke gefolgt, soweit nichts anderes angegeben ist.
4   nach Kroll & Orikasa, 1988.
5   Nelson, 1986.
6   ebd., S. 37, Hervorh. i. Orig.
7   a. O. Gruhlke, 1992, S. 54, Hervorh. i. Orig.
8   Nelson, 1986, S. 37, dtsch. v. DK.
9   ebd., S. 38.
10 Kroll & Orikasa, 1988, S. 6.
11 Lehmann, 1990, S. 5/6.
12 Gruhlke, 1992, S. 54.
13 Moegling, 1988, S. 66.
14 a. O. Grundmann, 1983, S. 243-246.
15 Roumanoff, 1994, nach S. 39.
16 Moegling, 1988, S. 66.
17 Holensteins (1993) Bedenken, zit. in Thiele, 1999, S. 40.
18 a. O. Gieß-Stüber, 1999, S. 53.
19 Grundmann, 1983, S. 253.
20 1985.
21 Damasio, 1995.
22 a. O. Grundmann, 1983, S. 253.
23 a. O. Moegling, 1988, S. 67.
24 Gieß-Stüber, 1999, S. 47.
25 Gieß-Stüber, 1999, S. 46.
26 O. N., 1988 b, S. 70.
27 Jeßing, 2005, S. 844.

28 Nach Fromm, Suzuki & de Martino, 1972, S. 11 ff.
29 Feld, 2011, S. N2.
30 Widmaier, S. 311.
31 «Können Tiere denken?», arte, 11. April 2013.
32 Bortz & Döring, 2006.
33 Protin, 1977, S. 86.
34 Fritsch, 1984.
35 vgl. Lamnek, 1993; Strauss, 1994.

Verweise zu Abschnitt II

1   Goschke, 2004.
2   Piedone, 1984.
3   Rethorst, 2006, S. 147/148.
4   Höfl-Hielscher, 1984, S. 48.
5   a. O. Kugelmann, 1994, S. 65.
6   O. N., 1983, S. 13.
7   Höfl-Hielscher, 1984, S. 48.
8   Klages & Kropp, 1989, S. 20.
9   Felix, 1988, S. 65.
10 Höfl-Hielscher, 1984, S. 48.
11 Wünsch, 1989, S. 90.
12 Derpa, 1987, S. 26.
13 ebd., S. 27.
14 Kakuska, 1986, S. 105.
15 ebd., S. 104.
16 Lukoschik & Bauer, 1989, S. 155.
17 Warner & Draeger, 1984, S. 2, Hervorh. i. Orig.
18 a. O. ebd., S. 5, Hervorh. i. Orig.
19 ebd., S. 2.
20 Pohlmann, 1986, S. 192.
21 ebd.
22 a. O. Warner & Draeger, 1984, S. 5-7, Hervorh. i. Orig.
23 Schuller, 1990, S. 19.
24 Lukoschik & Bauer, 1989, S. 157/158.
25 ebd., S. 154/155.
26 a. O. Warner & Draeger, 1984, S. 3.
27 ebd., Fn. i. Orig. S. 3.
28 a. O. Lukoschik & Bauer, 1989, S. 154/155.
29 a. O. Balint, 1972, S. 11.
30 Jacobsen, 1974, S. 3199.
31 a. O. Kohut, 1993, S. 18/19, Hervorh. i. Orig.
32 nach Eagle, 1994, S. 148 f.
33 Wolf, 1998.

34 Mahler, 1983, S. 42/43, Hervorh. i. Orig.

35 Merleau-Ponty, 1966, S. 106.

36 ebd., S. 226, Hervorh. i. Orig.

37 Downing, 1996, S. 135.

38 vgl. z. B. Schmidt, 1972.

39 Downing, 1996, S. 142.

40 Downing, 1996.

41 Tronick, 2007.

42 Reck et al., 2001.

43 Balint, 1972, S. 12.

44 Fields, 2005

45 Markowitsch, 1996, S. 55.

46 Downing, 1996.

47 ebd., S. 143.

48 a. O. ebd., S. 156.

49 ebd., S. 142.

50 ebd., S. 112 ff.

51 Renggli, 1976, S. 73.

52 ebd., S. 72.

53 ebd., S. 73

54 Dornes, 1994.

55 vgl. Downing, 1996, S. 152.

56 Lichtenberg, 1991, S. 90.

57 Dornes, 1997, S. 221.

58 a. O. Grossmann & Grossmann, 1994, S. 26.

59 ebd., 1994, S. 27.

60 ebd., S. 28.

61 Schneider, 1994, S. 116.

62 Grossmann & Grossmann, 1994, S. 28.

63 a. O. nach Dornes, 1994, S. 90.

64 ebd., S. 91.

65 Nach Dornes, 1994.

66 Berk, 2005.

67 nach Tronick, 2007, S. 482.

68 ebd., S. 483.

69 Stern, 1992, S. 337 ff.

70 Largo, 2003.

71 ebd., S. 214.

72 ebd., S. 194.

73 ebd.

74 ebd., S. 175.

75 H. Papoušek, 2003, S. 31.

76 nach H. Papoušek, 2003.

77 Largo, 2003, S. 68.

78 ebd., S. 196.

79 a. O. H. Papoušek, 2003, S. 31.

80 ebd., S. 32.

81 a. O. ebd. S. 31.

82 Mahler et al., 1982, S. 92.

83 ebd., S. 95.

84 Eagle, 1994, S. 76.

85 nach Grundmann, 1983, S. 248.

86 Largo, 2003, S. 163/164.

87 ebd., S. 211.

88 vergleichende Studie von Bergan & Henderson, 1979.

89 Caillet, 1993, S. 475.

90 ebd., S. 478.

91 ebd., S. 114.

92 ebd., S. 118.

93 Joya, 1964, S. 348.

94 Janus, 1994.

95 Dornes, 1997, S. 174.

96 vgl. Dornes, 1997; Renggli, 1976.

97 A OPD, 1998, S. 134.

98 Asper, 1987, S. 52/53.

99 ebd., S. 53.

100 Lowen, 1981, S. 125.

101 Asai, 2003.

102 Seligman, 1995.

103 Tronick et al., 1978.

104 a. O. Downing, 1996, S. 139.

105 ebd., S. 139/140.

106 a. O. ebd., S. 140.

107 ebd., S. 153, Hervorh. i. Orig.

108 a. O. ebd., S. 140.

109 a. O. ebd., S 141.

110 ebd., S. 138.

111 Reck et al., 2001.

112 Downing, 1996, S. 141.

113 Stern, 1992, S. 20.

114 vgl. Dornes, 1998.

115 Downing, 1996, S. 148.

116 ebd., S. 149.

117 nach Bauer, 2010.

118 Dornes, 1998, S. 303.

119 ebd., S. 304.

120 Grossmann & Grossmann, 1991, S. 25.

121 ebd., S. 27.

122 nach Bauer, 2010.

123 Reck et al., 2001, S. 181.

124 Downing & Ziegenhain, 2001.

125 Balint, 1972, S. 54, Hervorh. i. Orig.

126 a. O. ebd., S. 54/55.

127 a. O. ebd., S. 55.

128 Balint, 1972; Asper, 1987.

129 a. O. Balint 1972, S. 19.

130 Hülsemann 1988, S. 129.

131 ebd., S. 138.

132 Winnicott, 1960, zit. in Dornes, 1994, Fn. S. 158.

133 Balint, 1972, S. 57.

134 ebd., S. 54.

135 ebd., S. 71.

136 a. O. ebd., 1972, S. 20.

137 ebd., S. 57.

138 ebd., S. 83.

139 Rethorst, 2006, S. 148.

140 Hackfort & Birkner, 2006, S. 167.

141 Balint, 1972.

142 ebd., S. 22, Hervor. i. Orig.

143 ebd., S. 57.

144 ebd., S. 30, wörtlich: «einschnappen». Wegen Missverständlichkeit ersetzt (DK).

145 ebd., S. 57.

146 Noro, 1988.

147 a. O. Balint, 1972, S. 70/71.

148 Dürckheim, 1981 a,b.

149 Balint, 1972, S. 68.

150 ebd., S. 71.

151 a. O. ebd., S. 67.

152 a. O. ebd.

153 ebd., S. 72.

154 Fenichel, 1971, S. 13, dtsch. v. DK.

155 a. O. Balint, 1972, S. 98.

156 ebd., S. 112.

157 Szczesny-Friedmann, 1982, S. 126.

158 ebd., S. 3.

159 Balint, 1972, S. 68.

160 ebd., S. 69.

161 ebd., S. 71.

162 Pflüger, 1993, S. 106.

Verweise zu Abschnitt III

1 Krieger, 2009, S. 61.

2 Velte, 1994, S. 61.

3 Janson, 2002, S. 15-18.

4 a. O. Boroditsky, 2012, S. 31.

5 Balint, 1972, S. 8.

6 Morsbach & Tyler, 1986, dtsch. v. DK.

7 a. O. Doi, 1982, S. 21.

8 Hidasi, 2008, S. 204.

9 a. O. Condon & Kurata, 1974, S. 78, dtsch. v. DK.

10 a. O. ebd., S. 36, dtsch. v. DK.

11 Enomoto, 2008, S. 5, dtsch. v. DK.

12 Barthes, 1981.

13 Walsh, 1988, S. 13, dtsch. v. DK.

14 Fazzioli, 1988, S. 27.

15 1971, S. 114.

16 Dykhuizen, 2000, S. 749, dtsch. v. DK.

17 Gross, 1981, S. 27, Hervorh. i. Orig.

18 Pillot, 1984, Hervorh. i. Orig.

19 Gross, 1981.

20 Roumanoff, 1994, S. 110.

21 Leonard, 1988 a, S. 79, Hervorh. i. Orig.

22 Pillot, 1984, Hervorh. i. Orig.

23 a. O. Pillot, 1984, S. 58, dtsch. v. DK.

24 a. O. Tart, 1987.

25 Gross, 1981, S. 27.

26 z. B. Downing, 1996.

27 Pillot, 1984, S. 58.

28 a. O. Pillot, 1984, S. 57, dtsch. v. DK.

29 Gross, 1981, S. 29.

30 Meister Noro bei Roumanoff, 1994, S. 110, minimal verändert v. DK.

31 Reid & Croucher, 1986, S. 104 ff., S. 105.

32 ebd., S. 106.

33 bei Roumanoff, 1994, S. 110/111, bzw. eigentlich 1992, S. 200, dtsch. v. DK, denn «glaise» heißt Lehm und nicht Eis.

34 1979, S. 25, dtsch. v. DK.

35 a. O. ebd., S. 24, dtsch. v. DK.

36 Meister Noro bei Roumanoff, 1994, S. 111, minimal verändert v. DK.

37 Hayashi, 1993, S. 97.

38 Meister Noro bei Roumanoff, 1994, S. 112, Hervorh. i. Orig.

39 a. O. Reid & Croucher, 1986, S. 106.

40 ebd., S. 107, Hervorh. i. Orig.

41 Lukoschik & Bauer, 1989, S. 158.

42 a. O. Tissier, 1979, S. 24, dtsch. v. DK.

43 ebd., S. 24/25, dtsch. v. DK, Hervorh. so i. Orig.

44 a. O. Doi, 1982, S. 113-118, Hervorh. i. Orig.

45 ebd., S. 130.

46 Benedict, 1967, S. 17, dtsch. v. DK.

47 vor allem Tohei, 2007 u. 2009.

48 vgl. Westbrook & Ratti, 2010, S. 16.

49 Leonard, 1988 a, S. 81.

50 Kohn, 2001, S. 167/168, dtsch. v. DK.

51 Bush, 1988, S. 27, dtsch. v. DK.

52 a. O. Stevens, 1988, S. 17, Hervorh. i. Orig.

53 Leonard, 1988 a, S. 91, Hervorh. i. Orig.

54 Berkley & Berkley, 1985, S. 40/41, dtsch. v. DK.

55 z. B. Ōta et al., 1988; Le Nédic, 1984; Stevens, 1988.

56 Pillot, 1984.

57 a. O. Lee, 1988, S. 21, dtsch. v. DK.

58 DeMatteo, 1987, S. 35, dtsch. v. DK.

59 Ueshiba, 1992, S. 94.

60 2006, S. 98.
61 Stevens, 1988, S. 22.
62 a. O. Leonard, 1988 b, S. 170-172.
63 Weiss, 1979.
64 Lockett, 1980, S. 47, dtsch. v. DK.
65 Pillot, 1984, S. 60, dtsch. v. DK.
66 Muzila, 1988.
67 Sundamori, 1982, 1983, 1995.
68 a. O. Orange, 1981, S. 32, dtsch. v. DK, Hervorh. wie i. Orig.
69 a. O. Levine, 1991, S. 220, dtsch. v. DK.
70 Kirby, 1980.
71 Retivov, 1984, S. 131, dtsch. v. DK.
72 Levine, 1991, S. 221, dtsch. v. DK.
73 Tissier, 1979, S. 25, dtsch. v. DK.
74 bei Roumanoff, 1994, S. 15.
75 a. O. Gross, 1981, S. 29.
76 Hayashi, 1993, S. 9.
77 vgl. Dürckheim 1981 a und Kapitel 18.
78 Dykhuizen, 2000, S. 747, dtsch. v. DK, Hervorh. wie i. Orig.
79 Levine, 1991, S. 220, dtsch. v. DK, Hervorh. wie i. Orig.
80 Kakuska, 1986, S. 105.
81 1979, S. 26, dtsch. v. DK.
82 bei Roumanoff, 1994, S. 15.
83 a. O. Kurtz & Prestera, 1981, S. 86.
84 Henderson, 1990.
85 Reid & Croucher, 1986, S. 106, vgl. auch Anh. 2.
86 Gillies, 1978; Lütge, 1985.
87 Volin & Phelan, 1967, S. 28 u. 29.
88 Bohm, 1974; S. 73.
89 Rawson, 1973.
90 Kirby, 1980, S. 38, dtsch. v. DK.
91 Makiyama, 1981 a; 1981 b; 1983.
92 Stodiek & Paulsen, 1996, S. 65.
93 Balint, 1972, S. 91.
94 Aufmuth, 1984 b, S. 121/122.
95 ebd., S. 124.
96 Gavin, 1989, S. 201.
97 Keidel, 1970, S. 312.
98 Pöppel 1993, S. 269.
99 a. O. O. N., 1988 a, S. 23.
100 2004.
101 Vogel & Angermann, 1987, S. 329; vgl. auch Hopson, 1988.
102 a. O. TU München, 2008.
103 a. O. TU München, 2008.
104 Shors, 2010, S. 39.
105 a. O. O. N., 2007, S. N1.
106 Machi et al., 2001 a.
107 Machi et al., 2001 b, S. 404, dtsch. v. DK.
108 Edwards, 1983.
109 O. N., 1998 a, S. 23, Hervorh. i. Orig.
110 a. O. Dornes, 1994, S. 84/85.
111 Stern et al., 1985, S. 264; Stern, 1999, S. 67 f. (jeweils dtsch. v. DK).
112 Stern, 2010 a,b.
113 a. O. Dornes, 1994, S. 85.
114 vgl. ebd., S. 43 ff.
115 a. O. ebd., S. 154.
116 vgl. Downing, 1996, S. 142.
117 Bauer, 2010, S. 214/215.
118 ebd., S. 70.
119 vgl. Dornes, 1994, S. 155 ff.
120 Stern, 2010 a, S. 94.
121 Mumssen, 1986, S. 52.
122 Blau & Siegel, 1978.
123 Fuller, 1988, S. 325.
124 Retivov, 1994, S. 123, dtsch. v. DK.
125 Beier & Paulus, 1983.
126 vgl. Mahler, 1982, S. 92.
127 Mumssen, 1986, S. 51.
128 a. O. Gomolla, 1997, S. 102 und 104.
129 Velte, 1980, S. 46.
130 Reid & Croucher, 1986, S. 151.
131 a. O. Tissier, 1979, S. 25, dtsch. v. DK, Hervorh. wie i. Orig.
132 Reid & Croucher, 1986, S. 151.
133 ebd., S. 148.
134 a. O. Rahner, 1988, S. 12, Hervorh. i. Orig.
135 a. O. von Saldern, 1994, S. 12, Hervorh. i. Orig.
136 Rahner, 1988, S. 12.
137 Zühlke, 1984, S. 15.
138 Pohlmann, 1986, S. 190, Hervorh. i. Orig.
139 a. O. Warner & Draeger, 1982, S. 4.
140 Pohlmann, 1986, S. 192, Hervorh. i. Orig.
141 Pöhler, 1985, S. 19.
142 ebd., S. 20.
143 Warner & Draeger, 1984, S. 5.
144 Pohlmann, 1986, S. 192.
145 a. O. Hayashi, 1993, S. 140.
146 Pohlmann, 1986, S. 191, Hervorh. i. Orig.
147 ebd., S. 192.
148 Pöhler, 1985, S. 21.
149 Condon & Kurata, 1974, S. 47, dtsch. v. DK.
150 a. O. Pohlmann, 1986, S. 191, Hervorh. i. Orig.
151 a. O. Warner & Draeger, 1984, S. 4.
152 Pöhler, 1985, S. 19.
153 a. O. Tiwald, 1981, S. 35.

154 Okumura, 1997, S. 5.

155 Hayashi, 1993, S. 22.

156 a. O. Dürckheim, 1981 b, S. 26-30.

157 a. O. Pöhler, 1985, S. 18.

158 Lukoschik & Bauer, 1989, S. 158.

159 Dürckheim, 1981 b, S. 30, Hervorh. i. Orig.

160 Grundmann, 1983, S. 252/253.

161 Derpa, 1987, S. 26.

162 Kugelmann, 1994, S. 65.

163 Walker, 1981, S. 105.

164 O. N., 1983, S. 10 u. 13.

165 Lukoschik & Bauer, 1989, S. 155, Hervorh. i. Orig.

166 a. O. Kakuska, 1986, S. 105.

167 Blätte, 1982, S. 17.

168 a. O. Roumanoff, 1994, S. 28/29.

169 Herrigel, zit. in Deshimaru, 2006, S. 15.

170 a. O. Westbrook & Ratti, 2010, S. 30/31.

171 Brand, 1980.

172 Joya, 1964, S. 21, dtsch. v. DK, Hervorh. wie i. Orig.

173 ebd.

174 Deutsch-Japanische Freundschaftsgesellschaft Karlsruhe, 1996, S. 19.

175 Westbrook & Ratti, 2010, S. 31-33.

176 Joya, 1964, S. 21.

177 Grundmann, 1983, S. 203.

178 Förster, 1986, S. 83; Wolters, 1992 b, S. 12; von Saldern, 1994, S. 12.

179 nach Felshin, 1976, S. 70.

180 Keuerleber, 1986.

181 Kugelmann, 1994, S. 25.

182 a. O. Lüschen, 1976, S. 100-102, dtsch. v. DK.

183 Turner, 1991, S. 19, dtsch. v. DK.

184 Beier & Paulus, 1983, S. 100.

185 Aufmuth, 1983, S. 253 u. 259.

186 Gomolla, 1997, S. 98.

187 McIntosh, 1976, S. 14, dtsch. v. DK.

188 Sadler, zit. in Hart, 1976 a, S. 140, dtsch. v. DK.

189 Gomolla, 1997, S. 92.

190 Erdmann, 1993, S. 12.

191 ebd., S. 11.

192 Rumpf, 1984, S. 26.

193 Nutt, 1988, S. 42.

194 Graupner, 1982, S. 32.

195 Richter-Hebel, 1984, S. 10.

196 Nutt, 1988, S. 42.

197 Graupner, 1982, S. 32.

198 Digel, 2006.

199 Richter-Hebel, 1984.

200 a. O. Hahn, 1985, S. 35.

201 sid, 2011, S. 1.

202 a. O. Moegling, 1989, S. 10/11.

203 Grundmann, 1983, S. 243.

204 Moegling, 1988, S. 17.

205 ebd., S. 18.

206 vgl. Sadler, 1976.

207 Moegling, 1989, S. 10.

208 zit. nach Lüschen, 1976, S. 105.

209 Nach Erdmann, 1999, S. 7 u. 8.

210 Erdmann, 1993, S. 13.

211 a. O. ebd., S. 16.

212 Ross, 2007, S. 42.

213 ebd., S. 37.

214 a. O. Grundmann, 1983, S. 254 u. 255.

215 ebd., S. 247.

216 2003.

217 Kraus & Wagner, 1992, S. 10.

218 Nutt, 1988, S. 43.

219 1985.

220 Moegling, 1988, S. 50, 51 u. 55.

221 ebd., S. 19.

222 ebd., S. 56.

223 ebd., S. 59.

224 Rittner, 1986, S. 138.

225 a. O. ebd., S. 146.

226 ebd., S. 147.

227 Moegling, 1988, S. 18.

228 a. O. ebd., S. 19.

229 ebd., S. 61.

230 a. O. ebd, S. 61.

231 L'Aminot, 1992.

232 Kroll & Orikasa, 1988, S. 9.

233 Kohn, 2001, S. 165.

234 Mumssen, 1986, S. 49/50.

235 Kraus & Wagner, 1992, S. 10.

236 Wulf, 1998.

237 Krempel, 1985, S. 136.

238 Hayashi, 1993, S. 140.

239 a. O. Pöhler, 1985, S. 21.

240 Hayashi, 1993, S. 140.

241 Dornes, 1994, S. 87.

242 ebd., S. 86.

243 Mumssen, 1986, S. 53.

244 Leonard, 1988 a, S. 82.

245 ebd., S. 83.

246 H. Papoušek, 2003.

247 Ries, 1999, S. 142.

248 Protin, 1977, S. 86.

249 Ulich, 1987; Flipp, 1990.

250 a. O. Auth et al., 2003, S. 585.

251 Wilhelm, zit. in Kroll & Orikasa, 1988, S. 3.

252 Becker, 1985; vgl. a. Frankl, 1979 (nach Auth et al., 2003, S. 586).

253 vgl. z. B. Veyne, 1999.

254 Featherstone & Hepworth, 1991 b, S. 383.

255 a. O. nach Featherstone & Hepworth, 1991 a, S. 202.

256 Beckers et al., 2006, S. 3.

257 Kohut, 1975, S. 161.

258 Wolf, 1998, S. 103.

259 Beckers et al., 2006, S. 4.

260 Rugenbauer, 2002.

261 SWR 1.

262 pet, 2011, S. 9.

263 a. O. De Beauvoir, 2000, S. 39.

264 a. O. Tarmas & Theis, 2007, S. 78-86.

265 Meusel, 2002, S. 35 u. S. 36.

266 Weisser & Mechling, 2002.

267 a. O. Schmidt, 2002, S. 118-121.

268 a. O. Meusel, 2002, S. 36.

269 Shors, 2010.

270 Kemnitz, 1991, S. 15.

271 Wolf, 1998, S. 109/110.

272 Mentzos, 1992, S. 56.

273 Wolf, 1998, S. 110.

274 nach Featherstone & Hepworth, 1991 b, S. 375/376.

275 Nach Joya, 1964, S. 387, 392, 468.

276 ebd., S. 81.

277 Joya, 1964, S. 117/118, dtsch. v. DK, Hervorh. wie i. Orig.

278 Baltes & Baltes, 1990.

279 Meusel, 2002, S. 33.

280 Leonard, 1988 a.

281 ebd., S. 78 u. 79.

282 Grundmann, 1983, S. 202.

283 Zühlke, 1984, S. 62.

284 Meusel, 2002.

285 Patt, 1987, S. 24.

286 Matthis, 2011.

287 Bush, 1988, S. 27, dtsch. v. DK.

288 Kraus & Wagner, 1992, S. 11.

289 Kitaura, 1985.

290 2012 b.

291 2008.

292 Dykhuizen, 2000, S. 757.

293 ebd.

294 a. O. Matsubara, 1983, S. 13.

295 ebd. S. 12

296 a. O. ebd., S. 13.

297 Getreuer-Kargl, 2008, S. 143.

298 Matsubara, 1983, S. 178.

299 nach Olson & Comfort, 1986, S. 105.

300 vgl. Fritsch, 1984, S. 74/75.

301 a. O. z. B. 2006.

302 a. O. Levine, 1994, S. 213/214, dtsch. v. DK.

303 Buck, o. J., S. 124.

304 a. O. Kroll & Orikasa, 1998, S. 1-2.

305 nach Ueshiba, K., 1985, S. 177, dtsch. v. DK.

306 Reid & Croucher 1986, S. 226.

307 a. O. Hayashi, 1993, S. 11.

308 a. O. 2009.

309 Hayashi, 1993, S. 11.

310 ebd.

311 Westbrook & Ratti, 2010, S. 333.

312 a. O. ebd.

313 Hayashi, 1993, S. 11.

314 a. O. Wagner, 1999, S. 128.

315 Holenstein, 1982, S. 11.

316 Lukoschik & Bauer, 1989, S. 150.

317 a. O. Hayashi, 1993, S. 11.

318 O. N., 1984 b.

319 O. N., 1985.

320 Wolf, 2000, S. 51.

321 Kakuska, 1986, S. 102 f.

322 Kosak, 1988, o. S.

323 Kosak, 1989, o. S.

324 O. N., 1984 a.

325 Leisinger, 1988, S. 72.

326 Lukoschik & Baucr, 1989, S. 154.

327 Hoff, 1983, S. 5.

328 nach Westbrook & Ratti, 2010.

329 Tietjens, 2006, S. 206.

330 ebd.

331 ebd., S. 205.

332 Gavin, 1989, S. 200.

333 a. O. Tiwald, 1981, S. 34.

334 a. O. bei Roumanoff, 1994, S. 39.

335 Retivov, 1994, S. 121, dtsch. v. DK.

336 Wolters, 1992 a, 1992 b.

337 Friedrich, 1998, S. 72.

338 nach Tiwald, 1981, S. 37/38.

339 a. O. ebd., S. 38.

340 2006, S. 63.

341 Hayashi, 1993, S. 127.

342 in Roumanoff, 1994, S. 39.

343 Goldner, 1988 a.

344 a. O. Grundmann, 1983, S. 244.

345 ebd., S. 248.

346 Dykhuizen, 2000.
347 Dobson, 1988, S. 66; vgl. auch Leonard, 1988 a.
348 2009 a.
349 2007.
350 a. O. Leonard, 1988 a, S. 85/86.
351 Kitaura, 1985.
352 O. N., 1994, S. 47.
353 1988.
354 Nitsch & Allmer, 1979, S. 149.
355 ebd., S. 151.
356 Gavin, 1989, S. 200.
357 a. O. O. N., 1982, S. 18.
358 Aubry, 1988, S. 54, Hervorh. i. Orig.
359 Nach Westbrook & Ratti, 2010, S. 333.
360 Nelson, 1986, S. 36/37 f., dtsch. v. DK.
361 O. N., 1994, S. 47; Okumura, 1988.
362 Grundmann, 1983, S. 202.
363 a. O. Pflüger, 1993, S. 95.
364 a. O. Attwood, 2008, S. 163.
365 Seemann, 2008, S. 26.
366 Dornes, 1994, S. 68.
367 Krauß, 1993.
368 a. O. Gavin, 1989, S. 199.
369 ebd., S. 200; vgl. hierzu Wolters, 1992 a, 1992 b.
370 Dykhuizen, 2000.

Verweise zu Abschnitt IV

1   Schmidt, 1986, S. 73.
2   Roumanoff, 1994, S. 30.
3   ebd., S. 31.
4   Hidasi, 2008, S. 199, dtsch. v. DK.
5   1983, S. 78/79.
6   nach Roumanoff, 1994, S. 132/133.
7   Hayashi, 1993; von Saldern, 1994.
8   von Saldern, 1994, S. 13.
9   Alzofon, 1981, S. 16.
10   1983, S. 93.
11   a. O. ebd., S. 94.
12   Hayashi, 1993, S. 140.
13   Wolters, 1992 b, S. 12.
14   Grundmann, 1983, S. 246.
15   von Saldern, 1994, S. 12.
16   2005, dtsch. v. DK.
17   ZDF «heute nacht», Di. 01. 11. 1996 0.15 Uhr
18   Esser, 1998.
19   Poschmann, Wolf-Dieter. ZDF «aktuelles Sportstudio», Sa. 04. 05. 1996, 22.00 Uhr (28. Spieltag der Bundesliga).
20   nach Singer & Wagner, 1979, S. 190 ff.
21   ebd., S. 172.
22   Grundmann, 1983, S. 246.
23   von Saldern 1994, S. 12; vgl. auch Condon & Kurata, 1974, S. 112.
24   von Saldern 1994, S. 12, Hervorh. i. Orig.
25   Caillet, 1993, S. 475.
26   ebd., S. 475.
27   Heise, 1990, S. 10.
28   Avery, 2009, S. 107.
29   Fazzioli, 1988, S. 26.
30   Walsh, 1988, S. 33, dtsch. v. DK.
31   Fazzioli, 1988, S. 26.
32   Avery, 2009, S. 107.
33   a. O. Heise, 1986, S. 284.
34   a. O. Heise, 1990, S. 11/12.
35   nach Benedict, 1967, S. 22.
36   ebd., S. 30.
37   a. O. Gössmann, 1990, S. 17/18, Hervorh. i. Orig.
38   nach Benedict, 1967.
39   ebd., S. 49, dtsch. v. DK.
40   vgl. Fraser, 2009, S. 178.
41   Benedict, 1967, S. 38, dtsch. v. DK.
42   Matsubara, 1983, S. 270.
43   nach Benedict, 1967, S. 72.
44   ebd., dtsch. v. DK.
45   Duby, 1997, S. 15.
46   Schmidt, 1986, S. 73, dtsch. v. DK.
47   Benedict, 1967, S. 72, dtsch. v. DK.
48   ebd., S. 70/71.
49   Caillet, 1993, S. 496.
50   Dalby, 1988, S. 57.
51   Caillet, 1993, S. 496, Hervorh. i. Orig.
52   a. O. Dalby, 1988, S. 57.
53   vgl. Dalby, 1988.
54   Morsbach & Tyler, 1986, S. 303, dtsch. v. DK, Hervorh. wie i. Orig.
55   nach Condon & Kurata, 1974, S. 80.
56   nach Hidasi, 2008, S. 202.
57   1984.
58   Roumanoff, 1994, S. 29.
59   Kemnitz, 1991, S. 15.
60   a. O. Schmidt, 1986, S. 73, dtsch. v. DK.
61   ebd., Hervorh. i. Orig.
62   a. O. Roumanoff, 1994, S. 30.
63   Schmidt, 1986, S. 73, dtsch. v. DK, Hervorh. wie i. Orig.
64   Roumanoff, 1994, S. 30.
65   Schmidt, 1986, S. 73, dtsch. v. DK.
66   Alzofon, 1988, S. 16, dtsch. v. DK.

67   a. O. Roumanoff, 1994, S. 34.

68   von Saldern, 1994, S. 13.

69   Grundmann, 1983, S. 126.

70   Morikawa, 1983, S. 18.

71   Morsbach & Tyler, 1986, S. 289, dtsch. v. DK.

72   ebd., S. 300, dtsch. v. DK, Hervorh. wie i. Orig.

73   ebd., S. 289, dtsch. v. DK, Hervorh. wie i. Orig.

74   a. O. S. 290, dtsch. v. DK.

75   Heise, 1986, S. 277.

76   a. O. Doi, 1982, S. 19.

77   ebd. S. 118.

78   Heise, 1986, S. 281/282.

79   Doi, 1982, S. 90, Hervorh. i. Orig.

80   Doi, 1959, S. 92, dtsch. v. DK.

81   a. O. Doi, 1982, S. 36/37, Hervorh. i. Orig.

82   Balint, 1972.

83   Doi, 1982, S. 90, Hervorh. i. Orig.

84   Schmitt, 1999, S. 37.

85   Doi, 1982, S. 70.

86   ebd.

87   ebd., Hervorh. i. Orig.

88   ebd.

89   Heise, 1986, S. 285.

90   a. O. ebd. S. 287.

91   ebd., S. 287/288.

92   ebd., S. 288.

93   Doi, 1982, S. 41, Hervorh. i. Orig.

94   Morsbach & Tyler, 1986, S. 304, dtsch. v. DK, Hervorh. wie i. Orig.,

95   Doi, 1982, S. 40, Hervorh. i. Orig.

96   a. O. Doi 1982, S. 63.

97   Doi, 1982, S. 60, Hervorh. i. Orig.

98   ebd., S. 109.

99   ebd. S. 39, Hervorh. i. Orig.

100 a. O. ebd., S. 47, Hervorh. i. Orig.

101 vgl. Velte, 1994, S. 92.

102 Lichtenberg, 1991, S. 91.

103 Balint, 1972, S. 19.

104 Doi, 1982, S. 109.

105 a. O. ebd., S. 102, Hervorh. i. Orig.

106 ebd., S. 103.

107 ebd., S. 103.

108 a. O. Morsbach & Tyler, 1986, S. 303, dtsch. v. DK.

109 a. O. ebd., dtsch. v. DK.

110 nach Papoušek & Papoušek, 1991, S. 28.

111 nach Fogel et al., 1988, S. 399.

112 Brandt et al., 2008, S. 45.

113 Wasserzieher, 1952; 1. Aufl. 1917/1918, S. 62.

114 Johnsgard et al., 1975, S. 168, dtsch. v. DK.

115 Dioszeghy, 1980, S. 17.

116 Winterhoff, 2009.

117 Doi, 1982, S. 37/38, Hervorh. i. Orig.

118 vgl. Grossmann & Grossmann, 1994, S. 30.

119 Grossmann & Grossmann, 2004, S. 149/150.

120 Morsbach & Tyler, 1986, S. 303, dtsch. v. DK.

121 Berk, 2005, S. 257.

122 Grossmann & Grossmann, 1994, S. 28.

123 a. O. Morsbach & Tyler, 1986, S. 305, dtsch. v. DK, Hervorh. wie i. Orig.

124 ebd., S. 20.

125 Beier & Paulus, 1983, z. B. S. 105.

126 nach Pohlman, 1986, S. 190.

127 a. O. Höfl-Hielscher, 1984, S. 47.

128 Tzschaschel, 1987, o. S.

129 O. N., 1983, S. 13.

130 Felix, 1988, S. 65.

131 Höfl-Hielscher, 1984, S. 48.

132 Kraus & Wagner, 1992.

133 Hayashi, 1993.

134 Grundmann, 1983, S. 94.

135 Protin, 1977, S. 86.

136 Stevens, 1992, S. 31, dtsch. v. DK.

137 Hatayama-Sensei, 2002. Die zeitliche Abfolge für weit, schön, stark stammt von ihm, die Auslegung von mir, DK.

138 2012 a.

139 Condon & Kurata, 1974, S. 39, dtsch. v. DK.

140 a. O. Doi, 1982, S. 94, Hervorh. i. Orig.

141 Csikszentmihalyi, 1985, S. 13.

142 vgl. Balint, 1972.

143 Csikszentmihaly, 1985, S. 35.

144 ebd., S. 38.

145 Kalweit, 1982; Bate, 1982.

146 Kalweit, 1982, S. 57.

147 Retivov, 1994, S. 114, dtsch. v. DK.

148 Csikszentmihalyi, 1985, S. 56.

149 ebd., S. 121.

150 ebd., S. 122, Hervorh. i. Orig.

151 ebd., S. 61, Hervorh. i. Orig.

152 ebd., S. 122.

153 Aufmuth, 1983, S. 255.

154 Aufmuth, 1984 b, S. 119, Hervorh. i. Orig.

155 Friedenberg, 1976, S. 160, dtsch. v. DK, Hervorh. wie i. Orig.

156 Maissen, 2010, S. 62 u. 63 sowie allgemein die Serie zu Zeit in *spektrum der Wissenschaft*, 07-10, 2010.

157 vgl. Dornes, 1994; Stern, z. B. 2010.

158 Balint, 1972, S. 107.

159 ebd., S. 35.

160 ebd., S. 63.

161 ebd., S. 54.

162 ebd., S. 101.

163 Lowen, 1985, S. 253.

164 Hemingway, 1977, S. 366.

165 Balint, 1972, S. 101.

166 Lowen, 1985, S. 253.

167 Balint, 1972, S. 63.

168 ebd., S. 62.

169 vgl. Derpa, 1987.

170 a. O. 1981 b, S. 65/66.

171 Fenichel, 1971, S. 352, dtsch. v. DK.

172 ebd., S. 40, dtsch. v. DK.

173 Fromm et al., 1972, S. 164/165.

174 A OPD, 1998, S. 57.

175 ebd., S. 59.

176 Mentzos, 1992, S. 56.

177 Csikszentmihalyi, 1985, S. 124.

178 a. O. Fenichel, 1971, S. 425, dtsch. v. DK, Hervorh. wie i. Orig.

179 a. O. Schmidbauer, 1981, S. 109.

180 Mentzos, 1992, S. 56/57.

181 Kalweit, 1982, S. 56.

182 Suzuki, 1986, S. 123.

183 Csikszentmihalyi, 1985, S. 125.

184 ebd., S. 119, Hervorh. i. Orig.

185 ebd., S. 120, Hervorh. i. Orig.

186 ebd., S. 125.

187 Leonard, 1988 a.

188 a. O. Kalweit, 1982, S. 57.

189 a. O. ebd., S. 59.

190 ebd., S. 57.

191 Aufmuth, 1983, S. 252.

192 ebd.

193 ebd., S. 255, 256 und 257.

194 Aufmuth, 1984 b, S. 135.

195 Aufmuth, 1983, S. 257.

196 Csikszentmihalyi, 1985, S. 118.

197 2006, S. 88.

198 ebd., S. 77.

199 Parsons, 1984, S. 459.

200 a. O. Gabler & Schrode, 1987.

201 1985.

202 Stone, 1988, S. 72, Hervorh. i. Orig.

203 ebd., Hervorh. i. Orig.

204 ebd., S. 89.

205 a. O. Gomolla, 1997, S. 132.

206 vgl. Dornes, 1994.

207 Reck et al., 2001.

208 Morsbach & Tyler, 1986, S. 290, dtsch. v. DK, Hervorh. wie i. Orig.

209 Doi, 1972, S. 387, zit. in ebd., S. 290, dtsch. v. DK, Hervorh. wie i. Orig.

210 Kalweit, 1982, S. 56.

211 1985.

212 Mumssen, 1986, S. 51; Leonard, 1988 a, S. 86.

213 a. O. Gomolla 1997, S. 135.

214 Westbrook & Ratti, 2010, S. 35.

215 ebd., S. 54/55.

216 Ueshiba, K., 1985, S. 177, dtsch. v. DK.

217 Okumura, 1988, S. 23, dtsch. v. DK.

218 a. O. Retivov, 1994, S. 114, dtsch. v. DK.

219 Der japanische Autor Mishima, zit. von Yource-nar, 1985, S. 77.

220 ebd., S. 12.

221 Aufmuth, 1984 b, S. 115.

222 a. O. ebd., S. 116.

223 a. O. Yourcenar, 1985, S. 11/12.

224 Stone, 1988, S. 71/72.

225 a. O. ebd., S. 71.

226 1981 a, S. 26 ff.

227 Balint, 1972, S. 69.

228 Leonhard, 1988 a, S. 91.

229 Westbrook & Ratti, 2010, S. 56.

230 Levine, 1991, S. 220/221; dtsch. v. DK, Hervorh. wie i. Orig.

231 Gomolla, 1997, S. 144.

232 ebd., S. 130.

233 1988.

234 a. O. Klinke, 2005, S. 638, Hervorh. i. Orig.

235 vgl. von Düring & Fricke, 2001; Treede 2001; vgl. a. Egle et al., 2003; Klinke, 2005; Rüegg, 2007.

236 Zimmermann, 2001, S. 3; vgl. Handwerker & Schaible, 2006.

237 nach Handwerker & Schaible, 2006, S. 229.

238 Zborowski, 1969, S. 17, dtsch. v. DK.

239 ebd., S. 24, dtsch. v. DK.

240 Herman, 1993.

241 Armstrong, 1967; Zborowski, 1969.

242 a. O. Zimmermann, 2001, S. 3.

243 Zborowski, 1969, S. 19, dtsch. v. DK.

244 Flor & Birbaumer, 2001, S. 197.

245 Pöppel, 1993, S. 251/252.

246 a. O. Zimmermann, 2001, S. 4.

247 Armstrong, 1967, S. 4, dtsch. v. DK.

248 nach Pöppel, 1993, S. 243/244.

249 Armstrong, 1967, nach S. 91.

250 nach Zborowski, 1969, S. 29/30.

251 Ryan & Kovacic, 1966.

252 Cziske, 1979, 1983.

253 Rüegg, 2007, S. 35.

254 Bräutigam, 1990, S. 86.

255 a. O. nach Zborowski, 1969, S. 27/28.

256 nach Zborowski, 1969, S. 38/39.

257 Armstrong, 1967, S. 91.

258 Zimmermann, 2001, S. 6/7.

259 Groddeck, 1984, S. 107.

260 a. O. Zimmermann, 2001, S. 4.

261 a. O. Zborowski, 1969. S. 40/41, dtsch. v. DK.

262 nach Armstrong, 1967, S. 108.

263 Leonard, 1988 a, S. 85. Zu den dortigen nicht nur milden, sondern extremen Leiden vgl. Leonard (1988 a, S. 121 ff.).

264 Colombe zit. in Würzberg, 1987, S. 46.

265 a. O. Aufmuth, 1983, S. 259.

266 ebd., S. 253.

267 a. O. Aufmuth, 1984 b, S. 113-121.

268 a. O. Aufmuth, 1984 b, S. 114.

269 ebd., S. 112.

270 ebd., S. 121.

271 Aufmuth, 1983, S. 268.

272 Kunstmüller, 1993, S. 173.

273 Faulkner, zit. in Ernst, 1990, S. 3.

274 Aufmuth, 1984 a, S. 104.

275 Leonard, 1988 a, S. 79.

276 Asper, 1987, S. 25.

277 nach Zborowski, 1969, S. 4.

278 Zborowski, 1969, S. 31.

279 Marcus, 1982, S. 139.

280 Csikszentmihalyi, 1985, S. 25.

281 Aristoteles zit. in Pöppel, 1993, S. 283.

282 Groddeck, 1984, S. 75 u. 76.

283 ebd., S. 50 u. 51.

284 Marcus, 1982, S. 196.

285 a. O. Hermann, 1936, S. 365.

286 Shulman & Peven, 1971.

287 Avery, 1977.

288 Hermann, 1936, S. 369.

289 Armstrong, 1967, S. 91, dtsch. v. DK.

290 ebd., S. 108, dtsch v. DK.

291 Zborowski, 1969, S. 39.

292 Marcus, 1982, S. 253.

293 ebd., S. 215.

294 a. O. ebd., S. 152.

295 a. O. Fenichel, 1971, S. 364/365, dtsch. v. DK.

296 ebd., S. 359.

297 Marcus, 1982, S. 52.

298 Franke, 1988, S. 68.

299 Frick, 1996.

300 Hohage, 1997, S. 33.

301 Laplanche & Pontalis, 1973, S. 629.

302 ebd., S. 630/631.

303 vgl. Blum, 1978.

304 a. O. Fenichel, 1971, S. 359, dtsch. v. DK.

305 Gavin, 1989, S. 201.

306 Szczesny-Friedmann, 1982.

307 a. O. Derka et al., 1995, S. 206/207.

308 O. N., 1998 b, S. 26. Spezielle Fragestellungen zu Verletzungen im Budosport vgl. Villiaumey & Brondani, 1979, Kurland 1980, Hallander, 1988 a.

309 vgl. Velte, 1994, S. 82.

310 vgl. Velte, 1994, S. 85.

311 vgl. Velte, 1994, S. 89.

312 vgl. Velte, 1994, S. 41.

313 Levine, 1991, S. 220, dtsch. v. DK.

314 Shaler, 1979, S. 77, ein Gestalttherapeut und Aikidolehrer, dtsch. v. DK.

315 Velte, 1980, S. 86.

316 Sawyer & Deak, 2008, S. 172.

317 a. O. ebd., S. 173.

318 Fagerhaugh & Strauss, 1977, S. 85-87.

319 ebd., S. 87, dtsch. v. DK.

320 Velte, 1994, S. 52.

321 vgl. Grundmann, 1983.

322 Von mir, DK, mehrfach abgeklärt im Gespräch mit Braun- resp. Schwarzgurtträgern von Judo, Ju-Jutsu, Karate, Taekwondo sowie durch eigene Karate-Trainingsteilnahme (Anfänger-Niveau bis Orangegurt, Shotokan, Budo-Club Karlsruhe); vgl. a. O. N. 1994.

323 Seitz, Olson & Stenzel, 1991, S. 1231/1232.

324 Olson & Seitz, 1993, S. 125.

325 Mehrdimensionale Schmerz-Skala, Cziske, 1979 u. 1983.

326 Schermelleh-Engel, 1988.

327 Angst, 1980.

Verweise zu Abschnitt V

1   1973–76, Bd. 1-5.

2   Wolf, 2000, S. 53.

3   Kemp, 2006, S. 312.

4   ebd., S. 313, Hervorh. i. Orig.

5   ebd., S. 313/314.

6   z. B. Anderson & Anderson, 1982; für Aikido besonders Geeignetes vgl. Kraus & Wagner, 1992.

7   Lichtenberg, 1991.

8   M. Papoušek, 2004, S. 83, Hervorh. i. Orig.

9   Gomolla, 1997, S. 94.

10 Trautmann-Voigt, 1996, S. 120.
11 a. O. Gomolla, 1997, S. 94.
12 ebd., S. 53, Hervorh. i. Orig.
13 vgl. Kraus & Wagner, 1992; Westbrook & Ratti, 2010.
14 a. O. Olson & Comfort, 1986, S. 105, dtsch. v. DK.
15 a. O. Gomolla, 1997, S. 47.
16 von Laban, 1988, S. 62.
17 a. O. Stuber & Stuber, 1990, S. 214.
18 a. O. von Laban, 1988, S. 62.
19 a. O. ebd., S. 69.
20 a. O. Condon & Kurata, 1974, S. 66, dtsch. v. DK, Hervorh. wie i. Orig.; vgl. hierzu auch Dürckheim, 1981 a.
21 a. O. Westbrook & Ratti, 2010, S. 54, Hervorh. i. Orig.
22 Velte, 1994, S. 46.
23 vgl. Brand, 1980, S. 40 f.
24 ebd., S. 31.
25 a. O. Reid & Croucher, 1986, S. 107.
26 Gomolla, 1997, S. 53, Hervorh. i. Orig.
27 ebd., S. 48
28 a. O. Reid & Croucher, 1986, S. 107.
29 a. O. Kurtz & Prestera, 1981, S. 84 und 85.
30 ebd., S. 87.
31 Sollmann & Thielen, 2009, S. 31/32.
32 Gavin, 1989, S. 204.
33 vgl. Hayashi, 1993, S. 100 f.
34 Walker, 1981, S. 103.
35 von Laban, 1988, S. 69.
36 a. O. ebd., S. 70, Hervorh. i. Orig.
37 Walker, 1981, S. 102.
38 ebd. S. 105/106.
39 Stuber & Stuber, 1990, S. 47.
40 vgl. Jaques-Dalcroze, 1988.
41 vgl. von Laban, 1988.
42 2009 b.
43 a. O. von Laban, 1988, S. 27.
44 ebd.
45 Wagener, 1985, S. 82, dtsch. v. DK.
46 Olson & Comfort, 1986, S. 105, dtsch. v. DK.
47 Wagener, 1985, S. 82, dtsch. v. DK.
48 Walker, 1981, S. 108.
49 Olson & Comfort, 1986, S. 105.
50 Roumanoff, 1994.
51 a. O. Walker, 1981, S. 106.
52 Velte 1994, S. 61.
53 ebd., S. 84.
54 Stevens, 1992, S. 26, dtsch. v. DK.
55 K. Hayashi, 1988.
56 Bejan & Marden, 2008, S. 34.
57 K. Hayashi, 1988.
58 ebd.
59 a. O. Krauß, 1993, S. 10.
60 vgl. z. B. Brand, 1980, S. 276 oder S. 46 f.
61 a. O. Wagener, 1985, S. 81, dtsch. v. DK, Hervorh. wie i. Orig.
62 Walker, 1981, S. 106/107.
63 a. O. Wagener, 1985, S. 81, dtsch. v. DK, Hervorh. wie i. Orig.
64 ebd., S. 81/82, dtsch. v. DK, Hervorh. wie i. Orig.
65 Westbrook & Ratti, 2010.
66 Wagener, 1985, S. 80, dtsch. v. DK.
67 Walker, 1981, S. 106.
68 Hayashi, 1993, S. 31.
69 vgl. Olson & Comfort, 1986, S. 105.
70 Wagener, 1985, S. 82, dtsch. v. DK.
71 Leonard, 1988 a, S. 86, Hervorh. i. Orig.
72 Mumssen 1986, S. 51; Leonard 1988 a, S. 86.
73 Leonard, 1988 a, S. 86.
74 McIntosh, 1976, S. 11, dtsch. v. DK.
75 Balint, 1972.
76 Schilder, 1950, S. 207/208, dtsch. v. DK.
77 Velte, 1994, (S. 46).
78 ebd., (S. 98).
79 U. Goetze, 5. Dan Aikido, im Gespräch.
80 Gomolla, 1997, S. 47.
81 Leonard, 1988 a, S. 91.
82 Westbrook & Ratti, 2010, S. 72/73.
83 Matthis, 1985.
84 Wagener, 1985, S. 80, dtsch. v. DK.
85 ebd., S. 80/81, dtsch. v. DK.
86 Westbrook & Ratti, 2010, S. 71 u. 72.
87 Hayashi, 1993.
88 vgl. Schilder, 1950, S. 13.
89 von Lüpke, 1988, S. 27.
90 a. O. ebd.
91 Hayashi, 1993, S. 86.
92 2007.
93 a. O. Gomolla, 1997, S. 53, Hervorh. i. Orig.
94 Dornes, 1994, S. 158, Hervorh. i. Orig.
95 a. O. ebd.
96 1986.
97 1986.
98 1988.
99 «Koichi Ideta Barrish, U. S. instructor to the International Peace Society and Head Instructor of AiKi Institute of Everett, Washington»

(Guildner, 1988, S. 33).

100 Guildner, 1988, S. 35, dtsch. v. DK.

101 2010 b.

102 Dornes, 1994, S. 158.

103 a. O. Fritsch, 1984, S. 75.

104 Velte, 1994, S. 68.

105 Downing, 1996, z. B. S. 131 ff.

106 ebd., S. 142 ff.

107 ebd., S. 138, S. 143.

108 Pflüger, 1993, S. 106.

109 a. O. ebd., S. 102.

110 ebd., S. 106.

111 Domroeß, 2008, S. 26.

112 Beispiele für Ken-awase gibt Hayashi, 1993, S. 121, 132, 133.

113 Ufa-aikido: www.ufa-aikido.de/woerter/ woerter.php. Erhalten am 15. Juni 2003.

114 mein Ehemann, B. Krauß, im Gespräch.

115 Physikalische Erläuterungen wiederum bei Walker, 1981.

116 Matthis, 2011.

117 Joya, 1964.

118 Schmidt, 1993.

119 Van Duuren, 1998, S. 21 ff.

120 Lupo, 1988.

121 Retivov, 1994, S. 111/112, dtsch. v. DK.

122 McIntosh, 1976, S. 10.

123 Bauer, 2010, S. 15.

124 ebd., S. 27 bis 29.

125 Morsbach & Tyler, 1986, S. 305, dtsch. v. DK.

126 Balint, 1972.

127 a. O. A OPD, 1998, S. 46.

128 a. O. ebd., S. 47, Hervorh. i. Orig.

129 Urbigkeit, 1983, S. 69.

130 Kugelmann, 1994, S. 29/30.

131 Sroufe, 1983, zit. in Dornes, 2009.

132 Grossmann & Grossmann, 2004.

133 ebd., S. 277-290.

134 Dornes, 2009, S. 232.

135 Rosenberg, 2001.

136 nach Hölter, 1988, S. 38.

137 Fonagy, 1998, S. 356 ff.

138 a. O. Erdmann, 1987, S. 25.

139 A OPD, 1998, S. 48.

140 2007, S. 181.

141 Jolander, 2012, S. 40 f.

142 Krauß, 1998.

143 Dioszeghy-Krauß, 1998 a; 1998 b.

144 a. O. Wolters, 1992 b, S. 12.

145 ebd.

146 Wolters, 1992 a.

147 nach Grossmann & Grossmann, 2004, S. 311/312.

148 nach Berk, 2005, S. 98.

149 nach Bauer, 2010, S. 31; S. 74/75.

150 Grayeff, 1961, S. 259.

151 a. O. Eschbach-Szabo, 2009, S. 127.

152 zur «multiplen Übertragung» vgl. Damm, 1995, 347 f., 367 ff.

153 a. O., 1960, S. 322.

154 Inoue, 1987, S. 17/18.

155 Caillet, 1993, S. 292.

156 a. O. Greenson, 1981, S. 257.

157 Dornes, 1994, Fn S. 68.

158 Damm, 1995, S. 347.

159 ebd., S. 368.

160 ebd., S. 347 f., 367 ff.

161 a. O. Damm, 1995, S. 367.

162 Gavin, 1989, S. 199.

163 a. O. Hane, 1982, S. 33 bis 35.

164 Ikegami, 2007.

165 a. O. Hane, 1982, S. 35.

166 Sève, 1972, S. 31.

167 a. O. Eschbach-Szabo, 2009, S. 128, Hervorh. i. Orig.

168 Janson, 2002.

169 (Wulff alias:) Alsheimer, 1968, S. 253/254.

170 Suzuki, 1986, S. 122.

171 Blackstone & Josipovic, 1987, S. 68.

172 1982, S. 92.

173 ebd., S. 90/91.

174 a. O. Doï, 1982, S. 100-102, Hervorh. i. Orig.

175 a. O. Hidasi, 2008, S. 201, dtsch. v. DK.

176 a. O. Doï, 1982, S. 100/101, Hervorh. i. Orig.

177 a. O. Matsubara, 1983, S. 205.

178 a. O. Grundmann, 1983, S. 202.

179 Willcher, 1985.

180 Kristkeitz, zit. in Kakuska, 1986, S. 105.

181 Kakuska, 1986, S. 105.

182 Retivov, 1994, S. 111, dtsch. v. DK.

183 a. O. Kowalski, 2005, S. 43.

184 a. O. Roumanoff, 1994, S. 56.

185 vgl. Rittner, 1986.

186 Roumanoff, 1994, S. 42.

187 ebd., S. 55.

188 Kowalski, 2005, S. 43.

189 a. O. Roumanoff, 1994, S. 56.

190 Kowalski, 2005, S. 43.

191 Leonard, 1988 a, S. 86.

192 Baumeister, 1988, S. 52.

193 Levine, 1991, S. 220, dtsch. v. DK.

194 Retivov, 1994, S. 131, dtsch. v. DK.
195 Kowalski, 2005.
196 Dowling, 1989, S. 79, Hervorh. i. Orig.
197 Kowalski, 2005, S. 43.
198 Lenzen-Schulte, 1998.
199 Mentzos, 1992, S. 56; vgl. Bauer, 2010, S. 89-90.
200 ebd.
201 Retivov, 1994, S. 131, dtsch. v. DK.
202 Kitaura, 1985.
203 Hayashi, 1993, S. 62.
204 in Roumanoff, 1994.
205 a. O. ebd., S. 43.
206 Kowalski, 2005, S. 43.
207 a. O. Digel, 1988 a, S. 48/49.
208 a. O. Digel, 1988 b, S. 51/52.
209 a. O. Bahnemann, 1973, S. 144, dtsch. v. DK.
210 Allmer, 1982, S. 40.
211 a. O. Carron & Bennett, 1977, S. 672/673, dtsch.
    v. DK.
212 Messing, et al., 1982, S. 185 ff.
213 ebd., S. 191.
214 a. O. Siegmon & Jessen, 1982, S. 181.
215 Miethling & Krieger, 2004, S. 227 ff.
216 ebd., S. 211 ff.
217 ebd., S. 46.
218 Tohei (2007), S. 180 bis 182.
219 a. O. Cho, 2005, S. 1.
220 a. O. ebd., S. 2, Hervorh. i. Orig.
221 vgl. Eschbach-Szabo, 2009.
222 Doi, 1982, S. 73.
223 ebd., S. 74, Hervorh. i. Orig.
224 Hidasi, 2008, S. 208.
225 Getreuer-Kargl, 2008, S. 149-151.
226 a. O. Fritsch, J., o. J., o. S. , entspr. S. 8.
227 Kowalski, 2005, S. 43.
228 Kitaura, 1985.
229 a. O. Pohlmann, 1986, S. 190, Hervorh. i. Orig.
230 1985.
231 Terra X «Superzeitlupe», 23. 03. 2013.
232 Dalby, 1988, S. 64 ff., oder Nakamura, 1999, S. 101.
233 a. O. Condon & Kurata, 1974, S. 114, dtsch. v. DK.
234 Dykhuizen, 2000, S. 757/758, dtsch. v. DK, Her-
    vorh. wie i. Orig.
235 Kohn, 2001, S. 168/169, dtsch. v. DK.
236 Canic, 1986, S. 75, dtsch. v. DK.
237 a. O. ebd., S. 79, dtsch. v. DK.
238 Caillet, 1993, S. 478.
239 Condon & Kurata, 1974, S. 82, dtsch. v. DK.
240 a. O. im Interview mit Schenk, 1989, S. 19.
241 2010 b.
242 a. O. Schuster, 2007, S. 304.
243 Dornes, 1994. S. 153.
244 Weinberg, 1985, S. 57.
245 a. O. Wulf, 1998, S. 16/17.
246 Nitsch, 1986, S. 227.
247 nach Schilder, 1950, S. 207.
248 a. O. Wulf, 1998, S. 17.
249 a. O. ebd., S. 21/22.
250 Gomolla, 1997, S. 96.
251 Fritsch, 1984, S. 69/70, Hervorh. i. Orig.
252 Stuber & Stuber, 1990, S. 28, Hervorh. i. Orig.
253 a. O. Roumanoff, 1994, S. 32/33.
254 a. O. Stuber & Stuber, 1990, S. 37.
255 vgl. Hayashi, 1993.
256 a. O. Leonard, 1988 a, S. 93.
257 Asper, 1987.
258 1997, S. 6.
259 a. O. Weber, 1992. S. 141.
260 Soiland, 2003, S. 37.
261 Alfermann, 2006.
262 vgl. Alfermann, 2006; Mrazek, 2006; Pfister,
    2006.
263 a. O. Hartmann-Tews, 2006, S. 41.
264 a. O. vgl. Baumeister, 1988; Pfister, 2006.
265 Pfister, 2006, S. 37/38.
266 Alfermann, 2006; Burrmann, 2006.
267 vgl. Anders, 2006.
268 a. O. Baumeister, 1988, S. 21.
269 Gomolla, 1997, S. 133.
270 a. o. Burrmann, 2006.
271 a. O. Alfermann, 2006.
272 Pfister, 1994, S. 41.
273 Anders, 2006, S. 169.
274 Burrmann, 2006.
275 Alfermann, 2006.
276 Anders, 2006, S. 169.
277 Pfister, 1994, S. 41.
278 vgl. Lichtenberg, 1991.
279 a. O. Gomolla, 1997, S. 10.
280 ebd., S. 34.
281 Sobiech, 1991, S. 47, zit. n. Gomolla, 1997, S. 35.
282 ebd., 1997, S. 37.
283 Freedman, 1989, S. 106.
284 ebd., S. 148.
285 Dowling, 1989, S. 100.
286 a. O. ebd., S. 50.
287 Alfermann, 2006.
288 Alfermann, 2006.
289 Freedman, 1989, S. 177 u. 195.
290 Alfermann, 2006, S. 72.

291 Abraham, 1984.
292 Gavin, 1989, S. 201.
293 Kugelmann, 1994, S. 18.
294 Weisensel & Schütz, 1998, S. 543.
295 Dowling, 1989, S. 145.
296 ebd., S. 72.
297 Gomolla, 1997, S. 107.
298 Neuber, 2006, S. 129.
299 Alfermann, 2006, S. 72.
300 ebd.
301 a. O. vgl. Neuber, 2006.
302 ebd., S. 132.
303 Rulofs, 2006.
304 ebd. S. 152, vgl. auch Alfermann, 2006.
305 Rulofs, 2006, S. 156.
306 ebd., S. 157.
307 Kaulen, 2012.
308 Verres, 1991, S. 128/129, Hervorh. i. Orig.
309 Anders, 2006, S. 169.
310 nach Hart, 1976 b, S. 176/177.
311 Anders, 2006.
312 nach Kleindienst-Cachay & Heckemeyer, 2006.
313 nach Fraser, 1989.
314 Gomolla, 1997, S. 109 ff.
315 Kleindienst-Cachay & Heckemeyer, 2006.
316 Baumeister, 1988.
317 Kugelmann, 1994, S. 19.
318 ebd.
319 Kalmbach & Klein, 1984, S. 135/136.
320 zit. in Baumeister, 1988, S. 64.
321 a. O. Freedman, 1989, S. 268 u. 269.
322 a. O. Gomolla, 1997, S. 56.
323 K. Ueshiba, 1984, zit. ebd., S. 58, dtsch. v. DK.
324 Grundmann, 1983, S. 202.
325 a. O. Höfl-Hielscher, 1984, S. 48.
326 a. O. Wünsch, 1989, S. 90.
327 O. N., 1989, S. 123.
328 Kowalski, 2005, S. 43.
329 1997, S. 6.
330 nach Alzofon, 1981, S. 15/16.
331 Gomolla, 1997, S. 117.
332 a. O. ebd., S. 143.
333 Rosenke, 1990, S. 11.
334 Kraus & Wagner, 1992, S. 11.
335 Schuricht, 2008, S. 10.
336 Rosenke, 1990, S. 11.
337 a. O. Gomolla, 1997, S. 49.
338 vgl. Christlieb, 1984.
339 vgl. Bauer, 2010.

Verweise zu Abschnitt VI

1   Ker Conway, J., erste weibliche Präsidentin des Smith College, Washington, 1975–1985. (1990, S. 174).
2   Hoffmann & Schlicht, 2006, S, 98; vgl. auch Conzelmann, 2006.
3   Hoffmann & Schlicht, 2006.
4   Balint, 1972, S. 24.
5   Winnicott, zit. in Asper, 1987, S. 52.
6   Balint, 1972, S. 97.
7   a. O. ebd., S. 32, S. 33.
8   ebd., S. 67.
9   Diettrich & Klein, 1984, S. 147.
10 ebd., S. 146.
11 Balint, 1972.
12 Gomolla, 1997, S. 98.
13 Grundmann, 1983, S. 253/254.
14 Balint 1972, S. 67.
15 ebd., S. 24/25.
16 Noro bei Roumanoff, 1994, S. 66/67.
17 Noro, 1988.
18 a. O. Balint, 1972, S. 35.
19 Nach einem Forschungsbericht zur Mehrphasentherapie, (unveröff.), Forschungsstelle für Psychotherapie, Stuttgart. www.klinikum.uni-heidelberg.de/index.php?id=7336
20 a. O. vermittelt über Roumanoff, 1994, S. 65 u. 66.
21 1988.
22 Fuller, 1988, S. 325, dtsch. v. DK.
23 Mumssen, 1986, S. 52/53.
24 vgl. A OPD, 1998.
25 vgl. Gomolla, 1997.
26 ebd., S. 127 f.
27 Wohak, 2003.
28 Trautmann-Voigt, 1996; Voigt, 1996.
29 von Laban, 1988, z. B. S. 20.
30 Gavin, 1989, S. 201.
31 von Laban, 1988, S. 20.
32 a. O. Gavin, 1989, S. 203.
33 ebd., S. 202.
34 a. O. ebd., S. 203.
35 Gomolla, 1997, S. 97.
36 Mumssen, 1986, S. 52.
37 Crittenden, 1992, zit. in Downing & Ziegenhain, 2001, S. 274.
38 Tulving, 1985, zit. ebd.
39 z. B. die Integrative Körperpsychotherapie von Downing, 1996.

40 Bourdieu, 1993, zit. nach Gomolla, 1997, S. 13.
41 Downing, 1996, S. 89.
42 Fenichel, 1971, S. 321, dtsch. v. DK.
43 Retivov, 1994, S. 111, dtsch. v. DK.
44 a. O. Downing, 1996, S. 191/192.
45 vgl. ebd., S. 142.
46 Dornes, 1994, zur Intersubjektivität.
47 Asper, 1987
48 Downing, 1996, S. 191/192, Hervorh. i. Orig.
49 a. O. ebd., S. 193.
50 a. O. Diettrich & Klein, 1984, S. 147.
51 Downing, 1996, S. 152.
52 Lichtenberg, 1991.
53 Downing, 1996, S. 193.
54 ebd., S. 194.
55 ebd., S. 193/194.
56 ebd., S. 195.
57 ebd.
58 ebd., S. 196.
59 ebd., S. 197.
60 ebd., S. 198.
61 a. O. ebd., S. 199.
62 1985.
63 Dowling, 1989, S. 145.
64 Asper, 1987, S. 53/54, bezogen auf Balint.
65 Dowling, 1989, S. 143.
66 a. O. Downing, 1996, S. 201.
67 Lamnek. 1993.

Verweise zu Abschnitt VII

1   Soiland, 2003. S. 39.
2   ebd., S. 38.
3   Nerdinger, 2012, S. 12.
4   Soiland, 2003, S. 39.
5   Gomolla, 1997, S. 129 f.
6   a. O. Downing, 1996, S. 198.
7   Balint, 1972, S. 68.
8   vgl. Hirsch, 1989.
9   U. Goetze, 5. Dan, im Gespräch.
10 Glasser, 1976, 1981, zit. in Harrell, 1982
11 Gross, 2007, S. 318.
12 Heim, 2007, S. 168.
13 vgl. Miller, 1980; Balint, 1972, sowie die Ergebnisse der Säuglingsforschung.
14 Balint, 1972.
15 vgl. Doi 1982, der sich seinerseits mit Balint im Einverständnis sieht.
16 a. O. Miller, 1980, S. 27.

17 Noro bei Roumanoff, 1994, S. 27.
18 ebd., S. 111.
19 Miller, 1980, S. 27.
20 1982.
21 ebd., S. 91/92., Hervorh. i. Orig.
22 ebd., S. 26, Hervorh. i. Orig.
23 ebd., S. 27, Hervorh. i. Orig.
24 ebd., S. 100.
25 Hidasi, 2008.
26 Ikeda, 1982; Kameoka, Abe, Mashimo, Hayashiko et al., 1991.
27 Gössmann, 1990, S. 28.
28 Dornes, 1997, S. 198.
29 Schmitt, 1999, S. 265 f.
30 vgl. Largo 2000/2006.
31 Heise, 1986.
32 O. N., 1998 a, S. 23.
33 Damm, 1994, sowie 1995, S. 271 f.
34 ebd., S. 277.
35 Olson & Comfort (1986), S. 105, dtsch. v. DK.
36 Fuller, 1988, S. 323, dtsch. v. DK; vgl. Oettel, 1993; Sheff, 1995; Windle & Samko, 1992.
37 z. B. Goldner, 1988 b; Kutter, 1992; Nardi, 1984; Watts, 1986.
38 Damm, 1995, S. 84 f.
39 ebd., S. 371.
40 ebd., S. 370.
41 a. O. ebd., S. 371.
42 a. O. ebd., S. 355.
43 Schettgen, 2002.
44 a. O. Fuller, 1988, S. 325.
45 Broll, 1997.
46 Reinhardt, 1988, S. 136.
47 Levine, 1991, dtsch. v. DK (vgl. auch: Linden, 1984; Trulson, 1987).
48 Patermann, 1996.
49 Fuller, 1988, S. 325.
50 Stevens, 1992, S. 42, dtsch. v. DK.

Verweise zu den Anhängen

1   Abert & Mischer, 2006, S. 160.
2   Rademacher, 2006, S. 25.
3   ebd., S. 28.
4   Abert & Mischer, 2006, S. 160/161.
5   ebd., S. 161.
6   ebd., S. 162, Hervorh. i. Orig.
7   Kroll & Orikasa, 1988, S. 2.
8   a. O. 2008.

9   Otake-Sensei in Reid & Croucher, 1986, S. 150.

10   Nakazawa (in Saga 1990), S. 160.

11   Dalby, 2004, S. 67.

12   Dalby, 1988, S. 97.

13   ebd., S. 110.

14   a. O. ebd., S. 22-38.

15   Golden, 2004, S. 18.

16   Dalby, 1988, S. 83, S. 219.

17   ebd., S. 84.

18   nach Golden, 2004, S. 17.

19   Dalby, 1988, S. 25.

20   a. O. ebd., S. 36.

21   ebd., S. 220.

22   ebd., S. 136.

23   ebd., S. 141.

24   a. O. ebd., S. 216.

25   Golden, 2004, S. 17/18.

26   Dalby, 1988, S. 180.

27   ebd., S. 111.

28   «Party Game» – Abb. in Peabody Essex Museum (Hrsg.), 2004, S. 20.

29   Dalby, 1988, S. 38.

30   a. O. ebd., S. 190/191; vgl. Yamamura (in Saga, 1990), S. 163.

31   Nakazawa (in Saga, 1990), dtsch. v. DK.

32   Dalby, 1988, S. 192.

33   Dalby, 1988, S. 24.

34   Nakazawa, in Saga 1990, S. 161.

35   Dalby, 1988, S. 135.

36   Barthes, 1981, S. 32.

37   Dalby, 1988, S. 141.

38   vgl. ebd., S. 289; Golden, 1997, 361/362.

Quellenverzeichnis

A OPD = Arbeitskreis OPD (Hrsg.) (2., korr. Aufl. 1998). *Operationalisierte Psychodyna-mische Diagnostik. Grundlagen und Manual*. Bern: Huber.

Abert, O. und O. Mischer (2006). Japan – von den frühesten Anfängen bis zur Gegen-wart. *Geo Epoche*, 21, S. 160-167.

Abraham, A. (1984). Anmut und Angst. In M. Klein (Hrsg.), *Sport und Körper* (S. 76-88). Reinbek: Rowohlt.

Aikido (1986) Fachzeitschrift des Aikikai Deutschland (Hrsg.), 2.

Alfermann, D. (2006). Psychosoziale Entwicklung und ihre Bedeutung für die Geschlech-terordnung im Sport. In I. Hartmann-Tews und B. Rulofs (Hrsg.), *Handbuch Sport und Geschlecht* (S. 68-77). Schorndorf: Hofmann.

Allmer, H. (1982). Grundfragen und Probleme einer Analyse des Sportlehrerverhaltens. In H. Allmer & J. Bielefeld (Hrsg.), *Sportlehrerverhalten* (S. 27-46). Schorndorf: Hofmann.

Alsheimer, G. W. (1968). *Vietnamesische Lehrjahre / sechs Jahre als deutscher Arzt in Viet-nam 1961-1967*. Frankfurt a. M.: Suhrkamp.

Alzofon, D. (Text), & Watson, J. (Bilder) (1981). Aikido – The spiritual Sport. *Women's Sports*, 10, S. 13-16.

Anders, G. (2006). Geschlechtsbezogene Partizipation im Spitzensport. In I. Hartmann-Tews und B. Rulofs (Hrsg.), *Handbuch Sport und Geschlecht* (S. 164-174). Schorndorf: Hofmann.

Anderson, R. A. (Text), & Anderson, J. (Illustrationen) (1982). *Stretching*. Dehnübungen, die den Körper geschmeidig und gesünder halten – mit Vorbereitungen für alle popu-lären Sportarten – für Jeden, jederzeit und überall. Fulda: Hübner.

Angst, W. (1980). *Aggression bei Affen und Menschen*. Berlin: Springer.

Armstrong, D. M. (1967). *Bodily Sensations*. London: Routledge and Kegan Paul.

Asai, K. (1984). Gedächtnisprotokoll d. Verf. nach der mündl. Unterweisung anlässlich des Sommerlehrgangs in Köln, Freitag.

ders. (2003). Gedächtnisprotokoll d. Verf. nach der mündl. Unterweisung anlässlich des Aikidolehrgangs in Steinbach / Ts., 01. 12.

ders. (2004). Gedächtnisprotokoll d. Verf. nach der mündl. Unterweisung anlässlich des Aikidolehrgangs in Darmstadt, 27. 6.

ders. (2006). Gedächtnisprotokoll d. Verf. nach der mündl. Unterweisung anlässlich des Aikidolehrgangs in Steinbach, 25. 11.

ders. (2007). Gedächtnisprotokoll d. Verf. nach der mündl. Unterweisung anlässlich des Aikidolehrgangs in Darmstadt 24. 06.

ders. (2009 a). Gedächtnisprotokoll d. Verf. nach der mündl. Unterweisung anlässlich des Aikidolehrgangs in Freiburg, 15. 01.

ders. (2009 b). Gedächtnisprotokoll d. Verf. nach der mündl. Unterweisung anlässlich des Übungsleiterlehrgangs in Pulheim, 14. 2.

ders. (2010 a): Gedächtnisprotokoll d. Verf. nach der mündl. Unterweisung anlässlich des Aikidolehrgangs in Freiburg, 17. 01.

ders. (2010 b): Gedächtnisprotokoll d. Verf. nach der mündl. Unterweisung anlässlich des Übungsleiterlehrgangs in Pulheim, 13. 2.

ders. (2011). Gedächtnisprotokoll d. Verf. nach der mündl. Unterweisung anlässlich des Sommerlehrgangs in Bad Kissingen.

ders. (2012 a). Gedächtnisprotokoll d. Verf. nach der mündl. Unterweisung anlässlich des Übungsleiterlehrgangs in Pulheim, 30. Juni.

ders. (2012 b). Gedächtnisprotokoll d. Verf. nach der mündl. Unterweisung anlässlich des Lehrgangs für Danträger in Pulheim, 13. Oktober.

Asper, K. (1987). *Verlassenheit und Selbstentfremdung. Neue Zugänge zum theoretischen Verständnis.* Freiburg: Olten und Walter.

Attwood, T. (2008). *Ein ganzes Leben mit dem Asperger-Syndrom. Alle Fragen – alle Antworten. Von Kindheit bis Erwachsensein: Was Menschen mit Asperger-Syndrom weiterhilft.* Stuttgart: Trias in Medizinverlage GmbH.

Aubry, B. (1988). Aikido und der neue Krieger. In R. S. Heckler (Hrsg.), *Aikido und der Neue Krieger* (S. 52-64). Essen: Synthesis.

Aufmuth, U. (1983). Risikosport und Identitätsproblematik. *Sportwissenschaft,* 13 (3), S. 249-270.

Aufmuth, U. (1984 a). Von großer Qual und großer Lust – das Körpererleben des Alpinisten. In M. Klein (Hrsg.), *Sport und Körper* (S. 89-104). Reinbek: Rowohlt.

Aufmuth, U. (1984 b). *Die Lust am Aufstieg: Was den Bergsteiger in die Höhe treibt.* Weingarten: Drumlin.

Auth, A., Preiser, S., & Buttkewitz, S. (2003). Viele Wege führen aus der Sackgasse: Lebensenttäuschungen durch Nicht-Ereignisse; eine Chance zur persönlichen Entwicklung? *reportpsychologie,* 10, S. 584-593.

Avery, E. (2009). *Die Teemeisterin.* München: Heyne.

Avery, N. C. (1977). Sadomasochism: A defence against object loss. *Psychoanalytic Review,* 64 (1), S. 101-109.

Bahnemann, C. P. (1973). The relationship between selected personality characteristics and the verbal behavior of physical education teachers. *Journal of Physical Education New Zealand,* 30, S. 144-145.

Balint, M. (1972). *Angstlust und Regression. Beitrag zur psychologischen Typenlehre.* Hamburg: Rowohlt.

Baltes, P. B., & Baltes, M. M. (1990). Psychological perspectives on successful aging: The model of selective optimization with compensation. In P. B. Baltes & M. M. Baltes (Eds.), *Successful aging: Perspectives from the behavioral sciences* (S. 1-33). New York: Cambridge University Press.

Balz, E. (2000): Sport oder Bewegung – eine Frage der Etikettierung? *Dvs-Information* 15 (4), S. 8-12.

Barthes, R. (1981). *Das Reich der Zeichen.* Frankfurt a. M.: edition suhrkamp.

Bate, R. (1982). The enlightenment intensive. *Journal of psycho-social aspects*, 8, S. 27-33.

Bauer, J. (2010). *Das Gedächtnis des Körpers* (erw., aktual. Aufl.). Frankfurt a. M.: Eichborn.

Baumeister, A. (1988). *Tritte gegen Kopf und Bauch – Identitätsveränderungen bei Frauen durch asiatischen Kampfsport am Beispiel Karate.* Diplomarbeit für die Technische Universität Berlin, Fb2: Planungs- und Gesellschaftswissenschaften.

Beckers, E., Ehlen, J., & Luh, A. (Hrsg.) (2006). *Bewegung, Spiel und Sport im Alter: neue Ansätze für kompetentes Altern.* Köln: Sportverlag Strauß.

Beier, A., & Paulus, W. (1983). Leistungsmotivation und Sportlehrerausbildung. In R. Erdmann (Hrsg.), *Motive und Einstellungen im Sport. Beiträge zur Lehre und Forschung im Sport* (S. 92-114). Schorndorf: Hofmann.

Bejan, A., & Marden, J. H. (2008). Laufen = Fliegen = Schwimmen. *Spektrum der Wissenschaft* 6, S. 34-41.

Benedict, R. (1967). *The Chrysanthemum and the Sword – Patterns of Japanese Culture.* London: Routledge and Kegan Paul.

Bergan, J. R.; Henderson, R. W. (1979). *Child Developement.* Columbus, Ohio: Merrill.

Berk, L. (2005). *Entwicklungspsychologie.* (3., akt. Aufl.). München: Pearson Studium.

Berkley, J., & Berkley, M. (1985). The Secret Teachings of Aikido Founder Morihei Uyeshiba: An exclusive Interview with his closest Friend. *Black Belt Journal*, 7, S. 40-44.

Betteridge, H. T. (Ed.) (1972). *Cassell's German and English Dictionary.* London: Cassell and Company Ltd.

Blackstone, J., & Josipovic, Z. (1987). *Zen für Anfänger.* Reinbek: Rowohlt.

Blätte, J. (1982). *Hokoku-Ji. Zazen. Tagebuch eines Fremden in Japan.* München: Selbstverlag.

Blau, B., & Siegel, E. V. (1978). Breathing Together: A preliminary investigation of an involuntary reflex as adaptation. *American Journal of Dance Therapy*, 2, S. 35-42.

Blum, H. P. (1978). Psychoanalytic study of an unusual perversion: Discussion. *Journal of the American Psychoanalytic Association*, 26 (4), S. 785-792.

Bohm, W. (1974). *Die Wurzeln der Kraft.* München: Barth.

Boroditsky, L. (2012). Wie die Sprache das Denken formt. *Spektrum der Wissenschaft*, 4, S. 30-33.

Bortz, J.; Döring, N. (2006). *Forschungsmethoden und Evaluation für Human- und Sozialwissenschaftler.* Heidelberg: Springer.

Brand, R. (1980). Aikido: *Lehren und Techniken des harmonischen Weges.* Niedernhausen / Ts: Falken.

Brandt, A., v. Bredow, R., & Theile, M. (2008). Glaubenskrieg ums Kind. *Der Spiegel*, 9, S. 40-54.

Braun, B. G. (1988). The BASK Model of Dissociation. *Dissociation*, 1 (1), S. 4-23.

Bräutigam, H. H. (1990). Ablenkung schließt das Tor der Pein. *Die Zeit*, 27. 04., S. 86.

Broll (1996 oder 1997). Meine Behinderung und ich. In *Aikido – Verbandsorgan des Aikikai Deutschland – Fachverband für Aikido e. V.*, vermutlich 1/97 (nicht wie auf dem Cover irrtümlich angegeben 2/96), S. 20-22.

Buck, P. S. (o. J.). *Die Töchter der Madame Liang*. Köln: Lingen.

Buisson, S., & Buisson, D. (1983). *Kimono: Art traditionnel du Japon*. Lausanne: Edita.

Burrmann, U. (2006). Geschlechtsbezogene Partizipation im Freizeit- und Breitensport. In I. Hartmann-Tews und B. Rulofs (Hrsg.), *Handbuch Sport und Geschlecht* (S. 175-188). Schorndorf: Hofmann.

Bush, C. (1988). Training with O-Sensei. A Student Recalls the Magic of Aikido Founder Morihei Uyeshiba. *Black Belt Journal*, 4, S. 26-30.

Caillet, L. (1993). *Das Leben der Frau Yamazaki. Eine japanische Karriere. Aufgeschrieben von Laurence Caillet*. München: Hanser.

Canic, M. J. (1986). An Eastern Approach to Motor Skill Acquisition and Performance. In: S. Kleinman (Ed.), *Mind and Body: East meets West* (S. 75-82). Champaign, Ill.: Human Kinetics Publ.

Carron, A. V., & Bennett, B. B. (1977). Compatibility in the Coach-Athlete Dyad. *American Alliance for Health, Physical Education and Recreation: Research Quarterly*, 48, S. 671-679.

Cho, Y. (2005). *Grammatik und Höflichkeit im Sprachvergleich. Direkte Handlungsspiele des Bittens, Aufforderns und Anweisens im Deutschen und Koreanischen*. Tübingen: Niemeyer.

Christlieb, M. (1984). Beim Sport geht die Liebe leicht über Bord. *Brigitte-Sonderheft «Fit und Schön»*, S. 38/39.

Comfort, A. (Ed.) (1974). *More Joy of Sex*. London: Quartet Books Ltd.

Condon, J., & Kurata, K. (Text), Kubo, Y. (Fotografie) (1974). *(In Search of) What's Japanese about Japan*. Tokyo: Shufunotomo.

Conzelmann, A. (2006). Persönlichkeit. In M. Tietjens & B. Strauß (Hrsg.), *Handbuch Sportpsychologie* (S. 104-117). Schorndorf: Hofmann.

Csikszentmihaly, M. (1985). *Das Flow-Erlebnis. Jenseits von Angst und Langeweile: Im Tun aufgehen*. Stuttgart: Klett.

Cziske, R. (1979). *Mehrdimensionale Schmerzskala*. München-Vaterstetten: Vless.

Cziske, R. (1983). Faktoren des Schmerzerlebens und ihre Messung: Revidierte Mehrdimensionale Schmerzskala. *Diagnostica*, 29 (1), S. 61-74.

Dalby, L. (1988). *Geisha*. Reinbek: Rowohlt Tb.

Dalby, L. (2004). The Exotic Geisha. In Peabody Essex Museum (Hrsg.), *Geisha – Beyond the Painted Smile* (S. 67-79). New York: George Braziller.

Damásio A. R. (1995). *Descartes' Irrtum – Fühlen, Denken und das menschliche Gehirn*. München: List.

Damm, S. R. (1994). Das Krankheitsbild des Anaklitischen Fokus. In S. Damm (Hrsg.), *Geschwister- und Einzelkinderfahrung. Aufarbeitung im Kontext multimodaler Psychotherapie. Tagungen des VMT 1992 und 1993*. (S. 39-60). Pfaffenweiler: Centaurus.

Damm, S. R. (1995). *Mehrphasentherapie. Eine Methodenkombination für die psychotherapeutische Praxis*. München: Pfeiffer.

De Beauvoir, S. (2000). *Das Alter*. Reinbek: Rowohlt.

Del Alcantara, P. (2005). *Alexander-Technik für Musiker*. Kassel: G. Bosse.

DeMatteo, N. (1987). Harnessing Ki – The ultimate Power. Techniques for Developing Internal Strength. *Black Belt Journal*, 9, S. 34-39.

Derka, G., Gottschling, C., & Kunz, M. (1995). Die 50 besten Sportarten. Erste umfassende Studie über die Top-Disziplinen: Fitneß und Gesundheit ohne Umweltschäden. *Focus*, 38, S. 202-210.

Derpa, H.-H. (1987). Dynamik aus der Ruhe. *Japan aktuell*, 5, S. 26-28.

Deshimaru, T. (2006). *Zen in den Kampfkünsten Japans*. Heidelberg: Kristkeitz.

Deutsch-Japanische Freundschaftsgesellschaft Karlsruhe e. V. (Hrsg.) (1996). *Teezeremonie*.

Di Lampedusa, G. T. (1989). *Der Leopard*. Stuttgart/München: Lizenzausgabe des Deutschen Bücherbundes.

Diettrich, M., & Klein, M. (1984). «Körpererfahrung» im Sportunterricht. In M. Klein (Hrsg.), *Sport und Körper* (S. 138-151). Reinbek: Rowohlt.

Digel, H. (1988 a). Spieler-Äußerungen während eines Handballspiels. In W. Brandt (Hrsg.), *Sprache des Sports* (S. 48-49). Frankfurt a. M.: Diesterweg.

Digel, H. (1988 b). Zum Sprachgebrauch des Sportlers. In W. Brandt (Hrsg.), *Sprache des Sports* (S. 50-52). Frankfurt a. M.: Diesterweg.

Digel, H. (2006). Eine großangelegte Heuchelei. In Deutschland gibt es keinen wirksamen Anti-Doping-Kampf mehr. *Frankfurter Allgemeine Zeitung*, 28. 2., S. 31.

Dioszeghy, V. (1980). Problem Abhängigkeit. *Warum!*, 7, S. 14-17.

Dioszeghy-Krauß, V. (1998 a). Erwachsene Patienten, die als Kinder psychotische Eltern hatten: Spuren in Erleben, Verhalten, Symptomatik, in Selbst- und Ichentwicklung. In S. Damm (Hrsg.), *Schwer traumatisierende Erfahrungen. Auswirkungen und Psychotherapie* (S. 111-153). Tübingen: Universitas.

Dioszeghy-Krauß, V. (1998 b). Der Einfluss real-traumatisierender Beziehungserfahrungen auf die Entwicklung des Selbst. In E. Bartosch (Hrsg.), *Wunden der Seele – Chancen der Heilung. Die Tagung der Europäischen Föderation: Psychoanalytische Selbstpsychologie in Wien* (S. 95-128). Wien: Verlag Neue Psychoanalyse.

Dobson, T. (1988). Ein freundliches Wort vertreibt den Zorn. In R. S. Heckler (Hrsg.), *Aikido und der Neue Krieger* (S. 65-68). Essen: Synthesis.

Doi, T. (1956). Japanese Language as an Expression of Japanese Psychology. *WesternSpeech*, Spring, S. 90-96.

Doi, T. (1982). *Amae – Freiheit in Geborgenheit. Zur Struktur japanischer Psyche*. Frankfurt a. M.: Suhrkamp.

Domroeß, T. (2008). Die sechs Kumitachi von Meister Asai. In *Aikido – Verbandsorgan des Aikikai Deutschland – Fachverband für Aikido e. V.*, 2, S. 26/27.

Dornes, M. (1994). *Der kompetente Säugling. Die präverbale Entwicklung des Menschen*. Frankfurt a. M.: Fischer Geist und Psyche.

Dornes, M. (1997). *Die frühe Kindheit. Entwicklungspsychologie der ersten Lebensjahre*. Frankfurt a. M.: Fischer Geist und Psyche.

Dornes, M. (1998). Bindungstheorie und Psychoanalyse: Konvergenzen und Divergenzen.

Psyche, 4, S. 299-348.

Dornes, M. (2009). *Der kompetente Säugling*. (12. Aufl.). Frankfurt a. M.: Fischer Tb.

Dowling, C. (1989). *Perfekte Frauen. Die Flucht in die Selbstdarstellung* (2. Aufl.). Frankfurt a. M.: Fischer.

Downing, G. (1996). *Körper und Wort in der Psychotherapie. Leitlinien für die Praxis.* Kempten: Kösel.

Downing, G. (2007). *Körper und Wort in der Psychotherapie*. (3. Aufl.) München: Kösel.

Downing, G., & Ziegenhain, U. (2001). Besonderheiten der Beratung und Therapie bei jugendlichen Müttern und ihren Säuglingen – die Bedeutung von Bindungstheorie und videogestützter Intervention. In G. J. Suess & W. Pfeiffer (Hrsg.), *Bindungstheorie und Familiendynamik. Anwendung der Bindungstheorie in Beratung und Therapie* (S. 271-296). Gießen: Psychosozialer Verlag.

Draeger, D. F. (1976). *Classical Budo. The Martial Arts and Ways of Japan.* Tokyo; New York: Weatherhill. Auszug in: *Von Iai-jutsu zu Iaido* (Übersetzt von U. Bachmann, 1992). *Iaido News*, 3, S. 51-52.

Duby, G. (1997). *Mütter, Witwen, Konkubinen – Frauen im 12. Jahrhundert.* Frankfurt a. M.: Fischer.

Dürckheim, K. Graf (1981a). *Hara – die Erdmitte des Menschen* (9. Aufl.). München: Barth.

Dürckheim, K. Graf (1981b). *Japan und die Kultur der Stille* (7. Aufl.). München: Barth.

Dykhuizen, C. J. (2000). Training in culture: the case of *aikido* education and meaning-making outcomes in Japan and the United States. *International Journal of Intercultural Relations*, 24 (6), S. 741-761.

Eagle, M. N. (1994). *Neuere Entwicklungen in der Psychoanalyse. Eine kritische Würdigung.* Stuttgart: Internationale Psychoanalyse.

Eckert, J. W., & Lee, T.-K. (1993). The anatomy of nikyo (aikido's second teaching). *Perceptual and Motor Skills*, 77, S. 707-715.

Edwards, P. (1983). The art of getting your act together – controlled mental preparation and the exercises that will put you in the winning mood. *JN Squash players internat.* Apr 1983, S. 42-44.

Egle, U. T., Hoffmann, S. O., Lehmann, K. A., & Nix, W. A. (Hrsg.) (2003). *Handbuch chronischer Schmerz. Grundlagen – Pathogenese – Klinik und Therapie aus bio-psycho-sozialer Sicht.* Stuttgart: Schattauer.

Encyclopedia Britannica. (1947). Zu Konfuzianismus: Bd. 6, S. 236. Zu Taoismus: Bd. 21, S. 797.

Enomoto, T. (2008). *Japan (english ed.) – the original «point-and-speak» phrasebook 21.* Tokyo: Joho Center Publishing.

Erdmann, R. (1987). *Relativierte Macht. Das Machtmotiv und seine sportpädagogische Bedeutung.* Schriften der Deutschen Sporthochschule Köln. Band 19. St. Augustin: Richarz.

Erdmann, R. (1993). Leisten – Leistung – Sportunterricht. *Sportpädagogik*, 3, S. 11-17.

Erdmann, R. (1999). *Zur thematischen Erneuerung: ‹Perspektiven›. Arbeitskreis 4: Das Leisten erfahren, verstehen und einschätzen: Arbeitsbericht* (S. 1-13). Tagung Schulsport Bochum.

Ernst, H. (1990). Editorial. *Psychologie heute*, 5, S. 3.

Eschbach-Szabo, V. (2009). Das japanische Lächeln. Fatalismus oder emotionale Intelligenz? In H.-D. Assmann, K.-J. Kuschel & K. Moser v. Filseck (Hrsg.), *Grenzen des Lebens – Grenzen der Verständigung* (S. 123-135). Würzburg: Königshausen & Neumann.

Esser, W. (1988). *ARD «Sportschau»*, Mitschrift d. Verf., Fr. 20. 11., 23.00 Uhr.

Fagerhaugh, S. Y., & Strauss, A. (1977). *Politics of pain management: Staff-Patient-Interaction*. Oxford, England: Addison-Wesley.

Fazzioli, E. (1988). *Gemalte Wörter. 214 Chinesische Schriftzeichen. Vom Bild zum Begriff* (3. Aufl.). Bergisch Gladbach: Lübbe.

Featherstone, M., & Hepworth, M. (1991 a). The Midlifestyle of ‹George and Lynne›: Notes on a Popular Strip. In M. Featherstone, M. Hepworth & B. S. Turner (Eds.), *The Body. Social process and cultural theory* (S. 197-208). London: Sage Publications.

Featherstone, M., & Hepworth, M. (1991 b). The Mask of ageing and the postmodern life course. In M. Featherstone, M. Hepworth & B. S. Turner (Eds.), *The Body. Social process and cultural theory* (S. 371-389). London: Sage Publications.

Feld, M. (2011). Das Herz zerriss im Morgengrauen. Die Chronomedizin erforscht innere Rhythmen und damit auch die Ursachen von Herzinfarkt und Schlaganfall. *Frankfurter Allgemeine Zeitung*, 12. Okt., N2.

Felix, K. (1988). Kampfsport. Selbstverteidigung als Fitneß-Training. In Brigitte Buch *Fit und Schön* (S. 64-65). München: Mosaik.

Felshin, J. (1976). Sport Style and Social Modes. In M. Hart (Ed.), *Sport in the Sociocultural Process* (S. 67-74). Dubuque, Iowa: William C. Brown.

Fenichel, O. (1971). *The Psychoanalytic Theory of Neurosis*. London: Routledge and Kegan Paul.

Fields, R. D. (2005). Wie Erinnerungen haften bleiben. *Spektrum der Wissenschaft*, 9, S. 62-69.

Flipp, S.-H. (Hrsg.) (1990). *Kritische Lebensereignisse*. München: PVU.

Flor, H., & Birbaumer, N. (2001). Verhaltensmedizinische Grundlagen. In M. Zenz & I. Jurna (Hrsg.), *Lehrbuch der Schmerztherapie* (S. 197-208). Stuttgart: Wissenschaftliche Verlagsgesellschaft.

Fogel, A.; Toda, S.; Kavai, M. (1988). Mother-Infant Face-To-Face Interaction in Japan and the United States: A Laboratory Comparison Using 3-Month-Old Infants. *Developmental Psychology*, Vol. 24, No. 3, S. 398-406.

Fonagy, P. (1998). Die Bedeutung der Entwicklung metakognitiver Kontrolle der mentalen Repräsentanzen für die Betreuung und das Wachstum des Kindes. *Psyche*, 4, S. 349-368.

Förster, A. (1986). The Nature of Martial Arts and Their Change in the West. In S. Kleinman (Ed.), *Mind and Body: East meets West* (S. 83-87). Champaign, Ill.: Human Kinetics Publ.

Forschungsstelle für Psychotherapie, Stuttgart. Nach einem Forschungsbericht zur Mehrphasentherapie (unveröff.), www.klinikum.uni-heidelberg.de/index.php?id=7336.

Franke, A. (1988). Böse Männer, arme Frauen. Kritik zu: Andrea Dworkin: Pornographie. *Psychologie heute*, 15 (5), S. 68-70.

Fraser, Antonia. (1989). *The Warrior Queens*. New York: Alfred A. Knopf.

Fraser, Antonia. (2009). *Mary Queen of Scots*. 40th Anniversary Edition. London: Phoenix (Orion).

Freedman, R. J. (1989). *Die Opfer der Venus. Vom Zwang schön zu sein*. Zürich: Kreuz.

Frick, E. (1996). *Durch Verwundung heilen*. Göttingen: Vandenhoek & Ruprecht.

Friedenberg, E. Z. (1976). Foreword to Man, Sport and Existence. In M. Hart (Ed.), *Sport in the Sociocultural Process* (S. 156-162). Dubuque, Iowa: William C. Brown.

Friedrich, B. U. (1998). *Sportliche Bewegung als Erlebnis- und Handlungsfeld im Jugendstrafvollzug*. Freie wissenschaftliche Arbeit zur Erlangung des akademischen Grades Diplom-Handelslehrerin an der Fakultät Wirtschafts- und Sozialwissenschaften, Universität Hohenheim. Institut für Sportwissenschaft, Universität Stuttgart.

Fritsch, J. (o.J.). Kendo – der Weg des Schwertes. Kampfsport als Mittel zur Erreichung geistig-seelischer Vollkommenheit. In Sportcenter Bushido (Hrsg.), *Kendo – der Weg des Schwertes. Selbsterfahrung durch sportlichen Kampf. Was ist Aikido*. Köln: Sportcenter Bushido.

Fritsch, U. (1984). Chancenungleichheit in körperlichen Präsenzen. Nachdenken über den Tanz im Sportzeitalter. In M. Klein (Hrsg.), *Sport und Körper* (S. 65-75). Reinbek: Rowohlt.

Fromm, E., Suzuki, D. T., & de Martino, R. (1972). *Zen-Buddhismus und Psychoanalyse*. München: Suhrkamp Tb.

Fuller, J. R. (1988). Martial arts and psychological health. *British Journal of Medical Psychology*, 61, S. 317-328.

Gabler, H., & Schrode, M. (1987). Aufmerksamkeitsveränderungen beim Tennisspiel. *Leistungssport*, 6, S. 25-30.

Gavin, J. (1989). *Welcher Sport für wen? Mehr Spaß und Lebensfreude durch Ihren typgerechten Sport*. München: BLV.

Getreuer-Kargl, I. (2008). Höflichkeit: Ein japanisches Grundrezept des Miteinanders. In K. R. Wernhart & H. Wagner (Hrsg.), *Kulturen des Benehmens* (S. 137-151). Wien: Feldmann.

Gieß-Stüber, P. (1999). Der Umgang mit Fremdheit – Interkulturelle Bewegungserziehung jenseits von Ausgrenzung oder Vereinnahmung. In R. Erdmann (Hrsg.), *Interkulturelle Bewegungserziehung* (S. 42-60). Sankt Augustin: Academia.

Gillies, J. (1978). *Transzendenter Sex*. München: Heyne Sachbuch.

Goethe, J. W.: Wilhelm Meisters Wanderjahre, Buch 2, «Betrachtungen im Sinne der Wanderer». Zitiert in B. Jeßing (2005) (Hrsg.), Nachwort zu *Adalbert Stifter, Der Nachsommer*. Stuttgart: Reclam, S. 844.

Golden, A. (1997). *Memoirs of a Geisha*. New York: Vintage Contemporaries (A Division of Random House).

Golden, A. (2004). Why do Geisha exist? In Peabody Essex Museum (Hrsg.), *Geisha – Beyond the Painted Smile* (S. 17-21). New York: George Braziller.

Goldner, G. C. (1988 a). *Fernöstliche Kampfkunst. Zur Psychologie der Gewalt im Sport.* München: AHP.

Goldner, G. C. (1988 b). *Zen in der Kunst der Gestalt-Therapie.* Augsburg: AV.

Gomolla, M. (1997). *Zwischen Aufbruch und Stagnation. Frauen und Aikido.* Pfaffenweiler: Centaurus.

Goschke, T. (2004). Vom freien Willen zur Selbstdetermination. Kognitive und volitionale Mechanismen der intentionalen Handlungssteuerung. *Psychologische Rundschau, 55* (4), S. 186-197.

Gössmann, E. (1990). Am Anfang war die Sonne. Frauen im alten Japan. In R. Linhart & F. Wöss (Hrsg.), *Nippons neue Frauen* (S. 14-31). Reinbek: Rowohlt Tb.

Graupner, H.(1988). Sport und Medizin: Zwiespältige Folgen. *Süddeutsche Zeitung, 9. / 10.* 07., S. 32.

Grayeff, F. (1961). *Heinrich der Achte.* Hamburg: Claassen.

Greenson, R. R. (1981). *Technik und Praxis der Psychoanalyse (Bd. 1).* Stuttgart: Klett-Cotta.

Groddeck, G. (1984). *Das Buch vom Es. Psychoanalytische Briefe an eine Freundin.* Frankfurt a. M.: Fischer Tb.

Gross, W. (1981). Körpertherapie 1. *Psychologie heute, 6,* S. 23-33.

Gross, W. (2007). Nur der Kartengeber verdient immer oder: Rien ne vas plus. *reportpsychologie, 32,* S. 318-320.

Grossmann, K., & Grossmann, K. (1991). Ist Kindheit doch Schicksal? Ein Gespräch über die langfristigen Folgen, die eine unsichere Bindung in der Kindheit haben kann. *Psychologie heute, 8,* S. 20-27.

Grossmann, K., & Grossmann, K. (1994). Bindungstheoretische Grundlagen psychologisch sicherer und unsicherer Entwicklung. *Gesellschaft für wissenschaftliche Gesprächspsychotherapie e. V. (Hrsg.), GWG Zeitschrift, 96,* S. 26-41.

Grossmann, K., & Grossmann, K. E. (2004). *Bindungen. Das Gefüge psychischer Sicherheit.* Stuttgart: Klett-Cotta.

Gruhlke, G. (1992). Ursprung in China (Teil 1). *Karate-Budo-Journal, 17,* S. 50, 54-55.

Grundmann, M. (1983). *Die Niederlage ist ein Sieg. Tradition, Geist und Technik des asiatischen Kampfsports.* Düsseldorf: Econ.

Guildner, C. (1988). To Russia, with Aikido. Way of Harmony Bridges Differences between Soviets and Americans. *Black Belt Journal, 4,* S. 32-35.

Hackfort, D., & Birkner, H.-A. (2006). Funktionen von Emotionen. In M. Tietjens & B. Strauß (Hrsg.), *Handbuch Sportpsychologie* (S. 165-178). Schorndorf: Hofmann.

Hahn, E. (1985). Sportpsychologie. 2. Teil des Beitrags über Tätigkeitsfelder und Organisationsformen psychologischer Tätigkeit. *reportpsychologie, 10* (2), S. 35-37.

Hallander, J. (1988). What martial art is the most dangerous? *Black Belt Journal, 4,* S. 56-59 u. 103.

Handwerker, H.O., & Schaible, H.-G. (2006). Nozizeption und Schmerz. In R.F. Schmidt & H.-G. Schaible (Hrsg.), *Neuro- und Sinnesphysiologie* (S. 229-242). Heidelberg: Springer Medizin Verlag.

Hane, K. (1982). Grenzenlose Harmonie: ist das menschlich? *Psychologie heute*, 1, S. 30-41.

Harrell, E. K. (1982). An analysis of positive addiction according to personality typology. *Dissertation Abstracts International*, 43 (5A), S. 1478.

Hart, M. (1976 a). Sport in the Context of American Culture. In M. Hart (Ed.), *Sport in the Sociocultural Process* (S. 140-142). Dubuque, Iowa: William C. Brown.

Hart, M. (1976 b). Stigma or Prestige: The All-American Choice. In M. Hart. (Ed.), *Sport in the Sociocultural Process* (S. 176-182). Dubuque, Iowa: William C. Brown.

Hartmann-Tews, I. (2006). Soziale Konstruktion von Geschlecht im Sport und in den Sportwissenschaften. In I. Hartmann-Tews und B. Rulofs (Hrsg.), *Handbuch Sport und Geschlecht* (S. 40-54). Schorndorf: Hofmann.

Hatayama, K. (1986). Gedächtnisprotokoll d. Verf. nach der mündl. Unterweisung anlässlich des Sommerlehrgangs in Bad Kissingen, 31. 7.

ders. (2002). Gedächtnisprotokoll d. Verf. nach der mündl. Unterweisung anlässlich des Sommerlehrgangs in Bad Kissingen.

Hayashi, K. (1988). Gedächtnisprotokoll d. Verf. nach der mündl. Unterweisung anlässlich des Aikido- und Sotaiho-Lehrgangs in Hamburg, Sept.

Hayashi, U. (1988). Gedächtnisprotokoll d. Verf. nach der mündl. Unterweisung anlässlich des Aikido- und Sotaiho-Lehrgangs in Hamburg, Sept.

Hayashi, K. (1993). *Aikido – das leuchtende Budo* (2. Aufl.). Hannover: Schule für Atmung und Bewegung.

Heim, C. (2007). Sportsucht/Trainieren bis zur Selbstzerfleischung. *Geo Wissen*, 39, S. 168.

Heise, J. (1986). Psychogramm einer Kultur der Anlehnung. Zu Takeo Doi, «Amae no kōzō». In P. Pörtner (Hrsg.), *Japan – ein Lesebuch* (S. 277-290). Tübingen: Claudia Gehrke.

Heise, J. (Hrsg.) (1990). *Die kühle Seele. Selbstinterpretationen der japanischen Kultur*. Frankfurt a. M.: Fischer Tb.

Hemingway, E. (1977). *Gesammelte Werke Bd. 2: Wem die Stunde schlägt. Und: Über den Fluß und in die Wälder*. Reinbek: Rowohlt.

Henderson, J. (1990). *Die Erweckung des Inneren Geliebten* (2. Aufl.). Interlaken: Ansata.

Herman, J. (1993). *Die Narben der Gewalt*. München: Kindler.

Hermann, I. (1936). Sich-Anklammern – Auf-Suche-Gehen. *Internationale Zeitschrift für Psychoanalyse*, 22, S. 349-370.

Herrigel, E. (1983). *Zen in der Kunst des Bogenschießens* (22. Aufl.). O. O.: Barth.

Hidasi, J. (2008). Context in Japanese Culture and Communication. In J. Arokay, V. Blechinger-Talcott & H. Gössmann (Hrsg.), *Irmela Hijiya-Kirschnereit zu Ehren. Festschrift zum 60. Geburtstag* (S. 199-211). München: Iudicium.

Hirsch, M. (Hrsg.) (1989). *Der eigene Körper als Objekt. Zur Psychodynamik selbstdestruktiven Körperagierens*. Berlin: Springer.

Hoff, F. F. (1983). *Iai-Do ... blitzschnell die Waffe ziehen und treffen* (3., erw. Aufl.). Berlin: Weinmann.

Hoffman, A., & Schlicht, W. (2006). Sozialisation und Identitätsentwicklung. In M. Tietjens & B. Strauß (Hrsg.), *Handbuch Sportpsychologie* (S. 95-103). Schorndorf: Hofmann.

Höfl-Hielscher, E. (1984). Aikido ist mehr als Schönheit der Bewegung. *Brigitte Sonderheft «Fit und Schön»*, S. 46-48.

Hohage, R. (1997). *Analytisch orientierte Psychotherapie in der Praxis. Diagnostik, Behandlungsplan, Kassenanträge.* Stuttgart: Schattauer.

Holenstein, E. (1982). Zu Japans Andersheit. In T. Doi, *Amae – Freiheit in Geborgenheit. Zur Struktur japanischer Psyche* (Vorwort). Frankfurt a. M.: Suhrkamp.

Hölter, G. (1988). Bewegung und Therapie im Sportunterricht. In G. Hölter (Hrsg.), *Bewegung und Therapie – interdisziplinär betrachtet* (S. 33-52). Dortmund: Modernes Lernen.

Hopson, J. L. (1988). Endorphine: Stimmungsmacher und Schmerzkiller. *Psychologie heute*, 12, S. 36-41.

Hülsemann, I. (1988). *Ihm zuliebe? Abschied vom weiblichen Gehorsam.* Stuttgart: Kreuz.

Ikeda, Y. (1982). A short introduction to child abuse in Japan. *Child Abuse and Neglect*, 6 (4), S. 487-490.

Ikegami, Y. (2007). *Sprachwissenschaft des Tuns und des Werdens: Typologie der japanischen Sprache und Kultur.* Berlin: LIT.

Inoue, Y. (1987). *Meine Mutter. Erzählungen.* Frankfurt a. M.: Suhrkamp.

Jacobsen, E. (1974). Depersonalisierung. *Psyche*, 28, S. 3193-3220.

Jahr, H. (1999). Gerhard Keller oder der neunzigste Geburtstag. *Aikido – Verbandsorgan des Aikikai Deutschland – Fachverband für Aikido e. V.*, 2, S. 21.

Janson, T. (2002). *Speak. A short history of languages.* Oxford: University Press.

Janus, L. (1994). Das überzählige Kind – Eine schicksalsbelastete Geschwisterposition. In S. Damm (Hrsg.), *Geschwister- und Einzelkinderfahrungen – Aufarbeitung im Kontext multimodaler Psychotherapie. Tagungen des VMT 1992 und 1993* (S. 202-208). Pfaffenweiler: Centaurus.

Jaques-Dalcroze, E. (1988). *Rhythmus, Musik und Erziehung.* Seelze: Kallmeyer.

Johnsgard, K., Ogilvie, B., & Merritt, K. (1975). The stress seekers: A psychological study of sport parachutists, racing drivers, and football players. *Journal of sports, medicine and physical fitness*, 15, S. 158-169.

Jolander, A. (2012). *Da gehen doch nur Bekloppte hin.* München: Heyne.

Joya, M. (5., durchgesehene Aufl. 1964). *Mock Joya's Things Japanese.* Tokyo: Tokyo News Service Ltd.

Kakuska, R. (1986). Aikido. *Gala*, 3, S. 102-105.

Kalmbach, J., & Klein, M. (1984). Ein Projektstudienseminar «Körpererfahrung». In M. Klein (Hrsg.), *Sport und Körper* (S. 127-137). Reinbek: Rowohlt.

Kalweit, H. (1982). Die Entfesselung des Bewußtseins. *Psychologie heute*, 7, S. 54-60.

Kameoka, S., Abe, J., Mashimo, A., & Hayashino, Y. (1991). Case study of a young boy with short stature and eating disorders caused by emotional abuse in early life. *Japanese Journal of Child & Adolescent Psychiatry*, 32 (1), S. 49-60.

Kaulen, H. (2012). Schaut her, ich ritze mich. Selbstverletzung ist im Jugendalter nicht selten. *Frankfurter Allgemeine Zeitung*, 07. 12., N2.

Keidel, W. D. (1970): *Kurzgefaßtes Lehrbuch der Physiologie* (2., überarb. Aufl.). Stuttgart: Thieme.

Kemnitz, H. (1991). Aikido im Alter. *Aikido – Verbandsorgan des Aikikai Deutschland – Fachverband für Aikido e. V.*, 1, S. 14-15.

Kemp, W. (2006). Die Figur als Grund. Zu Hokusais Hundert Ansichten des Fuji. In A. Onuki & T. Pekar (Hrsg.): *Figuration – Defiguration. Beiträge zur transkulturellen Forschung* (S. 311-326). München: Iudicium.

Ker Conway, J. (1990). *The road from Coorain*. New York: Vintage Books/Random House.

Keuerleber, B. (1986). *Thesen über Budo und Karate*. Marburg: Unveröffentlichtes Manuskript.

Kirby, G. (1980). In Suwari Waza – It's all Ki. *Black Belt Journal*, 12, S. 38-42.

Kitaura, Y. (1985). Aikido und Psychologie. Unveröffentlicher Einführungsvortrag in ein Kolloquium zu Fragen von Psychologie, Philosophie und Aikido beim Aikikai Marburg e. V. 1985. Gehalten in engl. Sprache, Mitschrift u. Übertragung ins Deutsche v. DK.

ders. (1986). Gedächtnisprotokoll d. Verf. nach der mündl. Unterweisung, Marburg, Wintersemester 1985/1986.

Klages, H.-J., & Kropp, D. (1989). [Werbung für ihre *Aikido*schule]. *Aikido – Verbandsmagazin des Aikikai Deutschland – Fachverband für Aikido e. V. (Hrsg.)*, 1, S. 20 (= Rückseite).

Klein, M. (1984). «Social body», persönlicher Leib und der Körper im Sport. In M. Klein (Hrsg.), *Sport und Körper* (S. 7-20). Reinbek: Rowohlt.

Kleindienst-Cachay, C., & Heckemeyer, K. (2006). Frauen in Männerdomänen des Sports. In I. Hartmann-Tews und B. Rulofs (Hrsg.), *Handbuch Sport und Geschlecht* (S. 112-124). Schorndorf: Hofmann.

Klinke, R. (2005). Bauelemente des Nervensystems. In R. Klinke, H.-C. Pape & S. Silbernagel, *Physiologie* (S. 611-656). Stuttgart: Thieme.

Kohn, T. (2001). Don't talk – blend: ideas about body and communication in aikido practice. In J. Henry & C. W. Watson (Eds.), *An anthropology of indirect communication* (S. 163-178). London: Routledge.

Kohut, H. (1993). *Auf der Suche nach dem Selbst*. München: Pfeiffer.

Kosak, W. (1988). Gegner ins Leere laufen lassen. Aikido – Ein japanischer Kampfsport mit friedlichen Absichten. *Der Tagesspiegel / Freizeit*, 04. 09., o. S.

Kosak, W. (1989). Gewalt in homöopathischen Dosen. Aikido: Einheit von Körper und Geist / Ein Kampfsport, dessen Ziel es ist, nicht zu kämpfen. *Taz / Die Tageszeitung*, 21. 02., o. S.

Kowalski, A. (2005). Die erste Stunde war eigentlich grausam. *Aikido – Verbandsorgan des Aikikai Deutschland – Fachverband für Aikido e. V.*, 2, S. 43.

Kraus, A., & Wagner, W. (1992). *Aikido für Einsteiger. Die elegante Selbstverteidigung.* Berlin: Sportverlag.

Krauß, B. (1998). Trauma der Eltern – Rollen der Kinder – Besonderheiten bei Kindern körperlich Traumatisierter. Zur Transmission von Traumata auf die nachfolgende Generation. In S. Damm (Hrsg.), *Schwer traumatisierende Erfahrungen. Auswirkungen und Psychotherapie* (S. 131-217). Tübingen: Universitas.

Krauß, S. (1993). *Die Entwicklung der menschlichen Bewegung und ihre Bedeutung in der ästhetischen Erziehung.* Wissenschaftliche Hausarbeit. Pädagogische Hochschule Ludwigsburg.

Krempel, R. W. (1985). Zur handlungssteuernden Funktion der Eigenwahrnehmung beim Beobachten sportlicher Bewegungen. In G. Hagedorn, H. Karl & K. Bös (Hrsg.), *Handeln im Sport – sechster sportwissenschaftlicher Hochschultag. DVS-Protokolle 18* (S. 135-141). Clausthal-Zellerfeld: DVS (Deutsche Vereinigung für Sportwissenschaft).

Krieger, M. (2009). *Tee. Eine Kulturgeschichte.* Köln: Böhlau.

Kroll, M., & Orikasa, I. (1988). Kampfsportkurse im Hochschulsport am Beispiel Aikido. Referat in ADH-Seminar «Kampfsportkurse im Hochschulsport am Beispiel Aikido, Judo und Karate – Eine kulturelle Herausforderung» vom 10. bis 12. Juni 1988 in Heidelberg: Pädagogische Hochschule.

Kugelmann, C. (1994). Vorneweg und trotzdem Frau – weibliche Identität und Sport. In Senatsverwaltung für Arbeit und Frauen (Hrsg.), *Kein Platzverweis für Frauen. Dokumentation der Fachtagung zur Situation von Frauen im Sport am 19. November 1993* (S. 17-34). Berlin: H & P Druck.

Kunstmüller, R. (1993). *Elle,* 7/1993, S. 173.

Kurland, H. L. (1980). Mat Dangers – Aikido and Judo injuries compared. *Black Belt Journal,* 3, S. 40-45 und 62.

Kurtz, R., & Prestera, H. (1981). *Botschaften des Körpers. Bodyreading: ein illustrierter Leitfaden* (2. Aufl.). München: Kösel.

Kutter, P. (1992). Über den Nutzen des östlichen Tao und Zen für die westliche Psychotherapie. *Spektrum,* 1, 28. Jg., S. 16-20.

L'Aminot, T. (1992). Histoire du kendo en France, 1955–1990. In Comité des Travaux Historiques et Scientifiques (Ed.), *Jeux et sports dans l'histoire. Tome 2: Pratiques Sportives* (S. 171-192). Paris: CTHS.

Lamnek, S. (1993). *Qualitative Sozialforschung (Bd. 1 & 2).* Weinheim: Beltz.

Laplanche, J., & Pontalis, J.-B. (1973). *Das Vokabular der Psychoanalyse (Bd. 1 & 2).* Frankfurt a. M.: Suhrkamp TB Wissenschaft.

Largo, R. H. (2003). *Babyjahre. Die frühkindliche Entwicklung aus biologischer Sicht* (3., akt. Ausg.). München: Piper.

Le Nédic, J. (1984). Les voies du Ki pour atteindre la sagesse. *Psychologies (France),* 13, S. 51-53.

Lee, H. T. (1988). The Power of Ki! *Black Belt Journal,* 3, S. 20-25.

Lehmann, G. (1990). *Körperkultur und Sport – Nichtolympische Kampfsportarten – Verbreitung und aktuelle Entwicklungstendenzen.* Manuskriptdruck. Zentrum für Wissenschaftsinformation, Körperkultur und Sport: Leipzig.

Leisinger, K. F. (1988). Aikido. Kampfkunst total. *Budo international*, 5, S. 72 u. 81.

Lenzen-Schulte, M. (1998). Rückenschmerzen häufig falsch behandelt. *Frankfurter Allgemeine Zeitung*, 27. 05., N4.

Leonard, G. (1988 a). Mit 52 den schwarzen Gürtel. In R. S. Heckler (Hrsg.), *Aikido und der Neue Krieger* (S. 77-96). Essen: Synthesis.

Leonard, G. (1988 b). Das ist nicht Richard. In R. S. Heckler (Hrsg.), *Aikido und der Neue Krieger* (S. 166-172). Essen: Synthesis.

Levine, D. N. (1991). Martial Arts as a ressource for liberal education: the case of aikido. In M. Featherstone, M. Hepworth & B. S. Turner (Eds.), *The Body: Social Process and Cultural Theory* (S. 209-224). London: Sage Publications.

Levine, D. N. (1994). Social conflict, aggression, and the body in Euro-American and Asian social thought. *International Journal of Group Tensions*, 24 (3), S. 205-217.

Lichtenberg, J. D. (1991). Motivational-funktionale Systeme als psychische Strukturen. *Forum der Psychoanalyse*, 7, S. 85-97.

Liedloff, J. (2006). *Auf der Suche nach dem verlorenen Glück. Gegen die Zerstörung unserer Glücksfähigkeit in der frühen Kindheit*. München: C. H. Beck.

Linden, P. (1984). Aikido – A Movement Awareness Approach to Physical Education. *Journal of Physical Education, Recreation and Dance*, 9, S. 64-65.

Lockett, J. (1980). Components of Power. *Black Belt Journal*, 3, S. 46-49.

Lowen, A. (1981). *Körperausdruck und Persönlichkeit. Grundlagen und Praxis der Bioenergetik*. München: Kösel.

Lowen, A. (1985). *Liebe und Orgasmus*. München: Goldmann.

Lüschen, G. (1976). The Interdependence of sport and culture. In M. Hart (Ed.), *Sport in the Sociocultural Process* (S. 96-109). Dubuque, Iowa: William. C. Brown.

Lütge L.-R. (1985). *Kundalini. Die Erweckung der Lebenskraft. Theorie und Praxis des Kundalini-Yoga*. Freiburg i. Br.: Bauer.

Lukoschik, A., & Bauer, E. (1989). *Die richtige Körpertherapie. Ein Wegweiser durch westliche und östliche Methoden*. München: Kösel.

Lupo, A. (1988). Il Kiai Celtico. *Aikido*, 18 (2), S. 45-47. (Periodico Semestrale dell'Associazione di Cultura Tradizionale Giapponese, Aikikai d'Italia.)

Machi, Y., Liu, C., Tohei, K., Ishizaki, T., Hamaoka, T., & Kodato, S. (2001 a). The Physiological Study of Ki in Ki Aikido (1). *Journal of the International Society of Life Information Science*, 19, S. 100-106.

Machi, Y., Liu, C., Tohei, K., Ishizaki, T., Hamaoka, T., & Kodato, S. (2001 b). The Physiological Study of Ki in Ki Aikido (2). *Journal of the International Society of Life Information Science*, 19, S. 404-410.

Mahler, M. (1983). *Symbiose und Individuation. Psychosen im frühen Kindesalter*. Stuttgart: Klett.

Mahler, M. S., Pine, F., & Bergmann, A. (1982). *Die psychische Geburt des Menschen. Symbiose und Individuation*. Frankfurt a. M.: Fischer.

Maissen, Thomas. (2010). Vom Werden der Zukunft. In *Spektrum der Wissenschaft*. September 2010, S. 58- 63.

Makiyama, T. H. (1981a). Aikido: The Past, Present and Future. A Progressive Perspective. *Black Belt Journal*, 4, S. 46-51.

Makiyama, T. H. (1981b). Keijutsukai Aikido. Stripping away the Aura of Mysticism. *Black Belt Journal*, 11, S. 72-76.

Makiyama, T. H. (1983). Cut the Mumbo-Jumbo: What is Ki? *Black Belt Journal*, 3, S. 78-82.

Marcus, M. (1982). *Die furchtbare Wahrheit*. Reinbek bei Hamburg: Rowohlt.

Matsubara, H. (1983). *Weg zu Japan. West-östliche Erfahrungen*. Hamburg: Knaus.

Matthis, P. (1984). Gedächtnisprotokoll d. Verf. nach der mündl. Unterweisung anlässlich des Pfingstlehrgangs in den Vogesen, dtsch. v. DK.

ders. (2011). Gedächtnisprotokoll d. Verf. nach der mündl. Unterweisung anlässlich des Lehrgangs in Largentière, 02. Sept., dtsch. v. DK.

McIntosh, P. C. (1976). Theories of How and Why. In M. Hart (Ed.), *Sport in the Sociocultural Process* (S. 5-17). Dubuque, Iowa: William. C. Brown.

Melzack, R., & Wall, P. D. (1965). Pain mechanisms: a new theory. *Science, 150,* S. 971-979.

Mentzos, S. (1992). *Neurotische Konfliktverarbeitung – Einführung in die psychoanalytische Neurosenlehre unter Berücksichtigung neuer Perspektiven*. Frankfurt a. M.: Fischer Tb.

Merleau-Ponty, M. (1966). *Phänomenologie der Wahrnehmung*. Berlin: De Gruyter.

Messing, M., Voigt, D., & Türschmann, C. W. (1982). Der Sportlehrer aus der Sicht ängstlicher Schüler. In H. Allmer & J. Henning (Hrsg.), *Sportlehrerverhalten* (S. 185-199). Schorndorf: Hofmann.

Meusel, H. (2002). Bewegungsaktivitäten als Sturzprophylaxe. *Motorik*, 25 (3), S. 103-114.

Miethling, W.-D., & Krieger, C. (2004). *Schüler im Sportunterricht : die Rekonstruktion relevanter Themen und Situationen des Sportunterrichts aus Schülersicht*. Schorndorf: Hofmann.

Miller, A. (1980). *Das Drama des begabten Kindes und die Suche nach dem wahren Selbst*. Frankfurt a. M.: Suhrkamp.

Moegling, K. (1988). *Alternative Bewegungskultur*. Frankfurt a. M.: Fischer.

Moegling, K. (1989). Bewegung in der Bewegungskultur. *Hochschulsport*, 1/2, S. 8-19.

Morikawa, S. (1983). Die Demokratisierung der Kriegskunst in Japan. *Hochschulsport*, 9.

Morsbach, H., & Tyler, W. J. (1986). A Japanese Emotion: Amae. In R. Harre (Hrsg.), *The social construction of emotions* (S. 289-307). Oxford: Blackhill.

Mrazek, J. (2006). Somatische Kultur, Körperkonzept und Geschlecht. In I. Hartmann-Tews und B. Rulofs (Hrsg.), *Handbuch Sport und Geschlecht* (S. 78-88). Schorndorf: Hofmann.

Mumssen, S. (1986). *Möglichkeiten zur Persönlichkeitsentwicklung durch Aikido*. Wissenschaftl. Hausarbeit. Uni Hamburg: Fachbereich Erziehungswissenschaft.

Muzila, T. (1988). Karate vs. Aikido – A Comparison Of Two Traditional, Yet Seemingly

Different, Japanese Styles. *Black Belt Journal*, 4, S. 20-24 u. 97.

Nakamura, N. (1999). *Kiharu: Memoiren einer Geisha*. Bergisch-Gladbach: Bastei.

Nardi, T. J. (1984). The Tao of Counseling. *International Journal of Eclectic Psychotherapy*, 9, Vol 3 (1), S. 13-17.

Nelson, G. E. (1986). Aikijutsu vs. Aikido. The Transition from Deadly Combat to Gentle Self-Defense. *Black Belt Journal*, 2, S. 34-38 u. 102-103.

Nerdinger, F. W. (2012). Emotionsarbeit im Dienstleistungsbereich. *reportpsychologie*, 1, S. 8-17.

Neuber, N. (2006). Männliche Identitätsentwicklung im Sport. In I. Hartmann-Tews und B. Rulofs (Hrsg.), *Handbuch Sport und Geschlecht* (S. 125-138). Schorndorf: Hofmann.

Nitsch, J. R., & Allmer, H. (1979). Naive psychoregulative Techniken der Selbstbeeinflussung im Sport. *Sportwissenschaft*, 9 (2), S. 143-163.

Nitsch, J. R. (1986). Zur handlungstheoretischen Grundlegung der Sportpsychologie. In H. Gabler (Hrsg.), *Sport und Sportunterricht (Bd. 2)* (S. 188-290). Schorndorf: Hofmann.

Noro, M. (1988). Gedächtnisprotokoll d. Verf. nach der mündl. Unterweisung anlässlich des *Kinomichi*-Lehrgangs in Köln, 09.10.

ders. (2005). Gedächtnisprotokoll d. Verf. nach der mündl. Unterweisung anlässlich des *Kinomichi*-Lehrgangs in Düsseldorf, 11.12.

ders. (2008). Gedächtnisprotokoll d. Verf. nach der mündl. Unterweisung anlässlich des *Kinomichi*-Lehrgangs in Düsseldorf, 14.12.

Nutt, H. (1988). Sport: Nur noch Kampf gegen sich selbst? *Psychologie heute*, 1, S. 40-45.

O. N. (1982). Friedliche Karatekämpfer. *Psychologie heute*, 3, S. 18.

O. N. (1983). Fitness 83/84. *Jasmin Sonderheft «Schlank und Schön»*, S. 4-15.

O. N. (1984 a). Kämpfen ohne zu schaden: Schon eher Kunst als Sport. Am Wochenende Aikido-Lehrgang in Marburg. *Oberhessische Presse*, 02.11., S. 19.

O. N. (1984 b). Kein schnelles Einmaleins der Selbstverteidigung. Aikido: Erst Wahrnehmen, dann langsam nachvollziehen. Große Resonanz beim Lehrgang in Marburg. *Oberhessische Presse*, 07.11., o. S.

O. N. (1984 c). Zum 100. Geburtstag von Morihei Uyeshiba. *Karate Budo Journal*, 3, S. 4-9.

O. N. (1985). Einen Sieger gibt es nicht. Aikido-Lehrgang fand erfreulich große Resonanz. *Oberhessische Presse*, 04.07., o. S.

O. N. (1988a). Der Faktor der Angst. *Budo International – das Kampfkunst-Magazin*, 5, S. 22-23.

O. N. (1988 b). Budo und Beruf. Zwischen beruflichem Alltag und Kampfkunst. *Budo International – das Kampfkunst-Magazin*, 5, S. 68-71.

O. N. (1989). Die 10 Schönheitsgeheimnisse Japans. *petra*, 3, S. 116-125.

O. N. (1994). Karate-Kata, Kendo, Aikido, Karate-Kumite, Judo (1. Teil). *Karate-Budo-Journal-Infight*, 19 (8), S. 46-47.

O.N. (1998 a). Früh übt sich. *Budo International – das Kampfkunst-Magazin*, 1, S. 22-23.

O.N. (1998 b). *Informationsschrift des Aikikai Deutschland*, S. 26.

O.N. (2007). Mit dem Sportfaktor gegen Depressionen. *Frankfurter Allgemeine Zeitung*, 12.12., N1.

Oettel, M. (1993). NLP und Bewegung unter besonderer Beachtung von Kampfsportarten. *MultiMind NLP aktuell*, 3 (Mai/Juni), S. 28-29.

Okumura, S. (1988). Gedächtnisprotokoll d. Verf. nach der mündl. Unterweisung anlässlich eines 3-tägigen Lehrgangs in Ki'i-Tanabe (Japan), 25.8.

Okumura, S. (1988). Attain a unified body. *European Aikido Federation News*, 12, S. 23.

Okumura, S. (1997). Des Begründers Konzept des Übens. *Aikido – Verbandsorgan des Aikikai Deutschland – Fachverband für Aikido e. V.*, 1, S. 5.

Olson, G.D., & Comfort, N.D. (1986). Aikido: The Art of Human Movement. In S. Kleinman (Ed.), *Mind and Body. East meets West* (S. 101-105). Champaign, Ill.: Human Kinetics Publ.

Olson, G.D., & Seitz, F.C. (1990). An examination of aikido's fourth teaching: An anatomical study of the tissues of the forearm. *Perceptual and Motor Skills*, 71, S. 1059-1066.

Olson, G.D., & Seitz, F.C. (1993). An anatomical analysis of aikido's second teaching: an investigation of nikyo. *Perceptual and Motor Skills*, 77, S. 123-131.

Olson, G.D., & Seitz, F.C. (1994). What's causing the pain? A re-examination of the aikido nikyo technique. *Perceptual and Motor Skills*, 79, S. 1585-1586.

Olson, G.D., Seitz, F.C., & Guldbrandsen, F. (1994). An anatomical analysis of aikido's third teaching: an investigation of sankyo. *Perceptual and Motor Skills*, 78, S. 1347-1352.

Olson, G.D., Seitz, F.C., & Guldbrandsen, F. (1996). An inquiry into application of gokyo (aikido's fifth teaching) on human anatomy. *Perceptual and Motor Skills*, 82, S. 1299-1303.

Orange, D. (1981). Aiki-Kiai: The Middle Way. *Black Belt Journal*, 12, S. 28-35.

Ōta, Y., Isechi, A., & Wada, H. (1988). *The Story of Morihei Ueshiba*. Tanabe: Ueshiba Morihei Kenshōzō Konryū o Suzumeru Kai.

Papoušek, H. (2003). Spiel in der Wiege der Menschheit. In M. Papoušek & A.V. Gontard (Hrsg.), *Spiel und Kreativität in der frühen Kindheit* (S. 17-55). Stuttgart: Pfeiffer bei Klett-Cotta.

Papoušek, H.; Papoušek, M. (1991). Innate and Cultural Guidance of Infants' Integrative Competencies: China, The United States, and Germany. In Bornstein, M.H. (Ed.). *Cultural Approaches to Parenting* (S. 23-44). Hillsdale, N.J.: Lawrence Erlbaum Associates.

Papoušek, M. (2004). Regulationsstörungen der frühen Kindheit: Klinische Evidenz für ein neues diagnostisches Konzept. In M. Papoušek, M. Schieche & H. Wurmser (Hrsg.), *Regulationsstörungen der frühen Kindheit* (S. 77-110). Bern: Huber.

Parsons, M. (1984). Psychoanalysis as vocation and martial art. *International Review of Psycho-Analysis*, 11 (4), S. 453-462.

Patermann, R. (1996). Outward Bound-Preis 1995 für Weidenherz-Dojo. In *Aikido – Verbandsorgan des Aikikai Deutschland – Fachverband für Aikido e. V.*, 4/5.

Patt, H. (1987). *Aikido. Dynamik und Harmonie.* München: Irisana.

Pease, A., & Pease, B. (2000). *Warum Männer nicht zuhören und Frauen schlecht einparken.* München: Econ Ullstein List.

pet. (2011). Shaquille O'Neal. *Der Sonntag*, 09. Januar.

Pfister, G. (1994). Der Zwang zur Schönheit. In Senatsverwaltung für Arbeit und Frauen (Hrsg.), *Kein Platzverweis für Frauen.* Dokumentation der Fachtagung zur Situation von Frauen im Sport (S. 35-61). Berlin: H & P Druck.

Pfister, G. (2006). «Auf den Leib geschrieben» – Körper, Sport und Geschlecht aus historischer Perspektive. In I. Hartmann-Tews und B. Rulofs (Hrsg.), *Handbuch Sport und Geschlecht* (S. 26-39). Schorndorf: Hofmann.

Pflüger, A. (1993). *Karate. 1. Einführung. Grundtechniken.* Niederhausen / Ts.: Falken.

Piaget, J. (1937). *Der Aufbau der Wirklichkeit beim Kinde.* Stuttgart: Klett.

Piedone, M. (1984). *Aikido ou la peur vaincue.* Paris: Chiron.

Pillot, P. L. (1984). In Search of Ki Power. Does it really Exist? *Black Belt Journal*, 12, S. 56-60 u. 114.

Pöhler, R. (1985). *JU-DO-KATA. Hintergründe und Geisteshaltung der Bewegungsformen des Judo.* Schriftenreihe Budo und transkulturelle Bewegungsforschung, 9. Ahrensburg bei Hamburg: Czwalina.

Pohlmann, F. (1986). Über die japanische Schwertkunst. In P. Pörtner (Hrsg.), *Japan: Ein Lesebuch.* Konkursbuch 16/17 (S. 188-192). Tübingen: Claudia Gehrke.

Pöppel, E. (1993). *Lust und Schmerz. Vom Ursprung der Welt im Gehirn.* Berlin: Siedler.

Poschmann, W.-D. (1996). ZDF «aktuelles Sportstudio», 04.05., 22.00 Uhr (28. Spieltag der Bundesliga).

Protin, A. (1977). *Aikido. Die Kampfkunst ohne Gewalt: ein Weg der Selbstfindung und Lebensführung.* München: Kösel.

Rademacher, C. (2006). Die erste Kaiserin, um 600: Machtkampf auf den Götterinseln. *Geo Epoche*, 21, S. 22-35.

Rahner, S. (1988). [ohne Titel – Unveröffentlichtes Referat zu Judo]. Referat in ADH-Seminar «Kampfsportkurse im Hochschulsport am Beispiel Aikido, Judo und Karate – Eine kulturelle Herausforderung» vom 10. bis 12. Juni 1988 in Heidelberg: Pädagogische Hochschule.

Rawson, P. S. (1973). *The Art of Tantra.* O. O.: Thames & Hudson.

Reck, C.; Backenstraß, M.; Möhler, E.; Hunt, A., Resch, F.; Mundt, C. (2001). Mutter-Kind-Interaktion und Postpartale Depression. Theorie und Empirie im Überblick. *Psychotherapie*, Bd. 6, Heft 2, S. 171-186. München: CIP-Medien.

Reid, H., & Croucher, M. (1986). *Der Weg des Kriegers. Kampfsportarten.* München: Hugendubel.

Reinhardt, C. S. (1988). Innere Kraft: Die Verschmelzung von Aikido und Feldenkrais. In R. S. Heckler (Hrsg.), *Aikido und der Neue Krieger* (S. 136-146). Essen: Synthesis.

Renggli, F. (1976). *Angst und Geborgenheit. Soziokulturelle Folgen der Mutter-Kind-Beziehung im ersten Lebensjahr. Ergebnisse aus Verhaltensforschung, Psychoanalyse und Ethnologie*. Reinbek bei Hamburg: Rowohlt Tb.

Rethorst, S. (2006). Angst. In M. Tietjens & B. Strauß (Hrsg.), *Handbuch Sportpsychologie* (S. 146-155). Schorndorf: Hofmann.

Retivov, E. (1994). Swordplay. In M. Stein & J. Hollwitz (Eds.): *Psyche and sports* (S. 110-135). Wilmette, Ill.: Chiron Publications.

Richter-Hebel, F. (1984). Medizin im Leistungssport. *Demokratisches Gesundheitswesen*, 7/8, S. 8-14.

Ries, G. (1999). Kindliches Bewegungsspiel – ein Beispiel für Selbststeuerung des Lernprozesses. In L. Kottmann, H. J. Schaller & G. Stibbe (Hrsg.), *Sportpädagogik zwischen Kontinuität und Innovation* (S. 142-151). Schorndorf: Hofmann.

Rittner, V. (1986). Körper und Körpererfahrung in kulturhistorisch-gesellschaftlicher Sicht. In J. Bielefeld (Hrsg.), *Körpererfahrung. Grundlagen menschlichen Bewegungsverhaltens* (S. 125-160). Göttingen: Hogrefe.

Rosenberg, C. (2001). Der Trainer vor dem Training. Unterrichtsvorbereitung im Judo. *Judo Magazin*, 10, S. 8-10.

Rosenke, P. (1990). Wo sind die Meisterinnen? *Aikido – Verbandsorgan des Aikikai Deutschland – Fachverband für Aikido e. V.*, 2, S. 10-11.

Ross, P. E. (2007). Wie Genies denken. *Spektrum der Wissenschaft*, 1, S. 36-43.

Roumanoff, D. (1994). *Kinomichi*. Die Methode Noro. Heidelberg: Kristkeitz.

Rüegg, J. C. (2007). *Gehirn, Psyche und Körper. Neurobiologie von Psychosomatik und Psychotherapie*. Stuttgart: Schattauer.

Rugenbauer, G. In Rundschau, BR (TV) 10. 08. 2002, 22.27 Uhr.

Rulofs, B., & Hartmann-Tews, I. (2006). Zur sozialen Konstruktion von Geschlecht in der medialen Vermittlung von Sport. In I. Hartmann-Tews und B. Rulofs (Hrsg.), *Handbuch Sport und Geschlecht* (S. 230-242). Schorndorf: Hofmann.

Rulofs, B. (2006). Gewalt im Sport aus Perspektive der Geschlechterforschung. In I. Hartmann-Tews und B. Rulofs (Hrsg.), *Handbuch Sport und Geschlecht* (S. 150-162). Schorndorf: Hofmann.

Rumpf, H. (1984). Der institutionelle Rahmen für die Entfaltung des Körpers im Sport. In M. Klein (Hrsg.), *Sport und Körper* (S. 21-33). Reinbek: Rowohlt.

Rundschau, BR (TV) 10. 08. 2002, 22.27 Uhr

Ryan, E. D., & Kovacic, C. R. (1966). Pain Tolerance and Athletic Participation. *Perceptual and Motor Skills*, 22, S. 383-390.

Sadler, W. A. (1976). Competition out of Bounds: Sport in American Life. In M. Hart (Ed.), *Sport in the Sociocultural Process* (S. 163-175). Dubuque, Iowa: William C. Brown.

Saga, J. (Erstausgabe 1987; Paperback-Ausgabe – hier verwendet – 1990). *Memories of Silk and Straw*. A Self-Portrait of Small-Town Japan. Tokyo: Kodansha.

Saito, M. (1973). *Traditional Aikido – Sword – Stick – Body Arts (Vol. 1). Basic Techniques*. Tokyo: Minato Research and Publishing Company.

Saito, M. (1974 a). *Traditional Aikido – Sword – Stick – Body Arts (Vol. 2). Advanced Techniques.* Tokyo: Minato Research and Publishing Company.

Saito, M. (1974 b). *Traditional Aikido – Sword – Stick – Body Arts (Vol. 3). Applied Techniques.* Tokyo: Minato Research and Publishing Company.

Saito, M. (1974 c). *Traditional Aikido – Sword – Stick – Body Arts (Vol. 4). Vital Techniques.* Tokyo: Minato Research and Publishing Company.

Saito, M. (1976). *Traditional Aikido – Sword – Stick – Body Arts (Vol. 5). Training works wonder.* Tokyo: Minato Research and Publishing Company.

Sawyer, G. J., & Deak, V. (2008). *Der lange Weg zum Menschen. Lebensbilder aus 7 Millionen Jahren Evolution.* Heidelberg: Spektrum Akademischer Verlag.

Schenk, W. (1989). Ich lehre das, was ich von O-Sensei gelernt habe. Interview mit Meister Ikeda. *Aikido – Verbandsorgan des Aikikai Deutschland – Fachverband für Aikido e. V.*, 2, S. 19-21.

Schermelleh-Engel, K. (1988). *Fragebogen zur Schmerzregulation (FSR).* Frankfurt a. M.: J. W. Goethe-Universität.

Schettgen, P. (Hrsg.) (2002). *Heilen statt Hauen! Aikido-Erweiterungen in Therapie und beruflicher Bildungsarbeit.* Augsburg: ZIEL.

Schilder, P. (1950). *The Image and Appearance of the Human Body.* New York: International Universities Press.

Schmidbauer, W. (1981). *Die Ohnmacht des Helden.* Reinbek: Rowohlt.

Schmidt, B. (1993). Das Schwert: ein Mythos. Nicht nur in Japan. *Iaido-News*, 1, S. 44-48.

Schmidt, D. (2002). Das «Vielseitigkeitsmodell» als ein «Model of Good Practice» in der Gerontoprophylaxe. *Motorik*, 25 (3), S. 115-123.

Schmidt, H. D. (1972). *Allgemeine Entwicklungspsychologie.* Berlin: VEB Deutscher Verlag der Wissenschaften.

Schmidt, R. J. (1986). Japanese martial arts as spiritual education. In S. Kleinman (Ed.), *Mind and Body: East meets West* (S. 69-74). Champaign, Ill.: Human Kinetics Publ.

Schmitt, U. (1999). *Tokio Tango. Ein japanisches Abenteuer.* Frankfurt / M.: Eichborn.

Schneider, P. K. (1994*). Ich bin wir. Die multiple Persönlichkeit. Zur Geschichte, Theorie und Therapie eines verkannten Leidens.* Neuried: arsuna.

Schuller, K. (1990). Portrait: Hiromichi Nagano – Schwertmeister. *Süddeutsche Zeitung*, 14. 03., 61, 19.

Schuricht, B. (2008). Junges Gemüse und Frauenquote. In *Aikido – Verbandsorgan des Aikikai Deutschland – Fachverband für Aikido e. V.*, 2, S. 10.

Schuster, N. (2007). *Ein guter Tag ist ein Tag mit Wirsing. Das Asperger-Syndrom aus der Sicht einer Betroffenen.* Berlin: Weidler.

Seemann, R. M. (2008). Ursachen des Autismus. In Autismus Stuttgart e. V. (Hrsg.), *Autistische Menschen verstehen lernen I* (akt. Neuaufl.) (S. 25-29). Stuttgart: Autismus Stuttgart e. V.

Seitz, F. C., Olson, G. D., & Stenzel, T. E. (1991). A martial arts exploration of elbow anatomy: ikkyo (aikido's first teaching). *Perceptual and Motor Skills*, 73, S. 1227-1234.

Seligman, M. (1995). *Erlernte Hilflosigkeit*. Weinheim: Psychologie Verlags Union.

Sève, L. (1972). *Marxismus und Theorie der Persönlichkeit*. Frankfurt a. M.: Marxistische Blätter.

Shaler, J. (1979). Elements in the way of the sword. *Gestalt Journal*, 2, S. 71-77.

Shaw, G. B. (1971). *Sechzehn selbstbiographischen Skizzen*. Frankfurt / M.: Suhrkamp.

Sheff, T. J. (1995). Self-Defense against verbal Assault: Shame, Anger, and the Social Bond. *Family Process*, 9, Vol 34, S. 271-286.

Shors, T. J. (2010). Sein oder Nichtsein im Gehirn. *Spektrum der Wissenschaft*, 8, S. 34-39.

Shulman, B. H., & Peven, D. (1971). Sex for domination. *Medical Aspects of Human Sexuality*, 5 (10), S. 28-32.

sid. (2011). Bestürzung nach Drama um Bundesliga-Schiedsrichter. *Der Sonntag*, 20. 11., S. 1.

Siegmon, H., & Jessen, K. (1982). Auswirkungen emotional-warmen Trainerverhaltens auf jugendliche Leistungsturner. In H. Allmer & J. Bielefeld (Hrsg.), *Sportlehrerverhalten. Texte – Quellen – Dokumente zur Sportwissenschaft* (S. 181-184). Schorndorf: Hofmann.

Silverstein, C., & White, E. (1985). *Die Freuden der Schwulen*. Berlin: Gmünder.

Singer, R., & Wagner, W. (1979). Trainerwechsel und Mannschaftserfolg. Zum Effekt eines Trainerwechsels im Laufe der Spielsaison auf die Leistung von Fußballmannschaften – Eine Analyse am Beispiel der Bundesliga und der Regionalliga-Süd. In D. Albrecht & G. Hagedorn (Hrsg.), *Fußballsport. Ergebnisse sportwissenschaftlicher Forschung* (S. 170-195). Berlin: Bartels & Wernitz.

Soiland, T. (2003). Dekonstruktion als Selbstzweck? Ein Aufruf zur theoretischen Reflexion. *Forum Wissenschaft*, 3 (20), S. 37-40.

Sollmann, U., & M. Thielen. (2009). Nachruf zum Tode von Alexander Lowen. *Psychotherapeutenjournal*, 1 / März, S. 31/32.

Spitz, R. A. (1992). *Die Entstehung der ersten Objektbeziehungen*. Stuttgart: Klett.

Stern, D. (1992). *Die Lebenserfahrung des Säuglings*. Stuttgart: Klett-Cotta.

Stern, D. N. (1999). Vitality Contours: The Temporal Contour of Feelings as a Basic Unit for Constructing the Infant's Social Experience. In Rochat, P. (Hrsg.) *Early Social Cognition: Understanding others in the First Months of Life* (S. 67-80). Mahwah, NJ [u. a.]: Erlbaum.

Stern, D. N. (2010 a). The issue of vitality. In *Nordic Journal of Music Therapy*, Vol. 19, No. 2, S. 88-102.

Stern, D. N. (2010 b). A New Look at Parent-Infant-Interaction: Infant Arousal Dynamics. In Barry M. Lester (ed.). *Nurturing children and families: building on the legacy of T. Berry Brazelton* (S. 73-82).

Stern, D. N.; Hofer, L.; Haft, W.; Dore, J. (1985). Affect attunement: The Sharing of feeling states between mother and infant by means of intermodal fluency. In Field, T. M. (Hrsg.). *Social perception in infants* (S. 249-268).

Stevens, J. (1988). Der Begründer Ueshiba Morihei. In R. S. Heckler (Hrsg.), *Aikido und der Neue Krieger* (S. 12-27). Essen: Synthesis.

Stevens, J. *The Art of Peace*. Teachings of the Founder of Aikido. Boston / London:

Shambhala.

Stodiek, U., & Paulsen, H. (1996). *Mit dem Pfeil, dem Bogen – Technik der steinzeitlichen Jagd*. Oldenburg: Isensee.

Stone, S. (1988). Mit dem Tod verschmelzen. In R. S. Heckler (Hrsg.), *Aikido und der Neue Krieger* (S. 69-76). Essen: Synthesis.

Storl, W. D. (2009, 6. Aufl.). *Pflanzen der Kelten*. Aarau: AT Verlag.

Storry, R., & Forman, W. (1986). *Die Samurai*. Luzern: Herrsching.

Strauss, A. L. (1994). *Grundlagen qualitativer Sozialforschung. Datenanalyse und Theoriebildung in der empirischen soziologischen Forschung*. München: Fink.

Stuber, H., & Stuber, U. (Hrsg.) (1990). *Wörterbuch des Tanzsports*. München: Kastell.

Sunadomari, K. (1. Bd. 1982; 2. Bd. 1983, 3. Bd. 1995). *Aikidō no Kokoro: Kokyūryoku*. Tōkyō: Gakutōsha.

Suzuki, D. T. (12. Aufl. 1986). Die *große Befreiung. Einführung in den Zen-Buddhismus*. München: Barth.

Szczesny-Friedmann, C. (1982). *Lohn der Angst. Persönlichkeitsspezifische Voraussetzungen und antezedente Bedingungen risikosuchenden Verhaltens*. Dissertation. Philosophische Fakultät, Universität München. München: Hieronymus Buchreproduktions GmbH.

Tarmas, O. (Text), & Theis, G. (Bild) (2007). Die Sport-Methusalems. Noch immer voll auf der Höhe. *Geo Wissen*, 39, S. 78-87.

Tart, C. T. (1987). Aikido and the concept of Ki. *Psychological Perspectives*, 18 (2), S. 332-348.

Thiele, J. (1999). Bewegungskulturen im Widerstreit – ein Beitrag zur Begrenzung des Verstehens. In R. Erdmann (Hrsg.), *Interkulturelle Bewegungserziehung* (S. 22-41). Sankt Augustin: Academia.

Tietjens, M. (2006). Aggression im Sport. In M. Tietjens & B. Strauß (Hrsg.), *Handbuch Sportpsychologie* (S. 205-213). Schorndorf: Hofmann.

Tissier, C. (1979). *Aikido fondamental*. Paris: Sedirep.

Tiwald, H. (1981). *Psycho-Training im Kampf- und Budo-Sport. Zur theoretischen Grundlegung des Kampfsports aus der Sicht einer auf dem Zen-Buddhismus basierenden Bewegungs- und Trainingstheorie*. Ahrensburg bei Hamburg: Czwalina.

Tohei, K. (2007). *Ki im täglichen Leben*. Heidelberg: Kristkeitz.

Tohei, K. (2009). *Das Ki-Buch – Der Weg zur Einheit von Geist und Körper*. Heidelberg: Kristkeitz.

Trautmann-Voigt, S. (1996). Nonverbales Verstehen im tänzerischen Ausdruck. Selbstempfindung als spontane Bewegungsentwicklung. In S. Trautmann-Voigt & B. Voigt (Hrsg.) (1996). *Bewegte Augenblicke im Leben des Säuglings – und welche therapeutischen Konsequenzen: Verbindung von Säuglingsforschung und Psychotherapie mit Körper – Bewegung – Tanz* (S. 117-134). Köln: Richter.

Treede, R.-D. (2001). Physiologische Grundlagen der Schmerzentstehung und Schmerztherapie. In M. Zenz & I. Jurna (Hrsg.), *Lehrbuch der Schmerztherapie* (S. 39-63). Stuttgart: Wissenschaftliche Verlagsgesellschaft.

Tronick, Edward (2007). *The neurobehavioral and social-emotional Development of Infants and Children*. New York: W. W. Norton & Company.

Trulson, M. E. (1986). Martial Arts Training: A Novel «Cure» for Juvenile Delinquency. *Human Relations*, Vol 39, Nr. 12, S. 1131-1140.

TU München (Neurologische Klinik und Poliklinik Klinikum rechts der Isar der Technischen Universität München) (2008). Forscher weisen erstmals die Ausschüttung körpereigener Opioide im Gehirn beim Ausdauerlauf nach. Quelle: www.laufen-in-koeln.de/lik4.php?aid=A-5152 (Text), www.neuro.med.tu-muenchen.de/dfns/presse/bilder_PI032008.html (Bild). Erhalten 13. 12. 2009.

Turner, B. (1991). Recent Developments in the Theory of the Body. In M. Featherstone, M. Hepworth & B. S. Turner (Eds.), *The Body. Social process and cultural theory* (S. 1-35). London: Sage Publications.

Tzschaschel, I. (1987). Die innere Schönheit der Stärke. Aikido – ein japanischer Kampfsport zwischen Lebensgestaltung und Kunst. *Die neue Ärztliche*, 105, 04. 06., S. 7.

Ueshiba, K. (1985). *Aikido*. Tokyo: Hozansha Publications.

Ueshiba, K. (1997). Aikido bevorzugt weder Männer noch Frauen. *Aikido – Verbandsorgan des Aikikai Deutschland – Fachverband für Aikido e. V.*, 1, S. 6.

Ueshiba, M. (1992). *The Art of Peace*. Teachings of the Founder of Aikido. Compiled and translated by John Stevens. Boston / London: Shambhala.

Ufa-aikido: www.ufa-aikido.de/woerter/woerter.php. Erhalten am 15. Juni 2003.

Ulich, D. (1987). *Krise und Entwicklung: Zur Psychologie der seelischen Gesundheit*. München: PVU.

Urbigkeit, J. (1983). Welche Bereitschaft gibt es bei Schülern und Lehrern für eine andere Form des Sportunterrichts? Schule, Identität und ein neues Konzept von Sportunterricht. In K. Moegling (Hrsg.), *Wer hat Angst vorm Freizeitsport?* (S. 63-77). Kassel: Kasseler Verlag für Pädagogik und Sozialwissenschaften.

Van Duuren (1998). The kris. An earthly approach to a cosmic symbol. Wijk en Aalburg: Pictures Publishers.

Veldman, F. (1989). *Science de l'affectivité*. Paris: Presses Universitaires de France.

Velte, H. (1980). *Budo Lexikon. 1700 Fachausdrücke fernöstlicher Kampfsportarten*. Niedernhausen: Falken.

Velte, H. (1994). *Aikido Fachwort-Lexikon. Mit den neuen Verfahrens- und Prüfungsordnungen für Kyu- und Dan-Grade im Deutschen Aikido-Bund. Über 1100 japanische Fachausdrücke von A-Z mit deutschen Erklärungen und vielen Abbildungen*. Weinheim: Sport-Buch Verlag.

Verres, R. (1991). *Die Kunst zu leben. Krebsrisiko und Psyche*. München: Piper.

Veyne, P. (1999). Von der Wiege bis zur Bahre. In P. Ariès & G. Duby (Hrsg), *Geschichte des privaten Lebens 1* (S. 23-43). Augsburg: Weltbild.

Villiaumey, J., & Brondani, J. C. (1979). Pied et Arts martiaux japonais. In L. Simon et al. (Hrsg.), *Pied du sportif* (S. 185-189). Paris: Masson.

Vogel, G., & Angermann, H. (1987). *dtv-Atlas zur Biologie (Bd. 2)* (3. Aufl.). München:

Deutscher Taschenbuch Verlag.

Voigt, B. (1996). Wo die Sprache endet – Psychotherapie im Handlungsdialog: Grundlagen der analytischen Bewegungstherapie. In S. Trautmann-Voigt & B. Voigt (Hrsg.) (1996). *Bewegte Augenblicke im Leben des Säuglings – und welche therapeutischen Konsequenzen: Verbindung von Säuglingsforschung und Psychotherapie mit Körper – Bewegung – Tanz* (S. 83-93). Köln: Richter.

Volin, M., & Phelan, N. (1967). *Sex und Yoga*. München: Goldmann.

Von Düring, M., & Fricke, B. (2001). Anatomische Grundlagen der Schmerzentstehung. In M. Zenz & I. Jurna (Hrsg.), *Lehrbuch der Schmerztherapie* (S. 25-38). Stuttgart: Wissenschaftliche Verlagsgesellschaft.

Von Laban, R. (1988). *Kunst der Bewegung*. Wilhelmshaven: Florian Noetzel, Verlag der Heinrichshofen-Bücher.

Von Lüpke, H. (1988). «Kinder, die nicht tun, was sie tun könnten.» Motorische Entwicklungsverzögerung unter psychodynamischen Aspekten. In G. Hölter (Hrsg.), *Bewegung und Therapie – interdisziplinär betrachtet* (S. 24-32). Dortmund: Modernes Lernen.

Von Saldern, M. (1994). Die Meisterorientierung im Karate-Do. *Karate – Fachzeitschrift des Deutschen Karateverbandes*, 4 (8/9), S. 12-13.

Wagener, R. (1985). The Aikido Handblade. It gives you the winning edge. *Black Belt Journal*, 12, S. 80-83.

Wagner, W. (1985). *Zen-Meditation (Zazen und Aikido): Eine psychohygienische und psychotherapeutische Methode?* Wissenschaftliche Hausarbeit zur Diplom-Hauptprüfung am Psychologischen Institut der Universität Würzburg.

Wagner, W. (1999). *Aiki-Do und wir. Atmung, Bewegung und spirituelle Entwicklung*. Petersberg: Via Nova.

Walker, J. (1981). Die Physik des Judo und Aikido. *Leistungssport*, 11 (2), S. 102-108.

Walsh, L. (37. Auflage 1988). *Read Japanese Today*. Rutland, Vermont & Tokyo, Japan: Charles E. Tuttle.

Warner, G. & Draeger, D. F. (1984). *Japanese Swordsmanship. Technique and Practice*. New York / Tokyo: Weatherhill; hier verwendet wurde: «Das Wesen des Iaido», die Übertragung durch H. Hof zum Gebrauch der Iaidoka, Eigendruck im Selbstverlag.

Wasserzieher, E. (1952). *Ableitendes Wörterbuch der deutschen Sprache* (13., überarb. Aufl.). Bonn: Ferd. Dümmlers Verlag.

Watts, A. (1986). *Psychotherapie und östliche Befreiungswege*. München: Goldmann.

Weber, M. M. (1992). Rezension zu Laqueur, T. «Auf den Leib geschrieben». *Spektrum der Wissenschaft*, 12, S. 141-142.

Weinberg, P. (1985). *Bewegung, Handlung, Sport. Handlungsorientierte Bewegungsforschung*. Köln: Pahl-Rugenstein.

Weisensel, M., & Schütz, A. (1998). Fitnesstraining und Selbstkonzept: Eine Feldstudie. *reportpsychologie*, 23 (7), S. 534-545.

Weiss, H. (1979). Techniques or Ki? *Black Belt-Journal*, 8, S. 52-55.

Weisser, B., & Mechling, H. (2002). Sportmedizinische Aspekte des Alterssports. *Motorik*, 25 (3), S. 93-102.

Westbrook, A.; Ratti, O. (2010). *Aikido und die dynamische Sphäre* (3. Aufl.). Heidelberg: Kristkeitz.

Widmair, N. N. (2011). Kurkuma. *Zeitschrift für Naturheilkunde*, Oktober, S. 310-313.

Willcher, G. E. (1985). Frequency and Distribution of Kicking Errors in Karate Sparring as a Function of Rank and Stress. *Dissertation Abstracts International*, 45 (8B), S. 2719-2720.

Windle, R. & Samko, M. (1992). Hypnosis, Eriksonian Hypnotherapy, and Aikido. *American Journal of Clinical Hypnosis*, 4, Vol 34, S. 261-270.

Winterhoff, M. (2009). *Tyrannen müssen nicht sein: Warum Erziehung allein nicht reicht – Auswege*. Gütersloh: Gütersloher Verlagshaus.

Wohak, B. (2003). Das Körperschema der Angst auflösen: Schwertarbeit als Empowerment für Traumaopfer. In Schettgen, P. (Hrsg.). *Kreativität statt Kampf. Aikido-Erweiterungen in Theorie und Praxis*, S. 89-102. Augsburg: ZIEL Hochschulschriften.

Wolf, D. (2000). Aikido – Kampf ohne Sieger. *Schrot und Korn*, 9, S. 51-54.

Wolf, E. S. (1998). Die Selbstpsychologie und das alternde Selbst im Lebenszyklus. In H.-P. Hartmann, W. E. Milch, P. Kutter & J. Paal (Hrsg.), *Das Selbst im Lebenszyklus* (S. 102-104). Frankfurt a. M.: Suhrkamp.

Wolters, J.-M. (1992 a). *Kampfkunst als Therapie. Die sozialpädagogische Relevanz asiatischer Kampfsportarten, aufgezeigt am Beispiel des sporttherapeutischen Shorinji-ryu-Karatedo zum Abbau der Aggressivität und Gewaltbereitschaft bei inhaftierten Jugendlichen*. Dissertation. Frankfurt a. M.: Peter Lang.

Wolters, J.-M. (1992 b). Über Karate-Do und Gewaltbereitschaft. *Karate – Fachzeitschrift des Deutschen Karateverbandes*, 3, S. 12-13.

Wünsch, G. (1989). Fitneß: Asiatische Sportarten: Training für Körper und Seele. *Freundin*, 5, S. 87-88; 90.

Würzberg, G. (1987). *Muskelmänner in den Maschinenhallen der neuen Körperkultur*. Reinbek: Rowohlt Tb.

Wulf, G. (1998). Bewußte Kontrolle stört Bewegungslernen. *Spektrum der Wissenschaft*, 4, S. 16-22.

Yourcenar, M. (1985). *Mishima oder die Vision der Leere*. Regensburg: Hanser.

Zborowski, M. (1969). *People in Pain*. San Francisco: Jossey-Bass.

ZDF (1996). «heute nacht», 01. 11., 0.15 Uhr.

Zimmermann, M. (2001). Zur Geschichte des Schmerzes. In M. Zenz & I. Jurna (Hrsg.), *Lehrbuch der Schmerztherapie* (S. 3-24). Stuttgart: Wissenschaftliche Verlagsgesellschaft.

Zühlke, R. (1984). *Aikido – Darstellung der Sportart und Erörterung der Schulsportlichen Relevanz*. Wissenschaftliche Hausarbeit in Leibeserziehung: FB Erziehungswissenschaft. Institut für Motologie. Philipps-Universität Marburg.

Bildnachweise

Die in diese Arbeit aufgenommenen Abbildungen sind Bildzitate gem. § 51 UrhG für wissenschaftliche Arbeiten. Die Autorin hat sich nach bestem Wissen darum bemüht, von den Urhebern aller Abbildungen und ggf. den abgebildeten Personen zusätzlich die ausdrückliche Genehmigung zum Abdruck einzuholen. Dennoch ist es vorgekommen, dass jemand nicht ausfindig gemacht werden konnte oder nicht geantwortet hat. Sollte dies auf Sie zutreffen, so schreiben Sie bitte an bernd.krauss@web.de.

Seite 39, 52 und 53: Bildzitate aus Tronick, Edward (2007), S. 485-487 und 284.

Seite 43, Abb. 3: aus Westbrook & Ratti (2010), S. 198 und 201; Seite 72: ebd., S. 91; Seite 197: ebd., S. 295; Seite 222: ebd., S. 69 und 77; Seite 225: ebd., S. 70 und 198; Seite 226: ebd., S. 60; Seite 227: ebd., S. 254; Seite 236: ebd., S. 13; Seite 317: ebd., S. 198; Seite 73: aus Tohei (2009), S. 72; Seite 217 (li.): aus Roumanoff (1994), Bildtafel S. 32 / 33; alle mit frdl. Genehmigung des Werner Kristkeitz Verlags, Heidelberg.

Seite 43, Abb. 2: Bildzitat aus Liedloff, J. (2006), Einband. Urheber des Fotos: unbekannt; die Autorin des Buchs ist verstorben.

Seite 66: Bildzitat aus Fazzioli, E. (1988).

Seite 67: Reproduktion einer Kalligrafie von O-Sensei Morihei Ueshiba, Privatbesitz.

Seite 126: aus *Aikido* (Fachorgan des Aikikai Deutschland) 2/1999, Titelseite und S. 21, beide mit frdl. Genehmigung der Fam. Keller und Dank an die Redaktion *Aikido* für die Überlassung von Originaldaten.

Seite 159: Hinweisschild im Hauptbahnhof Kyoto, privates Foto.

Seite 198: Bildzitat aus Buisson, S., & Buisson, D. (1983), S. 106.

Seite 213: aus Walker (1981), S. 103; Seite 214: ebd., S. 106; Seite 219: ebd., S. 106, alle übernommen mit frdl. Genehmigung des Autors.

Seite 217 (re.): O.N., 1984c, S. 4; mit frdl. Abdruckgenehmigung von Asai-Sensei. Der Fotograf konnte nicht ausfindig gemacht werden.

Seite 220: aus Del Alcantara, P. (2005), S. 143; mit frdl. Genehmigung v. Christian Tissier.

Seite 221: aus Patt (1987), Titelseite; das Bild zeigt Rüdiger Keller. Verwendet mit frdl. Genehmigung von Heinz Patt (Autor), Rüdiger Worms (Grafik) und Rüdiger Keller.

Seite 223: aus *Aikido* (Fachorgan des Aikikai Deutschland) 1/2012, S. 16, mit frdl. Genehmigung von Tada-Sensei und Asai-Sensei, und Dank an die Redaktion *Aikido* für die Überlassung der Originaldaten.

Seite 258: aus *Aikido* (Fachorgan des Aikikai Deutschland) 2/1986, Titelblatt, © Ulrike Pagenburg, mit frdl. Genehmigung.

Seite 268: Bildzitat aus Condon & Kurata (1974), S. 80.

Seite 274: aus Fritsch, U. (1984), S. 69; mit frdl. Genehmigung Rowohlt Verlag und DTV.

Seite 349: TU München (Neurologische Klinik und Poliklinik Klinikum rechts der Isar der Technischen Universität München) (2008); mit frdl. Genehmigung.

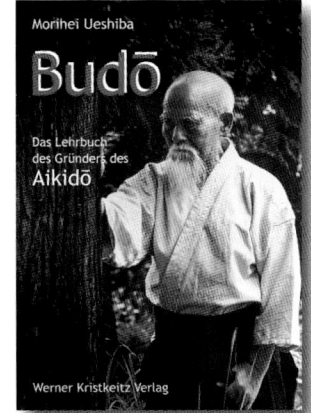

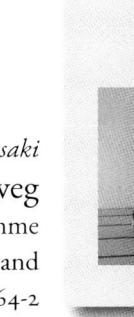